上海社联年鉴

上海社联年鉴

2016

上海市社会科学界联合会　编

上海人民出版社

2 月 4 日，上海市社联六届九次全委会暨 2015 年上海社科界迎春座谈会

3 月 18 日，纪念汪道涵同志诞辰 100 周年理论研讨会在社联召开

4 月 25 日，上海市社联与文汇报再度联合推出高端人文系列演讲季——“东方讲坛·文汇讲堂　历史与我们的未来”

4月29日，上海市副市长赵雯到上海市社联调研

5月20日，上海市社联举行“问题意识与学术情怀——《探索与争鸣》创刊30周年报告会”

5月24日，以“创新点靓精彩上海”为主题的第14届上海市社会科学普及活动周拉开了帷幕

5月27日，上海市副市长时光辉到上海市社联，就养老与社会保障问题与上海社科界专家学者座谈调研

8月19日，2015上海书展学术系列讲座“望道讲读会”首讲在社联大厦拉开帷幕

9月15日，上海市社联与上海警备区共同举办的“东方讲坛·全民国防教育主题宣传月活动”举行开讲仪式

10月21日，上海市第九次哲学社会科学学术团体工作会议暨上海市社联第九届学会学术活动月开幕式举行，上海市社联主席秦绍德致开幕辞

11月2日至3日，由华东师范大学、上海市社联、上海社科院联合举办的“世界性百家争鸣与中国哲学自信——纪念冯契百年诞辰国际学术研讨会”在华东师范大学举行

11 月 19 日，上海市社会科学界第十三届学术年会大会在上海展览中心隆重举行，市委常委、宣传部部长董云虎出席开幕式并讲话

11 月 23 日，由上海市社会科学界联合会、上海市科学技术协会、中国细胞生物学学会联合主办的“呦呦鹿鸣　以启学林——民族复兴视野下的科技与人文”对话活动在上海举行

目 录

年度工作要览

NIAN DU GONG ZUO YAO LAN

2015年，上海市社联在中共上海市委、市委宣传部的领导下，深入贯彻党的十八大和十八届三中、四中全会精神，学习贯彻习近平总书记系列讲话精神，围绕两个“巩固”根本任务，着力加强五大文化服务平台建设，弘扬社会主义核心价值观，为扎实推进哲学社会科学发展，加快建设理论宣传阵地，主要开展了以下工作：

一、 学术研究和交流

上海市社联聚焦“四个全面”，深入宣传贯彻党的十八届三中、四中全会精神，集中力量举办社科界重大学术活动，开展了一系列影响力较大的学术活动。

一是继续办好社科界学术年会。

组织举办主题为“四个全面：新常态与大战略”上海市社会科学界第十三届学术年会。截至11月中旬，共组织全体大会、主题专场、学科专场、青年论坛等各类学术活动38场，200多位专家学者作主题报告，近百位专家作专题评论，100多家高校、科研院所和学会，3 500名专家学者、青年学生参与活动。年会对400篇应征论文优中选精，出版近70万字文集。创设“高端论坛暨国家社科基金重大项目首席专家学术报告会”，围绕“大数据与教育研究”“‘四个全面’与‘十三五规划’”等议题，与有关高校联合主办高端论坛。创新活动宣传与成果发布工作，兼顾纸媒深度报道与新媒体内容推送。

二是巩固“学术茶座”交流平台。

针对社会热点，组织专题学术茶座，如“香港自由行冲突之自由谈”“聚焦香港政改”“‘专车发展模式’及政府治理”“TPP对中国的影响及中国的应对策略”等专题研讨，会议综述服务深度理论研究，并报送党政领导与有关实务部门，有关成果获杨雄等领导批示。与中国浦东干部学院科研部合作举办“领导干部实践创新学术茶座”，深入探讨“长江经济带与区域协调发展、协同发展、共同发展”和“如何落实从严治党责任”等议题。同时，举办好“星期五学术茶座”，为专家学者提供畅谈思想、交流新知的学者之家。

三是推介学界泰斗，树立学术标杆。

与有关单位或学术团体联合举办“纪念汪道涵同志诞辰100周年理论研讨会”“纪念冯契百年诞辰国际学术研讨会”“《陈伯海文集》出版座谈暨学术研讨会”。举办沪上学人思想总结工作，通过主流媒体刊发老一代学人洪远朋、王水照专题介绍。

四是进一步发挥“马克思主义研究论坛”作用。

联合上海市委党校、市马克思主义研究会，按时举办马克思主义研究季度论坛、青年论坛、年度论坛，组织全市马克思主义研究学者对“马克思主义中国化与‘四个全面’战略布局”“国家治理现代化与社会主义核心价值观”“马克思主义与治国理政新自觉”等时代论题展开研讨，传承优秀传统，发掘学术新秀。完成《上海市马克思主义研究年度报告(2014)》书稿，付印出版。

五是加强与兄弟省市社联交流协作。

为贯彻落实党和中央对社科工作者的有关部署，学习新型智库建设和自贸区建设等方面的经验，北京、湖北、山东、新疆、内蒙古、广西、四川等直辖市、省、自治区，广州、宁波、苏州等市社科联来沪调研。社联组织相关领域专家学者参与经验交流，并陪同开展实地考察，促进全国社科联系统优势互补。继续扎实做好智力援疆和“东方讲坛走进红色遵义”的工作。

六是拓展外宣工作社会影响力。

与古巴驻沪领事馆联合主办《菲德尔·卡斯特罗·鲁斯：时代游击队员》中文版新书发布会；与瑞典驻沪总领馆联合主办“都市可持续发展与全球城市”研讨会等，为本市学术外交、民间外交拓展新领域，扩大社会影响力。

七是做好社科成果征集评价工作。

上海市社联根据市委宣传部统一部署，组织所属学术团体参与上海市“学习习近平总书记系列重要讲话精神与推进‘四个全面’”理论研讨征文活动，征集论文 603 篇，选报佳作 89 篇。部分优秀论文汇编成《探索与争鸣》增刊公开出版。做好社科评奖后续工作，完成 2014 年社科评奖产生的 700 种文件资料的整理归档，实施评奖系统升级改造工作。

二、决策咨询与智库建设

上海市社联积极探索新型智库建设，完善专家学者为党和政府建言献策机制，着力研究回答中国社会主义实践中的重大问题，取得了一系列前瞻性、前沿性、战略性社科成果。

一是巩固官学互动平台。

上海市社联邀请赵雯、时光辉等市领导来社联展开专题调研，与学者代表就本市经济社会发展中的重大问题进行座谈。与有关单位联合召开“ECF 国际页岩气论坛第五届亚洲页岩气峰会”，来自各国家或地区政府、机构、企业的近 300 名专家和高管与会。市社联所属学术团体以跨界研讨为载体，促进实务部门与学界交流，如市新四军历史研究会与有关单位联合主办“新四军与上海”研讨会，市委常委、秘书长尹弘出席会议并讲话；市宏观经济学会举办专家咨询研讨会，市人大常委会原副主任胡延照等新一届专家委员参加研讨会，为上海科创中心建设出谋划策；上海党建文化研究中心邀请市委宣传部、市委研究室，与有关高校、媒体就“新时期党的意识形态问题”进行理论研讨。

二是组织“城市大人流风险管理”重大课题调研。

为应对大人流风险对城市管理提出的新挑战，市社联组建由本市多家单位专家参与的课题组，赴公安部、国家安监总局、北京市政府、故宫博物院、北京轨交指挥中心等单位深入调研，访谈京沪等地相关领域党政领导和资深学者 10 余人，总结城市公共安全管理经验，编制《城市大人流风险管理导则》，公开出版《城市大人流风险管理》。

三是《探索与争鸣》聚焦改革难点，组织专题研究。

该刊一年来组织圆桌会议 13 次，策划专题讨论 16 组，围绕“中国民主”“中国能源安全”“教改困境”“经济新常态”“人口老龄化与单独二孩政策”“特大城市公共安全管理”“股市过山车”等话题性强、社会专注度高的问题组织优质稿件，及时刊发吴敬琏、龙永图、原新、任远等名家新论，产生积极社会影响，并引起决策部门重视。其中童星关于“社区居家养老”的论文得到李克强等中央领导批示。

四是《上海思想界》舆情研判成果显著。

上海市社联舆情直报点设立以来,《上海思想界》成绩突出,在中宣部舆情工作会议上获得“2014 年度先进单位”称号;10 篇专报获得“好信息”奖,记分在全国 75 家直报点中排名第二。在全国同类专报采用率仅为 8%的情况下,《上海思想界》专报几乎全被采用。截至 10 月,《上海思想界》向本市有关领导报送专报 41 篇,向中宣部报送分析报告 39 篇,完成中宣部委托课题 9 篇,并应邀赴京参加中宣部有关“当前思潮”“全国性社会心态调查”等重大课题的研讨,得到了中央和市委、市政府领导的批示。

五是美国问题研究所服务国际战略研究。

组织专家专题研究“一带一路”倡议、海洋战略、中美经济对话、习近平访美等热点课题,截至 11 月,已向中央有关部门上报成果 40 余份。内部研讨平台“海洋沙龙”聚焦东海问题,形成高质量内参,通过新华社上报中央,受中央有关部门高度认可,部分内参得到习近平等中央领导批示。巩固中美非正式对话平台,成功举办“第八届中美青年外交官对话”,外交部为此发来感谢函。

三、 学术团体管理与服务

上海市社联坚持学术团体培育发展正确导向,以促进学术团体学术引领为立足点,以推动学术团体健康发展为目标,坚持科学管理与热情服务相结合,认真履行了本市社科类学术团体业务主管单位的职责。

一是深入探索学会管理长效机制。

完成所属 163 个社团和 17 家民办社科研究机构网上年报审核及数据汇总、分析工作,落实年检初审工作。完成“达标学会”年度考核,审核通过达标学会 139 个。召开“上海市第九次哲学社会科学学术团体工作会议”,总结近三年学术团体培育管理经验,部署新三年学术团体建设工作重点任务。

二是总结可复制可推广的学术团体建设经验。

积极组织和参与学会科研活动,加强学术团体建设的示范引领作用,激励先进学术团体与个人。开展 2012—2014 年度“三优一特一品牌”评选活动,评出优秀学会 46 个、优秀民办社科研究机构 3 个、优秀学会工作者 174 名、学会特色活动奖 53 项、学会品牌活动奖 10 项,举行 2015 年度学术团体负责人会议暨党建工作会议,颁发社联第八届“学会学术活动月”优秀组织奖和组织奖。

三是坚持培育学会学术引领能力。

鼓励并引导学术团体举办基础学科学会学术活动、社科热点“一月一会”活动、学会青年学者论坛,支持学会申报重大学术项目,围绕“全面深化改革与全面推进依法治国”“改革创新与转型发展”等课题开展专项研究,推动学术团体开展多学科、跨界别的学术活动,推动学术话语体系与科研方法创新。截至 11 月,市社联所属学术团体举办重要学术活动 650 多项,跨会学术活动 8 项,申请各类项目近 270 个。第九届“学会学术活动月”期间,集中举办各类活动 170 余项,产生了良好的学术集聚效应。

四是确保学术团体日常管理规范科学。

截至 11 月，上海市社联共核准学会换届 14 个，完成换届选举 9 个，批准延期换届 12 个。撤销学会 3 个，同意筹建学会 5 个。批准成立上海市改革创新与发展战略研究会、上海市儒学研究会、上海司法鉴定理论研究会、上海周易研究会。批准领导成员变更学会 16 个，批准设立党工组 3 个，批准调整党工组 18 个，批准民办社科机构核名 1 个。

市社联按期举行社团党建工作会，及时召集学术团体党组织负责人传达学习中央和本市重要会议精神。按期举行学会换届培训工作会议。走访学术团体和学会资深负责人。开展社会工作从业人员统计调查和社团民非培训统计调查。按时完成行政权力清单、行政责任清单两项清单的填报工作。根据市委要求，起草并上报《上海市社联关于深化群团改革的方案》。

五是开展社联第七次代表大会前期组织工作。

完成大会代表和社联第七届委员会委员候选人推选工作。完成大会文件初稿起草工作。

四、 社会化宣传教育和社科知识普及

上海市社联继续推出"望道讲读会""演讲季"等系列讲座，创新公共文化服务内容配送方式，促进社会科学与自然科学的跨界交流，为不断提升市民精神文明素养与城市软实力，培育研发丰富多彩的科普文化精品。

一是成功举办以"创新点靓精彩上海"为主题的第 14 届上海市社会科学普及活动周。

紧紧围绕"四个全面"战略布局，聚焦上海"四个中心"和社会主义现代化国际大都市建设，举办开幕式、主题论坛、"科技与人文的对话"论坛、社会调查成果发布、义务咨询服务、主题展览、主题活动和科普讲座等 250 余项特色科普活动。社联所属学会、部分高校、各区县街镇、公共文化场馆、企事业单位等 200 多家单位参与，受众超过 10 万人次。

二是创办"上海市民时政关注指数"调查发布项目。

与新华社上海分社合作，每月上旬以召开专题论坛的形式揭晓前一月度上海市民时政话题关注排行榜，截至 11 月，已发布前 9 月度时政指数，蒋昌建、顾骏、诸大建、华伟、唐亚林、石磊、张晖明等 12 位著名学者应邀来到论坛现场，对指数结果分析点评并与听众互动。活动获媒体报道 500 余篇次，发挥了社会科学对市民生活的指导作用。

三是推出"历史与我们的未来"演讲季。

邀请著名学者葛剑雄、陈兼、姜义华、沈志华、苏智良、熊月之、王家范等，与听众一起观社会之万象，察古今之流变，汲取历史经验，寻找历史智慧，用历史的方法认识当下，以历史的眼光观察未来。共举办 7 场讲座，场场座无虚席，讲座内容由《文汇报》整版刊发。

四是推出"望道讲读会"2015 系列学术讲座。

与市新闻出版局、黄浦区委宣传部等单位合作，以"文化中国：从何处来到何处去"为主题，举办系列讲座 8 场，以"北斗错落长庚明：20 世纪中国的思想天空"为主题，举办书展系列讲座 4 场。境内外学者阎步克、葛兆光、许宏、谢遐龄、许纪霖、郑培凯、黄进兴等先

后应邀担任主讲嘉宾，围绕人文社科领域的热点话题，展开深入浅出的讲读，打造出“博约兼顾、广深结合”的高端科普平台。该项目荣获上海书展暨“书香中国”上海周组委会办公室颁发的“优秀活动策划奖”。

五是推出“科技与人文的对话”第二、第三期活动，为上海建设科创中心营造人文氛围。

第二期活动与市科协合作，邀请自然科学界领军专家郭重庆、侯自强与社科学者陈宪、宁钟相聚一堂，共话“‘互联网＋’与创新”，携现场近200位听众一同展望上海科技创新未来。上海人民广播电台为论坛录播专题节目。第三期活动与市科协、中国细胞生物学学会联合推出“民族复兴视野下的科技与人文”，由市科协主席陈凯先、复旦大学葛剑雄、中科院俞强、浙江大学王立铭等两界专家，探讨“屠呦呦获诺贝尔医药奖”的深远意义。

六是推出“文化上海主题系列讲座”首期讲座。

以“江河入海流——多维视野下的上海城市文明”为主题，联合徐汇区委宣传部，邀请陈燮君、苏智良、潘君祥、邢建榕、钱宗灏、熊月之、戴鞍钢、满志敏等著名学者，讲述苏州河、黄浦江这两条上海母亲河的地理人文，展示百年上海工商文明的嬗变、海派文化的形成。

七是承办华东地区社会科学普及工作经验交流暨理论研讨会。

邀请华东六省和湖南、山西社科联的30余名社科普及工作者，围绕“移动互联时代社科普及新思路”“科普工作联动合作机制”等议题开展交流研讨，并组织与会代表参观上海社科普及基地，展示本市经济文化发展新成果。

八是发挥东方讲坛文化惠民作用。

截至11月，共举办各类讲座1 776场，听众逾26万人次，被上海市公民科学素质工作领导小组办公室授予“推进公民科学素质示范项目”称号。编发《东方讲坛讲座选题(2015版)》和《上海市社会科学界联合会社科普及新闻集锦(2014年度)》。进一步完善网络业务系统，加强对基层讲座信息反馈的管理与指导。做好对口贵州遵义的文化帮扶工作，选送葛剑雄、季卫东、苏智良、桑玉成、徐洪兴、费一文等学者赴遵义讲学，每场讲座均在遵义电视台播出，受到当地干部群众的一致好评。

五、 学术期刊阵地建设

上海市社联坚持学术期刊正确办刊导向，严把学术质量，努力打造适应互联网时代要求，在全国乃至世界有影响的精品刊物。

(一)《学术月刊》维持高位运行，推动中国学术话语体系建设。

月刊在全国同类期刊中转载量连续第九年蝉联第一，在“人文社科综合性期刊”全文转载排名中，转载量第一、转载率第二、综合指数第二。2015年，再获中国百强社科期刊荣誉。2014—2015年上海市期刊编校质量抽检结果获优秀。

一是聚焦前沿重大问题刊发精品力作。

月刊围绕十八届三中全会全面深化改革和四中全会全面推进法治建设的精神，先后主办11场高水准学术研讨会，遴选十余组讨论文稿和二十多篇重点论文，每期组织刊发一组理论精品，深入研讨重大现实理论问题与学术前沿问题，并首发刘放桐、杨国荣、成中英、王铭铭、马戎、赵林等海内外名家的学术力作，引起学术界广泛关注。

二是推动社会关心学术，学术走向社会。

继续举办一年一度的“中国十大学术热点”评选活动，出版《中国学术热点与趋势报告》，加强京沪学术联动，扩大社科普及效应。积极布局新媒体，月刊官方网站成功整合展示、投稿与编审功能，近三年刊文可供免费阅读。月刊微博账号完成认证，不少微博阅读量人次逾万。微信公众号已发布信息300万字，是国内著名的学术公众号。

三是探索中国学术“走出去”的新路径。

与英国世哲(SAGE)出版公司达成合作意向，筹备英文版《中国学术季刊》出版事宜。该刊将以传播中国经验、反映中国问题、介绍中国学人为办刊宗旨，致力于当代中国原创学术成果的国际传播和学术话语权的提升。

(二)《探索与争鸣》追踪改革大潮，倡导思想交锋。

《探索与争鸣》以2015年创刊30周年为契机，进一步聚焦前沿、优化选题、加强争鸣，形成刊物、论坛、新媒体与丛书四位一体、相辅相成的发展新格局，办刊举措3次得到国家社科规划办书面报道。

一是服务国家社科发展战略，助推中国学术共同体建设。

《探索与争鸣》始终与国家重大社科课题负责人、国家重大研究基地、协同创新中心等学术机构保持密切合作，加大国家社科规划成果发布力度，截至11月，已发表国家社科重大和一般课题成果逾50篇，占全部发稿量的22%。

二是优化栏目设置，突出办刊优势。

杂志充分发挥“圆桌会议”品牌号召力，吸引各界专家对当下重大现实理论课题，如落实依法治国、大城市风险治理、大学治理困局等，进行跨学科研讨。同时以纪念新文化运动百年为契机，新辟专栏，集中刊登高全喜等名家名作，探索了学术争鸣新范式。

三是举办高端论坛，以争鸣促创新。

《探索与争鸣》精心设计话题，组织学术盛会，截至11月，已举办高端论坛18场。如：与京沪多家高校合作，主办“现代化与化现代——新文化运动百年价值重估”国际学术研讨会，来自美国、澳大利亚、瑞典等国家和地区的180多位知名学者，应邀与会研讨。召开“国际视野下的中国抗日战争”研讨会，余伟民、叶书宗的研讨成果被《新华文摘》全文转载。

四是坚持培育青年学者。

杂志组织资深专家对首届全国青年理论创新征文活动应征作品进行匿名评审，从800余篇来稿中遴选出21篇获奖征文，召开颁奖大会暨“重新阐释中国与全面深化改革”青年论坛，提升杂志新锐品牌与学术水准。

五是利用“互联网+”技术，创新学术传播方式。

截至11月，《探索与争鸣》微信公众号订阅数近2万人，且每天仍以百人左右速度增长；推文日均阅读量稳定在3 000人次。官方网站将于近期上线，形成以网站为主体，微信、微博为两翼的立体传播渠道。

（三）《上海思想界》月刊继续推动本市基础理论研究。

截至11月，月刊已选取“马克思主义研究”“修正主义研究”“壬辰倭乱”“全球化”“当前思想理论的状况与前景”“香港政改”“中苏关系”和“‘文革’史研究”等课题推出研讨专号。

六、社科成果总结与发布

上海社联有效整合学术资源，总结社科研究、科普宣教成果，推出了一批弘扬社会主义法治精神、研究改革开放最新实践、反映中外文化交流、普及人文社科知识的理论精品。

一是加快推进地方志编修工作。

《上海市志·科学分志·人文社会科学卷》编纂工作启动以来，积极走访全市有关高校，定期召开研讨会，基于研讨共识和数十位不同领域专家学者的意见建议，完成篇章总目录。截至11月，已基本落实学科章节负责人，并以召开专家论证会的形式，总体确定节目设计方案。现已举行编纂责任人签约仪式，并多次开展培训工作。

二是组织编撰宣传贯彻十八届四中全会精神读物。

组织编撰“法治中国建设丛书”，为领导干部提供学习参考的权威读本。面向大中小学生和普通市民编撰四种“宪法教育读本”，针对不同文化层次受众的需求，用通俗易懂的语言、喜闻乐见的案例、图文并茂的形式，全面介绍宪法基本知识与我国现行宪法的制度与原则。上述图书都将于年底出版。

三是编辑出版人文社科普及系列读物。

出版《哲学与我们的时代》《文学与我们的生活》《历史与我们的未来》，将深受市民欢迎的“演讲季”系列讲座内容呈现给更广大受众。出版《文以化人》，收录2014年东方讲坛文化类讲座精华。出版《为您的职场生涯镀金》，收录2013—2014年度东方讲坛·职业生涯系列活动讲座精选内容。

四是美国问题研究所推出“中美关系”双语图书。

策划“上海与美国百年交往史丛书”，现已推出《沪风美雨百年潮——上海与美国地方文化艺术交流》。出版《旅美上海油画家》并向美国市场投放，该书现已脱销。出版《在上海的美国人》第一卷英文版、第二卷中英文双语版并举行发布会，美驻沪领事馆副总领事关德琳、上海美国商会会长季瑞达、上海纽约大学美方校长杰弗里·雷蒙出席该书发布会。与上海市政府侨办合作编写《在美国的上海人》。

五是学术期刊编印专著，促进刊文二次传播。

新一辑“学术月刊丛书”今年出版，内容涵盖文学、史学、哲学、经济学、政治学等六个专题。《探索与争鸣》编辑部出版“探索丛书”第二部《警钟——聚焦苏东剧变》，集中了1992年以来杂志聚焦苏东问题刊发的顶尖佳作。

七、干部队伍建设与机关内部管理

上海市社联紧扣“三严三实”专题教育总要求，夯实党员干部廉洁从政、求严务实的思想基础，建设风清气顺、廉洁高效的机关，以完善内控体系为抓手，审计整改工作及筹建社科会堂新用房为契机，不断提升社联机关为社科界服务的能力。

一是认真开展“三严三实”专题教育活动。

按照市委和市委宣传部工作要求，在处以上干部范围内定期召开“三严三实”专题集中学习研讨会。召开“严以修身”“严以律己”“严以用权”专题学习研讨。党组班子及成员均对照“三严三实”的具体要求，逐一建立问题清单。党组领导主动认领班子问题，明确整改的具体责任，提出整改措施。社联以“守纪律、讲规矩、作表率”为主题，对党员干部开展宗旨教育、纪律教育、党内法规教育和作风教育。组织党员干部参观宝山区检察院，现场观看警示教育片。开展党纪党规知识测试，重点对八项规定等纪律进行学习，着力提高机关干部的政治素养和工作作风。

二是做好机关党建工作，提升基层组织建设水平。

结合重大时间节点，组织各党支部开展学习贯彻“习近平总书记在文艺座谈会重要讲话精神”“党的十八届五中全会精神”等专题组织生活会，做到党内生活有主题、有讨论、有共识。举办纪念建党 94 周年座谈会和“今天我来上党课”党日活动。开展党支部和党员公开承诺工作。组织评优推选活动。开展年度民主评议党员工作。开展“80 后”青年党员教育培养机制调研。做好结对帮扶和帮困工作。深入开展与奉贤区南星村第三轮结对帮扶工作。落实帮困送温暖工作。制定《上海市社联领导干部与党外代表人士交友联谊制度》。

三是抓好干部工作，优化干部队伍建设。

组织实施 2014 年度机关考核工作。完成党组班子和局级领导干部的考核及“一报告两评议”工作。开展公务员招录工作，落实军队转业干部安置工作。做好干部教育培训工作。制定《上海市社联专业技术职务聘任实施办法》。开展专业技术职务聘任工作。开展机关事业单位工资及养老金改革工作。加强事业单位绩效工资管理。做好干部档案补充、清理工作。社联党组领导走访慰问社联系统参加过抗日战争的老同志，送上抗战纪念奖章和慰问金。为抗战时期参加革命的、享受局级待遇的老干部提高医疗待遇。坚持开展春节走访慰问、夏季送清凉等探望慰问离退休老干部工作。

四是全面落实纪检工作，加强党风廉政建设。

根据市委宣传部要求，认真细化贯彻落实党风廉政责任制建设工作要点，细化主体责任，明确工作机制。召开党组会、中心组扩大会议，研究布置社联党风廉政建设工作，对市社联落实党风廉政建设各项工作提出贯彻意见，组织观看教育警示片。重新明确党组分管纪检监察工作的领导责任，及时学习传达宣传系统关于巡视工作和落实“两项责任”追究办法的有关精神。开展 2015 年度领导干部个人有关事项报告抽查核实工作。加强领导干部因私出入境管理。

五是以审计整改为契机，进一步加强内控管理。

上海市社联被市委组织部列为主要领导经济责任审计单位。市社联积极配合审计工作，对审计发现的问题基本做到即知即改，截至 11 月，已按照市委宣传部《审计整改通知书》要求，完成整改工作方案，并将在年内完成社联规章制度的增订工作。

六是推动上海社科会堂新建用房立项工作。

为贯彻韩正书记要求，完善社科会堂新建用房总体规划，多次召开立项座谈会，听取市社联副主席、常委，各部门负责人和职工代表设想与建议。同时与十多家外省市社科联取得联系，收集类似工程建设资料。项目建议书综合各方意见，数易其稿，得到市委宣传部部长董云虎、副部长燕爽批示。截至2015年底，立项论证工作仍在紧锣密鼓推进之中。

七是健全信息交流发布机制。

上海市社联高度重视社科信息平台建设，官方网站及时发布全市社科界重要资讯与活动预告，前三季度发布信息近600条，访问量达207万人次。市社联电子屏滚动显示社科要闻与新书信息，为前来社联联系工作、参加会议的专家学者和社科院的广大教职工提供优质信息服务。

八、 工作体会

上海市社联结合经济社会发展新形势，围绕思想宣传工作重点任务，为完善工作机制、创新活动载体进行了探索与实践，具体有以下几点体会：

（一）高度重视青年学人培育工作。

为加强社科人才梯队建设，市社联今年采取了多项重要举措。一是加大对青年学会干部的培养力度。2015年全市学术团体共开展约650多项重要学术活动，其中青年学者学术活动占到近百项。二是提高青年学者对学术年会的参与度。在本届年会的38场学术会议中，青年论坛占到10场。三是通过马克思主义研究论坛，尤其是马研青年论坛，汇集青年才俊、发现马研新秀，使马克思主义理论研究这一上海学术的传统强项得以延续。四是《探索与争鸣》等学术期刊继续为挖掘优秀青年作者倾注资源、搭建平台，在期刊界起到了重要的表率作用。这些为青年服务，或由青年主办的学术活动的蓬勃开展，体现了青年学者较强的学术素养和组织能力，使他们得到了锻炼才干、展现才华的重要契机。

（二）结合“互联网＋”时代特点开展社科成果转化工作。

市社联坚持实施数字化战略，改进成果传播、转化手段。一是社科普及新媒体平台进一步发展，微博关注数近万，原创性、科普性进一步增强；微信订阅号强化听众预约功能，更好回应听众需求。二是采用精品讲座网上直播的新方式，授权看看新闻网直播“望道讲读会书展系列讲座”4场，授权东方网直播“江河入海流”文化上海系列讲座8场，使二次传播受众数量进一步显著增长，降低了社科宣教产品的制作难度。三是社联所属学术期刊布局新媒体显成效，两大名刊影响力进一步向社会各界辐射。

（三）不断探索外宣工作新渠道。

市社联在政策许可范围内，积极举办涉外高端论坛，开展学术著作对外译介工作，加快中国哲学社会科学的国际传播能力建设。一是与古巴、瑞典等国驻沪领馆合作，寻求与国际社会对话的学术路径、文化路径。二是所属学术期刊以中国话语体系建设为己任，积极举办国际学术研讨会，其中《学术月刊》已筹备英文版刊物，制定进军海外计划。三是美国问题研究所推出多种讲述中美民间交往的精品佳作，为各国友人了解中国提供独到角度。四是大胆展望上海国际学术中心建设远景，在社科会堂新建用房立项过程中，确保服务国际学术交流这一核心功能在设施规划上得以体现。

（四）践行“三严三实”专题教育要求，进一步加强内部管理。

市社联以“三严三实”教育学习为契机，开展各项审计整改工作为抓手，进一步加强机关内部管理，推动建章立制工作。一是严格执行预算管理各项制度，在强调科学编制预算的基础上，坚持每周通报执行进度的做法，以科学合理执行预算，推动机关各项工作有序开展。二是定期召开“预算员、审计员、安全员、信息员”四员工作会议，督促机关内部管理各项工作落到实处。三是完成社联监控系统开发改造，消除防火、防盗隐患，着力建设平安和谐的社科之家，被评为上海宣传系统“平安单位”。

重要活动

ZHONG YAO HUO DONG

领导调研

上海市副市长赵雯赴市社联调研

4月29日，上海市副市长赵雯到市社联调研，并就知识产权、旅游和体育事业发展等与上海社科界专家学者座谈。市社联党组书记、专职副主席沈国明根据赵雯副市长提议，主持了本次会议。市社联专职副主席刘世军参加座谈。上海财经大学旅游管理系教授何建民、华东师范大学商学院教授冯学钢、同济大学城市规划学院教授刘滨谊、华东政法大学知识产权学院教授何敏、黄武双，上海体育学院体育产业发展研究院教授黄海燕，复旦大学法学院教授马忠法先后发言。

座谈伊始，赵雯深情地说，来到社联有一种“回家”的感觉，今天是以一位学者的身份与社科界的各位专家互动交流，聆听大家对上海旅游、体育以及知识产权事业发展的意见建议。赵雯副市长首先介绍了上海近期举办的花滑世锦赛、劳伦斯世界体育奖颁奖典礼等重大体育赛事情况，并强调要在举办体育赛事的同时向国际友人介绍中国传统文化、传递中国的价值观，要时刻“心怀中国”。她深刻地指出，文化是旅游的灵魂，旅游是文化的载体，对于整个社会来说，价值灵魂和思想文化才是最重要的，社会科学界肩负着培育思想大家、引领社会发展的重任，要发挥正本清源的作用，为复兴中华文化做出更大贡献。在谈到外滩踩踏事件时，赵市长再次警醒我们，领导干部要时刻把“责任”和“服务”牢记心头，为官不是要“争取大舞台”，而是要“扮演好角色”，要脚踏实地、勤政为民。时代在进步、改革在提速，我们必须要有分秒必争、只争朝夕的精神，做好各项工作。

座谈会上，赵雯仔细倾听，认真记录，不时与专家学者互动。她指出，旅游业现在已经成为重大的民生事业，上海市委市政府高度重视旅游产业发展，下一步要推动旅游行业智库建设，带头落实带薪休假制度，优化旅游产业规划。在谈到知识产权事业发展时，赵雯说，上海正在组织建立知识产权交易中心，并与世界知识产权组织签订了合作备忘录，将开展深度合作，这是世界知识产权组织首次和地方政府签订合作备忘录。她高度肯定了专家学者关于建立“全球科技创新与知识产权协会”、建立知识产权与技术创新、技术交易三者联动机制的建议。关于体育事业发展，赵雯介绍，今年上海将举办的国际国内重大体育赛事达130多次，赛事经济已经成为上海体育产业发展的最大特点。

市社联党组书记、专职副主席沈国明在主持会议时指出，市社联搭建这样的官学互动平台，邀请市委、市政府领导经常和专家学者对话，有助于社科界更好地了解国情、市情，让学术研究更接地气，让研究成果更富实效。市社联专职副主席刘世军在座谈会上提出，旅游是人文社科普及工作的重要渠道，要推动科普与旅游的深度合作，加强对导游的历史地理、风俗人文和自然宗教等方面的普及培训，把旅游变成我们开展科普工作的“一潭活水”。

座谈会最后，赵雯提出希望上海市社联搭建平台、形成机制，让更多的专家学者参与政府决策的调研和论证，贡献智慧和力量，不断推动政府决策的科学化和民主化。

全国人大常委会副委员长陈至立赴上海市妇女学学会调研

5月20日，十一届全国人大常委会副委员长、全国妇联原主席、中国妇女研究会会长陈至立，在上海市妇女学学会召开调研座谈会，调研妇女研究工作，希望妇女研究要"更高""更深""更广""更实""更新"。

陈至立充分肯定上海的妇女研究工作，认为上海的妇女研究很有特点、很有特色。一是起点高，把妇女研究放在"大众创业、万众创新"的大背景下开展，有高度，有前瞻；二是结合紧，把妇女研究与党和政府的中心工作紧密结合，与妇女的需求紧密结合，重实践，接地气；三是平台大，通过研究会、基地、课题等手段，把全市的力量整合起来，做大事、出成果；四是转化好，研究成果能及时转化为党和政府的政策议题，重运用，促决策；五是方法新，能够把握时代发展大趋势，运用"互联网＋研究"，开放合作、数据共享。总体上看，上海的妇女研究具有很强的理论性、实践性、创新性、前瞻性和开放性。我深深感到，地方的妇联研究最有生命力、最有创新力。

陈至立认为，妇女问题不仅是女性自身的问题，而是一个社会问题，需要全社会，包括男性、尤其男性决策者的关注。她希望从五个方面进一步加强妇女研究工作。一是水平要更高。做任何工作，都不能事务主义，工作水平高，首先要有高水平的理论研究，要以中国特色社会主义理论为指导，把中国的妇女理论研究提高到更高水平；二是深度要更深，要注重妇女研究的专业性、学术性，研究成果要有深厚的学理支撑；三是眼界要更广，研究选题要更加广泛，要有世界眼光和战略眼光，瞄准前沿性、前瞻性重大问题组织研究；四是学风要更实，要充分发扬理论联系实际的马克思主义学风，注重调查研究，注重经验总结，注重从国情和中国妇女的实际状况出发，注重推动研究成果的政策转化；五是方法要更新，要充分认识互联网带来的研究方法的革命意义，充分运用大数据等新方法，把理论与运用、抽象和具体、数据与案例结合起来，努力出更多成果、更多人才。

全国妇联书记处书记、妇女研究所所长、中国妇女研究会秘书长谭琳参加调研。市妇联主席、市妇女学学会会长徐枫汇报了近年来上海妇女理论研究工作。上海市政府发展研究中心副主任周国平、市社联专职副主席刘世军、同济大学党委副书记马锦明、上海大学教授邓伟志、上海工程技术学院教授张健明、市社科院研究员赵蓓文、市委党校教授周敬青、复旦大学副教授沈奕斐等参加调研座谈会并发言。

上海市副市长时光辉赴市社联调研

5月27日，上海市副市长时光辉到市社联，就养老与社会保障问题与上海社科界专家学者座谈调研。市社联主席秦绍德出席座谈。市社联党组书记、专职副主席沈国明汇报了社联工作近况。市社联专职副主席刘世军及社联相关处室负责人参加会议。

时光辉副市长在听取与会专家发言后，介绍了上海养老工作的现状及发展前景。他强调，上海历届市委、市政府都非常重视养老和社会保障工作。近年来，上海养老服务的顶层设计和总体思路主要是构建“五位一体”的支柱体系建设，即养老服务供给体系、保障体系、政策体系、需求评估体系与监管体系。他指出，上海的养老工作要根据中国和上海城市的现实，不存在毕其功于一役的解决办法，也不能照搬几十年前发达国家高福利的那一套，只有从国情出发，在实践中不断深化认识，完善工作方法，创建有中国特色、上海特点的养老工作新模式。

时光辉强调，上海应继续坚持以家庭养老为基础，社区养老为依托，机构养老为支撑的“9073”养老模式。其中，居家养老居于决定性地位。社区嵌入式的养老模式要进一步推广，避免把有限的资源集中在特大型养老院的建设。要继续推动医养结合，对养老院与医疗护理机构作科学布局。要注重养老服务队伍建设，完善收入分配体系。要理清养老领域政府和市场的关系，提高基本公共服务定价的合理性，对应该享受补贴的对象从过去补供方转向补需方，不能忽视成本机制，制约市场发展；更不能忽视公共服务的公平性、有效性。

时光辉指出，人口老龄化是社会发展到一定阶段的必然现象。对于这样一个长期性、战略性的基础问题，学界应高度关注，跟踪关注政府的相关实践，与实务工作者保持沟通和交流，形成实践与理论的合力，本着对老年人负责、对社会负责、对历史负责的态度，共同为上海养老工作的可持续发展勤于谋划、志于贡献，推动党的十八大、十八届三中全会有关精神在上海的贯彻落实。

复旦大学社会发展与公共政策学院教授任远、上海交通大学安泰经济与管理学院农村经济研究所所长顾海英、华师大公共管理学院副院长钟仁耀、上海交通大学国际与公共事务学院副院长章晓懿、上海师大法政学院副教授张祖平、同济大学经济与管理学院教授周向红、上海财经大学公共经济与管理学院副教授郑春荣、市老年基金会秘书长甘维刚参加调研并先后发言。

学习贯彻中央和上海市委重要会议精神

上海市社联召开党组中心组学习(扩大)会议暨2015年务虚会

1月5日,上海市社联召开党组中心组学习(扩大)会议暨2015年务虚会。市社联主席秦绍德,市社联党组书记、专职副主席沈国明,市社联党组副书记、专职副主席桑玉成及社联处以上干部出席会议。与会同志认真学习了习近平总书记在党的十八届四中全会以来的系列讲话精神、围绕全面深化改革、培育和践行社会主义核心价值观等重点工作,在回顾总结2014年工作的基础上,就新一年度广泛团结动员社科工作者,继续完善工作机制,创新活动载体,努力使社联五大公共文化服务平台建设焕发新活力,进行了热烈的研讨,形成了五点共识。

一、 全力办好年度重大学术活动

一是组织上海社科界学习、宣传、贯彻党的十八届四中全会精神系列研讨活动。二是围绕重大社科专题、节庆纪念日、学术纪念日等,开展兼具学术影响力与社会感召力的专题学术活动。在新文化运动兴起100周年、抗日战争暨世界反法西斯战争胜利70周年之际,重点组织跨部门、跨学科的重大学术活动。

二、 深入开展社科研究与决策咨询工作

一是进一步加强"未来城市发展·上海思想"系列研讨品牌建设,特别是结合"12·31"上海跨年踩踏事件的沉痛教训,拓展"未来30年"上海发展战略研究,与高校科研机构加强合作,为上海市委、市政府城市安全管理决策提供科学理论支持。二是聚焦"马克思主义中国化、时代化、大众化",巩固上海马克思主义研究公共平台的学术地位和服务质量,推出年度报告等成果。三是围绕"法治中国""现代国家治理""领导干部实践创新""上海学人思想"等重大专题,举办系列学术茶座。每周推出"星期五学术茶座",推动社联学者之家建设。对全市社科评奖系统进行改造升级。

三、 不断完善学术社团管理与服务机制

一是做好学术社团的日常管理服务工作。完成例行年报、年检,组织"达标学会"评审

与“三优一特一品牌”评选。抓好社团党建，举行学术团体党组织负责人会议。加强学会青年骨干培养，资助学会“青年学者论坛”，重点支持跨学会青年学术活动。举办学会干部专题培训班，开展“社科工作者看社会”活动，组织学会工作者到兄弟省市对口单位交流学习。二是坚持培育学会学术创新能力。举办第九届学会学术活动月、会长论坛。对基础学科类学会主办的重要学术研讨活动给予资助。推动社科研究成果社会化、市场化。三是每月组织示范性学术活动。组织学会围绕重大主题、纪念活动，开展专题学术活动。推动学会开展跨会联合活动，及时发布学会动态与活动情报。

四、 推动社科普及类公共文化产品的开发创新

深入开展党的十八届四中全会精神主题宣讲活动。举办第十四届上海市社科普及活动周。召开新一期“科技与人文的对话”论坛与“望道讲读会”。完成“上海市民时政关注指数”调研。推进“诵读经典名篇，滋养核心价值”中外经典名篇推荐活动。重点推出“历史季”“法学季”演讲季活动。开发公众喜闻乐见的讲坛衍生产品。升级社科普及新媒体平台。进一步创新东方讲坛管理机制。

五、 加强学术期刊决策咨询功能，优化新技术条件下网络传播策略

《学术月刊》强化问题导向，探索跨学科选题开发。提升“学人访谈”栏目品质，做好当代学术史积累工作。开发国家治理、政治学、法学等重点选题，精心组织学术活动，提升刊物综合影响力。办好年度中国十大学术热点评选活动。优化期刊新媒体布局，以网站建设带动微博、微信品牌，推动编辑工作数字化。推出“学术月刊丛书”新作。《探索与争鸣》围绕学术热点与重大时间节点举办研讨会。召开纪念创刊 30 周年高端论坛，与沪上相关高校联合推出“学术名家与学术中国”系列演讲。继续做好青年学者培育工作，召开首届青年理论创新奖颁奖大会及两次青年学术沙龙，筹备青年理论读书会。筹建官方网站，办好微信平台。出版《警钟：聚焦苏东巨变》《探索与争鸣》系列丛书。

六、 加强机关建设，完善内部管理

深化服务型党组织建设，巩固青年干部基层挂职制度。用好党建联建机制，为机关干部广交社科界朋友开辟新渠道。不断加强信息采编和舆情研判工作，为门户网站整合最新技术手段。深入推进地方志工作，全面反映近年上海社科事业进展，提升市社联在本市学界的认可度、号召力。促进国际性学术交流，提高涉外高端论坛影响力，在严格把关的前提下，为国外学者来沪交流创造条件。做好新形势下对台交流工作，以加强两岸文化纽带为切入点，策划较有影响力的访台活动。梳理社科界建议与需求，为“上海社科交流中心”的筹建工作补充新构想。

会上，与会人员还对 2015 年社联面对的新形势、新任务展开分析和讨论，畅谈了感想，表示要振奋精神、积极努力、主动作为，将 2015 年工作目标落细、落小、落实，不断开拓思路创新业务，着力加强机关执行力，为进一步推动社科事业繁荣发展而扎实工作。

上海市社联召开第六届委员会第九次全体会议暨2015年社科界迎春座谈会

2月4日，上海市社联召开第六届委员会第九次全体会议暨2015年上海社科界迎春座谈会，近百位上海社科界专家学者欢聚一堂，喜迎新春。市社联主席秦绍德发表讲话，市社联党组书记、专职副主席沈国明作工作报告，党组副书记、专职副主席桑玉成主持会议，专职副主席刘世军宣读市社联致全市社科工作者的新春慰问信。市委宣传部理论处处长季桂保宣读市委宣传部副部长李琪为大会发来的致辞。

秦绍德同志在讲话中指出，市社联在新的一年中，要继续推动社科界努力研究关系我国经济社会发展的全局性、战略性问题，研究马克思主义中国化的重大理论问题，着力使这些理论研究对建立"三个自信"作出新贡献。要营造良好的学术争鸣氛围，跳出简单划线的思维框架，提倡言之有物的争鸣、心平气和的争鸣、求团结的争鸣，倡导严谨踏实的学风。要下大力气做好社会科学知识的普及工作，在科普工作中突出马克思主义意识形态的引导，推动全社会更好地培育和践行社会主义核心价值观。社联机关同志要继续巩固群众路线教育实践活动成果，贯彻"从严治党"要求，着力培养理论思维能力，提高群众工作能力，增强活动组织能力。

沈国明同志在报告市社联工作时强调，过去一年中，市社联在市委、市委宣传部的领导下，在广大社科工作者的支持帮助下，深入贯彻党的十八大和十八届三中、四中全会精神，学习贯彻习近平总书记系列重要讲话精神，着力加强五大文化服务平台建设，弘扬社会主义核心价值观，在扎实推进哲学社会科学发展方面取得了一定的成绩。2015年，市社联将把党的十八届三中、四中全会精神的学习、宣传、贯彻工作进一步引向深入，把社会主义核心价值观的宣传普及落细落小落实，在提高学术社团服务管理水平、加强意识形态分析研判能力、加快国际传播能力建设方面主动作为积极创新，着力用中国特色社会主义凝聚思想共识，以理论自信支撑道路自信、制度自信，为提升上海城市文化软实力，服务党和政府工作大局提供思想保证，营造舆论氛围，创造文化条件。

黄仁伟、周锦尉、俞新天、张军等上海社科界专家代表立足各自专业领域，就如何准确把握中央和市委关于经济社会发展的总体要求、主要任务作了发言，并对进一步提升社联工作提出了建议和期望。社科界合唱团、京剧社，以及文艺界有关代表为与会专家学者表演了助兴节目。

上海市社联召开上海社科界学习党的十八届五中全会精神学术研讨会

11月26日，上海市社联在锦江小礼堂召开上海社科界学习党的十八届五中全会精神学术研讨会。市社联主席秦绍德出席并致辞，市社联党组书记、专职副主席沈国明作会议总结，市社联专职副主席刘世军主持会议。上海市政府发展研究中心党组书记、主任肖林，市经济学会会长周振华，上海社科院世界经济所副所长权衡，复旦大学经济学院院长张军，上海财经大学教授丁剑平，分别以“学习和践行五大理念　全面推进自贸区和科创中心两大战略”“创新是引领发展的第一动力”“参与全球经济治理，提高经济强国地位”“关于‘十三五’的经济增长展望”“大数据为双向对外开放护航”为题作主旨演讲，并与现场听众互动。市社联所属学会代表、社联机关干部等150余人参加会议。

秦绍德主席在致辞中指出，刚刚胜利闭幕的党的十八届五中全会审议通过的《中共中央关于制定国民经济和社会发展第十三个五年规划的建议》，描绘了未来五年乃至更长时间内我国发展的宏观蓝图，是今后五年我国经济社会发展的行动指南。在学习宣传全会精神首轮热潮之际，市社联邀请相关领域知名专家，一起围绕深入学习党的十八届五中全会精神这一主题进行学术研讨和思想交流，就是要更加充分展示和交流上海社科界前期的学习研究成果，为形成思想共识、推动学习全会精神走向深入打下坚实基础。

秦绍德主席强调，进一步学习好党的十八届五中全会精神，一要继续在准确深入上动脑筋。五中全会通过的决议思想深刻，内容丰富，有很强的系统性、战略性、前瞻性和政策性，学习全会精神要紧紧围绕时代背景、重大意义、主要内容、重要举措等重点内容，从全会的主要文本和精神理念出发，原原本本地学、带着问题学、联系实际学，讲求实效，在准确把握重点内容、精神实质的前提下，把学习活动不断地引向深入。二要继续在结合转化上下工夫。党的十八届五中全会提出了创新、协调、绿色、开放、共享五大发展理念，反映我们党和国家对于发展规律的新的认识，社联要组织社科专家学者紧密结合上海改革发展实际，着重围绕深入领会和贯彻落实五大理念，推进系列重大理论问题、重大实践问题和重大经验的总结，为党和政府决策提供专家思考和智力支持。三要继续在解读阐释上下力气。社联要发挥学科荟萃、联系面广的优势，组织所属社团和社科工作者，充分借助东方讲坛、新闻媒体等传播平台，面向基层和广大社会公众，解读全会精神；专家学者在宣传讲解中要更紧密联系上海实际，解答热点难点问题，回应群众关切、改进和提升传播的效果，兴起全社会学习全会精神的新热潮。四要继续在指导实践上具有实效。社联要借助学习贯彻党的十八届五中全会精神的东风，设定愿景目标、规划自身发展，明确改革任务。要按照中央批准的上海市群团改革试点方案，在市委宣传部的领导下，积极稳妥地推进先行先试的改革探索，进一步团结服务凝聚社科界专家学者和学术团体，实现上海社会科学事业新的发展和繁荣。

肖林研究员认为，上海作为我国改革开放排头兵，创新发展的先行者，要以五大发展理念统筹指导“十三五”发展。一是围绕全面实施国家战略，深化创新发展。上海要围绕基本建成四个中心，建设具有全球影响力的科技创新中心和建设中国上海自由贸易试验区国家战略，进一步强化技术、产业、制度、模式等方面的创新，大力营造城市创新的生态，全面激发城市创新的活力，真正使创新成为第一生产力，在创新驱动中提升城市功能，激发城市活力。二是立足提升综合竞争力，强化协调发展。协调发展是上海一直努力追求的目标。上海应该进一步强化城乡之间、城市与周边地区之间的协调发展，进一步强化总量结构与效益、市民需求与公共服务等供给方面的协调发展，全面提升城市的综合竞争力。三是发挥最大的开放优势，深化开放发展。开放是上海实现快速发展的最大优势，上海城市发展更需要开放引领，以开放促进改革，以改革促进发展，以国际化视野推进社会发展，成为我国开放性经济新高地，引领我国改革开放。四是守住城市发展的底线，强化绿色发展。多年来随着城市的快速发展，上海城市人口膨胀，资源约束生态环境的压力不断加大，已经成为上海城市发展的重要瓶颈。上海要在守住人口规模、建设用地、生态环境、城市安全等城市发展的底线的前提下，强调资源消耗低、环境污染少的生产方式，强调居民身体健康的生产消费方式。五是强化共享发展。城市发展的出发点是为了增进人民的福祉，上海要把增强市民的幸福感作为城市发展的根本出发点和发展的导向。更加注重以人为本，强化人的社会中心的地位，让城市发展的成果惠及广大人民群众，进一步增强城市发展的凝聚力。

周振华研究员主要阐述了创新的发展理念。为什么创新是引领发展的第一动力？他认为，一是创新可以克服要素投入边际效益递减，任何的要素投入的边际收益都是递减的，唯有创新边际效应是递增的；二是创新提供发展源源不断的动力；三是创新不断地拓展新的发展空间；四是创新也可以提高生产可能性边界，也就是潜在增长率，在要素投入不变的情况下，通过改变生产函数组合可以提高潜在增长率。他强调，首先，要准确把握创新发展的理念。中央文件明确提出理论创新、制度创新、科技创新、文化创新等各方面创新，而不是像以前仅仅提创新驱动发展战略，创新驱动发展战略特指科技创新，所以这次创新发展就是全方位系统创新，其中理论创新是先导，制度创新是关键，科技创新是核心，文化创新是基础。其次，创新要有明确的指向性和目的性。结合本地的经济发展实际还是需要问题导向、需求导向来指导创新。上海“十三五”期间如何进一步促进新兴服务贸易的发展？智能制造的发展、工业园区的更新升级、城市的更新改造以及经济和体系的重新调整，这些都需要有明确的指向进行创新。第三，要追求有效率的创新。任何创新都是有投入的，有的甚至是比较大的投入。要做到有效率的创新，首先创新要到位，创新半途而废是效率低下。其次是创新溢出扩散效应要充分发挥。第三要形成创新的集群，创新的集群不仅是物理上的集群，搞一个园区，更重要的是平台和网络上的集群。最后是创新策略的有机组合，其间有边际性创新和策略性创新，把这两个进行有效组合，对于创新发展是很好的推进。

权衡研究员指出，我国在参与全球经济治理中需要处理好几个关系：第一是处理好中国和美国的关系，这对于中国顺利参与全球经济治理至关重要。第二是处理好中国参与规则的制定和改变规则之间的关系。我们参与国际规则的制定，并不代表必须改变现有的国际规则，应该积极完善现有的国际规则，不要尝试完全改变。第三是处理好中国在全球经济治理中的作用与中国作为发展中大国地位之间的关系，中国要积极发挥全球经济治理的作用，同时也要处理好与发展中国家的关系。第四是处理好中国经济新常态和世界经济新常态的关系，这两者是互动的，两个新常态应该彼此引领。第五是处理好中国与世界各国和地区的合作共赢关系。第六是处理好中国的自身改革开放和参与全球经济治理之间的关系，在参与全球经济治理的时候，首先自己要做好，只有自己做好了，才能有资本、有能力、有基础去积极应对全球经济共同的问题，参与全球经济治理，从而由大国变成强国。

张军教授认为，未来五年中国经济依然存在较高的潜在增长率。“十三五”的规划建议，谈到了在未来五年非常关键，关键里面特别强调了我国增长还是要维持在7%左右。未来五年我们应该能让经济确保有足够的增长，当然增长不可能太快，但是也不应该低于6.5%。中国经济依然存在较高的潜在增长率，最浅显的理由就是人均GDP水平、人均资本存量都远低于发达国家。当然增长不可能太快，因为总体上中国经济的结构变化在总量上显示出一个特点，2012年以后，中国GDP当中的服务业贡献率超过制造业，这是巨大的变化，意味着未来的中国经济的增长速度不可能太快，因为服务业驱动的增长速度要比制造业驱动的增长速度慢。但是中国还需要较快的增长，未来“十三五”如果还可做到7%，是比较理想的，因为中国在未来需要有足够增长的能力来解决劳动力转移的巨大需求。

丁剑平教授指出，大数据为“走出去”的人民币“护航”。应对当前境内外经济发展的新常态，整合大数据来护航人民币“走出去”成为我国亟待解决的问题。上海自贸区将率先实现资本项目可兑换和人民币跨境使用等改革的尝试，这些都是我国在新常态下的金融开放的创新。伴随着上海自贸区账户(FTA)的人民币跨境支付系统(CIPS)(一期)投入运营，大数据概念开始启动。如今各类国际研究机构都在大数据上挖掘“潜能”，本外币流动的资产负债还将要继续分类细化。全球各国际组织、区域经济组织、跨国公司、产业链的关联企业乃至个人账户的资产负债要统一起来集中进行分析预警。动态地监视本外币期限的匹配才能为“走出去”的人民币“护航”。中国特色的人民币资本项目可兑换也将建立在大数据下，这也是一种金融监管创新。

机关党建

上海市社联开展城乡党组织结对帮扶活动

2月12日下午，上海市社联机关党委及各支部党员代表一行由机关党委副书记何畏带队，赴奉贤区青村镇南星村进行走访慰问。在走访过程中，市社联代表看望了部分生活困难村民，为他们送去了慰问食品和慰问金，并与南星村村委会相关干部进行了座谈，对近几年南星村基层党组织建设、农业产业建设和城乡发展等情况进行了深入了解，初步达成了2015年“七一”联合举办党建联建活动的合作意向。

市社联机关党委与奉贤区南星村村委会开展了长期的城乡党组织结对帮扶活动，至今已进行了三轮结对帮扶。这次走访活动，作为正在开展的青年党员赴南星村基层调研活动之一，得到了机关各支部的积极响应和支持。各支部派出了以青年党员为主的党员走访代表，通过实地考察、参加座谈会、走访慰问困难群众等形式，了解南星村的基础设施建设情况和村民生活情况，支持村民实事工程和党建工作，促进社联青年干部进一步深入基层联系群众，转变机关工作作风，提升服务意识和服务能力。

上海市社联召开干部大会

3月6日,上海市社联召开全体机关干部大会。专职副主席刘世军主持,党组书记、专职副主席沈国明,党组副书记、专职副主席桑玉成出席大会。会上表彰了2014年度社联机关及刊业中心年度考核优秀个人及部门工作优秀奖项。桑玉成副书记通报了市社联党组民主生活会的情况。沈国明书记传达了杨雄市长在上海市第十四届人民代表大会第三次会议上的政府工作报告精神,并对今年市社联工作提出要求。他指出,2015年要在上年工作基础上,围绕市委、市政府的八项主要任务全力推进社联的各项工作,要积极办好年度重大学术活动;要深入开展社科研究与决策咨询;要不断完善学术社团管理与服务机制;要推动社科普及类公共文化产品的开发创新;要加强学术期刊引领学术功能,优化新技术条件下网络传播策略;要加强机关建设,完善内部管理,推进全年各项工作迈上新台阶。

上海市社联开展参观考察活动

临近清明节，为弘扬民族精神，缅怀革命先烈，3 月 26 日，上海市社联机关党委、工会组织全体社联干部职工参观松江区的爱国主义教育基地、中科院上海天文台佘山科技园区并考察松江区生态建设环境。参观考察活动由市社联党组副书记、专职副主席桑玉成带队，松江区泗泾镇宣传部部长吴德其陪同。

首站参观了上海报业大亨、革命进步人士史量才的故居，以及复旦大学创建人、首任校长马相伯先生的故居。从史量才著名的一句话“国有国格，报有报格，人有人格”充分体会到办报办刊的同人们奉行的理念。而两处故居厅堂内挂满的生平经历和卓越贡献的文字及相关图片，更生动形象地展示了主人平凡而伟大的一生。

第二站来到中科院上海天文台佘山科技园区，由上海市人大常委、上海天文台副台长沈志强向市社联职工介绍了上海天文台的概况及我国深空探测事业的现状，并实地参观了深空探测指控中心、天马望远镜、天文博物馆等。使市社联职工对于我国天文观测事业有了进一步的了解，拓宽了个人对世界观、人生观的认知。

本次活动鼓励职工通过摄影或文字记录下当天参与活动的感想，并将组织有奖评选，使参观的意义更长久、更深远的留在每位同志的心中。

华东地区社会科学普及工作经验交流暨理论研讨会召开

4月22日至24日，华东地区社科联社科普及工作经验交流暨理论研讨会在上海召开。来自华东六省一市和湖南省、山西省社科联的30余名社科普及工作者齐聚上海，共同围绕新时期如何开展社科普及工作进行交流。市社联党组书记、专职副主席沈国明致辞，并就社联如何发挥好"智库"作用，为经济和社科事业发展作出贡献提出了看法。市社联专职副主席刘世军主持会议。

会上，各省(市)社科联代表交流了社科普及工作经验，并重点围绕"社科普及面临的新形势、新任务""社科普及内容、对象、载体及途径""移动互联时代社科普及的新思路""华东地区社科普及工作联动与合作机制"等议题，结合各自实际，突出自身特点，从不同角度、不同层面做了交流研讨，为如何做好下阶段社科普及工作提供了许多有益的新思路新措施。

一、积极推进社科普及立法工作，从根本上确立社科普及事业的制度政策保障。经过不懈努力，各省(市)社科联在科普立法方面又取得了新的进展。福建省人大出台的《福建省社会科学普及条例》已于2014年9月30日正式颁布实施。山东省社科联制定的《山东省社会科学普及条例》在2014年的7月31日，经山东省人大第十二届人民代表大会常务委员会第九次会议通过，确定自2014年10月1日起施行。湖南省社科联制定的《湖南省社会科学普及条例》已经列入湖南省人大常委会2015年立法审议计划，2015年5月下旬将提交人大常委会一审。江西省社科联已与省人大教科文卫委、省人大常委会法工委的相关同志组成社科普及立法课题组，加快推进江西省社科普及立法进程。《江苏省社会科学普及促进条例》已列入省人大常委会立法规划调研项目，开展调研工作。这些省份在推进社会科学普及立法方面的突破，极大地鼓舞了其他省份的社科联，并提供了可资借鉴的经验。

二、努力对接多样化文化需求，精心打造多层次多元化的人文社科讲坛。为更好实现新时期社科普及的"社会性、群众性、多样性"，各省(市)社科联努力做精做强各类人文社科讲坛。上海的"东方讲坛"在2014年至2015年相继打造了"哲学演讲季""文学演讲季""历史演讲季"等高端人文学术讲坛，满足城市精英白领等高素质受众的文化需求。山东的"齐鲁大讲坛"围绕政治、经济、文化、国际关系、法制建设、卫生医疗、甲午海战等备受社会关注的热点问题开展，深受社会各界欢迎和好评。福建省、市、县(区)三级社科联系统同步举办社科普及讲座 1 100 多场，丰富了福建各地域、各阶层群众的文化生活。在全国颇具影响力的浙江人文大讲堂已经成功举办十一年，为浙江的经济社会发展和浙江公众的人文社科素养提升起到了积极作用。江西省的“社科大讲堂”已经成为江西具有较大影响力和较高知名度的公共文化讲座品牌。从现有情况来看，各省(市)既积极开发高端的学术资源实现社会的共享共推，还采纳“菜单式”的讲坛文化配送方式，并注重依托电视、报纸、网络等媒体进行广覆盖传播；使得这些公共讲坛在传播社会主义核心价值观、满足人民群众多样化文化需求、促进社会和谐培育大众理性等方面，发挥了重要作用。

三、不断开拓社会科学普及渠道，着力打造社科普及基地建设。从各省(市)社科联的实践来看，社科普及基地对于开发和整合社科普及资源，健全和发展社科普及网络，动员和鼓励社会各界力量参与社科普及事业均起到了十分重要的作用。江苏、浙江、山东、江西等省社科联都在原基础上加速推进建立社会科学普及基地，这些普及基地既涵盖旅游景区、博物馆、档案馆、图书馆、纪念馆等文化场馆，也吸纳大专院校、科研机构和企业场馆等特色基地，形成层次分明、分布广泛、覆盖城乡的社科普及工作网络，更好地发挥科普基地传播社会科学知识的载体和渠道作用。各省(市)在推行社会科学普及基地建设过程中积极拟定实施办法、申报细则，涉及单位申报、实地考察、专家评审，机构复审等具体环节和规定，采纳“定期评估”“引入竞争”“以奖代补”等激励机制，使基地建设逐步走上科学化、规范化、长期化的发展道路。

四、充分利用信息技术传播优势，探索移动互联时代的社科普及新模式。随着互联网技术的发展，以微博、微信和手机客户端等为代表的新媒体平台日渐普及，以其便捷交互的优势，迅速成为人们获取信息的首选来源，成为了传播知识、凝聚共识的新阵地，同时也为社科普及提供了新的平台和发展机遇。各省(市)社科联积极实践各类新媒体平台，提升社科普及工作的影响力和传播力。湖南省选取“红网”演播中心对科普活动周进行现场直播，提升活动的影响力和覆盖力；上海市社联着手打造了“东方讲坛网上业务平台系统”，创设了“社科视窗”官方微博、“东方讲坛”和“望道讲读会”微信公众订阅号、“东方讲坛视频”和“东方讲坛音频”频道、“东方讲坛”APP 等新媒体载体，以更广阔的渠道向大众普及社会科学知识，实现科普效益的最大化；福建省社科联在八闽社科普及网启动“首届社会科学知识有奖竞答活动”，极大地激发了公众接受社科知识普及的热情，社科联系统还通过微信、微博对讲座进行事前预告、事中、事后报道，以及开设手机报推出知识讲座栏，提升自主讲座品牌的影响力和知名度。山东、安徽等各省也开始探索微信等新媒体建设，打造公众社科普及宣传平台。新媒体日益成为一条知识与思想传播的信息高速路，开启社科普及的新时代。

五、继续完善社科普及工作的体制机制，为科普工作凝聚更多社会资源。为提升社科普及工作的公共服务能力，各省(市)社科联不断锤炼社科普及工作的体制机制，积极整合、动员、协调各种社会力量参与和支持社会科学普及工作。上海市社联搭建各类平台载体，整合多方资源，形成了由社联所属学会、沪上各高校及科研院所、全市 17 个区县的街道镇、市级委办局等纵向、横向的协作网络，组建了由沪上 2 000 余名专家学者组成的社科普及工作多元结构性主体。山东省建立了社会科学普及工作联席会议制度，并成立山东省社会科学普及工作领导小组，小组组长拟请省委宣传部主要领导、省政府分管领导担任。成员单位包括省委宣传部、省编办、省教育厅、省文化厅、省财政厅等。湖南省成立了“湖南省社会科学普及宣传活动组委会”，对全省社科普及工作进行整体规划和对重大科普活动具体策划，同时每年根据工作开展的需要，对组委会成员单位进行调整。福建省社科联着手推动建立省政府分管领导主持的省社会科学普及工作联席会议制度。通过这些省市的努力，社科普及工作的社会动员能力得到不断加强提升，形成方方面面力量关心支持社科普及事业的良好局面。

通过研讨交流，大家一致认为要进一步提高对科普工作重要性的认识。应该把社科普及工作放在四个全面重大战略布局的落实，“三个自信”的根本要求，“大众创业、万众创新”的时代氛围以及培育践行社会主义核心价值观的战略高度之中来认识。

会议认为，要做好新时期的社科普及工作，必须重视科普立法、科普基地的建设、科普人才和队伍的培养建设以及科普内容的建设；要畅通科普渠道，构建科普网络，创新科普形式，丰富科普内容，要面向时代、面向实际、面向人民，以时不我待的紧迫感和敢于担当、勇于创新的使命感投入到社科普及事业中，进一步提高对科普工作规律的认识。

社联组织在繁荣发展哲学社会科学事业中具有不可替代的作用。与会代表一致认为，繁荣发展哲学社会科学事业与中华民族伟大复兴事业是紧紧融合的。在此过程中，社联组织应该大有作为，也应当大有作为，要最大限度地把广大社会科学工作者团结起来、联合起来，使其成为一支紧跟党走、服务人民的有理想的队伍；一支朝气蓬勃、富有创造，在推动哲学社会科学繁荣发展的过程当中有担当的队伍；一支学风优良、学问精深，为推动中华民族伟大复兴而不懈奋斗并贡献聪明才智的队伍。

经大会组委会商议决定，2015 年下半年华东地区社科联社科普及工作经验交流暨理论研讨会由江苏省社科联承办。出席会议的江苏省社科联党组副书记、副主席汪兴国表示，将创新思路、精心筹备，努力办好下半年的经验交流会。

《探索与争鸣》编辑部在上海市社联举办创刊30周年座谈会

5月13日，《探索与争鸣》编辑部在上海市社联举办创刊30周年座谈会。市社联主席秦绍德，市社联党组书记、专职副主席、《探索与争鸣》学术指导委员会主任沈国明，市社联历任老领导、《探索与争鸣》历任主编和编辑代表出席本次座谈会。会议由市社联刊业中心主任张勇主持。

《探索与争鸣》编辑部首先向老领导和老主编汇报了近年来《探索与争鸣》的办刊情况，以及今年的办刊计划。与会老领导和老主编对刊物近年来在社联党组领导下，坚持关注中国当下重大现实问题并做深度理论评析，对刊物在学术界取得的不俗成绩，表示充分肯定。与会老领导和老主编指出，《探索与争鸣》要继承好老一辈学术编辑筚路蓝缕的精神，在成绩面前不骄不躁，一如既往坚守住问题意识和现实关怀，同时兼容并蓄，勇于创新，继续发扬学术为底、思想为旗的风格，为广大社科界奉献出更多的学术精品。

秦绍德主席总结回顾了《探索与争鸣》自1985年创刊以来的发展历程，并勉励编辑部全体成员在办刊中要坚持做到"探索有据、争鸣有度"。探索有据，就是对现实问题、对理论问题，要有准备地思考、有准备地探索，即探索的前提一定是要有理论的准备，而不是人云亦云。争鸣有度，首先是要守住宪法和党规的底线，在底线上的广阔天地进行学术争鸣；其次是要大度，包容各种观念和学派，不要以路线斗争的思维来划线，不要把各种观点简单地划分左右，不要以"左右"平衡来取舍稿件；再次是要有风度，要做到有锋芒而非愤青，有锋芒而不偏激，才能抓住真正问题，走在时代前列。

上海市社联组织历史文化寻访活动

6 月 3 日，上海市社联机关党委组织历史文化寻访活动，考察了素有“远东第一监狱”之称的上海提篮桥监狱，参观了上海犹太难民纪念馆，考察了百年杨树浦水厂的英式古典建筑群和现代自来水的生产制造工艺，参观了享有“电力工业摇篮”美誉的百年杨树浦发电厂，以及中国救捞陈列馆。寻访活动加深了机关干部对上海近代以来历史文化和工业发展的了解，对上海深化改革转型发展有了更真切的感受。

在寻访活动中，机关干部参观了提篮桥监狱的史料陈列馆，上海地下党的斗争历史和审判日本二战战犯的史料给大家留下深刻印象，大家表示，只有不忘历史，才能珍惜现在，开创美好未来。活动中，还安排一位服刑犯人现身说法，他的犯罪过程和认罪悔罪的痛切感受给大家带来了强烈的心灵冲击，大家认为，这个案例具有很强警示意义，要通过正在开展的“三严三实”教育，进一步强化法纪观念，敬法畏纪，遵纪守法；要加强世界观的改造，不断自警自律，始终保持头脑清醒；要坚守法律和道德的底线，做老实人、说老实话、干老实事。

本次活动由市社联机关党委书记桑玉成带队，机关党委副书记何畏、张勇、吴伟余和机关党员干部共 40 人参加了活动。

上海市社联开展“三严三实”严以修身专题研讨

6月8日，上海市社联党组中心组以“严以修身”为主题，召开“三严三实”专题教育第一次集中学习研讨。市社联党组书记、专职副主席沈国明主持会议并讲话。市社联党组副书记、专职副主席桑玉成，市社联党组成员、专职副主席刘世军参加本次学习。社联全体处级以上干部与会。

沈国明同志指出，习近平总书记关于“三严三实”的重要论述，强调了严以修身的重要性，提出了严以修身的明确要求。社联党员干部应该用历史唯物主义和辩证唯物主义原理，对“修身”这一中华民族的优良传统进行批判地改造、继承、弘扬，结合马克思主义中国化、民族化、大众化、时代化，赋予其新的涵义。

沈国明同志强调，严以修身首先要坚定马克思主义的理想信念。社会主义和共产主义理想信念是共产党人的政治灵魂和安身立命之本。那些腐败分子理想信念动摇，没有信仰追求，在党不信党，不信共产主义和中国特色社会主义，说到底就是不修身，不学习造成的。社联的党员干部一定要勤于学习，学懂马克思列宁主义、毛泽东思想、邓小平理论、“三个代表”重要思想、科学发展观，树立正确的权力观、利益观，培养良好作风、永葆政治本色。

沈国明同志指出，严以修身要注重以坚定的党性原则和正确的世界观、人生观、价值观为核心培养高尚情操，自觉抵制歪风邪气，远离低级趣味。他结合典型案例指出，领导干部应净化朋友圈子，拒绝素质低下、趣味庸俗、社会交往混杂的人，做到“君子之交淡如水”。他要求党员干部注重生活细节，培养健康的兴趣爱好，并列举了社联领导参与社科界合唱团与京剧社，广交学者朋友，提高鉴赏格调的例子，希望社联干部都以毛泽东对白求恩的评价要求自己，做一个高尚的人、纯粹的人、脱离了低级趣味的人和有益于人民的人。

沈国明同志最后强调，严以修身要慎独慎微，勤于自省，坚守“干干净净踏踏实实干事，清清白白堂堂正正做人”的原则。他指出，社联虽不是权力机关，但仍行使着一定的前置审批权，在开展评比、组织活动方面也有较大的操作空间。社联同志一定要谦虚谨慎、自警自律、互相提醒，用好手中权力，坚定不移地维护党的利益，不断提升服务社科界的本职工作。

参加社联党组中心组学习的社联处级以上干部的部分代表张勇、王克梅、王钰、孙励华、王心红、叶祝弟等同志随后相继围绕“严以修身”作了交流发言。

上海市社联举行“践行‘三严三实’，争做优秀党员”暨纪念建党94周年党员座谈会

7月1日，上海市社联举行“践行‘三严三实’，争做优秀党员”暨纪念建党94周年党员座谈会。市社联党组领导沈国明、桑玉成、刘世军与社联党员干部共庆党的生日。

会上，首先对市社联荣获宣传系统“一先两优”表彰的科普工作处党支部、陈放明和“青年马克思主义理论读书班”颁发了奖状。并向荣获社联先进基层党支部称号的科普工作处党支部、办公室党支部，荣获优秀共产党员称号的方宁、李嘉俐、应毓超、陈放明、黄谷雨、盛丹艳6位同志，以及荣获优秀党建工作项目的“青年马克思主义理论读书班”等4个党建项目进行了表彰和颁奖。

会上，优秀党员代表分别结合本职工作，围绕践行“三严三实”进行了交流发言。

党组书记沈国明在讲话中肯定了机关各处室取得的工作成绩，希望大家继续学习先进、力争先进，保持良好的奋进势头。沈书记还对下阶段工作提出要求，希望社联广大党员干部面对意识形态领域的各种思潮和严峻的经济形势，要始终坚守党的意识形态阵地，组织学者围绕全面深化改革做研究、出主意，发挥好社联决策咨询服务的作用；党员干部要从严践行“三严三实”，在群众路线教育整改的基础上，从严从实，查找不足和差距，进一步抓好机关建设；要进一步加强机关执行力，守纪律讲规矩，以良好的工作状态形成“想干事、能干事、干成事”的机关氛围，全力服务好社科界。

上海市社联开展“三严三实”严以律己专题研讨

7月14日，上海市社联党组中心组以“严以律己”为主题，召开“三严三实”专题教育第二专题集中学习研讨会。市社联党组书记、专职副主席沈国明主持会议并讲话。党组副书记、专职副主席桑玉成作主题发言。党组成员、专职副主席刘世军和社联处以上干部参加了研讨会。

桑玉成同志指出，习近平总书记在“三严三实”的重要论述中对“严以律己”提出了明确要求，就是要心存敬畏、手握戒尺，慎独慎微、勤于自省，遵守党纪国法，严守政治规矩，做到为政清廉。社联同志要充分认识到，严以律己是对古今修己正身之道的凝练和提升，是新形势下加强党的思想政治建设和作风建设的重要原则，党员干部应以此为立身之本、为政之基，领导干部应以此为成事之要，谨遵笃行。

桑玉成同志指出，领导干部有很多职能，但最不容忽视的，是在行为导向方面发挥的作用。习近平总书记曾引用《论语》中的“政者，正也。子帅以正，孰敢不正”，借以说明领导干部唯有严以律己，才能聚人心、合众力，开拓施政新局面。他谈到，对于“刑不上大夫，礼不下庶人”的古语，通常理解为法律面前不人人平等，实际上讲的是真正的士大夫本来就有良好的道德自律意识，不可能触犯法律。英国思想家霍布斯将法律喻为庄稼地边上沿路搭的篱笆，作用是引导人们在路上行走，不要去践踏庄稼。对于一个不会想到去踩庄稼的人来说，这个篱笆是无所谓存在不存在的。所以，最重要的，还是要强调道德自律，筑牢党员干部心中的“篱笆”。

桑玉成同志还结合一些贪腐人员的反面典型，说明严以自律的重要性。

沈国明同志指出，严以律己体现了党的建设的时代要求，是永葆党的先进性、纯洁性的内在保证。社联同志要注重发掘传统文化中的精华，学习做官做人的道理。党的目标是长期执政，党员干部要表现出先进性，表现出引领人民群众的能力，一定要做到严以律己，正所谓“公生明，廉生威”。社联虽然是学术单位，但也有一些审批权和公共资源配置的权力，社联干部切记谨慎处事，严守党纪国法。

沈国明同志最后强调，本次“三严三实”专题学习力戒应景走过场，要以“严”的精神、“实”的作风，真正把学习要求落到实处。

参加社联党组中心组学习的社联处级以上干部的部分代表李嘉俐、朱杏娟、吴伟余、何畏、应毓超等同志随后相继围绕“严以律己”作了交流发言。

上海市社联召开干部大会

8 月 12 日，上海市社联召开机关大会。市社联主席秦绍德，市委宣传部副部长朱芝松、燕爽，市社联党组书记、专职副主席沈国明，党组副书记、专职副主席桑玉成，党组成员、专职副主席刘世军出席会议。会议由朱芝松副部长主持。

首先，朱芝松副部长宣读市委同意市委宣传部免去桑玉成同志市社联专职副主席职务的批复，和市委免去桑玉成同志市社联党组副书记职务的通知。

桑玉成同志在会上讲话时，回顾了六年来在市社联的工作经历并表达对市社联干部群众的感谢。秦绍德、沈国明代表市社联对桑玉成同志在职期间的工作业绩给予高度评价，并对市社联选人用人提出了建议、对市社联未来工作提出期望。

燕爽副部长代表市委宣传部讲话。他对桑玉成同志在上海师范大学、复旦大学和市社联工作期间“具有开拓精神、进取意识，很强的科研能力、组织能力和协调能力”给予充分肯定和赞誉。希望市社联干部能聚焦中宣部、市委宣传部重点工作，围绕“四个平台”建设积极推进本市哲学社会科学工作，并以开展“三严三实”专题活动为契机，进一步加强领导班子和干部队伍建设，为上海深化改革创新发展作出新的贡献。

全国第十七次社会科学普及工作经验交流会召开

9月16日，全国第十七次社会科学普及工作经验交流会在山东济南召开。来自全国30个省、自治区、直辖市社科联160余名代表参加会议。上海市社联党组成员、专职副主席刘世军带队出席会议，并在会上重点围绕近年来上海社联社科普及工作作交流发言。

刘世军认为，首先社科普及要始终坚持内容为王，把准科普工作的主题、主线和主调，具体要做到：一、围绕重大理论问题策划科普活动，如：中国梦、社会主义核心价值观、四个全面、一带一路等；二、围绕重大改革实践的推进，我们针对上海自贸区的建设，组织编发了《自贸区150问》、设立相关研究课题、组织基层宣讲；三、围绕重要时政关注热点，为市民解疑释惑，我们与新华社上海分社合作开展了上海市民时政关注指数调研发布；四、围绕重大社会科学基础性课题，我们自2014年起举办了"哲学与我们的时代""文学与我们的生活""历史与我们的未来"系列演讲，"法治中国——历史逻辑于未来走向""文化中国——从何处来到何处去"学术系列讲座；五、围绕重要著作、人物、事件的纪念年份，活动更具新闻性与关注度，2014年我们作了纪念严复、康德、邓小平、《21世纪资本论》、甲午海战等主题论坛，2015年聚焦熊十力、金岳霖、冯契、冯友兰等20世纪四位大思想家，书展期间连办四场主题演讲，获得广大读者与市民的一致好评。其次，社科普及要紧跟科学技术发展的步伐，插上科学的翅膀，特别是"互联网＋"的概念出现，科普工作者要利用好最新的平台与技术，通过网页、微博、微信、App等媒介，更为广泛的传播社科知识，扩大影响力与覆盖面，拓宽受众人群。

会议对全国优秀社会科学普及专家、社会科学普及作品、人文社会科学普及基地及社会科学普及工作者进行表彰。上海市社科工作者拱佳蔚、李念、张文权、朱慧华、竺嘉政荣获"全国优秀社科普及工作者"称号；葛剑雄、顾骏、姜义华、苏智良、文军荣获"全国优秀社会科学普及专家"称号；《为您的职场生涯镀金》《宪法教育读本》丛书（小学生、中学生、大学生、市民共4册）、《文以化人——东方讲坛·社会科学普及读物系列》荣获"全国优秀社科普及读物"称号；上海市档案馆、中共四大纪念馆、上海中医药博物馆、长宁区图书馆、闸北区图书馆荣获"全国优秀人文社科普及基地"称号。

会议商定，全国第十八次全国社会科学普及工作经验交流会由湖南省社科联承办。

全国社科联联席会议在湖北武汉召开

9月24日至25日，全国社科联联席会议在湖北武汉召开。来自全国31个省、自治区、直辖市的社科联负责人及有关代表150余人参加会议。上海市社联专职副主席刘世军带队出席会议。

本次会议的主题为“建设新型智库，服务科学发展”。中共湖北省委常委、宣传部长梁伟年出席会议并讲话。湖北省社科联主席、华中师范大学党委书记马敏致辞，湖北省社科联党组书记、常务副主席、本届全国社科联联席会议主席团轮值主席曾婕主持会议。会议期间，31个省市区社科联紧紧围绕会议主题，以小组讨论、大会发言和书面交流的形式，分析了当前社科工作面临的新形势、新任务、新挑战，总结了近年来各省市区智库建设方面的工作和经验，探讨了新的历史条件下加强中国特色新型智库建设的方法和途径。内蒙古、广东、江苏、宁夏、云南等省区社科联负责人作交流发言。会议讨论通过了《全国社科联联席会议组织办法》《2015年全国社科联联席会议纪要》。会议商定，2016年全国社科联联席会议由北京市社科联承办，并由北京市社科联党组书记、常务副主席韩凯担任下一年度全国社科联联席会议主席团轮值主席。在与会同志热烈的掌声中，韩凯从曾婕手中接过了“全国社科联联席会议主席团轮值主席”标识牌。

上海市社联办公室主任吴伟余、学会管理处处长王克梅、科普工作处处长应毓超等参加会议。

沈国明作党的十八届五中全会精神学习辅导报告

11 月 4 日，上海市社联举行学习报告会，市社联党组书记沈国明作党的十八届五中全会精神学习辅导报告。机关及刊业全体干部，社联所属事业单位在职党员参加了报告会。

沈国明书记从全面建成小康社会的目标要求为切入点，分析了当前全面建成小康社会决胜阶段的形势，阐述了五中全会中关于“十三五”发展的方向性、原则性重大问题，提出如期实现全面建成小康社会奋斗目标，必须遵循的“六大”原则。沈书记还详细讲解了全会关于“牢固树立并切实贯彻创新、协调、绿色、开放、共享的发展理念”的论述。

沈国明书记在报告中强调，社联党员干部要站位全局，认真学习全会精神，做到先学一步、多学一步，发挥好理论先导作用；要用全会精神武装头脑，特别是深刻理解全会中提出的“理论创新”的要求，更加广泛深入地推进理论联系实际的研究工作，为理论界成果创新和体制机制创新提供更广阔的平台和载体，为服务社科发展、服务国家战略发挥作用；要积极组织开展关于全会精神的宣传和讲读，形成学习宣传贯彻十八届五中全会精神的热潮。

上海市社联机关党委举办“新视野·新论·新书”读书会

为加强上海市社联学习型机关建设，营造“爱读书、读好书、善读书”的机关文化氛围，11月30日市社联机关党委举办了“新视野·新论·新书”读书会。市社联机关、刊业中心及美国问题研究所逾30位干部参加了活动。

经机关各党支部推荐的读书代表张洪彬、梁玉国、屈涛、蒋晖、胡赟就《人类简史：从动物到上帝》《现代政治秩序的起源》《政治秩序与政治衰败》《经济与社会》《政教存续与文教转型》《生命的留言》等书籍交流了读书心得，分享读书成果，并对一些经典命题和理论热点进行了评述。

机关党委副书记张勇对市社联青年干部积极参加宣传系统职工读书节，在“读书笔记”评选和“读书达人”推荐活动中的突出表现给予肯定。希望“新视野·新论·新书”读书会常办常新，通过读书活动丰富学识、展现才华，真正使读书成为良好生活方式的一部分。

上海市社联开展“学习宪法，遵守宪法”的系列活动

根据中宣部、司法部、全国普法办《关于开展国家宪法日暨全国法制宣传日宣传活动的通知》精神，市社联于12月1日至7日在全体干部职工中开展了“学习宪法，遵守宪法”的系列活动。活动主要由“弘扬宪法精神，建设法治中国”主题宣讲活动及宪法知识竞赛两个项目组成。

设立国家宪法日，是推进宪法宣传教育、弘扬宪法精神、加强宪法实施的重要举措，也是增强法治观念、弘扬法治精神、夯实法治基础的有效途径。以这样一种特殊的形式凸显宪法的崇高地位，对全面推进依法治国，具有十分重大而深远的意义。

“弘扬宪法精神，建设法治中国”主题宣讲活动于12月2日下午在上海市社联举行。特邀上海交通大学凯原法学院教授郑成良、上海财经大学法学院院长李学尧、复旦大学法学院院长孙笑侠、华东政法大学社会治理研究院常务副院长邹荣围绕“弘扬宪法精神，推动创新、协调、绿色、开放、共享发展”主题分别论述各自观点，帮助全体干部职工深入学习宪法，向大家宣传中国特色社会主义法律体系。

宪法知识竞赛通过书面答卷方式，要求在12月1日至7日期间，确保干部职工(包括处级在内)达到100%参与。在机关内营造集体学习宪法、共同交流探讨的良好氛围，将学习宣传宪法知识落到了实处。职工们纷纷表示，通过系列活动的学习，进一步认识到宪法是国家的根本大法，规定了国家的根本制度和根本任务，是治国安邦的总章程。我国宪法是社会主义性质的宪法，必须准确、及时、全面地反映作为执政党的中国共产党的各项政治主张，也是对我国改革开放和社会主义现代化建设事业的发展具有重要的指引和保障作用。

上海市社联召开干部大会

12月14日，上海市社联召开干部大会，市委组织部、市委宣传部领导和机关全体干部出席了会议。

市委宣传部副部长胡佩艳同志主持会议，市委组织部副部长陈皓同志宣读市委关于市社联主要领导的任免决定，燕爽同志兼任上海市社联党组书记职务，沈国明同志因年龄原因免去市社联党组书记职务。沈国明同志、燕爽同志和社联主席秦绍德同志作了发言。

市委常委、市委宣传部部长董云虎在会上作了重要讲话。他首先对沈国明同志在市社联期间的工作给予了高度评价并介绍了燕爽同志的基本情况。董云虎指出，这次市社联领导班子的调整，是市委从全市宣传思想文化工作大局出发，根据工作需要，通盘考虑、慎重研究决定的，充分体现了市委对市社联班子建设和全市哲学社会科学事业的高度重视和亲切关怀。

这次市委对市社联领导班子的调整，是市社联的一件大事。希望大家切实把思想和行动统一到市委的决策部署上来，牢记职责、勇于担当、恪尽职守、团结协作，不辜负市委的期望和信任。他对社联今后工作提出了希望和要求：

一是要讲政治举好旗。市社联是党和政府联系社科界"五路大军"的桥梁和纽带，讲政治、举好旗是最根本、最本质的要求。当前，要引导全市社科界把研究阐释党的十八届五中全会精神作为当前重要政治任务，特别要围绕全会提出的创新、协调、绿色、开放、共享五大发展理念，列出一批重点选题，组织力量深入研究，推出一批有价值、有分量的成果。

二是要促团结聚人才。市社联领导班子要共同营造团结和谐的氛围，自觉增强大局意识，加强沟通协调，尊重个性差异，大事讲原则，小事讲风格，相互理解、相互配合、相互支持、相互补台，切实增强班子的凝聚力、战斗力。要千方百计为哲学社会科学界的知识分子做好事、办实事，最大限度地把他们团结凝聚在党和政府的周围，充分调动全市哲学社会科学工作者的积极性、主动性和创造性，激励他们自觉为推动哲学社会科学繁荣发展贡献聪明才智。

三是要抓创新促发展。建立健全适应新时期新任务新要求的决策咨询制度，创新探索新型智库组织形式和管理方式，引导社科界围绕事关改革发展稳定、治党治国治军、内政外交国防的重大现实问题，聚焦上海"四个中心"功能的深化拓展、具有全球影响力的科技创新中心建设等重大实践，集中优势力量，深化理论研究，着力服务全国和上海工作大局。要深入推进理论创新，引导社科工作者增强理论自觉和理论自信，瞄准世界学术发展前沿，立足当代中国学术实际，推出一批具有全国影响力的重大理论成果，为构建具有中国特色、中国风格、中国气派的哲学社会科学体系和学术话语体系作出上海应有的贡献。要深入推进平台创新，进一步强化市社联自身建设，不断创新和加强行业服务、行业管理、行业自律，鼓励不同学术流派、不同学术观点的争鸣和切磋，着力营造求是创新、充满活力、民主团结的学术生态，着力建设具有中国特色的“学术共同体”。

四是要守纪律作表率。带头坚守正道、弘扬正气，自觉做到懂规矩、守纪律，襟怀坦白、言行一致、心存敬畏、手握戒尺，任何时候、任何情况下都不越界、不越轨。要严格遵守政治纪律和政治规矩、要严格遵守组织纪律、要严格遵守宣传纪律。始终坚持学术无禁区、宣传有纪律的原则，切实加强对学会工作的分类指导，加强对社科讲座论坛、报告会、研讨会等阵地的监督管理，包括社联举办的各类学术阵地，决不能为错误思潮、错误观点提供传播空间、传播渠道。要严格遵守廉政纪律。严格执行《中国共产党廉洁自律准则》《中国共产党纪律处分条例》，模范遵守中央八项规定和市委有关规定，加强对干部职工队伍的管理，切实把党风廉政建设主体责任落到实处。

上海市社联不仅是上海的社联，更是全国的大平台，是全国社会科学界的“领头羊”。社联的工作是很实的，对社联干部的纪律要求很高，我们要认真学习“准则”和“条例”。“准则”是道德高线，“条例”是纪律底线，我们应追求高线、守住底线。

近期，市社联领导班子还要抓好两项工作：一是按照中央和市委要求，开好“三严三实”民主生活会，切实提高认识、解决问题、推动工作。二是要将换届工作摆上重要工作日程，高度重视，周密组织，做好各项前期准备工作。市委宣传部也将积极给予指导和支持。

新形势新任务对哲学社会科学研究提出了新的更高要求。希望市社联深入贯彻中央、市委关于群团改革的部署，强化政治性、群众性、先进性，去除行政化、机关化、贵族化、娱乐化，围绕中心、服务大局，锐意进取、开拓创新，团结带领全市社科工作者，不断开创哲学社会科学事业繁荣发展新局面，为上海当好全国改革开放排头兵、创新发展先行者，为实现“两个一百年”奋斗目标、实现中华民族伟大复兴的中国梦作出新的更大贡献。

科研组织与决策咨询平台

KE YAN ZU ZHI YU JUE CE ZI XUN PING TAI

学术年会

2015年上海市马克思主义研究学科专场暨上海市马克思主义研究年度论坛召开

10月24日，以“马克思主义与治国理政新自觉”为主题的“上海市马克思主义研究学科专场暨上海市马克思主义研究年度论坛”在市委党校举行。会议由市社联、市委党校、市马克思主义研究会共同举办。市委宣传部副部长燕爽、市社联党组书记、专职副主席沈国明出席并致辞。市社联专职副主席刘世军出席并主持主旨演讲。会议围绕党的十八大以来治国理政的新取向、“四个全面”的战略布局研究、“四个全面”的实践前沿研究等问题展开深入研讨。来自复旦大学、华东师范大学、交通大学、同济大学等高校、科研院所以及市委党校系统的近400位理论工作者与会。与会代表认为，全面建成小康社会，为治国理政确立目标；全面深化改革，为治国理政注入动力；全面依法治国，为治国理政提供支撑；全面从严治党，为治国理政强化保障。“四个全面”相辅相成、相互促进、相得益彰，是我们党治国理政方略与时俱进的新创造、马克思主义与中国实践相结合的新飞跃。

市委宣传部副部长燕爽高度肯定了十年来上海理论界的专家学者对马克思主义研究的热忱、真诚、执着以及硕果累累的理论成果，着重强调了中宣部为全面推进马克思主义理论研究和建设而提出的“四个平台”，包括马克思主义理论研究与创新工程、中国特色社会主义理论体系研究中心、马克思主义学院和报刊网络理论宣传阵地。上海要充分利用平台阵地，努力成为学习、研究和宣传中国特色社会主义理论的排头兵、先行者，不仅要紧紧围绕研究和阐释习近平总书记系列重要讲话精神，加大工作力度，拓展研究深度，还要在构建中国特色哲学社会科学体系和学术话语体系方面作出重要贡献，同时要积极培养一批在国内外有重要影响的智库，把思想变成智慧，推进现代化建设。

市社联党组书记沈国明研究员指出，仅靠马克思主义前辈学者现有的著作来回答现实问题是不够的，必须结合中国的实际提出新的观点，这是所有学者面临的共同任务。只有把理论研究与深入了解国情有效结合，才能提出一些既能够解释现实又能够发展现实的新理论。

复旦大学陈学明教授提出，如今马克思主义的创新发展与成功实践已成为当代世界普遍关注的热点，必须让世界了解中国道路、中国理论和中国制度。马克思主义中国化的意义是由马克思主义中国化的实质所决定的，其实质就是使马克思主义与中国面临的实际问题相结合，提出科学解答来丰富和发展马克思主义。

市委党校常务副校长王国平认为，本次大会主题“马克思主义与治国理政新自觉”与“四个全面”战略布局紧密联系，具有十分重要的意义，主要集中在四个方面：一是坚持以马克思主义为指导，确保治国理政的正确方向，准确把握中国特色社会主义总体布局的新构建；二是坚持以马克思主义为指导，全面深化改革，自觉进行治国理政的新方略；三是坚持以马克思主义为指导，把全面推进依法治国、建设社会主义法治国家作为治国理政的基本方式；四是坚持以马克思主义为指导，加强党的自身建设，从根本上推进治国理政的新自觉。

市委党校教授胡伟提出，党中央治国理政的新取向可概括为三大方面：一是以“中国梦”为战略愿景；二是以“推进国家治理体系和治理能力的现代化”为战略目标；三是以“四个全面”为战略布局。我们在一个新的时空条件下对治国理政的顶层设计进行分析和研究，离不开历史的维度和现实的维度，纵观中国的发展历史，不能割断地看，而必须有机统一起来。同时，还应思考新的实践背后所蕴含着的更为深刻的挑战，包括中国社会主义的普遍性与特殊性问题，社会主义在世界范围内与资本主义的关系等。

华东师范大学教授杜玉华认为，从历史发展脉络来看，“四个全面”是从以往中国共产党治国方略中提炼而来，但体现了更新的内容和更高的要求；从当代中国现实需求来看，“四个全面”立足治国理政的战略全局，抓住了改革发展稳定的关键问题，确立了新形势下党和国家各项工作的战略方向、重点领域和主攻的目标；从马克思主义中国化历程来看，是马克思主义与中国实际相结合的新的发展；从事业的长远发展来看，确立了续写中国特色社会主义新篇章的行动纲领；从人类发展规律来看，这“四个全面”兼顾到了中国的特色，又兼顾了世界的潮流，体现了中国与世界深刻互动，带有普遍性的价值。

华东师范大学教授吴冠军从“群众路线”这个角度入手，提出两个核心问题，即为什么重提“群众路线”与如何重提。追溯西方与中国的古典传统，分析“人民不出场”与“人民出场”这两种状况所构成的规范性差别，指出在当代中国，“人民出场”是必要的政治规范性资源。同样，从“古典传统”与“现代传统”的碰撞中梳理出“人民出场”的两种模式，即制度性出场与革命性出场，指出西方代议制民主社会中多的是政客，而鲜有治国者，只有在中国的政制框架中才能产生出治国者。中国共产党“群众路线”的推行实际上是将人民作为政治性构建，而非自然性存在，通过激活革命年代的思想资源和政治资源，才能迎来当代治国理政的新发展。

复旦大学教授刘建军认为，重新激活中国的历史资源和思想资源特别重要。中国共产党必须要寻找中国传统儒家文化与社会主义的关联，重建中国的文化自信，要做到如此，就必须对中国共产党治国理政的执政方略、马克思主义意识形态与中国传统文化的关系作出回答。

上海市社会科学界第十三届学术年会大会召开

11月19日，上海市社会科学界第十三届学术年会大会在上海展览中心举行。市委常委、宣传部部长董云虎出席开幕式并讲话。市社联主席秦绍德致开幕词。市委宣传部副部长燕爽宣读获奖成果。市社联党组书记、专职副主席沈国明主持开幕式。市社联专职副主席刘世军主持主题报告会。

董云虎强调，要牢牢把握正确方向，把马克思主义作为哲学社会科学研究的指导思想，把研究阐释当代马克思主义作为主攻方向，把研究阐释党的十八届五中全会精神作为重要政治任务，着力助推党的思想理论建设；要大力加强智库建设，着力服务全国和上海改革发展工作大局；要加强学科建设、理论创新、队伍建设和对外交流，全面推动学术繁荣，着力当好理论研究的排头兵先行者；要切实强化工作职能，充分发挥“联”的作用、履行“管”的责任、突出“家”的功能、拓展“创”的空间，着力为哲学社会科学繁荣发展创造良好条件。

学术年会由年会大会、学科专场、主题专场、青年论坛、高端论坛等板块组成。本届年会的主题是“‘四个全面’：新常态与大战略”。围绕这一主题，年会先后召开13个学科专场、11个主题专场、10场青年论坛、2场高端论坛。专家学者分别就马克思主义与治国理政新自觉，法治与国家治理现代化，新常态背景下特大城市社会综合治理研究与创新，新常态下的城市治理创新：新动力、新趋势与新探索，欧洲与战后国际体系等学术主题，展开广泛深入的研讨。年会共收到应征论文338篇，评出优秀论文45篇，出版优秀论文集1卷，百余位专家做了主题发言。参与年会的专家学者和青年学生超过3 500人。

大会宣布了上海市社联2015年度十大推介论文，本届学术年会优秀组织奖、论文奖。吴晓明、柴俊勇、纳日碧力戈、苏智良、黄仁伟等学者先后作了主题报告。部分社联副主席、学术年会主要学科专家、获奖代表，部分高校和科研院所、党校、部队院校、党政研究部门代表，主要学会代表，新闻媒体、学术期刊相关负责人和哲学社会科学工作者代表近400人出席了大会。

构筑交流平台　活跃学术思想

——上海市社联举办上海市社会科学界第十三届学术年会系列活动

11月19日,上海市社会科学界第十三届学术年会大会在上海展览中心召开,为期半年的上海市社会科学界第十三届学术年会系列活动圆满落下帷幕。作为上海社科界重要的年度学术活动,上海市社会科学界学术年会已举办至第十三届,规模、质量和社会影响力不断提升,在促进学术交流、推动学术创新、繁荣城市文化等方面发挥了积极作用。今年学术年会围绕"'四个全面':新常态与大战略"的主题,精心组织、推陈出新,开展了一系列内容丰富、各具特色的学术活动,形成了广大专家学者参与广泛、交流活跃的良好局面。

一、 精心筹备,打造多版块、立体化的学术交流平台

年初,市社联即着手年会筹备工作。在总结往年组织工作经验的基础上,广泛征询社科界对年会的意见建议,初步形成年会筹备工作设想。4月9日,市社联召开学术年会筹备工作会议,市委宣传部副部长燕爽出席会议并致辞,学科专家、高校科研管理部门、学会、媒体等各方面代表50余人与会。经讨论,会议确定本届年会主题为"'四个全面':新常态与大战略",同时对年会组织工作提出了新的要求。随后,社联广泛发布学术年会专场活动与论文征集公告,发动全市社科工作者积极参与。截至6月底,共征集各类学术会议、论坛活动方案80余个、学术论文300余篇。经专家评审,最终确立学科专场研讨会13场、主题专场研讨会11场、青年论坛10场。本届年会经过精心策划,还创设了高端论坛版块——国家社科基金重大项目首席专家学术报告会,分别与华东师范大学、复旦大学联合主办主题为"大数据与教育研究""'四个全面'与中国'十三五'发展"报告会。高端论坛紧扣社会热点问题与国家社科基金重大项目研究成果,突出了年会高端前沿的特点。市社联还积极依托《解放日报》《文汇报》《中国社会科学报》《社会科学报》等传统媒体,利用社联所属微信公众号等新媒体同步宣传发布年会活动的进展。

二、 多方联动,开展多学科交叉融合的学术研讨活动

6月至11月间,本届年会共组织学科专场、主题专场、青年论坛等各类学术活动37场。各专场活动围绕主题展开了广泛深入的研讨活动,200多位专家学者做主题报告,近百位专家做专题评论。参与的高校、科研院所和学会达100多个,参与的学者和学生超过3 500人。学科专场版块聚焦主要学科,展开多学科的深度交流,展示各学科最新

研究成果，主要研讨主题包括：马克思主义与治国理政新自觉、法治与国家治理现代化、新常态下的城市治理创新等。主题专场版块充分发挥专家学者的学术自主性，组织不同学科的专家学者齐聚上海大学，在不同的场次同时开展跨学科的学术交流，涵盖了德治与法治、《新青年》与中国现代文化转型、新常态下全球科技创新中心建设、信息文明与经济社会转型关系等重大热点问题。青年论坛板块为优秀的青年学者开展学术研讨活动提供支持。10 场论坛主题包括面向“互联网＋”的航运业转型升级之路、民族复兴与强国战略、欧美左翼文论与中国道路、互联网与养老服务需求及服务的对接等，具有很强的现实性和学术性，体现了青年学者较强的学术素养和组织能力。市社联注重发挥联合五路大军的集成优势，与全市各高校、科研院所、部队院校、学会、实务部门等密切合作，引导广大理论工作者集聚智慧、共襄盛会，确保了各专场活动的圆满举办。

年会还包括年度推介论文，即从各类学术期刊中遴选 2014—2015 年度上海学者的原创性学术成果，并由知名专家学者、期刊主编、学会负责人代表等投票产生十大推介论文，涵盖哲学、经济学、政治学、法学、社会学、教育学、文学、历史学等各个学科，全面反映上海社科界学术研究水平，起到对学科建设的引领作用。学术年会本着紧扣主题、优中选精的原则，从年度征文、专场推荐论文中精选出 45 篇论文，出版《新常态与大战略》年会文集。

三、 紧扣主题，隆重召开本届学术年会大会

11 月 19 日，本届学术年会大会在上海展览中心隆重召开，将年会的各项活动推向高潮。市委常委、宣传部部长董云虎出席开幕式并讲话。市社联主席秦绍德致开幕词。市委宣传部副部长燕爽宣读获奖成果。市社联党组书记、专职副主席沈国明主持开幕式。市社联专职副主席刘世军主持主题报告会。大会宣布了上海市社联 2015 年度十大推介论文，本届学术年会优秀组织奖、论文奖。吴晓明、柴俊勇、纳日碧力戈、苏智良、黄仁伟等学者先后作主题报告。部分社联副主席、主要学科专家、获奖代表，部分高校和科研院所、党校、部队院校、党政研究部门代表，主要学会代表，新闻媒体、学术期刊相关负责人和哲学社会科学工作者代表近 400 人出席大会。

董云虎部长在讲话中强调，要牢牢把握正确方向，把马克思主义作为哲学社会科学研究的指导思想，把研究阐释当代马克思主义作为主攻方向，把研究阐释党的十八届五中全会精神作为重要政治任务，着力助推党的思想理论建设；要大力加强智库建设，着力服务全国和上海改革发展工作大局；要加强学科建设、理论创新、队伍建设和对外交流，全面推动学术繁荣，着力当好理论研究的排头兵与先行者；要切实强化社联的工作职能，充分发挥“联”的作用、履行“管”的责任、突出“家”的功能、拓展“创”的空间，着力为哲学社会科学繁荣发展创造良好条件。大会引起与会者的强烈反响。有学者表示董云虎部长的讲话令人深受鼓舞，“四个全面”的战略思想体现了党中央治国理政的全新布局，要深入研究这一战略部署，把“四个全面”贯通起来、系统阐述，理论工作者对此责无旁贷。有学者表示，要紧紧围绕十八届五中全会提出的重大理论观点和重大部署，深入开展紧密联系实际的课题研究，积极参与社联组织的社科界学习党的十八届五中全会精神相关研讨活动，为“十三五”规划的制定献计献策。

“四个全面”:新常态与大战略

——上海市社会科学界第十三届学术年会大会主题报告

11 月 19 日,上海市社会科学界第十三届学术年会大会围绕“‘四个全面’:新常态与大战略”的主题,在上海展览中心举行。复旦大学马克思主义研究院院长吴晓明,国家行政学院兼职教授、市政协学习委员会常务副主任柴俊勇,复旦大学民族研究中心主任纳日碧力戈,上海师范大学人文与传播学院院长苏智良,上海社会科学院副院长黄仁伟先后作了主题报告。各报告主要内容如下:

吴晓明:《马克思的现实观与中国道路》

今年年会主题是“四个全面”,这是中国特色社会主义道路一个特定阶段的行动纲要与战略布局。因此,“四个全面”实际是以中国特色社会主义道路定向的。正是在这个意义上,习近平总书记讲道路决定命运,道路问题是关系党的事业兴衰成败第一位的问题。所以我来谈谈马克思的现实观与中国道路。

第一,关于马克思的现实观。马克思的现实观是历史唯物主义的根本。近 30 多年来,我国马克思主义研究取得了很大成绩。但有些研究似乎对现实问题不太关注,而更多关注马克思主义学理的逻辑与体系,这当然是必要的。但马克思历史唯物主义的根本就是切中社会现实,马克思的理论绝不是经验哲学,而是把他的根本宗旨确立在揭示切中当今的社会现实上。也有研究者认为,马克思主义是关于现实的理解。所以没必要搞太多的理论。这种观点恐怕是对现实做了太过肤浅的理解,仿佛现实是能够通过直觉直接给我们的。在这里,我想强调,马克思的现实观是从黑格尔哲学过来的。在黑格尔看来,现实是实存和本质的统一,是展开过程当中的必然性。现实不仅是实存,不仅是事实,现实还是本质的;现实不仅是展开过程,而且现实是展开过程当中的必然性。如果达不到本质和必然性,就根本没有把握住现实。因此,对现实的理解与把握是需要理论、需要学术的。从这个意义上说,我们对现实要有深入的理解,不仅是实存的东西,而且是本质的东西;不仅是展开过程,而且是展开过程中必然性的东西。如果只是以为睁开眼睛就能看到现实,是完全误解了现实。所以对现实的理解是一个很高的要求,需要理论、学术的发展。如果把理论和现实完全分割开来,就不可能真正看到本质的东西,不可能真正把握住展开过程当中的必然性。

第二,关于中国道路。马克思的历史道路理论建立在他的现实观的基础上。我们以前理解马克思的历史道路理论好像说得很简单,关于历史发展有五阶段论、三阶段论,这是否把握了马克思的道路理论呢?没有,而且离得很远。马克思的现实观包含社会现实的内容,我们不是拿出一个教条、一个公式把它套到任何内容上去。对于马克思来讲,历史道路确实大体可以分为这几个阶段,但按照马克思的说法,包括历史唯物主义基本原理都只是科学的抽象,能帮助我们整理历史材料,如果离开了现实的研究它们将什么用处都没有。我们以前对马克思历史道路理论的理解恐怕太简单化了。如果我们真要去把握一个特定对象的发展道路的话,必须深入到它的现实当中去。所以,我们对于历史道路的理解恐怕不是把几个阶段变成教条或者公式,而是深入到特定的社会现实当中去,这是最根本的任务。

接下来讨论一下中国道路的本质和必然的东西。对中国道路来讲,什么是本质和必然的东西,我们要去把握中国历史进程中本质和必然的东西,有两个方面是最根本的:一是中国自近代以来的现代化任务。按照马克思的基本观点,现代世界首先是西方、是欧洲,这种文明形态取得了世界历史意义。中国自1840年以来的历史展开过程当中有一种本质和必然的东西,就是现代化任务。另一方面是中国的社会现实、文化传统、国情等。所以,在这两个方面的综合中我们可以看到,现实性是本质的东西,是在中国道路展开过程中的必然性;就此应该把握的问题是:中国的现代化何以必须通过一场社会革命来为其奠基?而这一社会革命又何以最终取得新民主主义—社会主义的基本定向?在这个问题上我认为,考察中国道路不应该用主观的想法。主观的想法最严重的问题就是假设历史。

在这个意义上,通过马克思的现实观理解中国道路非常必要。我们必须去除单纯主观的想法,特别是去除那种单纯模仿他人的方式。从马克思的现实观理解和把握中国道路,从中国的社会现实理解和把握中国道路,中国学者必须深入到当今中国的现实道路中,只有这样才能产生真正的中国学派,才可能有中国的学术话语体系。

柴俊勇:《剖析与反思:城市大人流风险管理》

城市发展在积累财富的同时也是风险积累的过程,经过研究归类有18类的情况会构成城市的公共安全。恐怖袭击、公共舆情爆发、大客流剧增、安全生产事故、交通安全事故、食品安全事故、重特大治安事件、群体性突发事件、政治抵制事件、文化协作冲突、宗教矛盾激化、信息网络威胁、灾害的气候持续、突发设备的故障、社会丑闻现象、媒体宣传误导等18个因素都会影响城市的公共安全。当前城市灾难具有突发性、复杂性、多样性、连续性、集中性、严重性、放大性等特点,且越来越突出。

当前城市的公共安全如此突出不外乎两个原因。一是客观存在城市人口的数量的剧增与城市的治理能力、服务水平和服务的艺术产生不足的矛盾。二是主观原因,即对城市公共安全认识不够充分。城市公共安全在社会主义阶段有5个特征:一是城市高风险。二是联络不起来,落实不下去。三是不出问题没有问题,一出问题全是问题。四是不愿意花钱搞预防。五是突击性的事情经常做,经常性的工作突击做。因此,我们必须不断学习,摸索规律,提高认识,认真落实,不断提高城市的治理水平和能力。

当前，城市大人流的风险管理是城市公共安全管理的首要问题。外滩踩踏事件发生以后，主要责任人曾反思事件成因发现三个方面的“软肋”：一是政府管理的思维定式造成了对信息的误判。二是管理者掉以轻心，存在侥幸心理，对大人流缺乏准备。三是管理链的配备失误，与大人流相比警力严重不足。正像市委领导说的那样，党和人民把这座城市托付给我们，我们要用我们的心、我们的精力去保护每一个市民的生命和财产安全，让这个城市安全运行，如果没有做到我们就愧对人民。

通过课题研究，我们提出了城市大人流的空间管理“导则”，这是一系列可操作、易推广、能复制的“干货”。“导则”背后，贯彻着我们对于城市大客流风险管理研究的三大思路。思路之一：城市是人类文明与创新的核心载体。城市公共安全应遵循 8 个原则，即以人为本，依法治理，预防为主，夯实基础，重点防空，教育优先，群防群治、互联网思维。思路之二：城市大人流风险管理可以从人流聚集的多个方面来进行归纳，分别整理相关“导则”。“导则”不光要让管理者知道，也要让市民知道。“导则”的主要内容是责任主体、风险辨识、预防准备、发布预警、应急处置和人员队伍配备等环节。内容是可操作，易推广，能复制的。思路之三：城市大人流风险管理措施的依据和来源是 4 个方面。一是国家现行法律法规。二是调查研究实践当中提炼行之有效的经验和方法。三是走访党政领导和专家学者过程中获得的有价值的思路。四是从国内外的踩踏事件教训中进行归纳总结。

在“导则”的制定过程中，我们有三点体会：一是要提高专业化的水平，突出制度的执行和责任的落实。二是需要全社会的共同重视和参与。三是不求尽善尽美，但求从无到有，从实践中检验、丰富、完善。

纳日碧力戈：《守望尊严的必由之路：从包容差异到重叠共识》

我的发言主要围绕几个关键词：一是差异。当代中国是多民族共同建设起来的国民国家（nation state，也可翻译成民族国家）。这里我特别强调用的是“国民国家”。从新疆、内蒙古一直到西部、南部地区，我国 60%以上的国土居住着不同语言和文化的共同体。如何面对语言文化、价值观、宇宙观等方面的差异？文化不同，国土相同，家园相同，这是我们能够包容差异，取得重叠共识的基本前提，也是基本判断。许倬云先生说，不必将忽必烈以后的元代当作中国人以外的历史，这句话意味深远。现在网上有大量说法把元代、清代作为外族入侵，这对大中国的形成和现状形成了挑战。我们现在的大中国要不要包括少数民族？要不要把元代和清代作为我们历史的一部分？这个问题是绕不过去的。尤其考虑到 Chinese 这个词在国外通常是和汉族等同的，这本身就是挑战。中华民族是一个，也可以是多个，看你怎么看。我们认定的民族有 56 个，使用的语言有 130 多种。中国是一个环环相扣、纤维缠绕的维特根斯坦式的绳索共同体，相邻群体彼此勾连，到了两端不大一样，但是中间是勾连的，如果看了历史，看了这样一个过程式的勾连，我们就知道中华民族是一个，同时也是多个。

二是尊严。各民族要守望尊严，不仅要守望自己的尊严，也要守望别人的尊严，所以叫互守尊严。民族区域自治的核心是尊严，由和而不同追求重叠共识，以万物关联的理念维护民族生态。一个民族在政治上得到他族的承认这是获得尊重的第一步。得到承认的民族也在政治上承认对方,他们由此获得尊严,这个道理好像邻居互相关照、互相支持。守望尊严不同于单向的自守尊严,要建立在互守尊严之上。守望尊严和互守尊严还有另一层含义,各个民族之间都有一种长期养成的默契,是积极的中间地带,民族之间包容含蓄的空间,这个空间里有弹性、冲突、缓和,有讨价还价,也有互相礼让,一些外族不容易接受的风俗习惯在这里能够被默认、被包容。这块中间地带是尊严的缓冲地带,大家共同维护。万物关联,尊重差异,重叠共识应该成为我们处理民族关系,也是处理人际关系,处理当代各种矛盾冲突的一个大理念。

各民族之间的生态关系最重要落实到以关键符号为基础、为机理的生态关系之上。关键符号指日常生活中老百姓经常使用的,我们学术界不大关注的那样一些直接影响他们日常生活的谚语、俗话、街谈巷议等。民族国家的分类是官方的分类,但是民间有大量的其他类型的分类,国家的分类和老百姓的分类要结合起来,要动员民族的智慧、民间的智慧和地方的智慧一起维持一种大生态。我们老百姓的分类系统有一部分是属于价值观,比如说我们的礼让、礼尚往来。同时在现实生活中也有大量的关键符号,我们少数民族也有丰富的遗产和可操作的资源。所以提倡关于关键符号、守望尊严和互守尊严可以为国家和民间更好地处理民族关系和人际关系提供一条新的路径。

苏智良:《抗战中的城市:平民保护的“上海模式”》

饶家驹(1878—1946),出生于法国桑特市。1894 年入耶稣会,后在英、比修道,获硕士学位。1913 年饶家驹到上海传教。1937 年“八一三”战役爆发后,战争规模日益扩大,日军轰炸烧杀所造成的难民潮从未止息,大批外地的战争难民也涌入上海,其中既包括江苏、浙江等上海周边地区的民众,也有国际难民如来自德国或欧洲地区的犹太难民等。百万难民成为严重的社会问题。

1937 年 11 月 2 日,上海华洋义赈会会长、国际救济基金委员会委员、上海国际红十字会执行委员会副主席饶家驹向上海市市长俞鸿钧建议,在南市划一区域接纳难民。他认为,该区“不受任何形式之攻击、不设武装军队军事机关、亦不作武装的敌对活动之行为”。饶家驹以“上海国际会”的名义,起草了英文协议。11 月 4 日,上海市政府批准设立南市难民区,并以不损失领土主权为前提。虽然难民区从筹备到设立的过程中尚有不少疑问,值得深入探讨。但饶家驹淡化了某些敏感而无意义的争端,多方交涉,最终促成了难民区的建立,这充分体现了饶家驹的智慧、技巧与坚韧。1937 年 11 月 9 日,南市难民区建立第一天,饶家驹在上海市政府社会局官员的陪同下视察,先辟城隍庙、豫园、小世界及各学校、教堂为收容所,当即收容 2 万余难民,此后陆续增加,最多时难民区内约有 130 个收容所,区内难民超过 10 万。1940 年 6 月 16 日,饶家驹奉法国天主教会之命,离开中国去巴黎从事战时救济工作,南市难民区因此缺乏主持人。7 月 3 日,难民区检查委员会致函法国驻沪总领事馆,宣告已于 6 月 30 日停止活动。至此,南市难民区不复存在。在难民区存在的 963 天里,饶家驹成为仁慈的第三方代表、道义的代表,同时也是中日交战双方的监督力量,赢得了难民的赞誉。在南市难民区中得到庇护的难民总数应该超过 30

万人。

饶家驹的一生,致力于战时平民救助。饶家驹的"博爱主义""慈善行为"、奉献精神、慈悲情怀的高尚人格,超越了国家、种族、宗教与党派,他的名言是:"我将为不幸的人,尽最后的力量!"被时人赞为"难民之父""人道的战士""中国之友"的饶家驹,以他的独创、坚韧、才华、责任心,创立的战时平民救护的"上海模式"——饶家驹区,成为战时平民救助史上的光辉典范。这个"上海模式"推广到南京、汉口、广州以及法国、德国,并推动日内瓦第四公约订立,推动了人类文明的进步。

黄仁伟:《"一带一路"的世界历史意义》

"一带一路"的世界历史意义,首先在于它将要改变 1492 年以来的世界的范围的人们交往的方向。1492 年,哥伦布开辟新大陆之后,欧美以大西洋为核心的世界秩序形成。新航路 1492 年发展是所有近代史的起点。这条新航路的发现,意味着另一条通道——丝绸之路的衰落。而现在的"一带一路",就是要重新打通欧亚大陆,这个前景是极其深刻的。15 世纪末以来的新航路发现的世界体系,将由于新的丝绸之路"一带一路"的出现而发生更多的改变,改变 500 年以来的世界交通的方向。欧亚大陆将再次成为世界交往的核心地区。如果"一带一路"成为核心,世界的三大洋:太平洋、大西洋、印度洋都是它的外围。沿着"一带一路"构想是我们一步一步走下去,到 2050 年世界的整个经济格局将发生根本改变。未来,陆路的核心地区要成为世界中心。

"一带一路"的世界历史意义之二,是改变全球的产业链、工业链和资金链,改变经济全球化的方向。经济全球化到现在为止还是以西方国家为核心的。然而,随着世界进入低碳经济,原料消耗越来越少,海上大规模运输趋于衰落。新的知识经济为主体的产品需要高速度的运输,需要迅速到达市场,需要个性化的生产。飞机运输,体积太小,成本太高。海上运输时间太长。只有洲际的高速铁路能适应新的运输需求,是未来最经济最有前途的跨洲运输工具。"一带一路"和这样一种运输工具的结合,生命力将是无限的,至少在可预见的将来百年,可以占据世界运输的主导地位。由于运输工具的根本变革,高速铁路旁边将是大量的高速公路,高速公路旁边将是大量的电商物流,由此形成一个全新的体系。由于世界的距离变得很短,我们的产业链条、供应链条、价值链条、资金链条全都跟着这个体系而反转过来。新的产业基地、新的经济中心也因此出现。

"一带一路"的世界历史意义之三,是改变是国际治理的规则。"一带一路"是中国进入"全球治理"这一制度话语权的平台起点。它把很多经济项目转化为双边合作、多变合作、地区合作乃至全球合作。通过用一块一块具体区域的治理,去解构西方主导的全球治理。"一带一路"就是中国倡导的全球治理的试验田和样本。标准就是发展第一,标准第二。这与西方说的:标准第一,发展第二,明显不同。体现了中国倡导的全球治理的根本变化。此外,中国还要实行大量跨国的微观治理,比如,反毒、防治艾滋病、反恐等,都是要从微观入手,在一个个具体的地区里展开治理,而不是西方式的,在全世界范围内打击恐怖主义。"一带一路"将通过"共赢",最终改变国际关系的"零和"基础,形成人类命运共同体和人类文明新载体。

最后,“一带一路”正在改变中国的发展格局。未来,中国的边疆地区可以成为亚洲的区域中心之一,新疆发展为中亚的中心,东北发展为东北亚的中心,云南发展为西南亚的中心。这样的发展,现在已经开始出现了一定的迹象。“一带一路”将在世界历史上写下浓墨重彩的中国颜色。

学术研讨

上海市社联举办纪念汪道涵同志诞辰100周年理论研讨会

3月18日,纪念汪道涵同志诞辰100周年理论研讨会在市社联召开。会议由上海市社联主办,上海市生产力学会协办。市社联党组书记、专职副主席沈国明研究员主持会议。与会者围绕汪道涵与两岸关系、汪道涵与上海改革发展及浦东开发开放等主题进行了深入研讨。与会嘉宾深情回顾了汪老为中国革命、建设、改革事业鞠躬尽瘁、死而后已的一生,表示要学习他对党忠诚、矢志不移的坚定信念,高屋建瓴、见微知著的战略思维,不畏艰难、勇于开拓的创新意识,襟怀坦荡、为人师表的道德风范,终身好学、不断求知的进取精神。会议强调要将汪老的革命精神和崇高风范作为激励前行的宝贵精神财富,要通过缅怀汪老推动上海新一轮改革开放事业。郁青、於品浩、彭运鹗、徐瑶琪、章念驰、黄仁伟、张志蛟、潘铭山、真虹等汪道涵同志的生前好友、同事、部下分别做交流发言。来自上海市政府发展研究中心部分老干部、浦东新区有关部门领导,上海市生产力学会、上海市科学社会主义学会、上海市工商管理学会、上海市法治研究会等本市主要学会,以及高校部分专家学者70余人出席会议。

沈国明书记在致辞中指出,汪道涵同志与上海社联素来有缘,办公大楼门面墙上镌刻的"上海社联"四个大字,就是汪老的亲笔题词。而门口耸立一块刻有"紫气东来"的俊石,也是汪老当年的意愿。汪老为中国革命建设和改革实践奋斗了70余年,他的革命精神、人格风范和奋斗业绩仍深深铭刻在我们的记忆中。在上海担任市委书记、市长期间,汪老主持制定了关于上海经济发展战略的汇报提纲,上海城市总体规划方案等一系列事关上海重大发展的战略性决策,率先提出了浦东开发、申办世博会、建设上海航运中心等重大主张和意见,为上海改革开放及国际大都市建设奠定了基础;他担任市政府顾问后,继续为上海发展,特别是浦东开发开放,出谋划策。上海改革发展取得的巨大成就是汪老等老一辈领导人的智慧结晶。上海社科界的广大学者以及市社联工作者,要以汪老一生好学和知识渊博为榜样,要以汪老的题词和期望为鞭策,推动上海社联各项工作全面向前发展,推动上海社科事业向前发展,为上海新一轮改革发展提供创新思维,为"四个全面",即全面建成小康社会、全面深化改革、全面推进依法治国、全面从严治党提供思想智慧。

上海市政府发展研究中心郁青研究员指出,汪道涵同志是改革开放的倡导者,也是创新转型的践行者。在汪老任国务院上海经济区规划办公室主任期间,有幸在其领导下从事区域规划研究工作,他的言传身教令人受益匪浅。汪老对长三角地区的发展深谋远虑、高瞻远瞩,直接参与了沪宁、沪杭高速过程论证资料收集的全过程,不断听取汇报,亲自修改报告;汪老还以战略家的眼光和魄力冲破层层阻力,超前提出要加入沪杭甬高速公路建设方案,经过国务院调查研究,对方案予以同意批复,于是开始横跨苏浙沪的高速公路建设。事实证明,沪宁、沪杭、沪杭甬高速公路建设,使长三角交通四通八达,缓解了交通瓶颈,推动了经济发展,加速了沿路的产业带形成以及城市群的发展。

上海市政府发展中心原综合处处长於品浩指出,2015 年是汪道涵同志诞辰 100 周年,也是浦东新区开发开放 25 周年。汪老对浦东开发的贡献,历历在目。浦东开发之初,汪老反复强调,虽然上海是全国名列前面的工业城市,但上海不能仅仅搞工业,中国只有一个上海,上海在长江流域要起到龙头作用,要为长江流域发展创造条件。在定位浦东开发的战略目标时,汪老提出,要按照国际大都市的目标和高度建设上海,重点突破,调整产业结构;面向国际大都市发展,就要推动第三产业发展,如要有举办国际博览会的组织能力和机构等。浦东开发促进了上海的经济振兴,带动了中国经济的发展,这与汪老竭尽全力的倡导不可分。

上海市浦东新区档案局原副局长徐瑶琪认为,汪道涵同志提出的“现实做起、战略眼光”思维,对上海的经济发展和浦东开发尤为重要。第一,汪老是浦东开发积极推动者。汪老告诉我们要借党的十一届三中全会的东风,找准上海改革的起点,要解决上海发展中存在的上海城市老化、上海的区位优势发挥和上海原有特色如何适应改革的大趋势这三个问题。第二,汪老提出了上海战略发展的方向。20 世纪 80 年代,汪老提出上海战略发展六大问题的思考,包括:上海城市特殊功能是什么?上海要向全国全球开拓的战略是什么?“七五”期间上海要不要提工农业产值翻两番的问题?上海要不要发展第三产业?如何振兴上海?上海有何危机感?他的上海战略发展思维,成为当时的共识。第三,汪老为浦东开发这一上海地方发展战略上升到国家发展战略奠定了基础,在开发浦东前期的研究工作上付出了很大的心血。

上海市台湾研究会副会长章念驰先生指出,汪道涵同志从参加革命的第一天就追求真理,他的抱负与追求始终是最领先的。在生命的最后 10 余年,他从事对台工作,为打开两岸僵局作出了不懈努力,造就了两岸关系的大好局面。可以说,汪老晚年与国家的统一大业紧密相连。自从担任海协会会长以来,汪老提出主动了解台湾情况,敢于倾听台湾的各种声音,并身体力行。他与各种台湾朋友接触,倾听他们对台湾问题的看法,每次交谈都长达几个小时,并在分析问题后,提出自己的想法,包括缓解矛盾的方法、解决问题的路径。

上海社科院副院长、历史所所长黄仁伟研究员也回忆认为,汪道涵同志担任海峡两岸关系协会会长期间,为推动两岸谈判进程、促进两岸关系发展作出了重要努力,受到两岸同胞和国际社会的广泛赞誉。汪老有三个历史贡献无可替代,首先是对“一个中国”原则的创造性阐述,他认为大陆和台湾共同构成了“一个中国”,两岸处于平等协商的地位。其次,汪老非常重视台湾的民情、社情、舆情,他认为要从基础上去促进统一。汪老还认为解决台湾问题离不开美国的因素,为此,他做了大量美方各界人士的工作,阐明“统一”对中美两国都有好处,“分裂”对中美两国都是巨大威胁,防止美国利用台湾问题做战略冒险。这三个方面对于以后的两岸关系发展仍有重要的指导性意义。

《探索与争鸣》编辑部等单位共同举办“城市边界、多规合一与城市可持续发展”研讨会

4 月 12 日，由《探索与争鸣》编辑部、上海财经大学城市与区域科学学院、中国城市与区域实验室（CCRL）共同举办的“城市边界、多规合一与城市可持续发展”研讨会在市社联七楼本真堂举行。来自国家发改委国土开发与地区经济研究所、厦门市规划局、上海财经大学、同济大学、华东师范大学、华东政法大学、南京大学、北京市城市规划设计研究院、上海数慧系统技术有限公司等十余位学者和专家发言，五十余位学者和专家出席会议。发言专家分别从不同的社会学科角度、从理论探索和地方实践角度，探讨多规合一创新下的城市可持续发展。市社联党组书记、专职副主席沈国明出席会议并发言。

上海财经大学城市与区域科学学院副院长张学良认为，中国城市规划体现出中国城市发展的特色，除了国民经济和社会发展规划之外，还有城乡规划、土地利用规划、生态环境保护规划等多个规划，正如约翰·奈斯比特在《中国大趋势：中国新社会的八大支柱》一书中所说，是“规划森林”。中国过去城市规划大多是为增长而作的扩张性规划，地方政府将规划作为为增长而竞争的手段，约束性规划会为了经济增长目标做调整，这样出现了城市增长边界、城市开发边界不断变化，甚至出现了城市无序蔓延，城市综合承载力与可持续发展面临着严峻挑战。需要城市规划、经济学、社会学、政治学、生态学与法律等不同领域的专家学者进行共同讨论。

一、 城市边界、多规合一与城市可持续发展的新背景

国家发改委国土开发与地区经济研究所副所长高国力认为，中国经济发展的新常态（高速增长回归到中高速增长；从粗放式发展升级到中高端产业发展；从中等收入逐渐进入中高收入阶段）；区域发展格局中政策战略的演进，即从四大板块战略（东部率先发展战略、西部大开发战略、东北老工业基地振兴战略、中部崛起战略）到新三大建设（“一带一路”建设、长江经济带建设、京津冀协同发展建设）。

二、 正确认识理解多规合一

上海市社联党组书记、专职副主席沈国明，同济大学可持续发展与管理研究所所长诸大建，哈尔滨工业大学经管学院院长助理马涛等认为，多规合一并非完全是一个技术层面的概念，要提高其战略高度。多规合一战略高度就是实现真正的“一张图”。多规合一就

是有实现约束的增长，是增长管理的具体化，最重要的是变革政府治理结构。多规冲突的根源在于我们的发展需求面临阶段性的转变。实质上，多规合一是政府的自身革命，要真正做到打破部门分割。

三、 直面多规合一存在的问题

华东政法大学政治学与公共管理学院副院长姚尚建，北京市城市规划设计研究院高级工程师与北京城市实验室 BCL 创始人龙瀛，东南大学经济与管理学院经济系主任刘修岩等认为，部门利益分割，很多专项规划协调、定位难以达成一致；发改委的经济发展规划、环保部的生态发展规划、国土部的土地利用规划及住建部的城乡规划期限不一致；发改委、环保部、国土部及住建部四个部委制定规划的法律依据差别较大，发改委主导的经济社会发展规划目前为止还没有明确的法律依据；不同的规划之间牵涉到规划的重点、参数、指标及衔接等方面面临较多问题；政府依然以人口增长作为制定规划的依据，忽视部分区域存在人口缩减、空心村、空心镇的实际情况；行政级别方面锁定城市权利结构，给城市化与规划制定带来困难；规划本身带有政府失灵的性质，政府治理结构存在较大问题，忽视了市场调节的作用。

四、 多规合一的数据与方法

南京大学城市科学研究院院长张鸿雁，上海数慧系统技术有限公司行业总监罗亚，上海财经大学城市与区域科学学院院长助理刘志平等认为，深入村镇，实地调研，以大量的第一手数据为多规合一提供支持和依据，因地制宜地制定符合当地实际情况、体现地方特色的规划，多规合一的实行需要政府的统一有效的管理，形成自上而下的创新做法，鼓励群众积极参与。多规融合的需求是多层次的，包括多规协同、信息共享，数据挖掘以及部门之间的系统融合，多规融合是智慧城市建设的重要抓手。另外，在科学性、定量性、系统性、可操性以及有效性的原则性下可逐步引入第三方评估的一些事务性工作，可以有效监督政府管理行为。

五、 城市多规合一的实践与推进建议

国家发改委国土开发与地区经济研究所副所长高国力，厦门规划局办公室主任魏渊，华东师范大学中国现代城市研究中心主任宁越敏指出，厦门市是 28 个多规合一试点城市之一，而且是唯一的副省级城市。厦门市只有 6 个区没有县，相对来说比较容易实现多规合一。经过多规合一的实践工作，厦门主要实现四个一：一张图，把所有的规划叠加在一起，能叠能分；一个平台，构建一个预留多个接口的软件平台；一张表，所有部门均在一张表上签署部门意见，减少审批环节；一套机制，完善一系列的运行机制、生成机制，并建立完善的法律保障机制，构建部门联动机制推进多规合一工作的有效进行。专家提出推进多规合一的建议主要有以下五点：从县区和乡镇做起，减少工作阻力；尽快启动编制多规合一的相关技术规制，明确多规合一的范式；城市市区面临众多迫切问题，多规合一的重点应放在市区层面；制定差异化的不同功能和不同规模城市未来的动态准入门槛；加强对

规划的法律法规的保障。同时，在考虑城市边界、承载力、多规合一及可持续发展问题时，不能脱离不同城市发展阶段的现实。

六、 城市边界、多规合一与城市可持续发展的大视野——城市群

华东师范大学中国现代城市研究中心主任宁越敏等指出，对城市本身的认知是讨论城市增长边界的前提，考虑城市边界与可持续发展问题时，要把城市的社会经济发展阶段考虑在内。解决多规合一与城市边界的问题可以跳出城市内部的规划与增长边界，在更大的视角下看作是城市之间、城市群的边界与可持续发展的问题。例如环境污染、城市拥堵等问题在单一城市解决是有限的，可以和周边区域联合解决。长三角、京津冀城市群单个城市的各类规划要考虑与城市群内其他城市的规划协同，通过城市群的协同一体化与可持续发展，倒逼单个城市的可持续发展。需要打破城市群内各个城市之间的分割，实现行政边界、地理边界与经济边界的耦合，最终实现城市群内各个城市的可持续发展。

同济大学可持续发展与管理研究所所长诸大建，上海财经大学城市与区域科学学院副院长张学良，解放日报社党委副书记周智强等提出，规划的投影就是我们现在的发展格局，规划也是政府治理结构的投影。所有的发展问题都是通过规划来实现治理结构变革的问题。本质上，讨论规划就是讨论政府治理结构的问题。多规合一是一个跨学科的问题，需要经济学、社会学、政治学、地理学、生态学、规划学及财政学等领域的专家共同努力，也需要发改委、环保部、国土部、住建部四个部委及地方政府实际操作部门的参与讨论。同时，我们应以史为鉴反思中国城市发展的历史，也要借鉴欧美西方发达国家城市规划中的经验与教训。这样才能有效解决我国城市发展中面临的可持续发展问题。

《学术月刊》编辑部等单位共同主办“国际卫生组织：历史与未来合作网络的缔造”国际学术研讨会

4 月 23 日至 25 日，由《学术月刊》编辑部、英国格拉斯哥卫生和医疗保健社会史中心、上海大学马斯托禁毒政策研究中心联合主办的国际学术研讨会——“国际卫生组织：历史与未来合作网络的缔造”，在上海大学顺利召开。此次会议得到了来自英国艺术和人文研究理事会(AHRC)、惠康基金会、上海市社会科学界联合会、上海大学的共同资助。

来自美国哈佛大学、戴维森学院、加拿大麦吉尔大学、阿卡迪亚大学、丹麦奥胡斯大学、德国亚琛大学、英国伦敦大学、约克大学、斯科莱德大学、埃克塞斯大学、法国巴黎第十大学、里昂大学、瑞士洛桑大学、台湾“中央研究院”、复旦大学、湖南师范大学、中国中医药大学、上海大学等单位的 50 余名学者参加了此次会议。与会专家学者共分为 8 组，围绕国际卫生组织(IHOs)的源起、影响、实践进行历史学的研讨，分别讨论了从博医会到世界卫生组织、从发达国家到第三世界、从全球扩张到地域实践、从殖民地医学到冷战医学，全面而多元地研讨了不同类型的国际卫生组织在历史上扮演的不同角色和发挥的多样作用。会议分享了来自全球最前沿的学术成果，这些成果既会推进全球卫生史研究，又将为世界医疗卫生的发展作出卓有成效的贡献。同时参会的所有学者就会议的议题以及未来合作网络的建设，特别是对 2016 年 4 月继续召开的会议进行了热烈的讨论。来自不同的国家和地区，研究不同的领域，具备不同思想的人们在此以一种相同的热诚与期待，分享着彼此的成果与视角，会议成果丰硕。

《探索与争鸣》编辑部等单位联合举办“劳动、劳动观念与社会公正”论坛

在第 126 个国际劳动节来临之际，4 月 27 日，由华东师范大学社会科学创新基地（核心价值与文化观念）与《探索与争鸣》编辑部联合举办的“劳动、劳动观念与社会公正”论坛在华东师范大学举行。华东师范大学、复旦大学、华东政法大学、上海大学、上海师范大学、上海社科院、上海工程技术大学等高校科研机构十余专家学者参加了本次论坛。论坛由华东师范大学哲学系朱贻庭教授主持。

华东师范大学哲学系、中国现代思想文化研究所赵修义教授指出，社会的关注焦点近年来集中在“共同富裕”，但是从深层次来看，无论从生产关系还是观念形态的角度看，都必须正视劳动、劳动观念，这是实现公平正义的前提。华东政法大学教授、中国社会法学研究会副会长董保华从法律的角度提出，劳动观念、社会公正的理解应该落实在制度的设计上。上海大学社会学院教授刘玉照指出，传统的劳动体系和职业技能培训体系的瓦解，造成农民工丧失提高技能和社会尊重的机会。复旦大学哲学学院教授佘源培从劳动与资本、科技发展、享受与消费的三重关系，分析了劳动的学理概念。华东师范大学哲学系、中国现代思想文化研究所教授高瑞泉从劳动观念史角度出发，谈论了价值观念的演化和观念建制化历史两个层面。上海大学社会学系教授顾骏谈论了劳动的价值观念的历史演变。上海社科院经济研究所副所长权衡从劳动关系角度出发，提出劳动与资本二元结构、产业结构升级与收入分配、土地与农民等关系。上海师范大学教授刘诚从劳动法与劳动关系，谈论基层工会如何保护劳动者权益问题。上海师范大学教授何云峰提出，从基础法则、基本道义、法律体系、美德倡导四个层面，来建立全社会尊重劳动和劳动者的氛围。

“历史传统与当代语境”
——《陈伯海文集》出版座谈暨学术研讨会召开

5月9日，为传扬陈伯海先生在中国古典文学、文艺美学、哲学等领域作出的杰出学术贡献，值六卷本《陈伯海文集》出版之际，上海市社联、上海社科院文学研究所、上海师范大学联合举办“历史传统与当代语境”——《陈伯海文集》出版座谈暨学术研讨会。会议由上海社科院文学所副所长荣跃明主持，市社联专职副主席刘世军、上海师范大学孙逊教授、上海社科院院长王战出席会议并共同致辞。

研讨会上，陈伯海先生以“历史与现实的对话”为题，回顾了自己的学术道路，并概述了个人在学术活动中的思考与探索，即着眼于学术传统的推陈出新，通过开发激活历史资源以创建民族新文化与新学术理念。詹福瑞、董乃斌、黄霖、赵昌平、陈尚君、葛兆光、刘跃进、胡明、夏中义、胡晓明、谭帆、陈引驰等与会学者在发言中，高度肯定了陈伯海先生不断创新的学术志向和精湛丰硕的研究成果，并围绕陈伯海先生的学术思想、古典文学研究的反思与创新等议题展开热烈讨论。来自中国社会科学院、首都师范大学、复旦大学、华东师范大学、上海社科院、上海师范大学、上海大学、上海古籍出版社、《上海文化》杂志社、《上海思想界》杂志社等高校、科研机构和出版新闻界的60余位学者出席会议。

《学术月刊》编辑部等单位共同主办“土地制度、户籍制度与城市化”研讨会

5 月 16 日，由《学术月刊》编辑部和上海财经大学高等研究院、上海发展研究基金会共同主办的 2015 年“土地制度、户籍制度与城市化”研讨会在上海财经大学成功举行。

本届会议以“阻碍土地、劳动力两大市场发育的制度障碍及其克服路径”为主题，分别围绕“如何建立开放性、竞争性的城乡统一的土地市场”“户籍改革制度”“基于土地出让金的土地财政的存废和改革的路径”“如何建立基于市场配置的土地用途管制制度”等相关主题展开讨论。来自北京大学、清华大学、复旦大学、浙江大学、同济大学、华南师范大学、上海财经大学以及中国社会科学院、上海市委农办研究室、北京天则经济研究所、上海发展研究基金会、上海金融与法律研究院等高校、科研机构和政府部门的近 30 位学者出席了本次会议。

“土地制度、户籍制度与城市化”内部研讨会已连续举办 8 年，通过提前提交论文的方式为会议进行有效讨论、达成共识做了充分准备。这次会议达成的最大共识是，为了实现十八届三中全会提出的目标，切实推动土地制度的彻底改革，以期早日让土地市场在土地资源的配置中起决定性作用，必须首先彻底改革现行的规划和土地用途管制体制。

“争鸣与繁荣——新常态下的学术期刊发展之道”全国综合性学术期刊主编论坛在上海市社联召开

5月20日至21日，由上海市社联主办、《学术月刊》编辑部、《探索与争鸣》编辑部联合承办的“争鸣与繁荣——新常态下的学术期刊发展之道”全国综合性学术期刊主编论坛召开。来自全国各地的30余家学术期刊代表，及上海各大高校的专家学者，共计50余人参加了本次论坛。

论坛上，与会代表围绕“学术争鸣的规范与边界”“高校智库热潮下的学术评价问题”“学术期刊如何深度阐释新常态下的中国转型”“新常态下的综合性学术期刊发展之道”四个议题展开探讨。在“学术争鸣的规范与边界”议题中，与会主编和学者共话学术争鸣、论辩合理性与学术共同体建设，以及谨守学术争鸣的边界问题。在“高校智库热潮下的学术评价”环节中，与会专家提出公信力、公众认可、智库成果的实现与学术评价问题，并从学科导向与问题导向角度反思高校智库热潮。在“学术期刊如何深度阐释新常态下的中国转型”议题中，与会学者共谈学术期刊与学术共同体的关系，从学科和专业学术期刊角度理解人文与人文社会科学及其学科发展。在“新常态下的综合性学术期刊发展之道”环节中，与会专家探讨新常态下学术期刊功能转变与传播平台重构问题，提出综合性学术期刊的专业化和特色化改革的发展之道。

《学术月刊》编辑部等单位共同主办"现代性语境中的翻译与诠释——中日哲学界的对话"学术研讨会

5月23至24日，由《学术月刊》编辑部与复旦大学哲学学院联合举办的"现代性语境中的翻译与诠释——中日哲学界的对话"学术研讨会在复旦大学顺利举行。

来自日本京都大学、北海道大学、庆应义塾大学、立政大学、北海道教育大学，以及中国的复旦大学、中山大学和香港中文大学等高校的学者参加了此次会议并作了学术报告。会议以英语为主要工作语言，与会学者从比较哲学研究的角度诠释日本哲学对于西方哲学的转化与运用，并分析其差异。如，京都大学的上原麻有子教授在报告中反思了西田几多郎哲学以及西方哲学的日语翻译在第一人称使用上的哲学意蕴；庆应义塾大学的纳福信留教授分析了在大西祝、西田几多郎和和辻哲郎哲学中对希腊哲学的创造性转化和运用；复旦大学的徐英瑾教授从场所论出发分析了日本京都学派美学和黑格尔美学的根本差异；北海道教育大学的朝仓友海博士通过佛教中"即"的概念，对牟宗三哲学和西田几多郎的后期哲学进行了全新的诠释；等等。

本次会议以日本哲学界和中国哲学界的相互交流、影响和促进为目的，试图在以京都学派哲学为代表的东亚近现代哲学和西方哲学之间架起桥梁，体现了中日学者运用现代哲学的学术资源重构东亚思想传统的新颖视角。

《学术月刊》编辑部与华东师范大学中文系联合主办“中国新文学:语言与话语”国际学术研讨会

6月12日至14日,由华东师范大学中文系和《学术月刊》编辑部联合主办的“中国新文学:语言与话语”国际学术研讨会在华东师范大学逸夫楼华申学术交流中心三楼多功能厅329室成功召开。6月13日上午举行开幕式,开幕式由华东师范大学中文系教授文贵良主持,华东师范大学中文系系主任、思勉研究院院长谭帆致开幕辞,《学术月刊》编辑部总编辑金福林致欢迎辞。

美国杜克大学的罗鹏(Carlos Rojas)副教授、威斯里女子学院的宋明炜副教授、何翔副教授、澳大利亚新南威尔士大学的寇志明(Jon ugene von Kowallis)教授、日本一桥大学的坂井洋史教授、近畿大学的福家道信教授,以及澳门大学的黄维樑教授、北京大学的王风副教授、复旦大学的郜元宝教授、南京大学的吴俊教授、浙江大学的施旭教授,中国人民大学的李今教授、杨联芬教授,交通大学的陈建华教授、何言宏教授等海内外学者共50余名参加了本次会议。在为期两天的会议中,与会代表们围绕“中国新文学:语言与话语”这一主题,提交了四十多篇学术论文,就中国现代文学的语言与话语问题、现代学术散文的语言范式、国语运动中的“方音符号”问题、民国教科书中的词语意识形态、国语讲习所的开办、近现代翻译与中国新文学之关系、中国新诗语言的虚词与节奏、中国近代早期白话文的形态以及与中国新文学的关系、中华民国时期殖民地的语言政策、鲁迅的语言实践与谣言书写等议题进行了精彩的学术报告,并展开了热烈的学术讨论。

6月14日上午,与会代表就此次活动进行了圆桌会议。随后,《学术月刊》编辑部编辑张曦致大会闭幕辞。“中国新文学:语言与话语”国际学术研讨会圆满结束!

华东师范大学中文系的陈子善教授、殷国明教授、罗岗教授、刘晓丽教授、倪文尖副教授、魏泉副教授等教师以及部分学生参加了此次研讨会。

上海市社联举行"现代化与化现代——新文化运动百年价值重估"国际学术研讨会

6月19至21日，由《探索与争鸣》编辑部、上海交通大学人文艺术研究院、北京大学高等人文研究院、北京大学儒学研究院、上海东方青年学社联合主办的"现代化与化现代——新文化运动百年价值重估"国际学术研讨会在上海交通大学徐汇校区召开。来自中国大陆、中国台湾、中国澳门，以及美国、瑞典、澳大利亚的180余名专家学者出席会议。

研讨会开幕式由上海交通大学人文艺术研究院院长王宁主持，市社联党组书记、专职副主席、《探索与争鸣》学术指导委员会主任沈国明，上海交通大学党委常务副书记郭新立，北京大学高等人文研究院院长杜维明，北京大学儒学研究院院长王博代表主办方致辞。市社联党组副书记、专职副主席桑玉成在研讨会闭幕式上对会议讨论情况进行总结，市社联专职副主席、上海东方青年学社副理事长刘世军主持了青年学人与名家学者对话的青年专场。

在19日上午的主旨演讲环节，瑞典皇家人文、历史与考古学院院士罗多弼教授、杜维明教授、北京大学陈平原教授、四川大学罗志田教授、上海大学王晓明教授，以及王宁教授分别作了主旨演讲。华东师范大学党委书记、市社联副主席童世骏教授主持主旨演讲。

罗多弼教授以"The New Culture Movement and Chinese Culture in the 21st Century"为题，从"全盘西化"的论点、对传统思想的批评、文学改良的必要性、语言观以及语言革命四个方面探讨了新文化运动，指出我们今天如何看待新文化运动对传统文化的批评取决于个人的价值观和视角。

杜维明教授的演讲强调了儒学与新文化运动的复杂关系和相通之处，全面论述了《"化现代"的价值创新》。他认为，对"人"的问题的反思是中国人反思的中心对象，这种反思是入世的，这里的人是活生生的具体的人，是文化中国的人。他继而论及了对现代理性观念的反思，其中包括自由、法治、人权、个人尊严等，尤其是工具理性在韦伯之后的发展表现出的忧虑。最后，杜维明论述了人间社会的重组问题，他认为应该有一个新的观念，重构人学，达到人类和自然和谐相处。

陈平原教授以《作为一种"思想操练"的"五四"》为题，从四个方面对五四运动的历史作用和当代意义作了重新评估，并总结了五四运动之所以影响深远的三个方面原因。陈平原教授认为必须跟诸如"五四"这样的关键时刻、关键人物、关键学说保持不断的对话关系，才能激活传统，这种必要的"思想操练"是走向心灵成熟的必由之路。

罗志田教授以梁漱溟的《东西文化及其哲学》一书为个案来讨论新文化运动的意义。该书出版后，引起了学界的注意，同时也引发了很大的争议，尤其是东方文化派对梁漱溟的批判最为激烈。罗志田教授认为考察梁漱溟想要解决的问题和当时人赞同或反对的态度，可以了解"五四"时代读书人的心态和思想趋同的转变，同时可以反观五四运动对新文化运动的冲击和影响。

王晓明教授以《"王韬—严复式难题"：现代早期(1880/1990s—1940/1950s)中国思想的出发点》为题，指出王韬、严复等中国第一批思想家当时已经意识到整个世界历史面临一个新局面，一种新的"势"，他把这个问题称之为"王韬—严复式难题"。这一难题体现了思想和行动、药方和诊断之间的张力，是中国作为方法的根本所在，而该难题则成为现代早期中国思想的出发点。

王宁教授以《走向世界人文主义：新文化运动的世界性意义》为题，在发言中指出在新文化运动百年之际，重温人文主义的历史作用及当代形态有着重要的意义和价值。王宁教授认为，长期以来，学界更多关注新文化运动"反帝、反封建"的方面，而忽略了其人文主义的方面；文化运动除了在现代中国起到了革命性的作用外，同时也对全球人文主义的宏大叙事作出了重要的贡献。世界人文主义概念的建构源自世界主义在本质上也是一种当代形态的人文主义。

6 月 19 日下午至 20 日，本次研讨会围绕 15 个议题，在三个分会场举行了共 18 场平行论坛。议题从历史、文学、哲学等人文学科出发，包含"新文化运动价值重估""激进主义反思""1920 年代以来的民族主义""新文化运动中的知识人""问题与主义""儒学转型与新文化""作为运动的新文化""百年启蒙反思""聚焦新青年时代""文化保守主义""新文化与公共理性""新文学与启蒙现代性""新文化在士绅阶层中的传播""中西文化融合"等议题。与会学者们紧紧围绕主题，做理性的对话、同情的理解和学术的思辨，为全面深化改革和法治中国建设寻求思想的资源，交流观念，求同存异，寻求共识。

为了鼓励青年学人如同 100 年前的青年先贤一般热切响应新文化运动，回应大时代的新命题，本次研讨会还专门开辟 3 场"青年专场"。到场青年学者来自《探索与争鸣》编辑部发起的"现代化与化现代——新文化运动百年价值重估"青年理论征文入选者。《探索与争鸣》编辑部历时半年，从上百篇青年征文中遴选出 20 篇优秀论文，邀请青年作者参与此次研讨会"青年专场"。受邀青年学者悉数到场，发表各自的学术观点，并与担任评议和主持的资深教授展开学术对话。

本次研讨会不仅回到历史现场，重识新文化运动的复杂面相，而且在科学与民主两大现代主潮之上抑或之外，重估新文化运动的遗产。与会学者从历史语境回到中国当下，打通中西，融合古今，直面今日中国思想文化现实，反思近代以降启蒙的历程，重构 21 世纪的中国思想文化图谱。为此，主办方在 6 月 21 日上午专门设置了"新文化与中国文化未来"圆桌论坛，进行更为充分的自由讨论。圆桌论坛由华东师范大学中国现代思想文化研究所陈卫平教授主持。清华大学的秦晖教授和杜维明教授担任引言人，就新文化运动为中国文化未来发展提供的价值展开讨论。

杜维明教授在总结百年中国文化发展的基础上，提出了更多具体问题，尤其是儒家传统文化可供中国文化未来发展的资源供给。他认为，当面临今天人类要回答的问题的时候，新文化运动和五四启蒙运动所提供的价值显然是不够的。因此，今人需要用中国传统儒家人文精神的价值取向，作为中国文化发展的重要导向。由此，中国文化才能具有普遍性，对整个世界文明产生巨大贡献。秦晖教授则归结了新文化运动发生以来整个百年的中国文化发展。

在自由讨论环节，瑞典皇家人文、历史与考古学院院士罗多弼、北京大学教授何怀宏、中国人民大学教授任剑涛、上海师范大学教授萧功秦、中国社科院研究员陆建德、台湾“中央大学”教授汪荣祖、美国加州圣玛利学院教授徐贲、澳大利亚新南威尔士大学教授寇志明、复旦大学教授谢遐龄、河南大学教授张宝明等多位学者，围绕中国文化的未来发表各自的观点，展开思想交锋。在热烈的对话中，学者们深化了对传统文化在当代中国如何发扬，中国文化发展如何在多元性中保持主体性等问题的认识。

100 年前，新文化运动在上海发起，借此百年之际，上海市社联在 2015 年发起新文化运动 100 周年纪念，具有重要的意义，此举充分体现了上海社科界的担当意识和历史使命感。由上海社联主办这场国际学术研讨会，既是对上海这座国际大都市的致敬，也是对与新文化运动渊源颇深的上海社联首任主席陈望道先生与第二任主席夏征农先生的致敬。

本次研讨会是近几年来中国人文学界的一次学术盛会，出席会议的除了 4 位国外院士和中国外籍院士外，还有国内 12 位来自人文社会学科的长江学者和众多学界领军人物。此次研讨会学科范围覆盖广，涵盖了文学、历史学、哲学、政治学等人文社会科学，打通了学科边界，与会学者在浓厚的问题意识中，通过理性的对话和学术思辨，在大时代中寻找共识。

《学术月刊》与《华东师大学报(哲社版)》联合主办“全球化、大数据、新常态下的国家治理:全国(国家社科基金项目)青年学者研究思路论坛”

“全球化、大数据、新常态下的国家治理:全国(国家社科基金项目)青年学者研究思路论坛”,于6月27日在华东师范大学举行。这是全国范围内获得“国家社科基金项目”的青年学者第一次就共同关心的问题彼此进行切磋的论坛,也是全国学术名刊主编与青年学者第一次直接集体对话的论坛。

本次论坛由《学术月刊》编辑部和《华东师大学报(哲社版)》联合主办,《管理世界》《财经研究》《法学》《社会》《复旦学报》《社会科学》《探索与争鸣》共同协办。全国知名社科刊物、理论媒体和重要学术文摘二十多位主编和来自全国高校与科研机构的三十余位青年学者们出席了本次论坛。华东师大副校长汪荣明、市社联专职副主席刘世军、教育部社科司代表田敬诚到会致辞,华东师大社科处处长顾红亮主持了开幕式。

汪荣明副校长在致辞中指出,当今时代,全球化深入推进、大数据如火如荼、世界格局深刻变革,在这样的背景下,国家治理面临前所未有的挑战。对此,学术界、学术刊物责无旁贷,担负着关注、回应乃至引领国家和社会发展的责任和义务。青年学者朝气蓬勃、思维活跃、敢想敢干,是学术界的重要新生力量,也是学术共同体的未来主力军。他希望将本次论坛打造成培育支持青年学者成长的重要机制。

刘世军副主席在致辞中强调,习近平总书记提出“国家治理体系与能力现代化”作为改革的总目标之一。而中国人口之众、历史之长、面积之广、情况之复杂在世界上是少有的。选择国家治理这样具有前沿性与重大现实意义的课题是抓住了这个时代最重要的问题。以这样重大的课题为一纽带进行多学科青年学子的对话,相信会有很好的效果与成果。

本次论坛上,主编与青年学者们围绕着国家治理的价值目标、路径选择与方法设计展开了热烈的讨论。青年学者阐述各自对于“国家治理的民族维度”“企业工会维权”“人大预算监督”“中国梦传播的话语策略”等论题的理解,主编们则从自身的专业角度进行点评。有褒扬有批判,有解疑有交流,整整三场持续一整天的学术对话始终在平等积极的气氛中热烈地进行,不断产生思想碰撞。

《管理世界》副主编尚增健在点评时提出,学者研究必须有清晰的目标意识,着眼于实际问题的解决。《中国社会科学文摘》常务副主编柯锦华指出学术研究要从中国的国情出发来考察问题，注意我们的社会体系、基本情况具有自己的特色。《人大报刊复印资料》中心主任武宝瑞指出在学术研究中过于宏大的题目往往什么都研究不清楚，青年学者应注意从细处着手。《复旦学报》主编汪涌豪指出真正的好学问是至清至浅的，学问与人生相互关联，学者不应该把自己固化在精英化的话语之中，不可陷入数据和专业术语的堆砌中。

在闭幕式上，《学术月刊》总编金福林表示这次论坛是一个新的尝试，是一次专业人文社科学术期刊与青年学者的对话。学术不分年龄，青年大有可为。《华东师大学报（哲社版）》主编胡范铸指出学术刊物不仅是学术信息传播的平台，也可以成为推动学术共同体发展的动力。关注学术共同体的发展，关注青年学者的成长，对于学术刊物来说具有特别的意义。

本次论坛是《学术月刊》编辑部与《华东师范大学学报（哲社版）》举办的一次大型学术活动，是落实国家社科基金资助项目建设的重要举措之一。在国家社科基金规划办等上级有关部门的指导与支持下，论坛取得圆满成功，为青年学者与学术名刊主编的互动创建了一个新的平台。

《学术月刊》编辑部等单位联合举办第三届传播视野下的中国研究论坛(2015)暨“传播变革与近代中国”学术研讨会

第三届传播视野下的中国研究论坛(2015)暨“传播变革与近代中国”学术研讨会于7月3日至4日在辽宁大学蒲河校区召开。本次会议由上海《学术月刊》编辑部、复旦大学信息与传播研究中心、辽宁大学新闻与传播学院联合主办,由辽宁大学新闻与传播学院承办。

会议邀请到来自复旦大学、香港城市大学、台湾世新大学、北京师范大学、浙江大学、华中科技大学、上海交通大学、暨南大学、吉林大学、安徽大学、辽宁大学等21所高校的著名学者以及《新华文摘》等知名学术期刊的编辑共50余人。为期两天的会议紧紧围绕着“传播变革与近代中国”的总论题展开,从传播技术变革与社会秩序及其人群交往与交流关系来探讨中国晚近以来的社会和文化变迁。本次研讨会总论题下设八个分论题,内容涉及传播变革与新文化运动、报刊与新文化、新媒介与新社群、纸媒广告与近代消费社会等。来自新闻史研究领域的国内知名学者复旦大学信息与传播研究中心黄旦教授,香港城市大学的李金铨教授,台湾世新大学的夏春祥教授等学者就这些论题向大会报告了自己的研究成果。与会学者从不同的研究视角、运用不同的研究方法和进入问题的路径对上述问题展开了深入的讨论。经过激烈的思想交锋,学者们的问题意识更加鲜明,研究方向得到进一步拓展,研究视野也更为开阔,并产生了丰硕的学术成果,与会学者对此会议的收获给予了很高的评价。

此次研讨会对跨学科研究等方面意义重大。与会学者还对如何办好论坛献计献策,并且对下一届论坛的承办提出意向。

上海市社联举行“多学科视野:新文化运动与传统文化”学术研讨会

1915年,陈独秀创办《青年》杂志(第二年更名为《新青年》)标志着新文化运动的开始。2015年是新文化运动发生一百周年。9月10日,“多学科视野:新文化运动与传统文化”学术研讨会在上海市社联群言厅举行。本次研讨会由上海市社联主办,上海炎黄文化研究会、上海市历史学会、上海市哲学学会、上海市伦理学会和上海市民俗文化学会承办。会议由上海炎黄文化研究会常务副会长杨溢萍主持。市社联党组书记、专职副主席沈国明到会致辞。

一百年来,中国社会发生了翻天覆地的变化,对新文化运动的评价也随着时代的变化而变化。来自上述学会的学者围绕新文化运动和传统文化的关系,从多个学科进行了深入的研究和探讨。

姜义华认为,新文化运动及其百年演变,我们需要认真总结。新文化运动时期,知识分子不仅“坐而论道”,创办了一大批杂志,而且发动了一场“社会运动”,形成了一大批社团组织,开始了有组织的行动,传播了民主和科学的理念,在知识界和舆论界很有影响力。同时,新文化运动也存在一些弱点,对什么是中国真正的现实问题认识不清,如对资本、土地、农村和农民问题研究不够;主要关注文化问题,忽略了对当时社会复杂的政治问题和政治斗争的观察;观察和分析问题时持形式主义的“非此即彼”的态度。新文化运动当时对整个社会的影响力是有限的。新文化运动的进一步发展提出了启蒙者如何在运动中自我启蒙的问题,其中的先进分子,如李大钊、鲁迅开始关注现实,与中国的政治和现实问题有了真实的接触。

熊月之认为,新文化运动的发生与上海的城市环境、文化生态、京沪两地的文化差异、文化人的互动有密切关系。他从《新青年》、新文化与民初上海文化生态的角度对新文化运动作了考察。他认为,陈独秀当初在上海创办《新青年》并无到北京发展的打算,而只是其出版事业的一个方面。蔡元培在北大实行的改革,参与新文化运动的众多新派人才,新文化运动的批判孔学儒教、倡导白话文、倡导妇女解放,都与清末民初上海城市的清新文化、新派人才有密切关系。五四运动的发生,与这一运动继承此前上海已有的民众抗议方式、与上海工商界深度介入有直接关系。所以,无论研究《新青年》、新文化运动、五四运动,还是研究中国共产党的创立,都需要考虑其时上海城市社会环境、文化生态的重要价值。

如何评价新文化运动，沈祖炜认为评价新文化运动应当有一个方法论上的考量。新文化运动对于传统文化的猛烈批判，主要是因为当时墨守成规的保守思想阻碍了社会的进步，迫切需要一场思想启蒙运动来摧毁和推翻旧秩序。对一百年前的新文化运动，我们要“历史地”理解并予以尊重。另一方面，尽管当时有否定、消灭传统文化并全面引进外来文化的思想，在近代中国文化变迁和发展过程中，中国本身的优秀传统文化也还是起着非常重要的作用。我们今天对待传统文化，应该推陈出新，在传承优秀传统文化的基础上进行创新。

陈卫平从“全盘反传统还是‘猛勇’反封建”和“把传统文化‘妖’‘鬼’化还是以科学精神‘整理国故’”这两个角度对这个问题做了细致的辨析。他认为，新文化运动的整理国故、以科学取代经学，打开了研究传统文化的现代新天地，并非妖化鬼化传统文化。当然，这样的整理国故也存在某些“形式主义看问题”的流弊，因为辩证法当时还未被纳入科学方法的视野之中。当下把新文化运动的反传统作为现今弘扬传统文化的对立面，是错误的，正是因为新文化运动的反传统，警示我们不要在弘扬传统文化时，让封建主义渣滓泛起；也正因为新文化运动的反传统，使我们具备了研究传统文化的现代学术基础。

邵雍认为，新文化运动虽然对传统的价值观念进行了猛烈的批判，但批判的主要内容是作为传统文化核心的儒家思想中的三纲礼教及封建伦理道德，而非否定整个中国传统文化体系。我们今天构建新文化，应该有选择地辩证地吸收西方文化，对待传统文化最为准确的基本态度应该是毛泽东所说的“取其精华、去其糟粕”，创造具有中国风格和中国特点的文化。

刘长林认为，当时尊孔是为了复辟帝制，维护封建专制统治。新文化运动针对孔教的批判，是为了巩固辛亥革命后建立的民主共和制度，反对复辟帝制的反动逆流。批判的矛头指向以封建礼教为中心的封建专制主义，倡导的是符合现代民主共和国制度的平等、自由、科学等价值理念。新文化运动作为一场启蒙运动，不但推进了政治制度及政治体制向现代社会的转型，也极大地促进了人的思想解放。

丁耘认为，“民主”之为问题，起于清帝国的危机，更起于王朝政治与中国古代文明的总危机。梁启超的“新民说”，试图在调和儒家和西学的基础上，对民主问题有所回应，而新文化运动及其最终开启的中国共产主义运动，同样是对民主问题的回应。新文化运动在其发生阶段受惠且受制于梁启超的“新民说”，在其兴盛阶段又试图以“庶民说”摆脱梁启超的“新民说”。丁耘认为，在新文化运动的历史效果受到怀疑之际，回顾新文化运动中的“梁启超问题”，其意义在于确证新文化运动对儒家政治传统的扬弃，为人民政治传统再次奠基。

如何认识新文化运动的健将陈独秀，蔡志栋通过追索其对传统文化的态度，来探明陈独秀建构起来的自由观念，从一个侧面展示了新文化运动与传统文化的关系。付长珍则以陈独秀为中心，探讨了启蒙伦理场域中的国民想象。陈独秀在深刻反思和批判传统文化的基础上，以革命的进化论和启蒙思潮为底色，勾画了一幅现代公民的精神图像，但对“国民”的颂扬，也暗含着对国家神话的膜拜。

张海岚通过对新文化运动与传统节俗改造的再审视来判断新文化运动的得失。她认为，新文化运动的口号是“科学”和“民主”。新文化运动的领袖们希望凭借这两件武器，批判旧的社会制度和文化，建立新的社会制度和文化。新文化运动从肯定民众是国家的主人出发，开始创建中国民俗学。但是，“科学至上”和“启蒙”的精英态度，使得民俗学成为批判中国民众、中国民俗的工具，而无法成为新文化建设的有效力量，也无法看到传统节俗在民众日常生活中的价值和意义。

上海市历史学会秘书长章清作会议总结。章清认为，我们今天评价新文化运动对传统文化的立场，必须把这个运动放到帝制崩溃和民国建立这个大背景中去考察，体会当时知识分子发言的特殊语境和策略性，在新学与旧学的对立中认识新文化运动的主张；也可以从新文化运动与陈独秀、新文化运动与梁启超、新文化运动与上海、新文化运动与民俗等具体维度切入，去丰富我们对新文化运动的认识；在传统文化热的现实条件下，探讨新文化运动和传统文化的关系，应该把历史批判和现实批判结合起来，这是我们今天回顾新文化运动的价值和意义所在。

《探索与争鸣》编辑部召开“人口老龄化与中国经济新常态”研讨会

10月23日至25日，《探索与争鸣》编辑部与教育部哲学社会科学重大课题攻关项目“老龄化对中国经济发展的影响及应对策略研究”课题组在南开大学八里台校区联合举办“人口老龄化与中国经济新常态”研讨会。会议由南开大学经济学院人口与发展研究所、老龄科学研究中心教授原新主持，全国政协副秘书长、中国人口学会副会长刘家强，中国人民大学社会与人口学院院长、中国人口学会会长翟振武等分别致辞。

针对人口老龄化新常态与经济新常态的关系，翟振武教授认为，在逐步完善人口政策背景下和社会生育意愿疲弱的现实面前，“放开二孩”政策只能缓解中国老龄化程度，无法扭转老龄化趋势，更不能根本解决老龄化问题，今后老年人口特征和结构大不同于过往，针对老年人口的各项制度设计要与时俱进。刘家强教授指出在老龄人口与经济新常态的传导机制上，要重新评估老年人口对经济新常态的正面和负面影响。中国老龄科学研究中心党俊武研究员提出经济新常态下人口老龄化应发生转变，由民生问题转变为经济问题。首都经济贸易大学劳动经济与人口学院院长教授童玉芬指出，未来老龄化对劳动力供给的影响应重新考量，劳动力是否短缺取决于需求而不是供给。复旦大学人口研究所所长王桂新指出，伴随城镇化过程中的老龄化变化，应采取延缓/适应战略，特别要针对迁移人口所造成的老龄化的时间差，加快养老金体系与基础设施建设，建立城乡一体化的老龄体系。对于具体的老年人口的社会保障问题，北京大学家庭与老龄健康研究中心教授陆杰华认为应创新养老服务业税收政策，加强流转税、个人所得税等税制改革，改变当前财税养老覆盖面不足、缺乏系统性和针对性等弊端。山西省社会科学院人口研究中心研究员谭克俭对于目前的养老机构出现的公办民办两极分化等困境，指出公办机构应集中精力投向失能失智老人，民办机构应更好投向市场。中国人民大学老年学所所长、中国老年学会会长杜鹏指出，应形成投资、服务双驱动的机构养老方式，建立长期照护保险制度。

此外，来自南开大学、中国社会科学院、清华大学、首都经济贸易大学、中央民族大学、河北大学、西南财经大学、广东外语外贸大学、山西省社会科学院、西安交通大学、西南财经大学、西安财经学院、重庆工商大学等高校科研机构的二十余位专家学者也围绕人口老龄化与经济社会发展问题进行了充分的讨论。《探索与争鸣》编辑部择取优秀成果刊发于第12期“圆桌会议”栏目。

“大数据在公共安全管理中的应用”专题研讨会召开

10 月 30 日,“大数据在公共安全管理中的应用”专题研讨会在上海开放大学召开。会议由上海市社联,上海市法学会和上海开放大学主办。国务院应急管理专家组组长、国家减灾委专家委员会副主任闪淳昌,市政协学习委员会常务副主任柴俊勇应邀出席会议。会议由市法学会专职副会长施基雄主持,上海开放大学副校长顾晓敏到会并致辞。市社联党组书记、专职副主席沈国明作总结讲话。来自国家安监总局、市应急办、市政协、市人社局、市公安局轨交分局、市疾控中心、市反恐研究中心、上海交通大学、华东师范大学、上海政法学院、上海海洋大学以及上海开放大学总校与分校的专家学者共计 70 余人参加了本次会议。与会专家围绕“大数据在公共安全管理中的应用”开展了深入研讨,对大数据背景下的公共安全管理提出了新的思路,为完善大数据在公共安全管理中的应用提供了理论支持和实践借鉴。

一、 要树立以人为本、预防为主的理念

“突发事件的应对应以预防和准备为主”已成为世界上越来越多国家的共识。今年 3 月 18 日,第三届世界减灾大会在日本召开,包括中国在内的 100 多个国家参加,会上共同签署了减灾新框架。新框架的内容涵盖了自然灾害、技术灾难以及其他人为灾害。多国一致认为应当加大减灾投入,减少灾害风险,共同提高抗灾能力。尽管近年我国对于公共安全的重视和投入在不断增加,管理水平也在不断提升,但现实情况仍然不容乐观,具体表现在:重处置轻预防,重效益轻安全,重地上轻地下,重表面轻基础,重眼前轻长远,重速度轻质量,重产出轻投入,重硬件轻管理。

与会学者认为,公共安全管理应当树立以人为本的理念,促成从“不惜一切代价救灾”向“千方百计做好预防与准备”的方向转变。同时,适应市场经济需求,健全符合中国国情的巨灾保险和再保险体系。有学者以工伤预防及安全生产为例,建言应大力督促、引导企业依法参保,使企业增强风险意识,加强事先预防,保证工作场所安全。此外,应当进一步规范劳动关系,避免挂靠分包使管理者不能有效地对劳动者安全生产过程进行有效监管;同时进一步关心职工的身心健康。

二、 要发挥大数据在公共安全管理中的重要作用

8 月 31 日,国务院颁布《促进大数据发展行动纲要》,提出在全球范围内运用大数据推动经济发展,完善社会治理,提升政府服务和监管能力,正在成为一种趋势。坚持创新

驱动发展,加快大数据部署,深化大数据应用,已经成为稳增长、促改革、调结构、惠民生,推动政府治理现代化的内在需求和必然选择。目前,我们国家移动互联网用户规模占全球第一,有着丰富的数据资源优势,大数据部分关键技术研发也取得一些突破,涌现出一些互联网创新企业和创新应用,一些地方政府已经启动大数据相关工作。

大数据是以容量大、类型多、存取速度快、应用价值高为主要特征的数据集合,具备4V特征:即超大规模和不断增长的数据量(Volume);异构和不同性质多样性(Variety);巨大的价值(Value);高速(Velocity)。实施网络和大数据安全保障工程对于构建安全城市具有重要意义,无论是事前监测与预警,还是事中处置与响应。例如,公安系统可利用云计算技术研发多点碰撞应用系统助力民警办案,快速缩小排查范围,提高办案效率。在事后分析与评估方面,大数据更可发挥保障安全、提高管理水平的重要作用。

在应用方面,由于大数据不是某一个环节的数据,所以,真正要做到全程溯源需要针对特定主题集成、共享数据资源。据此,有学者建议应学习美国电子政务建设模式,进行网格化建设,即将目标城市分成网格,在网格基础上细化调用,设计专门流程,既包括预案设立和响应设立,也包括灾备资源调用等。

三、 要加强以风险治理为核心的应急管理基础能力建设

有学者建议,应特别加强以风险治理为核心的应急管理基础能力建设,包括监测预警、现场指挥、应急救援、物资保障、紧急运输、通讯保障、恢复重建等各方面的能力。应当关注跟踪国际热点和发展动态。当前国际上较为关注以下体系的建设:基于风险和情景构建的预案体系,基层应急和救援能力评估与建设,综合灾害应急救援处置体系建设,恶劣环境的灾情获取与实时传输,现场通信、实时动态决策与指挥,面向社区与公众的灾情预警发布,企业防灾可持续发展计划制定,现场指挥和应急运行体系建设,等等。其中,重大突发事件情景构建体系,是当前世界公共安全应急管理的前沿问题,美国已构建十二个重大突发事件情景。此种情景构建不同于传统典型案例,不是具体事件投影,而是无数同类事件和预期风险的集合,其中的情景代表一个国家和地区的主要威胁;情景不是预测重大突发事件发生的具体事件和特点,其核心是做好各种预案准备。情景构建是开放系统,具有高度弹性和可持续改进性,我们应瞄准这一国际新前沿,提高应急管理水平。

四、 要加强公共安全管理的法治保障

有学者认为,中国历史缺乏法治传统,中国社会缺乏法治需求,中国文化缺乏法治基因,这构成法治建设的障碍,因此需要大力推动“办事依法,遇事找法,解决问题用法,化解问题靠法”的良好法治环境。其中,提高领导干部的应急处突能力,提升干部勇于负责,敢于担当,科学决策,快速处置的能力是法治建设的重要任务。

也有学者指出,法律法规总是具有滞后性,在法律法规尚未明文规定时出现的问题不能因为法律条文的缺乏而不予现实上的解决。这就需要运用大数据形成的生态系统,建立有弹性的磋商机制,让利益各方在较为宽松自由的环境下,形成严肃结果及判断。

纪念冯契百年诞辰国际学术研讨会在华东师范大学举行

11月2日至3日，由华东师范大学、上海市社联、上海社科院联合举办的“世界性百家争鸣与中国哲学自信——纪念冯契百年诞辰国际学术研讨会”在华东师范大学举行。上海市委宣传部副部长燕爽出席会议。华东师范大学校长陈群教授，市社联党组书记、专职副主席沈国明研究员，上海社科院副院长何建华教授，冯契先生次子、清华大学法学院教授冯象，清华大学哲学系主任黄裕生，诸暨市委宣传部副部长孙陈超分别致辞。

会议分为纪念会和学术研讨会两大板块。纪念会由华东师范大学哲学系主任郁振华主持，中国社科院教授方克立、复旦大学教授刘放桐、金岳霖学术基金会秘书长刘培育、武汉大学哲学学院院长吴根友、中国浦东干部学院领导研究院院长奚洁人、华东师范大学教授吴铎及张天飞在纪念会上分别发言，华东师范大学党委书记童世骏作总结讲话。

美国夏威夷大学教授成中英、复旦大学教授张汝伦、南京大学教授张建军、华东师范大学教授杨国荣分别在学术研讨会上作主旨报告。来自海内外高校和科研机构的两百余位学界同仁共襄盛会，围绕“冯契与马克思主义中国化”“冯契的智慧说”“知识与行动”“中西哲学对话”等议题展开交流与讨论。

为纪念冯契先生百年诞辰，华东师范大学哲学系特别对深受冯契先生哲学思想影响的39位师生校友进行访谈，“述往事”而“通其道”，回忆录汇编成《智慧的回望——纪念冯契先生百年诞辰访谈录》一书。同时，重新整理编纂《冯契文集》增订版(共11卷)。

《探索与争鸣》编辑部等单位共同主办"杨周翰与比较文学的未来"学术研讨会

由清华大学比较文学与文化研究中心、《探索与争鸣》编辑部以及交通大学人文艺术研究院共同主办的"杨周翰与比较文学的未来"学术研讨会于11月7日在北京举行。来自中国社会科学院、清华大学、北京大学、交通大学、南京大学、中国人民大学、北京师范大学、北京语言大学、澳门大学等十多所高校和科研机构的专家学者40余人出席。研讨会由杨周翰先生早年培养的博士研究生、清华大学比较文学与文化研究中心主任、教育部长江学者王宁主持。中国社会科学院副院长张江在会上致辞。

本次研讨会纪念了中国当代比较文学的奠基人杨周翰先生百年华诞,出席研讨会的专家学者在缅怀故人的同时也对比较文学这一新兴学科在中国的从无到有并逐渐形成一个具有中国特色的学派的未来前景作了展望。张江回顾了自己作为一个文学青年与杨周翰主编的《欧洲文学史》的偶然邂逅,并指出这本书在其后一直伴随着他的文学批评和研究生涯。他认为纪念先生百年华诞更重要的是推进中国的文学研究事业向纵深发展,从而在国际上发出中国学者的声音。四川大学长江学者特聘教授、中国比较文学会长曹顺庆在致辞中缅怀了老会长对自己以及其他后辈学者的提携和教导,并呼吁中国的比较文学学者以纪念杨周翰为契机大力推进中国比较文学研究的国际化进程。

杨周翰先生对中国比较文学的重大贡献不仅在于引进这门学科,还在于他在比较文学领域中率先强调了中国文化的主体性。北京大学中文系教授乐黛云在发言中如是指出。杨周翰教授研究英国文学的著作无一不透露出他内心深藏的中国文化底蕴。他以西方一些学者用华丽、奇崛、精雕的巴罗克诗风来概括中国文学的某些作品为例,说明如果欧洲人试图从中国的角度来理解中国文学,学会中国人理解和欣赏自己文学的方式和方法,他们就会发现一个不同的世界,这种发现不仅会扩展他们的视野,也会有助于他们对自己的文学特点达到更深的理解。她特别指出,杨周翰先生在他生命的最后年月,热情地主张拆除中心(西方中心),呼唤一种以各自文化为特点,进行交流对话,互相印证、互相参照、互相补充的新阶段的比较文学。而这三十多年来,一直都是中国比较文学的理想与追求。

杨周翰先生在第11届和第12届国际比较文学协会年会上蝉联两届副主席,他的研究成果对于中国比较文学发展具有重要的意义。王宁在全面评述了杨周翰的比较文学观和批评实践后总结道,杨周翰之于比较文学的未来至少有以下几方面的意义:首先,关于比较文学中国学派的问题，这在今天中国经济崛起的全球化时代应该说是水到渠成了。其次，关于比较文学的危机和转机问题，多年来的“危机”噪声已经转变为推进中国比较文学事业前进的转机。再者，比较文学的跨学科现象及文学本体的研究，杨周翰先生以自己的多学科和跨学科文学研究实践证明，即使是从别的学科汲取理论也不能脱离文学这个本。最后，比较文学与文化研究的对立与对话关系，他认为中国的比较文学之所以至今仍十分繁荣，就在于它对其他文化现象的包容。

杨周翰先生认为中国人研究外国文学，应该“要有中国人的灵魂”，此言直指国内学术界外国文学研究的要害所在。北京大学教授李明滨和韩加明分别在发言中回顾了杨周翰对中国高校的比较文学和世界文学教学所作出的共享以及对国别文学研究所作出的表率。韩加明着重分析了杨周翰的重要著作《十七世纪英国文学》，认为这实际上应该算是一种 17 世纪英国文学的断代史研究，而且是老先生多年研究思考的结晶，特别是结合了中国文学或文化背景从比较角度研究英国文学的重要成果。

出席会议并作发言的还有黄德伟、高建平、谢天振、何成洲、高旭东、季进、陆薇、王敬慧、许德金等专家学者。

《探索与争鸣》编辑部召开“《探索与争鸣》2016年选题咨询会”

12月15日，为了进一步研究《探索与争鸣》2016年的选题策划工作，探索学术发展新动向，《探索与争鸣》编辑部召开了“《探索与争鸣》2016年选题咨询会”。本次选题咨询会由上海市社联专职副主席刘世军主持，上海市社联专职副主席、《探索与争鸣》学术指导委员会主任沈国明研究员致辞，上海市社联老领导林炳秋、王邦佐、施岳群、武克全和桑玉成出席会议。

沈国明研究员回顾了最近几年《探索与争鸣》杂志的办刊历程，充分肯定了《探索与争鸣》近年来的办刊努力。同时，他也指出了《探索与争鸣》明年办刊中所需要努力的重点，如加强中国哲学社会科学话语体系研究、深化“一带一路”的学术讨论与研究，等等。《探索与争鸣》副主编叶祝弟向各位专家学者汇报了编辑部2015年的工作成果以及对2016年工作的设想。

在办刊评议阶段，复旦大学教授姜义华指出，《探索与争鸣》应该在保持苏东问题研究领先的基础之上，继续拓宽视野，对世界有更深入更鲜活的反映，努力在读懂中国、读懂世界上下功夫。上海社科院陶友之研究员认为，应该加强在经济方面的研究力度，对产能过剩、金融风险、全民创新等话题组织学者研究。复旦大学教授尹伯成认为，《探索与争鸣》应继续保持从学理角度关注社会热点问题的风格，特别是经济方面的问题，如关注供给侧结构性改革、关注技术创新。复旦大学教授余源培肯定了《探索与争鸣》的文风，希望《探索与争鸣》能组织力量构建当代中国话语体系，不断深化对重大问题的讨论。

华东师范大学教授赵修义认为，《探索与争鸣》应该加强学术争鸣，既要关注热点，更要关注冷点，深化对经济社会中前瞻性问题的研究，见他人之未见。上海市委党校教授夏军认为，应多组织力量进行跨学科研讨，打破单科界限，从多个学科加强宏观思潮、系统思维的研究。复旦大学教授胡守钧对编辑部的办刊与发展，提出探索不唯典要，争鸣贵有大气；常怀百姓之心，薪火相传不息的希望。华东师范大学教授周尚文一方面肯定了《探索与争鸣》精准地把握学术热点优势，另一方面也指出，虽然《探索与争鸣》注重对青年学者的提携，但不少青年学者文章都不太触及真正的问题，编辑部应从多方向引导、提携青年学者。华东师范大学教授朱贻庭认为，《探索与争鸣》选题前沿而不越界，全面而不平庸，在全国学界中独树一帜，与办刊过程中编辑部既坚持原则和底线，也要有智慧的办刊思路分不开。华东师范大学教授王家范从史学的角度为编辑部的办刊提供了良策，他认为，历史的书写需要对历史场景进行全面回顾，才能挖掘出具有真正史学价值的研究成果，史学研究的思想方法不能过于简单与极端。复旦大学教授浦兴祖认为，只有坚持贴近社会的学术、关心热点的学术和直面问题的学术，才能在众多的理论刊物中有所作为。

此次选题咨询会，20 多位专家都从不同的领域和视角对《探索与争鸣》的办刊、发展与选题策划提供了非常好的建议，为《探索与争鸣》2016 年的办刊贡献了极具价值的建议与智慧。

学术茶座

上海市社联举办“长三角文化创意产业融合发展”学术茶座

作为中国经济最活跃的区域之一，长三角在发展文化创意产业方面优势明显，并在创意基地和产业园区建设等方面积累了丰富经验。2015 年 1 月，上海市政府出台 1 号文，即《关于贯彻〈国务院关于推进文化创意和设计服务与相关产业融合发展的若干意见〉的实施意见》，为上海文化创意产业的融合发展提供了有力的政策支持。本次学术茶座旨在立足上海，总结梳理长三角城市文化创意产业现状与发展需求，并开展对长三角文化创意产业跨界合作、协同发展等问题的探讨，为推进上海乃至长三角文化创意产业一体化发展提供决策参考。

一、 研讨概况

5 月 15 日，“长三角文化创意产业融合发展”学术茶座在上海市社联召开。来自上海工程技术大学、上海交通大学、上海电机学院、上海生产力学会和《创意设计源》杂志社等单位的 10 余名专家学者参加研讨。

与会者围绕“长三角文化创意产业融合发展”这一主题各抒己见，讨论热烈。上海工程技术大学副教授曹如中首先介绍了开展这一主题研讨的背景，分析了长三角文化创意产业的发展现状和存在问题，并结合上海市文化创意产业的实际提出了相关对策建议。上海交通大学教授唐元虎把文化细分为“语言、文字、数字、音符”四类，并对文化创意产业融合发展发表了看法。东华大学管理学院教授戴昌钧长期从事管理科学的教学研究工作，是倡导管理标准化、流程化和程序化的资深专家，他主要就上海文化创意产业的经营与管理发表了独到见解。《创意设计源》主编徐勤教授则从艺术和设计的角度，对长三角文化创意产业融合发展提出了许多有针对性的建议。上海工程技术大学陈心德教授长期从事文化创意产业研究，曾参与宝山区文化创意产业园区的开发建设，并深入调研上海多家文化创意产业园区。他主要就长三角文化创意产业的发展现状、上海文化创意产业发展存在问题做了深刻剖析，并结合他所主持的上海市决策咨询课题“促进上海市文化消费”，提出了相关政策建议。上海工程技术大学管理学院教授董川远也对长三角文化创意产业融合发展发表了看法，他的渊博学识和独到见解得到与会者的肯定。

二、 主要观点

本次研讨主要分析了长三角城市文化创意产业发展现状及跨界合作的现实需求，并提出了具体的发展战略与措施，为推动区域内关联产业的有机融合，促成长三角文化创意产业在更大范围内集聚化发展提供参考。

（一）对长三角城市文化创意产业跨界合作与协同发展的基本态势分析：一是长三角文化创意产业合作恰遇产业布局重组、区域分工、产业转移等重大战略实施良机；二是有效的政府激励和多元资金投入机制，使长三角文化创意产业充满活力；三是文化创意产业园区建设已为长三角文化创意产业发展提供了良好的成长载体和空间，为各类创意合作提供了良好的知识共享和交流平台，也成为长三角传播城市文化内涵、打造城市品牌形象的有效途径。综上所述，当前长三角文化创意产业已进入相互衔接融合、一体化发展的新阶段，项目、人才、技术、市场、信息、资源等各层面开始专业化细分，为推进长三角文化创意跨界合作与协同发展带来巨大空间与机遇。

（二）对上海文化创意产业发展阶段的基本判断：上海文化创意产业的发展目前正处于起飞阶段，特别是自上海加入全球“创意城市网络”、被联合国教科文组织授予“设计之都”称号后，文化创意产业已成为引领和支撑上海新一轮发展的支柱产业，对上海全市经济发展的贡献率逐年提高。特别是中国工业设计研究院、迪士尼、东方梦工厂等世界级研发中心和重大项目相继落户上海，自贸区文化市场开放政策正显现出桥头堡作用。但也要看到，上海文化创意产业发展方向趋同，重复建设和同业竞争现象严重，普遍存在“小、弱、散”的现象，区域联动与合作效应远未体现，严重影响了区域文化创意产业整体竞争力的有效形成。如何调整现有产业政策、构筑区域合作机制、强化产业链条建设、推进城市文化创意产业跨界合作，将成为提升上海文化创意产业创造力的突破口。

（三）对长三角城市文化创意产业跨界合作与协同发展中存在的问题诊断：一是发展方向趋同，区域联动与合作效应远未体现。由于缺乏对整个区域功能的明确定位与分工，长三角地区在城市文化创意产业发展道路上存在定位雷同、产业同构、分工不明的问题，影响了区域内文化创意产业整体优势的发挥。长三角必须绕过产业发展弯路，推进城市文化创意产业合作，解除各自为政的机制和利益诉求冲动，破解产业同质化问题，避免造成利益主导下的重复建设、无序竞争和资源浪费。二是文化创意产业的特殊性注定文化创意要素倾向于在大城市集聚，并不是所有城市都具备发展文化创意产业的基础条件，必须遵循产业发展规律，避免主题尚不明确、内容尚不充分的“圈地”现象，禁止一味追求产业规模与园区开发数量。三是长三角大多数文化创意产业园区产业链不完整，不能充分发挥产业集群的协同效应，企业之间并未通过交易、契约、合作的形式形成固定的网络化组织构架，正式或非正式的联系所形成的知识和信息外溢，劳动力共享等集群优势并不明显，园区特色不鲜明，产业关联性不强。

（四）推进长三角文化创意产业跨界合作与协同发展的战略思路：一是要转变政策理念，促进产业有序发展。二是要打破行政壁垒，完善分层管理机制。三是加强区域联动，形成新的合作机制。四是完善产业链条，提高产业关联度。五是要培育创意阶层，营造良好的创意氛围。六是要加强知识产权保护，打造创意园区品牌。

上海市社联举行“‘八一三’淞沪抗战的战略意义及历史地位”专题学术茶座

8月13日，上海市社联召开“‘八一三’淞沪抗战的战略意义及历史地位”专题学术茶座。来自南京政治学院上海分院、复旦大学、华东师范大学、东华大学、上海大学、上海地方志办公室等单位的10余位专家学者参加会议。与会者围绕“八一三”淞沪抗战的历史过程、战略意义、历史地位等问题进行了深入交流和研讨。

2015年是中国人民抗日战争暨世界反法西斯战争胜利70周年，也是“八一三”淞沪抗战78周年。78年前，中国军民在中国共产党倡导建立的以国共合作为基础的抗日民族统一战线的旗帜下，进行了气壮山河、英勇悲壮的淞沪抗战，成为中国全民族抗战的壮烈一幕，在世界的东方打响了世界反法西斯战争的第一场大规模战役。“八一三”淞沪抗战为中华民族独立和解放、为世界反法西斯战争胜利伟大事业，作出了彪炳史册的贡献。

与会专家学者认为，在中国共产党和各个爱国党派的积极推动下，在强大的民众抗日救亡运动的支持和配合下，由国民政府军事委员会组织和指挥的淞沪会战，是全面抗战初期最重要的战役和最重大的事件。“八一三”淞沪抗战成为全国战局转换的枢纽，从此，全国真正转入全面抗战的轨道。抗日民族统一战线在“八一三”淞沪抗战期间正式形成。淞沪抗战继华北战场之后在华东开辟了抗日第二战场，并且在战局发展过程中一度成为全国对日作战的主战场。

与会者还指出，“八一三”淞沪抗战与“一・二八”淞沪抗战虽同是发生在上海仅相隔6年的抗日战争，但其战略意义及历史地位是不一样的。在中华民族面临危亡的危急关头，中国政府决定将原定在华北与日军的决战转移到上海，迫使日本由北向南侵略中国的战略意图改变为由东向西，为国民政府由南京撤退到武汉、再撤退到重庆赢得宝贵时间，为实现持久抗战提供了条件。同时，“八一三”淞沪抗战为上海和华东沿海沿江地区工业的内迁，物资、设备和企业单位的转移，文化、教育、科技事业和人员向后撤退，赢得了时间和条件，有助于掩护长江下游地区的抗日爱国力量向中南和西南腹地转移，这都对全国持久抗战的坚持起了重要作用。

“八一三”淞沪抗战强有力地促进了国共两党的合作和抗日民族统一战线的正式形成和发展，推动了全国抗日运动高潮的到来，极大地振奋了伟大的民族精神，鼓舞了全国人民打败侵略者、夺取抗战胜利的斗志，增强了民族自信心和自尊心，在国际上也产生了积极的影响。

上海市社联举办“休闲、空间与公共安全——上海的机遇与挑战”学术茶座

10 月 9 日，上海市社联、复旦大学全球旅游经济与文化研究中心在复旦大学召开以“休闲、空间与公共安全——上海的机遇与挑战”为主题的跨学科交流学术茶座。来自复旦大学、华东政法大学、美国纽约州立大学的旅游研究、城市规划、公共安全、体育产业等领域的专家教授参会并展开了热烈讨论。

与会专家指出，上海旅游业正在由传统观光旅游向体验旅游、度假旅游、户外游憩等多种形式相融合的方式升级。上海旅游业的转型是实现上海由生产型城市向消费型城市转型的重要环节，这种变化客观上也对产业融合、城市空间结构优化和公共安全带来新的要求。

如何通过空间优化的手段应对新的挑战是这次研讨的核心话题。目前我国人均休闲时间与发达国家相比尚有差距，上海对休闲空间的需求将大量增加，因此如何增加休闲空间的供给与有效管理已成为不容忽视的现实问题。对此，与会专家认为，人流的集中必然带来公共安全问题，而效率与公共安全则存在矛盾，如何利用景区的外围空间实现旅游者的空间分流值得研究。利用微信等“互联网＋”的手段有助于特色街区向休闲空间的功能转型，而体育设施建设和大型赛事的举办也有助于增加城市的游憩空间，并促进旅游业与体育产业的融合发展。

上海市社联举行“新常态下中国生产力发展研究”专题研讨

10月9日，上海市社联星期五学术茶座举办“新常态下中国生产力发展研究”专题研讨。来自上海交通大学、上海大学、东华大学、上海社科院、上海市政府发展研究中心、上海市生产力学会等单位的10余位专家学者参加座谈。与会者围绕中国经济新常态的内涵、新常态的基本内容与表现形态、新常态下生产力发展的新视野新目标新产业等问题进行了深入研讨。

与会者认为，我国的发展仍然处于重要的战略机遇期。无论从产业化看还是从全球化看，仍处在智能化与全球化的一个重要战略机遇期，尤其是当前全球新型大国关系的构建与多极化发展格局的形成，对中国的发展是一个重要的战略机遇期。经济新常态给我国核心生产力发展开拓了新视野，展现了新机遇，孕育着新思路。要实现以提升国家与人民的核心利益为目的，以经济核心生产力为基础，以物质核心生产力、科技核心生产力为主体与主导，以文化核心生产力为先导，以金融核心生产力为支撑，以全面深化改革开放为动力，以大众创业、万众创新为基本形式的集成创新发展。

上海市社联举行“透过 BBC 中式教育专题片谈中外教育比较”研讨

11 月 27 日，上海市社联举办星期五学术茶座，主题为“透过 BBC 中式教育专题片谈中外教育比较”。复旦中学校长郭兆年、上海协和双语高级中学执行校长侯晓波做主旨发言。来自长宁、普陀、闵行学校代表与会。

郭兆年校长认为中外教育的不同主要在于：西方教育更注重“自律”，中方教育更注重“他律”；西方课堂重思维表达，中方更重学习效率；西方课堂强调自由，中方课堂强调秩序；西方学校更多的时间是给予学生发展兴趣爱好，而中国学生课后时间基本以素质教育为主。

郭兆年校长在发言中谈到，在西方的教育生态中，基本可以分为两个体系：一个是以公办学校为主的大众教育体系，一个是以私立学校为核心的精英教育体系。中国家长普遍希望子女“进大学读名校”，教育期待类同于西方的精英教育，而这一类的教育都有两点不可或缺：一是学业要求高，课业负担重；二是注重日常行为习惯的培养，更注重教养，更知道管束自己，而不是由着性子放纵。以欧美为代表的西方教育思想有可借鉴之处，但并不意味着我们就可以罔顾中西不同的教育体系，只说其一、以偏概全地误导学生和家长。而需对这两类教育的定位和诉求有清醒认知，推进教育改革必须兼顾到中国教育需求的这一特点，结合中国实际系统推进，而非“只计一点、不顾定位及整个教育体系”的妄自菲薄、盲目照搬。希望社会方面：开放各种场馆，如博物馆、图书馆；全面开放高考改革制度。希望家长：家长群体的变化，对于孩子的期望有所改变。家长应该放开心态，孩子有天赋和潜能的不同，要相信孩子。希望学生：在学校教育和家庭教育中，要有自我意识的焕发。自己想要做的事情太少了，大多是老师要求和家长要求。要在学习和未来的职业上，学会把握自己，发现自己的潜能。

侯晓波校长围绕东西方教育和协和双语高级中学的教育实践，进行了系统的对比和细致的比较，她认为当东方教育和西方教育相遇时，互相之间经历了从陌生—了解—选择—融合—模糊淡化各自的特征这样的过程。这个过程充满了辩证，既有众多的相同和不同，也有不同中的相同，相同中的不同。她围绕“教育理念、教育方式的陌生阶段”“了解东西方教育的异同之处”“选择与融合”三个主题，用图表的方式将这些对比展示给与会者。

侯晓波校长认为任何一种教育没有绝对的好与坏，现代教育已经不能简单地用纯粹的东方教育或者是典型的西方教育一概而论了。东西方教育正在对话和走近，互相越了解就越能互相学习、融合各自适宜的部分来试点，最后还是要用时间和历史来证明。教育国际化并不等同于教育西方化，它应该是百家争鸣的局面，应该融合东西方教育之精粹。

学术成果发布和评价平台

XUE SHU CHENG GUO FA BU HE PING JIA PING TAI

成果发布和评价

2014年度中国十大学术热点

2014年度“中国十大学术热点”评选活动，由《学术月刊》编辑部、《光明日报》理论部与中国人民大学书报资料中心联合主办。经过学界推荐、文献调研、学者研讨、专家评议、投票确定等程序，评选出“社会主义核心价值观的培育和践行”等十大学术热点，现予公布。

热点一：社会主义核心价值观的培育和践行

入选理由：社会主义核心价值体系与社会主义核心价值观的研究是近几年学术界关注的重大理论与实践问题。2014年的研讨主要聚焦于“社会主义核心价值观的培育和践行”上，相关的研究大致从以下几方面展开。1. 社会主义核心价值观的内涵解析，包括社会主义核心价值观如何体现社会主义的本质属性，社会主义核心价值观与社会主义核心价值体系的关系，对“三个倡导”具体内容的解读，尤其注重其与传统价值观念和资本主义核心价值观之间关系的辨析。2. 培育和践行社会主义核心价值观的意义，主要是社会主义核心价值观为中国梦提供价值支撑；引领社会思潮，支配整个社会领域的各种价值规范；推进国家治理体系和治理能力现代化的精神保障等。3. 培育和践行社会主义核心价值观的路径和机制，主要包括宣传引导，特别强调弘扬传统文化对培育社会主义核心价值观的积极意义；制度建设，强调将社会主义核心价值观教育渗透到各行各业的规章制度中去；个体教育，特别强调学校思想政治理论课要探索新媒体教育手段的运用，和符合青少年思维方式的教学方法。

专家点评：2014年围绕社会主义核心价值观的培育和践行，发表了许多有分量有影响的研究成果，产生了巨大的社会反响。但从总体上看，我国社会主义核心价值观的研究，还处于需要进一步深化和发展的阶段，还有很大的拓展空间。学界应充分发挥多学科交叉研究优势，坚持理论与实践、传统与现实相结合，依据中国特色社会主义建设实践的客观需求，深入挖掘社会主义核心价值观所蕴涵的中华优秀传统文化资源，积极借鉴国外优秀文明成果，科学揭示社会主义核心价值观基本理念的本质诉求，为社会主义核心价值观的培育和践行提供基本思路和具体要求。这是深化社会主义核心价值观研究亟待解决的重大理论问题和实践课题。（点评人吴潜涛，清华大学马克思主义学院教授）

热点二：依法治国与国家治理现代化

入选理由：党的十八届三中全会将“完善和发展中国特色社会主义制度，推进国家治理体系和治理能力现代化”作为改革的总目标，党的十八届四中全会对全面推进依法治国做出重大部署。2014 年，围绕依法治国与国家治理现代化问题的学术探讨与研究成为热点，学者们发表了大量文章。其讨论主要集中在以下几个层面：1. 对“治理”理论的学术史梳理和内涵解读，强调治理主体的多元参与、治理机制的法治化、治理理念的理性化、治理对象的公共性等。2. 关于“国家治理”的内涵，有的强调社会的作用即社会自主性的治理；有的强调国家的作用即国家主导下的治理；更多学者指出，作为全面深化改革的总目标，国家治理归根结底是国家主导下的国家与社会的协商与合作。3. 国家治理现代化包括国家治理体系现代化与治理能力现代化两个方面内容。前者指中国特色社会主义制度，后者指制度执行能力，国家治理体系和治理能力现代化是一个有机整体。4. 推进依法治国是国家治理体系与治理能力现代化的有效保障：强调依法治国就是要实现依法执政、依法行政、公民有序参与立法、建设法治文化；研究依法治国与坚持党的领导、人民当家作主的辩证统一关系；突出“依宪治国”在国家治理中的基础作用。

专家点评：依法治国与国家治理现代化问题，引起了学术界的深度关注。一方面，依法治国既是推进国家治理体系和治理能力现代化的必然要求，也是现代国家治理体系的必要组成部分。另一方面，依法治国的问题，不仅是一个法学领域的问题，更是一个政治学领域的问题，也是经济学、社会学、公共管理学等其他相关学科需要给予高度关注的问题。在当下以及未来的一段时间内，与依法治国有关的一系列问题，如法治与人治、法治与德治、民主与法治等，都有可能形成一些新的研究热点。

（点评人桑玉成，上海市社联教授）

热点三：儒家思想的政治哲学解读

入选理由：儒家传统于今日中国之制度设计有哪些可资借鉴的思想资源？对儒家思想的政治哲学解读遂成为 2014 年学术界的一个研究热点。目前国内的研究主要集中在以下几个方面：一是对儒家政治哲学的构建，这方面的研究主要围绕儒家政治哲学的特质、使命、概念和方法等主题展开。二是对儒家政治伦理思想的阐释，对儒家政治伦理化与伦理政治化的互动以及“民为邦本”“为政以德”“尊贤任能”“廉政勤政”等理念进行了深入探讨。三是对儒家经典进行政治哲学的诠释，这方面的研究主要集中在对《尚书》《春秋》等经典文本中的政治思想进行深度挖掘。四是对历代思想家的学说、观点进行政治哲学的解析，这方面的研究主要是对孔子、孟子、荀子、董仲舒、二程、朱熹等人政治思想的关注和评析。五是对儒家思想与理想政治形态及社会治理关系的探讨，这方面的研究主要集中在儒家王道政治理想的现代意义、儒家思想与国际秩序的构建关系上。

专家点评：当前，挖掘儒家思想理论的创新成果与面对当代问题的实际需要相比，显得非常不足和薄弱，尤其是在儒家基本义理和社会科学及社会政策结合方面。这有待于学术界持续不懈的努力。儒家政治哲学研究的开展，在儒家思想理论创新方面带了个好头，但仍需要在中国政治哲学史的开掘和当代儒家政治哲学理论建构两方面做更多的研究投入。期待儒家政治哲学的研究为解决当代广义社会政治领域的问题提供更多的历史与哲学智慧。（点评人彭永捷，中国人民大学哲学院教授）

热点四：微时代的文化传播与话语表达

入选理由：随着互联网和移动技术的发展，我们进入了一个以微博、微信为代表的双向互动的微时代。传播方式的变革推动了人的生活方式、审美趣味、精神状况等的转型，其后果与走向引起了越来越多学者的关注。目前的研究主要集中在文化层面，尤其是以“微”为特色的文化传播和话语表达。1. 对表征微时代特征的碎片化生活方式和“微文化”进行归纳与阐释。学者们普遍认为，基于互联网文化的微时代，人们的交往、工作、娱乐都呈现出碎片化的趋势，也呈现出跨阶层、跨地域、跨平台等特征，而网络时代的快节奏和即时性酝酿了“微文化”的产生，文化产品和文化消费变得便捷、多样化。2. 关注微时代的文化传播和话语表达机制。有学者从作为微文化载体的机器和移动互联网技术的变革以及网络文化的生产来探讨微时代文化传播的逻辑，指出多元话语和差异表达开始越来越多地占据公共文化空间，而媒介话语表达机制也正在走向“微主体化”“无地方化”和“强社交化”。3. 反思微时代文化传播和话语表达背后的精神与社会问题。学者们在看到微文化积极的一面的同时，也指出其喧嚣浮躁、疏离虚无、自我怀疑乃至自我消解的时代症候，需要人们对此种文化现象保持一份警惕。

专家点评：今天，“微”已经成为理解我们这个时代的一个关键词。以移动互联网为技术基础的新传播方式，即微传播，不仅改变了人们的生活方式和交往方式，同时也带来了国家治理、社会治理的一系列新课题。这个选题不但具有很高的学术价值，同时也与老百姓的日常生活紧密相关，对它的思考和深入研究也有助于国家治理能力的现代化。这是一个接地气的、扎根于现实生活的真正的前沿问题。

（点评人陶东风，首都师范大学文学院教授）

热点五：中国经济新常态与国家发展战略转型

入选理由：2014 年，世界经济虽然走出了金融危机，但增长乏力，不平衡并未消除，产业创新仍待探索。从中国自身发展进程而言，自从 2012 年 GDP 规模超过日本成为世界第二大经济大国以后，由大求强的战略目标被历史性地提上了议程，提高经济增长的质量与效益成为核心主题。学界对新常态的研究涵盖了多方面的主题，包括如何看待增长率的下降，如何形成创新驱动发展的新增长模式，如何实现国民经济三次产业结构升级，如何增强消费在经济增长中的拉动作用，如何使投资在增长中继续发挥关键作用，如何培育新的比较优势继续发挥出口对增长的支撑作用，如何形成产业组织新特征，如何使经济增长从依靠要素成本优势转向依靠人力资本质量与技术进步，如何形成统一透明规范有序的市场环境，如何推动低碳型发展方式，如何化解因增长率下降而显现的各种潜在风险，如何从刺激性政策调控转变为市场决定资源配置和更科学的宏观调控，等等。这些主题构成了中国经济新常态研究的丰富内涵。

专家点评：由于中国经济发展进入了一个新阶段，以新常态思维探索发展转型的主题是必要的。在2014年11月北京APEC会议上，习近平同志系统论述了中国经济新常态下的新增长、新结构、新动力与新风险。在12月中央经济工作会议上，习近平同志又全面分析了新常态的九大特征，并指出“认识新常态，适应新常态，引领新常态，是当前和今后一个时期我国经济发展的大逻辑”。认识国内外经济新常态历史性变化的内涵，形成适应新常态发展的战略与政策，并在新常态发展中赢得主动，成为中国经济学界的中心议题。

（点评人张幼文，上海社科院世界经济研究所研究员）

热点六：中国社会治理体制创新

入选理由：党的十八届三中全会首次用“社会治理”来代替“社会管理”（“社会管理”的提法从党的十六大报告开始至党的十八大报告一直沿用），仅一字之差，却具有重大意义。与社会管理相比，社会治理更强调主体多元、关系平等、方式灵活以及手段综合。中国的社会治理创新有别于西方，具有自身的理论特质和实践模式。当前，社会开放性所带来的全球风险、社会危机以及新型社会治理力量的兴起，迫切需要中国创新社会治理体制予以回应。对“社会治理体制创新”的理论意涵、现实路径进行深入探讨，将有助于充分化解社会矛盾、实现社会公正、激发社会活力、促进社会和谐。2014年有关“社会治理体制创新”的研究情况大致如下：1. 从中国治理文化的特殊性、治理情境的复杂性以及治理内容的内生性等维度，揭示中国社会治理的本土特质。2. 对社会治理方式、制度、体系的宏观论述。涉及社会治理体制创新的主体关系及能力、关键环节、核心议题、基本依据、实践路径等方面，深刻剖析了“一主多元”“社会协同”“源头治理”“依法治理”“基层自治”“社会共治”“服务型政府建设”等社会治理方式的有效性和基本路径。3. 将社会治理的思维应用于相对微观的领域和实际操作层面，在网络社会、城市/农村社区、社会工作实务、企业劳动关系、突发公共事件等具体情境中发掘社会治理理念的实现机制以及其中蕴含的新特点、新价值，使中国社会治理创新的理论更加深入和丰富。

专家点评：2014年是全面深化改革元年，也是创新社会治理体制机制的重要节点。鉴于此，各个学科都从其独特的视角关注、解读和研究中国式社会治理理论体系及其应用价值。面对中国社会结构和社会组织形式发生了深刻变化的新形势，社会学界则以社会学的话语体系，从微观、中观和宏观层面重点论述了中国社会治理体制机制创新对于推进国家治理体系和治理能力现代化目标的理论意义和现实作用。不过，中国社会治理理论和实践的研究迄今还处于起步阶段，有待拓展和深入研究的命题还很多，如提升社会治理科学化水平与依法治国的内在关系；推进多层次多领域依法治理的理论基础、基本内容与现实路径；社会规范在社会治理法治化中的定位与作用。

（点评人陆杰华，北京大学社会学系教授）

热点七：甲午战争与东亚历史进程

入选理由：120年前爆发的甲午战争，对中国和东亚历史产生了深刻的影响。研究甲午战争，有利于深入了解中国政治、经济、文化等的变革，也有利于明晰日本历史的转折和东亚历史进程的演变，具有深刻的现实意义。目前研究情况大致如下：1. 甲午战争爆发前的形势研究。学者们分析了甲午战争爆发时的世界局势、中国国内政治体制落后、中国和藩属国朝贡体系的变化、日本资本主义发展和战略战备计划等形势，论证了甲午战争爆发的必然性，驳斥了甲午战争突发论。2. 甲午战争军事情况研究。涉及甲午战争中中日军事力量、战略、战术的比较，对清朝陆海军的评价，对甲午战争的情报问题的分析。总结了甲午战争失败的政治、经济、文化、军事原因。3. 甲午战争对中国的影响。学者们着重分析了甲午战争对近代中国国力、政治体制、经济形势、思想文化等的冲击和长远影响。面对新形势，总结战争经验、吸取教训尤为重要，诸如发展国力、杜绝腐败、实现强国梦想、避免战争、减少战争带来的人类灾难等，学者们进行了各有侧重的思考。4. 甲午战争对东亚历史进程的影响。甲午战争使中朝宗藩关系终结，日本的经济实力、军事实力空前膨胀，心理基础、意识形态、对世界的认识发生重大改变，欧美和日本等在华势力掀起瓜分中国的狂潮，日俄争夺朝鲜，中朝两国民族危机空前严重。

专家点评：1894 年日本挑起的中日甲午战争，对中国以及东亚历史进程产生了重大影响。中国的战败和《马关条约》的签订，使自 1840 年鸦片战争后开始的中国半殖民地化进程进一步加深。战争也促进了中华民族的觉醒。正是以甲午战争为契机，孙中山发起成立"兴中会"，提出了"振兴中华"的口号，康有为、梁启超领导了戊戌变法运动。从此，中国人民的救亡图存、谋求民族复兴的伟大斗争进入了一个新的历史时期。与此同时，日本借助甲午战争的胜利，尤其是向中国掠夺的巨额赔款，迅速走上了向外侵略扩张的军国主义道路，并取代西方殖民者成为中国和东亚各国人民最凶恶的敌人，成了第二次世界大战的策源地之一。铭记历史，才能面向未来，更加珍惜世界和平。

（点评人郑大华，中国社科院近代史研究所研究员）

热点八：老龄化背景下的养老服务体系优化

入选理由：在养老保障研究领域，20 世纪 90 年代以来，学界主要以资金制度为研究对象，而对服务机制的探讨则不够充分。在养老保障资金制度建设已取得较大进展的当下，如何在老龄化背景下，通过优化养老服务体系来增强养老资源的可及性成为学界的重要议题。研究议题主要包括：1. 澄清对养老服务的认识误区。基于实地调研，学者们主要澄清了"将居家养老等同于家庭养老""将社区养老等同于机构养老""将机构养老等同于市场化养老"等误区。2. 考察养老服务体系建设的国际经验和教训。重点总结了美国、英国、德国、瑞典、荷兰、加拿大等国家养老服务构建的经验与教训。3. 完善养老服务结构体系。重点探讨了三类养老服务方式的功能定位、互动配合、协同推进等内容。4. 优化养老服务责任体系。以传统"孝道"文化为基础，着眼于政府、社会、国民个人等主体在养老服务体系改革与发展中的责任分割，具体勾勒了政府财政、社会组织、民间资本、家庭与个人的责任内容、承责路径和方式。

专家点评：老龄化形势严峻，养老服务需求巨大，养老服务体系建设任务紧迫而繁重。正是在这样的背景下，学界以高度的社会责任感集中且深入地研究养老服务体系的建设及其优化，硕果累累，成绩斐然；而且其中不少研究成果已经在养老服务的实践中得以实现。当然，这一研究还有进一步拓展和深化的空间。特别是需要开阔视野，将养老服务放到更广阔的背景下予以研究。如联系养老保险制度改革探究资金与服务的关系，在全面深化改革的大潮中研究有助于养老服务发展的配套政策和多部门合力机制，借助互联网、物联网的迅猛发展来建设并优化养老服务网络体系，按照依法治国的理念明晰养老服务责任体系，等等。我们期待着养老服务的理论研究和实践探索齐头并进、相得益彰。

（点评人童星，南京大学政府管理学院教授）

热点九：教育综合改革背景下招生考试制度的理性探究

入选理由：以高考和中考为代表的学校招生考试制度，不仅关涉社会公正和教育公平，而且对基础教育各阶段的教育质量、对社会人才选拔和个体成长产生极大影响，因而既是公众持续关注的社会热点，又是学界十分重视的教育理论、教育实践与教育政策研究的学术交汇点。学者们基于以往的实践变革和理论探究，在 2014 年聚焦如下几个方面进行了更深层次的探究：1. 在继续探讨招生考试制度之社会功能的同时，更加强调招考制度改革的育人价值，更加关注其对学生成长、人才培养和选拔的导向与激励。除了强调国家的政策性推动外，还强调高校招生考试的自主权和学生的自主选择。依此破解招考难题，才能更好地将万千学子争过的“独木桥”变成合理选拔人才、促进学生学习、维护公平公正的“立交桥”。2. 反思自主招生与异地高考政策，借鉴历史经验和国外人才选拔方式，提出高校要引入多元化的评价、选拔和录取机制，实现高中学业水平考试、大学招生录取与综合素质评价的“三位一体”，并建构理论模型为政策实践提供有效路径。3. 针对生源渠道差异（尤其是基础教育质量差异）和名额分配制度（如分省定额制）的利弊及其原因等问题展开深入研究。学者们建议严控部属高校属地招生计划比例，提高中西部和人口大省的录取率，增加农村学生上重点高校的人数，或在遵循国家利益最大化、兼顾考试公平与区域公平以及生源多样化等原则的基础上，采取分层调控的办法。4. 针对考试科目能否选择、考试能否一年多次、文理是否分科、是否加大高校自主招生比例、是否减少高考加分项目和分值等具体问题展开学理探索。

专家点评：作为连接基础教育与高等教育的关键环节，人们常用“牵一发而动全身”来形容高考改革的敏感和复杂。以高考为核心的考试招生制度，对提升文化教育水准、维护教育公平和社会稳定、促进社会阶层流动具有重要的作用，其改革不仅一直是教育界关注的热点，而且经常成为全社会关注的焦点。2014 年 9 月国务院出台《关于深化考试招生制度改革的实施意见》，更是有充分理由将招生考试制度改革作为 2014 年中国十大学术热点之一。这次改革是恢复高考 37 年来最全面、最系统的改革，是教育综合改革中最重要、最复杂的改革。对于高考这一影响重大、万众瞩目的重要制度，2014 年是一个转折点。这一年，以往新闻报道多、理论研究相对较少，一般议论多、深入分析相对较少，零星探讨多、系统研究相对较少这种“三多三少”的局面开始发生变化。

（点评人刘海峰，厦门大学考试研究中心教授）

热点十：边疆民族问题研究

入选理由：边疆民族问题一直都是关系到国家安全和边疆稳定的重大理论和实践问

题。近年来，随着国际形势与中国区域经济、政治地位的发展变化，边疆民族问题越来越成为社会热点，在学术界也引起广泛争论。关于边疆民族问题的讨论主要集中在以下几个方面：一是从理论层面深刻阐述了边疆、民族、民族关系等基本概念的内涵，在此基础上提出了很多新的知识范式与理论模式，为国家解决边疆民族问题提供智力支持。二是从历史的角度，主要是从边疆地区社会史及国家历史观的角度，系统梳理了边疆问题的历史脉络以及历朝历代的边疆政策和实践。三是从现实的角度，从政治、经济、文化、社会与生态等多方面，观察边疆地区民族问题的现状，总结有益的地方经验，并针对出现的问题提出对策建议。四是对这一问题的探讨已不再局限于民族学，史学、人类学、社会学、国际关系研究、政治学等学科，都从不同维度切入这个问题，为边疆问题的学术研究开拓了新的领域，带来了新的观点与见解，从而深化了对于边疆民族问题的理解与解释。

专家点评：解读中国统一多民族国家的发展规律与历代治理边疆的成败得失，阐明中国统一多民族国家形成的必然性与合理性，并为民族团结提供学理依据，为解决边疆社会经济发展过程中所凸显的问题提出对策建议，凡此种种，均呼唤着新的边疆研究范式的登场。本年度的边疆民族问题研究既是对边疆现实情势的回应，也是对一些新的研究方法的深化和拓展。（点评人于逢春，中国社会科学院边疆研究所研究员）

上海市社联 2015 年度十大推介论文

“年度推介论文”是上海市社联 2013 年起组织发起的学术活动，对本市学者年度内(2014 年 9 月 1 日至 2015 年 8 月 31 日)发表于国内中文学术期刊的、引起学界高度关注的原创性学术成果作出推荐，旨在反映本市社科界学术发展水平，起到对学科建设的引领和导向作用。经本市社科界部分专家学者、社科类期刊主编、社联所属部分学会会长等投票推荐，本年度上海市社联“年度推介论文”篇目为：

孙向晨：《双重本体：形塑现代中国价值形态的基础》

(载《学术月刊》2015 年第 6 期)

黄赜琳、朱保华：《中国的实际经济周期与税收政策效应》

(载《经济研究》2015 年第 3 期)

李少军：《论国际安全关系》

(载《世界经济与政治》2014 年第 10 期)

陈明明：《作为一种政治形态的政党——国家及其对中国国家建设的意义》

(载《江苏社会科学》2015 年第 2 期)

沈瑞英：《转型社会利益与价值关系新思维》

(载《上海大学学报(社会科学版)》2015 年第 2 期)

马长山：《农业转移人口公民化与城市治理秩序重建》

(载《法学研究》2015 年第 1 期)

叶澜：《大中小学合作研究中绕不过的真问题——理论与实践多重关系的体验与再认识》

(载《教育发展研究》2014 年第 20 期)

胡晓明：《再论后五四时代建设性的中国文论》

(载《社会科学战线》2015 年第 2 期)

苏智良：《战时平民保护的“上海模式”——“难民之父”饶家驹与他的上海难民区》

(载《上海师范大学学报(哲学社会科学版)》2015 年第 2 期)

谢维扬：《古书成书的复杂情况与传说时期史料的品质》

(载《学术月刊》2014 年第 9 期)

反思拥挤踩踏事件 推进城市公共安全建设

——上海市社联开展“城市大人流风险管理”课题研究

随着经济发展、社会进步和文明程度的提高，大人流已成为我国城市运行的常态。2014 年 12 月 31 日上海外滩拥挤踩踏事件发生后，中共上海市委、市政府对城市公共问题安全极为重视，市委书记韩正、市长杨雄在许多会议上反复强调公共安全问题，并要求举一反三，深刻吸取教训。为此，上海市社会科学界联合会组织开展了“城市大人流风险管理”课题研究工作。课题组由国家行政学院兼职教授、上海市应对突发公共安全事件专家组组长柴俊勇担任组长，国务院应急管理专家组组长、国家减灾委专家委员会副主任闪淳昌，上海市社会科学界联合会党组书记、专职副主席沈国明担任顾问，在完成大量调查研究，走访多名专家学者，听取实务部门意见后形成的课题研究成果，最终形成《城市大人流风险管理》一书。这部心血之作反映了上海社科界强烈的社会责任感和严肃的研究态度。

课题研究自 2015 年 3 月开始启动，在系统搜集、分析国内外相关文献资料的基础上，课题组在北京、上海等地专程访谈相关党政领导同志和资深专家学者 10 余人，集中召开系列专题座谈会数十场，召开课题组工作推进会 10 余次，开展研究工作历时半年。课题研究采取文献分析方法、比较分析方法、案例研究方法、理论联系实际的方法以及专题座谈与个别访谈相结合的形式，全面地研究借鉴国内外大人流公共安全管理经验教训，融合管理学、治安学、社会学、统计学、心理学以及设计、规划、教育、法学等多领域、多学科、多角度的专业理论与实践。

该课题指出，随着经济发展、社会进步和文明程度的提高，大人流已成为我国城市运行的常态，尤其在春运、节假日、重大节点期间，大人流风险尤为凸显。城市大人流活动日趋频繁，带来的公共安全风险也更加凸显。城市大人流集聚存在的三大显著特征极易产生公共安全风险，一是难以预测，二是难以控制，三是风险巨大。当然，人群的集聚和流动通常并不会直接导致事故发生，但在某些特定环境和特定条件下，大人流的集聚和失控就可能引发城市公共安全重大风险，最典型的就是发生人群拥挤踩踏事故。世界多数国家和地区都发生过由于大人流风险管理不当导致的严重拥挤踩踏事故。课题组梳理了一百多年来世界各地发生的 100 多起由大人流拥挤无序引发的公共安全事件，包括 1903 年美国芝加哥易洛魁剧院火灾踩踏事件、1985 年比利时布鲁塞尔海瑟尔体育场球迷骚乱事件，也包括 1993 年 12 月 31 日晚香港兰桂坊踩踏事件、2004 年北京密云县迎春灯展踩踏事件等，并对 2014 年 12 月 31 日晚上海外滩拥挤踩踏事件进行了深入剖析。

课题紧紧围绕城市大人流、拥挤踩踏风险和管理导则，提出城市大人流风险管理应坚持以人为本、依法治理、预防为主、夯实基层、重点防控、教育优先、群防群治、互联网思维八大基本原则。并且聚焦城市公共安全，选取城市生活中人流最易聚集的八大类公共场所，涵盖广场道路、轨道交通车站、旅游景区、展览体育文化演出场馆、大型商场、学校场所、医院及其他卫生福利机构、宗教活动场所，分别制定了有关场合的大人流风险管理的导则，形成相关可操作、易推广、能复制的“行动指南”。导则指出，大人流集聚场所要严格按照“谁主办、谁负责”“分级管理、属地为主”的原则落实相应的安全管理主体责任，建立大人流风险评估制度并定期开展风险评估，做好日常和特殊节点人流流量、流向和分布的预测预判，实时监测人流变化，进行重点防控。要建立应急处置体系和应急联动机制，发生大人流集聚时针对人流安全评估等级和预警等级，适时发布预警，并实施相应的人流疏导措施，还要特别注意和加强对因天气骤变所导致人群大量滞留的疏导。要积极开展社会公众安全风险意识和应急自救教育，定期进行应急演练，动员社会力量并组织志愿者广泛参与到大人流公共安全管理之中。

为更具指导性、操作性和提示性，为相关部门加强风险管控，有效预防和应对大人流管理风险建言献策，课题组还将《城市大人流风险管理》中关于上述八大类公共场所“大人流风险管理导则”一章编为《城市大人流风险管理导则》手册单独印发。

城市见证着人类文明的发展与进步，全球 50%以上的人口居住于城市，人类的“城市时代”已经到来。当大量人口涌入城市，享用并创造着日益丰富的现代文明成果的同时，也使得人类面临着前所未有的挑战。一切皆因人而起，当大人流成为城市运行的常态，当大人流应对成为城市管理的世界性难题，作为超大城市的上海，更应主动应对，积极探索城市大人流风险管理的新路。

上海市社联网站年度被访问量位列同类网站前茅

根据最新出炉的网站统计报告，上海市社联门户网站 2014 年度的被访问量达 2 740 681 人次，连续第三年突破 200 万人次，在同类网站中名列前茅。

2014 年，市社联门户网站在党组领导正确的领导下继续加强各项功能，及时更新信息、充实内容，增加互动，融入新媒体元素，使网络平台成为学者寻求机遇、开拓视野的桥梁和窗口。2015 年 1 月正式实施改版工作，这是市社联网站历史上的第三次改版。新版市社联网站聚焦准确、及时反映沪上社科界专家、活动及其成果，开设“资讯”“公告”“学术活动一览”“新书榜”“期刊”“学者”等栏目，进一步加大对沪上学人的推介力度，努力丰富并完善“社联委员”资料。为“学术茶座”、《上海思想界》等知名学术品牌开辟专栏；将社联服务设施建设运行情况通过“会议中心”“资料中心”等栏目向服务对象公开。对已有“所属学术社团”“各省市社科联”等链接对象进行梳理，增加学术媒体、主要社科单位近 30 个链接对象。

2014 上海文化十大记忆已评出

上海东方青年学社组织学术沙龙，回顾畅谈 2014 年上海文化学术。孙甘露、王为松、郑逸文、权衡、季桂保、段钢、郁振华、刘建军、吴新文、刘世军、李念、杨逸淇等参与讨论。

2014 年，农历甲午年，国际货币基金组织预测中国的 GDP 总量第一次超过美国，成为世界第一大经济体。面对本该值得骄傲自豪的具有里程碑意义的历史年份，中国人不但没有为此沾沾自喜，相反却以低调务实的新常态跨过。新常态一经提出，便不胫而走，迅速走红，这个原本表达经济增长状态的概念，早已获得了超越使用范围的广泛意义。反腐新常态、法治新常态、作风新常态等等，一个常态中国呼之欲出。2014，上海无疑将以自贸试验区的可推广可复制经验而载入史册，但是，对于这个在文化上仍然具有雄心壮志的国际大都市，也许同样会以寻找精神生活的文化路标而被刻在年轮的记忆里——

路标一：人的发现

文化人的发现和发现文化人，堪称 2014 上海文化的焦点盛事。时隔 12 年后的文学艺术奖评选，在全社会产生强烈反响。新华社、《人民日报》等全国媒体和上海各大媒体都进行了充分报道，全新改版的全国性人文大报《文汇报》，以八个整版对所有候选人进行介绍，展现出新的文化气度和人文追求。方增先、吕其明、陈佩秋、尚长荣、贺友直、草婴、徐中玉、徐玉兰、钱谷融、秦怡、舒巧、焦晃等 12 位德艺双馨的文化前辈获“终身成就奖”，于本正、王安忆、陈少云、陆谷孙、李莉、周慧珺、施大畏、赵丽宏、奚美娟、黄蜀芹、蔡正仁、廖昌永等 12 位才华卓著的文化中坚获“杰出贡献奖”。哲学社会科学领域汤志钧、伍柏麟、姚锡棠和陆谷孙 4 位学界楷模荣获“学术贡献奖”，陈乔见、金理、李骏、杨力、张勇安、章元、赵司空 7 位青年才俊被评为“年度社科新人”。山不在高，有仙则名。水不在深，有龙则灵。把发现人才、解放人才、培养人才、敬重人才、使用人才作为新常态之发端，预示着大上海在文化上重振雄风的步伐已经坚实迈出。

路标二：中西之间

从全球化和世界交往中获取灵感，当然是上海在国家文化软实力建设中所应有的担当。以中法建交 50 年互办文化年为契机，上海作为主宾城市参加第 34 届巴黎图书沙龙，来自世界各地的读者、作家、出版人对上海作家和作品引发浓厚兴趣。与巴黎遥相呼应的上海，杜拉斯诞辰 100 周年影展、摄影展、对话、朗诵等主题活动，美国桂冠诗人哈斯等重要作家、诗人出席的诗歌之夜，近四十场中外作家、翻译家、诗人参加的《在另一种语言中》

主论坛及对话活动，诺贝尔文学奖获得者、印度裔英国籍作家维·苏·奈保尔莅临上海文学周，让申城发烧。已经举办7届的上海写作计划如期进行，九位来自世界各地的作家，在沪住市交流写作两个月，以中国为首的东亚文学创作引发《伦敦书评》《泰晤士报文学增刊》等英国主流文化界关注。法国青年经济学家皮凯迪11月带着《21世纪资本论》到访上海，在学术界掀起"皮凯迪旋风"。《21世纪资本论》中文版的出版引发的阅读热潮、思想争论以及研究启迪，成为2014学术界最有影响的震动事件之一。中国首部3D京剧电影《霸王别姬》在美国洛杉矶奥斯卡"圣殿"杜比剧院首映，再一次唤起美国各界对中国传统国粹艺术的痴迷热情。兼收并蓄，包容有大。请进来，走出去，频繁的互联互通和往来交流已然成为了一种常态，正在把文化上海的国际视野推至高点。

路标三：思想与时代

问题是时代的声音，开风气之先的上海，在思考中为精神补钙。年届84岁高龄的旅美哲学家李泽厚先生，在华东师范大学思勉人文高等研究院主持伦理学研讨班，分别以"从与桑德尔的异同谈起""道德心理结构：意志、观念和情感""宗教性道德和现代社会性道德""伦理与道德的区分和联系"为题，与年轻学子展开四次讨论对话。在沪期间，这位20世纪80年代中国学界最富有原创精神的哲学家，还与陈嘉映、杨国荣、童世骏、郁振华等进行了"何谓哲学?"的主题对谈。社会科学报的专业性报道《没有过时，未被超越》，真实反映了学术界和社会各界对思想者和思想的敬重。东方讲坛和文汇讲堂推出的"哲学与我们的时代"演讲季，8场演讲、历时半年，2 600余人次现场参与，吴晓明、王德峰、张汝伦、俞吾金、童世骏、高瑞泉、陈卫平、谢遐龄、赵修义、冯俊、陈学明、孙周兴、孙向晨等沪上著名哲学教授悉数登场。"历史没有旁观者"，"哲学不是黄昏到来才起飞的密纳发的猫头鹰，而是迎着朝霞起飞的高卢雄鸡，这只高卢雄鸡必将在中国引吭高歌并把自己美妙的声音撒播到宇宙中。把旧世界留给庸人和懒汉吧，新世界是属于开拓者和创造者的"，这些话竟成为俞吾金教授最后的演讲。甲午之春的思想风暴在申城卷起，大众的哲学热情被点燃。与时代同在的上海，因思想而使文化具有了坚实的内核。

路标四：自信与创新

理论创新是一种文化自觉性的体现，是占领文化制高点的重要标志。自信与创新，作为上海文化的品格得到进一步彰显。世纪出版集团20年后再版《中国的奇迹》，盛邀林毅夫、蔡昉、李周三位作者，以及周其仁、姚洋、华生、史正富、张军、周八骏、张曙光、韦森、袁志刚、陈宪、黄益平、孙涤、潘英丽、胡汝银、左学金、张幼文等经济学家，济济一堂，共话理论创新、制度自信和中国话语。《中国奇迹》的出版意义和学术价值被重新发现，主要不在于其表达了与西方主流经济学不一样的观点，重要的是科学预见了20年来中国的改革路径。上海人民出版社推出张维为教授"中国三部曲"的压卷之作——《中国超越》，连续数月高居畅销书排行榜首。《中国超越》对中国模式所作的"天时、地利、人和"的分析，对中国借鉴西方、扬弃西方和超越西方所作的阐释，为当代中国的自我理解提供了重要视角，也为大国复兴时代的中国人开启了想象未来的广阔空间。由《中国的奇迹》一书发展起来的“中国奇迹”理论和林毅夫进一步提出的“新结构经济学”理论，赢得了国内外经济学界的好评与赞誉，这一基于中国经济改革与发展实践的重要理论贡献，正在引起世界经济学界越来越多的关注，也许再过 20 年，当中国“稳定地进入高收入国家的行列中”的时候，人们才能更充分地认识到他们的天才预见。两本著作都把“中国”作为书名的关键词，并非偶然巧合和随意而为，透出来的是文化自觉所应有的立场和态度。

路标五：多元之道

精神生活的多元需求，当然已经成为这个时代的一种常态，多主体、多样式、多层次、多选择，反映出文化的丰富与繁荣。以上海国际电影节、上海国际艺术节、市民文化节、上海书展、社联学术年会、学会学术活动月、望道讲读会、思南读书会、鹿鸣书汇读书会，解放书单、中华艺术宫、上海博物馆、上海图书馆等常态和主题展览，勾画出一幅上海市民精神生活的常态地图。第 17 届上海国际电影节如期举办，8 天的展映并不只是明星和评委的聚会，热情的影迷成为这个节日的真正主角；第 16 届国际艺术节让近万名艺术工作者相约申城，献演 45 台剧目 105 场，举办 13 项展览博览活动，逾 5 万人次的观众在各个演出现场分享了艺术节的精彩；市民文化节推出的中华经典诵读、传统知识大赛、演讲朗诵、沪语大会、相声大会、写作大赛、演奏大赛等项目，让不同层面的市民的在精神享受中提升了文化涵养。上海书展迎来参展出版单位 500 多家，参展图书品种超过 15 万种，书展期间举办的各类阅读文化活动 600 多场，近千位中外作家、学者和各界名人汇聚申城。以《共产党宣言》翻译者、上海社联首届主席陈望道先生命名的“望道讲读会”，以七天七场的讲读重磅亮相，释放出以沉浸浓郁、含英咀华的态度坚守文化理想的强烈信号。思南读书会的文学沙龙、解放书单的阅读引领，东方讲坛、文汇讲堂、博雅讲堂以及各类论坛，让书香上海、文化上海在人们心里形成了实实在在的具体感受。多元没有让人迷茫无措，新常态下上海的精神生活之路正在被文化的七彩光谱照亮。

美国著名经济学家约瑟夫·斯蒂格利兹在《名利场》杂志 2015 年 1 月号上刊发文章，标题为：中国世纪从 2015 年开始。这也许又是一个天才的预见，中国人为迎接这个中国世纪的到来，既要有物质的准备，也要有精神文化和思想的准备，在“一带一路”枢纽点的上海，在新常态的基础上，开启了充满希望和富有意义的文化创造。

2014 上海文化十大记忆

1. 上海文学艺术奖时隔 12 年再启评，“终身成就奖”“杰出贡献奖”和社会科学界“学术贡献”获得者，为城市文化和学术发展树立标杆。

2. 李泽厚在华东师范大学主持伦理学讲习班，在青年学子和学术界产生轰动。东方讲坛·文汇讲堂“哲学与我们的时代”系列演讲，掀起哲学和思想风暴。

3. 诺贝尔文学奖获得者、印度裔英国籍作家维·苏·奈保尔莅临上海文学周，受热捧。著名作家贾平凹带着《老生》来沪演讲，会场爆棚，长达一小时为听众签名创纪录。

4. 法国经济学家托马斯·皮凯迪新著《21 世纪资本论》中文版出版，作者皮凯迪到访复旦大学，在学术界掀起“皮凯迪旋风”。

5. “望道讲读会”“思南读书会”“解放书单”等一批各具特色的读书会及书单构成市民精神文化生活新选择、新地标，私人阅读、学术阅读走向公众视野。

6. 巴金110周年诞辰纪念展首次全方位展示巴金的“信仰世界”“文学世界”及“生活世界”。“讲真话”和“理想主义”激起人们对这位文学巨匠的深切怀念。

7. 上海世纪出版集团推出张维为“中国三部曲”的压卷之作——《中国超越》，再版林毅夫教授等学者20年前著作《中国的奇迹》，引发社会各界对中国经济和中国发展模式的广泛讨论。

8. 纪念梅兰芳诞辰120周年，首部3D京剧电影《霸王别姬》在美国洛杉矶首映，唤起美国各界对中国传统国粹艺术的痴迷热情。青年京剧演员蓝天系列专场演出——文韬武略，火爆天蟾舞台。

9. 国内第一个建在弹簧上的“全浮建筑”上海交响乐团音乐厅正式启用，“馄饨皮”成为上海艺术新地标。金宇澄《繁华》获奖多项，实现经济社会效益双丰收。

10. 苏东坡《功甫帖》真伪引争议，刘益谦24次刷卡2.8亿港元购回“鸡缸杯”，海外文物回家路漫漫。《北平无战事》意外走红，“建丰同志”成反腐铁腕代名词。

“重新阐释中国与全面深化改革”青年论坛暨《探索与争鸣》首届全国青年理论创新征文颁奖大会举行

1月31日，由国家社科基金资助的“重新阐释中国与全面深化改革”青年论坛暨《探索与争鸣》首届全国青年理论创新征文颁奖大会，在上海市社联成功举办。市社联党组书记、专职副主席沈国明，市社联党组副书记、专职副主席桑玉成，以及来自市委宣传部理论处、市社科规划办、《解放日报》、《文汇报》、《社会科学报》、《学术月刊》等学术管理机构和媒体的负责人为获奖青年学者代表颁奖。市社联专职副主席刘世军主持本次颁奖大会。

《探索与争鸣》编辑部于2013年底发起了主题为“全面深化改革与中国现代化路径”的首届全国青年理论创新征文，历时一年之久。本次征文活动得到了青年学者、高等院校、学术媒体的广泛关注。编辑部以严格标准，请各学科资深专家审稿，从800余篇来稿中遴选出21篇获奖征文。这些征文从学理角度聚焦中国全面深化改革的重大问题，编辑部以此征文活动，把刊物发展与青年人才培养、国家重大现实问题探索紧密结合，努力实现学术期刊与青年学者共同成长。本次征文活动提升了学术期刊的新锐品牌与学术水准，培养一大批优秀青年学人，提升了青年学人参与学术探索的积极性。

沈国明书记在致辞中，呼吁青年学者回归学术、恪守专业，希望青年学者不要急功近利。“以前出版界有很著名的话——‘书比人长寿’。你们不要太在意目前的名誉地位，要做一些实在的事情。”沈书记感慨，有的学者已离开人世好多年，但他们的著作、论文依然被多次引用，“他们是不是当官了，当校长了，那都不重要，真的不重要”。“大家扎扎实实地做好学问，同时也要做好人。如果我们的奖可以在这个方面起到作用，我们也感到很满足了。”沈书记同时指出，学术期刊要做好社会科学专业积累和基础服务工作，深入思考党的十八届三中全会和四中全会给中国社科界提出的诸多问题。

颁奖环节结束后，上海交通大学教授陆铭、华东师范大学教授吴冠军、复旦大学博士包刚升，分别就“当前中国公共政策制定的三原则”“重思‘人民社会’：当代中国政制的规范性基础及其建构”“民主：从政治哲学到实证研究”，为与会者做了严谨而生动的主旨演讲，华东师范大学思勉人文高等研究院陈赟教授作了精彩点评。

在青年论坛环节，来自不同学科领域的14位获奖代表进行了精彩的发言和热烈讨论。北京大学博士项佐涛以《中国模式的世界意义》、贵州师范大学副教授古洪能以《法治体系构建中的国家权力配置问题》、陕西社会科学院博士韩伟以《当代中国民主制度创新的四个维度》、中国人民大学博士袁超以《国外政治衰败视角下的国家治理》为题，从政治与法治角度畅谈了宏观层面的国家治理问题。上海行政学院副教授潘文轩从深化税制改革角度，贵州大学副教授杨志军从环境抗争所产生的政策变迁角度谈论了国家治理问题。复旦大学副教授孙国东从历史约束条件和当下问题性质来阐释转型中国，广西大学副教授胡玲从义务到权利范畴分析了中国当代价值观的变迁，上海交通大学博士顾杰着重研究中国制度创新的辩证逻辑。在教育改革、都市文化、农村问题、医学社会学等专门领域，中国社会科学院博士李涛思考了新型城镇化背景下的中国教育改革困局，上海师范大学博士朱军分析了中国城市社会的崛起，复旦大学副教授韩央迪阐述了重构中国农村福利制度的必要性，山东大学副教授王云岭以中国癌症治疗为例阐明了医学的边界性问题。

本次颁奖大会和青年论坛，还吸引了江苏、浙江和本地的青年学者自发前来参会，共60余人出席大会。

上海市社联举办《探索与争鸣》创刊三十周年报告会

5 月 20 日，为庆祝《探索与争鸣》创刊三十周年，上海市社联举行“问题意识与学术情怀——《探索与争鸣》创刊三十周年报告会”。市委宣传部副部长燕爽、市新闻出版局局长徐炯出席报告会并讲话。来自上海学术界及全国学术期刊界的代表近 100 人参加报告会。市社联党组副书记、专职副主席桑玉成主持报告会开幕式。

上海市委宣传部副部长燕爽在致辞中指出，上海的学术期刊要正确把握自己在全国学术版图中的定位。从全国来看，北京是首屈一指的学术重镇，上海则位居其后，和其他省市相比具有一定的优势，如上海的综合性学术期刊的实力比较强。目前全国各地学术期刊之间竞争非常激烈，江苏、湖北、天津、山东、四川等地在奋起直追，他们的学术期刊虽然数量上比上海少，但质量和影响力并不差。而长期以来我们对学术期刊的重视是不够的，面对激烈的期刊竞争，上海社科界要重视和关心学术期刊建设，对全国学术版图发生的新变化给予高度重视。上海的学术期刊也要认清形势，坚持正确的办刊方向，严把学术质量，自觉肩负起引领学术、繁荣学术的学术责任。学术期刊还要关注青年学者的成长，尊重青年学者的学术习惯，适应互联网时代的要求，将期刊发展与学术队伍成长相结合。

上海市新闻出版局局长徐炯在致辞中对《探索与争鸣》今后发展提出了三点希望：一是继续坚持对重大现实问题进行理论评析的办刊定位，坚持在正确导向下提倡自由探索、鼓励学术争鸣的办刊风格，坚持注重选题的问题意识与思想性的办刊理念，坚持建立覆盖全国、具有学科交叉研究能力的作者队伍的办刊意识；二是继续积极组织学术界的力量，为社会生态把脉，为文化的创造性转化贡献高见，继续聚焦改革开放前沿的现实问题，积极为政府决策提供支持服务；三是创新学术传播方式，拓展学术传播渠道，积极适应“互联网＋”时代，利用网络技术，将大量学术信息进行聚合，构筑更加开放的学术交流和学术争鸣的公共平台，提升期刊的品牌和影响力。

市社联党组书记、专职副主席、《探索与争鸣》学术指导委员会主任沈国明在会上回顾了《探索与争鸣》30 年的发展历程，向与会代表介绍了杂志目前的办刊情况，并总结了杂志的六个办刊特色：聚焦前沿问题，组织学术争鸣，追踪社会热点，发挥集束效应，占领学术高地，扩大学术传播。他指出，杂志在进入下一个 30 年的时候，面临的竞争很激烈，任务很艰巨，希望编辑部在前辈学者、编辑工作的基础上齐心协力，使杂志迈上一个更高的台阶。

全国高校文科学报研究会理事长、《北京师范大学学报》主编蒋重跃教授作为同行代表，上海大学教授邓伟志作为《探索与争鸣》学术指导委员会代表，《探索与争鸣》首任主编、市社联原副主席乔林作为历任社长、主编代表，华东师范大学教授顾红亮作为学者代表在开幕式上致辞，向《探索与争鸣》创刊30周年表示祝贺。

开幕式结束后，沈国明研究员主持了学术报告阶段，华东师范大学教授杨国强以"《新青年》时代的孙中山、梁启超和陈独秀"、复旦大学教授袁志刚以"资产负债扩张与中国经济增长"、上海师范大学教授陈恒以"西方知识谱系与学术翻译"为主题作了精彩的报告，为此次报告会奉献了一场充满智慧与思想的学术盛宴。

《上海高校学生信用指数调查报告》发布

为进一步加强上海市教育系统信用体系建设，强化上海市大学生的诚信意识，上海市社联和上海市信用研究会联合开展了2015年“上海高校学生信用指数调查”，5月28日，此次调查结果向全社会公布。

上海市信用研究会副会长、上海大学经济学院院长沈瑶主持了本次发布会。他认为，高校是社会的重要组成部分，大学生是国家未来的建设者和接班人，也是市场经济运转和健康发展的中坚力量。高校大学生个人的信用状况与全社会的信用状况息息相关。大学生毕业后将进入各个不同的部门，到达不同的岗位，要与不同的人和事交往，如果这些学生能养成讲诚守信的好习惯，就能增强与人沟通的能力，就能降低在人际交往过程中的费用，提高在日常经济活动中交易和成功的效率。可以说，上海高校大学生信用状况直接影响着整个上海社会的信用程度。无论是从大学生这一特殊群体的现状与发展来看，还是从整个社会的进步与完善来看，诚信是一个关系到国家民族未来的重要道德规范，必须在当代中国社会尤其要在高等学校以加强大学生诚信教育为突破口，从而提高整个社会的信用水平。据悉，此次调查成果报告及发布也是第14届上海社科普及活动周的重要组成版块。

上海市信用研究会会长、项目负责人上海立信会计学院教授洪玫介绍了课题调查情况及结果。本次调查以问卷调查、个案访谈和网络征集为主要调查手段，涉及大学生诚信意识调查、学业诚信调查、大学生行为信用调查、高校诚信宣传教育调查、信用畅想板块等内容。选取8所上海高校作为样本，每所学校发放了100个调查样本共回收800余份有效问卷。根据调查数据分析，及访谈的反馈信息分析，该调查显示，上海市高校信用状况总体水平居中等偏上水平，高于当前上海市整体社会信用水平。本市大学生群体对本市高校信用总体情况认为非常好和很好的占到53%，其中超过70%的学生认为“诚信”是当代大学生应具备的基本素质。而2014年市人大常委会社会信用体系建设情况专项监督调研组从代表问卷调查结果看，对本市社会信用总体情况满意和比较满意的仅占48%，这说明本市高校信用状况总体高于当前上海整体社会信用水平。

洪玫教授还进一步介绍了本次调查的结果和结论。调查结果显示。大学生普遍认为应具备诚信意识。而调查目前高校学生信用缺失的主要原因时，有77.5%的学生选择了社会影响所致，他们普遍认为信用缺失和当地经济发展水平关系不是很大，而是受当地社会风气、家庭教育等方面的主要影响，尤其是社会整体信用状况影响了高校的信用状况。

目前，高校诚信宣传教育普遍开展，但洪教授介绍，调查数据显示在信用知识教育、诚信奖惩制度安排等方面学校还应继续加强。高校大学生信用水平的提升应在多方面加强，同时要加快建立全国统一的公民社会信用代码制度和信用信息共享交换平台，使我国每个公民一生都拥有唯一一个信用代码，作为衡量个人诚信的“尺码”被广泛应用到其生活工作中。

上海市信用研究会顾问、复旦大学世界经济研究所原副所长邹根宝，上海市信用研究会副会长、上师大校长助理、商学院院长茆训诚与会并发表点评。他们认为，洪教授团队系统的调研成果，是一个非常有意义高质量的调研，同时在宏观上，此次调研具有社会战略发展意义，填补了目前征信调查的空白。建议今后扩大调研对象和地域范围，为我国的国家诚信战略做出更多的认知调研，只有打好此项基础，才能使社会更好地认知信用，推动教育自律与制度他律，以创新意识推动社会个人信用体系的建立。

上海市社联举行《城市大人流风险管理》新书发布暨学术研讨会

10 月 30 日，上海市社联举行《城市大人流风险管理》新书发布暨学术研讨会。会议由市社联党组书记、专职副主席沈国明主持，“城市大人流风险管理”课题组组长、市政协学习委员会常务副主任柴俊勇介绍课题研究情况，国家安监局原副局长、国务院应急管理专家组组长闪淳昌教授作总结发言。上海社科界部分专家学者和相关单位代表共 30 余人参加会议。参会嘉宾和专家学者围绕城市大人流风险对公共安全的挑战、国内外大人流风险管理的经验教训、城市大人流风险管理方式方法及具体应对措施等内容进行了深入研讨和交流。

随着经济发展、社会进步和文明程度的提高，大人流已成为我国城市运行的常态。2014 年 12 月 31 日外滩拥挤踩踏事件发生后，中共上海市委、市政府对公共安全极为重视，市领导在许多会议上反复强调公共安全问题，并要求举一反三，深刻吸取教训。为此，市社联组织开展“城市大人流风险管理”课题研究工作。课题组做了大量调查研究，走访了许多专家学者，听取了实务部门的意见，开展研究工作历时半年，获得多个相关单位和部门的高度评价，课题研究成果已由上海人民出版社公开出版，反映了上海社科界强烈的社会责任感和严肃的研究态度。

让学术走向大众　讲好中国故事

学者走出高校，学术走向大众，在今天越来越成为人们关注的命题。但如何操作，在学者和大众之间应该建立怎样的关系，应该提供给社会什么样的知识和智慧，却需要学界和社会不断进行思考和探索。

以上海市社会科学界联合会“东方讲坛·文汇讲堂”三个演讲季的演讲实录为底本，上海人民出版社出版了三本面向大众的学术普及读本：《哲学与我们的时代》《文学与我们的生活》和《历史与我们的未来》。

《哲学与我们的时代》由吴晓明、王德峰、张汝伦、童世骏、俞吾金、高瑞泉、陈卫平七位知名学者，从哲学视角切入时下诸多令人困惑的领域，话题既宏至时代所需的思想高度、思维方式、批判价值、当代意义，也微入凡俗生活和理想境界、文化精神、正能量等；《文学与我们的生活》汇集格非、方方、孙甘露、贾平凹、韩少功五位著名作家和杨扬、汪涌豪、罗岗、陈思和、王晓明五位文学评论家的精彩演讲，将原本只在象牙塔内传授的文学知识或观点以通俗化的形式传播给大众；《历史与我们的未来》包含葛剑雄、陈兼、姜义华、沈志华、苏智良、熊月之、王家范七位著名学者对众多历史问题的考察和反思，为大众读史、学史、用史提供良好借鉴。

12 月 26 日，上海市社会科学界联合会和上海人民出版社共同召开“走向大众的学术”暨《哲学与我们的时代》《文学与我们的生活》《历史与我们的未来》图书出版座谈会。市社联党组书记、专职副主席沈国明，市新闻出版局副局长彭卫国出席会议并讲话，座谈会邀请了赵修义、王家范、张汝伦、王晓明、高瑞泉、荣跃明、孙甘露、李晓东、罗岗、刘昶、陈恒、季桂保、姜复生、王莳俊等专家、学者出席。《解放日报》《文汇报》《东方早报》等媒体记者也应邀出席。市社联专职副主席刘世军主持座谈会，并用“整合机制”“问题导向”“多学科参与”“公众分享”“深入浅出”“照顾人心”等三十多个关键词对这一座谈内容作了小结。与会专家、学者就学术如何贴近大众、走向大众提出多种可能的路径，对于上海出版业未来的发展方向具有一定的指导意义。

上海人民出版社总编辑王为松首先介绍了三本书的情况，他指出上海人民出版社有着学术立社的悠久传统，历来重视并坚持探索用通俗化、大众化的表达形式传播学术文化成果，贴近群众思想实际，对干部群众普遍关心、迫切需要回答的热点难点问题进行解读，让学术亲近人民大众、服务人民大众。此次推出的三种新书，是学术出版大众化的一项新成果。上海人民出版社必将投入更多精力，做好大众普及性学术出版工作，服务学者，服务读者，服务于讲好中国故事、阐释中国道路。

讲好中国故事

中国故事历来有两个面向，一面是讲给外国人听的，比如中国学论坛等，一面是讲给国人听的。然而，由于国人身在此山中，往往不识庐山真面目，且由于年龄不同，阅历不同，处境不同，个人的故事千差万别。

华东师范大学教授赵修义认为，若要使学术真正走向大众，学者首先应该做的不是通过史料的堆砌书写历史教科书，而是讲好中国故事，通过有情节、有过程的好故事将道理传达给大众。他认为当下主要有两个道理需要通过故事讲出来：一是让大众知道，改革开放三十多年的成绩来之不易，道路是非常曲折的，我们的前面是一个未知的世界，要用长历史的眼光来看待；二是历史的变化与个人的选择之间往往存在双向互动的关系，在历史的变化过程中，个人的选择的是与非，很难在短时间内下定论。

在社会发展变化的过程中，总是经历各种酸甜苦辣，五味杂陈，有悲有喜，学者应该将这些真实的中国故事讲给中国人听，而这样做的结果必然是学术走向大众。

华东师范大学教授刘昶认为，在互联网时代，信息众多且高度碎片化，社联举办学术演讲季，旨在让大众真正的能够有一种辨别的能力，去辨别什么样的信息、什么样的知识是有用的，并能够形成对知识的正确的理解和判断。这是一种面向公众公开讲述中国故事的努力，也是一次有益的尝试。

思想界需要能够引领民族几百年的大家

肇始于约瑟夫·奈的国家软实力概念主要是指称国家价值，是一国的对外政策和文化传统的总和。在考察别国历史和思想以资借鉴的同时，深入发掘自身的文化内涵，培育本国文史哲领域的思想大家才是提升国家软实力的题中之义。

华东师范大学教授王家范认为，历史学领域有很多大题目可以讲，比如中国文明的过去、现在和未来，但他本人更喜欢从小题目切入，因为小题目往往更贴近大众，是历史走向公众的具体方式，学者应该凭着知识分子的良心，肩负起历史学的责任。

市社联举办的这个讲坛，具有很大的现实意义。王家范说："我觉得不要讲套话，不要讲老话，而要讲新意，要用你的知识，用你的学说来表达对当下的看法。对于历史而言，它的教育功能并不是以古讽今、古为今用，历史本来就包含着社会，让人不至于重复犯错误。"

复旦大学教授张汝伦谈到，他的理想是用民工听得懂的话讲哲学，从家庭邻里关系开始，要讲的话是宇宙真理，要反对自己以前很多的偏见。哲学不是"茴字有几种写法"，也不应高深莫测，让人听得云里雾里，而应当是让听众听了以后坐立不安，觉得恨不得跳起来跟你说这个东西为什么不早点跟我们说？哲学不能吃、不能穿，但是千百年来无数人追求它，就是因为一个道理，少不了它。学术要走向大众，除了考虑如何避免通俗中的异化，也应当仔细开考如何培养真正的哲学家、思想家，想想国家的软实力究竟建立在什么地方，我们这个国家在思想上要有"高大上"的东西才行。

通俗读物是学术走向大众的重要形式

对于如何使学术走出象牙塔，贴近大众，学者从不同角度给出多种的可行路径，其中出版通俗读物，深入浅出地讲解学术问题成为专家、学者的共同选择，上海人民出版社的三本书恰是在学术与通俗、专业与大众之间架起了一座桥梁，对于如何推动相对小众的学术走向大众阅读的视野，进行了一次有益的探索。

上海师范大学教授陈恒谈到，牛津大学出版社在进入大众普及市场的时候，剑桥通史已经存在，品牌够亮，资源牢牢把持着，牛津大学出版社想要突破非常苦难。所以牛津大学出版社另辟蹊径，专门做“通识读本”。他们邀请顶尖的学者来撰写，深入浅出，不仅对大众有用，对专业人士也非常有帮助。所以取得了非常大的成功。所以陈恒认为，不是大众没有能力消化这样的产品，关键是我们是否能够像牛津大学出版社那样，给出高质量的学术科普读物。当这类读物越来越多，慢慢占据市场之后，社会上对人文科学也会愈加重视，而整个民族的自信也会显著提升。

复旦大学教授汪涌豪将通俗读物分为两种，一种是“通而不俗”，一种是“俗而不通”。他说，之所以那些“俗而不通”的作品被热捧，很大程度上是因为我们的社会过度追求功利层面的有用，而忽视精神上的有用，甚至认为关注人的精神的人文学科就是无用的。“举个例子，如果谁对我有用我就跟谁交朋友，久而久之，谁理我？所以有些东西看起来是没有的，但是对精神世界却是很有用。”在汪涌豪看来，当一个社会走向粗鄙化，那么它“追求的都是现实的有用，而不追求精神上的有用”。所以他特别感慨说，我们的社会需要沉静下来，回归到内心，因为“人走向内心世界的路，远远要比走向外部世界的路幽长得多”。

关注精神提升，反对功利主义

随着经济发展和社会进步，一部分人开始以功利主义、拜金主义为人生导向，短期内似乎能够获得经济上的一定满足，但长此以往，必将对整个社会造成巨大的伤害。

上海大学教授王晓明指出，中国现在的问题很多，在比较短期的狭隘层面上，想各种各样的对策，各种各样的处理的办法，但却把一些根本的东西忘记了。这就需要人文学者从思想层面进行考量，探讨技术问题背后关乎社会根本的问题。王晓明进一步说，社会问题除了需要专业人士讨论外，还应寻求交叉学科的不同建议，学科背景不同，给出的思路自然也不一样。通过这样的讨论展示思想的重要性，有利于精神层面的提升。

华东师范大学教授罗岗指出，当下无论是社会还是大学的学者，都很浮躁，安不下心来，功利主义的倾向比较明显。出版单位面对广大读者，不应该只专注于经济效益，更应兼顾社会效益，用优秀的出版物感染人、提升人，上海人民出版社这三本书的出版正是对当下社会中功利倾向的反抗和医治。

华东师范大学教授高瑞泉指出，上海是中国现代化最早的城市，也是文化多元和文化交流最前卫的城市，虽然改革开放以来，上海的文化环境发生了巨大变化，但仍保持着自己的独特性。上海市社联、《文汇报》、上海人民出版社现在所做的工作，恰恰是对上海文化独特性的保持，同时也有利于提升公众的精神文化素养。

在座谈会的最后，彭卫国指出，上海市新闻出版局一贯鼓励和支持上海的出版事业的发展，希望与会的专家各展所长，努力繁荣文化事业，创作出能够走出去的学术精品，使上海的出版事业继续走在全国前列。

沈国明指出，三本书的出版只是一个阶段性成果，学界和社联的同志还应再接再厉，因为让学术走向大众不是一蹴而就的，如何使学者思维被大众接受，从而变成大众思维，这是一个艰巨的任务，上海人民出版社在此方面做了很多努力，取得了很好的成绩。

社科志编纂

上海市社联方志办召开专题学习暨方志办 2015 年度工作总结会议

12 月 30 日，上海市社联方志办召开学习贯彻李克强总理对全国地方志系统先进模范座谈会重要批示暨方志办 2015 年度工作总结会议。会议由市社联办公室主任、方志办主任吴伟余主持，市社联方志办同志以及各处室负责方志编纂工作同志参加会议。

会议首先认真学习了李克强总理对全国地方志系统先进模范座谈会作出的重要批示和刘延东副总理的讲话。李克强指出，方志流传绵延千年，贵在史实，重在致用。地方志工作者要发扬方志人精神，志存高远，力学笃行，直笔著信史，彰善引风气，为当代提供资政辅治之参考，为后世留下堪存堪鉴之记述。刘延东表示，地方志是历史智慧的结晶，是维系中华民族血脉亲情的重要力量。编修地方志是中华民族的优秀文化传统，在当代其存史、育人、资治功能日益彰显。

参加会议的同志在畅谈学习李克强总理批示精神和刘延东副总理讲话精神体会时表示：地方志是历史智慧的结晶，是无形历史的有形载体，通过阅读地方志不但可以了解一个地方自然地貌、风土人情，而且可以把握历史的脉络，感受优秀文化传统。地方志贵在史实，重在致用，是国家治理的重要依据，因此编修地方志自古以来都是一件意义重大的国家工程。当代中国在中国共产党的领导下发展中国特色社会主义社会，更应该发挥地方志存史、育人、资治的功能。参加会议的同志还结合各地编志调研的实践指出，目前各地方都十分重视编修地方志工作，正所谓“盛世修志”，这也是我国综合国力显著提升的体现。由市社联承担的《上海市志・人文社科卷》编修工作，是上海社科界对我们的信任，我们要不负所托，在市社联党组的领导下认真勤勉地做好方志编纂工作，为编出高质量、有价值、经得起历史检验的志书全力奋斗。

有的同志表示，要加强编志工作业务知识的学习，尽快掌握承编《上海市志・人文社科卷》相关史实发展脉络，一方面对过去三十年上海社科界发展的重要工作节点进行梳理回顾；另一方面通过编写本卷志书能更好地加强与全市各单位社科学者的联系，特别是一些新兴学科学者，突出上海市社联在上海社科界的联合功能，彰显市社联在推动社会科学发展中发挥的巨大促进作用。

会上，社联方志办副主任王心红就《上海市志・人文社科卷》的具体编纂工作情况做了回顾与总结。她说,本轮修志是全市范围内的第二轮修志,其中《上海市志·人文社科卷》是整个二轮市志 155 卷之一。该卷编纂工作自 2014 年 11 月开始启动。在各方领导的关心与支持下,编纂工作已经全面展开。经过多次专家论证,目前基本确定了本卷的各章节的大纲,进入初稿撰写阶段。本卷编纂内容覆盖广泛,体量巨大,存在一定的难度。在编纂过程中,市社联各处室、刊业中心等部门以及上海各高校、科研单位都给予了有力支持,为市社联方志办做好本卷编纂工作提供了极大的帮助。

会议就方志办 2016 年的工作作了部署。会议要求各参编部门继续全面推进《上海市志·人文社科卷》编纂工作,把编纂工作做得更有声有色,丰富多彩,让更多的学者参与进来,集思广益,精益求精,努力提高《上海市志·人文社科卷》的内容质量,增强志书的可读性。同时希望各部门能继续支持方志办的工作,为《上海市志·人文社科卷》不断添砖加瓦,共同推动这项工作顺利进行。

社科普及平台

SHE KE PU JI PING TAI

历史演讲季

“东方讲坛·文汇讲堂——历史与我们的未来”演讲季第一期

从公元2年6 000万，宋1亿，明2亿，清末突破4亿，中国历代人口处于低增长

人口变化是社会现状的“晴雨表”

4月25日，“东方讲坛·文汇讲堂——历史与我们的未来”高端系列学术讲座首场开讲——由复旦大学资深教授、全国政协常委葛剑雄主讲《13亿中国人的来历》。华东师大人口所教授、全国政协委员丁金宏应邀担任评论嘉宾，上海广播电视台《新闻夜线》主持林牧茵博士后担任友情主持。华东理工大学近300名同学在奉贤校区分播点同步观看视频直播并与主会场互动。

嘉宾主讲

我们中国13亿人口从哪里来？从人口史角度而言，一般包含本地人的自然增长，和外地人口迁入和本地人口迁出的机械增长。比如，在公元前2世纪到前1世纪之间，祁连山一带的乌孙、月支整体西迁，还有一些人到了朝鲜、日本、琉球、越南等周边地区和东南亚，近代以来更是遍及世界。迁入的少数民族就很多了，如今都融入汉民族，比如西汉的苏武，他的后代就是汉匈混血；白居易的祖先并非姓白，来自在今哈萨克斯坦一带的九个小国被唐朝称之为“昭武九姓”，因为从其中的白国迁来，就取姓为白。

世界上任何一个伟大的国家，其人口都不可能来自同一个祖先，发展过程中肯定会包容吸收来自世界各地的优秀人才。因此，中国人都是“炎黄子孙”之说，只是表达国人的价值观念和文化认同，并非人口实际构成。

历代人口变化的特点与意义

根据我们的研究结果，中国在宋朝时的公元12世纪初人口突破1亿，到清朝的太平天国战争前夕达到4.3亿，人口变化总体特点是增长很缓慢。

九大要素促成“两高一低”

“两高一低”是人口史学上概括出的中国历史上人口变化的第一个特点，即高出生率，高死亡率，低增长率。所谓古人“多子多福”，也只是先人因为做不到而不懈的追求。这里分析一下九大要素的制约。

古人有偶率其实并不高

一般来讲，初婚年龄越早对人口增长越有利。中国古代的法定初婚年龄，一般是男16岁，女14岁，更有低至男15岁、女13岁的。春秋战国至秦，因民众普遍营养不良而晚熟，一般是男30岁，女20岁。战乱时有特例，杜甫到今重庆奉节，有诗“夔州处女发半华，四十五十无夫家”。所以，人口的有偶率并不高。当然多妻制也是最大的因素。最极端现象是一个皇帝拥有2万多个宫女，这些宫女的生育率几乎都浪费了。在这种情况下，一部分男性就无法找到配偶。

净繁殖率受婴儿死亡率、哺乳期等影响

古代受封建思想的影响，认为孕产妇不吉利，虽无确切统计，但死亡率很高。1938年绥远省（今内蒙古南部）的婴儿死亡率高达429.9‰，十个有四个要死亡。哺乳期比今天长得多，先秦时长达三年，有儒家学者解释守孝三年的说法就来源于此。北欧在工业化以前，幼儿的哺乳期也是三年，甚至更长。在哺乳期间一般妇女就不会怀孕和生育，这就意味着生育间隔长。有钱人雇用乳母，也减少了育龄妇女的净繁殖率。

历代核心家庭人口达不到平均的五口

我们计算人口的家庭规模一般是用核心家庭的概念，指一对夫妻及其未成年的子女。《红楼梦》给你的感觉人特别多，其实是大家族的复合家庭，但如果仔细分析，《红楼梦》里的妇女基本上都是计划生育的模范。林黛玉是独女，王夫人、赵姨妈，分解到每个妇女、每个核心家庭，人口都很少，有的还是无后。

古代有“五口之家”之说，西汉时，全国户的平均数不足5口，其中还包括了复合家庭。也有特例，如刘邦，刚登基时，他只有侄子和自己的子女，到西汉末年，刘氏宗室，不算嫁出去的，就有十万多人。明朝一位亲王有一百个儿子继承爵位。但平均到每位夫人恐怕子女数也不多。所以，中国历史上的核心家庭规模绝对达不到五口，规模并不大。

“无后为大”等观念导致严重的杀婴溺婴

儒家云“不孝有三，无后为大”。“后”指男孩子，女儿即便招女婿，男性上门改姓，但习俗上还受歧视。所以有时为了得到男性的“后”，就不得不牺牲女性的“后”。古时富人家并非养不起女孩，但如果一直生女孩，这支家族就要受人歧视，背后被人说祖宗没有积德。为了掩盖事实，常说生下的孩子死了。穷人家更是如此，所以中国历史上杀婴溺婴现象很严重。还有很多迷信，比如说孟尝君生下来正好和父亲同一天生日，当时习俗这类孩子应该弃养。又如小孩子生下来就有牙齿被视为不宜抚养，种种禁忌导致有一些婴儿不能存活。研究人类学、人口学的专家已经发现，在原始的民族还保留这些习俗，其实是人类不自觉采取的一种淘汰机制，在供养条件有限的情况下，只能养活有限的孩子。

不自觉的节育手段来控制出生率

南宋时，福建已有大量杀婴溺婴现象，包括男婴。那时就形成习俗：富贵人家两男一女，穷人家一男一女。多生下来的就淹死弄死。明清两代，城镇经济繁荣、市场发达，一些市民阶层或从商人员，意识到孩子过多会影响事业和生活，便有了种种不自觉的节育手段。明朝文学家归有光纪念母亲的文章里就写到当时妇女生吞活田螺进行堕胎，很易致死。

唐太宗曾下诏书，全国的寡妇都要改嫁，并作为考核地方官员政绩的指标。但到宋朝就强调贞节，不许改嫁，一直持续到明清，各地建了很多贞节牌坊作为表彰，有的寡妇为了不改嫁，采取自己截发、割耳、破相，甚至自杀等极端措施。其实是宋朝人口突破1亿了，明朝突破2亿，清朝突破4亿，提倡守节对降低人口出生率有利。

兵役劳役和赋税制制约人口增长

宋以前，每个男子都有固定的兵役和劳役，往往路途遥远，导致夫妻分离时间很长，直接影响生育。比如陈胜吴广，老家在安徽、河南一带，服役地点在今天的北京。宋后，以钱代役了。清朝将所有的人头税都集中到地税里，带来了很大的解放，对人口增长有很重要的意义。

赋税制也严重影响着人口增长。汉武帝把征税的年龄提前到三岁，农民本来能多养一个孩子，但交不起人头税，造成民众"生子辄杀"也导致户口瞒报。

严酷的刑法经常导致非正常死亡

历史上很多刑法很严酷，动不动就判处死刑。西汉，据统计，死刑率约为千分之一二；还有很多法外施刑，非法施刑的，比如说家族可以处死不孝子孙；汉初还有切除生殖器的宫刑；十国时的南汉，相当于今天广东、广西这一带，统治者认为只有太监才会忠心耿耿，造成了一大批没有生育能力的高级官员。将犯人流放到"烟瘴之地"，也会造成大量死亡。这种比例虽然没有确切的数字，但是从各种史料分析，情况也很严重。

战争的间接损失比直接损失更大

大规模的战争，最后常常是几十万俘虏统统被活埋。这不能仅仅归咎于哪个统治者或者个人的残忍，实际上也有特殊性，比如说粮食供应极度困难的情况下，自己吃饱饭都成问题，何以供养几十万的俘虏呢。间接损失更大，战争中的人畜尸体没有及时掩埋，导致大规模传染病。东汉建安年间的传染病，使"建安七子"一下子死掉四个，名医张仲景家族二百余口，在这场灾害中死掉三分之二。有时战场离开粮食产地非常远，宋朝的沈括曾经计算过，10万人的部队调动，如果战场较远，要60万人供应粮食。还常发生以水代兵，就是用水把你淹死了，火烧粮仓等。所以战争结束了，流行病、瘟疫泛滥，民不聊生。所以每次中国战争所造成的人口影响，远远超出战场直接损失的人口。

季风气候的不稳定造成水旱濒现

世界上没有哪个地方没有灾害，但是中国有特殊性，中国的气候，特别是东部，经济最发达、人口最稠密的地区，属季风气候，季风气候的特点就是不稳定。与世界同纬度的城市相比，往往冬天比他们冷，夏天比他们热。造成中国经常是南旱北涝，南涝北旱同时发生。中国历史上几乎每一年都有灾，差别只是灾情大小。水灾往往是临时的，1998年大洪水，最后顶住了，庄稼过几天还可以种。最可怕的是历史上几次大规模、持续多年的旱灾，往往造成人口巨大损失，而且大规模旱灾往往是伴随着传染病。

在这种情况下，尽管很难计算出精确的数字，但是可以得出结论，尽管出生率相对较高，但死亡率更高，结果只能是低增长率。从公元初至1850年，人口年平均增长率不足1‰。就是增长较快的阶段，年平均增长率也只有7‰，个别年份才能达到10‰或更高。而新中国实施计划生育前，人口的自然增长率已经接近30‰，实行计划生育之后，有些地区好不容易才把人口增长率控制到 10‰以下。

人口大起大落的真相

到底中国人口有没有大起大落呢?

中国历史短期间内确有人口数量急剧下降,比如说秦汉之际、东汉末三国两晋之际、唐末五代、金元之际、明清之际,绝对数字可以减少一半以上,比如说蒙古人灭北方的金朝,剩下人口大概不到 20%。所以中国历史上从数字上看会下降到 1/3,有时实际人口下降也接近一半,所以大落是绝对的事实。

但是大起,"起"是一个假象,在恢复期,人口年增长率能够达到千分之十或者十几已经不得了。但为何有大起的感觉呢? 因为较长时间的一段持续增长,积累起来就是很大的数字。另外因为新朝代刚刚稳定下来,调查出来的户口往往还有很多隐瞒,或者不少人流亡未归,到太平盛世时,这些数字都统计进去了,甚至还有的出现虚报。每次赈灾时人口往往比交税时要多得多。

人口的数量变化的确是有阶段性,总体反应在随着生产力、科学技术、社会保障、公共卫生各方面的进步,人口倍增的时间就缩短。比如说公元初年,人口 6 000 万左右,到宋朝 12 世纪末年,才突破 1 亿,花了 1 100 年;但人口突破 2 亿,只用了 600 年;从 1700 年到 1850 年,从 2 亿到 4 亿多,仅 150 年;以后从 6 亿、8 亿、10 亿到现在 13 亿多,倍增的时间缩短了。

增长不平衡造成的恶果

以前大家都不大注意,人口增长存在着阶级、阶层和民族的不平衡。

特权阶层受政策保护展开"生育竞赛"

统治阶级、剥削阶级、特权阶层,由于拥有政治和经济的特权,人口增长明显高于平均。许多人看不懂为何范进中举后,有人要送钱,有人要送地。作为举人,法律规定,举人本人和家人都不用服劳役,他家的田地也可以免税。比如规定庶人在 40 岁还无男丁后代方可纳妾,但对特权阶层就没有限制。举人也不用交田税,所以不少人宁愿把田交给享受免税特权的人,给主人的孝敬比公家税赋要轻。宋朝优待官吏,官员子孙有世袭的特权,如一品大员,宰相的儿子可享受"正厅级"待遇,而进士们十年寒窗,不过"处级"待遇,因此引发不满。明朝规定,朱家宗室子孙世代由朝廷供养,皇帝的儿子都封亲王,亲王的儿子封郡王,第三代后封镇国将军、奉国将军等,第六代以后都封都尉。他们出生后,名字由朝廷取,婚姻由朝廷安排,俸禄由朝廷发放,统统供养,造成皇亲中展开生育竞争。西汉一朝,人口年均增长率不到千分之七,但刘邦家族从开始一对夫妻增加到十几万族人;宋朝,赵匡胤"杯酒释兵权",保证了宋朝没有战乱,但作为对交出兵权的奖励,鼓励他们买房、买地、生孩子,还规定可以赦免几次死罪,这样,造成了阶层人口增长率的严重不平衡。

民族之间的不平衡大多源于地理环境差异。蒙古高原、青藏高原上的民族,历来生育率偏低。西汉时,北方人不敢来江南,"江南卑湿,丈夫早夭",文学家贾谊要去长沙任长沙王太傅,忧心忡忡,后来的确早亡。农耕与游牧民族生产方式不同也会造成人口增长不平衡,茶叶传入游牧民族后,一定程度上有益于他们的健康。

中间劳力赡养比例失调引发社会混乱

增长率不平衡造成的社会后果非常严重。正常的社会里，中间劳动力赡养老人、未成年人和丧失劳动力者，但还要供养统治阶层。如果这个阶层过于庞大，就会激发社会矛盾。每个朝代的初年，统治者人丁单薄，社会的供养率较低，但后期特权阶层生育率偏高，供养压力、政府财政负担就不堪，王安石的变法就是希望改变财政，但这种和平的方式无法解决社会经济不平衡，只有战争、战乱彻底打碎旧的体系，赢得新朝廷社会供养比较合理的短暂时期。我把这种现象称之为“专制社会里面不可治愈的一种人口癌症”。

这里要指出，人口对社会的发展、影响并没有绝对关系。清末人口到4.3亿时，东北一开发就满足了3 000多万人的需求。清末人口剧增和明末清初从外面引进的新的粮食作物，在坡地、山区可种红薯、玉米、土豆、花生、辣椒等密切相关。

到了近现代人口有两次转变，从历来的高出生、高死亡、低增长，转变为高出生、低死亡、高增长。这并非单一的社会制度方面的原因，19世纪末到20世纪70年代，医药、公共卫生、社会救济和保障、社会制度、物质条件各方面得到了改善，是社会总体进步的结果。比如说新的接生制度和社会保障制度。实行计划生育后，又出现一个变化，转为低出生、低死亡、低增长。

人口思想与人口政策的关系

人口思想与人口政策是能反映社会实际现状的。到清朝中期有洪亮吉、晚期有汪士铎等人，他们看到人口增长不平衡造成的矛盾，就提倡寡妇不许改嫁，部分女孩子进童贞院，等等；马尔萨斯人口论传到中国后，受过西方训练的人口学家都表示赞同，如吴景超、李景汉、乔启明、孙本文、潘光旦；但是政治家不同意，孙中山一直担心中国出生率低，不利于国际竞争。而梁启超在人多有利这一点上和孙中山一致，但反对早婚早育。

从政府层面，1941年国民政府社会部组织人口政策研究委员会，在1945年5月国民党六次代表大会通过决议承认生育节制为合法，只是因为抗战期间无法实施；1957年6月，马寅初提出了控制人口的新人口论；1964年国务院成立计划生育办公室；1978年全国人代会提出降低增长率目标，新的宪法明确计划生育是基本国策。

我认为国策对人口政策应该随着情况的变化不断地调节。中国这样庞大的人口，急剧下降到如此程度，人类历史上还没有先例。在考虑经济压力的同时，还要考虑伦理、家庭的习俗。孩子如果都没有兄弟姐妹，如何理解亲如手足？没有完整的家庭，如何延续家风家德呢？我在1995年就撰文提出要鼓励一胎，允许二胎，杜绝三胎。根据现在的情况，我们应该是确保一胎，鼓励二胎，特殊情况下允许多胎。我国台湾地区从来没有实行过计划生育，但是台湾人口降得可怕，所以，他们从“一个太少了，两个正正好，三个更热闹”改为“孩子是我们最宝贵的财富，越多越好”。

“孝道”可视为生儿育女的动力

东方航空员工高峰：随着“单独二孩”等人口政策的实施，社会抚养福利政策是否会随之调整？

葛剑雄：人口政策肯定会越来越顺应社会需要。但如果从个人的物质方面考虑，生孩子确实是负担。这个情况下，如何鼓励生育？中国的“孝道”应该起作用。

传统孝道的本质是保证家庭的繁衍、社会发展。如果以此作为要求，从个人出发放弃生育，你就没有尽到对家庭、对社会的责任。由此看，生育子女其实是回报父母，回报家族，回报社会的动力。

中西文明主观上有利于人口增长

上海交大航空航天学院在读博士生宋磊：基督教文明和中国的儒家文明对人口结构、规模所产生的影响有哪些？

葛剑雄：基督教的观念是“一切都是上帝给的”，所以不允许堕胎、鼓励多生和领养。总体上讲有利于人口增长。中国儒家的观念认为家是根基——“不孝有三，无后为大”“修身，齐家，治国平天下”，总体上也有利于人口的增长。但不能否认两种观念客观上都存在消极的因素，比如非婚生子女，得不到社会的认可，只有堕胎或杀婴。客观条件也会影响这些观念的实施。

马克思主义的历史唯物论很强调实际的社会存在对上层建筑、对人的意识影响，包括对生育观念。比如唐朝鼓励甚至强制寡妇改嫁，原因之一就是人口不够。

自汉代已有政策手段鼓励生育

上海外国语大学研究生王玉尧：自汉代起有了人口登记制度，对于流浪人口如何登记？古代采取怎样的措施鼓励人口增长？

葛剑雄：理论上讲，增加登记的指标要考虑行政成本。人口户籍调查，会尽量简化。所以一般不登记流动人口。

古代有以下方式鼓励人口增长：其一，鼓励流亡人口就地入籍，或者回到原地去，就可以享受优惠政策。其二，政府组织或鼓励向一些人口锐减的地区移民。给予移民开发荒地后的所有权，改善当地生活条件。再有减免赋税，如汉代就有谁家生孩子，父亲可以免役。总的来说，古代虽然没有技术手段，但是可以用政策的办法来促进人口的增加。

人口分布疏密不均是合理现象

华东理工大学商学院学生：当下我国西部的人口密度相对比较稀薄，国家会不会出台鼓励移民西部的政策？

葛剑雄：一个国家合理的人口分布，并不是绝对的均衡。胡焕庸先生划定的瑷珲—腾冲线是中国自然与人文条件的产物，从根本上说必要也不可能改变。西部有些地方人口稀少很正常，没有必要人为干预。

但是西部的局部地区，如重点开发的地区有必要增加人口。人口有一定的聚集效应，过于分散，对保障民生不利。比如出于供水、供电、修路、国防等特殊需要，国家给政策，鼓励人口迁入该地区。

农村“多子多福”的观念正在改变

华东理工大学大三学生：中国的人口政策如果放开了，性别不均问题会不会更严重？

葛剑雄：这是观念问题更是社会问题。如果社保政策落实了，农民老有所养，多生儿子的观念也会逐渐改变。我国的台湾地区从来没有计划生育，韩国一直要求多生，日本有专设机构“少子化对策本部”，督促多生孩子，在这些国家或地区并没有出现生育率井喷。从我国的一些试点看，如“二胎”政策，同样没有出现“让多生就会生”的情况。相信随着改革开放，农村也会逐步改变“多子多福”的观念。

我主张计划生育政策积极地调整，政策制定上应本着积极稳妥的原则，不一定全国统一，但同一地区应该一样。

嘉宾点评

葛教授帮助我们认识了中国人口从宋代到明清慢增长的特点，也从学术意义上为小心求证设置了大胆设想，给很多学术研究提出论证的目标。

1982 年开始有人口普查，当年是 10 亿人，1990 年是 11 亿人，2000 年是 12 亿人，2012 年是 13.6 亿人。基数大，增长绝对数也非常大。我同意葛教授所说的当年的计划生育政策是“两害相权取其轻”，正因为当年的努力，把人口控制在一个乐观的水平，使得今天具备了调整的条件。（丁金宏）

（资料来源：《文汇报》）

“东方讲坛·文汇讲堂——历史与我们的未来”演讲季第二期

厘清历史恩怨的源头，迎接自身和内部的挑战

当代中美关系：正在改写历史

5月16日下午，“历史与我们的未来”演讲季第二场如期举行，上海纽约大学全球体系杰出历史学教授、美国康奈尔大学中美关系讲座史教授陈兼作题为“中美关系的情仇恩怨”的演讲。来自本市党政机关领导、高校师生、企业精英、市民群众等650余人分别在主会场和华东理工大学奉贤校区视频分播站聆听讲座，更吸引了俞立中、陈卫平、刘建军、陈恒等学者到场听讲，共享了一场学术盛宴。

嘉宾主讲

今天我要和大家分享的是，从历史角度看待中美关系的机遇和挑战。如果在现实生活中找一种传神但不一定最准确的类比，中美关系是一种扩大版的申花和上港两支球队之间的关系，在同一空间中双方旗鼓相当又互不买账，于是情仇恩怨交织在一起。基于历史研究，我要表达关于中美关系的三点看法。

第一，中美关系今天依然面对各种挑战，新情况层出不穷，但中美关系并没有出现危机。在可预见的将来，只要双方当中任何一方不犯大的错误，就不会、不应该出现大的危机。

第二，从历史上所谓崛起大国和守成大国之间的关系来看，进入21世纪的中美关系是人类历史未曾经历过的新型关系，既不同于第一次世界大战之前的德国与协约国家之间的关系；也不同于第二次世界大战之前的民主国家与侵略国家之间的关系；更不同于冷战时期的美苏关系。

第三，今天中美两国面临最大的挑战，都不是来自对方，而是来自自身和内部，都不可能通过与对方的对抗而获得解决。

所以，我把源远流长的中美关系分成五个阶段。

第一阶段　首航中国到通过“排华法案”：市场遐想生恩怨

1784年，美国人来华后对中国市场充满了遐想；但后来中美之间的接触却同美国的想象并不相符，中美之间恩仇情怨由此产生。

美国认为自己的历史有着“美国特殊论”。当“五月花”号到达美洲时，人们是抱着一种理想、一种愿景，抛弃肮脏的旧世界来到新大陆，要开创新天地，所以有“山巅之城”的自我定位。他们的理想主义又同现实主义相结合，一步步创造了后来的美国。

在面对大洋彼岸另一个大陆上的中华文明时，美国人有棋逢对手的感觉。美国的创国之父们对有着悠久历史的中国文化有着发自内心的赞叹。第三任总统杰弗逊憧憬中国以农立国产生出的那种宏大的经济场景，富兰克林赞誉中国人的勤劳、人生哲学。1784年，当美国的“中国皇后”号带着一种欲望，首次漂洋过海来到中国时，他们被中国的繁荣所震惊。此行给他们带来的是丰厚的利润，也使得美国人产生了关于中国市场的遐想。对于美国人来说，与中国的那些恩怨情仇，源头就来自现实和这种遐想之间的差异。

而1784年，是乾隆年间，正是中国的盛世，清代中国是世界的第一大经济体。

1650年清朝建立之初，中国人口因战乱从2亿又骤降到了1亿多，但经历了康、雍、乾三朝，到乾隆末年达到了4亿人，150年里面翻了两番，中国的城镇化速度在世界上不可比拟。

第一个条件是国内的和平。其次是从外部世界引进了新型农作物，主要是土豆、玉米等等，它们对水利灌溉要求很低，可在坡地发展，农业的范围扩大了，引发了所谓18世纪中国的农业革命。当然，一代人因为发展而付出的环境破坏、水土流失的代价，是需要几代人、几十代人来偿还的。同时这150年间，中国出现了持续的贸易出超，铜、银大量进入中国，又为劳动力市场的扩大提供了实体货币供应量持续增长的重要条件。

美国人对中国市场的遐想并没有很快地变为现实，但他们又舍不得放弃中国，因为美国在当时也还是一个处于成长中的国家。从鸦片战争开始，美国人获得了大量的机会。美国是西方对华不平等条约体系的一部分，也是在19世纪下半叶在中国付出代价最小，得到利益最大的西方大国。1844年的中美《望厦条约》，在不平等条约当中占有极为重要的地位，它包括了构成不平等条约体系的两个重点，第一个是治外法权，第二个是最惠国待遇。

但同时美国又是西方大国中唯一一个在中国没有势力范围的国家；1869年，曾任驻华公使的蒲安臣，居然作为清政府的外交代表与美国政府签订了《蒲安臣条约》，其中不包括不平等条款，并涉及了后来成为中美之间大事件的华工问题。

华工问题，折射出了中美之间的情仇恩怨。它的产生，表面上看是中国到美国的移民问题。1848年，加州发现金矿后，华工是美国西部大开发的生力军，但渐渐美国人对华工的看法发生了变化。对于美国来讲，种族主义永远是一个问题。在美国人眼里，华工本身也有问题。第一不信教，第二不融入美国社会，第三华工压低劳务市场价格，造成不公平竞争。1882年，美国国会通过了《排华法案》，禁止中国劳工入境，后来又一再延长。

此时，美国蒸蒸日上，19世纪最后30年，美国已经是世界第一大经济体，距“中国皇后”号来华已有100多年，物换星移，美国将如何对待正处在衰落之中，似乎要被列强瓜分的中国呢？

第二阶段　从门户开放到第二次世界大战：两次大战中国站对了队

第二次世界大战中，中国坚持抗日成了美国战略的一步棋，中国也成了后殖民主义时代国际规则的内在行动者，美国对中国的门户开放政策具体反映在当时美国国务卿海约翰的两个外交照会中。第一个照会于1899年9月向“在华利益相关”的各大国提出，中国市场要向各大国平等开放，任何大国不可在中国获得排他性的、独享市场的权利。第二个照会是在 1900 年 7 月，海约翰提出，列强应当保持中国的行政和领土主权的完整。门户开放政策的提出，是美国走向世界一个非常重要的里程碑式的事件。之前美国基本上执行的是孤立政策，但是在门户开放之后，美国迈出了通向太平洋地区和整个世界的重要一步。

关于门户开放政策，学术界有很多批判，其中有一点是认为，美国当时已经是世界上第一经济强国，如果所有市场都向各国平等开放，具有最大实力的美国自然而然就能占据上风，这是精明的经济帝国主义模式。但这个政策客观上对中国是否有利？是否起到了阻止中国进一步被列强瓜分的作用？再从中国的角度来看，美国的门户开放政策虽然针对中国局势提出，但照会送给了各有关国家，唯独没有送给中国政府，根本不把中国放在眼里。

五年后，中国出现了中国近代历史上第一次大规模的、群众性的抵制外货的运动，对象正是美国。如果把这次运动与中国正在兴起的民族主义联系在一起看的话，中国人民族自我意识的觉醒是同中国人对于自己是“中央之国”的集体记忆联系在一起的。为什么美国人引起了中国人那么多的怨恨，关键在于美国人太轻视中国人了，门户开放是一例，华工问题是另外一例，你如果仇视我，还把我当作一个对手，你如果轻视我，把我看成什么都不是，那我中央之国何以自立于世界民族之林？

美国人是善于学习的，抵制美货运动之后三年，1908 年，美国决定退还庚子赔款当中美国份额的一部分，帮助中国兴学、资助中国学生留学美国。之后，中美两国都进入了第一次世界大战，两国都是一战的战胜国。就在一战过程中，美国的威尔逊总统提出了“十四条”，它在很大程度上为后殖民主义时代、后帝国主义时代的国际关系和国际体系奠定了规范层面的基础。“十四条”强调的是“弱国有外交”、民族自决、自由通商贸易、国际联盟。当时的中国知识分子为之欢欣鼓舞，所以才有陈独秀把威尔逊称之为天下第一好人。但是，“十四条”的意识其实是太超前了。英国人、法国人反对它，日本人跑出来搅局，苏俄根本不参与。

后来，在讨论所谓山东问题时，威尔逊在最后时刻向日本人让步了。于是触发了大家都知道的五四运动，它开创了中国的革命时代。20 世纪是中国经历巨大革命的时代，国民党革命、共产党革命先后兴起，在 20 世纪 20 年代形成国共统一战线。这使得美国人极为困惑。美国不是一个对革命富有同情心的国家，对革命国家从来就抱怀疑和排斥的态度。美国对中国的态度，直到第二次世界大战才发生改变。

罗斯福总统执政时，不仅要应付经济大危机，还要关注希特勒在欧洲的扩张，而日本在中国发动“九一八”事变后，不断侵略扩张，卢沟桥事变之后全面侵华，罗斯福总统已经感觉到了日本对美国的威胁，他需要摆脱国会通过的中立法的约束。1937 年 10 月 5 日，在“七七”事变三个月之后，他在芝加哥做了一次防疫演说，其中提到，在今天的国际社会当中，如果看到侵略的毒焰蔓延开来，我们也要采取防疫措施。这是对美国人民的试探，结果第二天的报纸上一片反对之声。在这种情况下，美国何以对付日本的扩张？中国的抗日战争，就成为美国极为重要的战略上的一步棋，给了美国极大的备战空间与时间。

美国参战之后，1943 年废除了“排华法案”，罗斯福总统又提出了让中国成为四大国之一。这不是美国对中国的恩赐，是美国对中国在战略全图当中的战略地位和价值的肯定。美国人在战时对中国人的看法也在改变，中国人落后，进不了现代的那种看法，为一种对中国和中国人的赞赏所取代。

第二次世界大战是帝国主义时代和殖民主义时代最后一场严重的战争。就在美国参战之前，罗斯福总统和丘吉尔首相签订了《大西洋宪章》，它基本上重复了威尔逊的“十四条”。当这个文件被自诩为大英帝国最后卫道士的丘吉尔签署时，就把帝国主义时代和殖民主义时代整个一套观念——认为用武力和扩张侵略可以实现对领土和主权的攫取，并将之合法化的那一整套观念——都甩到历史的垃圾箱里去了。中国是构成后殖民主义、后帝国主义时代的一整套国际规范和规则的原始签署者，因而无可厚非地、不可逆转地、永远地成为后帝国主义时代、后殖民主义时代，国际规则和规范的内在的行为和行动者。

20 世纪给中国留下了很多重要遗产，其中最为重要的，就是中国在两次世界大战当中都站对了队伍，站在历史潮流一边。这是中国人需要无比珍惜的。

第三阶段　从中国内战到中美缓和：全面对抗又避免直接冲突

朝鲜战争改变了中美关系，美国开始把“革命中国”当作有资格向它提出挑战的国家。炮击金门、蒋介石“反攻大陆”、越南战争中，双方都避免了直接冲突。

1949 年中华人民共和国成立。中国是一个“革命国家”，明确地向西方帝国主义主导的现存国际秩序提出挑战。当毛泽东宣布“中国人从此站起来了”之时，他从来不把 1949 年政权转换当作中国革命的结束，他追求的是把中国转变成一个具有普遍正义、平等、繁荣的社会和土地，中国要以这样的面貌出现于世界，自立于世界民族之林。

朝鲜战争是冷战时期的第一次热战，它与中美两国之间的误判也有关系。美国决策者对中国的误判则更为巨大。觉得中国这个弱国怎么会出兵？麦克阿瑟将军是朝鲜战场上联合国军和美军的总司令，当各种情报汇到他那里，中国军队已在鸭绿江边集结，他轻描淡写说一句，他们来了又如何？我的优势火力把他们杀得片甲不留。这就是美国人的傲慢。然而正是在朝鲜战场上，中国自近代以来历史上第一次，基本上以一己之力，尽管也得到了苏联大量的武器援助，对抗了一个包括世界上所有工业化国家、以世界上最强大的国家美国为首的集团，与它正面对抗，一番较量下来基本上打了一个平手。事实告诉中国人和整个世界，中国人真的站起来了。由此而带来的国内持续动员的效应，怎么估计也不为过。

朝鲜战争的结果也改变了中苏关系。朝鲜战争后，中苏关系达到了历史的高点，某种意义上说，当时出现从一个国家到另一个国家的工业化和现代化的大转移，这在人类历史上前无古人、后无来者，一下子把中国工业化和现代化的程度提高了几个层次。但中国没有完全照搬斯大林模式，这中间也为后来的中苏分裂留下了伏笔。

朝鲜战争改变了中美关系。美国人发现中国人是需要认真对付的，是一个有资格向美国提出挑战的国家。就在这个情况下，美国文件中一再把中国称作比苏联更危险的敌人。此后 20 年的中美关系，基本上是全面对抗，但与此同时，双方又避免直接的冲突。像 1958 年炮击金门时，毛泽东要解放军只打蒋舰，不打美舰，护航的美舰在解放军开炮后立即退出射程外。又如1962年，蒋介石叫嚣要“反攻大陆”，王炳南大使与美国大使谈判时追问美方态度，美方回应，我们同蒋签订的是共同防御条约，不是进攻条约，所以蒋若要进攻，我们就阻止他。越南战争期间，中国一再向美国传话，中国不会挑起同美国的战争，但也不怕打仗，最后通过英国代办把信息传到，越南战争期间，中国的地面部队从来没有进入南越。美国的地面部队没有进入北越，美国的空军轰炸北越也没有超过北纬20度线，战争就这样被控制住了。

第四阶段　从中美缓和到冷战结束：心照不宣

20世纪70年代，突然传来消息，中国人要同美国人打乒乓球了，突然之间有一个叫做基辛格的博士悄悄地跑到北京来了。再接下来尼克松总统也来了，毛主席接见他了，中美缓和发生了。几乎在一夜之间，两个曾经有着巨大仇恨和怨恨的国家，把他们之间的感情、互相之间的曾经有过的那些恩惠，都捡拾了起来，形成了一个巨大的改变历史的现象，叫作中美关系解冻。

这一切是怎么发生的？除了人们通常所讲的“战略考虑”外，与此同时，中国开始执行“四三计划”。1971年年底起，就计划要用43亿美元从西方国家进口成套设备和技术。要做这件事就要通过美国。这个计划执行完毕是在70年代中后期，总数量达到了57亿美元。这是否意味着中国重新进入了世界市场？与苏联从阶级斗争角度来划分“三个世界”不同，毛泽东是以发展程度为标准来划分“三个世界”。1975年，经过毛泽东同意，周恩来在四届人大第一次会议上，重新提出了在20世纪末实现四个现代化。这一切都同中美缓和的深层次原因有关。

第五阶段　新世纪的中美关系：一个个新挑战中前行

从20世纪90年代以来，随着冷战结束，中美关系进入了新阶段，出现了种种风波。1990年，当时有很多的看法认为改革开放不行了，各种各样的悲观论调很多。1991年，我在美国遇到资深中国通鲍大可先生，他说：“陈兼，中国这艘船太大了，只要不沉，就有希望。”在后冷战时期，中国和美国之间的关系的总趋势是，中国这艘船越来越大的同时，越来越进入在目前仍由美国主导的现存国际体系和体制。例如中国对亚洲金融危机的处理，进入世贸组织。在这个过程当中双方有过局部危机，比如1995—1996年的台海危机、1999年的中国驻南联盟大使馆被炸、2001年撞机事件，都是大风波，但是一步步都走过来了，反而加强了双方对对方的理解。今天，中美之间不断遇到新问题，但这个基本面和最大的格局没有改变。

美国最大挑战：中产阶级消退　中国最大挑战：道德滑坡

最后，我想说的是，中美两国面临最大的挑战都来自自身，而非对方。

今天，美国民主碰到了巨大的内在挑战。一是美国金融资本主义的力量，已经成为一种没有制衡的绝对权力，用知识、技术设起了一个旁人无法进入的禁区，美国赖以成为立国之本的中产阶级消退了。同时美国政治意识形态化，意识形态两极化，产生了只能说“不”，不能说“是”的情况，被福山称为“否决体制”。

而中国所面临的各种挑战中，最严峻的，是出现了道德滑坡的现象。同时要警惕“权力使人腐败，绝对权力绝对使人腐败”。这一点对美国是如此，对中国也是如此。

中国和美国是两个大国，两国都有着极其崇高的道德期盼和追求：中国，中央之国；美国，山巅之城。中国和美国都被赋予了其他国家没有也不可能被赋予的责任。中国和美国应该担负起这种历史赋予的责任。

打胜仗所付代价将使所获利益归零

同济大学计算机系大一学生阮博男：美国依然占据技术优势，比如人工智能，类脑研究，以及网络控制，是否会可能产生新类似的核战争威慑？

陈兼：技术优势和军事优势的争夺是两回事。第一，在人类历史中，国与国发展关系当中，不均衡是绝对的，平衡是相对的，总会有国家在技术上或者超前，或者落后。这在美国同它所有盟国的关系当中，都是司空见惯的；第二，在今天中美之间发生的所有问题，在美国与同盟国关系当中，无一没有出现过。关键是在于人类的观念，必须要看到什么是最大的利益。无论你通过这个大规模冲突得到了什么利益，你所付出的代都可能使得那个利益变得没有意义。

讲好中国故事：假设你要追求它

上海外国语大学高级翻译班王玉尧：如何讲好自己的故事，特别在推进"一带一路"建设过程当中。

陈兼：这个题目太大。大家都经过谈情说爱的阶段，怎么尽可能向你的另一方、你的追求对象讲述你的故事。讲好中国故事和这是一样的道理：要讲真实的话，要以真诚来讲。另外，"讲故事"要身体力行，到了国外，每个中国人都是中国的代表。

对华政策是美国两党最大的共识之一

华东理工大学高分子材料14级学生(视频提问)：在对华政策上，美国两党究竟有何异同？

陈兼：要把实际的对华政策和竞选语言区别开来。美国对华政策是美国政治当中最具有两党共识的政策之一。美国总统选举政治当中，政客、总统食言最多的恰恰是他关于对华政策的一些承诺。里根总统竞选时说，上台就要恢复同台湾的关系，做到了没有？小布什总统竞选时，正是克林顿总统访华提出了对台湾的"三不"政策后，他因此也讲了一大串强硬的话，2001年当选不久就出现了撞机事件，但半年之后，小布什总统参加了上海举办的APEC会议。美国对华政策当中有一些基本面，由于中美之间通过历史上的情仇恩怨的应对，早已知晓对方，不大可能发生大变化。

嘉宾点评

2010年后中美关系：再平衡的再平衡

陈兼能够在美国学术界占有一席之地，是上海学术界的骄傲。今天讲中美关系，并没有装到一个理论箩筐，通篇一气呵成，至少提到50个大事件，但背后逻辑非常清晰，故事背后都有观点，这些观点让人思考，也是不断被历史所证明的，同时，他的思维兼具中国和美国特点，善于融会贯通。这些都让我们见识了一个历史学者炉火纯青的境界。

我补充一点，2010年以后，中美之间有三个情况出现，首先是美国亚太再平衡战略，美国要回来控制亚太这个舞台，防止中国人主导；其次，金融危机后世界上的权力转移加速，中国的财富迅猛增长，成为世界第二经济大国，紧紧跟着美国。现在美国GDP 17万亿美元，我们是 11 万亿美元。世界上 GDP 超过 10 万亿美元的国家只有两个，美国和中国；世界十大网络公司，6 个美国，4 个中国。网民，中国当然比美国多。

中国最近的"一带一路"倡议，加上亚投行，美国的盟国除了日本都跑来参加了，所以 2010 年以后进入新的阶段，我将之简单称为"再平衡的再平衡"。

历史的新阶段会提出新问题，但中美两国能解决。因为两国有共同点：都有很强的责任意识，都有自我修复错误的能力。所以中美两国不会走到绝对的对抗上。世界很可能会出现一个中美合作维持稳定的世界秩序。（黄仁伟）

（资料来源：《文汇报》）

“东方讲坛·文汇讲堂——历史与我们的未来”演讲季第三期

儒法道墨四大学说应用在两千年的国家治理和社会治理中

中华文明枢轴：四次空间大扩展提升了再生力

5月23日下午，“东方讲坛·文汇讲堂——历史与我们的未来”演讲季第三期如期举行，复旦大学资深教授、中外现代化进程研究中心主任姜义华作《中华文明枢轴的昨天、今天和明天》的演讲，复旦大学历史系教授章清应邀作点评嘉宾。来自本市的党政机关领导、高校师生、企业精英、市民群众等650余人分别在主会场和华东理工大学奉贤校区视频分播站聆听讲座，共同分享了一场思想的盛宴。

嘉宾主讲

2012年，我写了《中华文明的根柢》一书，发现需要继续研究的课题还很多，今天借用的“枢轴”概念，是德国思想家卡尔·雅思贝斯在《历史的起源与目标》一书中提出的。他第一次把公元前500年前后同时出现的中国、希腊、以色列、印度等地区的人类文化突破现象称为“轴心时代”。在此期间，人们对宇宙的本质、人类存在的基本意义、人的实际处境及应对方略有了突破性的认识，从而使其成为一个对全部人类文化史具有控制意义、提挈意义和动力意义的年代。

今天重点来谈中华文明中具有控制意义、提挈意义和动力意义的三个谱系：知识谱系、价值谱系、国家治理与社会自我治理的实践谱系。首先关注整个知识的构成、演化及其特点，如何形成给文明注入强大生命力的价值体系，再聚焦它们如何在国家治理、社会自我管理等方面得以实现。

中华文明枢轴的形成

知识谱系：制礼作乐的儒家、无为辩证的道家、人性为恶的法家、兼爱尚贤的墨家，这四大学说与同期其他轴心文明相比，显示出“史”和“巫”的区别

中国的“轴心时代”指的是春秋战国时期，诸子百家在非常激烈的争鸣中塑造了中华文化最富原创性的时代。这中间，涌现了春秋战国时代影响最大的四家学说：以孔子为代表创立的、以“伦理教化、制礼作乐”为中心的儒家学说，以老子为代表创立的、以“无为”即维护事物辩证法的自然发展为中心的道家学说，以商鞅和韩非等为代表、基于人性本恶而创立的法家学说，以墨子为代表、以“兼爱、尚贤、尚同”为核心观念的学说。其中，道家衍生出了兵家、法家，起源可能早于儒家。

这四家学说有着非常强大生命力，以它们为主干，形成了中华文明的知识谱系。它们与轴心时代其他文明非常重要的区别，就是“史”“巫”之别。我们重视的是历史传承，他们更多的是由“巫”的祭祀所主导，衍生出宗教性。中国文化最大的特点，就是孔子所说的“不语怪力乱神”，重视人类自身的历史发展和延续。所以，中国一直是把人的现实生活、实际交往放在整个学术谱系的核心地位。

孔子究竟是杰出的史家、古文献的整理者及传播者，还是一位宗教（儒教）教主，从古至今，一直有着争论。今文经学家坚持孔子是教主，近代康有为因此主张立孔教为国教，胡适撰写《说儒》长文，认定孔子是一个像基督教、伊斯兰教一样的宗教（儒教）的教主。古文经学家则认为，孔子并非宗教教主。1913 年章太炎撰写的《驳建立孔教议》中就认为，孔子对中国文化最大的贡献，就是十分重视历史，他把担任过“征藏史”或“柱下史”（相当于“国家档案馆馆长”）的老子当时管理的那些国家档案、原始文献公之于众。章太炎评价说：“盖孔子所以为中国斗杓者，在制历史、布文籍、振学术、平阶级而已。”他概括孔子之功，“令晚世得以识古，后人因以知前，故虽戎羯荐臻，国步倾覆，其人民知怀旧常，得意幡然反正，此其有造于华夏者，功为第一”。

大量考古发现的资料已经证明，中国远古时代，也曾有过以宗教型神明崇拜为主要特征的文化，如红山文化、良渚文化，它们都曾一度非常兴盛，但都没有传承下来。而宗教色彩淡薄、世俗性很强的祖先崇拜，特别注重传宗接代、血缘关系、现实生活世代相接的仰韶文化、龙山文化，则生生不息，发展延续下来。早期的儒，有一部分可能专门从事和巫祝相类似的祭祀活动。是孔子使儒家摆脱了原先残存的宗教色彩，转而完全以历史与文献为宗。

中华文明强调的是历史发展的延续性，重视的是人们的实际生活的不断传承与互相联系。它不像其他那些为宗教所支配的文明，每一个人都直接对上帝负责，与过去没有太密切的关系。章太炎在《驳建立孔教议》中写道：“老子称以道莅天下，其鬼不神；孔子亦不语神怪，未能事鬼。次有庄周、孟轲、孙卿、公孙龙、申不害、韩非之伦，浡尔俱作，皆辨析明理，察于人文，由是妖言止息，民以昭苏……人思自尊，而不欲守死事神，以为真宰，此华夏之民所以为达。”这段论述清楚地说明，春秋以来，中国的知识谱系最大的特点便是重视人们的现实生活，重视世俗的历史联系，这是真真实实的史的文化，而非源自远古“巫”的宗教文化。

价值谱系：民为邦本的政治伦理、以义制利的经济伦理、和为达道的社会伦理、天下文明的世界伦理，其普遍性、深入性在日常生活、家训、成语、名字中都有体现

中华文明枢轴中的价值谱系，我在《中华文明的根柢》一书中概括为四个方面：政治伦理的核心价值是“民惟邦本，本固邦宁”；经济伦理的核心价值是“以义制利，以道制欲”；社会伦理的核心价值是“中为大本，和为达道”；世界伦理的核心价值是“德施普也，天下文明”。四家学说在这些伦理的核心价值上并无太大的差异，这也形成了整个中华民族传承至今的一些价值观。它们不仅体现在各种经典之中，也已渗透进了人们的日常生活。比如家训、族规、乡约、春联、成语，包括每一个中国人的名字、字号，都大量体现了这些核心价值观。

通观中华传统文明中的价值谱系，集中起来可以概括称作中华责任伦理。体现在每个人和家庭、乡里、社会、国家、天下的现实的联系之中，表现为每个人对自己、对家庭、对乡里、对社会、对国家所承担的责任之中。“修身、齐家、治国、平天下”，以及人们所熟知的“先天下之忧而忧，后天下之乐而乐”，“天下兴亡匹夫有责”，正集中地反映了这一中华责任伦理。

实践谱系：在两千多年的国家治理中，上述知识谱系、价值谱系分别作用在不同的时段，不同人群，相互交杂，形成了中华文明强大的生命力和遇挫后的再生力

世界的古文明中，唯一以文字记载延续到今天的就是中华文明。要问中华文明为何能延续至今，不仅要了解过去形成的知识谱系、价值谱系的根本特征，更要了解它们在国家治理和社会自我治理的实践谱系中如何形成自己强大的生命力，以及遇挫后的顽强的再生力。中华文明在国家治理、社会治理中有一个基本的模式，即“礼法结合、德刑兼用、权统由一、政不二门、百官修理、威令必行、王霸道杂用”。

法家的立法和治国思想，在两千多年的国家和社会治理中一直在沿用

纵观中国的国家治理，不但“汉承秦制”，一直沿用到中华人民共和国建立。秦始皇建立大一统国家最重要的特点是中央集权和郡县制。

商鞅就已提出“法者，国之权衡也”，“权衡”关乎于国家的根本。他强调立法的基本原则是要了解老百姓的愿望和需求、要抓住根本：“观俗立法则治、察国事本则宜，不观时俗，不察国本，则其法立而民乱，事剧而功寡。”《战国策》评价商鞅变法，提到“商君治秦，法令至行，公平无私，罚不讳强大，赏不私亲近，法及太子”。我们今天讲依法治国，其实两千年前就这样实践了。

比较近代西方的法治与中国传统法治有很大的不同。西方法治的基础是社会集群的多元主义。欧洲中世纪以来，国王、贵族、教会、第三等级以及第三等级内部各不同群体势力不分彼此。多元化的这些集群，经过长期反复的冲突与妥协，为平衡所有各方权力和利益的分配及再分配的诉求，逐步形成了博弈型的法治体系和国家体制。三权分立也好，两党制或多党制也好，基本都建立在这样一种博弈的结果上。

而中国传统的法治则是管理型的。秦以来两千多年，占支配地位的一直是大一统的一元主义。国家公共事务由君主、中央各个部门、郡县制各级官僚依次共同负责。中国社会由士农工商构成的，这四大集群互相紧密联系在一起，相辅相成，而不像欧洲中世纪以来那样各集群彼此博弈难解难分。在中国，工离不开农，农离不开工，同时也离不开商，商在很大的范围内进行调节。而士基本上是从各个社会阶层中选拔出来的精英，专职负责国家治理及社会治理。中国这一国家管理体系、法治体系的基本架构，许多方面一直传承至今，就是因为它适应了大一统国家及士农工商彼此互补的客观需要。

“黄老之治”的道家思想在各朝国家治理与社会治理实践中也未缺席

道家在经济上实行轻徭薄赋，思想上主张清净无为，最适合大动乱之后休养生息的需要。司马谈在《论六家要旨》中说：“道家无为，又曰无不为。”“无成执，无常形，故能究万物之情……有法无法，因时为业；有度无度，因物与合。”惟其如此，故能“因阴阳之大顺，采儒墨之善，撮名法之要，与时迁移，应物变化，立俗施事，无所不宜，指约而易操，事少而功多”。道家在社会自我治理中影响尤深。

各代王朝逐步强盛，乃至由极盛至中衰时，常常是儒家特别活跃时期

就儒家而言，《礼记·礼运篇》中所说的“大道之行、天下为公”，只是心目中的理想世界。他们充分意识到，根据春秋以来的现状，人们只能谋求实现“小康社会”。小康社会最大的特点就是存在着家庭、私有制及国家，“天下为家，各亲其亲，各子其子，货力为己”。儒家大力倡导德治与礼治，强调伦理教化，就是为了推动常态化的行为规范和社会秩序的建设。荀子说：“儒者法先王，隆礼义，谨乎臣子而致贵其上者也。”这一说法，特别到位。儒家主张“为政当导之以德、齐之以礼”，就是要求考虑各方面的利益，使得社会能够形成一个协调、和谐的关系。

汉武帝时提出“独尊儒术”，但汉武帝本人治国，从来是儒法并用，儒表法里。晚年他又回到道家。征和四年他下《轮台罪己诏》，宣布停止远戍轮台扰劳天下，减轻徭赋，重视农业，命赵过推行代田法，与民休息，发展经济。

汉朝最认真按照儒家主张来治国的是汉元帝。他独崇儒家，纯任德教，施政均据儒家经典，选官亦多用儒生，结果社会与政治危机迅速加剧。元帝去世不久，皇后之侄王莽以大力宣扬礼乐教化，得到儒生的拥戴，最终接受孺子婴禅让后称帝，改国号为新，并欲完全按照《周礼》所述施政，结果天下大乱，不仅西汉就此灭亡，新莽也立即覆灭。真正都执行儒家主张，未必能把国家治理好。

墨家不像其他三家，但潜存影响持续不断，尤其在广大草根民众之中

在国家治理和社会自我治理中，司马谈所说墨家“强本节用，则人给家足之道也”的主张，成为中国社会几千年的普遍共识。墨家所主张的“兼爱”，演化为儒家的大同思想；墨家所主张的“一同天下之义”，即国家必须形成统一的意志，演化为法家确立中央集权的整套理论；墨家所提倡的“尚贤”，已深深渗入儒、法、道各家政治实践。墨家思想的精髓沉淀于广大民间社会，在一次次大规模农民战争所提出的“均贫富，等贵贱”“均田免赋”一类口号中展现出它强大的影响力。毛泽东写《伦理学原理》，是把墨子和释迦牟尼并提。后来又专门讲到墨家是代表劳动人民、比孔子更高的圣人，他说墨子是中国古代唯物辩证法的大家，评价相当高，反映了墨家潜存的影响仍持续不断。

上述国家治理与社会自我治理的实践表明，中华文明的知识谱系和价值谱系之所以不是空谈，没有中途消失，就是因为它们在中国几千年国家治理和社会治理实践中各自发挥了作用，也由此获得了强大的生命力。

中华文明枢轴的升级

从中华文明的整体来看，每一次大的发展，都和它对其他文明优秀成果的成功吸纳紧密联系在一起。中华文明的知识谱系、价值谱系、国家致力于社会自我治理的实践谱系，随着中华文明四次空间的巨大扩展而一次次发展与升级。

第一、第二次空间扩展，前者融入了游牧文明，后者促成儒释道融合和再创造

第一次空间的大扩展，是中东部农耕地区与北方、西方、西南方强大的游牧文明地区的联合与交融。中原文明本处于中东部农耕地区，后来在与广大的西部、北部、西南部的游牧文明、山林农牧文明的交流、冲突、联合中形成了统一的发展。当然，农耕文明自身，黄河流域、长江流域也有一个磨合的过程。

第二次空间的大扩展，是和印度半岛的佛教和中国周边其他地区文化的深入交流。佛教在中国的发展有力地推动了中华文明知识谱系、价值谱系、实践谱系一场重要转型与新的提升。汉传佛教、藏传佛教、南传佛教各宗各派的形成与传播，儒、佛、道三家的融合，它们都是中华文明的有机构成部分。这次空间扩展的冲击和挑战，有力地促进了中华文明广泛地吸收各种新思想、新元素，实现了自身的新突破和再创造。最明显的就是宋明理学的诞生，传统儒学和传统道学的转型，它们正是主动地借鉴佛教心性形上学理论的成果。

第三次空间大扩展，源于近代欧西资本主义和苏联社会主义理论与实践的冲击

明末利玛窦等传教士来到中国，给中国带来现代新知识；而南美洲的土豆、番薯、玉米的引入，粮食供给大增，促使人口在清末达到4亿多人，这使得中国的发展得到了新的巨大推动。鸦片战争以后，中国和欧洲的资本主义有了密切的接触；十月革命以后，中国受到苏联社会主义模式的吸引。这些都使得中华文明受到了前所未有的冲击与挑战。

我们吸收了大量的西方知识，首先是和工业化有着直接联系的自然科学知识、技术科学知识，接着是西方社会科学及人文科学知识，西方学科分类根本改变了中国传统的知识谱系。西方流行的个人本位、经济人、自利人、功利主义、利益最大化及物竞天择、优胜劣汰等价值观念，则猛烈冲击了中国传统的价值谱系。中国从农耕文明上升到工业文明，开始了自己的工业革命和现代化。工业化、市场化、城市化、世界化，使得西方博弈型国家治理和社会治理模式在中国有了实际的支撑力量。

不少人试图将西方在集群多元主义基础上形成的博弈型的国家制度、社会制度照搬到中国来。但实践很快就证明，照搬过来的东西很难在中国真正立足。博弈型的资本与国家的关系、资本与土地的关系、资本与劳动的关系、土地与劳动的关系，和中国士农工商相辅相成的传统无法相容。事实上，从洋务运动开始，资本在中国并没有和国家形成完全对立的关系，相反，国家通过国有资本的主导作用有效地控制了资本同国家的博弈；同样，资本与土地、资本与劳动、土地与劳动的关系，也基本在国家掌控之中，士农工商相辅相成的传统社会结构并没有被根本推翻。中国管理型国家治理体制包容了博弈型体制不少新的元素，并使它和原先的实践谱系协调起来。我们所说的中国道路、中国政治、中国理论，正是一代代志士仁人在这方面前赴后继不断努力追寻而获得的结晶。

中华文明在前三次空间大扩展中遭受了内外的冲击与挑战，其规模之大、次数之多并不输于其他轴心时代的诸多文明，但并没有像它们那样中途断裂或夭折，一个重要的原因就是中华文明的知识谱系、价值谱系、国家致力于社会自我治理的实践谱系经常紧密地相结合，它们都深深地根植于中国的社会基层，因而具有强大的稳定性、适应性和自我再造能力。

第四次空间大扩展，源于当前的全球化、大数据、互联网，带来机遇和不确定性

我们还没有完成第三个空间的扩展，第四个阶段就突然到来了。前三次空间的扩大，基本上是可知的。而这次，每一个人通过大数据、互联网，都能很快地接触到全世界各种不同的信息，同样也可以将自己的信息迅速地传播到全世界。人们面临空前多样多元的挑战和选择。与此同时，我们又与世界其他文明处在平等交流、密切切磋的全新环境中，“一带一路”和亚投行的建设，既使知识谱系、价值谱系、实践谱系获得了空前的发展机遇，也带来了它们转型和升级的更多不确定性。

在第四次空间大扩展的冲击与挑战面前，如何继承中华文明的优秀传统，因应现今中国和现今世界的巨大变化，运用系统思维和创新思维，综合、集中中华文化的精华和世界其他各种文明的精华，使得我们的知识谱系、价值谱系、国家和社会治理的实践谱系获得新的巨大提升、新的巨大发展，这是一个极具挑战性的时代课题，没有现成的答案，亟待我们非常认真地去思考、去探索、去解答。

中国来自士农工商的精英阶层历来相互依赖

通浩律师事务所陆建：西方平等的博弈源头是什么？中国的历史从源头上没有这种平等性？

姜义华：西方近现代制度是在中世纪形成的历史遗产基础上产生的。欧洲中世纪的社会结构中的国王、贵族、教会、商人，后来兴起的第三等级，这些力量形成了彼此不分上下、彼此激烈竞争的局势。这种集群的长期博弈演变为后来的欧洲近代国家制度。

从孔子、老子到墨子，天下为公、兼爱，到后来讲的小康社会，都讲到了平等。中国由春秋战国的战乱，最后由秦一统天下，社会精英组成的士，职业就是国家治理，他们与农工商几种力量相互依存。它是中华文明发展过程中非常重要的特点。大一统的国家的管理方式和小国家的管理方式不可能一样。怎样最有利所有的社会成员共同发展，是国家和社会能否持久存在并发展的核心问题。

民族的核心价值观大多体现在民间、民众行为中

退休市民丁耀德：价值谱系和社会主义核心价值观有无必然的内在联系？

姜义华：社会主义核心价值，不在于字多字少，关键能体现在民众普遍的日常生活中。比如说民惟邦本的思想，西周以来人们就一直以此为标准，衡量国家治理与社会治理是好是坏。中国讲利时，一贯强调不仅要利己，还要利他，“以义制利”是中国各家各派共同认同的原则。杨朱思想，梁启超、胡适都认为它最接近西方个人主义。但为何在中国几千年间流行不起来？因为中华文明一直讲家庭、乡里、社会、国家、天下互相连接，讲人的社会责任。传统的中国价值谱系，汉代至今，基本上是一以贯之。像亚当·斯密所讲的利己的经济人等观念很难在中国生下根，就是此理。

文明是沿用汤因比的概念，超越了国家和民族

浦东实验高中教师：目前文明城市的评比，和您说的文明有何联系？

姜义华：这里的文明概念，是英国历史学家汤因比一部著作 12 卷本的《历史研究》中提出的。他说，过去的研究，以一个个国家、一个个民族为单位，很难把问题说清楚。所以他提出来以“文明”为单位，它通常包含很多国家、很多民族在内。他把全世界从古至今概括为 21 个文明，后来增加到 30 多个，有原生型文明、第二代文明、第三代文明。这样一种历史研究的单位来研究世界演变，更容易说明一些本质性的东西。

嘉宾评论

站在世界文明的起点上

姜先生本业是做近现代史思想文化研究。就近代史来说，恰好是古今中外交锋的一个场域。要开展这段历史的研究，不说博古通今，至少要有宏观驾驭能力和对现实持续的关怀，才能立足未来，梳理过去，正视现在。

首先，姜先生对中华文明的思考立足于世界文明的视点切入，尤为关键。雅思贝斯无疑是德国贡献的另一位伟大哲人。其“轴心时代”的理论，在海内外学界产生了持续的影响，尤其是“9·11”事件发生后，文明冲突等话题不断在向我们提出，成为海外学界持续的讨论热点。“轴心时代”的文明不止一家，各个文明都产生了先知式的人物，如果仅仅立足于中华文明，甚至不恰当地仅仅立足于儒家来讲这样一些问题，在我看来是会有缺陷的。

其次，这些古代文明不断地在涌现价值。我们都熟悉文艺复兴，也熟悉新儒家等这样一些说法，表明我们在文明演进过程中都是不断地向过去表达我们的敬意，不断地回到过去吸取养料，然后来推动我们今天的文明往前走。所以随着国家崛起，需要我们警惕，勿要回归到以天国自居的时代。

第三，中华文明的成长，确实是在吸取了各个文明的基础上繁荣发展起来。不仅是国内多民族共同缔造，也是吸取了来自西方和东方的文明。（章清）

（资料来源：《文汇报》）

中苏同盟破裂根源:不是利益矛盾,是地位之争

——东方讲坛·文汇讲堂历史演讲季第四期举行

6月13日,"东方讲坛·文汇讲堂——历史与我们的未来"演讲季第四讲邀请华东师范大学大学终身教授、冷战国际研究中心主任、著名史学家沈志华讲述"冷战与中苏同盟的兴衰"。

回想记忆中的中苏关系,我们既能随口哼唱起《莫斯科郊外的晚上》,背得出《钢铁是怎样炼成的》,又依稀记得历史课本上对中苏珍宝岛之战、苏联撤走援中专家的描述。中苏同盟兴衰起伏,表面看起来有极具戏剧性,背后却有许多必然。中苏关系到底如何一步步从"甜蜜"走向"敌对",中苏同盟破裂的根源是什么?沈志华在90分钟的时间里浓缩他几十年研究成果,从档案中揭秘那段不为人知为的历史往事。

一、 中苏同盟怎样建立的

讲座开始,沈志华教授就澄清了普通人对中苏同盟的一个误解,中苏同盟早在第二次世界大战结束之前就建立起来了,只不过此时苏联与之结盟的不是中国共产党,而是国民党。

1944年,第二次世界大战即将结束,苏联要实现收回日俄战争时期失去的岛屿,如北方四岛、千岛群岛;实现外蒙古的独立,夺取在东北的特权这三个战后目标。为达到后两个目标,必须与当时中国政权的实际控制者国民党达成协议。

为何此时结盟者不是中国共产党?沈志华指出,因为,在苏联看来,那时的中国共产党根本就是一个农民起义组织,非苏共那样的无产阶级工人政党,是没有资格与苏联对话的。而毛泽东也与远在苏联的斯大林有不少政治分歧,在西安事变、皖南事变等问题处理上,苏共频频提出反对中共中央决议的声音。

在中国共产党看来,随着二战的结束,中国共产党面临的首要挑战不是统一全国,而是取得政治上的合法性。在这一关乎生存的问题上,能够提供帮助不是苏联,而是美国。

1944年美国军官团到延安,毛泽东和美国人说的第一句话是,中国共产党人首先是中国人。美国政客们由此判断中国共产党是民族主义者而不是共产主义者。民族主义者可以对话,以推翻资本主义为目标的共产主义者则是美国的敌人。因此,美国大使和军官团给白宫写信说应该重视中国共产党,可以通过扶植中共来遏制国民党的一党专政。但这一动议被美国国内的右翼势力压制了,又因国内大选压力,执政党选择延续保守主义,

继续支持国民党。

此时，国民党没有兑现当初许诺苏联的东北特权，而且为了尽快占领真空时期的东北地区，从美国申请了大量空军与海军支援。美国步步介入东北问题违反了雅尔塔会议美苏达成的美国不插手苏联在山海关以北利益的协议，引发了斯大林的恐慌。

从1946年1月到3月，苏联与中共电报联系明显频繁起来。虽然没有公开表示支持中共，但苏联通过朝鲜向中共提供大批援助，意在希望中共夺取东北的沈阳、哈尔滨等大城市，驱走国民党力量，进而将美国排除在东北之外。之前，斯大林甚至多次拒绝了毛泽东访问莫斯科的计划。直到1948年中国共产党完全掌握了国内局势，毛泽东再次提出访苏，而且非常坚决。缘何？因为，我们马上要建立新中国。接收城市里大批工人阶级，进行全方位的政治、经济、社会管理，中国共产党无疑十分缺乏经验。会打仗的革命者一下子还真不知道怎么做一个会治国的执政者，何况是建立并治理社会主义国家。国民党的旧体制完全不能继承，资本主义的国家完全无法信任，中国共产党只能请"苏联专家"。面对蒋介石在美国支持下卷土重来的可能性，中苏新盟约也是新中国必要的保护伞。但斯大林出于担心美国指责自己破坏雅尔塔体系，为美国插手中国事务提供借口，依然拒绝了毛泽东的访问计划。到底管还是不管中国的事，苏联还在纠结：管，美国人不愿意；不管，自己的利益可能会受损。

在1949年初中国共产党打过长江后，苏联才做出判断：到现在美国都没有出兵干预，美国军事干预的可能性越来越小了，但美国政治干预的可能性很大，苏联再不介入将来可能会遇到很大麻烦。1949年7—8月，苏联决定参与中国事务。他们提出，继承1945年的与国民党达成的贯彻苏联利益的中苏同盟条约，只不过这次协议方是中共而非国民党政府了。马上要建立新政权的中国共产党显然不能接受这种所谓的"继承"。中国共产党提出的苏联退出东北，进而退出太平洋地区，又是苏联不能忍受的利益挑战。在双方僵持不下之时，苏联同意了中国的方案。

苏联为什么让步，主要是因为美国的态度。截至1949年底，美国对中国一直犹豫不定。到了12月29日，中华人民共和国已经成立，美国必须拿出立场。1月5日，美国发表声明说台湾历来是中国的领土，美国对台湾没有任何野心，如果在台湾海峡发生战争，那是中国的内战，和美国没有任何关系。12日，艾奇逊更是声明，美国和中国没有利害冲突，美国从来没有侵略过中国，中国也没有美国的租界，抗日战争中，美国给予的援助最多，而在东北、外蒙古和新疆，是俄国人在侵犯中国人的利益。这时，苏联非常明白，如果自己不拉拢中国，中国就会被美国拉拢过去。所以，苏联最后同意修改条约是国际形势所迫。

沈志华认为，实际上中苏同盟最终的结果，当然对中国很有意义。对苏联的意义则是，增加了一份对中国的责任，即真正的"同盟"关系。

二、 中苏同盟怎样破裂的

新中苏同盟建立后，中苏关系渐渐步入"甜蜜"期。但从1958年起，美国中央情报局发现中苏之间开始出现分歧。双方在报纸上发表的观点不一样，虽然没有互相指责，但听到了不认同的声音。美国政治研究者认定这种分歧不至于导致中苏同盟的破裂,因为中国和苏联都是社会主义国家,都是信仰马克思主义者,他们的敌人都是美国人,所以他们根本利益是一致的,这种情况下,即便有分歧,有冲突,当分歧和矛盾威胁到同盟存在的时候,双方都会调整自己的政策。因为中苏同盟破裂显然对双方都没有好处。

然而,历史的发展却没有印证美国的这一判断。

1962 年中苏关系开始恶化,1963 年中苏同盟破裂。面对中苏同盟矛盾瞬间加剧直至瓦解的过程,人们不禁会问,中苏两国为什么会从当初的良好愿望出发,走到了最后双方都不愿意看到的结局?沈志华评价了学术界的几种观点:

一是国家利益冲突。沈志华认为,在档案材料解密之前,可以猜测利益矛盾导致了中苏关系的恶化,但随着档案的不断公开,从档案中并未找到 20 世纪 50 年代到 60 年代上半期中苏之间的利益冲突。真正中苏国家利益冲撞是 1969 年珍宝岛战争以后,此时中苏关系早已降到冰点。可见,国家利益的对抗和矛盾是中苏同盟破裂的结果而不是原因。

二是意识形态的对立。这是中共中央原来的解释,将苏联的公开信和中国《人民日报》"九评"对照会发现,虽然中国说苏联是修正主义,苏联说中国是教条主义,但是双方根据的都是马克思、恩格斯、列宁的思想。不像资本主义世界和共产主义两个体系,中苏还是处在同一种话语体系和意识形态中的,只不过他们对理论有各自的理解,因此不能说这是一种意识形态的分歧和斗争。

沈志华教授指出,中苏同盟的破裂根源在于中国取得了相对于苏联的政治优势,双方领导与被领导的地位发生转变。为何?这源于社会主义国家关系的结构。

研究中苏同盟的命运有两个参照物,一个是与此同时存在的西方盟国的内部关系,一个是社会主义阵营内部的国家关系。前者呈现出一种稳定性,后者则呈现出一种非稳定性。中苏同盟的状况与前者完全不同,却是后者中的一个典型范例。在西方资本主义阵营各国之间也存在着分歧和矛盾,比如英美、英法、美法、美日之间的关系,并非和谐美满,有时甚至也会发生激烈的冲突,以至于出现法国退出北约这样的重大事件。但是,西方的同盟始终没有分裂。它们之间维系相互关系的原则和标准是国家利益,而在冷战时代,这种国家利益的最终体现就是保证在与共产主义世界对抗中西方国家的整体安全。为了这个根本的利益,每个国家都可以、也愿意在某时某地放弃眼前利益和个别利益,就是说在需要的时候,它们可以通过相互之间的妥协来保证同盟的继续存在。

在社会主义阵营内部国家关系的表现则完全不同。社会主义阵营强调的组织原则是下级服从上级,服从中央,是领导与被领导的关系。这种关系起源于共产国际时期。

作为世界共产主义革命的国际组织,共产国际(第三国际)统管包括各国共产党。这种在统一的意识形态和下级服从上级的组织原则规范下的结构形式,其本质上是排斥各党独立地位的,并体现出各国(各地)共产党都要服从于一个指挥中心的政治特征。由于历史的原因——意识形态的正统性和革命成功的先导性,使得莫斯科一直处于国际共产主义运动的中心地位,而苏联共产党则实际凌驾于共产国际之上。这种领导与被领导的国家关系模式一直延续到后来社会主义阵营的国家关系中。中国在社会主义阵营中政治影响力和威望不断提升,就是对苏联"老大哥"的挑战。

在中苏关系的变化过程中，还存在着因争夺国际共产主义运动领导权而产生的证明其意识形态正统地位的斗争。

这种分歧直接影响到如何建设社会主义，以及如何领导社会主义阵营与资本主义世界斗争的问题。而国际共产主义运动领导权的重要体现是意识形态的正统地位，因为在共产党的理念中，只有高举马克思列宁主义大旗，也即拥有意识形态正统地位的党，才具备领导国际共产主义运动的资格。于是，中苏之间在具体的对内对外政策上的分歧就上升为思想政治路线的斗争。单纯的利益之争可以让步，可以妥协，但领导权之争不在于实力大小、利益多少，而在于思想政治路线的正确与否，因此在原则上是不可调和的。中苏互相指责对方的“共产主义”不纯洁，不正统，这无疑直指对方政权存在的理论基础，一旦一方“认输”，就等于承认自己的执政基础不复存在。这是一个“生死问题”，这是一场不能“妥协”的对抗。所以，中苏同盟走向分裂是历史的必然。

90 分钟的抽丝剥茧，沈志华教授娓娓道来，妙语连珠。主持人幽默地评价这场讲座是我们历史季开讲以来现场掌声与笑声最多的一次。沈志华更加幽默地回应：“这功夫是我在监狱里给犯人讲中国近代史练出来的。”原来，如同跌宕起伏般的历史，沈志华本人的经历也充满了传奇色彩。遭遇过因研究而引发的牢狱之灾，也曾下海做生意，搞文化公司，投入上百万元自费买档案，做研究，开学术会议，最终成为冷战史权威，建立华师大冷战国际研究中心，支撑沈志华的信念只有一条：还原历史真相。

沈志华的执着也引发了听众对档案研究的极大兴趣。有听众问沈志华，在研究时，参考了多少资料？当这些资料会不会出现矛盾？沈志华说，冷战关系当中，档案作为基础性的材料，可以解释很多历史过程。但单纯依靠档案也有问题，有的档案的作者本人就造假。这就是英国史学家卡尔曾经说的，历史学家要谨防上当，掉进档案的陷阱。当历史学家发现了他们渴望已久风尘的档案的时候，心情激动，热血激动地扑向它们，以为那里记录了历史的真实，其实那只是档案作者钩织的一个谎言。档案资料与口述史相互比照，才能一步步还原出历史的真相。

“东方讲坛·文汇讲堂——历史与我们的未来”演讲季第五期

2015年是中国人民抗战胜利暨世界反法西斯战争胜利70周年，“东方讲坛·文汇讲堂——历史与我们的未来”演讲季第五期关注“抗日战争与中华民族的复兴”，6月27日下午，300多位听众冒雨赶来聆听上海师范大学人文与传播学院院长苏智良教授讲史论理说情，重温那段值得我们共同铭记和反思的历史。

抗日战争促进了中华民族精神和凝聚力的空前增强

中国持久抗日影响了反法西斯战争走向

嘉宾主讲

今年时值抗日战争暨世界反法西斯战争胜利70周年，基于部分抗战研究新史料的披露以及国内外学者新的研究进展，我想提出以下几点认识：

■ 第二次世界大战是德、日、意法西斯势力挑起的反人类的侵略战争，其败亡是所有世界反法西斯同盟国及人民合力的结果。中国军民的持久抗战确保了抗日战争的胜利、左右了东方战场的结局并影响了整个反法西斯战争的走向。

■ 保护难民是第二次世界反法西斯战争中的一个重要组成部分，中国于战争期间为大量犹太难民提供了避难场所，而法国人饶家驹在南市建立安全区保护了30万中国百姓，这两个难民救助事例充分彰显了中外人民跨越国界、民族及宗教的联合救助的人道主义精神，有必要将其“打包”申请世界文化遗产。

■ 中国抗战分正面与敌后两个战场，二者相互呼应，成为亚洲大陆打败日本的主战场，任何夸大一方、贬低另一方的观点都不是实事求是的态度。

■ 中国抗战经历了战略退却、战略相持、战略反攻三个阶段，而反攻阶段应是从1944年开始的，着重体现在缅甸和滇西地区的“局部反攻”，几乎全歼了日军，我们应大力宣扬缅北滇西反攻战的重要历史意义，这体现了中国对亚洲解放的突出贡献。

■ 中国抗战的胜利具有重要历史意义，它不仅有力支援了欧洲战场、苏德战场、太平洋战场的作战，确保了世界反法西斯战争的胜利，同时亦促进了中国大国地位的崛起、中华民族的伟大复兴，中国的民族精神和凝聚力空前增强。

以往西方学界关于抗战史的研究多受“欧洲中心观”的左右，过分强调欧美国家在世界反法西斯战争中的主导作用，而忽视中国战场的成绩。近年来，英国牛津大学拉纳·米特教授的《中日战争1937—1945：为生存而战》被西方学界视为中国抗日战争总体研究的突破性成果，其认为二战中中国作为欧美的盟友，发挥了重要作用，但该问题长久以来未得到西方社会和学界的重视。

谁战胜了日本？ 屈原、苏武、蒋干、共工，民间谐音后的力量均有功劳，因此，华佗（华拖），即中国全民族的持久战是根本

1945年8月15日抗战胜利，据说有几个四川人在茶馆里摆“龙门阵”，侃论是谁战争了日本。有人指出是“屈原”，即寓意8月6日、9日美国在广岛、长崎投掷原子弹对日本形成强力威慑；有人则说是“苏武”，指苏联在8月9日对日宣战击败67万关东军，功不可没；第三个则认为是“蒋干”，寓意蒋介石为首的国民政府作出的努力，还有人提出是“共工”，指毛泽东为首的中国共产党领导的敌后战场的作用。

那么有没有更确切的答案呢，我认为是“华佗”，取其谐音即“华拖”。须知，当时中日双方的整体实力日强中弱，中国当时的钢产量、GDP、军火工业甚至只有日本的1/4到1/40。在此情形下中方如想在短期内战胜日本抑或仅仅是延缓日本的进攻都是异常困难的。然而，中国亦有自己的优势，可通过广袤的国土、众多的人口，并采取持久抗战、以空间换时间的策略来拖住日本，直至胜利。如1937年12月毛泽东在接受《大公报》记者陆怡采访时说道：“中国现在路只有一条就是抵抗，打胜也好，打败也好，长期抗战，那就胜利。”1938年11月30日蒋介石在日记中写道：“要让日本在广大的区域驻多数的兵力，使之欲罢不能，进退维谷，方能制敌之死命。”

中国广大军民对抗战胜利贡献了巨大力量。由于抗战期间中国装备落后、后勤保障简陋，中国须付出比别国数倍的努力和伤亡才能对日本形成有力冲击。1944年，中国在西南后方铺建军用机场，曾动用大量民工人工拖拉巨大石碾压平跑道，用血肉之躯铺筑跑道，这也是通往民族解放的道路。为了及时获得来华物资，中国军民还会同美国盟军在滇缅公路贵州延伸段拓宽天险“二十四道拐”，确保了抗战物资源源不断输送到后方。

抗战初期，法国神父饶家驹在上海南市区建立难民保护区，三年佑护了30万难民。 为战时保护难民，向世界贡献了“上海模式”

在世界反法西斯战争的过程中，中国集聚了大量中外难民。在此期间，中国对保护犹太难民、延续文明作出突出贡献，而外侨慈善人士在中国从事的难民保护活动，也同样彰显了其跨越民族和宗教的伟大人道主义精神。

1935年9月，德国纳粹政府颁布反犹法——《纽伦堡法》，其后反犹浪潮遍及全欧。上海几乎成为犹太人唯一一个避难逃生的“诺亚方舟”，1933年至1941年间共有近3万名犹太难民受到上海的庇护。至今，犹太难民曾生活过的“提篮桥历史文化风貌区”仍保存完好，虹口区的上海犹太难民纪念馆处还设有全球唯一一个以拯救为主题的幸存者名单纪念墙——“二十世纪三四十年代逃往上海犹太难民名单墙”，上面刻有13 732位原上海犹太难民的姓名。曾任美国财政部长的沃纳·迈克尔·布鲁门特尔于2015年重访上海时曾回忆，他是1939年来到上海，当时年仅13岁，在上海期间，中国居民与犹太难民始终“以平静的方式和谐相处”，共同应付所有困难。已故以色列前驻联合国大使Y.特科阿于1989年也回忆：“一生中最美好的时光在于青年时代，我在上海度过了青年时代，现在我回来追寻那最美好的时光。”

对于上海犹太难民区的历史，国人尚所周知，然而对于另一处难民保护区——南市难民安全区，却鲜有人知悉。法国神父饶家驹(1878—1946)，在上海生活了27年，学会了上海话，曾在徐汇公学和震旦大学做老师。1937年淞沪会战爆发后，他说服日本和国民政府，设立南市难民区，从11月9日到1940年4月30日，三年间保护了30万中国百姓。难民区南以方浜路为界，东西北三面都以民国路(今人民路)为界，占旧城厢面积约三分之一。难民区分设9个区，各区自选区长自主管理。1940年，法国政府请饶家驹回国救助本国难民，他说一定要重返上海，最后在德国建立难民区时，因劳累而身亡，安葬于柏林。

德国人拉贝曾向饶家驹请教，后建立了“南京安全区国际委员会”，此后汉口、广州乃至法国、德国等地设置安全区都以此为效仿样板，1949年，国际红十字委员会受此启发，63个国家签订了《关于战时保护平民之日内瓦公约》，简称《日内瓦第四公约》，这是战时保护平民规则上“上海模式”对世界的贡献。

上海是二战时难民最多的城市，也是难民救助最出色的城市。上海犹太难民保护区和南市难民区则是上海人民为中外难民提供的“避风港湾”，二者虽主体不同、对象不同，但意义同等重要。为此，有必要将其一起“打包”申请世界文化遗产。这不仅有助于保存历史记忆，同时有利于保护城市文脉、传递上海城市精神。

淞沪会战兵力达百万以上，中方伤亡约18万余人，毙伤日军4万人以上，坚守上海达三个月之久，为政府、文化单位、高校内迁赢得时间

正面战场和敌后战场的地位及评价问题历来是史学界争论的焦点。有人肯定正面战场的作用，有人则强调敌后战场的重要性，我认为正是正面战场与敌后战场两个战场互相呼应，成为亚洲大陆打败日本的主战场，例如国共双方都曾提出持久抗战的策略，都曾在不同区域对日本侵略军造成沉重打击。

1937年“八一三”抗战爆发，这是国民党领导的22次会战中较大规模的一次战役。近来曾有人讨论该次会战值不值得，我认为这是毋庸置疑的。蒋介石在淞沪会战结束后曾坦言：“我们此次为什么要在上海作战呢？就是要打破敌人的战略，使他们不能按照预定计划，(即)集中兵力侵略我们华北。”陈诚也说：“敌如在华北得手，必将利用其快速部队，沿平汉线南犯，直驱武汉；如武汉不守，则中国战场纵断为二，于我大为不利。不如扩大淞沪战事，诱敌至淞沪作战，以达成我二十五年(1936年)所预定之战略。”所以该次会战对整个的全国战局至关重要。

“八一三”抗战共分五个阶段进行，第二个阶段(登陆与反登陆作战)中，陈诚的部队打得非常惨烈，8月27日，罗卓英率部在上海宝山罗店等地与日军展开拉锯战，复失复得，尸积如山，罗店被称为“血肉磨坊”。第二阶段反登陆作战失败后，中方据守大场，未获成功，因此10月27日，第88师524团第1营谢晋元部接到命令进驻闸北四行仓库，掩护大部队撤离。当时为保密起见，该营沿用团的番号对外宣称有800人，实际只有420人，他们利用四行仓库这一坚固堡垒，多次打退敌人进攻，给敌人以重创。11月5日，新增日军在金山卫登陆后，中国军队被迫撤离上海，上海落入敌手。

淞沪会战中日双方投入兵力在百万以上，中国以伤亡约18万余人的巨大代价，毙伤日军4万人以上，坚守上海达三个月之久。与二战初期的法国、苏联相比，法国在开战不到40天即向德国投降，苏联在战争爆发后的前五个月亦失地千里；中国不仅没有投降，反而最大限度地拖住了日本，后期又组织了忻口、淞沪、徐州和武汉四次大会战，予敌以重创；挫败了日军三个月侵占中国的计划；“八一三”抗战还促进了国共第二次合作，为我方政府、工厂、文化单位内迁亦赢得了时间。

平型关大捷是八路军首胜的经典战役，日本军界震动，英、法纷纷发表评论祝贺，也提升了游击战在世界战争理论上的地位

毛泽东于1938年5月发表《论持久战》，从战略上勾勒中国战胜日本法西斯的蓝图和构想，鼓舞了中国人民的士气。其提出的游击战，提升了该作战方式在世界战争理论上的地位，同时亦在中日战场上对日军形成有力冲击。

平型关大捷是八路军115师于1937年9月25日在平型关附近伏击日本军队并取得抗日首胜的经典战役。在该战中，林彪所部对日本板垣第5师团辎重部队和第21旅团一部进行有力攻击，在老爷庙争夺战中，9连150人竟最终只剩10人，此次大捷最终歼敌1 000多人。27日，蒋介石给朱德等发电：“25日一战，歼敌如麻，足证官兵用命，深堪嘉慰。”日本东京广播电台也于25日晚发布这一战况，引起日本军界、政界巨大震动。法国华文报纸《救国时报》、英国《每日先驱报》等则纷纷发表评论祝贺中国抗战的首次大胜利。

正如时任国民党第二战区战地动员委员会主任委员续范亭所指出的：平型关战役的特别意义，“在于打破了‘皇军’不可战胜的神话，提高我们的士气”，坚定了全国人民的抗战信念。同时，八路军通过此役进一步明确了开展“独立自主的山地游击战”的正确战略方针，完善了我党对领导抗日战争的作战指导思想。

现在有些人认为，共产党游而不击，贬低中国共产党和游击战场。这是不符合事实的。我认为共产党在抗战中，坚持了游击战争，支援了正面战场，如在平型关战斗中，其打破了日军企图攻破平型关、打击中国第二战区部队并从右翼配合日军华北主力在平汉路作战的战略企图，同时又阻滞了日军向山西腹地深入的进攻势头，为中国方面部署忻口会战提供了有利时机。在进入相持阶段中，共产党更是摒弃前嫌，妥善处理皖南事变等事件，忍辱负重，维护了抗日民族统一战线，确保了抗战胜利。

1944年，我远征军在缅甸、滇西的局部反攻，在密支那、松山、腾冲战役中大获全胜，不仅收复失地，也协助东南亚国家民族独立

现在有一些日本右翼谬称中国战场没有反攻，因此，其认为日本仅战败于美国而非败于中国，这是严重失实的。众所周知，中国抗战经历了战略退却、战略相持、战略反攻三个阶段，而关于反攻的起点，是从1944年开始的，主要体现在缅甸和滇西地区的局部反攻。1938年，为了抢运中国在国外购买的和国际援助的战略物资，中方曾紧急修建滇缅公路作为对外联系的唯一运输通道。1942年后日本开始觊觎这一地区，企图通过切断该通道，长驱北上拿下西南后方。当年5月4日，日军攻陷龙陵，接着占据怒江西岸松山，但直至1944年我军始终将其阻滞于惠通桥前，使其直捣昆明、重庆的企图破产。

1944年4月，中国远征军开始反攻，首先在缅北地区发起密支那战役，歼敌2 000余人。5月发动松山战役，经过艰苦战斗，于9月7日全歼守军3 000余人。6月至9月，发动腾冲战役，歼敌1 800余人，次年初中国远征军攻克畹町，滇缅、中印公路胜利打通。至此，历时八个多月的滇西反攻战以全胜告捷，总计歼敌 2.1 万余人，并收复了滇西 3 万多平方公里的失地，从而拉开了亚洲战场对日战略反攻的序幕。

现在提到二战，大多数人会想到斯大林格勒保卫战、诺曼底登陆、太平洋海战、东京大轰炸等，我认为，我们还应大力宣传缅北滇西反攻战，这个反攻不仅收复了中国自己的国土，还协助了东南亚国家的民族解放与独立，同时亦是中外联合作战并取得重大胜利的典型战役。

对外，中国战后参与了世界格局的重建，成为五大常任理事国之一，国家地位由边缘走向中心；对内，重塑了民族精神与凝聚力

2015 年 5 月，国家主席习近平在出席俄罗斯纪念卫国战争胜利 70 周年庆典并访问俄罗斯前夕，曾在《俄罗斯报》发表题为《铭记历史，开创未来》的署名文章，高度总结中国抗战胜利的历史意义，指出中国军民不屈不挠、艰苦卓绝的抗日斗争，消灭并牵制了日本侵略者大量兵力，以伤亡 3 500 万人的巨大民族牺牲，最终赢得了抗日战争的伟大胜利，为世界反法西斯战争胜利作出了巨大贡献。这段话指出了中国为抗战付出的巨大牺牲和取得的重要成绩，同时也从另外一个角度表明了该正义战争是中国大国崛起和民族复兴的一个重要转折点。

第一，抗战是中华民族现代文明复兴的关键时期。抗战期间我们奋起反抗，以血肉之躯、钢铁般的意志，第一次在反抗外来侵略的战争中取得如此巨大胜利，延续了中华文明的血脉。为保存中国教育文化的基本力量，当时内迁的诸多高校在教学、科研和人才培养领域取得了丰硕成果，如后来获得诺贝尔奖的李政道、杨振宁即毕业于当时的西南联大，体现了当时抗战教育的较高水准。

第二，中国抗战始于 1931 年，相比英国卷入冲突早了八年，比美国加入同盟国则早了十年，中国的 14 年的抗战在东方战场牵制了 150 万日军，击毙、俘虏日军 50 余万人左右(占二战中日军死亡 212 万人的 20%)，同时使得日本无力与德国配合作战，迟滞了苏德战争和太平洋战争的爆发。在莫斯科战役的关键时刻，德国强烈要求日本夹击苏联，但一大半军队陷在中国战场的日军最后仍不敢轻举妄动，于是苏联从远东征调 20 万精锐增援莫斯科，从而一举扭转了战局。正如美国总统罗斯福在 1942 年 2 月所说的，中国“在十分不利的情况下，对于在装备上占极大优势的敌人进行了差不多 5 年坚决抗击所表现出的顽强，乃是对其他联合国家军队和全体人民的鼓舞”。牛津大学历史学家拉纳·米特更是认为，如中国在 1938 年屈服，那么此后的几十年里，亚洲格局可能完全不同，因此中国抗日战争在整个二战中的地位不容忽视。

第三，中国对二战的巨大贡献，奠定了五大战胜国之一的历史地位，并推动战后国际秩序的重建。太平洋战争爆发后，中日战争与国际反法西斯战争紧密联为一体，中国开始高度关注中国以外的事务，并参与国际新体系的创建，担任重要角色。1942 年 1 月 1 日，美、英、苏、中等 26 个国家在华盛顿签署《联合国家宣言》，世界反法西斯统一战线正式形成。1945 年 4 月到 6 月，中美英苏四国在美国旧金山发起联合国制宪会议。10 月，联合国宪章生效，中国成为常任理事国，中国在国际社会中的地位由边缘走向中心。

第四，抗日战争是中国民族精神和凝聚力的一次重塑。著名平民教育家晏阳初曾总结指出："敌顽强攻进来的巨炮和重弹，轰醒了我们的民族意识，南北数千里燃烧的战线，才激起了我们的全面抗御、同仇敌忾的精神，我们从亡国灭种的危机中，开始觉悟了中国民族的整个性和不可分性。"2014 年 9 月 3 日，习近平主席也巧妙援引 1937 年《大公报》的一篇社评，"今天南北战场上，是争着死，抢着死，因为大家有绝对的信仰，知道牺牲自己，是换取中华民族子子孙孙万代的独立自由，并且确有把握，一定达到"，充分彰显了中国人民高尚的民族精神和高度凝聚力。

总之，在今年纪念抗日战争暨世界反法西斯战争胜利 70 周年之际，我们对于二战的记忆不应随着时间的推移而减弱，必须捍卫正确的二战史观，坚决反对一切歪曲与伪造历史的言论和行为，也要认清绥靖主义的危害。今天的中国公民需要突破狭隘的民族主义，站在人类整体利益的高度，反思历史，展望未来，维护世界和平与发展。

日本否认侵略与政治目的和民族性都有关

历史爱好者柳定毅：东南亚多国都曾受到日本侵略，为何这段历史会被遗忘？日本否认侵略战争，究竟出于政治目的，还是与其民族个性有关？

苏智良：日本作为亚洲的强国，自 20 世纪 90 年代初期泡沫经济破产后，面对中国崛起的强烈对比，心理失衡。如今美国重返亚太，日本心甘情愿充当急先锋压制中国，之所以刻意掩盖战争责任，既出于这样的政治目的，也跟民族性有关。日本文化是依赖外来文明的暧昧文化，总体不够成熟，缺乏担当；二战结束后，日本整个国家机器没有像德国那样被彻底摧毁，安倍首相的外祖父岑信介是二战甲级战犯，居然当上了首相，安倍首相的历史观与其一脉相承，在战争责任问题上就很难坚持正确立场。

东南亚多国在二战前是西方的殖民地，二战后成为独立国家，但并不是日本解放了他们，而是战胜日本后他们才独立的。东南亚有许多二战纪念碑，就是为纪念被日军杀害的国民而设立的。我们今天应该宣传中国为东南亚各国民族解放而付出的努力。

我们应该共同努力，使中华文明得到正确看待

工信部中国信息化推进联盟颜凝：日本自认选择西方文明因而称强，如今日韩也在"去中国化"，而我国国内有人认为现代化等于西方化，这属于思想开放，还是文化自卑？

苏智良：现代化并不是西化，一个民族只有珍爱传统并汲取外来优秀文化才能自立于民族之林。日本是个实用主义、拿来主义的民族，历史上谁强学谁。而随着中国的发展，近几年国内部分人崇拜西方的心态正在改变。我们应该共同努力，正确看待中华文明，并吸收外国文明先进之处。

纵观历史长卷，抗日战争是近代中国崛起的转折点

公务员刘云烨：您在演讲中认为抗日战争是中国崛起的转折点。但我听到另一种声音，近代日本发动的甲午战争与侵华战争都阻碍了中国的现代化进程。您怎么评价这表面上看似矛盾的一对观点？

苏智良：过往种种惨痛经历，无不警示中国人要提防日本第三次打断我们的现代化进程。但是，如果纵观整个中华文明的历史长卷，我们会发现鸦片战争后在列强侵蚀下中国一路滑向深渊，直到抗日战争绝地反弹；因此，尽管我们付出了极大的代价，但回望过去，抗日战争确实是中华民族复兴的重要的起点和转折点。

嘉宾评论

十四年的抗日战争

抗日战争共进行了 14 年。6 年局部抗战，8 年全面抗战。6 年局部抗战，从 1931 年“九一八”事变到 1937 年的卢沟桥事变；到 1945 年的 8 月 15 日日本天皇宣布投降，是 14 年之久的中国抗战。在 6 年的局部抗战，特别是中国共产党领导的东北抗日联军，在东北白山黑水之中，进行英勇斗争，出现了杨靖宇、赵一曼等抗日名将，迟滞和干扰了日军由中国东北进犯苏联的企图，有很感人的故事。如果要把中国抗日战争胜利作为一个转折点，应该把局部的内容加进去，不能仅仅讲 8 年全面抗战。

抗日战争的胜利，不仅是在于中国成为联合国的常任理事国，我们以一个大国的身份出现在世界上，民族精神的发扬和内化更是我们民族复兴最主要的力量。这里强调一下中国共产党是引导全民族抗战走向胜利的旗帜，全面抗战爆发以后，延安共产党为中国人民坚持民主、坚持抗战、坚持进步这方面树立了光辉的样板。1943 年南洋富商陈嘉庚到了重庆以后，看到到处在大吃大喝，就说：“心都凉了，中国没有希望了。”但是到了延安，感受到延安的生机勃勃，延安的党纪严明和上下团结，“一下子感到了中国有希望了”。所以是延安的共产党树立了民族复兴希望的灯塔。（张云）

（资料来源：《文汇报》）

“东方讲坛·文汇讲堂——历史与我们的未来”演讲季第六期

7月19日,“东方讲坛·文汇讲堂——历史与我们的未来”演讲季迎来第六讲。本期讲座特邀了上海社科院研究员、上海历史学会会长熊月之主讲《全球化视野下的百年上海》。300余位听众现场聆听了上海那段不能忘却的历史。

梳理百年历史,指出租界带来了被动的中西交汇现状

四不像城市:近代上海率先结缘全球化

嘉宾主讲

我先从上海在世界反法西斯战争和中国抗日战争当中的地位讲起,展示一下20世纪30年代全球化视野下的上海形象。

抗日战争时的上海有八个独特点。其中之一是孤岛现象,由于“一市三治四界”的结构,产生了万千人隔岸观战,工业畸形繁荣等奇观

对于上海在世界反法西斯战争和中国抗日战争当中的地位,我概括为八个特点:调动、牵制日本的战略据点;全国抗日救亡运动中心;内迁工厂对抗战的重要支援;独一无二的孤岛形象;国际情报网络的神奇连接;世界反法西斯力量的奇妙汇聚;如实报道中国抗战的媒介基地;汉奸丧魂落魄之地。例如,国际红色间谍佐尔格在上海接触尾崎秀实等日本反战人士,进而接触到核心机密——日本人是南下而非西进,因而赢得莫斯科保卫战的胜利。抗日力量在上海成功地暗杀了汪伪的大汉奸傅筱庵,相比,抗日期间,华北、东北等地日伪组织的大头目都很安全。

上述八点,两点最值得强调。一是上海是调动、牵制日本的战略据点,显示了上海城市的国际性和重要性。日本、中国军事统帅部分别利用这一特点,进行淞沪会战。

二是独一无二的孤岛奇观,这是二战中世界上其他城市都不具有的。因为上海有一市三治四界的结构,一市就是一个大上海;三治就是有三个统治机构,即华界、公共租界、法租界;四界,指华界分成南市和闸北,当中隔了两个租界。租界加上越界筑路地区,占上海城市的85%以上,大家熟知的工人三次武装起义、辛亥革命时期的上海起义,都主要发生在华界,与租界没有太大关系。

因而,上海在“孤岛时期”有四个不可思议之处。一,战火受政治地图严格限制,只在华界,不在租界;二,万千民众近距离观战。“苏州河一水之隔,一边炮声震天,一边笙歌达旦。”于是,有了杨惠敏游过苏州河给四行孤军送旗、民众欢呼的动人一幕,有了外国记者在外滩阳台上边喝咖啡、边了解战况的戏剧性场景。近距离观战与远距离听战,对人们爱国热情的刺激很不一样。三,战争双方都接受毗邻区域的中立安排;四,孤岛畸形繁荣,如1937年底公共租界可开工的工厂有400多家,到1938年达到7 000多家,年增10倍以上;1939年新增工厂1 000多家,进出口的商行,1937年213户,到1941年增至613户;孤岛时期,全国80%的轻工业产品仍然是上海提供的;等等。

任何不可思议的现象,都有可思可议的道理。上述不可思议的现象,可以从以下几个方面来解释。

中国租界最初只是租给外国人居住,仍保留主权,但经过华洋混处、中外会防和东南互保后,成了"国中之国"与中西利益交汇区

上海英租界一开始按一亩地一年1 500文的租金,租给外国人居住,其主权、管辖权仍属中国。租界日后变成"国中之国",关键有三步:第一步华洋混处,1853年的小刀会起义以后,上海租界由华洋分处变成华洋混处,有了工部局;第二步中外会防,即太平军攻打上海时,中国人出钱,外国人出人、出枪,组成洋枪队共同抵抗;第三步东南互保,1900年,八国联军侵略中国,中外交战,但以上海为中心,扩展到江浙闽等地,实行"东南互保",与外国达成共识,不与外国交战。东南互保的结果,使得上海作为西方列强在中国利益大本营的形象凸显出来,不仅与北方形成鲜明对比,也成为全球共知。此后,租界快速发展,外侨人口、外国投资,都在1900年以后快速增长。

由于外国人将租界看成自己的家园,遂将西方的物质文明、制度文明、精神文明同步引入,无形中造成了深远持久的示范效应

租界作为"国中之国",有四个突出效应,这是了解近代上海的关键。

一是示范效应。外国人在上海居住,有的长达三五十年,有的一两代人在此,把上海租界看成自己的家园。他们要把上海建设成和西方同步发达的城市,凡是西方有的先进器物,上海马上就会引入。具体可分成三类来讲,物质文明、制度文明与精神文明。

物质文明,西方人有电灯,上海马上有电灯;西方有电话,上海马上有电话;西方有自来水,上海马上有自来水;等等。制度文明,西方人在此保持原有的生活习惯,例如市政管理——道路有多宽、下水道怎么建设、垃圾怎么处理等,均按本国制度来做;还包括教育制度、作息制度、选举制度等。精神文明,西方自由、民主、平等、法治等,都对上海人有影响。

从文化传播角度看,示范与灌输很不相同,灌输中往往带有居高临下的成分,接受者会有反感与抵触,但示范效应并没有强制成分。中国人从相互比较中学到了许多东西。比如,看到西方人饮用自来水,而我们饮用河水、井水,卫生程度不一样,得知好处后自然而然就会向他学习;看到租界市政管理比较有效以后,也会将其制度照搬过来。示范效应产生的影响比较深远、持久。

二是缝隙效应。租界与租界之间的制度不一样,租界与华界之间的制度也相异,因此就有人会利用这种差异。晚清著名的反清政治案件"苏报案"就是一例。1903年,章太炎发表《革命军》序言和《驳康有为论革命书》摘要,轰动全国。章太炎住在租界,此前他的同事吴稚晖等人被租界巡捕传讯过6次,但每次都只问及是否杀人放火、私藏军火、拐卖儿童,因为在租界的法律里,这三样均违法,而批评政府是被允许的民主权利。吴稚晖等人被传讯后，太平无事。所以章太炎觉得来抓也无所谓。但是清政府这次是勾结了租界工部局，是真抓。章太炎后来被判三年，不算严厉，邹容判两年，这也是因为租界的缘故，如果在中国的其他地方，不用审判就被杀掉了。

民国时期，一批前清遗老如郑孝胥、陈三立、沈增植等住在租界，留长辫，继续用清朝纪年，每周相聚读经忆旧，安全无事。

中国共产党人也注意利用租界的缝隙。中共一大会址（在今黄浦区）、二大会址（在今静安区）、四大会址（在今虹口区），都属于租界边缘或租界与租界、租界与华交叉处，或越界筑路地区，为管理薄弱地带。

毛泽东的儿子毛岸英，在杨开慧被军阀杀害后，地下党将他送到上海安全地度过了五六年，后来经香港转移到巴黎送至苏联，也是利用了上海社会管理的缝隙。

洋泾浜英语、八仙桥现象的出现也是由于社会管理存在缝隙与死角而产生。

另外还有两个效应，孤岛效应和集散效应。

上海是最大的“全国城”，85%是移民。由于与各地利益相联，就有五四运动经过上海“六三”运动走向高潮之例，排外更无从说起

上述四个效应，产生了非常复杂结果。首先，上海全国化程度很高，上海是最大的“全国城”，是名副其实的全国化上海。上海人来自全国各地，江苏、浙江，在20世纪40年代时都超过了百万；广东、安徽、山东，10万以上；湖北、福建、河南、江西、湖南，1万至3万。

由于人口来自全国各地，上海的会馆、同乡会组织，少的时候有56个，多则250多个，这是今人很难想象的。这些同乡组织帮助移民介绍工作、排解纠纷，联络乡谊，与移出地保持多方面联系。这种组织，居民认可，中国政府认可，租界当局也认可。荣家企业管理层大多为无锡人，先施公司、永安公司、大新公司、新新公司，都是广东香山人开的，其管理层都是广东人；虞恰卿做生意，很大部分与宁波有关；张謇的生意则与南通有关。每个地方的人都和家乡联络。我们讲上海人非常爱国，为什么爱国？因为爱自己的家乡。为什么爱乡？因为家乡的利益和他密不可分。

大家都知道五四运动是北京的学生发起，如果光靠学生是起不了大作用，因为北京没有很多工商业，不会形成市民运动。上海“六三”运动起来后，在沪山东人响应最积极，时任上海军政长官卢永祥就是山东籍，他利用自己的人脉、地缘关系，动用了发电报的特权，发出罢免三个卖国贼章宗祥、曹汝霖、陆宗舆的电报，引起全世界关注，遂将五四爱国运动推向高潮。

谈到全国化程度，要纠正所谓“上海人排外”的成见。上海人一直有双重认同。在家里说家乡话、烧家乡菜；到外面去，就说是上海人。为什么？上海代表当时最好的工业水准、便捷信息，因此到外地做生意，就说我是上海人。但是在上海，他就说我是绍兴人、扬州人。上海发生好事时，“我们上海人光荣”，反之，“跟我没关系”。移民胸怀最宽大，双重认同对上海人影响很大。比如，中共一大代表毛泽东是湖南人，王尽美山东人。而上海的两个代表，李达和李汉俊，一个是湖南人、一个是湖北人，在沪时间都不超过3年，这就是上海移民城市非常典型的特点。

由于全球化程度很高，上海被称为“袖珍地球村”，外侨最多有15万人，58个国籍，因此也各管其民，九个各异的管理体系

上海是全球化程度很高的城市，被称为“袖珍地球村”，各国人都有，在近代全世界城市中也属罕见。上海外国人最多时，按国籍算有58个；上海外侨最多时是15万多人。管理机构也很特别，各管其民，外侨在上海犯法，由各国领事馆审理，通常有28个领事馆。

上海还有侨民自己组成的万国商团，业余时进行训练，有事时起来“保卫”租界。商团最多时有1 500多人。租界内20多个国家均有各自的商团，也有一支中华队。外国人在上海也有双重身份，一是本国人，二是上海的外国人。

上海法租界用“安南”巡捕较多，公共租界用印度巡捕，大多是锡克人。因为长相易辨，也因为锡克人比较忠诚，不会太多地违法。与此相类似，公共租界用山东人做巡捕的比例很高。在英国人看来，山东人与锡克人差不多，人长得高大、比较忠厚老实，后来他们也善待山东巡捕，有的将其带回英国。

上海呈现相当多元的格局，可细分为9个系统。比如说行政系统的语言，中国法官判案用中文，法租界用法文，公共租界用英文。司法系统也很不一样，最值得介绍的是领事公堂，它是一个行政法庭，以工部局为被告对象。你对市政府办的事情不满意，可以到领事公堂告它。从1882年到1941年，共审理过55起案件。其中，23起是工部局败诉，10起是工部局胜诉，被驳回有10起。这说明，民告官的结果，官输的比例最高。其他治安系统、交通、能源、教育、卫生、货币、宗教系统等，也非常多元，电车轨道宽度不一样，电源有110伏和120伏，等等。

因此，上海成为一个比较奇特的地方。比较安全、比较洋化、比较自由、财富集聚、人才荟萃、发展机遇良多、对穷人救济幅度也大。

由于共处，华界和租界之间就有邻里关系，有冲突也有合作，如同抵抗太平军、清理洋泾浜，接待美国总统、庆贺开埠50年……

讲到上海的一市三治，我们一定会想到租界与华人的关系。这里提到邻里之间，是指租界与租界之间，也指租界与华界之间，他们的关系有冲突也有合作。在强调阶级斗争、强调民族主义的时候，冲突和斗争多。如小车工人事件、大闹会审公堂事件、外滩公园禁止华人入内事件，还有五卅运动等。

但我们以全球化的眼光看待上海，一定要看到他们除了冲突以外，还有很多合作。除了开头讲的中外“会防”联合抵抗太平军，东南互保，还有很多方面。比如说共同清理洋泾浜的界河，共同抗击台风，防治传染病，禁止鸦片等。

1909年，在上海汇中饭店(今和平饭店南楼)召开了世界禁毒大会，中国官员出席，美国等也派人出席；1879年，租界邀请了美国卸任总统格兰特来沪，上海道台也要宴请他，在城隍庙请他吃了37道中国菜，还为他定制了8人抬的大轿子。可以看出，尽管上海有三家主人，但就像邻居和亲戚一样，有事大家会商量着办。

最典型的，是1893年上海开埠50年大庆，上海万人空巷，盛况空前。中国商人，尤其是广东商人、宁波商人，在上海开埠后受惠最多。但是他们又不能让人看到自己的喜悦。恰巧1893年11月17日这天，也是慈禧太后59岁生日，于是华商就想出一个很巧妙的主意，牌子一面写着“通商大庆”，一面写着“万寿无疆”。中国人看到的是“万寿无疆”，外国人看到的是“通商大庆”。此事一方面看到了商人的智慧，另一方面也表达了他们对通商带来利益的愉悦心情。这与日本人庆祝横滨开港的情况差不多。

在上海，全球与本土的互动一直没有中断，有形的有国际风云的直接影响，如苏伊士运河开通、“排华法案”，无形的有引进人才、技术

在上海这块土地上，全球化和本土的互动一直没有中断过。有形的一面，体现在国际上的风云变幻对上海都有影响。比如说苏伊士运河1869年开通后，来上海不必绕过好望角，航程大大缩小，上海的外商马上倍增；美国1905年通过“排华法案”以后，上海当年就爆发了抵制美货运动；第一次世界大战后，因为德国战败，德国侨民就在上海受到排斥；等等。

无形的一面，在全球化过程当中，中国也通过上海主动引进外国的技术，比如江南制造局、轮船招商局、机器织布局都设在上海，因为在上海引进外资、引进外国的人才、技术都比较方便。

当然也有很特别的影响，比如在上海产生了很多的混血儿。在晚清，混血儿就有专门的学校，到民国时万国商会里有专门的混血儿队，他们地位比外国人低，比中国人高。

近代人常常说上海是“四不像”城市，不中不西、亦中亦西，是个“怪物”。放大来看，上海租界就是一个中西文化非婚生的混血儿，不是一个通过法律程序正式结婚的儿子。所谓的“四不像”，所谓的“混血儿”，都有各自视角。今天从全球化维度来看，上海就是在特殊状态下率先结缘全球化的一个城市。世界上任何地方都没有，这对中国到底是何意义，还有待更深入研究。

公共租界在公共卫生管理上留下经验可鉴

历史学博士生邱志仁：您对公共租界中公共卫生的现代性有何看法？

熊月之：我觉得，当年公共租界在公共卫生的管理上有很多值得后人重视之处。公共租界把以人为中心的卫生环境建设提到很高的位置。譬如说租界在一开埠就规定道路该怎样规划，何地可办工厂，何地不能发出高声，不同的建筑材料该用在何地。上海长时间有老鼠，易发水灾，当时就规定建房要有高度，要有石头，以防老鼠钻入房间，也防水漫进。可贵的是管理非常严格，几乎有法必依。上海人当时对巡捕很仇恨，很大原因是巡捕常和当时上海人的不卫生习惯产生冲突。

租界形成是当时各种力量相互作用所成

上海形势政治教育研究会殷勤燮：从全球化视野看上海，百年上海历史除了积极面，还有消极面吗？

熊月之：讲全球化对上海影响时，会多讲积极面，消极面从来没有少讲。研究近代史、上海史常常会想到，租界为何会变成国中之国？清政府、上海官员为何不管国家的主权，任外国人为非作歹？但做历史的人往往要从历史细节去进入。当时，清政府在忙着镇压打下南京的太平军，上海道台在忙着对付小刀会，而华洋混处的租界已经云集了那么多难民。所以回到历史场景，就会看到历史的发生都不以某人的主观意识来决定走向，它是多种力量相互作用、相互影响所形成。

1949 年后的上海成绩和之前历史无法割断

华东师大研究生陈云樵:您在新修的《上海通史》中,对上海当代史会有哪些突破?

熊月之:上海历史的亮丽在两端。一端是 20 世纪二三十年代,由于多种因素的共同作用,上海成为远东最大的城市,成为中国的现代中心;另一端就是改革开放后。1999 年出版《上海通史》,由于档案披露不够多,不少历史事件没经过时间沉淀,很难成为确定的研究对象。这一次新修上海史就把后面的亮点写透,时间上到 2010 年上海举办世博会。

我认为 1949 年以后,上海精气神是直接受传于 1949 年之前。作为共和国的"长子",解放初上海承担全国六分之一的财税,在工业、科技贡献不凡,如果没有以前那些人和打下的底子,是无法实现的。所以,1949 年后的历史和以前的历史无法割断和划开。

嘉宾点评

在历史时空里看租界

百年上海绕不开租界问题,这必然涉及对租界的看法。租界在上海的设立,肯定对中国主权有伤害,但对任何历史问题的认识,都应该放到一定的历史时空里才能看得比较全面和深刻。

中国在当时,整体落后于世界发展潮流,租界在上海的设立是在落后的中国开了一扇窗户。它让缺乏知晓途径的中国人了解世界相对先进的制度和文明。很多先进中国人,都是通过租界受到了直接触动、警醒,并且为之发愤图强。

近代中国有两大主题,改革和革命。前者的旗手康有为进京赶考曾途经上海,"公车上书"失败后,又在上海逗留。上海江南制造局的译书局,翻译了很多包含法律和政治的西方各类书籍。受此启发,康有为在广东办"万木草堂",培养了梁启超等一批青年才俊,也部分促成了 1898 年推行戊戌变法。

中国民主革命先行者孙中山,1894 年曾尝试劝说李鸿章改革,他先到上海,然后到天津求见李鸿章。当然他吃了闭门羹。孙中山在以后的自述中非常清楚地讲道,他经过鸦片战争后的香港,又比较了上海华界、租界两者的差异,深受触动。所以被李鸿章拒见后,促使他毅然决然从改良走向了革命。

纵然如此,有租界历史的上海是当时中国城市的另类,不具普遍性。在一定程度上,是以中国内地的经济发展滞后为代价的。列强在中国的经济布局,对上海的重视和在上海的经营,说到底都是围绕其在华利益展开的。鸦片战争败北后,清政府代表非常担心列强会提出开放苏州,因为在中国官员知识结构中,苏州远比上海重要,但谈判桌上外国人提出了上海,列强是乘海而来的,以海洋时代的角度来看,上海的地位远比苏州重要。《马关条约》规定苏州、杭州可以通商,事实上两地只有过日租界。英美国家认为有上海就够了。(戴鞍钢)

(资料来源:《文汇报》)

“东方讲坛·文汇讲堂——历史与我们的未来”演讲季第七期

7月25日，由上海市社联与文汇报社主办、上海东方青年学社协办的“东方讲坛·文汇讲堂——历史与我们的未来”演讲季第七讲在威海路文新报业大厦举行。本场特邀华东师范大学历史系终身教授、博士生导师王家范主讲“从知县形象看明清基层政治生态”。这也是历史演讲季收官之作，300余位听众赶到现场聆听了演讲。

用史料还原明清历史情境中的基层行政官员

七品知县如何成为被称道的“亲民之官”

嘉宾主讲

知县的形象常常出现在小说戏剧与口耳相传中。它们像漫画，抓着某些特征任性地夸张，不能说毫无根据，但决不等同于历史真实。与此相反，学术界对此鲜有研究。因为知县的史料在“二十四史”里严重短缺，若非升迁为中央高官，按资格轮不到立传，相关事迹多被湮没。新式通史和断代史会注意讨论中央与地方的关系，也因材料短缺，对于地方官都只是宏观远距离观察，很少注意到知县个人具体处境。所幸近几十年，陆续有了官箴书、司法档案、民间文书等史料的发现和出版，加上各类地方志，研究情况比过去大有改善，今天我也才有可能胆敢拿起“知县形象”这个题目，做一次演讲尝试。

知县的身份与价值

知县的“通行证”是会试及第加翰林院培训合格，这决定了科举时代知县的文化修养、知识眼界和艺术资质都高于常人。

明清的地方行政系统实行“省—府—县”三级制，正式的官僚行政机构最后只设到县一级，县衙门可以说是王朝的基层单元。全国官员分九品十八级，知县正七品也接近底部(京县可授六品)，在小说戏剧里时常被揶揄称作“七品芝麻官”。

实际上，那时能够当上个知县，决非容易。明清时代，有进士资格的才能做知县。十年寒窗，能金榜题名的是凤毛麟角。进士虽然已经“扩招”，三年一度的三甲发榜，总计也只在二三百人左右。第一甲三人是可以直接被皇帝点进翰林院的，以后也会比较快地进入中央一级领导机构。其他的都必须经再考，获得翰林院“庶吉士”的资格，才算进入官僚“预备队”。庶吉士三年后，经考试合格者，一拨人授予翰林院编修(正七品)、检讨(从七品)等职，留馆待用(相当于进入研究室，仕途比一般人宽)，一拨人分至部院任六科给事中、御史、主事一类中层官员(相当于进中央部委机关)，第三拨就是被选拔为知府、知县。

这样的出身，决定了科举时代的知县，在文化修养、政治眼界和艺术资质等方面都比一般人要高。那时读书只有做官一途能光宗耀祖，出人头地，这是一种动力。还有另一层动力，儒学一直在教育读书人要抱负“修身齐家治国平天下”的大志。做不了官，空有“治国平天下”的愿望，会产生严重的失落感。所以，我们对当时人热衷科举，不能拿世界变得多元的新眼光去责备他们，无厘头地批判“读书做官论”。

知县的“教科书”是“官箴书”。雍正责成大臣编撰《州县事宜》，要求晨夕诵读；政界也多数认为该职位有其重要性

《四库全书总目》的“职官类”下，有个“官箴之属”的子类。官箴书，主要是讲各级官员必须知道的制度细则和行为规范，有少数属于官方颁布的，大多为老官僚从政的经验之谈，极像是一种为官之道的入门教辅书。其中有相当一部分书专针对地方官(府县级)，称“牧令书”。黄山书社曾精选汇辑了一套《官箴书集成》，选本较优。通读这套丛书，就知道从某些皇帝到富有政治头脑的官员，都不那么轻看知县这类地方官的价值，强调他们职能的重要，称他们为“亲民之官”“父母官”；他们的好与坏，善与恶，对国家的长治久安干系非同小可。

皇帝中间重视知县问题的，要数朱元璋和雍正。雍正是中国历代皇帝中的勤政模范。他曾责成大臣编写《州县事宜》，印制后，敕令颁赐给全国州县官人手一册，置于案几，要求朝夕诵读，反复对照，治效不好的，反思为什么，治政有弊端，反思为什么，务必“本之以实心，行之以实力，毋始勤而终怠，毋静言而庸违”。

雍正在圣谕中，简洁地说明了知县一职的重要性以及编写手册的用意。他强调知县为“亲民之官”，“一人之贤否，关系万姓之休戚”，故要多方寻找优秀的人来担任。又指出知县一职，决不是一个容易的担当，“地方事务皆发端于州县，头绪纷繁，情伪百出，而膺斯任者，类皆初登仕籍之人，未练习于平时，而欲措施于一旦，无怪乎彷徨瞻顾，心志茫然”，所以必须给他们提供一本高质量的“指导书”，自言“朕用心良苦矣”。

山东知县黄六鸿留下《福惠全书》，宣传做官如何造福于民，强调一“县”如一“国”，康熙年间的对联也强调“地方全靠一官”

如果说皇帝的“最高指示”高端闳阔，感觉大而泛，那么当过山东两个县知县的黄六鸿说得就比较贴切。黄六鸿，正史无传(有二本县志载其传略)，因为史景迁的一本畅销书《王氏之死》，大名却远扬到海外。他在康熙32年退休归里后编写了一本书，取名《福惠全书》，主题是宣传只有造福于地方、让百姓得到实惠，才算是真正称职的知县官。在我读的一百余本官箴书中，这是既讲究程序操作性，又有实在的政治追求的一本。

黄六鸿在书序里，一开头就批评有些人，以为“蕞尔小土”“七品微员”，就鄙视知县的地位和作用，这是识见鄙陋的一种表现。一“县”如一“国”，麻雀虽小，五脏俱全，头绪繁多，工作量大，很艰辛。难得他有大眼光，说看似烹州县小鲜，却与治大国无异；一个地方的知县做得好，每一个地方都做得那样好，这不就是国治、天下平的盛世了么?!

据说原来河南内乡县衙三堂前厅有一副对联，为康熙十九年内乡知县高以永所撰写，现在普遍为各地县衙遗址(博物馆)克隆复制，流行甚广。写的是：“穿百姓之衣，吃百姓之饭，莫道百姓可欺，自己也是百姓；得一官不荣，失一官不辱，勿说一官无用，地方全靠一官。”这与黄六鸿的观念颇为相通。

在中央和地方都曾任官的吕坤留下了著名的官箴书《新吾吕先生实政录》，保留很多的职务规则，他强调“知县造福易，作孽亦易”。

吕坤，明万历年间的著名理学家、政治家。他由进士出身外任过两期知县，后升迁到中央，在户部任郎中（司局级），觉得“吾人济时行道必先亲民，遂力求外补，一意安民之政”，得外调山东、山西、陕西，担任省级领导多年，最后又回到中央担任都察院和刑部副部级职务，是个能上能下的行政干材，身后被朝廷封赠为刑部尚书。他留下了一部著名的官箴书，叫做《新吾吕先生实政录》，保存了大量他在地方治政期间亲自起草的各类文告与职务规则，甚至有给乡下百姓做的白话文演讲稿。

经历多，见识就广，境界自然高出一格。吕坤在对府县官的多篇演讲文告里，公开批评有一班读书人，没有“济人利物、悲民救世之心”，终日“希清华，慕通显”，好高骛远。他认为这些人满足于清闲华丽的生活，以通达官路、身份显贵自荣自夸，整天围着“富贵”两字转，“总是无益于苍生”。

吕坤对知县们语重心长地说：“世俗谈荣贵，无不艳羡科甲中人；而科甲中人亦以此自艳羡，余亦未尝不于此沾沾（自喜）焉。”确实，惟科甲中人有机会建功立业，高则居庙堂之上，小则为府县之主，但反躬自问过没有：我们在沾沾自喜之余，认真想过怎样来“造福于万民”？在他看来，要说知县有什么妙处是中央部官不能比的，就是身为一县之主，小环境内，自己可以作得了主，“朝兴一利，朝即泽被闾阎；夕除一害，夕即仁流市井”，多少还能立竿见影。但也不忘提醒这些人：“知县造福易，作孽亦易”。

知县形象的分类谱系

曾有人知道了我这次演讲题目后提出了一个刁钻促狭的问题：明清知县，好官多，还是坏官多？我还是希望回到具体的历史环境里，做实际的考察。评价总不免带有主观性，不同的地位与处境，在认知上有时相差甚远。我将试着从官方考核、精英舆论以及平民口碑三种角度，来说说明清知县形象的多种判别。

洪武留下三年一考的“朝觐”制度，分“四格”“六法”。对不称职者分出八种类型，给予依法治罪、革职、降级、劝退等处罚

官方考核标准，是观察朝廷眼中知县形象好坏定性的一个极合适的窗口。这里以朱元璋为例。他是贫农出身，又云游四方，对百姓的种种疾苦了然指掌，对贪官原来就非常痛恨。他亲自撰写的文告里说：“朕尝见州县官多不恤民，往往贪财好色，饮酒废事，凡民疾苦视之漠然，心实怒之。”似乎对基层官员很不信任。但治理这么大的国家，不用这些人又不行，怎么办？惟有建立起法治的威权，以律治官，严惩不贷。他重点抓考核程序和考核内容，为此确立了三年一考的“朝觐”考核制度，并先后颁布《授职到任须知》与《责任条例》，作为考核知县是否完成职务要求的纲目。知县三年任期满，必须详细据此填写《功过文册》（自我评定，有多种格式），进京交代，接受考核。

明初建立起来的考核制度，直至明亡，作为“祖制”，基本原则不得擅改，后又被清朝继承。以经过完善的清制为例，考评的方法称“四格”“六法”。所谓四格，是才（长、平、短）、守（廉、平、贪）、政（勤、平、怠）、年（青、中、老）四者综合权衡，据此定出称职、勤职和供职三个等级，予以通过。所谓六法，是对不称职的，再细分为贪、酷、不谨、罢软无为、浮躁、才力不足、年老、有疾八种类型。除贪、酷依法治罪外，余者或革职，或平调，或降级(一至三级)，或劝退。称职者中间又挑出一部分评为卓异(优秀)，是要升迁重用的。另外，对不能完成财政指标、有事故过失的知县，平时还有罚俸、停俸、赔垫等类处分，由上级部门随时处置，报中央备案。

大多有过从政经历的精英，对吏治要求偏严，怎样是称职的和如何做到称职是他们谏言核心，其中完成“催科抚自”最难

细看朝廷的考核内容，三十一项，具体而周到，好似全面公正，但到了精英舆论那边，就会发现他们感受到的是，执行不如人意，异化变质或者走过场的情况不少，越到王朝末世，越发难以收拾。精英的舆论，因为来自于地方，绝大多数有过亲身从政经历，地方吏治的好坏直接关系到他们及其家族亲邻的利害，所以对吏治要求偏严，多有牢骚和不满发表。这就是史料学上常说的“语境”。

《四库全书提要》作者叶春及说得比较实在。他认为“古之不能无凶人，犹今之不能无贤人”，官员中从来都是中材之人、可上可下者居多。他在给皇帝上疏里详尽地诉说层层叠叠、反反复复考核造成的烦恼和负面效应。他建议与其平均使力，劳民伤财，不如把考察的重点放在抓“贤能超异者”与“贪暴尤甚者”两头。更关键的在于检察、组织系统首先必须操守品行好，不卖人情，举措端直，在“进贤能、退不肖”方面端出实绩，具有公信力和威慑力。如此，便能收到“公道昭明，谁不怀畏”的效果，“朝无旷官，官无废事”也就不难做到。

不满只是拿来说事的话头，精英的目光还是聚焦在两个有建设性的议论点上：怎样的知县算得上是称职乃至优秀的？怎样才能成为称职乃至优秀的知县？

至于如何成为合格甚至优秀的知县，精英都强调关键在于官员平日修养的自省自律，“天下之人无过善、不善之两途，而人之慕乎善而远不善也”。这类言论在《官箴书》中占了篇幅的绝大部分。细说，无非就是儒学“正诚格致、修齐治平”稍加权变，运用于官职，子目有清勤守职、洁己平心、节用养廉、勿求虚誉、同僚贵和、严内外之禁、戒亲戚贩鬻、燕会宜简、事无积滞、怒不可迁、盛怒必忍、疑事贵思等等，不少是经由亲历而体味得来的为官智慧。

凡是有过知县亲身经历的，普遍透露，在知县的三十多项难易不等的职能中，“催科、抚字在今日为尤难”。所谓“催科抚字”，又称“钱谷刑名”，一要保证财政指标完成(经济)，二要保证社会稳定(政治)。相比之下，其他都是软任务。而这个只讲数量考核的硬任务，关系考评几有“生死攸关”之叹。江南为全国财赋最重之乡，拖欠情况也最为严重，实际上能完成七八成即算是好的了，所以知县赔垫、罚薪、停薪的处分时常落到头上；如若连年积欠，情况无有明显改善的，就得降级调离直到革职为民。那年代当知县也有很多难处。

以百姓口碑作为民间评价能找到的资料很少，上海县人姚廷遴的七十年日记《历年记》，记录了 39 名知县，仅一人获好评

说到百姓口碑中的知县形象，史料少而又少。我见到的上海县人姚廷遴的七十年日记《历年记》，属于非常难得的史料。他因为曾经在衙门当过差，粗通文理，才有文字留下。

查同治《上海县志》,从姚氏崇祯元年出生,到康熙朝结束,上海知县共计有 39 人。姚老头相比起精英们,评价不知要刻薄严苛多少倍,这也是由他的特殊地位和处境决定的。姚氏对巡抚于成龙、汤斌的印象极好,因为他们廉洁勤政,查处下面官员的贪酷毫不留情。对于顶头上司的知县,被姚氏认可的好官只有一位史彩。他用笔墨详尽描绘了他所遇到的贪官,言词辛辣。

读到这类记载,每每想起乡贤顾炎武的感慨。他认为,"名之为累,一至于斯,可以废然返矣"。他说古书上讲,"君子疾没世而名不称",君子所求者,没世之名;今人所求者,当世之名。我们应该求的是没世之名。不少人似乎都不愿意认真地去想,拼命的求名求利,却"总无益于苍生",人家将来会怎么看你?若做尽坏事,身后背负臭名恶声,甚至被写进历史书里,上有辱于祖宗八代,下对不起子孙百世,这是何等的悲哀啊!

在另一部江南著名方志天启《海盐县图经》中,主编胡震亨有一段精辟议论:"法之弊,遂相为救,而渐调于平者,率渐觭于重。数十年来有一厘改,定有一增派,征敛之日繁,亦时势所必趋也。"所以知县若想减轻一点百姓的负担,非常之难,往往上则遇到官僚守成者的反感猜忌,下则受豪绅胥吏集团利益抗阻,很难卓有成效,有时连自己的官位也得搭上。此话讲得颇辛酸。他认为,改革的环境既然如此艰难,这个时候改革者必须有"无子绝后,何惧于邑豪;扰我命令者,即以老命搏之"的勇气与魄力。

当今考核制度应考虑如何与民意高度吻合

退休干部丁耀德:明清县官考核有无考核领导小组、委员会,还是皇帝直接负责?今天怎样解决考核难的问题?

王家范:全国通常有 2 000—4 000 个县,如此庞大的县级系统,即便勤政之极的洪武皇帝经常接见基层官员,但其子孙皇帝也难以做到一一考察。我查阅文献发现,一般知县任期结束后要写一份非常详细的报告,包括做过何事,哪件没做好,哪件由其处理等。此外,还要列出哪些官员称职应升迁;哪些官员不称职应罢免,逐级上报。至于你说的委员会、领导小组在明清时期归吏部管,类似今天的组织部。

今天的考核制度,在我看来,首先要考虑如何体现民意和如何让群众参与监督,未必只有投票一种实际效果不稳定的措施,这非常值得研究。

明清县官首难:处理与当地乡绅关系

企业管理者王道强:您能否总结明清时期政治生态中的挑战是什么?

王家范:第一,要处理好与当地乡绅的关系。乡绅就是当地名流,一般在外为官或中进士者回乡后成为当地的经济大户,赋税收入的好坏与他们是否配合密切相关。处理与这些人的关系是一门艺术,县官既要和他们搞好关系,也要保持清醒的头脑,清官的清,并非清廉,而是头脑清晰,对他们提出的每一个建议有非常清楚的认识,思考其身份及其利益的错综复杂。第二,县与国情况有很大不同,治理一个县和治理一个国家相比差远了,我不赞成"治大国若烹小鲜"这种说法。

反贪有效未必是手段严厉更在制度治理

中学历史教师朱似梅:朱元璋对贪官惩罚手段堪称残忍,却越反越贪。您能对当前县官的考核提出建议吗?

王家范:洪武皇帝的手段并没有实现他的反贪愿望。他把贪官剥皮,悬挂在衙门外,以此警告贪官者。史书多有记载,我略有怀疑其真实性。再比如凡他批文中注明某官员贪污,处罚就是凌迟,非常残酷。

但贪污问题并没有得到有效解决,所以光治人是不够的,还要注重治理环境。如当前中央所倡导,不能贪,比不敢贪更重要,要摧毁产生贪污的土壤。明朝设层层关卡防止作弊,每多一个环节,就多一种贪污的机会。吕思勉在其通史中曾指出历代王朝的一种制度现象,“管官的官”越来越多,“管民的官”越来越少。今天要警惕这种现象,需要从国家的整体建构考虑问题。

县官收入:年薪 45 两银,养廉金 200 两银

历史爱好者柳定毅:对知县的考核,自我、朝廷、民意,三者占的比例是多少?俸禄达到什么标准才能保持自身的廉洁?

王家范:知县的评价由上级机关单项决定,百姓评价只是舆论力量。

明朝官员年薪大概只有 45 两,低得可怜,当时一袋米就要一两银子。冯友兰全集第一册有篇序,详细说他 14 岁时跟随父亲前往重阳做县令的经历。对父亲从接到任命,雇船,买家伙,上船,上鞭炮,到进县衙门均有细致的描绘。县官离任后,家具全部搬走,新县官来,要重新置办,如此往复,开销都是自己支出。

一个县不过五六人属于国家公职,其他都是编外人员。开销哪里来——对各种各样违规的罚款,这如同现在的潜规则。良心好的县官,不会征收太多;没良心的县官就很难说了。所以雍正当政后,规定凡额外征收的都要上交,再一律由政府统一发布作为补贴,称“养廉金”,类似今天的岗位津贴,以此杜绝各级的小金库,大约 200—300 两,但正式工资还是 45 两。

总体来说,老实的县官单凭工资,生活很清苦。但县官很多都是地主出生,不必为生活发愁。比如,前几年调研发现,在我生活的昆山小镇上的地主人家,每家都有几千亩良地。

嘉宾点评

明清知县背后的制度之殇

历代地方官员的研究是学界的研究热点,但多数从制度入手,家范老师通过官箴书、日记、地方志等来还原明清知县的形象,探究他们的心态,和当时的各类评价,给大家提供了生动鲜活的历史认知。

研究历史,是为了鉴往知来。明清知县的政治生态反映了地方治理的一些根本问题。我们知道,从隋朝开始地方官任职必须回避本籍。因此明清州县官对任职地的风俗民情都很陌生,甚至无法听懂当地的方言;而他们的任期只有三年或更短,常常还未熟悉当地情况就调任了。如此情况下这个官怎能当得好?虽然皇帝的诏谕,各级官员与思想精英的言论,对州县官的重要性都讲得头头是道,但实际的制度安排却为州县官的有效履职设置了根本障碍。为何明清时期关于州县官的政治文化表达和制度运作实践之间存在如此奇特的背离?这一点值得深长思之。

现在帝制早已崩溃,但今天每个地方县市的第一、二把手等主要领导还是要回避本籍。为什么？一般都认为是反腐的需要。几年前我曾就这个问题求教过一些地方官员，他们说任用本地官员可能更有利于反腐。原因：一是作为本地人，本人及家属平时的吃穿用度大家都知道，如有贪污，很容易被察觉；二是本地为官不得不考虑本人及家族在地方的名誉口碑，不会只为了追求政绩而做“短平快”的面子工程，因为这样不仅本人会在当地留下骂名，家人亲属及子孙后代都会被当地人长久地指责诟病。另外，因为熟悉本地情况，本地人当领导更清楚知道如何兴利除弊，所以会更有利于本地的发展。（刘昶）

（资料来源：《文汇报》）

望道讲读会

北京大学教授阎步克做客“望道讲读会”2015 学术系列讲座首讲

5 月 9 日下午，由上海市社联与市新闻出版局、中共黄浦区委宣传部联合主办，东方青年学社、《社会科学报》、上海人民出版社、上师大光启国际学者中心共同承办的“望道讲读会”2015 学术系列讲座第一讲在市社联群言厅举行。本次讲座特邀了北京大学历史系教授、教育部长江学者特聘教授阎步克作题为“中国古代的行政等级、官僚品位与治理文化”的演讲。上师大谢晋艺术学院播音主持专业教师姜杉担任主持人，活动伊始，市社联党组成员、专职副主席刘世军向阎步克先生颁发了“望道讲读会”特聘讲席教授证书。百余名社会听友通过微信预约报名参加了听讲。

阎教授首先对历代品秩勋爵的演变进行了归纳，即周，爵命体制，公卿大夫士的身份等级制一枝独秀；秦汉，爵、秩疏离，二十等爵级代表的身份等级与若干石禄秩代表的官职等级并行；魏晋以下官品，一元化多序列复式体制，形成了职阶勋爵一体化，“爵以定高卑，官以分职务，阶以叙劳，勋以叙功”。

阎教授阐述了他把品位分等和职位分等这对概念引入对中国传统官僚制度的研究，让历史学科和社会学科相结合，从而发现中国古代官阶制度的发展存在着一个上下动荡左右摇摆的进程，形成了一个变化的曲线，这样一条曲线，对于理解中国历史非常有帮助。而品位制度与贵族化的官僚和软弱的皇权更亲和；强势的皇权和工具化的官僚相结合就容易出现职位分等。周代是一个品位分等的高峰；秦汉出现了职位分等的高峰；魏晋南北朝又是品位分等；而到明清又向职位分等有一定程度的回归。而中国历代选官特权甚至历代官阶简繁、古代学校等级变化也存在着类似这样的变化轨迹，这正是阎教授十几年研究的主要方向和成果。

阎教授的讲述，娓娓道来、丝丝入扣，举出的事例仿佛演绎出一幕幕生动的画面，不论是宴飨之上酒爵与爵命的内在联系，汉代《九章算术》中与官阶直接挂钩的利益分配数学题；抑或官服上衣带长短标志的身份高低，官员病假或守孝后的再次任官与原官职的比较等，对读者理解原本艰深的学术概念起到了很好的帮助。一位年届七旬的历史爱好者、一位来自上海社科院的社会学研究者和一位同济大学的研究生分别向阎教授提出了各自关心的问题，阎教授则从学术研究的三个不同层次、跨学科研究要确立方法论和理论模型以及深入的学术研究需要专注建立自己的模式几方面一一进行了解答,对提问者来说十分具有指导性意义。

活动结束,听众们还不愿离去,纷纷请阎教授在其购买的著作上签名留念并要求合影。一位手捧4本阎教授著作的听友说道:“今天听了您的讲演,学到了很多,回去后我会更有兴趣也更认真细读您的大作!”——这也正是讲读会的目标:以“十年读书,以启学林。沉浸浓郁,含英咀华”为口号,旨在打造一个“博约兼顾、广深结合”的高端学术交流平台,塑造一个引领大众阅读的文化符号。

复旦大学教授葛兆光做客“望道讲读会”2015 学术系列讲座第二讲

5 月 17 日下午，由上海市社联与市新闻出版局、中共黄浦区委宣传部联合主办，东方青年学社、《社会科学报》、上海人民出版社、上师大光启国际学者中心共同承办的“望道讲读会”2015 学术系列讲座第二讲在市社联群言厅举行。复旦大学文史研究院及历史系特聘资深教授葛兆光作题为“重思何为中国文化”的演讲。上师大谢晋艺术学院播音主持专业教师姜杉担任主持人。市社联党组书记、专职副主席沈国明，市社联党组成员、专职副主席刘世军出席讲座，高校师生、民间学者、历史爱好者等百余人聆听了讲座。

讲座中葛教授旁征博引对由“何为中国文化?”所引申出的各类问题进行深入解读。葛教授首先引出话题：“何为中国文化?”他认为文化没有高低，过去我们讨论中国文化，那种笼统和抽象，还有大而化之为，似是而非的地方太多。而且，由于中国崛起使得有些人会对中国文化有一种盲目或者错觉。

那么到底什么才能够展现中国文化呢？葛教授从汉字的演绎中对中国文化进行阐释。他认为汉字的阅读、书写和用汉字思维，带来了很多很多的汉文化圈的特点，尤其给古代中国带来了很多影响。形成了我们通常所说的汉字文化圈的超出中国的地区文化。

在谈到家、家族、家国以及儒家学说时，葛教授认为在中国文化里面，一个很重要的现象，就是整个社会、国家的构成，是以家和放大的家为基础。具体表现为两个原则“内外有别”和“长幼有序”。另外，在“三教合一的信仰世界”“阴阳五行”和“天下观念朝贡体制”这三个方面，葛教授也阐述了具体看法。

当谈到为什么中国主流文化的延续性很强时，葛教授认为：第一，圣贤和经典的权威很早确立，而且跟政治彼此融洽。这保证了这些东西的传续。第二，读书人是文化很重要的载体，可是古代中国借助考试制度，读书人都要通过这些知识的考试来进入上层。所以大家都会维护它。第三，古代中国的教育非常发达，像私塾、乡校一直到太学。加上政治制度始终在支持它。所以它一直维护的很好，延续性很好，而且本身是精英的文化，通过制度化、常识化、风俗化，从上层一直渗透下来。制度化是指很多文化是要通过政治制度和政治权力来推行，通过法律来推行。常识化是通过教育把它变成日用而不知的常识。风俗化就是变成生活中的风俗。那么文化就逐渐的渗透下去了。

最后，葛教授讲到了中国文化现在面临的困境。在寻找文化 vs 文化，普遍 vs 特殊，全球化 vs 地方化之间的和谐之道方面提出了自己的看法，文化是一种不必特意传授，耳濡目染就可以得到的性格特征和精神气质。而文明需要学习,文明是和有教养有知识有规则这样的词语相联。所有的文化是固守的,表现出对文明的抗拒,而文明始终是在前进,文明表现的是殖民和扩张的倾向。文化与传统有关,它是特殊的,而文明跟未来有关,它是普遍的。文化是什么?文化就是使你始终跟别人不一样的东西。文明是什么?文明是一套规则,是当你交往扩大的时候,你不得不跟其他人打交道,所必须遵循的规则。

活动现场市社联党组书记、专职副主席沈国明为葛兆光先生颁发“望道讲读会”特聘讲席教授证书。活动期间听众们踊跃提问参与交流互动,葛教授也对听众提出的问题进行了耐心细致地解答。市社联党组成员、专职副主席刘世军为最佳互动提问听众赠书。

中国社会科学院许宏研究员做客“望道讲读会”2015 学术系列讲座第三讲

6 月 14 日下午，由上海市社联与市新闻出版局、中共黄浦区委宣传部联合主办，东方青年学社、《社会科学报》、上海人民出版社、上师大光启国际学者中心共同承办的“望道讲读会”2015 学术系列讲座第三讲在市社联群言厅举行。中国社会科学院考古研究所研究员、夏商周考古研究室主任许宏作题为“考古学视角下的‘中国’诞生史”的演讲。上师大谢晋艺术学院播音主持专业教师姜杉担任主持人。市社联党组成员、专职副主席刘世军出席，并为许宏颁发“望道讲读会”特聘讲席教授证书。高校师生、民间学者、历史爱好者等近百人聆听了讲座。

许宏指出，要解答“中国”是如何诞生的这个问题，在史学界一直存在着“文献史学”和“考古学”两大话语系统。伴随着殷墟甲骨文的出土，历史才开始有了文献记录；对于甲骨文之前没有被记载的“史前时期”的研究，考古学就彰显出它的独特优势。自称是“考古学本位的研究者”的许宏认为，作为政治实体出现的“最早的中国”，是距今 3 700 年前后的“二里头文化”。

许宏解释说，从大的时空建构来看，整个欧亚大陆文明分为三个阶段，即邦国时代、王国时代和帝国时代。其中，“邦国时代”是“广域王权国家”形成之前众多小的政治实体并存竞争的这个时代，被史学家喻为“满天星斗”，而地处中原腹地洛阳盆地的“二里头文化”很可能是这个“满天星斗”中最亮的一颗星，在极短的时间内吸收了各区域的文明因素最终崛起。

在界定何为“中原”这个概念时，许宏提出：中原是与其说是自然地理的概念，不如说是一种文化的概念，它是“东风西渐之处，群雄逐鹿之处”。正是在各种文化的碰撞与融合中，二里头从“征战中脱颖而出”，在整个黄河中游地区辐射蔓延，形成了“月明星稀”的态势，历史也由此进入到了“一体的王朝文明”时期。

许弘认为，之所以将“二里头”认定为是“最早的中国”，不仅仅因为二里头遗址是东亚地区青铜时代最早的大型都邑遗址，还在于“二里头文明”中发现了诸多的“中国之最”。一是中国最早的城市主干道网——井字形大道和最早使用双轮车的证据——车辙；二是中国最早的中轴线布局的“四合院”宫室群；三是中国最早的“紫禁城”——宫城以及与祭祀有关的巨型坑——祭祀场；四是中国最早的大型围垣官营手工业作坊区（许宏称之为“国家高科技产业基地”）以及中国最早的制作绿松石器的作坊。

许宏特别强调说,“国之大事,在祀与戎”,象征着凝聚力的“爵”与象征着打击力的“钺”等青铜礼器和兵器的大量出现,不仅在当时国家权力运作中处于重要地位,更“代表了当时先进文化的发展方向”,是当时最大的主流价值观与“中国模式”。二里头文化青铜礼兵器直接加速着以二里头国家为先导的中原王朝的迅速崛起并实现对外的文化扩张;在当时,长城内外惊现二里头“酒礼”,长江上中下游刮起“二里头风”,二里头也因此成为东亚大陆首次出现的以高度发达和强力辐射为特征的核心文化,可谓是“国上之国”。

当全场听众对许宏研究员“二里头是‘最早的中国’”这个观点深信不疑之际,许宏又适时指出,早期中国,也并非是土生土长,甚至“青铜冶炼技术,很有可能不是中国土生土长的,而是通过中亚、新疆、河西走廊或者内蒙过来的。”许宏告诉广大的历史研究者,一定要把整个中国史放在全球文明史的视角下来审视和解读,要在国际交流合作的基础上做更深的史学研究。

活动期间听众们踊跃提问参与交流互动,许宏研究员也对听众提出的问题进行了耐心细致地解答,并向五位最佳提问者赠送其亲笔签名的《何以中国》。

复旦大学谢遐龄教授做客“望道讲读会”2015 学术系列讲座第四讲

6 月 26 日，由上海市社联与市新闻出版局、中共黄浦区委宣传部联合主办，东方青年学社、《社会科学报》、上海人民出版社、上师大光启国际学者中心共同承办的“望道讲读会”2015 学术系列讲座第四讲，邀请复旦大学上海儒学院院长谢遐龄教授，以“从文化的视角观察当代中国”为题，与近百名冒雨赶来的现场听众展开了一场思想与智慧的精彩交流，文化与文明的热烈讨论。上师大谢晋艺术学院播音主持专业教师姜杉担任主持人。市社联党组成员、专职副主席刘世军出席，并为谢遐龄教授颁发“望道讲读会”特聘讲席教授证书。

讲座伊始，谢遐龄教授首先厘清概念，将原题目“从文化的视角观察当代中国”中的“文化”换成“文明”。文化、文明这两个词通常对应英文 culture、civilization。他认为文化，一是指人类创造出来的一切文化产品，实用的、专为欣赏的，可感知的、只可意会的，等等；包括一切制度；二是指一切文化产品中内涵的意义。文明，则是一个社会之制度、社会结构、生活方式、价值观等之总体。比如基督教文明、东正教文明、伊斯兰教文明、儒家文明等。把当代中国社会看作一个文明，称作中华文明。谢教授沿用汤因比《历史研究》译名，采用了文明即 civilization。

采用这样的文明观，谢遐龄教授提出了一个中国文明的新模型——把当代中国看作三个文明的交汇——传统中华文明、西方文明，再加上苏俄文明。主干是中国传统的本位文明，汇入的是西方文明、苏俄文明。

在这一模型基础上，谢遐龄教授分析了三个问题。

一、 当代中国是个什么样结构的社会

谢遐龄指出，论及中华文明，首先要了解当代中国社会结构。采用文明视角就意味着先行设定中华文明（中国社会）与基督教文明属于异质文明。

两者区别究竟何在？

中国社会的结构为伦理社会，相对应的，西方基督教社会是理性社会。理性社会指主导性社会关系是有中介的；伦理社会指主导性社会关系是无中介的（直接的 immediate）。最典型的中介就是“法律”——人们打交道，产生出行为准则，经过众多意志共同认可，准则异化为人们的统治者，形成“法律”。法律是人与人打交道的中介。人们无条件服从法

律,这就成了法治社会。法治社会是典型的理性社会。

谢遐龄认为,虽然当代中国社会理性关系不少。例如购物付款、乘车购票,皆属理性关系。然而主导性的社会关系,如生产关系、政治关系,占优势的都属直接关系。最为主导性的,党的领导,无疑是直接的。所以说,当代中国社会还是伦理社会。

党组织是当代中国社会结构的重要成分,甚至可以说是主要成分。党在“社会之中、之内”,是中国社会得以建构的基础、中国社会得以存在的前提。虽然,改革开放以后,新经济组织和新社会组织一度放松,现在中央推动各基层单位重建党组织、设立党组,通过党的力量、党的纪律,发挥社会整合功能。

谢遐龄以土地改革作为例子,分析党的领导下中国农村社会重构过程“发展党员、培养骨干积极分子,建立党组织和党的外围组织”,即群众团体。接着向农民灌输革命理论,实行价值观重建。而后交待政策和策略,开展斗争。再后,分地分财。最后,建立新政权。这一过程粉碎了以往的一切社会组织,代之以新建的组织。这就是中国社会的现代化。土改反映的过程是当代中国社会最重要的现象,是构成中华文明的重要支流。

二、 中国人社会存在之定性:是否达到人格性?

当代中国文明受到苏俄文明的深刻影响。但谢遐龄教授指出,仔细分析后不难发现,只要中国革命与发展简单模仿苏俄就挫败,立足中国国情就顺利前进。直到现在,苏俄影响留存的只是党的领导和政治结构,许多具体做法中国共产党有纠正、发展。同时,他也认为,西方文明中的民主、政治、市场经济、法治等,直接拿到中国来都会变味。因为中华文明和西方文明是异质的。许多西方文明的核心形态无法适应中国社会结构。

历史经验证明,中国的发展道路还是要回归中国国情,走中国化道路,不能抛弃中国传统文明。谢遐龄以“群众路线”为例。他指出,群众路线的思想精髓来自中国传统文化,即以“人政”为核心的先王之道,关注人的利益,关心人的情绪,听取民众的呼声,也就是全心全意为人民服务。这是中国共产党领导人不同于苏共领导人之处,也是高明之处。

不过,谢遐龄教授也指出了传统中国文明对现代中国发展的羁绊。例如,1986 年我国颁布了《民法通则》,这是个重要的历史事件。是对人权、所有权的宣布和规定。《民法通则》直接宣称公民等于自然人。这就是说,把中国人设定为具备人格性。这样设定为制定法律奠定了法理依据。但大量司法腐败及执行难现象已经显示《民法通则》设定的“中国公民等于自然人”不符合现实国情。从社会学看,中国人尚未成为人格(person);从法哲学看,中国人和中华民族尚未达到对自身的纯思维、纯认识,尚未从自身的有限存在中领会到无限性和意志自由,也就是说,尚未进到人格性(personality)。

三、 传统与中华文明发展前景

异质文明相遇,其间各种要素,有的可以迅速接受,有的经过一段时间可以接受,有的经过很长时间也难以接受。哲学要解决的问题就是异质之所在。谢遐龄教授的方案是从文化传统着手。

谢遐龄认为,中华文明的传统是无执,西方新教文明的传统是坚执;中华文明传统的源头和代表性概念是易道,新教文明传统的源头是古希腊哲学家巴门尼德的“存在”概念。存在概念是静止的抽象的,被后来的学者解释就是纯形式的,静止的,不变的。而中国传统讲求的最高智慧——“中庸”则寻求的是在不断变动的情形中始终寻找到并保持不左不右、不偏不倚的最平衡点,它是变动的。大学之道,在名德,在清德,在止于至善,就是停留在至善之地,至善不是固定不变的地方,而是随着时间地点条件的变化,始终站在一个最佳点。再比如,中西文化中的“爱”内涵也迥异。基督教的爱,首先是爱神,然后爱人。而中国儒家讲的爱,是爱自己的亲人再扩大到博爱,虽然是讲爱但是必须也有爱的秩序。

苏俄文明和中华传统似乎容易融合,但“听话”,即服从组织,与中国社会也有尖锐的冲突,当具体政策与中国传统文明中某些观念的冲突时,两者就产生了矛盾,如计划生育和传宗接代。

所以我们中华文明未来发展道路,现在这三个文明能不能融合,对我们来讲的挑战也非常大。我们的发展道路在我看来就是三个文明,相互磨合的过程中来寻找。但三个文明的互相冲突现在是很激烈的。

面对三个文明的冲突,谢遐龄教授提倡我们要接受现实,正视矛盾,不要去意图去消灭某一方面。领导者更需要超越三者之上,不要把自己降低为某一个文明的代言人,才能找到三者融合之路。

就眼下而言,谢遐龄认为最重要的是培养“敬畏精神”,“要心存敬畏”。孔子讲过,君子有三畏,畏天命,畏大人,畏圣人之言。而 1958 年民歌中却唱道:“天上没有玉皇、地上没有龙王;我就是玉皇、我就是龙王。喝令三山五岳开道——我来了!”把自己凌驾于规则之上、法律之上。

重财物、依仗暴力、自信而缺少敬畏,还是重王道、敬畏天命?谢遐龄教授认为,这将决定中华文明未来前景。

华东师范大学特聘教授许纪霖做客“望道讲读会”2015 学术系列讲座第五讲

7 月 18 日下午，由上海市社联与市新闻出版局、中共黄浦区委宣传部联合主办，东方青年学社、《社会科学报》、上海人民出版社、上师大光启国际学者中心共同承办的“望道讲读会”2015 学术系列讲座第五讲在市社联群言厅举行。华东师范大学特聘教授许纪霖作题为“华夏与边疆：另一种视野下的中国历史”的演讲。上师大谢晋艺术学院播音主持专业教师姜杉担任主持人。市社联党组成员、专职副主席刘世军出席，并为许纪霖颁发“望道讲读会”特聘讲席教授证书。近百名通过东方讲坛微信公众号预约的听众聆听了讲座。

许纪霖认为，一个国家和民族它未来的发展方向，在相当程度上取决于它的历史、文化和传统。理解古代中国，要从“天下”与“夷夏”这两个概念入手。

“天下”主要是儒家的观念，它具有双重内涵。

第一重内涵指的是理想的伦理秩序，儒家心目当中认为最好的一套秩序，称之为“天下”。它体现了儒家对自然、社会和人类的至真、至美、至善等价值的想象，同时不仅仅依靠价值，还有一套典章制度，这就形成了儒家的一套文明。在儒家看来这是针对全人类的“天下”。

第二重内涵指的是儒家对以中原为中心的世界空间的想象。这里的“天下”可定义成三层。

第一层，指的是大一统王朝。秦汉以后我们建立的大一统王朝，以郡县制所直接治理的那些地区，中央集权直接控制、管理、统治的区域。

第二层，指的是一些边疆地区，如西藏、云南、东北等，通过册封、羁縻、土司制度等间接控制的地区。

第三层，指的是当时要向中国中央政权朝贡的附属国，如朝鲜、越南、暹罗、琉球等。

“天下”由内到外，一层一层的关系，类似费孝通先生的《乡土中国》里提出的一个很著名的观念“差序格局”。中国的社会结构以自我为中心，一步步向外放大，由近到远，由亲到疏，这套“差序”形成了中国的“家国同构”。

所谓“夷夏”，就是需要分清何为“华夏”，何为“夷狄”。

“华夏”和“夷狄”的区别实际上是一个文化观念。许教授讲到，古代人所讲的“华夏”“夷狄”和今天世界上民族主义的观念是不一样的。当今很多民族主义，都是一套种族论。也就是看种族和血统。古代中国人，没有这套种族论。所以“天下”是以华夏为中心，包含蛮夷。

许教授在论述“什么是中国”时说，历史上的中国，具有双重的内涵。从时间的延续性而言，中国是以中原为中心的一贯连续的政治与文明的共同体。从地域空间的角度说，中国又是一个多民族、多王朝、多个国家政权并存的空间复合体。古代的中国是一个复线的中国，即有以中原为中心的汉族文明的中国，同时也有草原、森林和高原少数民族的中国。

在讲到边疆民族帝国时，许教授着重分析了元、清两个重要的边疆民族帝国。他认为蒙元帝国当时创造了一个融合草原的军事力、中原的经济力和穆斯林的商业力的复合型的治理体系。而最终灭亡是因为没有自己的高级宗教和文明，结果只能是被征服地的文明所同化。只有清朝统治者把游牧民族和农耕民族稳定地统一在一个大的帝国里面。清朝建立了一个非常有弹性的多元体制，这个多元表现为多民族、多宗教。简单来说，就是汉族居住的地方，它主要承继了过去中原王朝的统治经验，以汉治汉，以华夏文明来治理华夏。但是在满蒙藏等边疆地区，清朝采取了另外一种完全不同的治理方式，这基于他们都有共同的精神纽带“喇嘛教”。“喇嘛教”当时是满族人、蒙古族人和藏族人共同信奉的宗教。

演讲最后许教授说，研究古代中国有助于今天的国家治理，我们可以从古人的智慧中得以学习借鉴。现今中国需要文化上更多元，治理上更有弹性的方式实现中华民族的统一。

香港非物质文化遗产咨询委员会主席郑培凯教授做客“望道讲读会”2015学术系列讲座第六讲

9月6日下午，由上海市社联与市新闻出版局、中共黄浦区委宣传部联合主办，东方青年学社、《社会科学报》、上海人民出版社、上师大光启国际学者中心共同承办的“望道讲读会”2015学术系列讲座第六讲在市社联群言厅举行。香港非物质文化遗产咨询委员会主席郑培凯教授作题为“中国文化之多元一体及其前景”演讲。市社联党组书记、专职副主席沈国明研究员，市社联党组成员、专职副主席刘世军出席，上师大谢晋艺术学院播音主持专业教师姜杉担任主持人。百余名通过东方讲坛微信公众号预约的听众聆听了讲座。

郑培凯先生在接受沈国明书记颁发的“望道讲读会”特聘讲席教授证书后，以平和生动、沉稳儒雅的语言向广大听众娓娓道来多元一体的中国文化发展史。郑教授介绍道，人类在农业定居和人群聚集后产生了生活的共同体和文化的共同体，出现了早期的人类文明。尽管考古学家们有着各种不同的新论，但是伴随着那些曾经出现过的“满天星斗，遍地开花”的各地文明则因为战争、自然灾害等原因而逐渐消失，传统的史学还是认为中华文明的源头“定于一”——夏商周，也就是中原是中华文明的起源。

中华文明在“定于一”即由多元变成一体的过程中，出现了“巫”的宗教意识，讲究天人合一、天人感应以及祖先崇拜(天地人)。这种原始的宗教意识，孕育和培植了中国的传统信仰——天地君师亲。早在春秋战国，《荀子礼论》中就明确记载：“礼，有三本：天地者，生之本也；先祖者，类之本也；君师者，治之本也。”在漫长的封建时代，此“三本”一直被立为“人活在世界上的规矩”，直到“反抗政治权威”的新文化运动的出现“三本”观念才遭到颠覆和瓦解。

“中国主要的文化发展，从多远进入到一体的时候，是一个农业大帝国的阶段”，郑教授认为，正是由于中国作为农业大国的生活社会结构较为稳固，为树立政治权威，延续家族伦理奠定良好的经济基础；而中国汉字“书同文”的历史，更是成为了维系文化一体和思维脉络的重要工具。经过二千多年的发展，士—农—工—商地位排序成为整个封建时代的固定社会结构。

在谈及历代社会结构的变迁时，郑教授有意识地提到了“士大夫和文化精英”在各朝代社会结构和政治舞台上扮演的角色：春秋战国之前，中国是由武士掌握政权，随后经历一个贵族阶层从武士到文士的漫长演变过程，直到宋朝以后科举制度的逐渐兴盛，中国真正成为“读书人的世界”。到了元朝，尽管很多历史文献有着“一官二吏”“九儒十丐”等记载，但是事实上元代的社会分层是按照种族而非职业，儒生文人的境遇虽遭到了贬斥但也不像记载中的那么差，然而元代兴盛的商业发展和海外贸易却一度改变了重农抑商的社会大环境。明朝恢复了农业大帝国的社会格局，直到明朝晚期和清军入关，尽管开始海外贸易但是整个国家的主体结构还是农业社会，一定程度上导致了国家的逐渐衰败和文明的陨落（相对于西方的崛起）。

为更好丰富听众对中国文化从何处来到何处去的认知，郑教授引用了钱穆在《国史大纲》中的描述：第一，当信任何一国之国民，尤其是自称知识在水平线以上之国民，对其本国以往历史，应该略有所知，否则最多只算一有知识的人，不能算一有知识的国民。第二，所谓对其本国以往的历史略有所知者，尤必副随一种对其本国以往历史之温情与敬意，否则只算知道了一些外国史，不得云对本国史有知识。第三，所谓对其本国以往历史有一种温情与敬意者，至少不会对其本国以往历史抱一种偏激的虚无主义。第四，当信每一国家必待其国民具备上列诸条件者比较渐多，其国家乃再有向前发展之希望。

郑教授总结说道，中国文化中最优秀的品质就是“海纳百川”，经历了“多元一体”的变革发展延续，为中国文化奠定了厚实的基础底蕴，“天行健，君子以自强不息”预示着中国文化将以强大的生命力继续行走在世界文明的征程上。

讲座后，听众们踊跃提问参与交流互动，郑培凯教授也对听众提出的问题进行了耐心细致地解答，并向最佳提问者赠送了《当代中国学人访谈录（历史学卷）》。

台湾著名学者黄进兴做客“望道讲读会”2015学术系列讲座第七讲

9月7日下午，由上海市社联与市新闻出版局、中共黄浦区委宣传部联合主办，东方青年学社、《社会科学报》、上海人民出版社、上师大光启国际学者中心共同承办的“望道讲读会”2015学术系列讲座第七讲在市社联群言厅举行。台湾著名学者黄进兴作题为“象征的扩张与陨落:以孔庙祀典的兴衰为例”的演讲。上海师范大学谢晋艺术学院播音主持专业教师姜杉担任主持人。市社联党组成员、专职副主席刘世军出席，并为黄进兴颁发“望道讲读会”特聘讲席教授证书。

孔庙的祭祀在黄进兴的研究中是一个东亚普遍的文化现象。从空间上，在20世纪以前，孔庙祭祀文化遍布中国、朝鲜、越南、日本、琉球等地。从时间上，孔庙的祭祀制度已有两千多年，在世界文明史上是一个奇迹。从宗教学来讲，孔庙作为祭祀孔子为主的地方，则是一个神圣空间，英文叫做“holyground”或“holyspace”。

黄进兴指出，在帝制中国时期，孔庙被视为儒学宗教的神圣殿堂，其地位在1911年崩解后，陨落非常之快。到1930年不过相隔二三十年，新一代的年轻人对孔庙在传统社会所含有的政治、文化、宗教的象征已有隔阂感。传统的孔庙其意义和现代我们直观认为的商业化、观光化的孔庙更是大相径庭。

黄进兴认为，孔庙性质的蜕变是传统帝制正统性认可的需要，也是统治者凝聚儒生的需要。孔庙原属宗祠、家庙，设在孔子的居所。因其所处为“四战之地”，毁灭和重建不断循环，司马迁的记载中，最初的孔庙已不复存在。孔子逝后，其居所、其墓葬都是瞻仰他的地方。自汉代，孔庙成为官庙，即奉祀祠，负责祭祀的人开始拥有官方爵位，所有支出源自官家。即便如秦始皇嬴政、汉高祖刘邦、明太祖朱元璋等厌弃儒道，也不敢忽略孔庙在儒生心中、在朝堂上的巨大影响力。

而孔庙的扩张过程则牵扯到文化传承以及政权的正当性的问题。在《五胡乱华》《八王之乱》兵荒马乱的时代，晋朝政权被胡人狼狈赶到江南。统治者即想到通过儒教的影响力号召民心。打天下靠武力、军队，而治天下靠文化、儒生。孔子之教无疑成为了儒生集团的精神支柱，孔庙顺理成章的成为了正统朝廷的象征，也就逐渐扩散开来。根据史料记载，到唐代孔庙大概有750个左右，元代下半叶数量为1 500多个。

黄进兴提到，清代的一些礼学家讲孔子，说老百姓对孔子的感觉是“尊而不亲”。在当时，绝大多数人没有进过孔庙，也根本不知道里面祭祀的是什么。明末清初的散文家张岱在书中写到，去孔庙祭祀要贿赂门者才能进去。所以，孔庙是封闭的，这和世界上其他的宗教有很大的不同，在世界文明中也算是非常特别的一个现象。同时，孔庙只针对社会中的小部分人，即儒生开放。它象征着成功的开始，是每个儒生金榜题名时从民间的百姓变成官员的神圣场所。死后牌位能进孔庙也是儒生能获得的最高荣誉。

黄进兴还举出一些日常事例以说明孔庙的在当时的尊崇地位。例如，北宋到元朝末年的读书人，做了地方官还要常常写祭孔文、祭庙文、祭先圣文；地方官员上任之前必须祭拜孔子，文武百官路过文庙时要下马、下轿表示敬畏，否则就会被斩首。古代儒生、学子告官的绝招就是去孔庙"哭庙"，因为孔庙是国家掌控最为严密的地方，"哭庙"的事由十有八九可以上报到中央朝廷之上，皇帝也可能会派人问询。

黄进兴提出，中国宗教的冲突与西方相比程度低了很多，这是因为"儒"，不是排他的，也不是一神论的，儒教的包容性很大。清代的时候，中国甚至出现了儒释道"三教庙寺"，但孔子像从未居中摆放，也是奇怪的现象。朝廷透过孔庙来控制意识形态调节国家的各项功能。孔庙的祭祀活动完全在中央的控制之内，更多体现了其政治作用。或许是统治者不愿意更加扩大其宗教色彩，也或许是儒学在普通百姓中其影响力并不像在学子中突出，这就不得而知了。

百余名通过东方讲坛微信公众号预约的社会各界听众聆听了讲座。许多听过多场"望道"的听众表示：今年"望道"邀请的主讲嘉宾范围更加广泛，不仅有上海的学者，也有北京、武汉的学者，这次又请来了香港、台湾的学者，使我们领略了来自境内、境外的不同学术背景的专家学者对"中国文化：从何处来到何处去"的诠释，分享了一场又一场精彩难忘的文化盛宴。

望道讲读会 2015 上海书展学术系列讲座

愿这些明亮的星照耀当下

北斗错落长庚明。今年是熊十力诞辰 130 周年、金岳霖诞辰 120 周年、冯友兰诞辰 120 周年以及冯契诞辰 100 周年。作为本届上海书展的特别活动，8 月 19 日至 20 日，望道讲读会接连举办 4 场讲座，聚焦 4 位哲学大师，回望那些群星闪耀的时刻。

这是国内学术界首次集中纪念这 4 位现代哲学大家，这不仅具有纪念意义，也是对 20 世纪中国哲学发展与成就的整体呈现。界内专家认为，作为 20 世纪中国极具原创性的 4 位哲学家，他们都曾经以自己的方式映照时代，映照世界。今天我们纪念他们，缅怀他们的生平和思想，也是为了激励自己，把他们当做追摹的典范。

是的——当我们仰望曾经被他们照亮的 20 世纪中国思想的天空，更愿这些明亮的星，照耀当下。

为后人树立卓越标准

哲学体系的建立往往艰难，不仅需要真知灼见，还需要系统、严格、清晰地论证阐明。而熊十力、金岳霖、冯友兰和冯契，恰恰是我国现代哲学史上具有原创性思想且形成自己思想体系的。

熊十力在《新唯识论》上直接注明“熊十力造”。而他也正是以《新唯识论》奠定了现代新儒学思潮的哲学形上学基础。武汉大学国学院教授郭齐勇说，熊十力的全部工作，就是面对西学的冲击，在儒学价值系统崩坏的时代，重建儒学的本体论，重建人的道德自我，重建中国文化的主体性。

金岳霖是试图改变中国传统哲学中逻辑和认识论意识不发达状况的第一人。基于此，他的《逻辑》《知识论》等著作在中国哲学发展史上具有开创性的意义。

冯友兰从哲学史进入哲学研究，以《贞元六书》构建了自己的哲学体系。《贞元六书》承接宋明道学之理学一脉而来，但又不同于宋明理学，力求通过西方的逻辑分析法，对中国传统思想做一番“继往开来”。

冯契早在求学时就展露出了极高的哲学天分。当年冯友兰上课讲到得意处，还会特意问问这位高足的看法。而他自己则经常用这句话激励学生：“没有超师之见的学生是不堪传授的。”今天华东师大哲学系的系训正是出自冯契之口：不管处境如何，都要保持心灵的自由思考，这是爱智者的本色。他一生的学术研究正是对这句话的最好注解——他师承金岳霖，却从金岳霖的缺口处开启了自己的学术道路，写成“智慧说三篇”和“哲学史两种”，建立了自己的哲学体系。

不少学者都认为，今天我们纪念 4 位哲学大家，更要学习他们构建新的思想体系的抱负。在哲学的开创性方面，他们为后人树立了一个卓越的标准。北京大学哲学系教授胡军以金岳霖为例，认为其学术价值和现代意义就在于：“我们要在文化复兴方面取得进步，就必须打破持续了 2 000 多年的逻辑和认识论意识不发达的状况。而这种状况现在还在延续。”

哲学大家的学术情怀

金岳霖曾经在《论道》写过这样一句话：每一文化区都有它底中坚思想，每一中坚思想都有它底最崇高概念、最基本底原动力。“可以说，文化的大根大本，也构成了这 4 位哲学大家在运思时的原动力。我们可以在他们的思辨中深切感受到他们对国家、民族的关切，这撑开了他们治学的格局。”华东师范大学哲学系教授郁振华这样向记者表示。

身处民族危难之际，以学术救国，以学术强国，是熊十力、金岳霖、冯友兰和冯契的共同志向。熊十力年轻时投身辛亥革命，后来感愤于官场腐败，弃政向学，以探讨人生的本质、增进国民的道德为己任。对于这一人生中的重要转折，他曾自谓：“决志学术一途，时年已三十五矣，此为余一生之大转变，直是再生时期。”金岳霖在抗日战争时期仍然从事艰难刻苦学术研究，他的主要著作基本都是在西南联大期间完成。写作《知识论》时，经常遇到日军战机轰炸。有一次空袭警报响了，金岳霖匆忙之间把几乎已经完成的《知识论》的书稿包好，紧接着一路跑向昆明北边的蛇山躲空袭。他将书稿放地上，自己则坐在书稿上。等到警报解除，他走出山洞，却把稿子遗留在了原地。等他想起来再重新去找，书稿早就不翼而飞，只能重写。四人中冯契辈分最小，却也在年少时奔赴延安谋求救国之路；新时期以来，他创发“智慧说”这一思想体系，关注的也都是中国向何处去这样的大命题。

“所以，如果我们有足够的耐心，就会被他们的哲学创作所打动，并且产生共鸣。因为他们是用充满个性的、意蕴深厚的哲学概念，表达了对于时代与社会的真切感触，和对国家、民族乃至人类未来的深沉关切。这就是哲学家之大者。”郁振华这样表示。

（资料来源：《文汇报》）

让安静的阅读不再奢侈

在我们这个时代，有一种纠结的精神状况令人不安。一方面出版业似乎呈现出繁荣乃至井喷之势，另一方面平静的阅读却成为最为难得的奢侈品。在这样的背景下，我们发起创办望道讲读会，其目的只有一个：让读书之风吹遍大地。

——刘世军（望道讲读会发起人、市社联副主席）

一场讲座

8月19日，上海书展开幕首日。

作为望道讲读会2015年上海书展的特别学术系列讲座之一，《熊十力：世界级的大哲学家——纪念熊十力诞辰130周年》的讲座于上午9点30分在上海社联大楼群言厅准时开讲。

现场观众济济一堂，主讲者是远道而来的武汉大学国学院院长郭齐勇教授。

郭教授一袭对襟白衣，颇有古风。他是国内研究熊十力先生的专家，著有《熊十力思想研究》《天地间一个读书人：熊十力传》《熊十力及其哲学》等书。

“熊十力先生从未接受过系统的学习，他只读了半年私塾，完全靠天赋和自学，成为新儒学思想的哲学奠基人。”郭教授的开场白，引发了很多观众的好奇。

随着郭教授的娓娓道来，观众们得以一窥这位我国现代哲学史上具有杰出原创力和影响力的哲学家的一生。辛亥革命之后，面对西学的日渐冲击，中国文化越来越走入低迷，熊十力先生创建了“新唯识论”哲学体系，希望重建中国文化的主体性，重建人的道德自我，以寻找失落的民族精神。

熊十力先生不仅如是说，而且身体力行。他曾写道，“吾平生著述和笔札之属，字字从胸中流出”。其学品和人品，无不让人心生景仰。

讲座之后，华东师范大学哲学系副教授陈乔见与郭齐勇教授就熊十力的哲学体系进行了深入而精彩的对话。随后，郭教授回答了现场观众提出的问题，幽默风趣、史料详尽的解答引来阵阵掌声。

尤其让人感到意外的是，讲座现场还来了一位特别的嘉宾——熊十力先生的孙子熊申。听说这次讲座的消息，熊申先生特地从山东胜利油田连夜赶到上海参加活动。他激动地表示：“我一直想听郭齐勇教授的课，今天终于在上海完成了心愿。”在现场，熊申先生还和大家一起分享了记忆中有关祖父的往事。

一场讲座，让人感受到的是那曾经风云际会的人生和真知灼见的思想。

一段发起

就在一年前,2014 年 8 月 13 日,也是上海书展开幕首日,望道讲读会的第一场讲座浓墨登场。

谈到望道讲读会成立的初衷,市社联副主席刘世军说道:"针对学界的浮躁之风,我们希望倡导一种安静读书的风气。"

由上海市社会科学界联合会、上海新闻出版局、中共黄浦区委宣传部、东方青年学社等共同举办的这个讲读会,以《共产党宣言》第一位中文全译本的译者陈望道的名字来命名,陈望道先生也曾是上海市社联的第一届主席。而用"望道"命名的另一层用意,则是因为这二字承载的文化意义深远。在通往梦想的路上将阅读进行到底,阅读在,希望就在。"望道"也象征着对理想的内在守望。

为此,望道讲读会以"十年读书,以启学林,沉浸浓郁,含英咀华"为口号。其中,韩愈《进学解》中的"沉浸浓郁,含英咀华",一直是历代读书人的向往。这四句话,准确地表达了望道讲读会的宗旨。

具体来说,望道讲读会以讲读哲学、历史等社会科学为主要内容,以古今中外学术大家的诞辰、学术名著以及学术新作的出版等周年纪念为依据,来确定不同的主题定期开展讲座。讲读会的会场基本固定在位于淮海中路的上海社联大楼内。以哲学、历史为主讲对象,望道讲读会恰好与不远处主打文学的思南读书会既形成错位,又相互呼应。

2014 年 8 月 13 日至 19 日,望道讲读会的第一个系列学术讲座连开七场,一炮打响。这其中包括复旦大学经济学院教授袁志刚主讲的"资本的逻辑及其不同命运——纪念《资本论》第三卷出版 120 周年"、华东师范大学哲学系教授高瑞泉主讲的"严复与中国道路的探索——纪念严复诞辰 160 周年"、复旦大学中国发展模式研究中心主任张维为主讲的"邓小平时代与中国大转折——纪念邓小平诞辰 110 周年"、上海市历史学会会长熊月之主讲的"重读有学问的革命家——纪念章太炎诞辰 145 周年"、复旦大学社会学系教授谢遐龄主讲的"康德哲学的现时代光芒——纪念康德诞辰 290 周年"、华东师范大学思勉高等人文研究院教授杨国强主讲的"国耻激生的思想丕变——甲午战争 120 周年再思"和复旦大学国际政治与公共事务学院教授洪涛主讲的"后繁荣时代的政治思想家——纪念马克斯·韦伯诞辰 150 周年"。

之后,望道讲读会进入了常态化运作,今年陆续推出了"文化中国:从何处来到何处去""北斗错落长庚明:20 世纪中国的思想天空"等系列学术讲座,旨在打造一个"博约兼顾、广深结合"的高端学术交流平台,塑造一个引领大众阅读的文化符号。

一个目的

望道讲读会,以讲和读为形式,目的只有一个:让读书之风吹遍大地。

每一期的望道讲读会,观众多则达 150 人,少则七八十人。规模虽说不上大,但毫不夸张地说,每一位观众都是望道讲读会的忠实拥趸。他们或对主题人物或对这期命题有着浓厚的兴趣,急欲一探究竟。

2015 年"文化中国"系列学术讲座中,曾经有一期的主题为《考古学视角下的"中国"诞生史》,由中国社会科学院考古研究所研究员、夏商周考古研究室主任许宏主讲。来自北京的许宏教授在讲座中连声说道，他没想到前来听讲的观众这么专业，所提的问题这么有水准。

这些观众中，有大学应届毕业生，有中学历史老师，也有专业研究者，他们大多热爱读书，并热切期望通过聆听国内著名研究专家的讲座，进一步拓展和丰富自己的专业知识。

于是，望道讲读会在讲学之外，还每期根据不同的主题推荐阅读书单，让观众在讲座之外，还可以有更多的收获。

随着“书香思南　人文中轴”的蔚然成形，以及政府搭台、各界参与的进一步打造，望道讲读会将会让越来越多的观众沉浸在浓郁的书香氛围中，享受含英咀华带来的快乐。

望道讲读会部分主题讲座　推荐阅读书单

1. 讲读内容:《熊十力:世界级的大哲学家——纪念熊十力诞辰 130 周年》

荐书人:郭齐勇(武汉大学国学院院长、教授)《新唯识论》　熊十力　上海书店出版社 2008

《原儒》　熊十力　上海书店出版社 2009

《体用论》　熊十力　上海书店出版社 2009

《熊十力哲学研究》　郭齐勇　人民出版社 2011

《熊十力传论》　郭齐勇　中国社会科学出版社 2013

2. 讲读内容:《金岳霖:中国现代逻辑学与知识论的开拓者——纪念金岳霖诞辰 120 周年》

荐书人:胡军(北京大学哲学系教授)《逻辑》　金岳霖　中国人民大学出版社 2010

《论道》　金岳霖　中国人民大学出版社 2010

《知识论》　金岳霖　中国人民大学出版社 2010

《道与真:金岳霖哲学思想研究》　胡军　人民出版社 2002

3. 讲读内容:《冯契:现代中国哲学的杰出开拓者——纪念冯契诞辰 100 周年》

荐书人:张汝伦(复旦大学哲学学院教授)《认识世界和认识自己》　冯契　华东师范大学出版社 1996

《逻辑思维的辩证法》　冯契　华东师范大学出版社 1996

《人的自由和真善美》　冯契　华东师范大学出版社 1996

《中国古代哲学的逻辑发展》　冯契　华东师范大学出版社 1997

4. 讲读内容:《冯友兰:一位真正具有国际影响的现代中国哲学家——纪念冯友兰诞辰 120 周年》

荐书人:田文军(武汉大学哲学系教授)《中国哲学史》　冯友兰　商务印书馆 2011

《中国哲学简史》　冯友兰　北京大学出版社 2012

《中国哲学史新编》　冯友兰　人民出版社 2001

《贞元六书》　冯友兰　华东师范大学 1996

《追忆冯友兰》　郑家栋　陈鹏选编　社会科学文献出版社 2002

（资料来源:《解放日报》）

望道讲读会 2015 上海书展学术系列讲座首讲开讲“世界级的大哲学家熊十力”

——郭齐勇、陈乔见做客“望道”畅谈世界级大哲学家熊十力

“北斗错落长庚明:20 世纪中国的思想天空”——“望道讲读会”2015 上海书展特别学术讲座——于 8 月 19 日至 20 日在上海市社联举办,此次讲读会由市社联与市新闻出版局联合主办,东方青年学社、东方讲坛和社会科学报共同承办。讲读会期间推出熊十力、金岳霖、冯契和冯友兰四位哲学大家诞辰周年纪念,邀请郭齐勇、胡军、张汝伦、田文君、陈乔见、贡华南、蔡志栋、郭晓东等哲学大家和青年学者进行专业解读,开展思辨对话,挖掘哲人先贤留下的珍贵思想宝藏,四场学术讲座,纵横古今,贯串中外,为读者打造一个“博约兼顾、广深结合”的高端学术交流平台,塑造一个引领大众阅读的文化符号。

8 月 19 日上午,2015 上海书展学术系列讲座“望道讲读会”首讲在上海社联大楼拉开帷幕。特邀武汉大学国学院院长、教授郭齐勇作主讲嘉宾,市社联专职副主席刘世军出席,并为郭教授颁发“望道讲读会”特聘讲席教授证书;华东师范大学哲学系陈乔见副教授应邀成为对话嘉宾,上海儒学研究会秘书长李耐儒先生担任主持。高校师生、民间学者、历史爱好者等百余人聆听了讲座。

郭齐勇教授以“熊十力:世界级的大哲学家——纪念熊十力诞辰 130 周年”为题,着重从“重立大本,重开大用”“深于知化,长于语变”“体证本体,性修不二”及“道德理想主义的形上学”四个方面阐述熊十力先生的哲学理论与思想发展轨迹。郭教授阐述道,熊十力经历了:早年批判六经、中年趋向于佛法、最后回归到以《周易》为主的中国文化的传统中去的思想发展轨迹。熊十力所处的时代是面对西学冲击,儒学价值系统崩坏的时代,因而他肩负起重建儒学本体论,重建人的道德自我,重建中国文化的主体性之重任。熊十力从儒家哲学的思想资源里发掘并重建了“大本大源”,他认为哲学的根本任务即是“明示本体”,即是所谓的“吾学贵在见体”,这个“体”代表的是思想的本体,哲学的本体,良知的本体、人心的本体。熊氏哲学主张的是通过内在于人的“仁心”或“明德”之体,使得人的生命与宇宙大生命能够回复成一体。

郭齐勇认为,熊十力所倡导和构建的儒学本体论具有两个特点:一是以西学作为参照,反对向外界去寻求或建立本体,主张讲万物本源与人的本性大同,即“不二”说。二是以佛学作参照,高扬了《周易》形上学的生生不息、尊生健动的学说。熊十力的“体用不二”论、“翕辟成变”论之“深于知化”和“长于语变”,贯通了存在论、价值论与本体论,为世人所

公认。

在此基础上，熊十力还对“科学的真理”与“玄学的真理”，“科学的心理学”与“玄学的心理学”，“量智”与“性智”，“思辨”与“体认”作出区分：提出“玄学之理和科学之理，其实玄学之理应该是更高的东西”，主张人们要通过“反求自识，反己体认、思修交尽、性修不二”的方法来追求完美人格；认为“玄学不废理性思辨，玄学不排斥量智，但必须超越思辨或量智，达到天人合一的性智、证会或体认的境界”。

郭教授在阐释熊氏哲学的“道德理想主义的形上学”时如是说：“熊先生要彰显人的终极存在的意义世界，重建人的道德自我，重建人的自尊，肯定人的价值和理想人格。”正是面对着人类的、族类的、个体的存在危机，熊氏哲学要为中国寻找回失落了的民族精神，为人类寻找回失落了的类的本性和个体的真我，在反省生命的意义和人生的价值，重新探索、反思宇宙人生的大本大源。

郭教授认为熊十力对儒学的批评、改造、发挥、创新，启发了后人：对自己民族的思想资源发掘越深，自身的价值越丰富、厚实，吸纳西方的、外来文化的能力就越强。

华东师范大学哲学系陈乔见副教授在点评中指出，“问题意识、忧患意识、生命感触与体悟”“独立思考，求真忌俗，孤往精神”以及“胸襟开阔，平章中西，挺立固有”三个特性足以奠定熊十力“世界级大哲学家”的地位。陈乔见认为，在那个时代，熊十力的“外王新义”的核心内容就是“科学与民主”，熊先生提出的“反对‘斗争哲学’”“政治民主为一切革故创新之主力”“‘经济决定论’异议”“特标‘法家民主论派’为法家之正宗”等政治哲学的特识对后世将产生深远的影响。

讲读会现场气氛热烈，听众踊跃提问，两位嘉宾热情回应，一一作答，精彩之处赢得全场掌声雷动。值得一提的是，熊十力先生的长孙熊申先生也从山东赶到讲读会现场，上台与听众分享熊氏哲学在传承和发展过程中的趣闻轶事，更是加深了大家对熊十力先生哲学的认知。

望道讲读会开讲“中国现代逻辑学与知识论的开拓者金岳霖”

8 月 19 日下午，在上海市社联群言厅，由市社联、市新闻出版局共同主办的“望道讲读会”2015 上海书展特别学术讲座第二场“金岳霖：中国现代逻辑学与知识论的开拓者——纪念金岳霖诞辰 120 周年”举行。特邀北京大学人文学部委员、民进中央常委，北京市哲学学会会长胡军教授担任主讲嘉宾，华东师范大学现代思想文化研究所研究员、中国哲学教研室主任贡华南教授担任对话嘉宾，上海市儒学研究会秘书长李耐儒担任主持。逾百名社会各界听众现场聆听了讲座。

胡军教授认为金岳霖先生的思考能力极强，盛赞其“化简为繁”的研究模式。在回顾其生平与简历的过程中，揭示了金先生留学期间从学习商业入门转向政治学，最终扎根哲学的路径。在胡军看来，金岳霖先生是在中国传播现代逻辑的第一人。著作有《逻辑》(1935 年出版)、《论道》(1940 年出版)、《知识论》(1948 年完成、1983 年出版)，其间还完成了 60 余篇学术论文。

胡军对金岳霖先生的学术贡献有四点评价：一是率先在国内引进了现代数理逻辑。逻辑是思维的工具，现代人的思维，尤其是哲学思想体系必须要遵循严格的思维规则，金岳霖引进逻辑学有着重要的意义。二是金岳霖的哲学思想包括了形上学、认识论和逻辑学三大学科，没有后两者作为基础，形上学涉及的种种问题不可能有深入的讨论和解决。三是由于重视知识论和逻辑学的研究，所以金岳霖的哲学体系也就有了很鲜明而一贯的形式系统，重视哲学思想表达的系统化是中国哲学现代化的一个很重要的内容。四是金岳霖是中国哲学界知识论领域的开拓者，是打破中国哲学认识论意识不发达状况的第一人。

胡军提出，金岳霖的哲学思想对现代有四个启示：一要有相对明确的问题意识，而不能长期停留在过于模糊不清的宏大主题的叙事领域之中；二要对明确的问题进行系统有效的论证，思想要紧跟论证的过程走，而不是紧跟圣人或老师或权威走；三要不断培养和提高我们自己的哲学方法论意识，在知识论研究领域不断有新的突破；四是哲学思想的研究要有相关学科的背景知识，否则就不免流于概念的分析游戏。

胡军指出，将逻辑学当作哲学思考、思想、论辩的工具，不断完善知识分类，创立分级学科，引领跨学科交流，才是中华民族文化复兴的正确思路。

贡华南教授以“金岳霖的逻辑、知识与道”为题阐释了他对金先生理论的理解。他认为，金岳霖先生把逻辑学、知识论领入中国，使它们与道连接，让道领养了逻辑学、知识论。逻辑学与知识论并没有先行规定道，相反，逻辑、知识只能由道获得根据，道被领会为逻辑、知识真正的，也是唯一的起点、根基与归宿。

贡华南认为，中国古典思想分别经历了道的形上化、本体化、天理化，20 世纪中国哲学则进入道的名理化阶段，此道路为金先生开创。《论道》并不是一部哲学史著作，但“道”这个字已经让现代契接上了古典，由此让中国现代哲学有了新的开端、新的方向与新的归宿。

贡华南提出在努力以名理表达道的同时，金先生也努力让“道”充满中国味道，也就是道的意味化。一方面保留了传统汉字的概念引发内在的共鸣；另一方面将“意味”主题化，并将之贯穿于元学与知识论的体系之中。对意味的关注使金岳霖在对知识的研究过程中突破了知识论态度，开启了知识与“箴言”“规则”“有选择的智慧”之间沟通的可能性。同时，对意义与意味的双重关注也使金先生超越了纯粹逻辑的视域。

贡华南最后评价：金先生一方面努力将“道”名理化（以名理表达道），另一方面，将“道”意味化（承认道有味），这个思路内在十足的紧张，但恰恰是此巨大的张力将中国哲学推向崭新的境界。

两位教授的演讲旁征博引、抛砖引玉，收获了现场听众的热烈提问，其中上海市伦理学会副会长邵龙宝对于中国古代也有知识论、认识论，其与西方的体系是否可以互补、创新的提问引发了嘉宾们的又一轮激烈探讨。有听众评价：“对话环节的思想碰撞，使整场活动看点十足，将现场氛围推向了高潮。”

望道讲读会开讲“现代中国哲学的杰出开拓者冯契”

今年是冯契诞辰 100 周年，望道讲读会以“北斗错落长庚明——20 世纪中国的思想天空”为主题的系列演讲中推出熊十力、金岳霖、冯友兰、冯契四位分别诞辰 130 周年、120 周年、110 周年、100 周年的哲学家，冯契是第三讲。8 月 20 日上午，复旦大学张汝伦教授应邀在上海市社联群言厅作了“冯契：现代中国哲学的杰出开拓者”的主旨演讲，与听众分享了冯契先生的高尚人格和他的学术贡献，上海师范大学副教授蔡志栋作为对话嘉宾也与听众分享了自己对冯契思想的阐释和新的探索，上海广播电视台《道·理》《新闻夜线》主持人林牧茵主持了本场讲读会。

张汝伦开篇就对冯契先生作出了高度的评价，他认为冯契提出的《广义认识论》，是 20 世纪下半年以来中国哲学最高成就之一，而从现代哲学的要求来讲，冯契先生的哲学工作和哲学思想应该是未来中国哲学发展的方向。

演讲从中国哲学的身份说起。张教授提到，中国现代哲学是西方哲学进来后产生的，中国传统的学术分类中没有哲学，“哲学”这两个字也是由日本哲学家翻译而来。而西方的哲学从内容上、方法上、形态上和中国古代的思想存在很大的不同。所以张教授说：“第一代、第二代的中国现代哲学家他们焦虑的问题是什么叫中国哲学，如何来理解中国哲学和发展中国哲学。”

当时大家有一个共识是：未来的中国哲学一定是在融会贯通中西哲学精髓的基础上发挥具有原创意义的中国哲学。张教授分析了 20 世纪四位哲学家，靠传统最深最近的熊十力先生反复教导学生先读西哲，但他没有出国，不懂外语；冯友兰和金岳霖留学西方，会自觉运用西方资源、方法和思想，但金岳霖是从政治学转到哲学的，而冯友兰用的是中体西用的方法。只有冯契具有得天独厚的条件，接受了系统的中西哲学学习和培训，而且参加革命后又接受了马克思主义。张教授再次强调，“冯契先生的哲学思想真正融通了中西马三个哲学成分，而且推陈出原创性的哲学思想。所以说，他做出的哲学工作在我看来至少到目前为止是不可替代的。”

张教授认为，冯契的广义认识论，是在现代中国哲学与西方哲学交汇后产生的种种紧张背景下形成的。在冯契看来，近代中国思想文化最根本的问题是“古今中西”之争，这个“古今中西”之争表现在哲学中，就是科学主义和人文主义、实证主义和非理性主义、中国传统哲学和西方哲学之间的对立和紧张，对冯契这样的马克思主义者来说，还有马克思主义和非马克思主义的关系问题。

张教授认为，冯契与其师金岳霖在认识论上的分歧，一开始有着超出认识论问题本身的深层背景。金岳霖看来，哲学可以分为两大部分，一部分差不多完全是理性的，另一部分不完全是理性的。前者靠分析靠批评，后者靠综合靠创作。前者近乎科学，后者近乎宗教。前者为知识论，后者为元学。金先生还认为研究知识论和研究元学的态度是不一样的，因为研究知识论可以站在知识对象的范围外，可以暂时忘记我是人。凡是问题牵扯到人的时候，可以用冷静的态度看待它。研究元学则不然，我虽可以忘记我是人，而我不能忘记“天地与我并生，万物与我为一”，我不仅在研究对象上求理智的了解，而且在研究底结果上求情感的满足。冯契对此表示疑问，在他看来，理智并非“干燥的光”，认识论也不能离开“整个的人”，金岳霖的做法是把认识和智慧截然割裂开来了，从而难以找到由知识到智慧的桥梁，也无法解决科学和人生脱节的问题。对金岳霖处理知识论问题的疑问和不满促成了冯契广义认识论的产生。

张教授认为，冯契的广义认识论打通了知识论和元学，熔二者于一炉。换言之，是将元学（形而上学）的问题纳入认识论，将元学作为认识论的高级阶段。认识论不能不讨论人的自由问题，所以一定要把认识论的研究范围从知识扩展到智慧。因为智慧与人的自由发展有内在关系。而广义认识论，就是要“阐明从无知到知，从知识到智慧的认识的辩证法”。冯契认识论的问题主要有四个：1.感觉能否给予客观存在。2.理论思维能否把握具体真理。3.逻辑思维能否把握具体的真理。4.理想人格和自由人格如何培养。冯契认为，“广义的认识论”不应限于知识的理论，而且应该研究智慧的学说，要讨论“理想人格如何培养”的问题。

冯契把他的广义认识论又称为“智慧说”。张教授认为，冯契心目中的智慧有古代儒家讲的圣智，也有佛教讲的波罗和希腊人的爱智。冯先生自己说智慧是一种哲理，既有关于人生宇宙根本原理的认识，关于德性和天道的理论。冯契关于智慧的晚年定论有三个：1.智慧是关于天道、人道的根本原理认识，是关于整体的认识。这种认识是具体的。2.智慧是德性自由的表示，也是人的本质力量和人的个性自由表现。3.转知成智是一种理性的直觉。他认为转知成智是一个统一的认识的全过程。这个过程分成两个方面，一个方面是从知识到智慧的飞跃。另外一个方面是德性的治正。

张教授对冯契先生作了高度的评价：冯契是中国哲学史上第一个对智慧系统论述的哲学家，他将智慧等同于哲学和形而上学，实际上建立了一个以智慧学说为核心的哲学体系，大大丰富了中国哲学关于智慧的思想。他结合中西哲学的思想资源，阐明了智慧与知识和意见的关系，用智慧打通传统认识论与形而上学的壁垒，赋予认识论形而上学的地位，并为认识论向实践哲学过度，变成一个基础。凡此种种都是冯契先生对于中国哲学研究的重要贡献。由于历史原因，冯契先生被耽误了很多时间，无法将他的哲学思想充分完整的表达出来。但从他现在留给我们的著作中还是可以看到他的哲学思想的基本特征和成就。

第一，冯契先生的哲学真正贯彻了中国传统天人合一的主张，他讲的天道不是形而上学的本体，而是现实之道，是现实生活中活生生的理想和真理。

第二，冯契先生把培养理想人格作为哲学的重要问题提出是贯彻了中国传统哲学知行合一的传统。冯契先生哲学是实践的理论：一是化理论为方法，贯彻于自己的活动和研究领域;一是化理论为德行,化自己的德性具体化为有血有肉的人格。

第三,冯契先生的哲学具有犀利的批判性。他批判了封建统治中儒学独尊和前卫主义走向了反面,成为相对主义和虚无主义;批判了权力、金钱成为了利化的力量,反过来支配人的社会现象等等。

冯契先生的文集 11 卷本,华东师范大学出版了 360 万字,冯契先生的思想和著作体量是非常巨大的。张汝伦教授抽丝剥茧,用一个小时时间阐释了冯契先生的哲学体系,为大家奉上了一场思想的盛宴。

望道讲读会开讲“一位真正具有国际影响的现代中国哲学家冯友兰”

冯友兰：把中国哲学从近代推向现代

8月20日下午，2015年上海书展特别学术讲座·望道讲读会上，“北斗错落长庚明——20世纪中国的思想天空”系列主题演讲推出压轴之作“冯友兰：一位真正具有国际影响的现代中国哲学家——纪念冯友兰诞辰120周年”。原武汉大学哲学系副主任、冯友兰研究专家田文军教授主讲，复旦大学哲学学院中国哲学教研室主任郭晓东教授任对话嘉宾，“48后”与“70后”的两代学人带领听众共同走入冯友兰的哲学世界。

学业与交游：家承“三世文采” 外结硕儒西哲

每一个人的学术成就都离不开自己生活的时代与环境。田文军认为冯友兰在哲学上的造诣与成就与他的家庭、学业、交游都有密切关系。

不同于本次系列主题演讲的其他纪念学者，“冯友兰是完全按照传统的中国读书人的道路完成自己的学业的”，田文军辨析：熊十力自学成才，金岳霖早期专攻他业，而看似志业相似的冯契，其学习经历也略为逊色。在近百年的人生中，读书、教书、做学问，冯友兰一辈子未改其业；不断架构完善的中西哲学知识系统，在传统旧知识分子的路上走出了不传统的方向。1895甲午之年，冯友兰出生于河南唐河祁仪镇“复盛馆”冯家。6岁始学，十年家塾熏陶，后考取上海中国公学完成中学课程。1915年进入北京大学，四年后考取美国哥伦比亚大学，进研究院学习西方哲学。田文军评价此为“非常整齐的中西求学历程”。

学贯中西的知识结构，使冯友兰先生成名早，影响大。他的学术活动集中于中西哲学、中西哲学史与广义的中西文化比较等领域。田文军认为其思想系统蕴含两大学术传统，一为中国的儒家学说，特别是程朱理学；一为西方的柏拉图主义，新实在论哲学。两种传统在冯友兰的学术研究中交汇、整合，融为一体，得益于其完整的中西方学术训练和中西贯通的知识结构。

“三史释古今”：冯、胡“同门不同路”

在哲学史研究中，冯友兰的学术成果主要见诸三本著作——20世纪30年代的《中国哲学史》（两卷本）、40年代的《中国哲学简史》以及晚年的《中国哲学史新编》。此外，冯友兰还有多种中西哲学史著作。田文军介绍，其中《中国哲学史》（两卷本）被翻译为英语、日语、法语、意大利语、南斯拉夫语、韩语等多种文字出版。现任韩国总统朴槿惠曾视该书为自己的人生导师，认为该书让她领悟到了如何自正其身，如何善良正直地活着，其国际影响力可见一斑。

众所周知，胡适与冯友兰曾同从师杜威，二人却走上了两条截然不同的写史之路。郭晓东分析，1919 年胡适《中国哲学史大纲》（卷上）虽不完整，实质也为当时该学科划定了一个基本轮廓，但郭晓东认为该书存在的最大问题即胡适所持的全盘西化观点。冯友兰称其为“疑古派”。冯友兰将自己的写作方法称为“释古”——古代的哲学著作，其价值不在于真伪，而在于内容价值。他认为哲学家的使命便是通过对其不断的解释，重构古代文化遗产意义。郭晓东举例，如《列子》虽为先秦伪书，但书中材料体现出的却是一部极佳的魏晋时代哲学史著作。

“阐旧邦以辅新命”，《中国哲学史》的开笔之时正值“九一八”事变，虽其后有海外游学经历，但冯友兰的写作中注重对中国固有文化的挖掘、整理和阐述，与胡适的崇尚西化背道而驰。文化保守主义与释古方法下，他力求彰显出中国传统文化光明、美好的一面，从而同仇敌忾，救亡图存。著名历史学者陈寅恪曾评价冯友兰对中国文化有“了解之同情”，而这与钱穆在《国史大纲》序中提出的对传统思想保有的“温情与敬意”不谋而合。

“六书纪贞元”：半个世纪前的预言

由论入史，因史成论。冯友兰认为，哲学史的研究可以帮助哲学家了解历史上的人们对某一个哲学问题的思考，对于人类精神生活的直接观察和体会，则有助于哲学家确立自己对于某一哲学问题的解答。因此除了在哲学史工作上倾注心血，冯友兰的“新理学”建构同样出彩。《新理学》《新事论》《新原人》《新世训》《新原道》《新知言》这六本以“新”开头的著作，构成了冯友兰完整的哲学思想系统。因强调抗日战争时期为中华民族复兴的“贞元之际”，冯友兰将六书称之为“贞元之际所著书”。

今日眼光看“冯学”：中国哲学何去何从

田文军专攻“冯学”多年，学术成果丰硕。在他看来，冯友兰毕生从事哲学、哲学史研究，一生中都在注意不断完善自己的哲学史研究方法。

冯友兰晚年非常注重对哲学史研究对象和范围的思考。“文革”后，冯友兰继续写作《中国哲学史新编》，强调哲学史需要不断重写，才能使写成的哲学史不断接近哲学发展历史的真实，这种观念实际上构成了冯友兰一生坚持哲学史研究的思想动力。从整个现代中国哲学的大背景看，冯友兰对于变革传统的思维方式也十分自觉。田文军指出，冯友兰认定的哲学特点为“思”与“辨”，因此，他极力主张中国人在哲学活动中应借鉴西方哲学中的理性主义传统，强调逻辑分析。“像今天那些结论很多，分析论证很少的哲学或哲学史研究成果，冯先生会非常反对。”田文军感慨地说。

（资料来源：文汇讲堂）

文化上海系列讲座

东方讲坛推出文化上海系列讲座

10 月 23 日,东方讲坛·汇讲坛文化上海主题系列讲座“江河入海流——多维视野下的上海城市文明”首讲在龙美术馆(西岸馆)举行。上海市人大常委、教科文卫委员会副主任委员陈燮君作题为“苏州河、黄浦江与上海工业文明”的演讲。

东方讲坛·汇讲坛文化上海主题系列讲座由上海市社联与中共徐汇区委宣传部联合推出,系列讲座聚焦上海的两条母亲——苏州河和黄浦江的历史人文,邀请陈燮君、苏智良、潘君祥、邢建榕、钱宗灏、熊月之、戴鞍钢、满志敏 8 位著名学者讲述上海母亲河的地理文化历史,从而展示百年上海独有的城市性格、工业商贸文明及海派文化的嬗变形成。讲座将持续至 12 月 6 日,每周一至两讲,共 8 讲。

为将文化上海主题系列讲座的声音传播得更为深远,主办方将对所有讲座进行全程视频拍摄,通过东方网视频直播以及东方讲坛微信同步直播,让文化讲座与更多的听众一起溯源历史文脉,唤醒文化记忆,传承城市精神,分享城市的光荣与梦想。

陈燮君:700 年前的水闸遗址,留给上海的文化之谜

10 月 24 日,由上海市社联、中共徐汇区委宣传部共同举办的“东方讲坛·汇讲坛”文化上海主题系列讲座开讲。陈燮君主讲首期讲座《苏州河、黄浦江与上海工业文明》,从上海的母亲河追溯这座城市的文化记忆。以下为讲座内容节选。

2001 年 5 月 1 日,位于志丹路、延长西路交叉处的志丹苑民居正在紧张地施工。打钻的时候,钻头怎样也钻不下去,当时的施工承包商是一位文物爱好者,他不禁自言自语道:会不会在地下挖出上海的大宝贝?

于是,他又找来一个大钻头,想勘察一下地下究竟有没有宝贝。结果一钻头下去,真的探出了上海 700 年前的一座宏伟建筑。后来,我们才知道这个元代水闸遗址最深的地方离地面才 11 米,当时在什么都不知道的情况下,一钻头下去,居然没有破坏任何结构,这真是万幸。

这个元代水闸遗址,当时钻头探到的部分是石块,石块与石块之间用铁钉铆住,石块下面有木块,木块下面是木柱。整个空间大小为 1 500 平方米。从水利工程来讲,这样的面积已经算是不小了。

最让人震撼的是木柱。在那 1 500 平方米的泥浆里,露出很多柱子,其中最短的是 4 米,最长的 7 米,平均是 5—6 米。一共有多少根?有整整 1 万根。让我们想象一下,元代的时候,1 500 平方米的建筑中有 1 万根立柱。如果把一根立柱看成是一个生命体,1 万根立柱,组合成了偌大的生命方舟,这是何等的壮观!

那么,元代水闸是怎样运作的呢?它和我们今天所讲的苏州河文明有一个什么样的关系?

苏州河当年叫吴淞江,而这个元代水闸正是位于一条吴淞江支流上。吴淞江也被称为松陵江、笠泽江。这个吴淞江,它的名称最早是从什么时候叫起的呢?我们可以追溯到 1278 年。公元 1278 年,当时的华亭府改称为松江府以后,就把吴淞江这个名称给冠名了。所以,当年的吴淞江,催生了几乎大半个古代上海,它是上海的母亲河。当年这条河的河面是很宽的,而黄浦江江面则是很窄的。

志丹苑水闸遗址的发现,证明上海早在 700 多年以前就有了大规模的水利工程建设,它也是上海航运史最早的实物见证。

我们再来讲讲这个元代水闸的工作原理。总的来说,它是利用潮汐原理来进行工作的。所谓潮汐,一是涨潮,一是退潮。涨潮的时候,水不断地流进这个支流,同时会把泥沙一块儿带进来,水位不断地上涨。这个水利工程中有两个石柱,石柱当中有两个凹槽,也

就是一块石门板，水位涨到最高点时，石门板就开始下落，把水流一分为二。

等到退潮的时候，石门板的一边水位渐渐降低，降到一定高度时，再把石门板拉起。这时，由于不同水位造成的水压冲击，急速冲下来的流水会把积淤的泥沙一起冲掉，整个水闸的工作原理就是这样。但是，毕竟是仅仅靠自然力、水力在冲刷，久而久之，淤泥、黄沙越积越厚，最后，水闸已经不能把泥沙给冲掉，这个水利工程就被废弃了。

那么，这个元代水闸遗址可以告诉我们一些什么样的文化之谜？除了告诉我们，当年这是吴淞江的一个支流上的水利工程，它还能告诉我们一些什么呢？

首先，它告诉我们河道是会“走路”的，河道是会变迁的。我们也许从小就有这样的概念，但是今天实实在在地了解了这个道理。因为当年，这里既然是吴淞江一个支流上的水利工程，就肯定有河道，是水的所在地。但今天，我们的苏州河也就是过去的吴淞江，离志丹苑整整有 1 000 米开外。也就是说，上海这座城市经过了 700 年时间，河道发生了巨大的变迁。

其次，700 多年前这个水利工程是谁造的？这个人叫任仁发。我对这个名字很熟悉，因为 2002 年的时候上海博物馆第一次办国宝展，一共 72 件国宝，其中一件就是任仁发的画。过了 10 年，到 2012 年上海博物馆 60 周年大庆，我们搞了第三次国宝展，一共 66 件国宝，任仁发的一幅骏马图又入选了。

那么，任仁发是元代时的一名画家？不全是，用今天的话说，他正式的工作是一位水利工程师。这个位于志丹苑遗址的水闸工程，就是任仁发领衔建造的，他绝对是这个水利工程的领军人物。

700 多年前，在苏州河和黄浦江上有十大水利工程，这个志丹苑水闸就是十大水利工程之一。那么其他九大水利工程，到底在哪里？现在我们还搞不清楚。

但是，仅仅从志丹苑水闸遗址的工程质量来看，我们今天的人不得不汗颜。我在很多场合说过，我们今天动不动就颁奖，但是在工艺水准甚至管理水平上，700 年前的上海先民并不比我们今天差多少。比如，一万根木柱，每根木柱上都用毛笔写上编号，今天我们哪个工地钢筋水泥上面有编号？而且，因为它是一个水利工程，造完以后，水一放进来，它就永不见天日，做得粗糙不粗糙，是没人看得到的。但是考古发现告诉我们，这个工程地下的石头与石头之间的间隙、工艺水准，做得都精益求精。可以说，700 年前我们的先人一点都不输给今天的人。这个工地给今天的我们带来了很多的启示和感慨。

我今天为什么花那么长时间，把这个元代水闸遗址翻来覆去地讲？因为我们今天讲苏州河，讲吴淞江，可不是在玩概念，而是实实在在地触摸历史的温度。

现在志丹苑已经建立起了遗址博物馆，大家都应该去看看。

苏智良:海派文化最本质的特征是创新

10 月 27 日,由上海市社联与中共徐汇区委宣传部联合推出的"东方讲坛·汇讲坛"文化上海主题系列讲座接连开讲,听众们在专家学者的讲座中,溯源上海的历史文脉,分享城市的光荣与梦想。其中由上海师范大学人文与传播学院院长、都市文化研究中心研究员苏智良教授主讲的《上海水乡与上海海洋文明》,为我们讲述了充满人文经典、承载深厚底蕴的上海历史,让人感受海派文化的开放、卓越、睿智与谦和。

上海的简称"沪",原是一种捕鱼工具

上海是一座因水而生、因港而兴的城市。我们常说,上海的很多地理因素影响我们这座城市的发生及发展,这其中非常重要的因素,就是上海处于长江入海口和中国海岸线的中点,以及江南水乡的地理环境。

上海所处的这块陆地是在 6 000 到 7 000 年前因江海的作用逐渐堆积而成的,是一个冲积平原。上海的水系是如何成形的呢? 古太湖由三条江流入上海。最北边的是娄江,也叫做浏河,靠近上海江苏一带。中间一条是松江,也叫吴淞江(今天的苏州河),由太湖经苏州、昆山、上海一直到吴淞口入海。第三条就是现在的黄浦江,以前叫东江,明朝时经水系整合,才成了现在的样子。

自从有朝代以后,上海的历史不断更迭变换。周以后,上海所在的江南,主要是吴国和越国的领地,现在上海全境的大部分当时属于吴国。后来,越灭了吴,楚国东下又把越给灭了。这以后,江南就成了楚国贵族春申君的封地,上海"申"的简称就来自于春申君的"申"。

秦朝时,上海很大一部分属于海盐县。古代上海的农业颇为发达。到了汉代,上海的盐业兴起。上海近海,可以用海水煮盐,怎么煮? 古代的时候,私人制盐是犯法的,为了防止一家一户偷偷烧盐,于是就分别铸成几块铁块,到了烧盐的季节,几家合起来,才能把铁块烧铸成大铁锅来烧盐。上海今天很多的地名都跟烧盐有关,比如说宝山有大场,南汇有大团,还有一灶、三灶、四灶、六灶,这些灶就是烧盐的灶。

谁来烧盐呢? 烧盐是很辛苦的工作,而且是由国家控制、国家垄断的,所以当时上海人不愿意烧盐,于是国家规定,犯了罪、判了刑的人,送你"上海户口",到上海去烧盐。因此,那时"上海户口"是很容易得到的。

此外,上海的渔业很发达,出现了很多捕鱼工具,其中有一种叫做"扈"。最后上海的简称就用了简体的"沪",说明渔业在这个城市的发展中所占的重要性。

到了唐宋，上海最大的港口是青龙镇，它是松江主要的出海口。可能有人会问，上海怎么得名的呢？比较确切的一种说法，来源于松江。当年，松江是上海境内最大的河，它号称有 36 条小河，其中有两条小河是对应的，一条是下海浦，一条是上海浦。上海浦的位置大约在十六铺新开河那一带，当时最早的中心村落就在上海浦畔，因此我们这个城市的名字就被定为"上海"。

宋代时，有俚语叫做"天上天堂，地下苏杭"，从中可以知道，当时上海还不是江南的中心，江南的中心在苏杭。

到了元代，国家的航海贸易逐渐发展，建立了 7 个市舶司，这是管理海洋贸易的机构。上海也设立了市舶司，这说明当时上海的航海业有了很大的发展。至元年间，首先是华亭县升为华亭府，不久华亭府更名为松江府，再接着从华亭县分出一个新的县叫做上海县。这样，从宋代出现上海这个地名，一直到元代，上海独立成为一个县。

苏州河是祖母河，黄浦江是母亲河

明代对上海水系进行了改造，这对我们今天城市的发展起了非常重要的奠基作用。那么，它是怎么改造的呢？原来的东江也就是黄浦江，下游出现了淤塞，明代的时候就把它和吴淞江连接起来，就形成了今天的格局，吴淞江从外滩汇入东江，因为黄浦江（东江）的水流大，所以吴淞江就渐渐变成了黄浦江的一条支流。

曾经有这样的讨论，上海的母亲河到底是苏州河还是黄浦江？依我看，苏州河可能是上海的祖母河，更早一些。黄浦江是上海的母亲河。这两条河对上海都是极为重要的。

上海的海运非常发达，运送的主要是些什么特产呢？棉纺织品。元末的时候，上海出了一位了不起的妇女黄道婆，她从海南带回了先进的纺织技术，因此上海地区的棉纺织品因价廉物美而风靡全国。

上海的海运包括江河运输就此兴起，成为当时中国数一数二的港口。上海地区的船主要是沙船。沙船方头平底，载重量大，四平八稳，但是航速很慢，主要用于运货。当年上海云集了多少沙船？有 3 600 艘，可见上海的海运量非常大。

随着航运的兴起，人越聚越多，于是要建一个城。在元代的时候，尽管上海县已经建立，但上海城还没有。为什么？城的建立要中央政府批准。加上那个年代倭寇经常侵袭上海，老百姓的生命、财产都没有保障，大家强烈要求建城。

于是明代的时候，建立了上海城，虽不怎么宏伟，但比较规整。城市就建在黄浦江边，最初有六个城门，这些城门现在都成为上海重要的地理标志，比如小东门、老西门。还有三座水门，水门是跨在肇嘉浜河和方浜河上，当时的人们走亲访友坐小船，四通八达非常方便。

上海这座城，就在今天的人民路和中华路之间，里面有 60 多条河，大家想想，那时的河流有多么密集，坐一条小船可以到任何一个地方去。

航运需要灯塔，因为它具有指引功能。于是在高桥，堆土成为一座山，这座山上，白天举烟，晚上明火，使大家一看到这个灯塔，就知道上海要到了。这座山尽管是土山，但对航海者非常重要。这座山被称为"宝山"，宝山的地名就是这样来的。

有研究认为，1840 年上海是中国第一大港

如果要做统计，在座的听众中我估计有 70%—80%的人，祖先都是外来人口。当年，绝大部分上海人的祖先都是坐着小船，怀着创业的梦想来到上海的。所以这个水道和我们这座城市有着非常紧密的关系。

在近代上海的发展过程中，曾经有过很多民族工业，今天我着重讲三家洋务企业，它们对上海的影响很大。

第一家是江南制造局，演变为江南造船厂。这是一家官办企业，主要功能有两部分，一个是造船，还有一个是军工，造枪造炮，后来发展成清代最重要的造船厂和军工厂之一。

第二家企业是一家民用企业，由国家投资，叫作上海机器织布局。这是国家官办的第一家机器棉纺织工厂，建于 1889 年，因为需要大量的水和码头，因此工厂设在杨树浦。可惜后来毁于大火。

第三个是轮船招商局。这是轮船兴起以后，国家创建的第一家近代轮船航运公司。这个企业就建在外滩，作为一家民族企业，它一直跟洋人竞争，维护国家利益。

这几家企业都是建在江边的。

在黄浦江边，还有一条重要的道路就是外滩。外滩于 19 世纪 40 年代开始改造，原来是纤夫走的道路，旁边芦苇丛生，后来种了行道树，成为中国最早的近代化道路。再后来外滩逐渐发展起来，沿途有 20 多幢风格迥异的建筑，被称为“万国建筑博览会”。

19 世纪以后，长江全流域已经达到水深 10 米，所以当年比较大型的船只都可以进出黄浦江。那以后，上海不断疏浚黄浦江，到 1840 年，上海港口的吞吐量已经非常大，有人研究认为，当时上海就是中国第一大港。

海派文化最本质的特征就是创新

上海的文化，常常被称为海派文化。这个海派文化，实际上就是一种水的文化，是一种中西交流的文化，是一种农业文明和工业文明相结合的文明形态。

我举一个例子，在徐家汇南面，过去有一个土山湾，现在大家可能不太熟悉了。土山湾在 100 年前很出名，这个地方为什么出名？因为这里有一个天主教会办的机构，其中有一家孤儿院，这家孤儿院收养了很多被抛弃的中国孩子。这些孤儿长大以后，要学习一定的技能，于是旁边又建了一家工厂，这家工厂里有各种各样的工种，比如说雕刻，它的木雕非常出名。如今的土山湾博物馆里有一个木雕中国牌楼，当年曾代表中国参加过三届世博会，并且获得了世博会的金奖。

土山湾还被称为“中国西洋画摇篮”，从素描到油画，培养了很多人。像徐悲鸿这样蜚声中外的油画家，早年就在土山湾学习西洋绘画。任伯年是中国海派绘画的代表人物，他早年慕名到土山湾，在那里第一次接触到透视、比例等西洋绘画技巧。还有张充仁先生，他既是绘画大师也是雕塑大师，他同样也是在土山湾成长起来的。

对于海派文化，今天我们怎样来定义它的特质？我认为它最本质的特征，就是创新。海派就是见多识广，就是锐意创新，这也是上海文明的一个本质特征。从近代我们可以看到，无论在文化领域，还是在工业制造领域等方面，上海为我们这个民族和国家提供了大

量的创新产品。所以说,海派文化最本质的一个特征就是创新。

海派文化还有一个特征,就是多元。上海作为一个移民城市,汇聚着来自中国各地的人。上海的地方剧种滑稽戏当中,有一个基本功就是讲各地方言。我们如果在弄堂里长大,会看到有 72 家房客,其中有苏北人,有绍兴人,有广东人……所以,上海人的语言天赋也是很突出的,因为他们从小就接触这种多元文化。

多元文化会形成什么样的城市性格?就是比较宽容,有包容性。如说过年的时候,山东人和广东人过年肯定不一样,山东是孔孟之乡,比较传统有文化,广东则是一个商业文明比较发达的城市。但由于上海是移民城市,五方杂处,所以各种过年的风俗都在这里融合。

所以,海派文化,就是没有派别,没有限制。在海派文化里,每个个体都各具风格,各具风采,正是这种不整齐划一,不从众,形成了这座城市海纳百川的万千气象。

潘君祥：上海，中国沙船的故乡和母港

沙船的故乡是上海崇明。因为崇明多沙，所以诞生了沙船。

沙船是中国古代的四大船种之一。从南到北，四大船种包括广东广西的广船，福建的福船，浙江的浙船，江苏的沙船。其中，沙船的活动地域最广。

沙船的外形特征是平底、方头、方尾。从现代科技的角度来看，船头尖，则开得快。但在沙滩地区行驶的话，尖的船容易搁浅，还容易翻船。所以沙船的特点一定是平底的，头是方的，尾也是方的。

沙船的出现，在当时代表着一种先进的生产力。技术含量最高的一种沙船可以在海上运输，承担着从上海或者从江苏浏河到北京、天津这条航线上的航运，也就是说担当起了中国南北运输的重任。

那么，沙船的技术中有哪些是对中国以及世界的航运技术作出贡献的呢？

中国古代有一种造船技术，现在人们把它称为“水密隔舱”，大约发明于唐代。当时，中国的船和国外的不一样，是用隔舱板把船舱分成互不相通的一个一个舱区，这种船舶结构是中国在造船方面的一大发明。它有一个特点，如果有一个舱漏水了，没问题，把舱里的东西搬一搬，船舱修好后，船可以继续行驶，具有良好的抗沉性能。而西方船只直至公元 18 世纪才有水密隔舱。

沙船上还有一种技术叫减摇龙骨，也叫做梗水木，其作用是减轻船体摇摆，加强航行的稳定性。船的颠簸最危险的是横摇，超过一定角度就会翻船。中国的帆船上有一种减摇装置，就是减摇龙骨，这种装置对减少船舶的横摇起到了很大作用。而外国船只安装减摇龙骨始于 19 世纪前 25 年内，比中国晚了数百年。

第三种技术是大家都知道的指南针。指南针技术在历史上中国最早使用。世界上研究船史的人对于中国的指南针给予了非常高的评价。我举个例子，研究中国科学技术史的权威、英国科学史专家李约瑟曾指出，指南针在航海中的应用是航海技术方面的巨大变革，它把原始航海时代推到了终点，它的出现使航海进入一个新的时代。那是一个什么样的时代呢？李约瑟说，它预示着计量航海时代的来临。

此外，沙船上的摇橹效率也很高。古代人讲“一橹顶三桨”。古代中国人看到鱼在水里游，所以创造了橹。橹是中国船的特点，外国船没有橹，后来有人从中国的橹得到启发，发明了螺旋桨。沙船很大，船有十根橹，甚至二十根橹，这使得船前进的速度很快。

沙船利用风的技术也达到了极致，不仅能够利用顺风，还能够利用侧风。沙船上的帆可以组合起来，利用侧风前进，甚至对面来的偏风也能予以利用。当时上海到北方的航线就是利用春天开始刮南风进行的，基本上一年跑两次，最多跑三次，冬天就歇息了，因为冬天刮北风，风大浪急比较危险。

根据古代的航线图，上海的出海口在崇明，附近就是刘家港，早期在上海停的船大多是南方来的船，北方来的船停到刘家港，是分开的。元代的时候，上海到北方的航线已经有三条，都是沿海到山东半岛，再一直到天津、北京。古代人把海洋叫做"黑水洋"，因为沿海地区的海不是蓝色的，而是黄色的，很浑浊；过了一段距离以后，海洋出现了，水比较深，在太阳照耀下黑黑的一片，所以称作"黑水洋"。

从自然科学的角度来看，沙船的出现标志着一种先进的生产力，它对于中国的航运和世界的航运技术都有很大的贡献。所以，中国木帆船的制造运输技术以及海运技术，至今仍然值得我们研究，值得我们继承和发扬。

该讲座是 11 月 1 日由上海市历史博物馆原馆长潘君祥在上海龙美术馆所做讲座，是上海市社会科学界联合会与徐汇区委宣传部联合推出的"东方讲坛・汇讲坛"文化上海主题系列讲座之一。

（资料来源：《解放日报》）

邢建榕:苏州河曾经是怎样被污染的

11 月 8 日,作为由上海市社联与中共徐汇区委宣传部联合推出的“东方讲坛·汇讲坛”文化上海主题系列活动之一,上海市档案局副局长、研究员邢建榕在徐汇区龙美术馆作了题为“苏州河、黄浦江与上海城市传奇”的讲座。其中,邢建榕先生披露了苏州河以及黄浦江被污染的历史,并指出这与上海工业文明的起源有着密切的关系。

大家知道,苏州河有一段时间被污染得非常厉害,20 世纪七八十年代的时候,臭不可闻。实际上污染并不是解放以后才有的,20 世纪 30 年代开始就有污染。黄浦江也有污染,但因为它的河流比较宽、比较急,所以看上去相对好一点。事实上,上海的河流污染跟工业文明的起源有着密切的关系。

靠山吃山,靠海吃海,上海靠的就是一江一河。

上海工业文明的起源,先是以苏州河为主,主要是轻纺工业,面粉、纺织,这是两大上海的支柱工业,从 19 世纪末开始发展起来。

上海当时主要有两大财团。第一个是荣氏集团,可以说是上海最大的财团,也是中国最大的财团。主要有荣德生、荣宗敬、荣毅仁,以面粉、纺织为两大支柱;按照当时的说法,荣氏集团占了全国 1/3 以上的产量,包括面粉和纺织。

第二个财团是刘鸿生企业集团,主要从事煤炭、火柴、水泥、码头,其中最有名的就是大中华橡胶厂、火柴厂、中华煤球厂。

其他还有简照南、简玉阶两兄弟的烟草集团,永安集团,孙多森、孙多鑫两兄弟创办的阜丰面粉厂,等等。这些企业大都建在苏州河边。

再后来,随着大工业的推进,特别是杨树浦这一带大工业的发展,工业重心从苏州河转移到了黄浦江。杨树浦这一带集中了很多大型的水电煤企业。比如,杨树浦发电厂。

解放以后,杨树浦每年创造的利税占到上海的 1/6。上海创造的工业利税又占到全国的 1/6。实际上杨树浦这一个地方就占到全国的 1/36,这个量是非常大的,这么一个工业重镇,在全国都很罕见。

有了公用事业的发展,苏州河和黄浦江这两条河的污染速度就加快了。首先是苏州河的污染。20 世纪初,苏州河的水质还是非常干净的,从档案材料记录来看,1911 年造闸北自来水厂时,英国的工程师专门从苏州河 11 个取水口把水样送去化验,结果说苏州河的水质比泰晤士河要干净,稍微处理就可以饮用。

但到了 20 世纪 20 年代以后,污染就开始比较严重了。苏州河的污染主要是因为企业排污,一些纺织厂、印染厂、造纸厂,排污都很厉害。

到了20世纪40年代，污染已经非常严重。

当时苏州河边有一家江苏药水厂，这个药水厂是美国人开的企业，不过不是做药水，实际上是化工原料，就是硫酸、硝酸等东西，所以成了主要的污染源。

第二个污染主要来自于生活用水，大量的外来移民进入上海，他们生活在苏州河边上的棚户房里，有的人直接在船上生活，吃喝拉撒都在苏州河边上，生活污染也非常严重。

当时比较有名的作家叶灵凤曾经在一篇题为《煤烟河》的文章里这样写道："一条混沌的苏州河，西段几乎完全给工厂占住了，各种臭味，你简单连一分钟都不能停脚，两旁坐满了失业的游民，有几处桥脚下更永远堆着一些养路的沙石，近处白渡桥的一段空地，又是水果行、五金行的卸货码头，香蕉苹果、洋葱马铃薯以及铅丝铁梗更铺满了一地，肩扛往来，不要说散步，就连侧身闪过的机会都没有。"

这实际上反映了当时苏州河边居民生活的活生生的场景。

因为上海是一座典型的移民城市，人口迅速膨胀；另外，由于战争的原因，"一·二八"抗战，"八一三"抗战，这两场战争又造成了大量的河边难民居住区，造成大量的生活污染。

河流的污染与日俱增，国民党政府包括租界也都曾对苏州河进行治理，当然并未治理成功。

（资料来源：解放网）

钱宗灏:上海有一种精神,就是始终追求现代性

要建立一座沿江大城市,必须有很多设施作为它的基础。

1865 年,上海英商煤气公司成立。同年,上海安装了煤气路灯。当时的西藏路是一条叫"周泾"的河浜,在周泾河边上,建造了上海第一家火行。煤气灯,俗称"自来火",因为它的管道从地下通出,当时的人称之为"地火",所以把煤气公司称为"地火行"。地火行的营业所,后来长期是上海煤气公司的营业所,就在西藏路桥边上。这样,上海有了煤气。一开始的时候,煤气只供路上的照明,后来上海有了电灯,煤气才用于居民做饭。

1880 年,上海有了自来水。杨树浦自来水厂是英国人建造的,因为早期西方人到上海喝不惯这里的水。1883 年,英国人还特意请了北洋总督李鸿章到上海出席自来水厂放水的仪式。

1879 年,爱迪生发明了电灯。1885 年 7 月 26 日,英商上海电光公司制成弧光灯 15 盏,从南京路一直装到外滩虹口,是夜 7 时一起放明,《申报》曾以试燃电灯为题做了专题报道。后来在现在的南京路江西路口,建立了第一家发电厂。

到了 1913 年,工部局建造了杨树浦发电厂,有很多烟囱、很多运煤船在那里。1928 年,工部局财政困难,就把杨树浦发电厂卖给了美国摩根财团的国际商业机器公司,更名为上海美商电力公司。它一直是远东最大的工厂。

1835 年,美国画家莫尔斯发明了世界上第一台商用电报机。1871 年,丹国大北电报公司从香港铺设海底电缆到达上海,4 月 18 日沪港两地开通商业电报业务。6 月 6 日,《字林西报》收到了伦敦发来的第一份电讯。这让上海的商业环境发生了巨大的改变。因为新技术的应用带来了很大的变革,电报不通时,英国伦敦商业交易所里的行情传到上海要三个月。

1876 年,美国科学家贝尔发明了电话;1881 年,上海就有了电话。江西中路上有最早的电话大楼,当时所有的接线生都是中国人。

1881 年到 1908 年,上海开始发展电车。上海汽车时代的来临,给整个城市的面貌又带来了很大的变化。原来上海的道路都是软制的,是把 1/3 的石灰、1/3 的盐、1/3 的沙石混在一起。这种路上只能跑马车、人力车。汽车时代来临了之后,上海的道路改成了沥青路、水泥路。

20 世纪开始的时候,整个上海的市政面貌又发生了变化,原来的木桥承载不了电车,于是整个苏州河上所有 18 座桥全部都改成混凝土,包括外白渡桥改成了钢棚架桥。

当时英租界和法租界里的汽车行驶规则是不一样的。英租界里跟英国一样,电车和

汽车靠左行驶，但到了法租界又要靠右行驶。所以人从法租界到英租界，或者反向而行的时候，边上的人会提醒你，不要忘记交通规则。一直到 1945 年，抗日战争胜利后，整个上海的交通规则才变成全部靠右行驶。

我想说，历史上的上海曾经充当了整个中国近代化先驱的角色，而在近代化的进程中，上海与西方世界始终有着紧密的联系，并将自己的影响扩散到中国其他城市。

上海不像香港那样全盘西化，它是有选择地接受和吸收了西方文化，所以由上海传送出去的文化更容易被中国人接受，经上海消化过的现代化也更具有示范效应。

一直到当代，上海城市精神中有一种力量就是追求现代性。现代性与现代化不一样，现代化是变革的过程，是那些表面上能够看到的东西，比如说高楼大厦、高科技产品，而现代性是现代化成果所唤起的精神状态和思想面貌，它反过来可以促进和创造现代化。

上海是一座具有现代性的城市。

熊月之:谁是真正的上海人

由上海市社联与中共徐汇区委宣传部联合推出的“东方讲坛·汇讲坛”文化上海主题系列讲座,精彩连连。11 月 22 日,由上海市历史学会会长熊月之主讲的讲座,带领我们溯源历史文脉,感悟上海城市文化的发展与特质。

上海的人是从哪里来的

上海于 1843 年开埠。开埠前,只是中国一个普通的沿海城市。西方人讲到上海时,常常会讲,“上海是西方人来了以后才发展起来的”。这个话,也对也不对。1843 年的时候,根据量化研究的结果显示,上海在中国城市当中处于第 12 位,不算太大,但也不算很小。

开埠后,上海人口快速增长。到 1900 年后,人口超过 100 万;1915 年后,人口超过 200 万。我们都说上海是近代中国户籍大城市,那么,具体来说上海在近代中国城市中占有怎样的地位呢? 1947 年时,上海有 430 万人口,差不多是天津、北京、南京三座城市的人口总和。在 1949 年以前,人们在讲到中国城市时,一般不把上海跟其他的城市相比,因为它跟其他的城市不是一个等级。

总的来说,上海在 100 多年的时间里,从 20 多万人一直发展到 500 多万人,他们不是自然生长出来的,绝大多数是从外地来的。

那么,这些人是从哪里来的? 怎么来的?

1950 年 1 月的统计数据,大体上能反映当时上海人口的比例。在当时的上海人中,占第一位的是江苏人,第二位是浙江人,两者都超过 100 万人。然后是广东人、安徽人、山东人,均在 10 万人以上。再是湖北人、福建人、河南人、江西人和湖南人等。

上海也有国际移民,最多的时候超过 15 万人。在 1915 年前,以英国人为多;1915 年后,日本人占的比例大一些。那时候上海总共就几百万人口,所以当时外国人所占的比例远远高于今天。

通过黄浦江和苏州河,外地人由水路来到上海

清朝政府禁止人口流动,很多人一辈子的活动范围不超过本县内四五十里的路程。

而当政府控制失效的时候,人口流动开始变得剧烈起来。

上海崛起的时候,正好遇到了太平天国运动。太平天国运动历时十多年,对江南一带

造成了巨大的影响。江南这个地方，近代以前很少打仗，但太平天国运动造成江苏、浙江、安徽、江西一带战争频繁，战争的结果使得这里的人口锐减，人烟荒芜，原来的城镇都破败不堪。这一切，却给人口流动带来了契机。

人口流动从社会学角度来讲需要两个动因，一个是推力，一个是拉力。推力就是离开的动力，拉力就是有地方吸引你去。太平天国运动和小刀会起义，正好构成了江南人口移动的推力和拉力。

推力就是那个地方打仗了，人口就外逃，上海人中有很多是从苏州、无锡、常州、宁波来的，因为那些地方在打仗。而拉力是上海正好在发展，因为战争的缘故，很多人跑到了上海的租界。租界原来是外国人居住的，中国人不能进去居住，但是难民都向租界跑，于是租界在短时间内暴涨了十几万人，一下子繁荣发展起来。上海周边江苏苏州、无锡、常州，浙江宁波、杭州、绍兴、湖州这一带的人，发现上海这个地方有发展机会，就移民到了上海。

他们怎么来的？江南是一个水网，在铁路兴起以前，人口都是从水路过来的。铁路兴起以后，因为费用高，穷人大多数还是从水路过来。

我们常常讲黄浦江是上海的母亲河，苏州河是上海的母亲河。因为无论从什么地方来上海，这两条河都是必经之路。

来到上海的是些什么人呢？有穷人，有富人，80％以上都是普通农民。

只有先后之别，没有主客之分

那么多人来到上海，谁是上海人呢？

要解读上海人，有这样一句话：上海人，只有先后之别，没有主客之分。大家都只有先来后到的差别，而没有主人和客人的差别。在近代以前，上海是一个码头城市，码头城市的典型特征就是流动。

我举几个例子。清末上海推行地方自治，那个时候全国各地都实行地方自治，地方自治就是当地的人自己出钱，筑路造桥，进行地方管理。上海的地方自治大多是由福建、广东、江苏等地来到上海的商人主办的，他们理所当然作为上海人的代表进行这些活动。更主要的是，这些福建人、广东人、江苏人，都天经地义地认为自己是上海人。1903 年，清政府表彰一批在上海办学的有志之士，他们也全部都是从外地来的。

最有典型意义的是，在上海领导辛亥革命起义的领袖陈其美是湖州人，上海光复后担任第一任沪军都督，相当于上海最高的军政长官。全国其他地方领导当地起义的人士，都是出自当地，只有上海领导起义的是外地人。辛亥革命成功以后，在上海沪军都督府里做官的，也大多数是外地人。除了陈其美，伍廷芳是广东人，王一亭、虞恰卿是浙江人。

还有中共一大代表。当时代表上海参加会议的李汉俊和李达，一个是湖北人，一个是湖南人。他们两位到上海才三个月的时间，房子也刚刚盖起来不久。

所以说，所谓上海人，只有先后之别，没有主客之分。上海是一个大城市，人们来的来，走的走，能够在这里留下来的人，就变成了上海的居民，就会对这座城市有很强的认同感。

经不起竞争，在上海滩就立不了足

在我看来，这些来到上海的移民，大多有以下几个特点：

一是刚健有为。所谓刚健有为，就是不安于现状。安于现状的人不会移民，只会呆在原来的土地上；而想流动又敢于流动的人，无论去到哪里，都希望改变现状。

二是年轻人居多。年轻人因为想闯出一片新的天地，所以乐于来到未知的世界，而年纪大的人则比较安于现状。

三是男性为多。因为，那个时代是男性为主的时代。

这些新来的移民都敢于竞争。你来到上海，无论是拉黄包车，还是开理发店、开饭店，都一定要经得起竞争，如果经不起竞争，在上海滩就立不了足。这使得有才华的人才能在这座城市里生存下来。

不同地方的人、不同的文化在这里交流，促进了城市的文化发展，也成为促进一个人能力提升的极好的环境。

交流对于一个民族、对于一个人有怎样的价值呢？教育本身就是提供差异性，每个人都不一样。差异性让你找到差距，你会发现自己什么地方不如别人，就会去追赶，因此，移民社会一定是一个善于学习的社会，也一定是一个勇于创新的社会。

我在这里特别强调创新，因为上海在近代史上创新是最大的特色。

除了竞争刺激创新，环境也促进创新。上海连通全国各地，信息快捷，机会多，成本低。比如，三友实业社、天厨味精厂，没有一个不是在创新中独辟蹊径、脱颖而出的。

上海人具有双重认同感

上海人的一个重要特点，就是具有双重认同感。

上海的移民，跟香港、天津的有很大不同。我们知道香港也是移民社会，但是，因为那里的移民是以广东人为主，构成了讲广东话的氛围，后来的人去了以后，都不能不服从那里的语言习惯。天津也是移民城市，但主要是华北地区的人，天津话跟北方官话没有太大的差异。

上海的情况就不一样了。上海除了有来自苏浙皖这一带的移民，还有来自广东、福建等更远地方的人，因此它的移民异质程度更高。异质程度高，就使得人的差异程度更大，从而使得文化交流的机会更多。并且，这还造成了上海人的双重认同。

老上海人都知道，以前我们到单位里都说上海话，说大家都认可的上海话；但回到家里会说家乡话，会跟自己的老家保持比较密切的关系。这种既对上海又对家乡的认同性，就是所谓的双重认同。

老上海人的双重认同的特点非常明显。在一般情况下，你问他是哪里人？他通常会说自己是宁波人、绍兴人、淮安人什么的。但是当他到外地去的时候，你问他是哪里的，他会说我是上海的。20 世纪 60 年代上海知青到外地去，在上海的时候他还认同自己是宁波人或淮安人，但一插队落户到外地，他就变成了上海人，说一口上海话，而别人也会认同他上海人的身份。

这种双重认同，使得上海在近代史上一直保持着跟全国各地有机联系的突出特点。

举几个例子，比如说老上海人都知道的“四大百货公司”——先施公司、永安公司、新新公司、大新公司，它们都是广东香山人开的。曾担任上海总商会会长的虞恰卿是宁波人，他创办了中国第一家私营银行，还成立了宁绍、三北、宁兴、鸿安四家轮船公司，便于从上海到宁波之间的贸易往来。过去，在上海做山东生意的通常是山东人，做福建生意的通常是福建人。

双重认同，对爱国主义思想的形成有着极大的关联。以前讲上海人，常常说上海人崇洋媚外，但是我要说，上海人是崇洋的，崇尚西方现代化的东西，但是上海人从来不媚外。上海人天生都有爱国的根基，因为双重认同的特点，使得上海人对于中国各个地方的事情都很关心。

1905 年，作为美国《排华法案》的补充，中美关于《限制来美华工条约》的续约谈判在北京举行。对此，上海总商会做出了抵制美货的决定，通电全国，大商人们签字不订美货，老百姓们高呼保证不买、不用美货。其实细查一下，上海抵制美货运动的领导者，不是福建人就是广东人，因为他们跟美洲华人的关系非常紧密。这个事情很典型地反映出，在一个移民社会中“双重认同”带来的巨大影响。

自我批评，是上海文化的一个可贵之处

上海的文化是多元的，在上海要吃什么菜都有，要看什么戏都有，什么样的风俗都有。我是苏北人，我爱听淮戏；你是绍兴人，你爱吃绍兴菜，但都不能排斥别人。因此，从文化整体来看，上海能够包容各种各样的文化。

文化宽容和文化多元同时存在，给上海的文化带来一个非常重要的特质，那就是上海的文化比较容易自我批评。

我经常参加有关上海主题的会议，在会上看到一些激烈批评上海文化的人，你去问他，他可能就是在上海出生的，他父亲也可能是在上海出生的。我反复琢磨这种文化现象，发现这是上海文化最可贵的地方。

全世界的文化，只有纽约文化跟上海很像。你去纽约就会发现，怎么骂纽约人，纽约人都不生气，说骂得好，我们改进。这跟上海差不多。20 世纪 30 年代的时候，北京的文化人骂上海海派文化。后来，鲁迅先生出来讲话，他写了《“京派”与“海派”》一文。鲁迅先生是怎么说的呢？对于京派和海派，他各打五十大板。至于鲁迅先生自己，他也从不承认自己是海派，因为他也是自外地来的。

同样，当有人对海派进行批评的时候，上海的文人都一转身，上海没有一个是海派文人。因为大家其实都从五湖四海而来。

这种特质，使得上海的文化经得起批评，并不断在批评声中向前走。

移民文化与创新有着天然的联系

经常有人问我，海派文化到底有哪些特点？

我总结了一下，有以下几点。第一，趋利性和商业性。这跟利益有关系，因为是商业城市，人们要赚取利润。第二，世俗性或大众性。第三，灵活性或多变性。灵活是因为要

适应市场不断的改变。第四,开放性和世界性。在很长一段时间里,中国的经济发展水平落后于西方发达国家,跟西方保持密切的联系,本身就是一种创新的渠道。

以上四点都与上海这个移民城市有着密切的关联。

外地朋友还经常说,上海人看不起外地人。这是凭空捏造的吗?不是。这是事出有因。

上海的移民传统,曾经在一段时间里中断了。中断的时间大约是从 1958 年到 1990 年。

1949 年,新中国成立了。上海由原来的商业城市变成一个工业城市,由原来流动的城市变成相对静止的城市,由原来市场经济的城市变成了计划经济的城市。当时的上海是全国为数不多的工业基础比较好的城市,全国各地输送到上海的农副产品是低附加值的原材料的产品,而上海走向全国的是高科技的高附加值的轻工业产品,利润比较高。这造成的结果是,上海人能干。

当时国家在其他地方发展,需要技术人员,常常是从上海抽调,因为上海人有技术、会管理。物品匮乏的时候,大家也喜欢来上海买东西,因为上海的东西质量好又便宜。正是在这种差异化的状态下,渐渐形成了一个上海人看不起外地人的观念。

改革开放后,上海又一次发生了巨大的变化,越来越多的新上海人搬迁到了上海。今天,上海一共有 2 400 多万人口,其中有 1 000 万人,也就是 40%左右的人是新上海人。

如今,创新创业是当下的热潮,国家大力提倡建设创新型城市,上海理应担当起领头羊的角色,因为,从历史到当下,上海的移民文化都与创新有着天然的联系。

(资料来源:《解放日报》)

戴鞍钢:当年开埠为何选上海

鸦片战争失败以后,在《南京条约》的谈判过程中,清政府官员其实很担心,他们担心什么?他们担心外国人确定通商口岸的时候,会提出开放苏州府,因为当时在清政府看来,苏州和杭州的重要性远远超过了上海。结果没料到,外国人忽略了苏州和杭州,点中了上海,要求上海开埠,这说明什么问题?不同的眼光,决定了衡量一个城市重要与否的尺度不一样。

《南京条约》最后商定,中国有五个城市对外通商,是哪五个城市?从南到北,分别是广州、厦门、福州、宁波、上海。这五个城市的行政级别是不一样的,广州、福州是省城,厦门、宁波是府城,只有上海是一个县城。

当时的中国政府还是眼光内向,着眼于内河航运。但大家知道,外国势力是从海上来的,整个世界从工业革命以后已经进入蒸汽时代、轮船时代、海洋时代,所以转换一下眼光,从海洋时代来看上海,当然上海的地位远比苏州和杭州重要,所以最后的结果是上海开埠。

这说明外国人在华经济布局的过程中,上海是他们志在必得的地方。那么,他们知不知道苏州和杭州?他们当然知道。就当时的城市繁华程度来讲,上海确实不如苏州。但从海洋时代的眼光来看,上海的经济潜力远远超过苏州。

外国人之所以看中上海,就是因为它有优良的海港条件。1843 年上海港开埠以后,迅速超过广州港,这是很罕见的。因为大家知道,一种经济现象不是短时间内能够形成的,很难想象上海 1843 年开埠以后到 1853 年,10 年后就取代广州成为中国内外贸易第一大港。原因是什么?因为鸦片战争以前,清政府强行规定,所有的出口商品都要通过广州,所以叫做广州一口通商。当时的出口产品主要是两项,一个是丝,一个是茶。丝和茶的主要产地都在上海附近,但在当时一口通商制度下,上海地区的丝、茶要千里迢迢、翻山越岭、水路兼程运到广东。五口通商后,这个障碍被打破了,上海的经济潜力得以较为充分地发挥。上海成为第一大港之后,100 多年间地位没有动摇,从某种程度上这是客观经济规律作用的结果。

同时,我还要强调的是,近代上海港成为内外贸易第一大港,跟上海内河航运业的发达有着极其重要的关系。简单来讲,大量的外国货物运到上海之后,如果卖不出去、运不出去,那也是白搭。上海的重要在于它对外可以通达世界各国,对内可以走向中国的南北各地。之所以有这样的底气,就是因为,第一它靠海,第二它有母亲河以及和母亲河相关的蜘蛛网一般纵横交错的内河水系。从内河运输的角度来讲,小轮船的出现是一个革命性的变革。内河的小轮船载重量少，吃水比较浅，抗御风浪的能力比较低，它们显然不适合黄浦江，但比较适合苏州河等内河。当时上海主要的运输工具是拖轮，一条船装不了多少东西，但是一条船可以拖十几条木船，就像火车一样，这样运输量就上了几个台阶。所以，小轮船通过上海，通过内河水系，通向纵横交错的中国大小城乡。

于是，我们看到这样一幅生动的景象：苏州河沿岸，现在的胶州路以东，胶州路到外白渡桥之间的苏州河两岸都是小轮船的码头，这些码头上的小轮船每天通向周围农村的四面八方。以青浦县为例，1934 年，从青浦县出发的轮船，有上海市区、松江、嘉定、金山、苏州、昆山、吴淞、嘉兴等 58 条航运路线，而且它们都是定期定时出发的。这从一个侧面反映出，近代上海城市经济发展对全国各地的辐射、对活跃城乡商品流通都起了非常重要的作用。

时政关注系列论坛

上海市民时政关注指数发布会暨东方讲坛·时政关注系列首场论坛在市社联举行

2月5日,“上海市民时政关注指数发布会暨东方讲坛·时政关注系列首场论坛”在上海市社联群言厅举行。市社联主席秦绍德、新华社上海分社总编辑姜微出席并致辞,市社联党组副书记、专职副主席桑玉成主持发布会和论坛。来自本市的机关干部、高校师生、企业精英、媒体记者和市民群众80余人参加了会议。

“上海市民时政关注指数”是上海市社联和新华社上海分社联合开展的调查项目。通过调动全媒体监控平台,运用最先进的舆情分析系统,对特定时段的时政话题进行活跃度、影响力、传播层次、价值因子等多维度的数据整理与分析,科学设定调查问卷,针对目标城市人群开展的一项社会调查。旨在打造成为社会公众特别是党政机构了解上海市民舆情、舆论的重要窗口。该指数将于每月上旬发布,揭晓前一月度上海市民时政话题关注排行榜。

本次发布的时政指数报告显示,2015年1月最受上海市民关注的五大时政话题依次为:“外滩事件与大都市公共安全管理”“习近平与人民相互‘点赞’”“机关事业单位工资调整”“明确八项规定与职工福利不对立”和“呼格吉勒图沉冤昭雪”。

时政指数报告显示,上海市民时政关注程度较高,对事关国家大局、社会动向和群体切身利益的话题尤为关切,对富有趣味性、人情味的领导人活动报道表示欢迎。调查显示,市民信息获取、分享渠道的新媒体化特征凸显。同时,上海市民对时政话题的关注存在职业群体差异。企业、机关单位工作人员较多关注职工福利、工资改革等利益相关话题;社区居民更为关心领导人亲民作风和反腐败等。

本次发布会特邀了上海大学社会学院教授顾骏、复旦大学国际关系与公共事务学院副教授蒋昌建为1月份时政关注排行榜作分析点评,并回答了现场听众的提问。

蒋昌建在分析“外滩事件与大都市公共安全管理”时指出,城市安全问题是各个国家的各大城市居民共同关注的热点,上海的踩踏事件使得安全问题成为上海市民最关注的热点。一方面要从城市治理的历史维度上来反思踩踏事件,中国的城市治理始终是重视硬件,而软件相对落后,因此在城市公共安全中的制度、体制、态度、认知等软件方面有所欠缺,城市安全这一社会问题在城市人口集聚、膨胀的今天尤为突出,亟须改进;另一方面要通过重建市民对城市安全的信心来缓解市民对城市安全的焦虑，踩踏事件的发生冲击和挑战了广大市民对上海城市安全的信任感，滋生了焦虑情绪，需要建立硬件设施和软件设施同时齐具的公共安全体系，才能帮助广大市民重拾对城市安全的信心。

针对“机关事业单位工资调整”和“明确八项规定与职工福利不对立”这两个关注指数时，蒋昌建认为应该把两者捆绑起来观察，在广大市民心中“国家政府机关、事业单位、国有企业”一直是“中国改革开放的获益者”，是羡慕的对象，因此一提到机关企事业单位工资调整或者员工福利就很敏感，再加上近年出台的“八项规定”“四个不准”，很容易被念歪经，砍掉职工正常的福利待遇，引起机关事业单位的困惑，因此唯有严格按照法律法规和政策来办事，按工资调整的逻辑来办事，才能使改革开放的成果在更大的社会范围内实现共享，并在此基础上形成官民互信。

蒋昌建在评价“习近平与人民相互‘点赞’”时说道，“习主席在元旦献词中吸收这样的草根语言或者是民间语言，在我来看就是政治发展非常重要的表现”。政治语汇逐步吸纳草根语言，这既是一种政治世俗化（或者说亲民化）的表现，同时也说明老百姓对习主席在政治文明发展、经济发展、社会发展、文化发展等方面的政绩是有所肯定的。

蒋昌建最后认为，市民对“呼格案”的关注，其意义远超过具体个案的沉冤昭雪，其意义在于恢复人们对司法公正的信心。

顾骏指出，“上海市民时政关注指数”的发布兼具了权威性和影响力，通过在时政指数中找到民众关心的新闻事件，目的是要让各级决策者了解民间的所思所想和基本诉求。例如，高度关注踩踏事件，就反映出百姓在现实生活中对“密度越来越高的大都市的公共安全”的基本诉求；“呼格吉勒图案”的高度被关注则反映出上海市民对“依法治市”以及“公平公正的法治环境”的强烈要求。这些排名靠前的指数所折射出的百姓需求，需要政府采取相应的行动，也就是要通过时政指数来影响政府政策制定，真正使市民时政指数成为“市民民意表达的渠道”和“中国基层民主推进的抓手”。

顾骏还认为，市民的关注度反映了对时政新闻的敏感性，只有通过持续关注才能不断释放市民关注的心理潜能，因此对于新闻事件，专家学者和媒体人应该要找“一个好的角度把它说透了，天下没有说不好的事情”。比如，客观评论“呼格吉勒图案”，最终的目的是为了“换来对于法治环境依法治国长久的信任”，从而“赢得公信力的体制环境”。

顾骏最后提到，“时政指数”要坚持“客观性”和“科学性”。既要使得涉及排位的指数和市民感受一致，而不是由操作机构的主观选择；更要借助研究方法上的科学程度达到必要的精准度，才能保证指数所传递的信息不至于失真。

上海发布 2 月份市民时政关注指数

上海市社联和新华社上海分社 3 月 9 日联合发布了 2 月份的“上海市民时政关注指数”。指数显示，2 月份上海市民最为关注的 5 个时政话题依次为：“雾霾和大气污染治理引发关注”“管好配偶子女：上海从严治党推出硬招实招”“上海发布医改工作要点，分级诊疗、医药分开成关键”“八省份表态今年申报自贸区，中西部地区态度积极”“2014 年 31 省份人均收入排行公布，上海居首位”。

全国“两会”在即，加上电视媒体人推出雾霾纪录片，使得雾霾和大气污染治理话题引发市民关切。该话题位居指数榜首。值得一提的是，本次发布的 5 个时政热议话题中，有 3 个为上海本土时政新闻。其中，“管好配偶子女”这一从严治党的硬招、实招，回应了广大市民群众的期待，关注度很高。

“上海市民时政关注指数”自 2 月 5 日首度发布以来，引发各界的广泛关注。上海市民普遍认为，时政指数的每月发布有助于提高广大市民对时政话题的关注热情，增强自身政治素质，并对推动市民、媒体、学术界和政府之间良性互动具有积极意义。

本次发布会特邀同济大学经济与管理学院教授诸大建、上海大学社会学院教授顾骏为 2 月份时政关注排行榜做了分析点评，并回答了现场听众的提问。

3 月份上海市民时政关注指数发布会暨东方讲坛·时政关注系列论坛在市社联举行

4 月 8 日下午,“上海市民时政关注指数发布会暨东方讲坛·时政关注系列论坛”第三期在上海市社联群言厅举行,市社联党组副书记、专职副主席桑玉成主持。来自本市的机关干部、专家学者、高校师生、媒体记者和市民群众等各界人士约 80 余人参加了会议。

本期发布的时政指数报告显示,3 月份上海市民最为关注的五大热点依次为:“多部门联合发布购房新政”“沪交警遭违章车拖行致死引发热议”“不动产登记正式开始实施”“‘互联网+’战略被列入政府发展规划”“全社会掀起邹碧华先进事迹学习热潮”。

本期发布会特邀华东师范大学东方房地产学院常务副院长华伟、上海大学社会学院顾骏担任点评嘉宾,并回答现场听众的提问。

针对“多部门联合发布的购房新政”,华伟认为,在目前中国楼市去投资化、稳刚需的背景下,党中央、国务院把老百姓对于住房的改善性需求也纳入刚需的行列中,是绝对有科学道理的。首先,新政“降低二套的首付门槛”不但不会诱发新一轮的投资狂潮,反而会放大良性刚性的住房需求,既能够繁荣社会主义市场经济,又能够及早圆老百姓住房的改善梦。其次,国土部对于囤积房源过多的企业限制拿地,把地留给库存较少、周转较快并且有能力进一步开发的企业用以缩短供应周期,有助切实改善刚需。更重要的是,通过金融和交易的政策让老百姓根据自己的实际情况,有条件的可以“先买第一套,继续改善第二套”成为可能。

关于“不动产统一登记新政”,华伟解释说,把以前在狭义的房地产登记之外的广阔国土资源统一纳入一个部门,由国家依法确权、依法登记、依法转让、依法抵押、依法变现,使工业资本、产业资本、金融资本、境内外资本能够通过市场进入中国的林业、木业、国土改造,从而反哺农村、农业,让农民在反哺过程中能够用市场、用存量的资源,作为增加收入最重要的筹码,以市场力量为主,国家兼顾公平的补助,作为一个杠杆四两拨千斤,使得农村的土地资源最大程度在法律框架内,统一权利保障的情况下,和社会金融行业进行对接,并获得资本。

顾骏表示,3 月份的指数榜单从不同的角度与市民的生活相结合,只不过不同的人在五项新闻里看到的是不同的东西。他认为,“房地产新政”较“不动产登记”排名在前的原因,在于市民原本对“不动产登记”可能带来的房产税的担忧,因“购房新政”的出台后消散了。新政让上海市民相信“不动产登记”并非为了下一步房产税的征收,于是大家对“购房新政”的关注自然更多。

针对“沪交警遭违章车拖行致死”的话题，顾骏提出，对该事件的关注有三方面：一是司机的个人素质确有问题，实则是每个市民自身素质要提升；二是上海的城市管理有待进一步完善；三是引起社会对交警执法标准化的思考。

顾骏认为，“‘互联网＋’战略被列入政府发展规划”，这是中央明确提出的中国下一步创新创业的主攻方向。目前中国经济传统产能过剩相当严重，在原有的产业中，投资的空间很小，只有通过互联网创业，成本低、门槛也不高，一旦找对了消费者的需求，找到了新的运作模式，相对来说也比较容易成功。“互联网＋”意味着让互联网技术同许多传统行业产业相结合，创造一个全新的就业、创业方式，使其成为中国经济发展的一个推动力。

顾骏指出，“邹碧华先进事迹在全国范围内掀起热潮”是因为大家关注的不仅是一个人，而是依法治国的推进，是法治中国建设的成效。每个市民都希望自己受到公正的对待并且越来越深切感受到司法公正是社会公正的底线。

4 月份上海市民时政关注指数发布会暨东方讲坛·时政关注系列论坛在市社联举行

5 月 11 日下午,“上海市民时政关注指数发布会暨东方讲坛·时政关注系列论坛”第四期在上海市社联群言厅举行,市社联党组副书记、专职副主席桑玉成教授主持。发布会特邀复旦大学国际关系与公共事务学院教授唐亚林、复旦大学经济学教授石磊作为点评嘉宾。来自本市的机关干部、专家学者、高校师生、媒体记者和市民群众等各界人士约 80 余人参加了会议。

指数显示,4 月份上海市民最为关注的 5 个时政话题依次为:上海股市重上 4 000 点再兴“炒股热”、上海纪念浦东开发开放 25 周年、人社部表示未现公务员“离职潮”、复查“聂树斌案”全力维护司法正义、对庸政懒政要“动刀子”“出重拳”。

石磊教授认为,上海股市重上 4 000 点的背后是“一冷一热”——也就是虚拟经济相对较热,实体经济相对较冷的经济大背景。其中,金融并不能单纯地和虚拟经济画等号,只有利用金融工具、金融产品以及金融政策“以钱生钱”的时候,这个时候的金融才是虚拟经济;而当金融借助于借贷、股市以及其他衍生品进行的交易,通过直接金融和间接融资进入实体经济时候,金融也是实体经济的一个组成部分。面对这样“一冷一热”的局面,公众期待能通过增加渠道、畅通路径、改进制度和优化机制等四个方面的政策手段把股市所融资出来的社会资本和金融资产,有效地引导到实体经济中来。唯有如此,才能真正实现“保增长”“调结构”和“惠民生”。

石磊教授认为,“保增长”是国家重要职能。各个国家制定公共政策都有共同的顺序,那就是就业优先,兼顾考虑中央财政税收来源、产业结构升级需要,这些因素间接对经济保持稳定增长产生一定的要求。而“调结构”,涉及对大规模的基础设施建设、城乡一体化发展以及新型城镇化的建设等的投资进而对结构调整带来作用,故而见效周期较长。近期以来,国家放宽货币政策,倡导增加居民财产性收入占总收入的比重,给广大市民带来了上海股市 4 000 点的集中政策红利,这个就是“惠民生”的体现。

石磊教授强调说,国家把深化改革作为整个党的十八届三中全会的重大主题,显然是着眼于深化体制改革,稳定实体经济。当前的政策红利带来的“牛市”不仅稳定和改善了广大国民的预期,更预示着更具有稳定性和长期性的制度红利即将出现。

唐亚林教授将五个指数归纳为“三大主题,一大重心”,即民生主题、发展动力主题、公平正义主题,其中“发展动力”是三者中的重心。他在评论股市指数时认为,我国针对经济社会发展所制定的政策充分考虑到了中国老百姓的社会心理。针对传统市民"重积蓄，轻消费"的消费心理，如何调动出老百姓手中的闲钱使之成为促进改革开放和经济结构调整的一种资本，需要一定的政策设计，要借助股市这个良好平台来实现健康牛市和老百姓的生活水平同步发展，并推动社会经济持续得到塑造。

唐亚林认为浦东改革开放 25 周年是我国改革开放的缩影。每个民族每个国家不竭发展、生生不息的动力在于改革创新，在上海定位为"科创中心建设"时代背景下的浦东，作为一个先行者、排头兵和探索者，需要走出一条新路，不能再满足于零碎的、局部突破式的改革创新成果，而应该实现整体的、配套的、全局性的综合配套改革，为上海乃至全国带来更大的动力。

唐亚林指出，改革开放三十余年，我国公务员群体分别在 20 世纪 80 年代中期、90 年代中期和最近共出现过三次离职潮。最近这次的离职潮是由于中央强势反腐，使得公务员的工作压力和福利待遇受到了前所未有的挤压所致。这种现象的出现，呼唤着"官商二元化"有序社会的建构和确立，也使得"官本位"占主导的社会价值体系在当下社会得到重估。

"聂树斌案"的复查，既反映了那种法制不彰对公民造成的权利损伤和生命剥夺，同时也显示了新时期的政治新格局回到了法制的框架下，我们的执政党和政府正在朝着公平正义的目标迈进。

对庸政懒政要"动刀子""出重拳"，唐亚林分析，高压反腐败之后呈现出官员们谨小慎微，庸政懒政以避事的局面。而事实上，在经济新常态和政治新格局的大环境下，包括中国经济的增长，民生改善和社会和谐离不开政府的积极作为。"各级领导或者是各级部门，重新回到问题导向的现场办公会"将会是应对庸政懒政的一个有效方法。

此次时政热点结合专家的精彩点评，激发了广大听众的互动热情，提问异常踊跃。其中，上海社会科学院信息研究所的唐涛副研究员向石磊教授提问："目前深圳的经济发展已经超过了广州，接下来要赶超的就是上海，结合浦东开发开放 25 周年这个时政热点，上海将以何种姿态接受深圳的挑战?"在石磊教授看来，从 1990 年浦东开发以来，上海一直在努力地通过体制改进和机制优化为全国树立标杆。今天的上海更应该借助"深化改革，释放新的制度红利"的东风，来强化自己改革的动力，使自身在和其他核心大都市的竞争中继续保持全国龙头的地位。比如，要推进国际化程度高的上海市场在更高水平上与世界高端市场相衔接，让上海的产业跟世界所有高端产业相衔接，以主动积极有为的方式，参与全球价值链的重新构造。又比如，上海要利用自身产业升级能力集中的优势，努力在全国产业升级过程中扮演领跑者的角色。

主持人桑玉成教授在梳理 4 月份榜单时总结认为，市民关注最热的两点分别是经济问题和政府公共管理问题。那么，什么样的经济发展才是广大市民所最期待的? 什么样的政府公共管理才是市民所最期待的? 两位专家响应桑教授的提问，石磊教授认为，宏观上的各类税收及税收的转化成的公共福利，以及微观上的公民享有"合法经营""自主安全选择""依法安全消费"等涉及公平竞争体系的权利。这些内容是百姓最为关注的经济问题。唐亚林教授则认为，百姓最为期待的政府管理体系应该具备五大特性：问责政府，透明政府，参与政府，绩效政府，合作政府或者协作政府。

上海发布 5 月份市民时政关注指数

上海市社联和新华社上海分社 6 月 10 日联合发布了 5 月份的“上海市民时政关注指数”。指数显示，5 月份上海市民最为关注的 5 个时政话题依次为：“上海公布 22 条意见推进科创中心建设”“百姓办事频遭‘证明难题’”“庆安火车站事件引发争议”“互联网服务接连故障警示网络安全”“上海规范领导干部配偶子女经商办企业”。

创新是引领发展的第一动力。全面推进全球科创中心建设是上海顺应大势、践行国家战略，率先参与国际竞争的战略抉择。城以才兴，助力科创中心建设的人才引进、落户等新政尤其受到舆论和市民的广泛关注。调查显示，上海市民，特别是科技企业员工和大学生群体，高度关注科创中心建设。

类似“你妈是你妈”的“奇葩证明”，给各地群众办事带来极大困扰，上海市民对此也表示出较高的认同感。专家认为，进一步简政放权和加强信息联网互通是解决“证明难题”的有效方法。黑龙江庆安火车站事件的发展变化则反映出互联网时代，信息主动及时公开成为对突发事件最好的应对。5 月底，支付宝、携程等互联网巨头接连发生网络故障，引发用户对账户安全和网络安全的担忧。

5 月初，上海出台规定规范领导干部配偶子女经商办企业。这是继 2 月以来，该话题第二次登上指数排行榜。今年 2 月，中央全面深化改革领导小组第十次会议审议通过了《上海市开展进一步规范领导干部配偶、子女及其配偶经商办企业管理工作的意见》。此次出台细化实施规定，进一步回应了市民群众期待，受到较多关注。

本次发布会特邀复旦大学经济学院教授张晖明、上海大学社会学院教授顾骏对 5 月份上海市民时政关注排行榜作分析点评，并回答现场观众的提问。

6 月份上海市民时政关注指数发布会暨东方讲坛·时政关注系列论坛在市社联举行

7 月 7 日，上海市社联和新华社上海分社联合发布了 6 月份上海市民时政关注指数，“东方之星旅游客船翻沉”“股市过快下跌引各方关注”“北大清华微博‘互掐’‘生源大战’何时休?”“上海车牌拍卖技术、管理皆需创新”“机关事业单位调薪 7 月底前基本完成”依次为上海市民最为关注的 5 个时政话题。发布会由市社联党组副书记、专职副主席桑玉成教授主持，上海社科院经济研究所副所长张兆安、上海大学教授顾骏对时政话题作了精彩点评。

东方之星旅游客船翻沉事件发生以来，受到了社会各界的关注。顾骏认为，该话题位列榜单首位是因为事故伤亡人数多，遇难者中上海人多、老年人多。他特别强调社会各界必须重视事故本身折射出来的社会问题，比如社会老龄化问题。目前国内 60 岁以上有 2.15 亿人，占全国人口的 17%，65 岁老人占比也超过了 10%，老年人的市场是一个很大的市场，旅行机构也好，养老等服务机构也好，如果不引起重视，不加强规范管理，老龄社会可能存在很多安全隐患。又如低价旅游陷阱的问题。低价吸引游客引发的旅游纠纷时有发生，而纠纷要解决的主要问题是明确游客与旅行社等服务提供单位之间关系。

张兆安则从事故引发的启示角度，提出三个建议：一是排摸隐患，防患未然。各级政府部门、各企事业单位等相关机构应该重视相关领域安全风险的排摸、评估和整改，从根源上降低事故发生率。二是完善制度设计，堵住安全漏洞。建立健全一系列的安全管理制度和应急处置体系，最大限度减少事故发生的可能，同时也要提升相关部门应急处置突发安全事故的能力。三是加强安全宣传。各级政府，尤其是新闻媒体要加强安全知识普及，提升市民安全意识和自救能力。

关于股市过快下跌的问题，张兆安提到，去年下半年和今年上半年中国股市涨势过猛，原因很多，融资融券等杠杆效应和金融期货等政策的推出是其中原因之一。加了杠杆之后，股市上涨和下跌都有放大效应。近期股市发生了快速下跌，政府也推出了很多稳定资本市场的措施，现在看来起到了一定的作用，但市场的力量很强大，而且市场也有自身规律。希望政府的救市在运用行政手段的同时，也要考虑市场的作用。他判断，现在中国股市正处在犬牙交错的中间，政策救市是往上走的，市场是往下走的，正好处于在交织的过程中，股市就会出现比较严重的分化的情况。

在回答听众的提问时，他提出，一是股市是反映整个经济发展状况的晴雨表，必须与整个实体经济的发展相吻合，而不能相背离。二是中国的股市要稳定和理性，就要培育成熟的市场，成熟的机构和成熟的股民。三是金融创新是市场发展的必然之路，但金融创新必须把握好“度”和“节奏”，必须将国外的经验和中国的实践结合起来。

顾骏也认为，融资融券等金融改革加速了股市的上涨和下跌，同时他提出了政府救市是为了稳定资本市场，防范系统性金融风险的观点。

北大清华微博“互掐”“生源大战”上榜，顾骏分析，是因为在上大学不是很难的当下，名牌大学备受考生和社会关注。目前中国大学招生录取比例很高，据统计，每年新增1 500万个劳动力中，大学生占了一半以上。但顾骏认为，两所名校为争抢生源引发的是一出闹剧，对两所学校不好，也对国家无益。高等教育学府的首要任务不是争抢各地的高考状元，而是为国家和社会发展培养有用的人才。

顾骏关于上海车牌拍卖提出了自己的观点：车牌拍卖制度一定会改革，但改革的成本很高，需要政府的勇气和决心。一方面是因为上海车牌拍卖制度已经实施了20多年，以每年10万张牌照计算，通过该制度拥有车牌的车主已达200万之多，数量还在不停的增加。这会给改革带来很大的压力。另一方面虽然上海车牌拍卖制度是临时性措施，但近期实施的车牌拍卖制度，部分借鉴了上海模式，从另一个角度肯定了上海车牌拍卖制度。

关于机关事业单位调薪问题，社会各界意见不一。张兆安认为机关事业单位工资问题首先是工薪制度本身的问题。工资由基本工资和津补贴构成，其中津补贴占到大部分，这正与国外公务员工资结构相反。所以，工资改革首要任务是调整工资结构。他还提出机关事业单位工资标准设计，要同劳动付出相匹配，可以参照一些企业单位里面的脑力工作者，参考当地平均工资水平，等等，在结合整个因素的综合考虑中，找到一个比较合理的工薪制度。在回答听众提问时，他还提出公务员工资涉及不同地区的差异，而事业单位有三种不同类型，所以这个工薪制度的设计涉及的问题很复杂，很具体，需要全盘细致的考虑，才能确保制度涉及的公正性。

7月份上海市民时政关注指数发布会暨东方讲坛·时政关注系列论坛在市社联举行

8月10日，上海市社联和新华社上海分社联合发布了7月份上海市民时政关注指数，“北京获得2022年冬奥会举办权”“7月‘打虎’查处十余人，创单月最高纪律”“多地发生‘电梯吃人’事故，拷问公共安全”“多方联手维护资本市场健康稳定发展”“上海专项整治网络‘专车’非法客运”依次成为上海市民最为关注的5个时政话题。市社联党组副书记、专职副主席桑玉成教授主持发布会暨论坛，上海社科院研究员卢汉龙、上海大学教授顾骏分别就以上话题作分析点评，并回答现场观众的提问。

卢汉龙认为，“北京获得2022年冬奥会举办权”位居指数榜首的原因在于，这件事对中国来说既是喜事，又是挑战；既是国家大事，又与每个人息息相关。市民的关心主要集中在大型体育赛事的承办对国家经济的推动力，对冬季运动水平的提升等等。从历史数据看，奥运会对国家经济的推动作用，在6年后能全面体现，这是需要政府和社会共同关注和研究的问题。

顾骏提出，市民对这一话题的关注趋于理性，其原因：一是冬奥会竞赛项目的环境条件限制，使其在世界上的影响力、关注度相对较小；二是随着中国国力的强盛，国民们不再过度将强国形象寄托在竞技体育项目中，自然对赛事承办的态度也逐渐客观。而政府的态度亦是如此，更期待通过国际赛事能解决国内一些诸如环境治理、区域经济发展等实际民生问题。

7月“打虎”创单月最高纪律，标志着反腐早已步入常态化。卢汉龙认为，党的十八届三中全会以后，在建立法治国家的大背景下，惩治腐败是政府的课题，也是市民们始终关注的热点，从未松懈。顾骏提出，市民重视的是政府反腐行为的持续性和推进力。而对于政府来说，“打虎”是治标，党风廉政建设怎样制度化才是根本问题。

多地发生电梯“吃人”事故，卢汉龙认为社会层面表现出反省态度，一是电梯本身的设计问题，二是维护保养的问题。对于整个城市公共安全而言，上海应当利用优越的制度化条件，做到全系统防范，包括风险社会的知识普及、自我保护的培训、岗位责任管理等。由政府负责，社会协同，公众参与。上海现有6万多部超龄服役的高层电梯，正是需要大家继续关注的。

顾骏则提出，“面对电梯安全事故，惊慌不如行动”。第一，媒体的集中报道，造成了民众的恐慌，实则电梯在现代社会并非高危品。第二，真正可能引发社会问题的隐患，是住宅区的电梯。上海作为电梯城市，未来不论是老小区加装电梯、抑或维修现有电梯，都将出现业主与物业之间的矛盾和扯皮现象，应当引起政府部门的重视，通过相应的法律条文明确权责。

卢汉龙提出，市民对于“资本市场健康稳定发展”的关心，有如下原因：一是散户在这一波风暴中受损较大；二是上海作为证券市场所在地，市民的敏感性更强；三是作为经济重镇，上海牵涉较多国有资本的运作。顾骏认为，本轮救市尚未成功，整个市场还在复健中，并未痊愈。市民关注的是：谁应该被问责；救市所采用的措施是否合理合法；政府干预的合规性等问题。

近期，专车整治也广受关注，因其与民生息息相关。卢汉龙指出，专车的出现源于社会需求，但同时带来了对其合法性的拷问。而整治的数据却不能体现出政府面对这一问题的态度。应当关注的是如何合理应对公众对于专车的需求，有效管理好“互联网＋”模式下的新业态。扬招出租车、专车服务、公共租赁有序并存的多元化市场才能健康发展。无论是工业时代或者互联网时代，趋利效应是根本。如何更好地“开放”传统出租车行业的运行利益，运行权利；如何维护互联网平台专车的信誉度，是两个亟待解决的问题。

顾骏表示赞同并补充道，对专车整治的关注度还源于政府在治理专车问题上的暧昧态度，市民期待从法律上明确专车服务的定位，纳入合理的培训管理机制。避免因为奖励经费的恶性竞争，挤垮原来的出租车行业，或是出现熟人虚拟乘车骗取奖励经费，突发犯罪无法管控追责等弊病。顾骏认为，专车模式的出现在国外有其社会基础，进入北京也符合城市原有的出租车分类基础，而在上海如果没有相应的条件，专车作为全新的事物出现，自然会引发各界的茫然。公众期待对于专车的清晰定位，如果算公共交通，它就必须考虑普惠；如果不算公共交通，它应该随行就市。

8 月份上海市民时政关注指数发布会暨东方讲坛·时政关注系列论坛在市社联举行

8 月上海市民最关心的时政热点是什么？9 月 9 日在上海市社联召开的上海市民时政关注指数发布会揭晓了答案。天津港瑞海公司危险品仓库发生爆炸、我国对四类服刑罪犯实行特赦、2015 上海书展圆满闭幕、中国体育屡创佳绩引发关注、刑法修正案(九)获表决通过五大热点话题分别上榜。本次活动由市社联专职副主席刘世军主持，特邀上海社科院法学所副所长殷啸虎和上海政法大学社会管理学院院长章友德为本期点评嘉宾。

章友德教授认为，8 月中国最有影响力的事件是天津港危险品仓库爆炸，因为天津港是"一带一路"、天津自贸区和京津冀一体化的核心地区，爆炸仓库仓储的是化工危险品，而爆炸给当地人民和社会都造成了巨大的损失和伤害。章教授提出，当突发公共安全事件发生时，我们不仅要关心事件中受害的财产和生命，还要关心事故发生的原因，更要思考事件本身给我们带来的启示。我们的政府和社会各界都应该从理念、意识、能力和体制等各方面做好准备，应对风险时代的到来，让老百姓过上更好、更安全的生活。

章教授在点评上海书展时提出了自己的观点，认为上海书展呈现了一个真实的爱阅读的上海，上海这个特大型城市努力以书香社会给市民提供精神食粮，给这个时代提供所需的精神食粮。上海人均收入水平已经达到世界中等发达国家水平，上海市民需求结构也发生了变化，对精神文化的消费比重在上升。即使在电子阅读日益兴起，阅读方式从深阅读向浅阅读转变的现在，上海书展还是受到了上海市民的关注和热烈欢迎。

关于中国体育屡创佳绩，章教授认为，100 米自由泳是白人的世界，而 100 米短跑是黑人的世界，宁泽涛和苏炳添出色的成绩刷新了世界纪录，让白人和黑人的体育世界里有了亚洲人，有了中国人，这对中国游泳、中国田径和中国体育而言，是一次伟大的突破。这些成绩的取得缘于国家对体育运动的重视和支持、运动员的拼搏和体育运动管理体制的创新。体育运动彰显的是团队合作、拼搏精神和民族团结。章教授希望我们能把这种体育精神贯彻落实工作生活中，增强民族体质，更好地发展国家。

殷啸虎教授认为市民关注的很多社会问题都涉及法律，他对"我国对四类服刑罪犯实行特赦"和"刑法修正案(九)获表决通过"两项内容进行了重点点评。他认为，特赦既是法律问题，也是政治问题，规定特赦的法律不是刑法和刑事诉讼法，而是我国的根本大法《宪法》。特赦不同于大赦的免罪免刑，是免刑不免罪，它实际上是带有很强政治性的法律问题，不能轻易适用，1975 年以来我们实际上没有用过。虽然新中国成立 60 周年时有专家建议适用特赦,但最终没有实行。殷教授提出,这次特赦体现了我国法制文明的进步,我们不否定它的现实意义,但也不能夸大它。

刑法修正案(九)修改了52条,殷教授认为,修改的内容都是社会公众关注的,比如贪污受贿罪,这次修订完善了贪污受贿犯罪的定罪量刑标准,由单纯的"数额"标准修改完善为"数额十情节"标准,不再具体列出贪污数额,而是分成贪污数额"较大""巨大""特别巨大"三档量刑;对重特大贪污受贿犯罪被判处死刑缓期执行的犯罪分子,增加规定终身监禁的措施;加大对行贿犯罪处罚力度。比如拐卖妇女儿童罪,殷教授认为没有买方就没有卖方,这次修订删除了"收买拐卖妇女、儿童者免除处罚"的规定,惩罚了收买妇女者的强奸罪,将在很大程度上减少拐卖行为。同时修正案为了保护被拐儿童和妇女,也做出了"主动坦白的可以免除处罚""进一步按照妇女的意愿,不阻碍其返回原居住地的,可以从轻或者减轻处罚"等规定。比如,取消嫖宿幼女罪,规定对这类行为适用刑法关于奸淫幼女的以强奸论、从重处罚的规定。原来增设嫖宿幼女罪名是为了严厉打击嫖宿幼女的行为,但现实中没有发挥积极作用,而且如何判断嫖宿幼女罪的"主观故意"存在困难,因为女孩的发育程度会超过实际年龄。此法的修订将对保护未成年人权益发挥积极作用。

刘世军副主席在总结中提到,上海社联和新华社上海分社合作的市民时政指数发布是非常有意义的项目,它立足于市民的参与和公众意见的表达,聚焦市民自己的生活,关注当下,也是关注我们自己的未来、家庭的未来和国家的未来。就如8月发布的核心词就是生活,市民关注天津港危险品仓库爆炸,表达了市民期盼过一种有安全感的生活;关注书展,说明市民期盼过一种有文化品质的生活;关注体育事业,彰示了市民期盼过一种有自豪感的生活;关注法律,市民期盼过一种公平正义的法治生活。来自社会各界的近百名市民群众参与了本次发布会,活动结束后,很多听众仍不愿离去继续与点评嘉宾进行了深入交流。

9月份上海市民时政关注指数发布会暨东方讲坛·时政关注系列论坛在社科会堂举行

10月12日,"上海市民时政关注指数发布会暨东方讲坛·时政关注系列论坛"第九期在上海社会科学会堂举行。上海政治学会会长、复旦大学教授桑玉成主持。上海国际问题研究院美洲研究中心主任吴莼思、上海政法学院社会管理学院院长章友德担任特邀点评嘉宾,并回答现场听众的提问。

9月份,上海市民最关注的5个时政话题依次为:我国隆重纪念中国人民抗日战争暨世界反法西斯战争胜利70周年、国家主席习近平访美并出席联合国系列峰会、南京宝马肇事案鉴定结果引发质疑、静安闸北"撤二建一"正酝酿和听取意见、深化国企改革指导意见出台。

吴莼思认为,我国隆重纪念中国人民抗日战争暨世界反法西斯战争胜利70周年系列活动之所以引起国内外高度关注,首先在于本次阅兵选在了极富历史意义的9月3日这一时间节点。当今,国际体系已经发生了很大变化,一个新的国际转型或者某种新的国际体系正在形成,中国的国际地位和在国际事务中的影响力在新体系中不断上升,中国选择在9月3日举行隆重阅兵,在国际社会看来,无疑显示了中国在这样一个时刻,想要发出一些什么样的声音,中国在未来的发展方向是什么,意义重大。其次是近段时间,特别2012年以来,中日关系出现很大挫折,现在已基本处于低点。在这样一个时间点上举行纪念活动,必然引发全国人民乃至世界各国对未来中日两国能否协调关系,缓和矛盾,中日关系将往何处走的关注。在阅兵前后纪念活动前后,一些西方学者,始终在问:这个活动是不是反日的?我们清晰地告诉他们,纪念活动的目的既是缅怀历史,也是开创未来。这也是我们对中日关系的一个态度。最后,纪念抗日战争的胜利和反法西斯战争胜利站在人类历史、世界历史这样一个正确道路的制高点上,它明确表达了中国要坚持正义、坚持道义的立场,展示了中国维护世界和平的信心和决心,对未来国际关系体系的基本主张。

关于习近平主席访美和参加联合国系列峰会的活动,吴莼思认为,这是习近平主席第一次以国家主席的身份进行美国国事访问,其重要性非同寻常。中国是最大发展中国家,美国是发达国家中的强者,二者在国际舞台上的话语权如何,关系如何都可能会影响国际社会的发展方向。在成立亚投行、安倍访美及南中国海问题、网络安全领域等方面,我们可以看到今年的中美关系不是一帆风顺,相反有非常大的压力。在这样大的压力下,中国国家主席对美国进行国事访问能不能成为一个成功的访问，能不能改变这样一个大家比较低的预期，自然会引起很多关注。中美关系的缓和或紧张都牵动着全世界的神经，而我们希望中美关系是一种社会与社会之间的关系，这种关系也许能使得中美关系更加健康的发展。中国在未来的世界经济秩序、政治秩序，甚至是价值观的层面上，能够发挥多大的作用，是否能以更加包容的态度，促进全球的合作，将会给这个社会带来更多的进步。

章友德就南京宝马肇事案鉴定结果引发质疑这一问题提出了自己的见解。他认为，公众对此案司法鉴定结论的质疑，侧面反映了在中国发展的当下，政府公信力的不断流失，社会发展和社会分化过程中积累了种种矛盾。宝马车肇事案提醒我们，怎样通过深化改革逐步提升政府的公信力，加强和谐社会的建设，增进社会之间的信任，是当前党和政府以及社会应该共同思考和回应的大问题，需要政府和民众双方共同努力。

针对贴近上海市民生活的静安闸北"撤二建一"这一话题，章友德表示，这次的合并如同 2009 年南汇和浦东合并、2011 年黄浦与卢湾合并，是城市建设发展的需要。毫无疑问，新一轮的上海发展规划需要整合资源、合理布局、优化配置，疏解人口。尽管这次"撤二建一"还在等国务院批准，但两区合并在城市规划布局和资源优势互补方面带来的裨益大大引起了人们的高度关注。

关于深化国有企业改革的指导意见，章友德认为，9 月 13 日，中共中央关于深化国有企业改革指导意见，旨在建立更适应社会主义市场经济的国有企业经营管理体制，即充分发挥市场机制的决定作用和更好的发挥政府作用，实现国有企业管理现代化、资本多元化，更好地提升国际竞争力，发挥经济发展的龙头作用，努力实现让人民分享改革发展成果，增强人民从改革中感知到的获得感，为中国未来赢得发展，真正实现国家富强、民族复兴、人民幸福的中国梦奠定坚实的基础。

桑玉成教授在总结中指出，市民时政关注热点看似仅仅是某段时间内社会公众聚焦的个别话题，实质上却可以折射出国家发展、社会发展的趋势和问题，非常值得我们深入分析和思考。本期市民市政关注指数发布会由上海市社联、新华社上海分社及徐汇区委宣传部联合主办，吸引了来自本市的机关干部、专家学者、高校师生、媒体记者和市民群众等各界人士约 80 余人到场聆听。不少听众就中日关系的未来、政府公信力建设等纷纷提问，与点评专家热烈互动。

10月份上海市民时政关注指数发布会暨东方讲坛·时政关注系列论坛在宝山图书馆举行

11月10日,“上海市民时政关注指数发布会暨东方讲坛·时政关注系列论坛”第十期在宝山区图书馆举行。上海社科院原常务副院长左学金、上海政法学院社会管理学院院长章友德担任特邀点评嘉宾,上海政治学会会长、复旦大学教授桑玉成主持发布会。来自本市的机关干部、专家学者、高校师生、媒体记者和市民群众等各界人士150余人到场聆听。

调查数据显示,“党的十八届五中全会召开‘十三五’规划和‘全面二孩’”“屠呦呦获诺贝尔生理学或医学奖”“上海:控制房价是重要调控目标”“‘青岛大虾’揭旅游市场乱象”及“符合条件的五类人才可直接落户上海”成为上海市民最关注的五大热点话题。

党的十八届五中全会召开受到社会各界的广泛关注。左学金认为,对生育政策做出比较大的调整是非常必要的,也是较为及时的。因为生育政策关乎人口规模,而人口规模对一国而言是相当重要的。有大量廉价劳动力,中国才可能成为世界工厂;有巨大人口规模,中国才可能会有规模经济的优势。人口规模在某些程度上关系“十三五”规划的顺利开展。他还指出,现在影响生育的主要不是生育政策的限制,而是经济社会条件的变化。在经济发展水平较快的上海,“全面二孩”的影响非常微小。随后,他强调,尽管目前的生育选择主要由家庭决定,但今后的政策是倾向于帮助生育子女夫妇解决他们养育子女的困难,这个可能是未来发展的方向。最后,在回答听众提问时,左学金指出,不能贸然断定“全面二孩”晚了多少年,但肯定的是在某种程度上它可以使上海房地产发展趋于平滑。

对“全面二孩”,章友德教授认为主要是基于中国人口结构,以及对于人口危机可能带来的未来中国发展的危机。关于党的十八届五中全会精神,章友德表示,全会内容很重要,它关乎中国第十三个五年发展规划,不仅关系未来五年的发展,甚至要为中国未来三十年的发展、三百年的发展奠定基础。全会提出创新、协调、绿色、开放、共享五大理念不仅是对未来五年的概述,实际上它要解决的一个很重要的问题是中国发展已经站在新的历史起点上,面临很多发展中问题的挑战。章友德希望我们能够凝聚共识,确定新的理念,转变发展方式,以新的发展功能更好地推动中国的发展,在坚持四个全面战略布局基础上解决问题,实现让人民过更美好生活的发展愿望。

关于五中全会提到的2020年收入要翻番的问题,左学金认为,数据虽指的是宏观,很难落实到每个个体,但在人均收入能够翻番的同时,收入分配变得更加公平还是有希望的。章友德对此问题也谈了看法，他指出，每个社会阶层由于参与市场化的机制手段方式不一样，最终可能不同的社会阶层对收入增长的感觉也不一样。我们必须要有实事求是的认识，不断增加公平性、共享性，让民众通过改革有更多获得感，这是需要总体把握的精神和原则，也是要努力的目标。

为什么到今天中国本土科学家才有第一个诺贝尔获奖者屠呦呦？在章友德看来，既不是中国两院院士，也没有博士学位，还没有留学经验的屠呦呦得奖是因为她敢于在条件困难的时候挺身而出，牵头做项目，承担自己的职责，进而对发展中国家每年减少几百万人死亡作出了巨大贡献。屠呦呦获奖打破了西药一统天下的局面，给中医药打了一剂兴奋剂，鼓励他们从事科学应用研究，提升了中国科学家的自信。章友德表示，获奖争议给我们引起我们思考的是，中国要自己能够在科学方面有更大进步，一定要尽力完善知识产权制度，一定要积极鼓励个人要有成人成家的思想，通过不断加大对科技的投入，重视创新对于民族的推动，中国一定会有越来越多的成果出现。

上海取消住房管理机构引起许多市民关注。章友德认为，房价与市民的生活息息相关。上海人口、资源和环境三者之间的矛盾和挑战，比中国其他任何城市都尖锐。过去，上海发展主要是过分依靠房地产业，导致房价居高不下。现在，上海房价依然是上升趋势，主要是净流入的人口在增加。根据对市民负责、对未来负责的“双重负责”，让上海市民能过上更加舒心幸福的生活、更好适应上海未来发展、有力吸引上海城发展所需要的各种人才，上海市政府认为控制房价是重要的调控目标，取消住房职能管理部门，旨在把住房跟城市建设和管理纳入一起，统筹城乡发展，以缓和上海房价上涨压力，更好地造福市民、城市和社会。的确，这种发生在我们自己生活的城市的事情对广大市民来说是最关心的。

章友德认为，“青岛大虾”事件背后隐藏的是旅游市场的乱象。他指出，是媒体及时有效地见报让这条新闻真正成为一个真正关注的大新闻。不同的城市，可能发展观不一样。“细节决定成败。”中国作为超大型国家，其发展要注意到每个细节，城市要更好地打造以旅游兴市的城市发展新战略，需要硬环境和软环境共同协作。每个人都是城市形象的代言人和传播者，他们的一言一行体现的是城市的素质高低。当中国已经站在新的历史发展起点上，遇到了如何进一步发展新问题的时候，政府、社会及每个市民都要有城市主人翁思想，从各个方面不断完善，加强对城市的管理，提升对城市的服务能力和服务水平。只有这样，才能把城市真正建成适合我们生活的家园。至于该事件是价格纠纷还是敲诈勒索，章友德回应说，仁者见仁，智者见智，但城市的权威发布对解决此类事件至关重要。

符合条件的五类人才可直接落户上海，这五类人才分别是创业、创新创业中介服务人才、城市的风险投资管理运营人才、企业高管以及高技能人才、企业家。章友德认为，这一举措的出台，是既想保持上海户籍人口 1 400 万的数量基本上不变化，又为发展吸引人才做出的决定。即寻找各类人才的关注点，用户口优势吸引上海发展需要的人才，是上海创新人才政策的一个重要出发点和目标。为了保持上海城市的竞争力，为了实行上海建成国际中心城市的发展目标，上海不断地在优化人才引进的政策，改善人才在城市中融入发展的环境。

桑玉成教授在总结时指出，本期的时政热点有较为宏大的方面，如党的十八届五中全会，也有贴近市民生活的房价问题，这些确实是关系到我们未来发展的重大问题，也是直接影响市民生活的问题，需要我们在实践中进一步推进。只有不断关注、不断思考，未来的发展才会有希望。

11 月份上海市民时政关注指数发布会暨东方讲坛·时政关注系列论坛在市社联举行

12 月 7 日,“上海市民时政关注指数发布会暨东方讲坛·时政关注系列论坛”第十一期在上海市社联群言厅举行。上海社科院《社会科学》杂志社社长胡键、上海政法学院社会管理学院院长章友德担任特邀点评嘉宾,上海政治学会会长、复旦大学教授桑玉成主持发布会。来自本市形势与政策教育研究会的成员、高校师生、媒体记者和市民群众等各界百余人到场聆听。

11 月份,上海市民最关注的 5 个时政话题依次为:习近平同马英九在新加坡会面、外交部强烈谴责“伊斯兰国”极端组织杀害中国公民;国产大型客机 C919 首架机总装下线;京津冀及周边 31 城市重度及以上污染;演艺人士屡屡涉毒引关注。

胡键认为,习近平同马英九在新加坡会面是最具有影响力的事件,因为它不只是以国共两党领导人的身份见面,而且是大陆领导人和台湾地区领导人的会晤;不单是代表一个政党,即大陆政党和台湾政党的利益,而且是代表大陆和台湾两个地区的利益。与前二次的国共合作相比,此次双方在异国他乡坚持一个中国原则基础上共商国是,不仅会使台湾的国际空间得到大力拓展,而且未来的两岸关系是中国共产党要跟台湾地区的各个政党加强交流,这将会对增进两岸同胞福祉,共谋中华民族伟大复兴大有裨益,也意味着真正意义的两岸关系的启动。

章友德对此问题补充说,第一,习马会面是来之不易的跨越海峡两岸 66 年的握手,开创了两岸关系的里程碑;第二,里程碑意义的实现需要决心和智慧;第三,海峡两岸的会面,虽是国内事务,但却涉及国际关系,涉及美国及日本,是一件影响世界的大事情;第四,中国人有能力和智慧解决祖国统一大业问题。

关于外交部发言强烈谴责“伊斯兰国”极端组织杀害中国公民这一举措,胡键发表了自己的看法。他指出,首先,此次恐怖袭击不是伊斯兰文明与儒家文明和基督教文明之间的横向冲突,而是文明的纵向冲突。其次,恐怖组织是一种非正式的政治群体、政治团体或政治集团,由于对资源和权利分布不平衡而产生的对主流社会的一种报复,他们的恶劣行径是对现代文明的挑战。再次,面对恐怖袭击,我国外交部对中国公民和华人的关心较为明显,体现了中国开放程度和发展速度;最后,加强合作与协调,尤其是信息交换,共同联合世界各国反对恐怖主义、维护世界和平是我国义不容辞的责任和义务。

对恐怖事件,章友德表示,恐怖主义超越了传统的意识形态之争和国家之争,构成了对人类的共同威胁。中国在今天走向世界的过程中，面临的风险不断增大，只有在自我保护的基础上同世界各国、联合国安理会加强合作交流，坚决打击恐怖主义犯罪，世界的和平安宁才能得到真正改善。

章友德认为，国产大型客机 C919 首架机总装下线反映的是中国自主创新能力和核心竞争力的提升。在传统农业国到现代工业国的转变过程中，中国逐步加强了自主产权，提高了制造水平。此次 C919 的命名，C 是 China 的首字母，9 是“天长地久”之意，19 指一架能够坐 190 人的干线飞机，它的安全、舒适、便捷、环保设计更是满足了人的需求，实现了国人的梦想。通过创新人才的培养和科技水平的提高，自主创新能力和大规模的集成能力的加强，中国的综合国力和核心竞争力才能得到提升。未来还有很长一段路要走，我们信心备至。

在回答听众疑问时，胡键指出，国家科技力是国家综合实力的最根本表现，C919 飞机的成功是国家大飞机计划的飞跃，也是中国国情的宏大体现。未来中国的发展不单只是经济发展，还包括提升国家整体实力的互联网大战略、大数据国家战略。

近期以来，京津冀及周边 31 城市污染状况引起人们的广泛讨论甚至是抱怨。章友德指出，此次污染源来自汽车工业污染、煤炭燃烧导致的污染、工业扬尘和建筑工地的生产造成的污染等，除了加强预警之外，真正解决该问题应该从新理念新方法着手，毕竟要从根本上改变过去几十年的粗放式的增长方式，短期内比较困难。党的十八届五中全会提出的创新、协调、绿色、开放和共享五大理念是国家、企业和市民都应该自觉遵守和发扬的精神，也只有形成国家、企业、个人共同参与治理环境的协同治理，才能真正建设健康而又美丽的中国。

面对中国打击毒品生产和运输力度不断加大与吸毒人员数量逐步增多之间的矛盾，章友德对演艺人士屡屡涉毒引关注事件进行了分析。他认为，其一，有人错误地把吸毒看作是自己的选择和生活方式，其他人无权干涉，这导致吸毒人员增多；其二，娱乐明星和演员的公众影响力较大，他们的言行举止在很大程度上会被一些人效仿，其中包括负面言行，所以公众人物应该主动承担个人责任；其三，要在全社会严厉打击毒品生产和运输，积极倡导全民选择健康且有益的生活方式，力争解决日益严峻的毒品问题。

桑玉成认为，对时政热点问题的关注反映了上海市民的整体社会素养和政治素养，而支撑城市品位和形象的就是市民的素质。上海市民的关注热点走在领先地位，内容涉及国家大政方针和重要政策的走向，也涉及关系国计民生的重大问题。从宏观的两岸关系、国际安全、国家实力到贴近日常生活的环境和毒品问题的关注，立足各个层次和角度分析问题并着力进行解决和改善，相信未来的前景充满希望。

互动环节，听众就反恐、环境污染预警等问题提出疑惑，两位嘉宾做了热情回答，积极活跃的互动使会场充满了智慧的光芒，思想碰撞和交融的暖流在心中荡漾。会后采访中，一位听众表示，关注时政、关注生活的态度必不可少，它是每个公民的责任。

上海市民时政关注指数报告(2015 年 1—11 月)

上海市民时政关注指数榜单(2015·1)

上海市社会科学界联合会

新华社上海分社

联合发布

2015 年 2 月 5 日

前　　言

党的十八大开启了中国政治生态新时空,高层领导率先垂范的诸多“执政新风”无不呼应国人心声,特别是在重拳反腐、“八项规定”严格执行的持续效应下,党和政府求真务实的决心、能力和智慧进一步显现。与此同时,随着市民社会的不断发育、成长,市民群众的政治态度和行为更加趋于理性,他们更加崇尚民主法治和公平正义,对政治参与提出了更多诉求,也对国家的政治文明建设寄予了更多的期待和希望。

2015 年是全面深化改革的关键之年,是全面推进依法治国的开局之年,也是全面完成“十二五”规划的收官之年。经济发展进入新常态,政治发展也已步入良好轨道。在某种意义上,优化政治舆论生态、弘扬主流媒体声音、激发社会“正能量”已经成为助推深化改革的重要力量。自媒体时代的舆论场,需要科学理性的引领;对市民高度关注的时政话题,需要有一个更直接、更深入的观察样本和视角。

正是基于这样的时代背景,经过 2014 年近一年的谋划和筹备,上海市社会科学界联合会和新华社上海分社在 2015 年正式合作推出“上海市民时政关注指数”项目。

“上海市民时政关注指数”项目是上海市社会科学界联合会和新华社上海分社联合开展的调查研究性项目。新华社上海分社通过调动全媒体监控平台,运用先进的舆情分析系统,对每个月的时政话题进行活跃度、影响力、传播层次、价值因子等多维度的数据整理与分析,预选出关注度较高的 10 个时政话题,再精心设定调查问卷,对上海市民群体开展抽样社会调查。在综合时政话题监测数据和市民群体抽样调查结果的基础上,形成月度指数报告。此外,依据每月发布的市民时政关注指数,上海市社会科学界联合会与新华社上海分社还将共同推出“东方讲坛·时政关注系列论坛”,届时邀请社科界著名专家学者进行分析点评,并回答现场听众提问,旨在通过大众化传播发挥社会科学对市民生活的指导作用,提升社会大众的科学理性。

《上海市民时政关注指数报告(2015·1)》(以下简称“报告”)是针对2015年1月份时政关注话题的调查性研究成果。项目组对国内外上千家主流媒体、网络及新媒体平台上1月份发布的时政话题进行专门跟踪分析,预选出十大月度时政热议话题,具体包括:习近平与人民相互“点赞”;中纪委官网集中公布各地纪委联系方式;呼格吉勒图沉冤昭雪;企退人员养老金再提高;外滩事件与大都市公共安全管理;机关事业单位工资调整;上海两会政府工作报告淡化GDP目标;“科创中心”建设成为上海市委一号课题;明确八项规定与职工福利不对立;新居住证制度争议声中待产。在此基础上,项目组精心设计调查问卷。调查问卷内容除涉及受访者的基本信息以及重点调查的十大月度时政热议话题之外,还设计了诸如对时政话题的关注频度、关注渠道、分享途径、关注领域、满意度等选题。

配合本次抽样调查的单位有中共上海市市级机关工作委员会、浦东新区潍坊街道、上海师范大学、上海君地置业有限公司4家单位,每个单位的50名受访者分别代表了机关事业单位、街道社区、学校、企业4类职业身份群体样本,共计回收了200份调查答卷。

本次抽样问卷调查的有效样本为200人。男性118人,占59%;女性82人,占41%。从年龄层次来看,30岁以下为79人,占39.5%;30—39岁为63人,占31.5%,两者共计70%;40—49岁37人,占18.5%,50岁及以上为21人,占10.5%。从学历背景来看,高中及以下为4人,占2%;本科为105人,占52.5%;硕士为82人,占41%;博士9人,占4.5%。

本报告主体内容分“指数榜单”“共性特征”“群体差异”“专家视点”四个部分。“指数榜单”部分推出了“市民关注度榜单”(月度市民时政关注话题总排行榜)、“即时关注度榜单”(具体或突发事件引发的及时性关注)、“持续关注度榜单”(本时段内持续引起市民高度关注的话题排行)、“预期关注度榜单”(本时段发端且根据热度表征预期将来会引发关注的热点话题);“共性特征”部分分析了本月市民时政关注的总体趋势以及市民关注的共同性群体心态等;“群体差异”部分主要是描述了分群体之间时政关注的差异化表现,不同职业群体的关切点有不同之处;“专家视点”部分是连线上海社科界专家学者对月度时政关注榜单等内容做的点评。

第一部分 指数榜单

一、市民关注度榜单

调查结果显示,“外滩事件与大都市公共安全管理”成为1月份上海市民最关注的时政话题,位居本月上海市民时政关注指数市民关注度排行榜榜首,高达91.12%的受访市民表示关注。市民关注度排名前五的时政话题还有:“习近平与人民相互‘点赞’”,关注度达83.27%;“机关事业单位工资调整”,其关注度为67.52%;“明确八项规定与职工福利不对立”,关注度为52.36%;“呼格吉勒图沉冤昭雪”,关注度为44.30%。

上海市民时政话题关注度呈现快速梯度下降特征。在排名前五的时政话题榜中,排名第二的话题“习近平与人民相互‘点赞’”与排名第一的话题“外滩事件与大都市公共安全管理”相比,其关注度下降7.85%;随后的关注度梯度降幅分别为15.75%、15.16%、8.06%。这既体现了时政话题本身的属性,也体现了不同职业身份群体的市民对时政话题的关注差异性特征。例如,机关事业单位或企业职工普遍关注与其切身利益相关的时政话题。

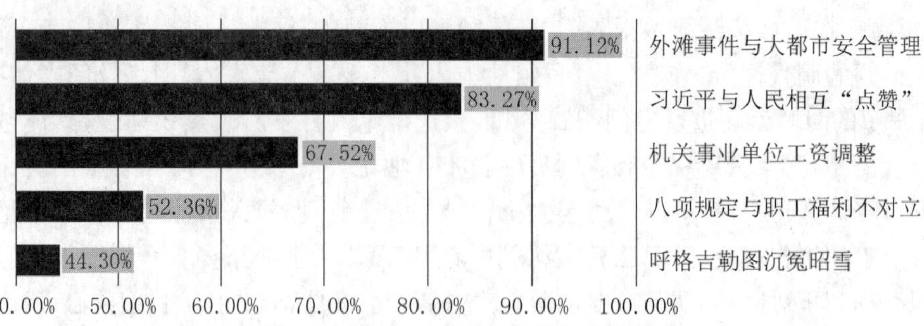

图 1 “上海市民时政关注指数(2015·1)”市民关注度 TOP5

二、 即时关注度榜单

“即时关注度”是时政话题发生后 24 小时内引发的社会关注度的综合衡量，它衡量了时政话题兴起或爆发速度的快慢。根据新华社全媒体舆情监控分析系统跟踪监测结果，1 月份“即时关注度”排名前三的时政话题是：1.外滩事件与大都市公共安全管理；2.呼格吉勒图沉冤昭雪；3.习近平与人民相互“点赞”。

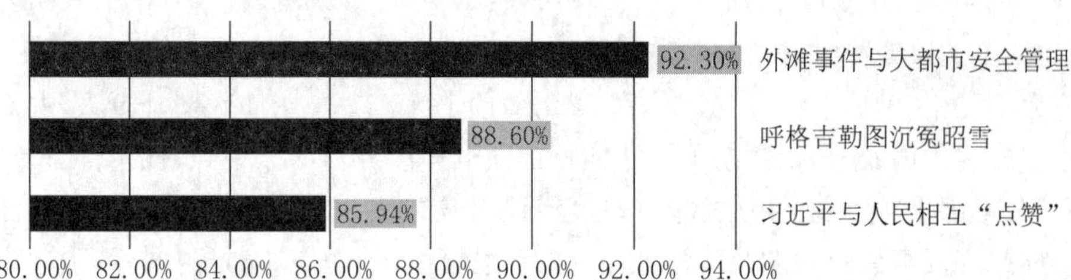

图 2 “上海市民时政关注指数(2015·1)”即时关注度 TOP3

通过对 1 月份时政话题进行活跃度、影响力、传播层次、价值因子等维度数据整理与分析，“外滩事件与大都市公共安全管理”这一时政话题在发生后，媒体对其展开了广泛而深入的报道，市民也通过各种新媒体平台表达关注，其最初 24 小时关注度达到 92.30%，成为 1 月份即时热度最高的时政话题。与此类似，“呼格吉勒图沉冤昭雪”和“习近平与人民相互‘点赞’”也因媒体与市民互动共振成为“即时关注度”较高的时政话题。

三、 持续关注度榜单

“持续关注度”是时政话题在本月内持续引发社会关注度的综合衡量，它体现时政话题关注度的持续性，以“即时关注度”的加权平均表示。根据新华社全媒体舆情监控分析系统跟踪监测结果，1 月份“持续关注度”排名前三的时政话题是：1.机关事业单位工资调整，2.明确八项规定与职工福利不对立，3.外滩事件与大都市公共安全管理。

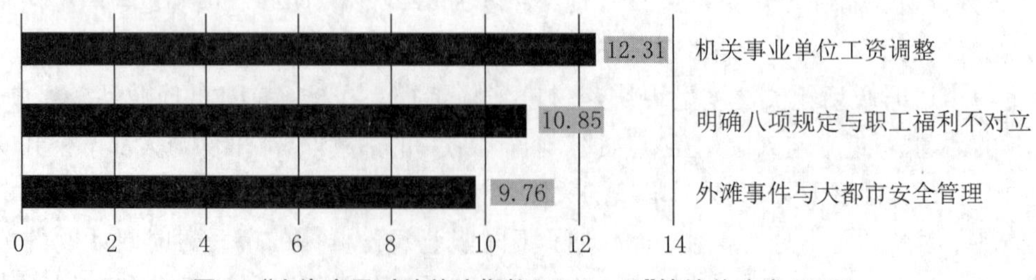

图 3 “上海市民时政关注指数(2015·1)”持续关注度 TOP3

在“持续关注度 TOP3”榜单中，“机关事业单位工资调整”位居榜首。自 2014 年底“养老金并轨”引发“公务员涨薪”讨论以来，2015 年 1 月，这一话题连续成为热议话题。“外滩事件与大都市公共安全管理”因其较高的“即时关注度”和阶段性的持续关注，也登上了此榜单。

四、 预期关注度榜单

“预期关注度”榜单揭示本月内发端，根据热度表征预期将来会引发关注的热点话题，可用时政话题“即时关注度”的平均变化率及时政话题未来预期持续周期综合衡量。根据新华社全媒体舆情监控分析系统跟踪监测结果，1 月份“预期关注度”排名前三的时政话题是：1.“科创中心”建设成为上海市委一号课题；2.政府工作报告取消 GDP 目标；3.明确八项规定与职工福利不对立。

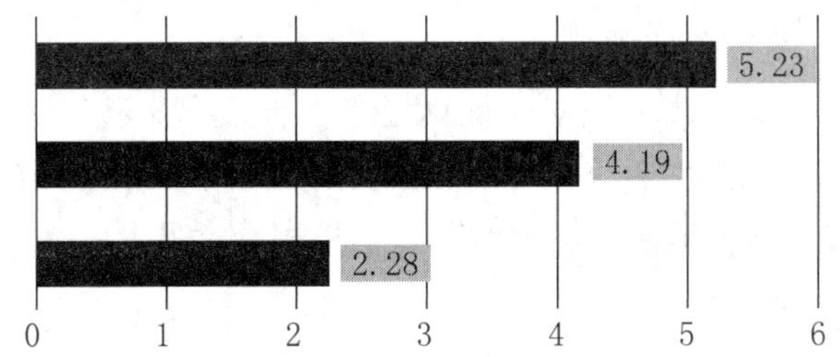

图 4 “上海市民时政关注指数(2015・1)”预期关注度 TOP3

“预期关注度”是体现时政话题未来关注度的前瞻性指标。“一号课题”是政府全年工作的重心，“取消 GDP 目标”将影响政府全年中心工作安排，预期未来将得到更多的媒体报道和市民关注；随着春节临近，“职工福利”是否受到影响将最终揭晓，利益相关将会导致关注度增加。

第二部分 共性特征

一、 关注态度：多数市民关注时政且乐于参与讨论、分享

调查显示，28.5%的受访者“经常关注”时政话题，46%表示“偶尔关注”，18.5%表示“极少关注”，只有 7%表示“不关注”。

从数据可见，大多数上海市民对时政话题有一定程度的关注；不过，“经常关注”时政的市民比例不到 30%，市民对时政的关注度还需进一步引导、加强。

在关注时政话题的主要原因方面，41%的受访者表示为了“获取信息”，38%表示出于“个人兴趣”，18.5%表示因为“工作内容”，2.5%表示“没有目的”。

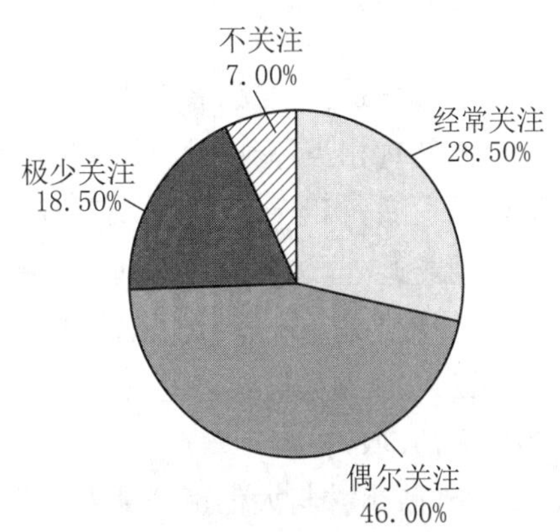

图 5 时政话题关注频度

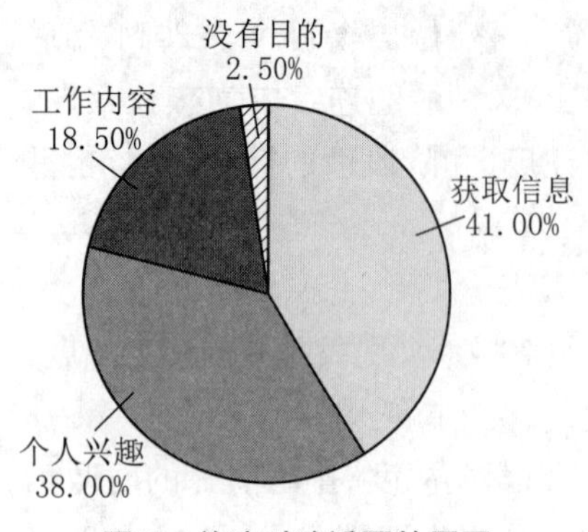

图 6 关注时政话题的原因

从数据可见，绝大多数关注时政的上海市民都有着较为明确的目的，并且近四成受访者对时政感兴趣，显示上海市民在获取资讯方面比较成熟和理性，积极主动地去了解国际与国内政治格局、经济走向、文化发展，紧随着时代潮流，把握社会脉搏。

调查显示，86%的受访者表示"经常与他人分享或探讨时政话题"。项目组认为，这释放出一个积极信号，反映出上海市民有较强的社会责任感，对时政信息不仅仅停留在了解层面，而且积极地参与交流探讨，对参与优化社会方方面面制度的设计、建设更完善的社会制度有较大的热情。国家兴亡，匹夫有责。国家和社会的发展关系到每个人自身的发展，关心时事新闻就是关心自己的生存环境。

调查显示，91.5%的受访者认为"有必要提高市民对时政话题的关注度"，8.5%认为"没有必要"；89%的受访者认为提高时政关注度"有利于提高自身素质"，11%持相反意见；69%的受访者认为提高时政关注度"有利于解决社会问题"，31%持相反意见。

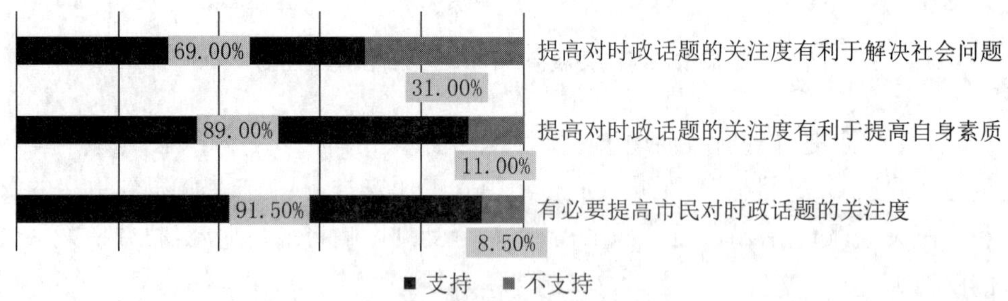

图 7 对提高时政关注度的态度

调查结果表明，上海市民普遍认同提高时政关注度的积极意义，不仅有利于提高自身素质，帮助自己更准确地把握时代脉搏，也有利于群策群力"问诊"社会问题，改善社会治理。

不过，31%的受访者对提高时政关注度能否有利于社会问题的解决持保留意见，这显示出还是有相当部分市民认为对时政问题"关注"不等于"解决"。分析认为，随着社会的进步和发展，相对于市民群众日益增长的政治参与诉求而言，既有的渠道还有进一步拓展的空间。此外，过度关注和讨论在某些情况下反而会激化矛盾，不利于问题理性解决，呼吁进一步拓宽公民参与社会治理的途径，科学合理地引导舆论。

二、话题偏好：普遍关注社会热点焦点及利益相关话题，对富有趣味性、人情味的领导人活动报道表示欢迎

"外滩事件与大都市公共安全管理"在市民关注度 TOP5 排行榜中位居首位，这一调查结果也充分体现了上海市民对时下热点事件的敏感度、关切度。备受关注的呼格吉勒图沉冤昭雪事件在本月市民关注排行榜排名第 5 位，体现了上海市民对社会焦点事件和公正法制环境的关注。

“机关事业单位工资调整”和“明确八项规定与职工福利不对立”分别位居第3位和第4位。项目组认为,工资调整、职工福利都是与相关民众的生活密切相关的信息,在榜单中出现完全在情理之中。

值得一提的是,在本次抽样调查中,“习近平与人民相互‘点赞’”位居市民关注榜单第2位。传统印象中,领导人活动报道很少成为市民关注和讨论热点,不过,这个调查结果表明:富有趣味性、人情味的领导人报道也会受到广大市民群众追捧。习近平主席用“蛮拼的”和“点赞”两个网络热词,把功劳归功于忠于职守、勤奋工作的各级干部,归功于万众一心、全力支持党和政府工作的伟大人民,让人倍感朴实、亲切和温暖。

三、 渠道选择:受众信息获取、分享渠道新媒体化特征凸显

调查显示:41.5%受访者通过手机网络关注时政话题,34.5%通过电脑网络,11.5%通过报纸杂志,9%通过广播电视,3.5%通过其他方式。

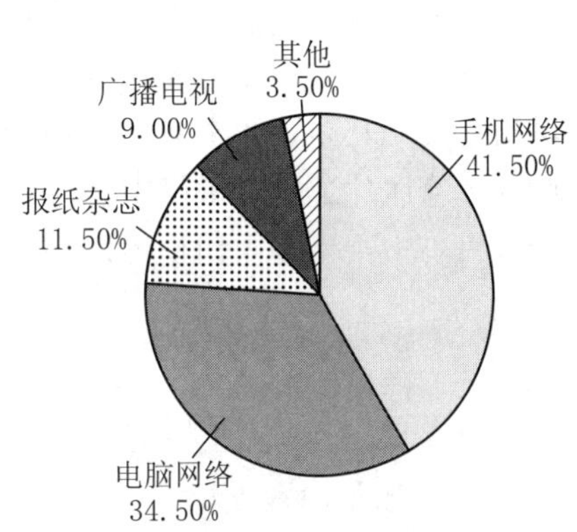

图8 关注时政话题的渠道

互联网的蓬勃兴起掀起了一场信息提供方式的巨大革命,改变传统媒体的单向和被动传播关系,使人们在信息传播中的主动性、选择性、参与性、互动性大大提高,满足人们在获取信息和沟通交流中省时、省力、省钱、省心的内在需求;移动互联时代信息传播效率再次革命性提高,实现了随时随地通过手机、平板电脑等载体获得信息。

在本次调查中,受众信息获取、分享渠道的新媒体化特征得到了鲜明体现。上海市民获取时政新闻的主要渠道依次为“手机—电脑—报纸杂志—广播电视”,且手机和电脑的比例远远超过了传统媒体。同时,调查显示,超过四成受访者在微信群、微信朋友圈和微博交流时政话题。

第三部分 群体差异

一、 机关干部:关心工资调整等利益相关话题

机关系统逾八成被调查对象对机关事业单位工资调整表达了关注。此次工资制度的完善,是机关事业单位工资制度史上的一个里程碑,此举不仅为配合养老保险制度改革,也是经济社会发展的成果。调整方案细化到机关事业单位内的三类人群,随之实施的“五险”并轨等措施也是前所未有,机关事业单位人员工资待遇多年不变,此次调整无疑备受关注。

二、 社区居民:对领导人亲民作风和反腐举措表示欢迎

社区居民超过半数被调查对象选择了“习近平与人民相互‘点赞’”话题。党的十八大以来,国家领导人持续走亲民路线,尤其在开展党的群众路线教育的效应下,领导深入群众的言行,不断拉近了与群众的心灵距离。继国家主席习近平用“各级干部也是蛮拼的”“我要为我们伟大的人民点赞”这样网民耳熟能详的语言致新年贺词之后,网民们纷纷“点

赞”习近平主席。此外,“中央纪委官网集中公布各地纪委联系方式”等话题也较为关注,老百姓欢迎反腐举措,对清廉政治显示出了信心。

三、企业员工:对关涉民生的问题普遍关注

海纳百川的上海大都市,吸引了来自各地的大量人才,他们对于能否共享城市发展成果、如何实现平等福利等问题非常关注。企业群体较为关注的话题包括“明确八项规定与职工福利不对立”“新居住证制度争议声中待产”“企退人员养老金再提高”“呼格吉勒图沉冤昭雪”等,对话题的关注度几近平分秋色。企业员工整体年龄低于机关系统和社区街道,对民生问题更为关注,因此对新居住证制度的关注热度属正常现象,而企退人员养老金再次提高亦与该群体利益密切相关。

四、大学生:具有“法治精神”关切个人成长空间

大学生群体普遍充满正义感,有近七成大学生关注了“呼格吉勒图沉冤昭雪”话题。中国有着漫长又顽固的专制传统。今天,以大学生群体为代表的青年一代大学生,在我国法治建设尤其是党的十八届四中全会力推“依法治国”的感召下,越发具有“法治精神”。此外,“新居住证制度争议声中待产”“科创中心建设成为上海市委一号课题”等话题与大学生自身未来发展密切相关,关系到其对职业、生活空间的选择,大学生对此表示了高度关切。

第四部分　专家视点

一、榜单内容点评

特邀专家:蒋昌建(复旦大学国际关系与公共事务学院副教授)

(一)大都市安全的信心重建,不是靠追责和惩罚,而是大都市在公共安全危机事件中卓有成效的应对

安全问题列为大城市民众关注的首要问题,并不十分意外,这主要由两个方面,一个方面,从国际比较的角度上,经济问题、教育问题和治安问题,通常列在人们关注的主要问题前列;另一方面,上海刚刚发生了公共安全事件,对此类问题的关心很自然地被列在了首位。

一般认为,超过 2 000 万人口的城市,就被列为超大城市。真正对城市安全问题产生挑战的不在于城市的静态的规模数据,而在以动态发展的规模。上海也同中国的其他大中城市一样,在短短的十年之内,人口规模成倍的增长,相应地承载这样人口规模的硬件设施和软件设施也必须快速地发展,这就包括公共安全的维护设施。对一个高速发展的城市而言,公共安全设施可能出现的问题,同其他方面可能出现的问题一样,常常不在于硬件方面,而在于软件方面,即制度、体制、意识和态度等。一个在公共安全方面工作成就有口皆碑的城市,自然地在城市的管理者,包括市民和城市访客在内容易对相关城市安全的制度、体制和具体维安资源和人力安排上产生相对过于乐观的信任和依赖意识,这种自信,一旦遭受到像外滩事件这一冷酷的事实的挑战的时候,就极易在人们心中产生对公共安全的警惕、甚至是焦虑和失望,尤其当外滩作为一个无论城市市民或者访客都可能过往的场所发生了这么大的不幸,城市公共安全的心理距离相对拉近了很多,这就加深了市民

对公共安全的忧虑。

尽管英国《经济学人》近日公布了一份全球城市安全指数报告，该报告中，中国内地城市中排名最高的是30名的上海，但这不太可能即刻让市民在大都市公共安全问题上获得宽慰。尤其是在信息愈加透明和对称的时代里，大都市公共安全的问题的客观全面的快速传播，这种信息传播模式的改变所产生的亲临感，不断挑战市民的心理承受能力，为此，对大都市安全的信心重建，还有很长的一段路要走，这绝不是靠时间对于人们悲剧意识的冲淡，更不是靠追责和惩罚，而是大都市在公共安全危机事件中卓有成效的应对实践。

希望市民对外滩事件和大都市安全的高度关注，能够转化成有关方面的议程设置的优选选项，不仅在相关硬件软件的建设上更趋完善，更重要的是要让这些建设真正能够接受大都市公共安全危机应对实践的检验。

（二）政治语汇逐步吸纳草根语言，这是一种政治亲民化的表现，而政治亲民化是观察政治发展的一个重要指标

习近平在元旦讲话中"为我们伟大的人民'点赞'"一说引起了市民的关注和热议，一方面国家领导人对人民的国家和社会发展的主人翁意识和实践的肯定深得民心；另一方面也反映了正式的政治文稿中政治语汇逐步吸纳了来自网络的草根语言，使得政治文稿更接地气，这是一种政治亲民化的表现，而政治亲民化是观察政治发展的一个重要指标。与此同时，人们也对习近平主席的工作给予了"点赞"的肯定，这也说明人们对习近平主席在推动经济进一步发展、深化改革、推进国家社会可持续发展、倡导中华民族的传统文化、维护国家的核心利益、维护社会总体稳定以及反腐倡廉等方面的政治作为也给予充分的肯定和赞扬。

（三）对工资调整问题的关注有可能出现两种视角，但都面对一个共同的问题，那就是改革开放的成果在多大社会范围内实现共享，以及在此基础上所形成的官民互信的程度

从国际比较的视野看，经济问题同样一直是市民关注的重要问题之一，它包括国家和地方经济发展状况、就业状况和工资收入状况等。对于机关事业单位工资调整的关注，也大体符合这种情势。不过，市民对机关事业工资调整的关注的背后，有更复杂的原因。首先，在许多市民的认知中，机关和事业单位是国家和社会发展的获益者，甚至是相对多的获益者（工作稳定、工资福利待遇相对从优、公权力大等），这和在"八项规定"和"四个不准"的语境下，在名义和实际收入受到相关法规严格框限的机关事业单位的感受形成了一定的张力，因此对此问题的关注有可能出现两种视角，一种是机关事业单位工资调整的逻辑与自身工资待遇调整的逻辑的平衡共振的可能性；一种是在特定的反腐倡廉的语境下，机关事业单位的工资调整是否遵从本身应有的规律和逻辑，以及体现这个规律和逻辑的既有政策。这两种不同的视角，都面对一个共同的问题，那就是改革开放的成果在多大社会范围内实现共享，以及在此基础上所形成的官民互信的程度。

（四）八项规定并不反对合规合法的职工福利的发放，之所以将八项规定念歪了经，在于法制意识、规范意识和政策意识出现了偏差

上有政策下有对策，一直是政令难于通达基层的最大问题，但也有政令被基层念歪了

经的大问题。有些地方有些单位为了将廉政建设做得更加彻底，的确相关的政策在执行的过程中，多多少少出现了一些职工合法的正常福利被削减甚至取消的事件。八项规定反对的是违规违法地或者巧立名目变相发放职工福利的行为，并不反对合规合法的职工福利的发放。之所以将八项规定念歪了经，还在于法制意识、规范意识和政策意识出现了偏差，这种宁可错削错消多种职工福利，也不漏放一种职工福利的行为，从某种程度上说，是扭曲了八项规定的本意，极易激发机关、事业和国有企业职工对相关规定和政策的不解情绪。

（五）市民对“呼格吉勒图案”的关注，其意义远超过具体个案的沉冤昭雪，其意义在于恢复人们对司法公正的信心

市民对于呼格吉勒图沉冤昭雪的关注，反映了人们对司法公正的又一次期待。对法律的信仰是依法治国的重要前提，而司法公正是市民对法律信仰的基础条件。市民对此案的关注，其意义远超过具体个案的沉冤昭雪，而在于恢复人们对司法公正的信心，也反映了有法必依、执法必严和违法必究不只是口号而是真切的实践的愿望，也体现了人们对国家切实维护公民权力和权益维护的一系列制度安排及其实践的信任。

二、 指数总体述评

特邀专家：顾骏（上海大学社会学院教授）

上海市民时政关注指数的制定和发表，具有十分明确的功能，一者让政府部门能够确切掌握市民关心的问题，及时了解社情民意；二者也可以对更多的市民形成引导，激发社会正面反应。为了让这两方面的作用都能充分发挥，必须确保时政指数的客观性和精准度。因为时政指数反映的是社情民意，而市民对时政新闻的关注点和关注度，同政府的关注点和关注度未必一致，有时甚至大相径庭，这时到底是坚持客观性还是“兼顾舆论导向”可能产生一定的矛盾。由于市民时政指数必须面对市民，关注点和关注度如果同大部分市民的主观感受有距离，就不但会导致指数失去公信力，还会对政府根据指数采取的措施造成误导，如此就得不偿失了。客观是时政指数的生命，不能有丝毫缺失。1 月的时政指数中，外滩事件能排上第一位，说明第三方机构在保持客观性上是有所坚持的。所谓精准度主要涉及排位是否同市民感受一致，这里的关键不是操作机构的主观选择，而是方法上的科学程度，达到了必要的精准度才能保证指数所传递的信息不至于失真。

上海这次发表的市民时政关注指数，在设置的方法上有合理之处，整个指数由关注度最高的前五项、即时关注度前三项、持续关注度前三项和预期关注度前三项，共同构成了反映市民关注的强度和操作机构对市民关注及其强度的预测，这样不但多向度地揭示了市民的关注点，而且通过即时关注度反映了时政新闻的敏感性，通过持续关注度反映了新闻的深刻性。至于预期关注度如果能在实践中被证明不是空穴来风，那对有关方面未雨绸缪，及早作出预案，可以提供充裕的时间。

市民时政关注指数的制定和发布是一项全新的工作，具有很强的科学性和政策性，需要在实践中不断摸索，逐步形成一套规范而且有效的做法，值得期待。

上海市民时政关注指数榜单(2015·2)

上海市社会科学界联合会
新华社上海分社
联合发布
2015年3月9日

一、 指数榜单

（一）雾霾和大气污染治理引发关注

28日，微信朋友圈电视媒体人的雾霾纪录片刷屏。一天之内，这部环保纪录片成为了当天中国最受关注的热门视频。电视媒体人自己所擅长的“视觉新闻语言”唤起了中国民众的环境保护意识，也引发了各种质疑和讨论。

（二）管好配偶子女：上海从严治党推出硬招实招

在27日的中央全面深化改革领导小组第十次会议上，《上海市开展进一步规范领导干部配偶、子女及其配偶经商办企业管理工作的意见》获审议通过。这是上海贯彻落实中央党要管党、从严治党要求的一个实际步骤，也是践行“四个全面”、回应广大人民群众期待的又一硬招实招。可以预计，在总结经验的基础上，这项工作将扩大试点、逐步全面推开。

（三）上海发布今年医改工作要点，分级诊疗、医药分开成关键

上海今年医改工作要点正式公布。在总长超过6 000字的文件中，做实“家庭医生”制度、提高一批医疗服务价格、研究归并“居保”和“新农合”、完善医保政策以解决“限期出院”问题、探索医保个人账户资金购买商业健康险等“亮点”频出，回应了千家万户对于医疗、医药、医保这“三医”联动改革的期待。

（四）八省份表态今年申报自贸区，中西部地区态度积极

截至9日，全国31省份今年的政府工作报告已全部出炉。其中，陕西、甘肃、河南、湖北、吉林、辽宁、山东、广西共计8个省份在报告中明确提出将申报自贸试验区，而已经获批自贸试验区的省份，则明晰了今年的工作部署。

（五）2014年31省份人均收入排行公布，上海居首位

按照各地两会消息，2015年已有26个省(区、市)下调了城乡收入增长目标。2014年沪京浙深等省市的城镇居民人均收入都超过4万元，上海达47 710元，从东中西看，收入差距依然显著。在收入增长放缓的同时，物价增幅也在下降，完善社会保障制度、做好“托底”任重道远。

二、 专家视点

特邀专家：诸大建（同济大学经济与管理学院教授）

一是大气和雾霾为何变成现在的热门话题？市民群众很早就开始关注环保问题，并不是因近几年的雾霾而开始关注的。水、空气、土壤和垃圾所引出的环境问题是我国将长期面临的问题。

二是在能源消耗和GDP都是正相关的前提下，环保问题短期内并不乐观。环保不是三五年内“大跃进”能够解决的，中国环保要变好，要把现在排放的千万吨级水平，降到百

万吨水平。我国现阶段发展需要 GDP，但是又不能唯 GDP 而论，要考虑到环境成本，把握好平衡很重要。发展不是纯粹一个经济的维度，而是五位一体建设，要把经济建设、政治建设、文化建设、社会建设、生态文明建设综合起来。

三是从经济和环境的关系来看，二者是一个倒 U 形曲线。前期是经济增长与环境同步向上，而当重化工业高端的产业比重占的比较大的时候，环境会就出现下降。此时需要进行产业结构转型，才能使经济和环保平衡发展。

四是能源结构对环境的影响。中国目前的能源结构主要依靠煤，而煤的消耗对环境污染影响较大。目前，调整能源结构有两个办法：一个是逐步提高油气的利用，同时减少煤炭的利用；另一个是对煤品进行清洁燃烧。

五是环境问题的治理结构，包括环境治理的政府责任和公民责任。环境信息公开对市民参与环保有很大帮助。

特邀专家：顾骏（上海大学社会学院教授）

惩治腐败不过是对已经存在的腐败的打击，并不能一定解决未来的腐败问题。这也就是治本与治标的关系，如果“本”没有解决，那么“标”就只是一个现象。中央提出“要把权力关进制度的笼子”这就是治本的方法，而治本就是要建立制度。上海正在开展这方面的研究和实践，其中的硬招实招就是要管好配偶和子女。

分级诊疗解决的是看病难的问题，这就需要把现有的医疗资源做到充分利用，使不同的患者得到适合的医疗条件；医药分开解决的是看病贵的问题，要改革这一块，让医就是医，药就是药，医院的收入不要在药价中间去找补回来。这是现在解决看病贵的一个基本的方向。

关于自贸试验区，一方面市民们看到，自贸试验区的做法，在全国遍地开花，一定程度上说明上海在自贸试验区体制改革中先行先试获得的经验，具有可复制性；另一方面，当全国各地都可以享用这些政策，具有了自我探索的权限的时候，上海能不能更进一步，积极探索让市民更好、更多的享受自贸试验区带来的各种实惠。

关于人均收入问题，一个城市，越是发展，国际化程度越高，它的生活水平自然就要提高。生活水平要提高，收入水平不提高是不可能的。关键是在人均收入提高的同时，人均的可支配收入也有提高，物价水平又保证平稳，这才能让市民真正得到实惠。

上海市民时政关注指数榜单(2015・3)

上海市社会科学界联合会

新华社上海分社

联合发布

2015 年 4 月 8 日

一、 指数榜单

(一) 多部门联合发布购房新政

中国人民银行、住建部、银监会联合下发通知，对拥有一套住房且相应购房贷款未结清的居民家庭购二套房，最低首付款比例调整为不低于40%。公积金贷款购买首套普通自住房最低首付20%。

财政部、国家税务总局联合发布消息，经国务院批准，我国将从2015年3月31日起调整个人住房转让营业税政策，其中个人转卖已购普通住房，免征营业税的期限由目前的购房超过5年(含5年)下调为超过2年(含2年)。两部门表示，此次调整个人住房转让营业税政策旨在促进房地产市场健康发展。

(二) 沪交警遭违章车拖行致死引发热议

上海闵行公安分局交警支队民警茆盛泉在吴中路虹许路口执勤时，被一辆违章的红色宝马车拖行近十米，头部着地，不治身亡。当晚，肇事司机孙某被警方刑拘。该报道一经发布，网友迅速展开热议，痛惜去世的交警，同情未出生的宝宝，并强烈谴责肇事司机，呼吁严惩。

进入3月份以来，多起交警执法遭冲撞甚至被拖行致死事件引发舆论强烈关注。在舆论场中，悼念去世交警、严惩肇事司机的呼声甚高，呼吁袭警入刑、提升交警执法权威的网友亦不在少数。一直以来，交警执法遭冲撞事件时有发生，此次上海交警被拖行致死案引发舆论聚焦此类违法事件，探讨制度化解决方案。

(三) 不动产登记正式开始实施

《不动产登记暂行条例》(以下简称《条例》)3月1日起正式开始实施。《条例》的施行标志着摸清楼市"家底"的不动产统一登记制度正式建立。依照《条例》，集体土地所有权，房屋等建筑物、构筑物所有权，森林、林木所有权，耕地、林地、草地等土地承包经营权，以及建设用地、宅基地和海域的使用权等都将纳入登记范围。

《条例》明确，权利人、利害关系人可以依法查询、复制不动产登记资料，但查询不动产登记资料的单位、个人应当向不动产登记机构说明查询目的，不得将查询获得的不动产登记资料用于其他目的；未经权利人同意，不得泄露查询获得的不动产登记资料。目前，全国已有30多个市(州)、70个县(市、区)完成了职责和机构整合工作，基本具备了启用新的登记簿和新版证书条件。

(四) "互联网+"战略被列入政府发展规划

李克强总理在政府工作报告中提出，制定"互联网+"行动计划，推动移动互联网、云计算、大数据、物联网等与现代制造业结合，促进电子商务、工业互联网和互联网金融健康发展，引导互联网企业拓展国际市场。

"互联网+"战略就是利用互联网的平台，利用信息通信技术，把互联网和包括传统行业在内的各行各业结合起来，在新的领域创造一种新的生态。"互联网+"不仅正在全面应用到第三产业，形成了诸如互联网金融、互联网交通、互联网医疗、互联网教育等新生态，而且正在向第一和第二产业渗透。政府工作报告对于"互联网+"战略的提出，正是站在这个新的战略高度，来看待信息技术和传统产业的"生态融合"的全新定位。

(五) 全社会掀起邹碧华先进事迹学习热潮

3月2日，邹碧华同志先进事迹报告会在人民大会堂举行。邹碧华生前是上海市高级人民法院副院长，投身司法事业26年。2014年12月，他突发心脏病经抢救无效因公殉职，终年 47 岁。邹碧华去世后，中宣部追授其“时代楷模”荣誉称号，最高人民法院追授其“全国模范法官”荣誉称号。他的先进事迹在全社会引起强烈反响。习近平总书记批示指出，邹碧华同志是新时期公正为民的好法官、敢于担当的好干部。他崇法尚德，践行党的宗旨、捍卫公平正义，特别是在司法改革中，敢啃硬骨头，甘当“燃灯者”，生动诠释了一名共产党员对党和人民事业的忠诚。

二、 专家视点

特邀专家：华伟（华东师范大学东方房地产学院常务副院长）

针对“多部门联合发布的购房新政”，华伟认为，在目前中国楼市去投资化、稳刚需的背景下，党中央、国务院把老百姓对于住房的改善性需求也纳入刚需的行列中，是绝对有科学道理的。首先，新政“降低二套的首付门槛”不但不会诱发新一轮的投资狂潮，反而会放大良性刚性的住房需求，既能够繁荣社会主义市场经济，又能够及早圆老百姓住房的改善梦。其次，国土部对于囤积房源过多的企业限制拿地，把地留给库存较少、周转较快并且有能力进一步开发的企业用以缩短供应周期，有助切实改善刚需。更重要的是，通过金融和交易的政策让老百姓根据自己的实际情况，有条件的可以“先买第一套，继续改善第二套”成为可能。

关于“不动产统一登记新政”，华伟解释说，把以前在狭义的房地产登记之外的广阔国土资源统一纳入一个部门，由国家依法确权、依法登记、依法转让、依法抵押、依法变现，使工业资本、产业资本、金融资本、境内外资本能够通过市场进入中国的林业、木业、国土改造，从而反哺农村、农业，让农民在反哺过程中能够用市场、用存量的资源，作为增加收入最重要的筹码，以市场力量为主，国家兼顾公平的补助，作为一个杠杆四两拨千斤，使得农村的土地资源最大程度在法律框架内，统一权利保障的情况下，和社会金融行业进行对接，并获得资本。

特邀专家：顾骏（上海大学社会学院教授）

顾骏表示，3 月份的指数榜单从不同的角度与市民的生活相结合，只不过不同的人在五项新闻里看到的是不同的东西。他认为，“房地产新政”较“不动产登记”排名在前的原因，在于市民原本对“不动产登记”可能带来的房产税的担忧，因“购房新政”的出台消散了。新政让上海市民相信“不动产登记”并非为了下一步房产税的征收，于是大家对新政的关注自然更多。

针对“沪交警遭违章车拖行致死”的话题，顾骏提出，对该事件的关注有三方面：一是司机的个人素质确有问题，实则是每个市民自身素质要提升；二是上海的城市管理有待进一步完善；三是引起社会对交警执法标准化的思考。

顾骏认为，“‘互联网＋’战略被列入政府发展规划”，这是中央明确提出的中国下一步创新创业的主攻方向。目前中国经济传统产能过剩相当严重，在原有的产业中，投资的空间很小，只有通过互联网创业，成本低、门槛也不高，一旦找对了消费者的需求，找到了新的运作模式，相对来说也比较容易成功。“互联网＋”意味着让互联网技术同许多传统行业产业相结合，创造一个全新的就业、创业方式，使其成为中国经济发展的一个推动力。

顾骏指出，“邹碧华先进事迹在全国范围内掀起热潮”是因为大家关注的不仅仅是一个人，而是依法治国的推进，是法治中国建设的成效。每个市民都希望自己受到公正的对待并且越来越深切感受到司法公正是社会公正的底线。

上海市民时政关注指数榜单(2015·4)

上海市社会科学界联合会

新华社上海分社

联合发布

2015年5月11日

一、 指数榜单

(一) 上证综指重上4 000点再兴“炒股热”

时隔七年，上证综指4月8日盘中突破4 000点整数位，成为近期股市一个“标志性时点”。股市行情火爆吸引不少股民跑步入市，“炒股”再度成为全民热议话题，有关股市“泡沫”的争议也随之而来。

有观点认为，全面深化改革推进带来的政策红利不断释放，是引领A股此轮“改革牛”的深层次动力；也有观点认为，此轮牛市要避免泡沫化而成为一个“健康的牛市”，还有不少路要走。

(二) 上海纪念浦东开发开放25周年

今年是浦东开发开放25周年，上海各界开展了多种多样的纪念活动，回顾改革开放为浦东带来的翻天覆地的变化。

1990年4月18日，党中央、国务院正式宣布开发开放上海浦东。新华社报道称，25年前，石破天惊的浦东开发开放，向世界宣示了处于历史转折点上的中国将举什么样的旗、走什么样的道路；25年后的今天，不曾动摇和懈怠的浦东开发开放，窗口作用和示范意义更加明确——当好排头兵中的排头兵，先行者中的先行者，继续在改革开放的伟大旗帜下破浪前行。

(三) 人社部表示未现公务员“离职潮”

有机构调查显示，今年春节后公务员跳槽较去年增加三成，公务员群体出现“离职潮”现象。对此，人力资源和社会保障部新闻发言人李忠4月24日表示，现在公务员群体出现“离职潮”的说法并不准确。一定数量的人员流动符合人才成长规律，是正常现象，而且建立能进能出的新陈代谢机制，也是《公务员法》制度设计的宗旨之一。

(四) 复查聂树斌案全力维护司法正义

备受关注的聂树斌故意杀人、强奸妇女案复查工作听证会4月28日在山东省高级人民法院举行。这是自去年底以来，中国法院系统确保这一案件复查进程公平公正公开，维护司法正义的若干举措之一。

1994年，河北石家庄发生一起强奸杀人案，被告人聂树斌于次年被执行死刑。2005年，犯罪嫌疑人王书金被警方抓获，主动供述其系聂树斌案真凶。最高人民法院去年12月12日指令山东高院复查“聂树斌案”。

（五）对庸政懒政要“动刀子”“出重拳”

4 月 10 日，李克强总理在吉林长春主持召开东北三省经济形势座谈会，再次强调要对为官不为的“庸政”“懒政”坚决问责。“我在今年《政府工作报告》中说，‘经济发展进入新常态，干部精神面貌要有新状态’。”李克强总理说：“对于忽视民生、为官不为的‘庸政’‘懒政’，要‘动刀子’‘出重拳’、公开曝光，坚决追责！”

二、 专家视点

特邀专家：石磊（复旦大学经济学教授）

石磊教授认为，上海股市重上 4 000 点的背后是“一冷一热”——也就是虚拟经济相对较热，实体经济相对较冷的经济大背景。其中，金融并不能单纯地和虚拟经济画等号，只有利用金融工具、金融产品以及金融政策“以钱生钱”的时候，这个时候的金融才是虚拟经济；而当金融借助于借贷、股市以及其他衍生品进行的交易，通过直接金融和间接融资进入实体经济时候，金融也是实体经济的一个组成部分。面对这样“一冷一热”的局面，公众期待能通过增加渠道、畅通路径、改进制度和优化机制四个方面的政策手段把股市所融资出来的社会资本和金融资产，有效地引导到实体经济中来。唯有如此，才能真正实现“保增长”“调结构”和“惠民生”。

石磊教授认为，“保增长”是国家重要职能。各个国家制定公共政策都有共同的顺序，那就是就业优先，兼顾考虑中央财政税收来源、产业结构升级需要，这些因素间接对经济保持稳定增长产生一定的要求。而“调结构”，涉及对大规模的基础设施建设、城乡一体化发展以及新型城镇化的建设等的投资进而对结构调整带来作用，故而见效周期较长。近期以来，国家放宽货币政策，倡导增加居民财产性收入占总收入的比重，给广大市民带来了上海股市 4 000 点的集中政策红利，这个就是“惠民生”的体现。

石磊教授强调说，国家把深化改革作为整个党的十八届三中全会的重大主题，显然是着眼于深化体制改革，稳定实体经济。当前的政策红利带来的“牛市”不仅稳定和改善了广大国民的预期，更预示着更具有稳定性和长期性的制度红利即将出现。

石磊教授表示，宏观上的各类税收及税收转化成的公共福利，以及微观上的公民享有“合法经营”“自主安全选择”“依法安全消费”等涉及公平竞争体系的权利。这些内容是百姓最为关注的经济问题。

特邀专家：唐亚林（复旦大学国际关系与公共事务学院教授）

唐亚林教授将五个指数归纳为“三大主题，一大重心”，即民生主题、发展动力主题、公平正义主题，其中“发展动力”是三者中的重心。他在评论股市指数时认为，我国针对经济社会发展所制定的政策充分考虑到了中国老百姓的社会心理。针对传统市民“重积蓄，轻消费”的消费心理，如何调动出老百姓手中的闲钱使之成为促进改革开放和经济结构调整的一种资本，需要一定的政策设计，要借助股市这个良好平台来实现健康牛市和老百姓的生活水平同步发展，并推动社会经济持续得到塑造。

唐亚林认为浦东改革开放 25 周年是我国改革开放的缩影。每个民族每个国家不竭发展、生生不息的动力在于改革创新，在上海定位为“科创中心建设”时代背景下的浦东，作为一个先行者、排头兵和探索者，需要走出一条新路，不能再满足于零碎的、局部突破式的改革创新成果，而应该实现整体的、配套的、全局性的综合配套改革，为上海乃至全国带来更大的动力。

唐亚林指出，改革开放三十余年，我国公务员群体分别在20世纪80年代中期、90年代中期和最近共出现过三次离职潮。最近这次的离职潮是由于中央强势反腐，使得公务员的工作压力和福利待遇受到了挤压所致。这种现象的出现，呼唤着“官商二元化”有序社会的建构和确立，也使得“官本位”占主导的社会价值体系在当下社会得到重估。

“聂树斌案”的复查，既反映了那种法制不彰对公民造成的权利损伤和生命剥夺，同时也显示了新时期的政治新格局回到了法制的框架下，我们的执政党和政府正在朝着公平正义的目标迈进。

对庸政懒政要“动刀子”“出重拳”，唐亚林分析，高压反腐败之后呈现出官员们谨小慎微，庸政懒政以避事的局面。而事实上，在经济新常态和政治新格局的大环境下，包括中国经济的增长，民生改善和社会和谐离不开政府的积极作为。“各级领导或者是各级部门，重新回到问题导向的现场办公会”将会是应对庸政懒政的一个有效方法。

唐亚林教授认为，百姓最为期待的政府管理体系应该具备五大特性：问责政府、透明政府，参与政府，绩效政府，合作政府或者协作政府。

上海市民时政关注指数榜单(2015·5)

上海市社会科学界联合会

新华社上海分社

联合发布

2015年6月10日

一、 指数榜单

（一）上海公布22条意见推进科创中心建设

25日召开的中共上海市委十届八次全会审议并通过《关于加快建设具有全球影响力的科技创新中心的意见》，提出“两步走”规划，到2020年前，要形成科技创新中心基本框架体系；到2030年，要形成科技创新中心城市的核心功能，并在体制机制、人才机制、创新环境和重大布局等方面作出部署。

中共中央政治局委员、上海市委书记韩正表示，创新是引领发展的第一动力，加快向具有全球影响力的科技创新中心进军，是新形势下中央对上海的新要求、新定位，也是上海突破自身发展瓶颈、重构发展动力的根本举措。

（二）百姓办事频遭“证明难题”

6日，国务院常务会议讨论确定进一步简政放权、取消非行政许可审批类别时，李克强总理一连讲了证明“你妈是你妈”等三个故事，痛斥某些政府办事机构。他费解地发问：老百姓办个事儿咋就这么难？政府给老百姓办事为啥要设这么多道障碍？

近期，媒体报道了多种类似“你妈是你妈”的“奇葩证明”。在简政放权深入推进的背景下，“奇葩证明”显得越来越不合时宜。每份令人哭笑不得的证明背后，都是办事部门的傲慢或卸责,以及老百姓"证无可证"的无奈。

(三) 庆安火车站事件引发争议

2 日,庆安县农民徐纯合在与庆安火车站派出所民警发生冲突后,被民警开枪击倒身亡。这一事件引起社会高度关注,网上出现了各种质疑和争议。14 日,哈尔滨铁路公安局在经过调查后,作出了徐纯合袭警在先,民警开枪是正当履行职务行为,符合相关规定的结论。

新华社评论称,认真负责的调查,及时主动的公开,是对突发事件最好的应对。掌握了更多传播主动权的公众,需要更多真相,而且真相不能总靠"倒逼"。

(四) 互联网服务接连故障警示网络安全

27 日,支付宝因"光纤被挖断"大规模服务中断。28 日,旅游网站携程也因技术原因,导致网站和客户端无法登录。29 日,有网友曝出招商证券等券商交易系统出现故障。

支付宝、携程等相继"瘫痪",引发用户对账户资金安全和网络安全的担忧。网络安全专家说,一根光缆就"绊倒"了支付宝,互联网安全亟待高度重视。

(五) 上海规范领导干部亲属经商办企业

4 日,中共上海市委正式公布并实施《关于进一步规范本市领导干部配偶、子女及其配偶经商办企业行为的规定(试行)》。根据《规定》,上海市级领导干部的配偶不得经商办企业;其子女及其配偶不得在本市经商办企业。

二、 专家视点

特邀专家:张晖明(复旦大学经济学院教授)

张晖明认为上海作为都市型经济体最大的特点就是工商活动密度高,交往频度高,密度高、频度高的背后一定是摩擦、竞争、探讨性的信息源多,这是创新的来源。更重要的是资本的配置、存量、人力资本的密度高,科技研发的机构数量、科研人员的数量多,上海拥有这些优势。

但是上海要突破瓶颈还需做到三个废除。

一是要废除一切不符合市场经济规律的东西。

二是要废除一切阻碍科技创新的所谓旧的观念。

三是要废除不利于创新的标准制定、流程管控等做法。

另外,还要拆除四道"围墙"。

一是要拆除跨国公司研发中心与上海经济之间的"围墙",使上海成为具有研发培育能力的科创中心。

二是要拆除人才限制的"围墙",使更多的人才能够有在上海工作、生活的机会,同时享有社会资源。

三是要拆除中央机构、大学、科研院所、中央企业与上海经济之间的关系"围墙",使之与上海产业结构之间紧密联系。

四是要拆除政府部门之间的"围墙",让政府能够更好地服务于科创中心建设。

创新归根到底创新需要有魄力,创新要得到尊重,创新要得到保护,这是最重要的。同时要转变观念,不能采用成者为王、败者为寇的思维,要对敢于创新、敢于探索的人给予更多的尊重和鼓励。

特邀专家：顾骏（上海大学社会学院教授）

顾骏在分析科创中心建设问题时提出创新最稀缺的就是自由空间。他认为上海要重视草根创业者的发展，很多企业都是从小规模做起来的，能够让小小的创新长成大树，这个地方就是科创中心。上海要建设科创中心，就要给创业者更多的自由空间。

在分析百姓办事频遭“证明难题”时，顾骏认为这里面背后真正的问题是我们现在的国民没有通用于任何一个部门的统一档案。所以，什么时候国家建了一个每个公民的统一档案，证明才能消除。

关于庆安火车站事件引发的争议，顾骏认为警察有权佩枪，也有权开枪。这都有法律授权，但不等于有授权就可以随便用，全世界对警察开枪权力的动用都有严格的规定。从程序上、从事情的实际性质上，就规定了警察什么情况下可以开枪、什么情况不可以开枪。所以，警察开枪之后都要进行鉴定，鉴定之后才能说警察这次开枪是不是在法律授权范围内。

顾骏在分析互联网服务连接故障警示网络安全时，认为互联网服务的前提应是安全可靠，否则互联网行业就会遭遇信用危机。

关于上海规范领导干部亲属经商办企业，顾骏认为真正的问题不在于配偶与子女能不能经商，而是权力介入市场，搅乱秩序。我们要一下子把权力关进制度的笼子，从此不再乱用，显然要一段时间。

上海市民时政关注指数榜单（2015・6）

上海市社会科学界联合会
新华社上海分社
联合发布
2015年7月7日

一、 指数榜单

（一）东方之星旅游客船翻沉

1日21时30分许，重庆东方轮船公司所属旅游客船“东方之星”客轮在由南京驶往重庆途中，突遇龙卷风发生翻沉。“东方之星”号客轮上共有454人，其中成功获救12人，遇难442人。

“东方之星”号客轮翻沉事件发生后，有媒体指出，在今年1月份，长江上就已经发生过拖船倾覆的悲剧，当时造成22人丧生。既然已经发生了类似的事故，为何相关部门没能引以为戒？从官方公布的“东方之星”号乘客信息上来看，以六七十岁的老年乘客居多。在中国进入老龄化社会的当下，“夕阳游”中的老年人出游如何获得保障，值得关注。

（二）股市过快下跌引各方关注

30日，上证综指收报4 277.22点，相对本轮股市行情5月16日最高点5 178.19点，大幅下跌900.97点，跌幅达17.4%。6月中旬以来，我国资本市场震荡加剧，甚至出现了一定的恐慌情绪。市场的过快下跌已经引起了有关方面的高度重视，无论是监管层还是市场参与各方都在全力稳定市场。

在此背景下，央行 27 日宣布自 28 日起同时降息与降准。其中，金融机构一年期贷款基准利率下调 0.25 个百分点至 4.85%；一年期存款基准利率下调 0.25 个百分点至 2%；其他各档次贷款及存款基准利率、个人住房公积金存贷款利率相应调整。这是年内央行第三度降息，同时是自去年 11 月以来的第四次。业内普遍认为，本次央行“双降”除了针对实体经济外，也凸显出维护资本市场稳定健康发展的意图。

（三）北大、清华微博“互掐”，“生源大战”何时休？

28 日清晨，北大、清华四川招生组在微博互相指责对方不正当抢生源，包括电话“骚扰”文理科前十报考学生、称对方“欺骗”以及“拿钱诱惑”等，“线上斗殴”引来网友围观。然而不到三个小时，双方上述微博悉数删除。微博虽然删除，但此事引发的网民热议仍在继续。

（四）上海车牌拍卖技术、管理皆需创新

随着沪牌个人牌照竞争愈发激烈，一些犯罪团伙也动起了“歪脑筋”。上海市第一中级人民法院近日审理了一起涉“内鬼车牌”流出案。在前后长达十年的时间里，有关公职人员通过内外勾结、伪造票据等手法，骗取非营业性客车额度近 5 000 张，价值高达 2 亿余元。

上海市交通委社会宣传处副处长黄晓勇表示，上海的车牌拍卖政策，需要的不仅是技术创新，也需要管理创新。他强调，这项政策实施以来，有效控制了上海机动车增长速度；但随着时间的推移，一些问题也逐渐显现。相关职能部门正积极研究后续管理措施，成熟后将向社会公布。

（五）机关事业单位调薪 7 月底前基本完成

26 日，人社部宣布，机关事业单位工作人员基本工资调整准备工作已完成，全国范围内将于 7 月底前基本完成。有关部门将指导地方采取相应措施，不出现“不涨工资”的情况。

据人社部门强调，这次完善工资制度，与机关事业单位养老保险制度改革同步推进，重在优化工资结构，缓解基本工资占比过小、津贴补贴占比过大的突出矛盾，不是简单的加工资。

二、专家视点

特邀专家：张兆安（上海社科院经济研究所副所长、研究员）

顾　骏（上海大学社会学院教授）

东方之星旅游客船翻沉事件发生以来，受到了社会各界的关注。顾骏认为，该话题位列榜单首位是因为事故伤亡人数多，遇难者中上海人多、老年人多。他特别强调社会各界必须重视事故本身折射出来的社会问题，比如社会老龄化问题。目前国内 60 岁以上有 2.15 亿人，占全国人口的 17%，65 岁老人占比也超过了 10%，老年人的市场是一个很大的市场，旅行机构也好，养老等服务机构也好，如果不引起重视，不加强规范管理，老龄社会可能存在很多安全隐患。又如低价旅游陷阱的问题。低价吸引游客引发的旅游纠纷时有发生，而纠纷要解决的主要问题是明确游客与旅行社等服务提供单位之间关系。

张兆安则从事故引发的启示角度，提出三个建议：一是排摸隐患，防患未然。各级政府部门、各企事业单位等相关机构应该重视相关领域安全风险的排摸、评估和整改，从根源上降低事故发生率。二是完善制度设计，堵住安全漏洞。建立健全一系列的安全管理制度和应急处置体系，最大限度减少事故发生的可能，同时也要提升相关部门应急处置突发安全事故的能力。三是加强安全宣传。各级政府，尤其是新闻媒体要加强安全知识普及，提升市民安全意识和自救能力。

关于股市过快下跌的问题，张兆安提到，去年下半年和今年上半年中国股市涨势过猛，原因很多，融资融券等杠杆效应和金融期货等政策的推出是其中原因之一。加了杠杆之后，股市上涨和下跌都有放大效应。近期股市发生了快速下跌，政府也推出了很多稳定资本市场的措施，现在看来起到了一定的作用，但市场的力量很强大，而且市场也有自身规律。希望政府的救市在运用行政手段的同时，也要考虑市场的作用。他判断，现在中国股市正处在犬牙交错的中间，政策救市是往上走的，市场是往下走的，正好处于在交织的过程中，股市就会出现比较严重的分化的情况。

在回答听众的提问时，他提出，一是股市是反映整个经济发展状况的晴雨表，必须与整个实体经济的发展相吻合，而不能相背离。二是中国的股市要稳定和理性，就要培育成熟的市场，成熟的机构和成熟的股民。三是金融创新是市场发展的必然之路，但金融创新必须把握好“度”和“节奏”，必须将国外的经验和中国的实践结合起来。

顾骏也认为，融资融券等金融改革加速了股市的上涨和下跌，同时他提出了政府救市是为了稳定资本市场，防范系统性金融风险的观点。

北大、清华微博“互掐”，“生源大战”上榜，顾骏分析，是因为在上大学不是很难的当下，名牌大学备受考生和社会关注。目前中国大学招生录取比例很高，据统计，每年新增1 500万劳动力中，大学生占了一半以上。但顾骏认为，两所名校为争抢生源引发的是一出闹剧，对两所学校不好，也对国家无益。高等教育学府的首要任务不是争抢各地的高考状元，而是为国家和社会发展培养有用的人才。

顾骏关于上海车牌拍卖提出了自己的观点：车牌拍卖制度一定会改革，但改革的成本很高，需要政府的勇气和决心。一方面是因为上海车牌拍卖制度已经实施了20多年，以每年10万张牌照计算，通过该制度拥有车牌的车主已达200万之多，数量还在不停的增加。这会给改革带来很大的压力。另一方面虽然上海车牌拍卖制度是临时性措施，但近期实施的车牌拍卖制度，部分借鉴了上海模式，从另一个角度肯定了上海车牌拍卖制度。

关于机关事业单位调薪问题，社会各界意见不一。张兆安认为机关事业单位工资问题首先是工薪制度本身的问题。工资由基本工资和津补贴构成，其中津补贴占到大部分，这正与国外公务员工资结构相反。所以，工资改革首要任务是调整工资结构。他还提出机关事业单位工资标准设计，要同劳动付出相匹配，可以参照一些企业单位里面的脑力工作者，参考当地平均工资水平，等等，在结合整个因素的综合考虑中，找到一个比较合理的工薪制度。在回答听众提问时，他还提出公务员工资涉及不同地区的差异，而事业单位有三种不同类型，所以这个工薪制度的设计涉及的问题很复杂，很具体，需要全盘细致的考虑，才能确保制度涉及的公正性。

上海市民时政关注指数榜单(2015·7)

上海市社会科学界联合会
新华社上海分社
联合发布
2015年8月10日

一、 指数榜单

(一) 北京获得2022年冬奥会举办权

国际奥委会第128次全会31日下午在马来西亚吉隆坡投票决定,将2022年冬奥会举办权交给北京。中共中央总书记、国家主席、中央军委主席习近平致信申办冬奥会代表团表示热烈祝贺。

习近平在贺信中说,北京携手张家口获得了2022年第二十四届冬季奥林匹克运动会的举办权,我向你们致以热烈的祝贺。你们为申办冬奥会付出了巨大的努力。希望你们再接再厉、扎实工作,在全国各族人民大力支持下,把2022年冬奥会办成一届精彩、非凡、卓越的奥运盛会。

(二) 7月"打虎"查处十余人创单月最高纪录

据媒体统计,今年7月调查、处理的省部级及以上官员达十余人,创造了今年以来单月"打虎"的最高纪录。7月下旬,中纪委连续公布了对令计划、周本顺、郭伯雄等腐败案件查处的消息,表明党中央反腐没有"固定节奏",反腐没有"高低潮",反腐早已步入常态化。猛药去疴,重典治乱,反腐虽猛但绝不是一阵风。

7月被调查、处理的省部级官员还包括南京市委原书记杨卫泽,云南省委原副书记仇和,已退休的内蒙古自治区政协原副主席赵黎平,环保部原副部长张力军,最高人民法院副院长、党组成员奚晓明,福建省原副省长徐钢,新疆维吾尔自治区人大常委会原副主任、党组成员栗智等。

(三) 多地发生"电梯吃人"事故拷问公共安全

近来,多地出现电梯伤人事故。仅7月以来,全国发生多起"电梯吃人"事故,造成人员伤亡。国家质检总局有关负责人表示,目前新电梯比较多,基本都是2003年以后增加的,但若不注重维修、保养等问题,老化的时间会更快,"未老先衰",未来将加快在全国推广建设电梯应急处置服务平台,一旦乘客困梯,在拨打物业、维保企业电话无果的情况,可以拨打公共服务号96333,由平台工作人员指挥就近的联合救援站实施救援。

(四) 多方联手维护资本市场健康稳定发展

有媒体报道称,7月,沪指跌幅超过14%,有三周的周振幅超过10%。对此,央行、中国证监会、公安部等多个管理部门和证券公司、基金公司等市场主体,陆续出台相关举措,联手维护资本市场健康稳定发展。

3日,中国证监会称将相应减少IPO发行家数、筹资金额。4日中国基金业协会发布消息称,25家公募基金公司表示有信心维护资本市场稳定健康发展;同日,中国证券业协会称,21家证券公司一致表示坚决维护股票市场稳定发展。中国证监会5日公告,央行将给予中国证券金融公司流动性支持。中国证监会8日发布公告,大股东及董事、监事、高级管理人员6个月内不得减持本公司股票。9日,公安部会同中国证监会进行分析研判,部署全国公安机关依法打击证券期货领域违法犯罪活动。12日,中国证监会发布公告,将严查外部接入信息系统证券交易。13日,养老金入市方案结束公开征求意见,预计将有约2万多亿元资金"整装待发"进入投资运营。28日,中国证监会称重点针对27日集中抛售股票等有关线索进场核查。31日,中国证监会表示,今年对信息披露违法案件继续保持高压态势,坚持从严打击。

(五) 上海专项整治网络"专车"非法客运

17日晚,上海市交通委员会执法总队(市交通执法总队)开展大规模网络"专车"非法客运专项整治行动,至少查扣非法客运"专车"15辆。从2014年11月至今,上海已查处"专车"非法客运案件约199起,并对某专车信息服务商进行查处,并处以10万元罚款的行政处罚。

目前非法客运相关信息已纳入上海市公共信用信息平台,下阶段还将对已立案查处的非法客运网络"专车"驾驶员的相关违法情况通报其所在单位,没有工作单位的通报其所属街道。上海查处网络"专车"非法客运不会停止,除每天的例行检查之外,还将不定期开展专项整治,保障上海市客运市场的健康可持续发展。

二、 专家视点

特邀专家:卢汉龙(上海社会科学院研究员)

顾　骏(上海大学社会学院教授)

卢汉龙认为,"北京获得2022年冬奥会举办权"位居指数榜首的原因在于,这件事对中国来说既是喜事,又是挑战;既是国家大事,又与每个人息息相关。市民的关心主要集中在大型体育赛事的承办对国家经济的推动力,对冬季运动水平的提升等等。从历史数据看,奥运会对国家经济的推动作用,在6年后能全面体现,这是需要政府和社会共同关注和研究的问题。

顾骏提出,市民对这一话题的关注趋于理性,其原因:一是冬奥会竞赛项目的环境条件限制,使其在世界上的影响力、关注度相对较小;二是随着中国国力的强盛,国民们不再过度将强国形象寄托在竞技体育项目中,自然对赛事承办的态度也逐渐客观。而政府的态度亦是如此,更期待通过国际赛事能解决国内一些诸如环境治理、区域经济发展等实际民生问题。

7月"打虎"创单月最高纪录,标志着反腐早已步入常态化。卢汉龙认为,在建立法治国家的大背景下,惩治腐败是政府的课题,也是市民们始终关注的热点,从未松懈。顾骏提出,市民重视的是政府反腐行为的持续性和推进力。而对于政府来说,"打虎"是治标,党风廉政建设怎样制度化才是根本问题。

多地发生电梯"吃人"事故,卢汉龙认为社会层面表现出反省态度,一是电梯本身的设计问题,二是维护保养的问题。对于整个城市公共安全而言,上海应当利用优越的制度化条件,做到全系统防范,包括风险社会的知识普及、自我保护的培训、岗位责任管理等。由政府负责,社会协同,公众参与。上海现有6万多部超龄服役的高层电梯,正是需要大家继续关注的。

顾骏则提出,“面对电梯安全事故,惊慌不如行动”。第一,媒体的集中报道,造成了民众的恐慌,实则电梯在现代社会并非高危品。第二,真正可能引发社会问题的隐患,是住宅区的电梯。上海作为电梯城市,未来不论是老小区加装电梯、抑或维修现有电梯,都将出现业主与物业之间的矛盾和扯皮现象,应当引起政府部门的重视,通过相应的法律条文明确权责。

卢汉龙提出,市民对于“资本市场健康稳定发展”的关心,有如下原因:一是散户在这一波风暴中受损较大;二是上海作为证券市场所在地,市民的敏感性更强;三是作为经济重镇,上海牵涉较多国有资本的运作。顾骏认为,本轮救市尚未成功,整个市场还在复健中,并未痊愈。市民关注的是:谁应该被问责;救市所采用的措施是否合理合法;政府干预的合规性等问题。

近期,专车整治也广受关注,因其与民生息息相关。卢汉龙指出,专车的出现源于社会需求,但同时带来了对其合法性的拷问。而整治的数据却不能体现出政府面对这一问题的态度。应当关注的是如何合理应对公众对于专车的需求,有效管理好“互联网+”模式下的新业态。扬招出租车、专车服务、公共租赁有序并存的多元化市场才能健康发展。无论是工业时代或者互联网时代,趋利效应是根本。如何更好地“开放”传统出租车行业的运行利益,运行权利;如何维护互联网平台专车的信誉度,是个亟待解决的问题。

顾骏表示赞同并补充道,对专车整治的关注度还源于政府在治理专车问题上的暧昧态度,市民期待从法律上明确专车服务的定位,纳入合理的培训管理机制。避免因为奖励经费的恶性竞争,挤垮原来的出租车行业。或是出现熟人虚拟乘车骗取奖励经费;突发犯罪无法管控追责等弊病。顾骏认为,专车模式的出现在国外有其社会基础,进入北京也符合城市原有的出租车分类基础,而在上海如果没有相应的条件,专车作为全新的事物出现,自然会引发各界的茫然。公众期待对于专车的清晰定位,如果算公共交通,它就必须考虑普惠;如果不算公共交通,它应该随行就市。

上海市民时政关注指数榜单(2015·8)

上海市社会科学界联合会
新华社上海分社
联合发布
2015年9月9日

一、 指数榜单

(一) 天津港瑞海公司危险品仓库发生爆炸

8月12日23时30分许,天津港瑞海公司危险品仓库发生火灾爆炸事故。截至8月31日下午3时,遇难人数达158人,尚有失联人员15人。

事故发生后,党中央、国务院高度重视。习近平总书记对天津港“8·12”瑞海公司危险品仓库特别重大火灾爆炸事故作出重要指示,要求尽快控制消除火情,全力救治伤员,确保人民生命财产安全。李克强总理就救援和应急处置工作作出批示。

（二）我国对四类服刑罪犯实行特赦

国家主席习近平29日签署主席特赦令，根据十二届全国人大常委会第十六次会议29日通过的全国人大常委会关于特赦部分服刑罪犯的决定，对参加过抗日战争、解放战争等四类服刑罪犯实行特赦。

根据主席特赦令，对依据2015年1月1日前人民法院作出的生效判决正在服刑、释放后不具有现实社会危险性的四类罪犯实行特赦：一是参加过中国人民抗日战争、中国人民解放战争的；二是中华人民共和国成立以后，参加过保卫国家主权、安全和领土完整对外作战的，但犯贪污受贿犯罪，故意杀人、强奸、抢劫、绑架、放火、爆炸、投放危险物质或者有组织的暴力性犯罪，黑社会性质的组织犯罪，危害国家安全犯罪，恐怖活动犯罪的，有组织犯罪的主犯以及累犯除外；三是年满七十五周岁、身体严重残疾且生活不能自理的；四是犯罪的时候不满十八周岁，被判处三年以下有期徒刑或者剩余刑期在一年以下的，但犯故意杀人、强奸等严重暴力性犯罪，恐怖活动犯罪，贩卖毒品犯罪的除外。

（三）2015上海书展圆满闭幕

8月25日，以"我爱读书，我爱生活"为主题的2015上海书展圆满闭幕。为期一周的上海书展，以15万种图书、700余场活动，让文学和科学成为主角，让读书人坠入浩瀚书海。

走过12届的上海书展，日益以文化坚守、价值取向、阅读引导而收获从学术界到广大市民的一致好评。上海书展，让阅读回归阅读，有品质，有享受，有营养，塑造与形成上海这座城市的精神纬度和价值坐标。

（四）中国体育屡创佳绩引发关注

8月6日，在俄罗斯喀山市举行的第16届游泳世锦赛男子100米自由泳决赛中，我国选手宁泽涛以47秒84的成绩夺得冠军。100米自由泳比赛被誉为泳池中的"飞鱼"大战，这是中国乃至亚洲男子选手在游泳世锦赛上夺得的第一枚该项目比赛的金牌。

8月29日，中国队选手莫有雪、张培萌、谢震业、苏炳添在世界田径锦标赛男子4×100米接力决赛中，以38秒01的成绩获得银牌。中国选手在北京田径世锦赛上表现出色，取得1金7银1铜，奖牌总数排名世界第四，这是中国田径队22年来在世界大赛上的最佳战绩。

（五）刑法修正案（九）获表决通过

全国人大常委会29日表决通过了刑法修正案（九），对我国现行刑法作出修改，以解决当前司法实践中出现的一些新情况、新问题，更好地适应预防和惩治犯罪的需要。修正案共五十二条，自今年11月1日起施行。

修正案对现行刑法中贪污犯罪的定罪量刑标准作出修改，将贪污数额分为"较大""巨大""特别巨大"三档；规定贪污犯罪被判处死刑缓期执行的，依法减为无期徒刑后，终身监禁，不得减刑、假释。

修正案取消了嫖宿幼女罪，对这类犯罪行为可以适用刑法关于奸淫幼女的以强奸论、从重处罚的规定。修正案还修改了关于收买被拐卖的妇女、儿童行为的条款，收买被拐卖的妇女、儿童今后一律不能免除刑罚。

二、 专家视点

特邀专家：章友德（上海政法大学社会管理学院院长、教授）

殷啸虎（上海社科院法学所副所长、教授）

章友德教授认为，8月中国最有影响力的事件是天津港危险品仓库爆炸，因为天津港是“一带一路”、天津自贸区和京津冀一体化的核心地区，爆炸仓库仓储的是化工危险品，而爆炸给当地人民和社会都造成了巨大的损失和伤害。章教授提出，当突发公共安全事件发生时，我们不仅要关心事件中受害的财产和生命，还要关心事故发生的原因，更要思考事件本身给我们带来的启示。我们的政府和社会各界都应该从理念、意识、能力和体制等各方面做好准备，应对风险时代的到来，让老百姓过上更好、更安全的生活。

章教授在点评上海书展时提出了自己的观点，认为上海书展呈现了一个真实的爱阅读的上海，上海这个特大型城市努力以书香社会给市民提供精神食粮，给这个时代提供所需的精神食粮。上海人均收入水平已经达到世界中等发达国家水平，上海市民需求结构也发生了变化，对精神文化的消费比重在上升。即使在电子阅读日益兴起，阅读方式从深阅读向浅阅读转变的现在，上海书展还是受到了上海市民的关注和热烈欢迎。

关于中国体育屡创佳绩，章教授认为，100米自由泳是白人的世界，而100米短跑是黑人的世界，宁泽涛和苏炳添出色的成绩刷新了世界纪录，让白人和黑人的体育世界里有了亚洲人，有了中国人，这对中国游泳、中国田径和中国体育而言，是一次伟大的突破。这些成绩的取得缘于国家对体育运动的重视和支持、运动员的拼搏和体育运动管理体制的创新。体育运动彰显的是团队合作、拼搏精神和民族团结。章教授希望我们能把这种体育精神贯彻落实工作生活中，增强民族体质，更好地发展国家。

殷啸虎教授认为市民关注的很多社会问题都涉及法律，他对“我国对四类服刑罪犯实行特赦”和“刑法修正案(九)获表决通过”两项内容进行了重点点评。他认为，特赦既是法律问题，也是政治问题，规定特赦的法律不是刑法和刑事诉讼法，而是我国的根本大法《宪法》。特赦不同于大赦的免罪免刑，是免刑不免罪，它实际上是带有很强政治性的法律问题，不能轻易适用，1975年以来我们实际上没有用过。虽然新中国成立60周年时有专家建议适用特赦，但最终没有实行。殷教授提出，这次特赦体现了我国法制文明的进步，我们不否定它的现实意义，但也不能夸大它。

刑法修正案(九)修改了52条，殷教授认为，修改的内容都是社会公众关注的，比如贪污受贿罪，这次修订完善了贪污受贿犯罪的定罪量刑标准，由单纯的“数额”标准修改完善为“数额+情节”标准，不再具体列出贪污数额，而是分成贪污数额“较大”“巨大”“特别巨大”三档量刑；对重特大贪污受贿犯罪被判处死刑缓期执行的犯罪分子，增加规定终身监禁的措施；加大对行贿犯罪处罚力度。比如拐卖妇女儿童罪，殷教授认为没有买方就没有卖方，这次修订删除了“收买拐卖妇女、儿童者免除处罚”的规定，惩罚了收买妇女者的强奸罪，将在很大程度上减少拐卖行为。同时修正案为了保护被拐儿童和妇女，也做出了“主动坦白的可以免除处罚”“进一步按照妇女的意愿，不阻碍其返回原居住地的，可以从轻或者减轻处罚”等规定。比如，取消嫖宿幼女罪，规定对这类行为适用刑法关于奸淫幼女的以强奸论、从重处罚的规定。原来增设嫖宿幼女罪名是为了严厉打击嫖宿幼女的行为,但现实中没有发挥积极作用,而且如何判断嫖宿幼女罪的“主观故意”存在困难,因为女孩的发育程度会超过实际年龄。此法的修订将对保护未成年人权益发挥积极作用。

上海市民时政关注指数榜单(2015·9)

上海市社会科学界联合会
新华社上海分社
联合发布

2015年10月12日

一、 指数榜单

(一) 我国隆重纪念抗日战争胜利70周年

9月3日上午,纪念中国人民抗日战争暨世界反法西斯战争胜利70周年大会在北京天安门广场隆重举行,以盛大阅兵仪式,同世界人民一道纪念这个伟大的日子。中共中央总书记、国家主席、中央军委主席习近平发表重要讲话并检阅受阅部队。

(二) 国家主席习近平对美国进行国事访问

应美利坚合众国总统奥巴马邀请,国家主席习近平于9月22日至25日对美国进行了国事访问。访问期间,习近平主席与奥巴马总统举行了深入、坦诚、建设性的会谈。双方达成广泛共识,取得了一系列重要成果。

(三) 南京宝马肇事案鉴定结果引发质疑

南京市公安局交通管理局9月6日发布消息,南京“6·20”宝马肇事案犯罪嫌疑人王季进被鉴定“作案时患急性短暂性精神障碍”。消息一出,立即引发各方关注,网络上也有不少质疑。

南京脑科医院司法鉴定所鉴定人员曾表示,在对南京宝马肇事案犯罪嫌疑人的鉴定过程当中,5位参与鉴定的医生分别单独阅读了公安机关送检的所有案卷,包括公安机关提供的有关视频资料,并进行了补充调查,询问了目击者。事发前该案犯罪嫌疑人就存在一些妄想现象:他曾报警说有人要陷害他并监听他的电话等。最终,综合各方面情况给出了“急性短暂性精神障碍”这一鉴定意见。

(四) 静安闸北“撤二建一”正酝酿和听取意见

9月7日,上海市政府新闻办通过其官方微博“上海发布”表示:当日接到媒体有关闸北静安行政区划调整事宜的询问,经向有关方面核实了解,关于闸北区静安区“撤二建一”的工作正在酝酿和听取意见过程中。

(五) 深化国企改革指导意见出台

9月13日,新华社消息称,中共中央、国务院近日印发了《关于深化国有企业改革的指导意见》(以下简称《指导意见》)。这是新时期指导和推进国有企业改革的纲领性文件,必将开启国有企业发展的新篇章。

《指导意见》共分8章30条,从改革的总体要求到分类推进国有企业改革、完善现代企业制度和国有资产管理体制、发展混合所有制经济、强化监督防止国有资产流失、加强和改进党对国有企业的领导、为国有企业改革创造良好环境条件等方面，全面提出了新时期国有企业改革的目标任务和重大举措。

二、 专家视点

特邀专家：吴莼思（上海国际问题研究院美洲研究中心主任、副研究员）

章友德（上海政法学院社会管理学院院长、教授）

吴莼思认为，我国隆重纪念中国人民抗日战争暨世界反法西斯战争胜利70周年系列活动之所以引起国内外高度关注，首先在于本次阅兵选在了极富历史意义的9月3日这一时间节点。当今，国际体系已经发生了很大变化，一个新的国际转型或者某种新的国际体系正在形成，中国的国际地位和在国际事务中的影响力在新体系中不断上升，中国选择在9月3日举行隆重阅兵，在国际社会看来，无疑显示了中国在这样一个时刻，想要发出一些什么样的声音，中国在未来的发展方向是什么，意义重大。第二，是近段时间，特别2012年以来，中日关系出现很大挫折，现在已基本处于低点。在这样一个时间点上举行纪念活动，必然引发全国人民乃至世界各国对未来中日两国能否协调关系，缓和矛盾，中日关系将往何处走的关注。在阅兵前后纪念活动前后，一些西方学者，始终在问：这个活动是不是反日的？我们清晰地告诉他们，纪念活动的目的既是缅怀历史，也是开创未来。这也是我们对中日关系的一个态度。最后，纪念抗日战争的胜利和反法西斯战争胜利站在人类历史、世界历史这样一个正确道路的制高点上，它明确表达了中国要坚持正义、坚持道义的立场，展示了中国维护世界和平的信心和决心，对未来国际关系体系的基本主张。

关于习近平主席访美和参加联合国系列峰会的活动，吴莼思认为，这是习近平主席第一次以国家主席的身份进行美国国事访问，其重要性非同寻常。中国是最大的发展中国家，美国是最大的发达国家，二者在国际舞台上的话语权如何，关系如何都可能会影响国际社会的发展方向。在成立亚投行、安倍访美及南中国海问题、网络安全领域等方面，我们可以看到今年的中美关系不是一帆风顺，相反有非常大的压力。在这样大的压力下，中国国家主席对美国进行国事访问能不能成为一个成功的访问，能不能改变这样一个大家比较低的预期，自然会引起很多关注。中美关系的缓和或紧张都牵动着全世界的神经，而我们希望中美关系是一种社会与社会之间的关系，这种关系也许能使得中美关系更加健康的发展。中国在未来的世界经济秩序、政治秩序，甚至是价值观的层面上，能够发挥多大的作用，是否能以更加包容的态度，促进全球的合作，将会给这个社会带来更多的进步。

章友德就南京宝马肇事案鉴定结果引发质疑这一问题提出了自己的见解。他认为，公众对此案司法鉴定结论的质疑，侧面反映了在中国发展的当下，政府公信力的不断流失，社会发展和社会分化过程中积累了种种矛盾。宝马车肇事案提醒我们，怎样通过深化改革逐步提升政府的公信力，加强和谐社会的建设，增进社会之间的信任，是当前党和政府以及社会应该共同思考和回应的大问题，需要政府和民众双方共同努力。

针对贴近上海市民生活的静安区与闸北区“撤二建一”这一话题，章友德表示，这次的合并如同2009年南汇和浦东合并、2011年黄浦区与卢湾区合并，是城市建设发展的需要。毫无疑问,新一轮的上海发展规划需要整合资源、合理布局、优化配置,疏解人口。尽管这次"撤二建一"还在等国务院批准,但两区合并在城市规划布局和资源优势互补方面带来的裨益大大引起了人们的高度关注。

关于深化国有企业改革的指导意见,章友德认为,9 月 13 日,中共中央关于深化国有企业改革指导意见,旨在建立更适应社会主义市场经济的国有企业经营管理体制,即充分发挥市场机制的决定作用和更好的发挥政府作用,实现国有企业管理现代化、资本多元化,更好地提升国际竞争力,发挥经济发展的龙头作用,努力实现让人民分享改革发展成果,增强人民从改革中感知到的获得感,为中国未来赢得发展,真正实现国家富强、民族复兴、人民幸福的中国梦奠定坚实的基础。

上海市民时政关注指数榜单(2015 · 10)

上海市社会科学界联合会

新华社上海分社

联合发布

2015 年 11 月 10 日

一、 指数榜单

(一) 党的十八届五中全会召开"十三五"规划和"全面二孩"最受关注

中国共产党第十八届中央委员会第五次全体会议,于 2015 年 10 月 26 日至 29 日在北京举行。全会听取和讨论了习近平总书记受中央政治局委托作的工作报告,审议通过了《中共中央关于制定国民经济和社会发展第十三个五年规划的建议》。

全会认为,到 2020 年全面建成小康社会,是我们党确定的"两个一百年"奋斗目标的第一个百年奋斗目标。"十三五"时期是全面建成小康社会决胜阶段,"十三五"规划必须紧紧围绕实现这个奋斗目标来制定。

全会提出,促进人口均衡发展,坚持计划生育的基本国策,完善人口发展战略,全面实施一对夫妇可生育两个孩子政策,积极开展应对人口老龄化行动。

(二) 屠呦呦获诺贝尔生理学或医学奖

瑞典卡罗琳医学院 5 日在斯德哥尔摩宣布,将 2015 年诺贝尔生理学或医学奖授予中国女药学家屠呦呦,以及另外两名科学家威廉 · 坎贝尔和大村智,表彰他们在寄生虫疾病治疗研究方面取得的成就。

这是中国科学家因为在中国本土进行的科学研究而首次获诺贝尔科学奖,是中国医学界迄今为止获得的最高奖项,也是中医药成果获得的最高奖项。

(三) 上海:控制房价是重要调控目标

10 月 9 日,上海举行建设交通系统干部大会,宣布将组建住房和城乡建设管理委员会,不再保留上海市城乡建设和管理委员会、上海市住房保障和房屋管理局。这是上海市为进一步完善城市建设管理体制,提升城市综合管理水平,对城市建设管理机构职能进行的调整。

同日，在上海市委举行的区县、大口党委书记季度工作会议上，时任中共中央政治局委员、上海市委书记韩正指出，上海作为一座特大型城市，房地产市场发展有自身特点，控制房价是重要调控目标。我们必须坚定不移下决心减少经济增长对房地产业的依赖，必须保持定力，绝不能为缓解一时一地的问题，而采用短期刺激政策，要对市民负责、对未来负责。

（四）"青岛大虾"揭旅游市场乱象

10 月 5 日，游客肖先生在网上报料称，自己在青岛市乐陵路 92 号"善德活海鲜烧烤家常菜"吃饭遇到宰客，结账时被告知大虾 38 元一只，一盘虾要 1 000 多元。肖先生随即进行投诉，但当地警方称"我们管不了"，物价局则要"等明天处理"。6 日，青岛市北区物价局对该店下达罚款 9 万元等处罚。7 日，青岛官方宣告，青岛市北区市场监管局主要负责人停职检查，对该区物价、旅游等部门主要负责人进行诫勉谈话。

近年来，我国旅游业发展突飞猛进，然而，零团费、强迫购物、景区门票乱涨价、欺客宰客等问题层出不穷，旅游乱象令人痛恨，更阻碍旅游业的健康发展。

10 月 9 日，国家旅游局规划财务司司长彭德成通报了国家旅游局对部分违规景区处理决定。河北省秦皇岛市山海关景区被取消 5A 级资质，云南省丽江市丽江古城景区等 6 家 5A 级景区被严重警告。

（五）符合条件的五类人才可直接落户上海

30 日，上海市人社局消息称，从 11 月 1 日起实施一系列人才新政策，明确符合一定条件的创业人才、创新创业中介服务人才、风险投资管理运营人才、企业高级管理和科技技能人才以及企业家五类人才可以直接落户。

根据新政策，创业人才在居住证积分、居转户、直接落户三个政策梯度上有了突破。其中，获得科技企业孵化器或创业投资机构首轮创业投资额 1 000 万元及以上或累计获得创业投资额 2 000 万元及以上的上海企业中，持股比例不低于 10%的创业人才，在企业连续工作满 2 年可直接申办上海常住户口。

风险投资管理运营人才，则在居转户、直接落户两个政策梯度进行了突破。其中，在上海创业投资机构的合伙人或副总裁及以上的高级管理人才，已经完成在上海投资累计达到 3 000 万元的，可以直接申办上海常住户口。

二、 专家视点

特邀专家：左学金（上海社科院原常务副院长、教授）

章友德（上海政法学院社会管理学院院长、教授）

党的十八届五中全会的召开受到社会各界的广泛关注。左学金认为，对生育政策做出比较大的调整是非常必要的，也是较为及时的。因为生育政策关乎人口规模，而人口规模对一国而言是相当重要的。有大量廉价劳动力，中国才可能成为世界工厂；有巨大人口规模，中国才可能会有规模经济的优势。人口规模在某些程度上关系"十三五"规划的顺利开展。他还指出，现在影响生育的主要不是生育政策的限制，而是经济社会条件的变化。在经济发展水平较快的上海，"全面二孩"的影响非常微小。随后，他强调，尽管目前的生育选择主要由家庭决定，但今后的政策是倾向于帮助生育子女夫妇解决他们养育子女的困难,这个可能是未来发展的方向。最后,在回答听众提问时,左学金指出,不能贸然断定"全面二孩"晚了多少年,但肯定的是在某种程度上它可以使上海房地产发展趋于平滑。

对"全面二孩",章友德教授认为主要是基于中国人口结构,以及对于人口危机可能带来的未来中国发展的危机。关于党的十八届五中全会精神,章友德表示,全会内容很重要,它关乎中国第十三个五年发展规划,不仅关系未来五年的发展,甚至要为中国未来三十年的发展、三百年的发展奠定基础。全会提出创新、协调、绿色、开放、共享五大理念不仅是对未来五年的概述,实际上它要解决的一个很重要的问题是中国发展已经站在新的历史起点上,面临很多发展中问题的挑战。章友德希望我们能够凝聚共识,确定新的理念,转变发展方式,以新的发展功能更好地推动中国的发展,在坚持四个全面战略布局基础上解决问题,实现让人民过更美好生活的发展愿望。

关于五中全会提到的2020年收入要翻番的问题,左学金认为,数据虽指的是宏观,很难落实到每个个体,但在人均收入能够翻番的同时,收入分配变得更加公平还是有希望的。章友德对此问题也谈了看法,他指出,每个社会阶层由于参与市场化的机制手段方式不一样,最终可能不同的社会阶层对收入增长的感觉也不一样。我们必须要有实事求是的认识,不断增加公平性、共享性,让民众通过改革有更多获得感,这是需要总体把握的精神和原则,也是要努力的目标。

为什么到今天中国本土科学家才有第一个诺贝尔获奖者屠呦呦?在章友德看来,既不是中国两院院士,也没有博士学位,还没有留学经验的屠呦呦得奖是因为她敢于在条件困难的时候挺身而出,牵头做项目,承担自己的职责,进而对发展中国家每年减少几百万人死亡作出了巨大贡献。屠呦呦获奖打破了西药一统天下的局面,给中医药打了一剂兴奋剂,鼓励他们从事科学应用研究,提升了中国科学家的自信。章友德表示,获奖争议给我们引起我们思考的是,中国要自己能够在科学方面有更大进步,一定要尽力完善知识产权制度,一定要积极鼓励个人要有成人成家的思想,通过不断加大对科技的投入,重视创新对于民族的推动,中国一定会有越来越多的成果出现。

上海取消住房管理机构引起许多市民关注。章友德认为,房价与市民的生活息息相关。上海人口、资源和环境三者之间的矛盾和挑战,比中国其他任何城市都尖锐。过去,上海发展主要是过分依靠房地产业,导致房价居高不下。现在,上海房价依然是上升趋势,主要是净流入的人口在增加。根据对市民负责、对未来负责的"双重负责",让上海市民能过上更加舒心幸福的生活、更好适应上海未来发展、有力吸引上海城发展所需要的各种人才,上海市政府认为控制房价是重要的调控目标,取消住房职能管理部门,旨在把住房跟城市建设和管理纳入一起,统筹城乡发展,以缓和上海房价上涨压力,更好地造福市民、城市和社会。的确,这种发生在我们自己生活的城市的事情对广大市民来说是最关心的。

章友德认为,"青岛大虾"事件背后隐藏的是旅游市场的乱象。他指出,是媒体及时有效地见报让这条新闻真正成为一个真正关注的大新闻。不同的城市,可能发展观不一样。"细节决定成败"。中国作为超大型国家,其发展要注意到每个细节,城市要更好地打造以旅游兴市的城市发展新战略，需要硬环境和软环境共同协作。每个人都是城市形象的代言人和传播者，他们的一言一行体现的是城市的素质高低。当中国已经站在新的历史发展起点上，遇到了如何进一步发展新问题的时候，政府、社会及每个市民都要有城市主人翁思想，从各个方面不断完善，加强对城市的管理，提升对城市的服务能力和服务水平。只有这样，才能把城市真正建成适合我们生活的家园。至于该事件是价格纠纷还是敲诈勒索，章友德回应说，仁者见仁，智者见智，但城市的权威发布对解决此类事件至关重要。

符合条件的五类人才可直接落户上海，这五类人才分别是创业、创新创业中介服务人才、城市的风险投资管理运营人才、企业高管以及高技能人才、企业家。章友德认为，这一举措的出台，是既想保持上海户籍人口 1 400 万的数量基本上不变化，又为发展吸引人才做出的决定。即寻找各类人才的关注点，用户口优势吸引上海发展需要的人才，是上海创新人才政策的一个重要出发点和目标。为了保持上海城市的竞争力，为了实行上海建成国际中心城市的发展目标，上海不断地在优化人才引进的政策，改善人才在城市中融入发展的环境。

上海市民时政关注指数榜单（2015·11）

上海市社会科学界联合会

新华社上海分社

联合发布

2015 年 12 月 7 日

一、 指数榜单

（一）习近平同马英九会面

中共中央总书记、国家主席习近平于 11 月 7 日下午同台湾地区领导人马英九在新加坡会面，就进一步推进两岸关系和平发展交换意见。这是 1949 年以来两岸领导人的首次会面。

习近平强调，两岸同胞是打断骨头连着筋的同胞兄弟，是血浓于水的一家人。

我们应该以行动向世人表明：两岸中国人完全有能力、有智慧解决好自己的问题，并共同为世界与地区和平稳定、发展繁荣作出更大贡献。

两岸双方应该坚持“九二共识”、巩固共同政治基础，坚定走和平发展道路，深化两岸交流合作，增进两岸同胞福祉，共谋中华民族伟大复兴。

（二）外交部：强烈谴责“伊斯兰国”极端组织杀害中国公民

11 月 19 日，外交部发言人洪磊就“伊斯兰国”极端组织杀害我人质事件发表谈话。他确认，中国公民樊京辉被“伊斯兰国”极端组织绑架并残忍杀害。

19 日，正在菲律宾马尼拉出席亚太经合组织第二十三次领导人非正式会议的国家主席习近平就我国公民被恐怖组织杀害事件发表讲话。习近平表示，中国强烈谴责“伊斯兰国”极端组织残忍杀害中国公民这一暴行。我向遇害者家属表示深切慰问。恐怖主义是人类的公敌，中国坚决反对一切形式的恐怖主义，坚决打击任何挑战人类文明底线的暴恐犯罪活动。

联合国安理会19日就中国、挪威公民遭极端组织“伊斯兰国”杀害发表媒体声明，对“伊斯兰国”的残暴行径予以最强烈谴责。

（三）国产大型客机C919首架机总装下线

11月2日，我国自主研制的C919大型客机首架机，在中国商飞公司新建成的总装制造中心浦东基地厂房内正式下线。这不仅标志着C919首架机的机体大部段对接和机载系统安装工作正式完成，已经达到可进行地面试验的状态，更标志着C919大型客机项目工程发展阶段研制取得了阶段性成果，为下一步首飞奠定了坚实基础。

C919大型客机是我国首款按照最新国际适航标准研制的干线民用飞机，于2008年开始研制，基本型混合级布局158座，全经济舱布局168座、高密度布局174座，标准航程4 075公里，增大航程5 555公里。目前，C919大型客机国内外用户数量为21家，总订单数达到了517架。

（四）京津冀及周边31城现重度及以上污染

环保部11月29日通报，26日以来，京津冀及周边地区出现空气重污染过程，截至29日上午，重污染过程仍在持续，京津冀及周边31个城市出现重度及以上污染。29日上午10点，北京市空气重污染应急指挥部宣布将空气重污染预警由黄色升级为橙色。这是《北京市空气重污染应急预案》修订后首次启动橙色级别的预警，也是今年第一个空气重污染橙色预警。

11月以来，环保部多次通报空气重污染过程。环保部9日通报，6日起，受不利气象条件和污染排放的影响，我国东北地区持续出现空气重污染过程。环保部11日通报称，截至11日上午，我国东北地区空气重污染形势有所缓解，预计12至14日京津冀及周边地区部分城市可能会出现一次空气重污染过程。

（五）演艺人士屡屡涉毒引关注

据北京警方通报，11月27日凌晨，警方在北京市朝阳区一小区内将歌手毛宁查获。毛宁交代了吸食毒品的违法行为，尿检呈苯丙胺类阳性。

2015年岁末，短短两周时间内，相继有尹相杰、毛宁、迷笛音乐学校16名学生涉毒被抓。从被抓获的涉毒演艺人员来看，既有“老一辈”，也有近年来蹿红的“新生代”；既有歌手、演员，也有导演、音响师等其他行业从业者，几乎可以说涵盖了娱乐圈各个领域。

二、 专家视点

特邀专家：胡　键（上海社科院《社会科学》杂志社社长、研究员）

章友德（上海政法学院社会管理学院院长、教授）

胡键认为，习近平同马英九在新加坡会面是最具有影响力的事件，因为它不只是以国共两党领导人的身份见面，而且是大陆领导人和台湾地区领导人的会晤；不单是代表一个政党，即大陆政党和台湾政党的利益，而且是代表大陆和台湾两个地区的利益。与前三次的国共合作相比，此次双方在异国他乡坚持一个中国原则基础上共商国是，不仅会使台湾的国际空间得到大力拓展，而且未来的两岸关系是中国共产党要跟台湾地区的各个政党加强交流，这将会对增进两岸同胞福祉，共谋中华民族伟大复兴大有裨益，也意味着真正意义的两岸关系的启动。

关于外交部发言强烈谴责“伊斯兰国”极端组织杀害中国公民这一举措，胡键发表了自己的看法。首先，此次恐怖袭击不是伊斯兰文明与儒家文明和基督教文明之间的横向冲突，而是文明的纵向冲突。其次，恐怖组织是一种非正式的政治群体、政治团体或政治集团，由于对资源和权利分布不平衡而产生的对主流社会的一种报复，他们的恶劣行径是对现代文明的挑战。再次，面对恐怖袭击，我国外交部对中国公民和华人的关心较为明显，体现了中国开放程度和发展速度；最后，加强合作与协调，尤其是信息交换，共同联合世界各国反对恐怖主义、维护世界和平是我国义不容辞的责任和义务。

胡键指出，国家科技力是国家综合实力的最根本表现，C919 飞机的成功是国家大飞机计划的飞跃，也是中国国情的宏大体现。未来中国的发展不单只是经济发展，还包括提升国家整体实力的互联网大战略、大数据国家战略。

章友德说，第一，习马会面是来之不易的跨越海峡两岸 66 年的握手，开创了两岸关系的里程碑；第二，里程碑意义的实现需要决心和智慧；第三，海峡两岸的会面，虽是国内事务，但却涉及国际关系，涉及美国及日本，是一件影响世界的大事情；第四，中国人有能力和智慧解决祖国统一大业问题，未来的两岸关系将会朝着越来越好的方向发展。

章友德表示，恐怖主义超越了传统的意识形态之争和国家之争，构成了对人类的共同威胁。中国在今天走向世界的过程中，面临的风险不断增大，只有在自我保护的基础上同世界各国、联合国安理会加强合作交流，坚决打击恐怖主义犯罪，世界的和平安宁才能得到真正改善。

章友德认为，国产大型客机 C919 首架机总装下线反映的是中国自主创新能力和核心竞争力的提升。在传统农业国到现代工业国的转变过程中，中国逐步加强了自主产权，提高了制造水平。此次 C919 的命名，C 是 China 的首字母，9 是“天长地久”之意，19 指一架能够坐 190 人的干线飞机，它的安全、舒适、便捷、环保设计更是满足了人的需求，实现了国人的梦想。通过创新人才的培养和科技水平的提高，自主创新能力和大规模的集成能力的加强，中国的综合国力和核心竞争力才能得到提升。未来还有很长一段路要走，我们信心备至。

针对京津冀及周边 31 城市污染状况引起人们的广泛讨论甚至是抱怨，章友德指出，此次污染源来自汽车工业污染、煤炭燃烧导致的污染、工业扬尘和建筑工地的生产造成的污染等，除了加强预警之外，真正解决该问题应该从新理念新方法着手，毕竟要从根本上改变过去几十年的粗放式的增长方式，短期内比较困难。十八届五中全会提出的创新、协调、绿色、开放和共享五大理念是国家、企业和市民都应该自觉遵守和发扬的精神，也只有形成国家、企业、个人共同参与治理环境的协同治理，才能真正建设健康而又美丽的中国。

章友德对演艺人士屡屡涉毒引关注事件进行了分析。他认为，其一，有人错误地把吸毒看作是自己的选择和生活方式，其他人无权干涉，这导致吸毒人员增多；其二，娱乐明星和演员的公众影响力较大，他们的言行举止在很大程度上会被一些人效仿，其中包括负面言行，所以公众人物应该主动承担个人责任；其三，要在全社会严厉打击毒品生产和运输，积极倡导全民选择健康且有益的生活方式，力争解决日益严峻的毒品问题。

东方讲坛

东方讲坛聚焦城市安全　推出消防专题系列讲座

1月28日上午,“东方讲坛·以案说防范,共建平安城”消防安全专题宣讲活动启动仪式在长宁区华阳社区文化活动中心举行。市委宣传部副部长李琪,市委政法委副书记王教生,市公安局党委委员、政治部主任韩勇,市社联党组副书记、专职副主席桑玉成,市社联专职副主席刘世军,长宁区副区长、区公安分局党委书记、局长曹新平,市公安消防总队副总队长顾金龙等,以及来自全市的民警讲师代表、社区平安志愿者、市民群众和媒体记者约300余人参加了活动。

活动从高楼消防逃生演练开始。长宁区武夷路555号一小区23号楼第8层公共走道配电房,因内部电气线路引发火灾,浓烟从8楼走道窗口冒出,居民发现后迅速向物业值班人员报告……这是当天在举行的高楼火灾疏散逃生演练中的场景。

演练结束后,来自市公安消防总队培训基地的工程师赵锦祯作了题为“烟花爆竹易导致的消防隐患及火灾逃生自救方法”首场示范宣讲。赵锦祯表示,凡是以爆炸声响为主要效果的产品称为爆竹类,凡是以光、色和造型为主要效果的产品称为烟花。烟花爆竹按照药量及所能构成的危险性分为A、B、C、D四级。烟花爆竹具有爆炸性,会产生大量热量和大量气体。赵锦祯还讲解了逃生时需注意的事项,“湿毛巾对折三次后捂住口鼻,使用灭火器时不能对准人体喷射,要保持安全距离。最好缓晃颜色鲜艳、体积较大的床单、裙子等,轻抛枕头、靠垫等,或敲打锅碗瓢盆,引起救援人员的注意。

据悉,东方讲坛·“以案说防范,共建平安城”是一档面向社区居民、在校学生、企事业单位,以增强防范意识、普及防范知识、传授防范技巧为主要目的的系列讲座。2015年该系列讲座第一季主题聚焦消防安全,将在全市17个区县举办300余场宣讲活动。

东方讲坛助力一号课题在基层落实

——“社会治理与基层建设”专题系列讲座开讲

随着《上海市委关于进一步创新社会治理加强基层建设的意见》和 6 个配套文件(简称“1+6”文件)的制定完成,上海市委 2014 年一号课题“创新社会治理、加强基层建设”正式结题。上海基层社会治理,正在迎来近 20 年来最大的一次变革,而政策落地的效果如何,很大程度上取决于基层治理者对文件精神的理解和领会。“为什么是 1+6?”,“街道机构设置和职能会怎样调整?”,“社区干部以后主要做什么?”……为帮助基层干部更准确地理解政策内涵,指导工作实践,从 1 月 29 日开始,东方讲坛举办了“东方讲坛・社会治理与基层建设”专题系列讲座,特邀参与一号课题相关工作的社科专家在部分区县机关和街道,围绕未来社区治理与基层建设的形势与任务开展宣讲。

一、 快速反应,精选师资,全面准确严谨解读一号课题

趁热才能打铁。“1+6”文件出台后,东方讲坛办公室迅速行动,4 天内即完成了师资遴选,选题设计,和讲座具体安排落实,在第一时间回应了基层对“社会治理与基层建设”的学习需求。

像“1+6”文件一样,不讲空话套话,只讲“干货”,把“社会治理与基层建设”课题放在上海“四个中心”建设和社会主义现代化国际大都市建设目标的大背景中展开,以上海经济社会快速发展进程中基层建设碰到的新情况新问题为切入点,从专业解读的层面为基层完善社会治理体系、提高社会治理能力、培育社区工作者队伍等工作提出新思路。按照这样的总体要求,在充分消化提炼“1+6”文件的基础上,复旦大学社会学院党委书记顾东辉、华东师范大学社会发展学院党委书记文军、华东理工大学社会与公共管理学院院长徐永祥、中共上海市委党校社会学教研部教授何海兵等 8 位深入参与一号课题有关工作,并具备丰富的社区治理实践经验的专家学者,从创新社会治理 加强基层建设、街道体制改革与社区治理、区域化党建引领社区共治、深化拓展网格化管理 提升城市综合管理效能、组织引导社会力量参与社区治理、完善居民区治理体系 推进居民自治、完善村级治理体系 推进村民自治、加强社区工作者队伍建设等 8 个方面,全面解析 2014 年市委一号课题。

二、 对接需求,探索路径,真心实意为基层找对策出点子

东方讲坛认识到,2015 年全市各个街道面临着政府职能转变、内设科室机构重组、区

域化党建强化、社区自治深化等一系列现实问题，需要有计划有步骤有秩序启发和引导基层工作者完成思维理念和工作方式的转变。在宣讲过程中，专家学者们直面基层的困惑，不仅讲社会学机理，讲政府的政策导向，更着眼于解析基层面临的实际困惑，通过各种事例的分析，从细节入手为街镇改制提出合理化、可操作性的建议。

在社会治理中扮演基础功能的居委会职、责、权如何定位，成为诸多基层管理者关心的问题，何海兵教授在湖南社区的讲课中着重讲解居委会的改革问题，他指出这次“1＋6”文件的关键内容就是要完善居民区治理体系，发挥居委会在居民自治中的主导作用，居委会不合理的行政负担将被取消，居民区工作者队伍也会逐步走向正规化、职业化，居民区干部需要快速转变观念，创新群众工作方式，有效引领居民自治的发展。

在杨浦区四平路街道，上海市社区发展研究会常务副会长徐中振从“业委会如何管理”“社会自治组织如何合理应用”两个基层关注的焦点切入，运用大量社区治理中的优秀案例作为说明，详细讲述了社区从“一揽子管理”到“自治管理”的职能转变过程中，需要建立健全多种机制来推动对社区治理的探索和创新。精彩论述赢得诸多居民区干部的阵阵掌声。

实现社会治理创新，加强基层建设关键在人，社区工作者将扮演越来越重要的角色。顾东辉教授在虹口区江湾镇街道的宣讲，则从社会工作者队伍建设的角度展开：详细阐述了基层工作者所需具备的个人能力、团队能力、行政能力、专业能力以及在社区工作开展过程中所需掌握的客观、全面、深入的调查方法。文军教授在芷江西路街道宣讲中提出“建立职业化体系，分类规范基层队伍”，并主张根据岗位特点、工作年限、受教育程度和相关专业水平来制定社工工资。

三、 直面矛盾，分类指导，把脉问诊社会治理各类难题

2014年上海市委一号课题，既是创新社区管理模式，实现社会治理工作重心下移的一场改革，更是统筹区域发展，实现城乡一体化的超大型城市的治理攻略，涉及领域很广，面临的难题较多。因此在此次宣讲过程中，讲坛讲师在兼顾郊区社会治理难题的同时又充分考虑中心城区的“城市顽症”；在充分阐述居民自治重要作用的同时也强调区域化党建在统筹社区发展中的主导地位，结合不同社区的各自特征和实际情况进行专业指导。

例如，针对松江区石湖荡镇的郊区治理现状，熊万胜教授围绕郊区村级治理的五点特性（城郊型社区、集体性社区、外来人口聚集社区、高度老龄化社区和较低收入群体社区）、五类主体（党组织领导、政府治理、社区治理、集体治理和社会治理）、五个机制（管治、共治、自治、法治和德治）“三个五”为主线展开，阐述了基层社会治理体现面临的现状、组织构成、治理方式，并向大家介绍了有关村委会建设的成熟经验。

长宁区华阳街道地处闹市区，也面临着各种城市病的侵袭，章友德教授在华阳的讲课则从城市综合管理中面临的新情况、新问题入手，围绕超大型城市如何实现转型与发展这个命题来展开。他提出要探索构建以问题为导向的社会治理体系，实现城市社会治理的自治与共治、积极寻求中心城区常态长效管理新方式，从而建立健全透明公开、良性互动的社区治理体制机制，提升城市综合管理效能并实现社会治理能力的现代化。

针对湖南路街道知名人士、离休干部多，居民素质较高的特点，何海兵教授提出要通过推动居民自治来强化社会治理。他强调一要通过建设实体公共空间，并设立社区公益基金，在硬件上为居民群众的社会参与搭建组织载体和公共平台；二要健全由下而上的公共议题形成机制和居民群众评议机制，在软件上提升居民的参与意愿和主人翁意识；从硬件和软件两方面引导居民走进公共议事空间，参与到社会治理和基层建设中。

浦东新区花木街道，作为一个“撤二建一”合并后的街道，整合方方面面的资源进行社会治理，需要区域化一体化的党建引领。复旦大学政党建设与国家发展研究中心郑长忠副主任在花木讲授“区域化党建引领社区共治”专题时指出，在深化社会治理体系建设的当下，区域化党建工作的开展将激发各级基层党组织产生强大的动员能力，解决复杂多样的社会内部矛盾，整合方方面面的社会资源，促成社会生活共同体的进一步形成。通过讲座，大大提振了基层党建工作者的事业热情和工作信心。

“东方讲坛·社会治理与基层建设”专题系列讲座在基层举办点收到良好反响，为基层各单位接下来的“6＋2”改制工作提供了路径指导。讲座举办后，不少基层干部说：专家就是专家，“把脉”把得准，问题说到点子上，对现实工作的指导性很强。接下来，东方讲坛还将根据基层举办点的需求配置师资，继续开展围绕“社区治理与基层建设”专题的系列讲座。

“东方讲坛·全民国防教育主题宣传月”开讲仪式在上海浦东举行

9月19日是第15个全民国防教育日，在上海警备区、市委宣传部和市社联的共同指导下，由上海市国防教育办公室和东方讲坛办公室共同举办的“东方讲坛·全民国防教育主题宣传月”活动，将于9月19日至10月19日在全市开展。

9月15日，主办方在浦东新区区政府会议厅举行开讲仪式。国防大学战略研究部教授徐焰少将受邀作专题报告，上海警备区副政委、市国防教育联席会议秘书长孙进少将，市委宣传部副部长、市文明办主任潘敏，浦东新区区委常委、宣传部部长尤存，浦东新区区委常委、区人武部政委邓政等市、区有关领导出席开讲仪式。本市机关干部、市民群众、部队战士等700余人出席活动。

徐焰少将围绕我国周边的安全环境和国防建设这一主题，详细介绍了我国与周边国家的安全关系，以及我国在国际社会发挥的积极作用，并结合丰富的历史事例向听众们展现中国崛起之路。他认为国防教育非常重要，国防不只是军队的国防，更是全民的国防。中国从近代屈辱的历史中走来，经过改革开放的经济发展和社会建设，逐步从农业社会进入工业社会，现在又跨入信息化社会，国防离不开经济的发展，只有经济上强大了，国防才有基础。

徐焰少将指出我国目前面临着前所未有的机遇与挑战，仍然存在很多短板。第一，我国现代化还没有完全实现。第二，祖国没有统一。第三，虽然我们是世界第二经济大国，但是由于我国人口基数大，使得我们人均GDP还不高。第四，我国的国际规则话语权不多。整个国家目前正处于转型期，我们所面临的国内外政治经济形势还很复杂，这就需要我们积极努力应对，用全新的视角观察我国现在的安全关系，解决目前面临的多种问题。

在谈到国防现代化时，徐焰少将认为由机械化向信息化转变是现在的重点。他说新中国成立后我国的国防基础还很薄弱，机械化程度不高，当时我们的许多装备和技术还是要靠苏联援助援建。后来与苏联关系紧张，我们自主研发的“两弹一星”奠定了我国的战略核力量基础，更重要的是我们拥有了“两弹一星”的进取精神。改革开放后随着我国经济实力的增长，武器装备也逐渐转向机械化。而现今时代是信息化战争，以海湾战争为例，美军以电子、信息化装备保障精确打击，这说明没有信息化就等于是瞎子。所以20世纪90年代后，我军建设开始实现转变，即数量规模型向质量效能型转变，保证在裁减军队人员的同时提升战斗力。国防建设不仅要完善低端装备，也要走高新科技之路，我们要研发自主知识产权的高端装备，这样才能保障我们国防的现代化。

徐焰少将认为新中国成立 60 年来国防建设的主要经验，第一是正确判断世界形式，确定适当的国防战略目标。第二是建立科学、民主的决策机制。第三是处理好目标和能力的平衡，对大国和强敌的斗争要有理、有利、有节。第四是树立科学发展观，国防建设要走持续发展的道路。大国是关键，周边是首要，发展中国家是基础这是我国现在处理安全关系的基本策略。

徐焰少将强调新形势下的军队反腐要从法治入手。一方面要坚持过去的光荣传统，即民主监督。在军队内部发动下层干部、基层士兵监督领导干部，完善改进纪检制度，习近平总书记提出在军队中实行党的群众路线恰恰是民主监督的有效方式。另一方面，还是要根据 2014 年 10 月中共中央十八届四中全会强调的依法治国的精神，加强依法治军，严厉打击军队腐败问题。

徐焰少将指出从目前形势上看西强中弱的情况还没有改变，我们应该韬光养晦，做好国防建设。从总体上看我们的安全环境是比较好的，我们现在面向世界增强军事力量的目的是要创造一个和平建设的环境，所以我们提倡爱国主义也反对狭隘的民族主义。从我们今年新的国防白皮书来看，我们的立场是不盟俄，不拒美，不仇日。另外我们还有很长的路要走，今后崛起的中国肯定更加开放，更加面向世界，实现中国梦是我们全国军民为之奋斗的目标，对此我们应该充满信心。

东方讲坛举办科技与人文的对话　两界专家共论屠呦呦获奖带来的启示

从青蒿素谈起，中医为何不愿“寻根问底”

11月23日，由上海市社联、市科协、中国细胞生物学学会联合主办的“呦呦屠鸣，以启学林——民族复兴视野下的科技与人文”对话活动在上海举行。

上海市科协主席、中国科学院院士陈凯先，复旦大学教授葛剑雄，中国科学院上海药物研究所研究员俞强，浙江大学生命科学研究院教授王立铭等学者，就屠呦呦获奖背景、中国为什么少有诺贝尔奖等议题展开对话。

中医药还是现代科学的成功？

1967年，交战中的美越两军正受全球疟疾之苦。美国投入大量财力人力寻求奎宁、氯喹之外的抗疟新药，越南则求助于中国。

俞强介绍，1967年5月23日，北京饭店召开了“疟疾防治药物研究工作协作会议”，全国60多家科研院所和企业共同组成的500多人加入这一科研任务。根据日期，“523”成了这一项目代号。

1969年1月，中国中医研究院中药研究所参加523任务，屠呦呦任项目组长。1970年9月，屠呦呦将青蒿列入药物筛选名单。

而一年后，东晋葛洪《肘后备急方》中的一句“青蒿一握，水一升渍，绞取汁，尽服之”让屠呦呦获得了灵感。屠呦呦据此在材料和方法上改进，得到高活性的乙醚提取物。1972年3月，屠呦呦报告了青蒿的乙醚中性提取物对鼠疟抑制率可达100%的结果。

俞强感慨，青蒿素的特别就在于“中草药”这一中国传统文化元素。陈凯先也认为中医药是伟大的宝库，就如屠呦呦所言——“青蒿素是传统中医药送给世界人民的礼物”。

但在王立铭看来，与其说屠呦呦与青蒿素获奖是传统中医药的胜利，不如说是现代科学的胜利。

“青蒿素是从中医药（《肘后备急方》）中得到的灵感，但这本医书中除了珍贵的东西也有很多是错误的，甚至有误导性的。”他举例，同一本《肘后备急方》中治疗疟疾的方子有几十个，其中有一种方子是在纸上写着“月”和“日”，然后把纸烧成灰，再冲水喝了。“那我们怎么知道什么才是有用的方子？靠的是现代的科学方法。”

葛剑雄更直言有时人们过分夸大了传统文化对于中国的影响和贡献。“我们现在的研究人员，把以前存在的优点、对人类的贡献都归结于传统文化。但我们的缺失在什么地方？我们一味让它(传统文化)更加完满，却没有想想用哪一种制度、体制能保证它的实施。”

举国体制能加速药物开发?

“屠呦呦获奖后，有人说那是举国体制、针对中医药工作全国一盘棋取得的胜利。”王立铭说，“你很难想象一个国家、一家制药公司或者在一个历史时期，会出现为了寻找某一种药，动用全国大量的科学家、花几年十几年做一件事，这种事情在现代历史上很少出现。这也确实客观上加速了青蒿素的发现，并使之成为治疗疟疾的非常重要的药物。”

王立铭说，青蒿素于 1987 年拿到中国改革开放后第一批新药证书。“回望历史，那是新中国成立之后近五十年里，第一个所谓的 1.1 类型的药，它的化学结构之前在世界上任何国家也没有被报过，当然是很了不起的成就。”

“当然现在在制药工业很少有举国体制，我们有很多的民间制药公司、有跨国药企，也有国企做药物开发。”王立铭表示，纵向上看仅在过去五年，中国批准的、和青蒿素在化学结构和功能上新颖程度差不多的 1.1 类新药有十个以上。“我强调这十个新药里目前没有一个可以和青蒿素的历史意义相媲美，但从新药研发来看，没有举国体制的药物开发要远远快于青蒿素。”

而从横向上比，王立铭更提及美国批准新药上市的速度在过去三十年可以达到每年三十到五十个，快则每年六十到七十个。

“首先我非常认同青蒿素确实是特殊历史时期带给我们的财富。但我不觉得它获得诺贝尔奖本身是值得作为可以借鉴的历史经验，让我们觉得在现代发扬举国体制是推动发现新药的重要政策。”王立铭如是说。

中国的诺贝尔科学奖为什么那么少?

陈凯先用“小荷才露尖尖角”来形容屠呦呦获奖与中国科技的崛起。他表示中医早已创造出很多“世界第一”，比如东汉末医学家华佗用“麻沸散”进行麻醉后施行剖腹手术，这是世界医学史上应用全身麻醉进行手术治疗的最早记载；晋代葛洪所著《肘后备急方》提及用海藻治瘿，是世界上最早提出用含碘食物治疗甲状腺疾病，而用狂犬脑组织外敷伤口治疗狂犬咬伤则开创了用免疫法治疗狂犬病的先河。

“这些要在今天，都会拿诺贝尔奖。”陈凯先说。

而现实是，中国目前所获的诺贝尔科学奖确实少。俞强引用了“李约瑟难题”提问——现代科学为什么没有在中国诞生？“我们国家有这么多人口，文化有这么深渊源，为什么少有诺贝尔奖?”

在俞强看来，美国物理学家亨利·罗兰《为纯科学呼吁》的讲演或许在百年前就提供了一种答案：“中国人知道火药的应用已经若干世纪，如果他们用正确的方法探索其特殊应用的原理，他们就会在获得众多应用的同时发展出化学，甚至物理学。因为只满足于火药能爆炸的事实，而没有寻根问底，中国人已经远远落后于世界的进步。”

“亨利·罗兰强调基础科学的研究工作。”在俞强看来，目前中国科研正是少了这样一种“寻根问底”：“中国人往往强调应用，不大强调原理。对中医药，我们常常知其然，不知其所以然。”

陈凯先则认为曾有一段时间的科学研究，尤其学院研究比较脱离实际，注重论文的发表。“所以国家比较倡导我们更结合实际，更能够解决国家的重大问题等。但这个也会扼杀另外一些研究，比如我们有非常前沿、非常前瞻的（研究），现在可能没有用，但将来可能会有用，或者什么时候有用也不知道。这样的一些研究，可能获得的支持就比较少。这有时是我们体制机制的原因，有时是科学认识的原因。”

葛剑雄也说：“今天我们认识的科学，未必就真是科学，它是一个发展的过程。所以人类的探索永远值得我们鼓励，即使方向是错的，也能为后人和社会留下教训。”他强调，但科学家不能忘记社会责任。“有的时候甚至要牺牲个人的追求，服从社会责任。”

科普活动周讲座

上海市会计学会证券与期货市场工作委员会举办“亚洲投资银行设立与人民币国际化”讲座

面对全球各国的 QE、中国式的 QE 是通过基准利率、存款准备金等合力来取得新突破，然后再一个战役接一个战役地各个击破，从而竖起人民币国际化旗帜。而就在 2014 年 10 月 24 日，中国、印度、新加坡等在内的 21 个首批意向创始成员国的财长和授权代表在北京签约，共同决定成立亚洲基础设施投资银行（AIIB）。所以针对“亚投行的设立是否代表着人民币国际化”的这个问题不仅是金融行业，各贸易、制造行业都非常关注。站在全球均衡发展的视角分析，亚投行的适时成立，是对全球既有公共产品行为空间有限缺位的一种战略性补充，因而是消除南北鸿沟的一种制度性安排。而中国作为全球第二经济大国，主导成立亚投行，既是本国经济发展溢出效应的逻辑延伸，亦是展现中国国际责任感与历史担当，以及对中国的机制设计与运营能力的一场大考。

为此，上海市会计学会证券与期货市场工作委员会于 5 月 20 日周三下午在漕溪北路 41 号上海社科会堂举办“亚洲投资银行设立与人民币国际化”专题讲座，特邀中国人民银行上海总部统计调查部顾铭德研究员主讲。来自会员单位的 130 多位财务管理人员报名出席了本次讲座。

顾铭德讲解了亚洲投资银行设立与人民币国际化的概念与特点，分析并展望未来，他说亚投行的有关参与主体有可能在合作共赢的基础上建立健全该组织的运作机制，为亚洲乃至域外其他国家和地区提供有效且可复制的投资与金融发展菜单。并在相当大程度上为“一带一路”建设的实施提供配套的金融服务。而中国也有望通过积极主导亚投行和金砖国家开发银行，逐步丰满自己作为全球性金融强国的气质。在此基础上阐释了亚洲投资银行设立与人民币国际化的重要意义，并就如何在这样的经济下寻求更好的发展提出对策建议。

讲座结束前，顾铭德留出了时间给与会人员进行互动，大家争先恐后，纷纷就央行货币政策取向、股市、贵金属、M2 广义货币规模等热点问题提问，并一一得到相应的回答。作为央行官员与上海社科院知名教授，顾铭德长期研究我国的货币政策与资本市场，他在上海的资本市场享有较高的知名度。今天，他用权威翔实的数据深入解读当前的金融形势，理清了大家对金融货币市场的认知与方向，令参会者获益匪浅、意犹未尽。

上海市新四军历史研究会举办“长征的眺望与启迪——十走长征路的感悟”讲座

为了纪念中央主力红军长征胜利80周年，传承和弘扬红军不畏艰难困苦、不怕流血牺牲、坚忍不拔、勇往直前的长征精神，上海市新四军历史研究会特邀请本会会员、退休历史高级教师邓玉平于5月25日第十四届上海市社会科学普及活动周中，在社会科学会堂举办《长征的眺望与启迪——十走长征路的感悟》讲座。研究会副会长兼秘书长颜宁主持，我会会员和社会群众一百余人参加，其中还有闻讯从宁波远道而来的热心听众。

报告人邓玉平是老红军战士的后代，怀着对红军长征精神的崇敬，从2004年开始曾经分别沿着各红军部队长征路线十次重走长征路，为学校、部队、企业等作了100多场长征系列报告。她认为长征精神是红军先辈用青春、鲜血和宝贵生命写就的：一直向前的理想信念；一直向上的英雄气场；一直向真的艰难跋涉；一直向善的本能升华。

长征不仅是军事上的胜利，也是人性光芒的胜利。红军将士在物资条件极其匮乏、行军环境极其艰难的万里长征中，互相帮助，互相支持，把人性的真、善、美发挥到了极致。

这种人性的光芒，不仅是雪山草地上的脚印，也应该是盛开在今日都市、街道、校园、邻里的生命之花。

红军是不朽的英灵，长征精神是永恒的精神。长征精神，是处在初创期的共产党人及其领导的人民军队，为全人类贡献的一种大无畏的宝贵实践和巨大的精神力量，它凝结了人类战胜自然、战胜困难的范例。

长征精神已经融入到中华民族的血脉之中，熔铸进民族复兴的千秋伟业之中。在当今，在未来，只要前进道路上有困难存在，就有长征精神闪耀其间。

一幅幅图文并茂画面，一声声满怀激情话语，使得在场的听众的思路不由地随着她转动。整个报告超过两个多小时，会场秩序井然，报告结束后，全场响起热烈掌声，感谢她的精彩演讲。会后，许多新四军老战士、会员和领导都感到报告采用了大量的历史资料和实地考察的感受，给人教育和启迪，很有收获。当前错综复杂的国际国内环境下，实现伟大民族复兴“长征”的征程也是艰难曲折的，挑战和机遇并存，更需要我们发扬红军不畏艰难困苦、勇往直前的长征精神。

上海中西哲学与文化比较研究会举办“德性会带来好生活吗?”主题讲座

5 月 25 日下午,受上海中西哲学与文化比较研究会与华东师范大学哲学系之邀,首都师范大学教授陈嘉映在华东师范大学闵行校区外语学院报告厅举行了演讲“德性会带来好生活吗?”。本次讲座系第 14 届上海市社会科学普及活动周活动之一。上海中西哲学与文化比较研究会副会长、华东师范大学哲学系主任郁振华主持了讲座,一百四十余位听众参与听讲。

陈嘉映教授先从经验世界举例讲解何为德行、何为好生活、德性与好生活的关系,从而转向哲学理论对此的看法。在哲学理论上,陈嘉映教授先后提及了苏格拉底、康德、功效主义、亚里士多德。他的观点与亚里士多德更为贴切,即德性与好生活是编织在一起的。不是苏格拉底认为的有德性的人过的生活便是好生活,也不是康德认为的那种难以与普通人联系在一起的绝对道德,同样不是功效主义认为的德性是通往好生活的手段。

他认为,德性含有一种知,这种知是对自己、世界的认识,也是对自己以可以存活下去为底线从而履行德行的自知。在他那里,德性纳入生活本身,是好生活的一部分。对于个体而言,德性这个维度在其生活中的程度高低是受其知的影响的。这也解释了,为什么类似文天祥这样的人为了德性放弃自身存活。这是因为,德性在文天祥的生活里的维度是极高的,放弃德性则为放弃生命。虽然,文天祥不再有生活,但他们的德性与我们的德性联系在一起,与我的好生活有着千丝万缕的联系。

最后,陈嘉映教授与听众讨论了亚里士多德对自足的看法等问题。讲座在探讨、深思、收获中结束。

上海市会计学会证券与期货市场工作委员会举办“实行混合所有制经济对国企改革的影响”讲座

随着党的十八届三中全会对全面深化改革进行了总体部署,并提出“积极发展混合所有制经济”的思想,上海在全国率先出台国资国企改革20条,通过把中央大政方针和上海实际情况、把顶层设计和基层创新相结合,为新一轮改革提出了创新性思维,实行混合所有制经济后,对国企改革将会产生巨大影响。

为了帮助企业深刻领会在混合所有制经济为热趋势的情况下,对各企业尤其是国企带来的改革与机遇,本会于5月26日下午在吴中路478号云峰大厦会议室举办了“实行混合所有制经济对国企改革的影响”专题讲座,特邀浦东新区国资委钱学明高级会计师主讲。来自本会会员单位的代表及其他各方人员近50位会员代表参加了本次讲座。

讲座中,钱学明老师结合上海国资国企改革20条意见并站在企业的视角对相关政策进行了解读分析,也对多年来国有企业在不同经济制度下的面貌与差异进行了比较。

钱学明老师指出,混合所有制经济是一个关键领域、关键环节,它的实施对促进当前国有企业的效率、效益不断优化有着明显的作用,通过引入外来的新投资力量,将改善国有企业的企业结构,完善企业整体的决策机制与水平。除此之外,在混合所有制经济的条件下,建立完善现代企业制度是我国国有企业适应市场化、全球化新形势的必然要求。钱学明老师对企业可能面临的问题与困惑、应该实施调整的方向一一进行了分析。

混合所有制经济的本质是产权主体多元化,发展国有资本、集体资本、非公有资本等交叉持股、相互融合的混合所有制经济,将国有企业的资源、品牌、市场等优势与民营企业的资金、机制等优势有机结合,对各种所有制资本取长补短、相互促进、共生共赢有着重要意义。通过专家专业性的解读剖析,为企业在面对改革的背景下根据企业自身条件制定相应应对策略提供了良好的借鉴意义。

上海市“生命伦理与生命教育”主题论坛在上海大学附属中学举行

由上海市教育德育处、上海市社联科普工作处指导，上海市伦理学会、宝山区教育局主办，上海市伦理学会基础教育课程与教学伦理专业委员会、上海市师资培训中心、上海市电化教育馆和上海大学附属中学共同承办的题为“‘生命伦理与生命教育’主题论坛——暨宝山区激扬生命活力、提升教育品质”主题展示于 5 月 28 日在上海大学附属中学举行。本次主题论坛是第 14 届上海市社会科学普及活动周系列活动之一。上海市教卫党委副书记、市教委副主任高德毅，上海市社联副书记桑玉成参加了论坛活动。

“生命伦理与生命教育”主题论坛活动探讨了新时代背景下的生命教育与生命伦理的内在关系，通过研究生命教育的基本规律，总结生命教育与生命伦理理论研究与实践经验，提升教育的针对性和实效性，为学生的健康成长提供有价值的课程活动。活动分为“学术前沿中的生命伦理与生命教育”“基础教育中的生命伦理与生命教育”以及“人与自然”社团主题活动。

“学术前沿中的生命伦理与生命教育”专家论坛由上海市伦理协会会长陆晓禾主持，上海市委党校教授张春美的“世界生命伦理教育潮流”向大家介绍了生命伦理教育的未来走向和趋势；复旦大学应用伦理学研究中心副教授朱伟的“生命教育的伦理学视野”则用伦理学的视野诠释了生命的价值以及生命教育的深远意义；复旦大学马克思主义学院教授高国希的“生命教育与教育的目的”与大家一起探讨了生命教育的目的、目标和意义。

“基础教育中的生命伦理与生命教育”主题论坛由上海市教委德育处处长李兴华主持，论坛从市、区、校三个层面向大家介绍了生命伦理和生命教育的教学实践经验，提供了很多可复制可借鉴的成功案例。

下午，宝山区“激扬生命活力、提升教育品质”主题展示活动有宝山区生命教育交流展示和上大附中“人与自然”社团主题讲演两大板块组成。上大附中的本次主题讲演以社团活动为载体、以自主探究为路径，整合各社团资源，综合运用学科知识，通过主题活动促使学生形成正确的价值观和利益观，从科学与人文的角度思考人与自然的关系，提升对生命教育的理解。

活动中，上海市师资培训中心和上海市电化教育馆分别与上海市伦理学会、宝山区教育局以及名师基地代表举行了课程建设签约仪式，通过整合伦理学会、宝山教育局以及名师基地的资源来进行生命教育的课程开发建设，以进一步完善研训一体的教师专业发展机制，为中小学专题教育提供课程资源支持，满足教师个性化培训需求，构建市级“共享、开放、互动、立体、可选择”的“生命伦理和生命教育”网络课程资源平台。

市社联党组副书记桑玉成对本次活动进行了总结，对于本次活动给予了高度评价，并希望上海市伦理学会要引领学术界加强生命意义、生命价值的哲学角度的思考和研究，也希望宝山区教育局以及在座的各名师基地的学员们重视生命教育课程建设，为教师提供培训课程，为学生提供生命教育专题课程，共同提高生命的宽度与厚度。

市教卫党委副书记、市教委副主任高德毅高度肯定了本次论坛活动的积极意义，并给生命伦理和生命教育研究者和实践工作的同志提出了更高的要求。高书记要求在座的各位学术研究和实践者要与时俱进地进行生命伦理和生命教育研究和实践，要让生命教育理论研究成果转化为教育实践，并着力于教育教学的创新和实践探索，使生命教育研究与学生的学校生活、社会生活、网络生活相融合，以引导和帮助学生树立正确的人生观和价值观。

彭国翔教授主讲《牟宗三的情感世界及其“觉情”说》

5 月 28 日下午三点，著名学者、浙江大学求是特聘教授彭国翔做客思与文讲座、冯契智慧讲坛第 34 讲暨书香年华第十五讲，为华东师范大学师生作题为《牟宗三的情感世界及其“觉情”说》的学术讲座。此讲座由中西哲学与文化比较研究会，华东师范大学哲学系、中国现代思想与文化研究所、华东师范大学图书馆等单位主办，是第 14 届上海市社会科学普及活动周系列活动之一。讲座由华东师范大学哲学系暨中国现代思想文化研究所副教授、上海中西哲学与文化比较研究会副秘书长刘梁剑主持。哲学系副教授张荣南老师，哲学系党委副书记武娟老师，上海社会科学院哲学研究所研究员余治平老师等近百名师生聆听了彭教授讲座。

当代儒学最有创造性的哲学家之一——牟宗三先生，一般仅以智者型的理性哲学家视之，这并不全面和深入。从彭教授展示的牟先生的许多未经公开发表的与唐君毅、徐复观等友人的通信中，牟先生的著作《五十自述》一文中，我们更深地感受到了牟先生在爱情、亲情、师生之情和家国天下之情方面的动人的表现，了解了牟先生的真挚而深厚的情感世界。而这一方面，与其哲学中“觉情”的观念不无关系。在某种意义上，“觉情”甚至可以说是牟先生哲学最为核心的观念，与其“自由无限心”一说可谓异名同实，而尤能突显对于“情”的重视。牟先生的这两个方面，以往的研究一直未及。本次讲座中彭老师特别介绍了牟先生思想的这两个相关方面，还对其“觉情”说在当今海内外哲学话语中的定位和意义，略加置评。

感性与理性并举，彭教授在讲座中将牟先生的严谨刻苦的治学精神也传达了出来，牟先生在生活极为辗转艰苦的境域中，仍然写出了如《心体与性体》等诸多著作。这值得我们后学效勉。随着彭教授的娓娓道来，大家对“觉情”这个概念的理解更为深刻了。讲座最后，彭老师还列举了中西学界关于“情”的若干研究成果。

彭教授的讲座情感与理性并举，细腻充沛，声情并茂。对于学生的困惑，彭教授不但做了精彩解答而且结合自己的亲身实践给青年学生指出了很多好的治学路径。最后，讲座在上海社科院余治平教授高屋建瓴之点评中落下帷幕。

上海市文史资料研究会举办“上海名人故居保护和开发利用”讲座

根据上海市社联第14届上海市社会科学普及活动周活动的要求，依靠上海交通大学的帮助，上海市文史资料研究会于5月28日下午在交通大学徐汇校区老图书馆(校史博物馆)这幢历史保护建筑内举办关于“上海名人故居保护和开发利用”的讲座。

讲座由市文史资料研究会执行会长、教授朱敏彦主讲，研究会会员、交通大学教职员工及其他人士80余人参加。文化底蕴深厚、精神内涵丰富的上海名人故居已成为传承历史文化，弘扬爱国主义，展示上海城市精神的重要载体，也是上海历史文化资源的特色和优势。

近年来，上海各级政府对名人故居保护、开发和利用投入了不少人力、物力，加大这方面工作的力度。此外，名人故居的保护工作也得到了全市社会各界的重视和关心，工作逐步推进，有些名人故居被列入政府实事项目，取得了一定的成绩和经验。但随着城市化进程的步伐不断推进，名人故居保护工作面临许多新情况、新问题，保护工作任重道远。这次讲座从上海名人故居保护和开发利用的现状、几种模式、存在问题和对策建议等方面进行阐述。图文并茂，内容丰富，不仅对听讲者是一次有关上海名人故居保护和开发利用方面的科普讲座，也激发了听讲者保护名人故居的责任意识，鼓励大家为上海名人故居保护和开发利用积极献计献策，取得较好成效。

固定资产投资建设研究会举办“上海智能交通的发展与前景”主题科普讲座

为进一步做好社会科学普及工作，围绕“四个全面”布局，聚焦上海“四个中心”和社会主义现代化国际大都市建设，按照上海市社联关于“第十四届上海市社会科学普及活动周”的部署要求，上海市固定资产投资建设研究会于5月28日晚上，借座上海市工商外国语学校礼堂，举办了题为“上海智能交通的发展与前景”的主题科普讲座，特邀上海市交通委员会科技信息处处长叶兴主讲。讲座由上海市固定资产投资建设研究会副秘书长杜静安主持，上海市工商外国语学校500余名师生、本会部分研究人员以及一些社会人士到场听讲。

主讲人以PPT的形式，对大家普遍关心的智能交通的概念以及上海城市交通和目前正在构建智能交通的状况，以及面临的挑战、机遇、热点、难点等问题做了生动扼要的讲解，引起了听讲者的浓厚兴趣。主讲人在谈到上海交通现状时指出：目前上海的交通已形成由铁路、水路、公路、航空、轨道等5种运输方式组成、具有超大规模的综合交通运输网络。今后，按照中央对上海提出的要建成“四个中心”和社会主义现代化国际大都市的要求，上海城市交通特征也将出现显著变化，表现为出行总量变大、出行距离变长、出行方式变多、出行质量提高等特征。而智能交通是一个基于现代电子信息技术面向交通运输的服务系统。交通参与者通过装备在道路上、车上、换乘站上、停车场上以及气象中心的传感器和传输设备，向交通信息中心提供各地的实时交通信息；ATIS得到这些信息并通过处理后，实时向交通参与者提供道路交通信息、公共交通信息、换乘信息、交通气象信息、停车场信息以及与出行相关的其他信息；出行者根据这些信息确定自己的出行方式、选择路线。同时，智能交通的发展跟物联网的发展是分不开的，只有物联网技术概念的不断发展，智能交通系统才能越来越完善。现在上海已经在建的智能交通系统有公共交通、出租汽车、公路出行、公共停车、公路客运、轨道交通等方面的信息服务。其中以公共交通为例，通过车载信息系统，畅通了数据的采集渠道并实时传递，与公交信息平台实现信息交互；在运营调度信息化、网络化、智能化的基础上，实现集中调度，形成了公交枢纽、运营分公司等的集中调度示范点；行业管理部门根据车辆GPS数据、RFID定位数据、企业调度信息，通过计算、比对，增强行业优化配置车辆、优化公交线网布设的能力。乘客可通过基于智能手机的App的个性化服务，进行线路与站点查询、线路出行规划、周边站点和实时公交查询，从而提高出行质量。谈到构建上海智能交通面临的挑战与机遇时，主讲人认为目前亟须突破这样一些瓶颈:出租车与专车和拼车、购车与拍车牌、电动车与充电桩、公交优先与路权使用,他强调这里既需要政府的规划和设计,也需要全社会的配合和支持,只有通过各方面的共同努力,上海的智能交通才能取得健康有序的发展。

讲座期间,主讲人还与多位听讲同学进行了互动,主讲人对提问中涉及的智能汽车、智能交通生活等大家关切的问题一一作了解答,现场反响十分热烈。

上海市民营经济研究会举办“国学精粹助力民营企业发展——上海市民营企业家国学沙龙”活动

根据上海市社联关于“第14届上海市社会科学普及活动周”的要求，上海市民营经济研究会联手上海市工商联企业家国学沙龙理事会，在活动周期间成功举办了“国学精粹助力民营企业发展——上海市民营企业家国学沙龙”活动。为了使这次活动周项目圆满成功，上海市民营经济研究会专门召开了办公例会进行专题研究，于4月正式向市社联上报了活动方案，得到了市社联的认可，并被列为第14届上海市社会科学普及周活动项目。

5月29日下午2时，来自全市100多位爱好国学的民营企业家汇聚在闵行区政府会议中心，本会常务副会长施南昌、夏斯德，副秘书长顾惠民，市民研会党建工委主任，均瑶集团党委书记陈理，上海市工商联会员部部长吴彪，上海市工商联企业家国学沙龙理事长陆建冲等参加了本次活动。

上海市民营经济研究会常务副会长夏斯德主持了本次活动。他说，上海市社联每年举办一次社会科学普及周活动，至今已经举办了14届。这项活动非常有意义。本会自前两年成功举办“民营企业文化建设演讲会”和“中国古字画知识普及讲座”之后，2015年仍然围绕中国文化这一课题，与上海市工商联国学沙龙联手举办“国学精粹助力民营企业发展——上海市民营企业家国学沙龙”活动。他说，中国文化博大精深，具有几千年的历史渊源，尤其是国学在中国古老文化中具有极其重要的地位。当前，普及国学知识对传播中国文化、继承中国文化、发展中国文化具有十分重要的意义。

上海市民营经济研究会理事、上海市工商联企业家国学沙龙理事长陆建冲作了“新常态下国学智慧如何助力企业发展”的主题演讲。他首先回顾了自己1980年来到上海打工，至今36年的奋斗历程。回顾过去，他坦言天时地利人和是企业经营成功必不可少的要素。天时：指的是他借改革开放之风，随江苏省农垦局华夏建筑工程有限公司来到上海，参与上海的开发和建设；地利：说的是他早期在上海建筑行业的丰富经历，为天歌深耕上海市场提供了极大的地缘优势；人和方面：他发自肺腑地感谢上海人民提供给他们施展舞台，感谢社会各界贵人的援手支持，并鼓励全体天歌家人要更加团结向前。

关于事业发展，他总结出在上海滩上求生存有两个硬条件，老老实实做人、规规矩矩做事。上海有稳定的政策、无限的商机和海纳百川的国际大都市平台。但不是每个人都能把握机会,把机会看作生命的人更是少之又少。全国民营企业的平均寿命是2.5年,在中国市场上产品的寿命是8—10年,旧潮过后新的浪潮会淘汰一批企业和一批人。房地产行业做的不是建筑而是作品。要站在消费者立场用心去做。什么样的作品要匹配相应的定位和装饰。如今,天歌在社会各界的关怀下,已成功开发出东苑半岛花园、半岛豪门、江海皇都、江海艺墅、金领国际等项目。

结合这些年对国学精粹的学习,他坦言“仁”是企业家血管里要流淌道德的血液。2000年初他开始反思,结果是把原来的东西放一放,把自己变成一张白纸重新定位,开始作慈善地产,订立了“建立一千万基金、帮助培养一百名大学生”的目标。迄今享受到基金帮助的同学接近70人,近40人已毕业工作,12人在海外留学。走上工作岗位的12名同学的潘政勇、陆冬冬等,在拿到第一笔工资后都纷纷向基金会捐款,其中有10名同学向基金会捐款超过3次。

最后,他引用了“天行健,君子以自强不息”这句话来表达自己对企业未来发展的坚定动力。

上海市政协常委、市政协区县联络组组长、上海市民营经济研究会常务副会长施南昌分享了冯友兰老先生说的“道德和文化精神是可以超越时代、抽象继承的”这句话。他说儒家文化、道家文化都有几千年的历史,在各朝各代都得到了传承。儒家文化的精神,基本的就是不以个人私利为目标,把创造的财富和价值与社会分享。陆建冲同志实践了这个理念。去年习近平同志出席了纪念孔子2 565周年的大会,对儒家文化的现世价值进行了精辟的总结。他倡导学古诗词、倡导学习传统文化经典。传统文化对执政党来说是管理国家的富矿,对企业家而言是经营的富矿。传统文化这几年非常热闹,许多大学创办了国学班,许多企业家走进国学课堂接受熏陶。工商联国学沙龙是自愿自发的机构,通过学习造就了一大批优秀的民营企业家。以往的民营企业主只能称为“老板”,“企业家”是有境界的,是社会的贤达,是引领社会进步的阶层。每位企业主要成“家”,一定不是以私利为目标,而是与广大民众分享。这几年许多企业家清楚地发现除了功利境界之外,必须展现应有的道德境界。“企业家血管里要流淌道德的血液”也是温家宝总理说过的话。许多企业家已经做到了,在发展中要有全球意识、有民族意识。这都是中国特色大地上必备的要素,在今后企业的发展中,希望企业在文化建设上注重三个统一——人文关怀统一、企业发展与个人发展要统一、企业效益要和社会进步统一。最后,对于企业主如何用传统文化重塑儒商精神,他提出企业家应以德服人,更快地抹掉土豪气息,要富而好礼,起到企业家“社会贤达”的作用。

上海市民营经济研究会副会长夏斯德表示,本次活动是上海市民营经济研究会各位会员提高文化修养和联谊交流的一次好机会。国学与民营企业的文化有紧密联系,民营企业的文化建设需要得到国学精粹的助力。期待民营企业文化建设得到蓬勃发展,从而助力民营经济的健康成长。

下午四时,为时2个小时的第14届上海市社会科学普及活动周上海市民营经济研究会第四次企业沙龙活动——上海市民营企业家国学沙龙落下了帷幕。但是不少企业家还不肯离去，他们纷纷上前进一步和演讲者上海市工商联企业家国学沙龙理事长进行交流。他们表示，这次国学沙龙的主讲者由民营企业家自己主讲，贴近企业、贴近企业家，很有感召力和向心力，让大家听得进、听得懂，具有很好的示范效应。他们纷纷表示，像这样的社会科学普及活动和企业家沙龙要多举办，多给企业家一份精神食粮，多给企业家增加一份信念、信心和信任，以此来同心共圆中国梦。

科普活动

创新点靓精彩上海

——上海市社联举办第14届上海市社会科学普及活动周

5月24—30日，上海市社联以“创新点靓精彩上海”为主题举办了第14届上海市社会科学普及活动周。本次活动周紧紧围绕“四个全面”战略布局，聚焦上海“四个中心”和社会主义现代化国际大都市建设，凝聚各方力量，汇集各方智慧，运用群众喜闻乐见的方式，搭建社会便于参与的平台，组织开展了开幕式、科技与人文的对话、主题论坛、社会调查成果发布、义务咨询服务、主题展览、主题活动和科普讲座等250余项特色科普活动，吸引了来自学会、公共文化场馆、企事业单位、街道镇等200多家单位热情参与，直接受众超过10万人次。在人民群众中宣扬普及了创新创业创造精神，为上海“科创中心”建设营造良好的社会氛围。

一、聚焦创新热点，聚力创新发展，为上海“科创中心”建设注入强大正能量

本届科普周围绕“创新点靓精彩上海”的主题，在广大市民中开展一系列“创新”主题宣传教育活动，为上海转型发展，建设具有全球影响力的科技创新中心的实践注入强大正能量。

开幕式上，市社联与市科协再度跨界合作，推出“2015科技与人文的对话”系列之“‘互联网＋’与创新”，特邀上海人民广播电台首席节目主持人秦畅主持。中国工程院院士郭重庆、上海交通大学教授陈宪、复旦大学教授宁钟和工信部通信科技委委员侯自强等两界专家学者，集聚一堂，共同探讨互联网对中国治理理念、经济转型、社会生态及价值观念的影响，展望上海科技创新的未来。同时，还在开幕式上向市民代表赠送科普书籍，鼓励市民群众学习科学知识，积极参与投入到上海创新发展事业的火热实践中。

在全市范围内，围绕城市经济社会建设、“一带一路”建设、创新发展战略等主题开展的科普活动精彩纷呈：例如，上海市终身教育研究会举办“科技的创新，创新的科技”主题展示；上海市档案馆等举办“上海创新发展档案展”；浦东新区区委宣传部举办“浦东开发开放25周年”主题展览；上海社科普及研究会等举办“大众创业，万众创新”——我们身边

的劳模故事会;上海市哲学学会等举办"创新与哲学思维"主题论坛,东方讲坛还推出了"创新与发展"主题系列讲座;松江区洞泾学校更是围绕青少年开展"学习科技　创新圆梦"亲子创新设计竞赛活动。

二、融合多方资源,满足市民多元需求,激发市民参与上海科创中心建设的热情

今年是中国人民抗日战争暨反法西斯战争胜利70周年,市社联与有关单位合作,组织推出了各类纪念活动,号召广大人民铭记历史,弘扬以爱国主义为核心的伟大民族精神,为中华民族伟大复兴的中国梦而努力奋斗。如复旦大学举办"抗日战争与中美关系珍贵文物资料展";松江区委宣传部举办"市民纪念歌咏比赛",唱响共产党好、社会主义好、改革开放好、伟大祖国好、各族人民好为主旋律的优秀歌曲;上海市新四军研究会组织了"牢记历史,面向未来"主题纪念文艺演出;南京政治学院上海分院组织了"红色文化艺术展";上海宋庆龄故居纪念馆举办"保卫者联盟"爱国互动教育活动,等等。

在科普场馆、公园绿地、社区文化活动中心等地,具有群众性、参与性、互动性的主题活动也是不胜枚举:不仅有咨询、展览、论坛等传统形式的活动,更有游园、滑稽戏、展映及新媒体活动等新形式,吸引不同层次市民群众的驻足观瞻和积极参与。复旦大学附属儿科医院有儿童健康咨询;浦东新区花木社区活动中心有"孝在何方众寻觅"普法滑稽戏;上海鲁迅纪念馆里有"拼出鲁迅的七彩世界"主题活动;上海孙中山故居纪念馆里有"亲子篆刻体验活动";上海市演讲学会在陆家嘴开展"2015'中国梦·我的梦'白领中外经典诗歌朗诵大赛";上海市法治宣传教育联席会议办公室举办"身边的宪法与法治"故事巡讲活动;上海市渔业经济研究会等开展食品安全主题咨询服务;等等。我们通过形式多样的科普活动将社会科学知识送到市民身边,帮助解答市民最直接、最需要、最关心的问题。

此外,市社联充分发挥东方讲坛的品牌优势,围绕社会主义核心价值观、城市历史文脉传承等现阶段社会经济文化发展热点问题,与各区县、委办局、公共文化机构及企事业单位等开展深度合作,推出了"创新与发展系列""纪念中国人民抗日战争暨世界反法西斯战争胜利70周年系列""继承中华传统文化　弘扬社会主义核心价值观系列""修志问道　以启未来——地方志与城市开始系列""形势与热点系列""2015创业生涯系列""文化与人生系列""健康与养生系列"等八大系列共计170余场高质量讲座,让市民沐浴高端社科人文知识,铭记历史牢筑强国梦想,领略上海城市的独特文化记忆,更好投入到上海改革创新的伟大事业中。

三、拓展传播渠道,提升科普效益,为上海"科创中心"建设营造积极氛围

本届科普周注重推动科普成果的二次传播,实现科普效益的最大化。在科普周的筹备阶段,科普处就邀请本市部分主流媒体参与策划。开幕当天,"沪江网"对"科技与人文对话"全程进行了现场直播;上海人民广播电台也同时进行了录播。光明网、新华网、《中

国社会科学报》《中国青年报》《解放日报》《新民晚报》《新闻晨报》《青年报》、上海电视台、上海广播电台等20余家媒体60余次参与报道了本届活动周的基本情况，为本届活动周"创新点靓精彩上海"主题进行了更好的二次传播。

活动周期间，市社联与市信用研究会联合发布了"上海高校学生信用指数调查报告"，发布会吸引了光明网、新华网、《中国社会科学报》《中国青年报》《解放日报》《新民晚报》《新闻晨报》《青年报》《上海金融报》等15家媒体的关注和报道。上海"高校学生"是国家未来的建设者和接班人，对于上海"具有全球影响力的科技创新中心建设"起到重要作用，通过将该群体的诚信意识、学业信用、行为信用以及高校诚信宣传教育等多方位调查结果向全社会公开，旨在促进当代中国社会尤其是要在高等学校以加强大学生的诚信教育为突破口，从而提高整个社会的信用水平。

此外，市社联积极拓展传播渠道，积极发挥新媒体的传播效应，积极利用"东方讲坛"微信、社科视窗新浪官方微博等自媒体，推送活动信息，在线活动预约、科普活动互动、发布社科普及成果等。在全市各地的科普活动中，新媒体科普也屡见不鲜：例如，上海老年学学会举办"'百万老人智能+微信公益普及计划'开放日活动"；宝山区高境镇举办"'法眼看人生，大家来评论'新媒体互动活动"；法宝网举办"'学宪法，找达人'网上知识竞赛"等，这些新媒体科普活动极大丰富了科普周的活动形式。新媒体已日渐成为开展社科普及的新舞台。

社科普及读物

《哲学与我们的时代》

哲学是时代精神的精华。当创造财富的热情和能量被充分激发出来之时，我们必须以热烈和敬重的态度把哲学当作特殊的财富保持和分享。在民族伟大复兴的征途上，必须使我们的思想和兴趣活跃起来，接受时代精神的号召——学哲学，用哲学。本书收录了吴晓明《哲学与我们时代的当务之急》、王德峰《马克思哲学与现代资本文明》、张汝伦《哲学的意义和批判的价值》、童世骏《凡俗生活与理想境界》、俞吾金《历史主义与当代意识》、高瑞泉《哲学照亮文化精神》、陈卫平《中国传统哲学的正能量》等多篇演讲实录，汇集成册，以飨读者。

本书由沈国明、刘世军主编，上海人民出版社出版。

《历史与我们的未来》

历史，从来都是生动鲜活的，它让我们了解过去，汲取经验，展望未来。在新时代的浪潮中，读史、学史、用史，以史为鉴，才能继续保持中国文化的前进动力，或许历史可能沉寂，但我们永远活在当下。本书收录了葛剑雄《人口变化是社会现状的“晴雨表”》、陈兼《当代中美关系：正在改写历史》、姜义华《中华文明枢轴：四次空间大扩展提升了再生力》、沈志华《越过三八线：美国扩大朝鲜战争的战略决策》、苏智良《中国持久抗日影响了反法西斯战争走向》、熊月之《四不像城市：近代上海率先结缘全球化》、王家范《七品知县如何成为被称道的“亲民之官”》等多篇演讲实录，汇集成册，以飨读者。

本书由沈国明、刘世军主编，上海人民出版社出版。

《文学与我们的生活》

生活如同阳光、空气和水一样，滋养着文学花朵的盛开。文学同样以特有的方式给生活以勇气、力量、温暖、想象和反思。这就是这个主题所蕴藏的全部意义——文学可以虚构，但永远指向真实。本书收录了格非《好作品等待读者成熟》、杨扬《城市如何塑造当代文学》、方方《文学是照顾人心的》、汪涌豪《文学的超越与否定力量》、孙甘露《面对至亲离去》、罗岗《当迁徙不再是写作原动力时》、陈思和《法自然：中国当代文学新审美》、贾平凹《文学为转型社会"招魂"》、韩少功《顺变守恒，再造文学》、王晓明《新的罗网和新的挣扎》等多篇演讲实录，汇集成册，以飨读者。

本书由沈国明、刘世军主编，上海人民出版社出版。

学会服务平台

XUE HUI FU WU PING TAI

上海市社联举行2015年度学术团体负责人暨党建工作会议

3月3日，上海市社联举行2015年度学术团体负责人暨党建工作会议。来自市社联所属学会及民办社科研究机构的200余位负责人参加了会议。市社联党组书记、专职副主席沈国明出席会议并讲话。沈国明向与会者通报了2014年市社联开展的工作及2015年市社联的主要工作安排，回顾了2014年学术团体管理取得的成绩，并就新一年本市哲学社会科学学术团体的工作进行了部署。

市社联党组副书记、专职副主席桑玉成主持会议，市社联专职副主席刘世军宣读了获得上海市社联2014年度第八届“学会学术活动月”优秀组织奖和组织奖的学术团体名单。市社联学会处处长王克梅布置了本年度学术团体的几项具体工作。上海市领导科学学会会长奚洁人和上海市老年学学会秘书长孙鹏镖分别围绕“学会的生命力在于学术创新”和“与时俱进创新发展，以学术智慧服务社会”作了交流发言。

沈国明指出，2014年，市社联在市委、市委宣传部的领导下，在广大社科工作者的支持帮助下，深入贯彻党的十八大和十八届三中、四中全会精神，学习贯彻习近平总书记系列讲话精神，着力加强五大文化服务平台建设，弘扬社会主义核心价值观，扎实推进哲学社会科学发展，取得了一定的成绩。2015年，市社联将继续在市委、市委宣传部的领导下，深入贯彻党的十八届三中、四中全会精神，贯彻落实习近平总书记关于“四个全面”的重要论述，着力用中国特色社会主义凝聚思想共识，以理论自信支撑道路自信、制度自信，为提升上海城市文化软实力，服务党和政府工作大局提供思想保证，营造舆论氛围，创造文化条件。

沈国明回顾了2014年市社联在学术团体管理和服务方面取得的成绩。2014年，市社联认真履行市委、市政府赋予的本市哲学社会科学学术社团和民办社科研究机构的业务主管单位的职责，坚持正确导向，加强科学化、规范化管理，以促进学术团体学术引领为立足点，以促进学术团体的健康发展为目标，在工作机制、功能培育、培训交流、规范发展等方面创新性地开展了一系列工作，取得了良好的社会效应。

沈国明在讲话中重点部署了2015年度学术团体工作，他强调市社联所属学术团体要学习领会习近平总书记系列重要讲话精神，学习研究中央重要会议和文件精神，明确自身责任，从繁荣发展本市哲学社会科学的大局出发，站在强化学术团体功能、夯实学术团体未来发展基础的高度，进一步统一思想，形成合力，切实加大工作力度，使社科类学术团体各展所长、健康发展。具体要做好以下几个方面的工作：

1. 正确把握政治导向

各学术团体要着力用马克思主义中国化最新理论成果武装头脑，把学习研究宣传贯彻习近平总书记系列重要讲话精神引向深入，牢牢掌握意识形态领域的领导权主动权，要在推动社科理论队伍建设取得新进展、推动社科理论工作迈上新台阶中发挥自身的独特作用，不断丰富和完善中国特色社会主义话语体系，推进社会主义核心价值观学习教育实践具体化系统化，更好地发挥认识世界、传承文明、创新理论、咨政育人、服务社会的重要功能。学术团体在开展学术活动、形成学术成果、出版各类书刊中，要保持清醒的头脑和坚定的立场，确保正确的政治方向和舆论导向。学术团体党工组要充分发挥在领导班子中的政治核心作用、在学术活动中的政治导向作用，保证社科类学术团体始终坚持正确的政治方向。

市社联也将围绕党的十八届三中、四中全会精神，围绕习近平总书记关于"四个全面"的重要论述，组织学会开展系列学习贯彻和研讨活动，面向学会组织开展"全面深化改革、全面推进依法治国"和"创新驱动发展、经济转型升级"的理论课题研究项目申报，申报课题经评审获得立项后，社联将给以合作经费。市社联还将通过召开党建工作会议，进一步探索学术团体党工组的工作机制，保证社科类学术团体始终坚持正确的政治方向。

2. 坚持培育学术功能

2015 年，各学术团体要进一步培育自己的学术功能，推进哲学社会科学的创新发展。要加强对中国特色社会主义发展道路、理论体系、基本制度的研究，加强对上海"四个中心""四个率先"建设、对加快建设具有全球影响力的科技创新中心、城市安全、社会建设和管理、党的建设、国际文化大都市建设等重大课题的研究，加强对上海创新驱动发展的研究，进一步提升理论成果的说服力。紧扣重大社科专题，紧扣重大时间节点，加强基础学科研究，深化多学科综合研究，培育新的学术领域和学科增长点，推动学科体系、学术话语体系、学术观点和科研方法创新。应用学科学会要积极开展决策咨询服务。各学术团体要利用自身优势，充分发挥整合协调功能，汇集分布在不同高校、党政机关，企事业单位从事本学科或相关研究领域的专家学者，最大限度发挥整体效应，围绕学科建设的理论与实践课题，开展基础理论研究和应用理论研究，对重点、难点问题组织课题攻关，提高社会科学服务社会的能力，提升上海哲学社会科学研究的水平。

市社联将围绕党的十八届三中、四中全会和上海发展实际，积极动员学会深入开展对策研究，为上海"创新驱动发展"、为建设具有全球影响力的科技创新中心出谋划策。召开学会研究成果交流会议，推动学会开展课题研究、决策咨询研究。组织学会围绕重大主题、重大纪念活动开展学术研讨，以活动为载体，提升学会的学术能力。通过"基础学科""社科热点一月一会""学会学术活动特别资助"等合作平台以及通过举办第九届学会学术活动月，进一步鼓励、支持各学术团体开展多种类型的理论研究和理论创新。市社联今年还要继续推动和引导学会开展联合学术研讨活动，对学会举办的重要的跨地区、全国性或国际学术活动，以及相关学会联合举办的重要跨学科学术活动给予支持，使本市优势学科、重点学科、新兴学科的有关学术团体在学科建设方面发挥整合、引领作用。市社联还将进一步及时发布学会动态与活动情报，推动学术团体学术成果扩大影响，努力实现成果转化。

3. 有效促进规范发展

学术团体自身建设，是学术团体各项工作的基础和保证。各学术团体要按照中央精神和有关法规依法治会、治院所，按章办会、办院所，按照学会和民办社科机构的宗旨和业务范围开展各项活动，实现自主活动、自我发展、自律管理。学术团体领导班子要树立做好学术团体工作的自觉性，增强做好学术团体工作的使命感，提高做好学术团体工作的责任心，以高度负责的精神做好学术团体工作。要建立行之有效的内部管理结构、运行机制和自律管理模式，形成重大事项民主决策的机制。在做好规范退（离）休领导干部社会团体兼职的同时，要保持学会正常工作开展，领导班子调整补充条件成熟的学会要及时择机换届。

2015 年，市社联将继续加强对于学会的规范化建设。通过开展三年一度的“优秀学会”“优秀学会工作者”“优秀民办社科研究机构”“学会特色活动奖”和“学会品牌活动奖”的申报、评选，以及召开第九次哲学社会科学学术团体工作会议，推动本市社会科学学术社团的培育和建设，为学会规范运作提供示范效应。通过修改、完善《上海市社会科学类学术社团章程示范文本》和《学会工作制度汇编》，进一步推动学会加强内部制度建设，为学会规范运作夯实制度基础。通过召开学术团体负责人会议、学术团体党工组负责人会议，传达上级和社联有关精神。通过开展“年检年报”“达标创优”活动、完善对所属学会与民办社科机构的审计监督等工作，为学会规范运作提供机制保障。通过举办学会工作专题培训班，提高学会负责人及专职干部对学会工作的责任感、事业心以及工作水平，为学会规范运作营造良好氛围。市社联还将开展基础学科学会和应用学科学会的建设调研与交流活动、民办社科研究机构专题会议，以及组织相关学科学会工作例会等，进一步做好新形势下的学术团体管理与服务工作。

4. 着力培养青年人才

社科类学术团体汇聚了大量老、中、青专家学者，是培养优秀人才的重要基地。2014 年，各学术团体共举办各类青年学者学术活动近百次，对于青年学者的培养起到很好的推动作用。在各学会积极开展各类青年学者学术活动的基础上，去年着力组织了 2 场跨学会青年学者学术活动，分别是上海市世界史学会、上海欧洲学会、上海市俄罗斯东欧中亚学会围绕“转型中的世界：大国关系与国际格局的演进”开展的跨学会青年学者学术研讨会，市老年学会、市法治研究会、市人口学学会、市劳动和社会保障学会、市卫生经济学会开展的跨学会青年学者论坛，探讨上海养老保障和健康看护问题。今年继续要把青年人才的培育和发展，作为学会工作的重要任务，促进青年人才的全面发展。要在青年人才培养开发、评价发现等方面形成更加科学、更具活力的机制，使学会成为发现青年人才、吸引青年人才、培育青年人才、成就青年人才的重要学术组织。

市社联今年继续引导、支持各学术团体加强青年学术骨干队伍的培养和建设，鼓励举办青年学者论坛活动，设立“学会青年学者活动”专项合作，鼓励学会开展优质的青年学术活动。市社联还将着力倡导开展跨学会的青年学者活动，加强不同学科青年人才的交流互动，以鼓舞青年人才的积极性，提高学会对于青年人才的凝聚力和向心力，使学会活动生气勃勃，学会发展后继有人。

上海市第九次哲学社会科学学术团体工作会议暨市社联第九届学会学术活动月开幕式隆重召开

10 月 21 日，上海市社联召开上海市第九次哲学社会科学学术团体工作会议暨市社联第九届学会学术活动月开幕式。会议表彰了 2012—2014 年度上海市优秀社会科学学会、上海市优秀民办社科研究机构、上海市优秀社会科学学会工作者以及获得“上海市优秀社会科学学会特色活动奖”“上海市优秀社会科学学会品牌活动奖”的学会。会议还表彰了获得市社联“学习习近平总书记系列重要讲话精神与推进‘四个全面’主题征文活动”优秀组织奖的学会。会议在总结过去三年本市哲学社会科学学术团体培育管理的成绩和经验的基础上，对今后三年的学术团体工作进行了部署。市社联所属学术团体代表近 300 人出席。市社联主席秦绍德致学术活动月开幕辞，市社联党组书记、专职副主席沈国明作工作报告，市社联专职副主席刘世军主持会议。

秦绍德在致辞中指出，当今世界正处在大发展大变革大调整时期，各种思想文化交流交融交锋更加频繁。协调推进“四个全面”，实现中华民族伟大复兴的实践进程为中国哲学社会科学的发展提供了前所未有的机遇。不断推进实践基础上的理论创新，回答时代提出的问题，建设具有中国特色、中国风格、中国气派的哲学社会科学，既是社科工作者的基本任务，也是社科工作者展现自身才能、实现自我价值的客观要求。“学会学术活动月”系列活动迄今为止已开展九届，市社联所属各学会在活动月期间共组织了各类学术活动千余场。这其中既有基础理论探讨，又有关于我国和上海在深化改革过程中遇到的重要理论问题和实践问题的研究，为学科发展作出了学术团体应有的贡献，也为党和政府的决策发挥了智囊团作用。“学会学术活动月”系列活动参与度越来越高，学术活动的形式不断丰富，已经成为上海市社联的品牌学术交流活动。

沈国明回顾了过去三年本市哲学社会科学学术团体工作。三年来，市社联高度重视学术团体工作，把社团培育和发展放在重要位置，以各项制度化工作为有效抓手，充分体现学术团体管理工作的规律性、实效性，积极促进各类学术团体健康发展，取得了明显的成效。通过加强学术团体党工组的建设，把握学术团体的政治方向，加强规范管理，并通过树立典型，发挥示范效应，整体推动学术团体工作；通过精心培育、着力引导学术团体在学术活动、跨学科交流、社科普及、智力服务等方面开展工作，促进学术团体坚持学术立会，推动学会功能发挥；通过策划、搭建资深学者活动、交流的平台，鼓励和支持资深学者运用学术积累、工作阅历、人生感悟，继续在学术团体的学术功能培育和自身建设中发挥作用；通过搭建各种平台，发现、培养青年人才，并形成学会的生命力来自青年人才的不断涌现的共识。

沈国明还对本市哲学社会科学学术团体工作提出四点希望。

一是深入学习贯彻习近平总书记系列重要讲话精神，把握政治方向，凝聚思想共识。各学术团体要把深入学习贯彻习近平总书记系列重要讲话精神作为工作重点，开展各类形式的学术活动，把讲话精神学习好、领会好、阐释好、运用好。要在学习上先行一步，在认识上深入一层，更好地指导学术研究、决策咨询、服务社会。特别是面对思想意识形态领域的复杂形势，要进一步加强思想理论领域问题的分析研判，以正确的立场、鲜明的观点、坚定的态度，对错误思潮进行深入辨析和有力批驳，帮助人们划清是非界限，澄清模糊认识，自觉抵制错误思潮的侵蚀，坚定不移地走中国特色社会主义道路。要增强对党建工作重要性和紧迫性的认识，夯实党建工作的思想基础。充分发挥党工组在学术团体领导班子中的政治核心作用、在学术活动中的政治导向作用，保证社科类学术团体始终坚持正确的政治方向。各学术团体的党工组及其成员，要从全局和战略的高度，深刻认识全面深化改革背景下社科类学术团体工作的重要意义，自觉增强责任感和使命感，从实际出发积极探索党建工作的途径和方式，积极参与学术团体重大决策，使党的建设渗透到学术团体的核心工作中去，切实把党工组的作用发挥好，把学术团体建设好。

二是深化关系全局的重大现实问题研究，推动理论创新，服务中心工作，为政府科学决策发挥“智囊团”作用。各学术团体要深入推进理论武装工作，不断巩固马克思主义在意识形态领域的指导地位；要加强对中国特色社会主义发展道路、理论体系、基本制度的研究，加强对上海“四个中心”“四个率先”建设、对加快建设具有全球影响力的科技创新中心、加强和创新社会治理、城市安全、党的建设、国际文化大都市建设等重大课题的研究，加强对上海创新驱动发展的研究，进一步提升理论成果的说服力，推出一批有重大影响的成果。进一步推动文化建设与经济建设、政治建设、社会建设以及生态文明建设协调发展，为继续解放思想、全面深化改革、推动科学发展提供坚强思想保证、强大精神动力、有力舆论支持、良好文化条件。民办社科研究机构要在坚持正确的政治方向和公益性质的前提下，聚集和培养一支具有较高水平、结构合理、相对稳定的专家队伍，立足区域经济发展实际，立足民办社科研究机构发展实际，根据自身优势，凝练研究方向，找准研究切入点，开展富有鲜明机构特色和区域特色的社科研究，为经济社会发展出力献策。

三是充分发挥桥梁纽带作用，推动跨学科交流，推进学科建设。各学术团体要充分发挥学科内整合协调功能，引导、协调、汇集同一学科或相关研究领域的专家学者，围绕学科建设或理论与实践课题，开展基础理论研究和应用理论研究，最大限度地发挥整体效应，出成果，出人才，避免低水平重复研究。要加强对课题研究的组织评估，集中力量，对重点、难点问题组织课题攻关，不断提高社会科学资源的效率，提升社会科学研究的水平。要充分发挥人员荟萃的学术优势，加强基础学科研究，深化多学科综合研究，培育新的学术领域和学科增长点，推动学科体系、学术话语体系、学术观点和科研方法创新。要围绕本学科热点、焦点、难点以及前沿问题开展研讨，举办对于学科现状的分析、评估活动，提升本学科在国内同类学科中的地位和影响。要适应社会需要，重点加强具有全国比较优势和上海特色的哲学社会科学学科建设。可根据各自特点，既有针对性又有开放性地组织跨学科交流、研讨，拓展研究的理论视野、丰富研究途径，既有利于形成新的学术观点和流派，也为学术研究和对策研究注入新的活力。要努力使学术团体站在社会科学学科建设的最前沿，进一步促进本市哲学社会科学学科建设发展。

四是坚持健康规范发展之路，完善自身建设，加强梯队建设。学术团体要贯彻落实中央召开的党的群团工作会议和《关于加强和改进党的群团工作的意见》的精神要求，加强和改进党的群团工作，遵循"六个坚持"和"三个统一"，以保持和增强政治性、先进性和群众性，深化自身改革，切实发挥自身作用。要认真贯彻落实有关社团管理的法律、法规及相关的规定、办法，依法治会，按章办会，按照团体的宗旨和业务范围开展活动，建立行之有效的团体内部治理结构，形成重大事项民主决策的机制。要结合年报制度、达标考核制度，客观全面评价学术团体的活动情况、工作水平、发展能力，不断推动学术团体工作走向科学化、制度化、规范化，促进学术团体健康发展。要努力探索学术团体工作机制，建立和完善适合学会自身发展的工作机制、管理机制和激励机制。根据自身的学科特点和特色，确定好学术团体的发展方向，抓住学术团体工作的特点，制定好当前一个时期的工作目标。学术团体的持续健康发展，离不开社会科学队伍建设。要注意老、中、青各年龄层人才的不同特点，工作要有针对性。对待不同年龄层的人才，要设计多样化的活动平台，针对他们的不同需求开展工作。要重视对学术团体后备人才的培养，加强学术团体领导班子建设，选配一批政治思想觉悟高、业务水平过硬、工作能力强，热心公益事业，具有开拓性、进取性的中青年同志进入学会领导层，为学术团体持续健康的发展提供组织保证。要重视对优秀科研人才的培养，力求造就在国内、国际有较大影响的学术带头人。各学术团体要跟踪掌握学术研究成果，了解学术尖子人才，把那些在全市乃至在全国有影响的中青年理论人才吸收到学术团体中来，对中青年骨干要进行重点选拔、重点扶持，努力营造尊重特长、鼓励创新、信任理解的良好学术环境。

沈国明还指出，在今后三年的工作中，社联将继续以思想作风能力建设为抓手，自觉贯彻"三严三实"，深入推进学习型、服务型机关建设，团结广大社科工作者，积极做好凝心聚力工作，不断推出具有时代特征、上海特点、社联特色的项目和活动，为广大社科工作者施展才华提供有利条件和广阔舞台，营造民主、和谐的学术环境，努力成为"社科工作者之家"。

会上，优秀学会代表、上海市经济学会会长周振华介绍了该会如何发挥学会功能，服务学术和经济发展的工作经验；优秀民办社科研究机构代表、上海易居房地产研究院院长张永岳介绍了如何努力建设中国房地产民间专业智库的工作经验；学会品牌活动奖的学会代表、上海市日本学会常务副会长兼秘书长陈永明介绍了如何通过汇集海派同人，达成共识合力，举办"新年研讨会"的工作经验。

学会学术交流

XUE HUI XUE SHU JIAO LIU

语言、教育、文化、新闻

上海市世界语中心暨上海师范大学外国语学院世界语特藏室揭牌仪式今天举行

4月17日,上海市世界语中心暨上海师范大学外国语学院特藏室揭牌仪式举行。

揭牌仪式由上海师范大学外国语学院院长李照国主持。上海师范大学院党委书记、中国跨文化交际研究会上海分会会长陆建非,上海师范大学国际交流处处长武成,上海市世界语协会会长汪敏豪,国际世界语学会主席马克·费德思(Mark Fettes)先生,上海市社联学会管理处处长王克梅分别致辞。来自上海师范大学外国学院的师生和《解放日报》等沪上媒体也参加了本次揭牌仪式。

上海市世界语中心暨上海师范大学外国语学院特藏室,由上海市世界语协会与上海师范大学外国语学院共同组建。上海市世界语协会将原来保存的世界语图书等资料,移交由上海师范大学外国语学院永久保存。学院提供专用办公室,供工作使用并用以保存世界语资料。中心和特藏室的工作由双方共同协商决定。双方将充分利用搭建的世界语中心平台,发挥各自优势,合作开展世界语宣传普及、教学培训、语言研究及国内外世界语学术交流活动。

中心和特藏室的成立将有助于上海世界语运动的开展,特别有利于培养青年世界语人才,可为解决协会会员年龄老化、队伍青黄不接提供有效途径。

国际世界语协会主席受邀访问上海市社联

4 月 17 日，国际世界语协会主席马克・费德思(Mark Fettes)先生应上海市世界语协会邀请访问上海市社联。市社联党组书记、专职副主席沈国明，市社联办公室主任吴伟余在市社联会见了马克・费德思先生。上海市世界语协会会长汪敏豪、副会长周天豪出席见面会。

沈国明书记介绍了上海市社联的基本情况。他认为，柴门霍夫先生发明世界语，是希望消除人与人之间因为语言隔阂而产生的误解。学习世界语，推广世界语，有助于各国人民相互了解和友好相处。希望马克・费德思先生经常访问上海，与上海的世界语者多加交流。上海市社联将一如既往支持上海市世界语协会开展各项学术活动，培养青年世界语人才，开展各种学术交流活动。

马克・费德思先生是教育学博士，现任教于加拿大温哥华西蒙・弗拉塞尔大学教育系。他 14 岁开始学习世界语，四十年来一直为推广和发展世界语而积极努力工作，2013 年被选为国际世界语协会主席。这是马克・费德思先生第一次来中国，第一次来上海。来中国之前，他通过阅读翻译成世界语的中国文学作品来了解中国的文化，对中国当代科技和经济的发展也非常感兴趣。马克・费德思先生这次访问上海，将推动和发展上海的世界语运动。

汪敏豪会长完成了见面会的世界语翻译工作。他认为，世界语是一门重要的国际辅助语，不仅便于国际交流，也能为经济和社会的发展服务。2006 年，上海曾举行过主题为"用世界语为铁路服务"的第 58 届国际铁路员工世界语大会。今天中国高铁取得的成就举世瞩目，"一带一路"建设为高铁走出去提供了良好的契机，世界语能为中国高铁走出去发挥不可替代的作用。

“上海市比较文学研究会成立三十周年暨庆祝《中国比较文学》创刊百期”学术研讨会召开

5月9日，“学术期刊、社团与比较文学的未来——上海市比较文学研究会成立三十周年暨庆祝《中国比较文学》创刊百期”学术研讨会在上海外国语大学举行。本次研讨会由上海市比较文学研究会、《中国比较文学》编辑部和上海外国语大学文学院研究院联合举办。

开幕式由上海市比较文学研究会会长宋炳辉主持。中国比较文学研究会会长曹顺庆，上海外国语大学副校长杨力，市社联学会管理处处长王克梅，上海外国语大学文学研究院院长郑体武，《中国比较文学》主编、市比较文学研究会名誉会长谢天振等分别致辞。

研讨会第一场由刘耘华、周乐诗主持。孟华、张汉良、陈惇、廖鸿钧、曹顺庆等分别作了关于法国《比较文学杂志》的启示、台湾比较文学期刊与社团、比较文学的人类学转向、回顾《中国比较文学》的发起和创刊、比较诗学研究的新路径等主题的交流发言。

研讨会第二场由陈晓兰、查明建主持。王宁、张辉、张冰、陈建华、周锡山、戴从容、王柏华和范劲等分别作了关于人文社会科学期刊的国际化战略、编辑《比较文学和世界文学学术文库》的几点感想、经典传播中的比较文学空间、《中国比较文学》初创期的点滴往事、诺贝尔文学奖与比较文学、近三年上海比较文学发展情况概述、从《文学的世界共和国》看比较文学的发展、比较文学和世界治理等主题的交流发言。

研讨会第三场由张辉、宋炳辉主持。叶舒宪、陈跃红、陈晓兰、季进、卫茂平、查明建和孙晶分别作了关于文学人类学社团30年、学科整合与方法分梳、跨国旅行写作与比较文学形象学研究、海外中国文学的比较文学意义、翻译理论与实践的几点思考、当代国际比较文学的问题意识危机意识与学术意义、学术出版的新挑战与新动向等主题的交流发言。

第四届上海“文化资源保护与利用”研讨会召开

8 月 16 日，上海市民俗文化学会、上海炎黄文化研究会、上海社科院历史研究所《上海学》编辑部联合举办第四届上海“文化资源保护与利用”研讨会。本届研讨会以“‘上海务’与上海名称的历史追溯”为主题，着重探讨上海城市千年形成与发展过程中的文化内涵，以及城市人口的流动、上海城市精神对于上海市民人格观念的塑造和文化品格的现代传承。

上海市民俗文化学会会长、华东师范大学教授仲富兰在研讨会上做主旨发言。仲富兰教授认为，上海当代城市文明是历经数千年逐步演变、逐步积淀升华的结果。根据当代考古发掘的最新成果，上海地区陆续经历了崧泽文化、良渚文化（广富林文化）和马桥文化等不同时期。上海的先民开创了上海灿烂的古文化，也开创了上海的历史。仲富兰教授考证了“上海”这一地名的历史沿革和空间范围，认为唐宋至近代开埠以前，上海地区的工商业文明就有了一定程度的发展。

与会历史学者、民俗宗教学者围绕本次研讨会的主题，还就“古代上海社会聚落的考察与研究”“关于吴淞江与‘上海浦’的历史形成”“上海村落、城镇、城市民俗的比较研究”“街道文化记忆”等话题进行了充分的讨论和争鸣。

“辞书数字化现状与展望”学术研讨会召开

8月24日，由上海辞书学会、中国辞书学会辞书编纂现代化专业委员会主办，上海外语教育出版社承办的“辞书数字化现状与展望”研讨会在上海外语教育出版社举行。上海市辞书学会副会长、上海外语教育出版社社长庄智象、中国辞书学会副秘书长王慧敏、中国辞书学会辞书编纂现代化专业委员会主任孙宏达以及相关单位约50位会员及学者参加了本次会议，10位专家学者以“辞书数字化的新进展及其问题”“大型工具书数字编纂平台的建设”“关于数字化辞书的盈利模式探讨”等为题做专题报告，并与参会者进行了深入的探讨。

上海市新闻出版局数字出版处处长丁晓玲以“数字出版的观察、实践和思考”为题，介绍了美国数字化发展的三个阶段，我们在发展国内数字出版的同时也要认清国外数字出版已远远走在我们之前的现状。丁晓玲处长着重介绍了上海数字出版的实际情况，如建立了数字出版基地、连续召开推进数字出版联席会议等。丁晓玲处长认为不管是图书还是其他数字出版，内容是关键，要做深做厚。要充分利用数字技术，放大数字内涵，为读者提供增值服务。

商务印书馆数字出版中心主任孙述学做了题为“如何面对互联网＋加号后的留白——以商务印书馆的数字出版为例”的报告。孙述学主任详细介绍了商务印书馆语料库的构成和建设情况、语料库的特点和编纂编辑系统的特点。充分显示了商务印书馆在数字出版领域已经取得的成果。他认为数字出版要去掉中间环节，直接面向读者，面向客户，面向用户。技术，仍然为内容服务，但这次站在了变革舞台的中央。

上海外语教育出版社辞书事业部主任张春明以“外教社辞书数字出版的‘四化’探索”为题，介绍了上海外语教育社在“编纂手段数字化、辞书内容数字化、辞书产品数字化、辞书营销数字化”四个方面工作已取得的成果。并根据外教社的发展规划和社情特点，认为其今后发展重点为：“依托外语教育网络，丰富外语教学资源，提升外语教育服务的附加值；以辞书数字产品研发带动辞书数字出版基础建设。”

北大方正电子有限公司数字出版与教育业务部产品部总经理付洪韬以“工具书出版数字化转型之路”为题展开讨论，从“行业发展趋势分析”“大型工具书类协同编纂平台”“运营展望”“核心技术”四个板块探讨了工具书出版数字化的转型之路，并特别介绍了大不列颠百科全书网络版的优势和特点，认为其是从纸质版向数字化转型成功的案例。

上海明数数字出版科技有限公司范剑森以“移动互联网时代下的辞书数字出版产业变化”为题，从“时代环境的变化”“纸质在下降（趋势）”“数字化在发展（趋势）”“未来看好的方向”“产业化程度”“数字出版的产品和技术”“市场营销”等方面分析了辞书数字化出版产业的变化和已取得的成绩。

复旦大学教授、《英汉大辞典》(第三版)主编朱绩崧认为辞书作为工具书,其商业性是尤为重要的,要调研市场,重视市场营销,要客户驱动。这个时代需要便捷,更重视便捷。辞书业要进行大刀阔斧的改革。

此外,上海辞书出版社副总编辑童力军、张国强,同方知网产业集团张亚斌、上海教育出版社副总编辑袁彬也分别以“以《辞海》为核心的汉语工具书在线平台”“基于互联网词库的再实验”“数字化、互联网和自动化——关于辞书出版数字化转型的一点思考”等为题做了报告。

会议最后由上海辞书学会副会长、上海教育出版社社长庄智象总结发言。他认为获取辞书发展,尤其是辞书数字化发展的现状、趋势的信息,有利于出版社的发展,希望今后能就数字出版的具体问题做专题讨论。

上海影视戏剧理论研究会等单位联合举办中国微电影发展学术研讨会

10 月 18 日，由上海影视戏剧理论研究会、中国电影评论学会微电影研究会、中国长三角高校影视戏剧学会微电影专业委员会、上海电影评论学会、安徽省影视评论学会联合举办的“中国微电影发展学术研讨会”在上海交通大学举行。中国电影评论学会会长章柏青、文汇报党委副书记谢海光、市委宣传部理论处处长季桂保、复旦大学教授周斌、上海交通大学教授李建强等国内 50 多位专家学者汇聚一堂，围绕中国微电影的发展现状与发展态势、中国微电影创作取得的经验、中国微电影创作存在的问题、中国微电影创作理论批评的状态及其存在的问题、中外微电影创作的比较研究等问题，开展热烈讨论。专家学者们畅所欲言、各抒己见。

大家认为，2010 年以来，短短 5 年时间，我国微电影的发展可谓异军突起，很快赢得了自己的生存空间和发展天地，成为亿万民众（网民）共同关注的一道文化景观。但客观地说，除偶有佳作之外，绝大多数微电影质量平平、乏善可陈。造成这种“一高一低”“一多一少”的原因，除开其他缘由，是与我们对微电影缺少认真细致精准到位的研究联系在一起的。目前的研究大都停留在对具体作品的介绍，或对现象的梳理层面，对于微电影更为本质的美学风格、文化表征、叙事模式、形象创造、生产方式、传播机制以及评价体制等则少有触及。今后应该自觉加强这方面的研究和理论建设，尤其应当重视理论与实践的结合，以求扎扎实实推进微电影创作和产业的发展进步。

上海市教师学研究会举办“上海市中青年语文教师论坛”

10 月 29 日，第十一届“上海市中青年语文教师论坛”在上海市天山中学隆重举行。论坛由上海市教师学研究会青年语文教师专业委员会主办，上海市长宁区语文学科中心、上海市天山中学承办。

本次论坛以“深化课改背景下的教学设计与实施”为主题，探讨“新课改”所提出的理念的内涵、探讨教学设计的方向与路径、探讨教学实施的策略以及探索青年教师专业发展与成长的关键因素与启示等问题。

上海市教师学研究会名誉会长于漪、市教委教研室副主任谭轶斌、市教师学研究会副会长俞玲萍、副秘书长孙宗良、长宁区教育学院院长陈晞等作为特邀嘉宾出席论坛。长宁区教育局局长姚期和市教委教研室初中语文教研员曹刚分别致辞。淞谊中学谢穹、上海中学樊新强、延安中学白丽、市三女中杨黎兰、延安初中张仁等五位教师分别作论坛发言。论坛由徐汇区中学语文教研员陈妍主持，厦门集美大学的代表教师、青语会会员及各区县青年骨干教师共 200 余人参与论坛。

发言的五位教师围绕“深化课改背景下的教学设计与实施”这一主题，从阅读教学、写作教学，基础课程、拓展课程等多个视角与教师们进行探讨交流。谢穹以“知人论世”“以意逆志”为切入点，探讨了文言文的学习策略。樊新强以茨威格的《世间最美的坟墓》为例，探讨了课堂教学中的“问题设计”。白丽介绍了如何在作文教学中“引导学生构建合适的思维支架”。杨黎兰结合学校教育戏剧教研组的多年实践，探讨了“教育戏剧”作为发展学生语言能力的可能性；张仁着眼于中学生课外阅读，分享了学校“语文阅读领航课程”的经验成果。

在专家点评中，陈晞院长认为新课改背景下教师要培养学生的学科素养，而语文学科就是要培养学生“自由表达自己思想的能力”。谭轶斌强调多年来青语论坛都是一个倡导反思的论坛。新课改背景下，我们更需要打破教学惯习，而打破何种惯习、如何打破惯习，是我们当下需要思考的问题。于漪老师指出，教师要有能促进“人的发展”的课程，五位教师的发言正是具体阐释了如何促进“人的发展”，也充分体现出他们“扎实的学识”和对学生的“仁爱之心”。同时，教师自己要有教育判断力和文化判断力。因此，广大教师要下点苦功多读书，读经典、读磨脑子的书。

第十三届上海高校比较文学博士生论坛在复旦大学举行

11月14日，第十三届上海高校比较文学博士生论坛在复旦大学举行。本次论坛由上海市比较文学研究会和复旦大学中文系联合举办。市比较文学研究会会长宋炳辉到会致辞。大会举行了“上海市比较文学研究会首届优秀研究生论文评选”颁奖典礼。本次论坛分为五个小组进行研讨。

第一组主题是异域想象。胡闵苏、袁晓军、安然分别作了题为“晚清小说中的波兰亡国书写”“马修·阿诺德的正面媒体形象”和“晚清小说叙事中的‘西方’”的专题发言。洪韶翎、公维军和刘现合分别对上述发言作点评。

第二组主题是跨媒介研究。李如恩、胡慧如何石维娜分别作了题为“家·彼岸：香港与台湾纪录片比较研究”“初探李元佳的观念艺术及其与1960—1970年代国际艺术的互动关系”和“从语言艺术到视觉艺术——罗曼·波兰斯基的电影对《麦克白》的图像演绎”的主题发言。胡闵苏、袁晓军和李如恩分别对上述发言作评。

第三组主题是民族与世界。李佳、公维军和洪韶翎分别作了题为“打开阈限空间——保罗·穆尔丹诗歌中的身份和语言问题”“文学人类学知识考古范式的建构和实践”和“何以名之——论吕赫若战后四篇汉文小说的殖民地意识形态”的专题发言。胡继成、何建伟和李佳分别对上述发言作点评。

第四组主题是中西对话。何建伟、胡继成和张恒分别作了题为“约翰·克利斯朵夫与满涛和傅雷”“论叔本华的中国文化观”和“1899年前英语文本中大连地区‘鞑靼’称谓考述”的专题发言。张恒、石维娜和胡慧如分别对上述发言作点评。

第五组主题是翻译研究。刘现合和林嘉新分别作了题为“英国伦敦会传教士艾约瑟翻译思想和中西文化交流研究”和“从世界文学角度重读《骆驼祥子》的两个译本”的专题发言。林嘉新和安然分别对上述发言进行了点评。

市比较文学研究会副会长、复旦大学教授杨乃乔作会议总结。来自本市各高校、苏州大学和辅仁大学的学者、研究生100多人参加了本次研讨会。

哲学、史学

上海市儒学研究会召开成立大会

5 月 10 日,上海市儒学研究会召开成立大会。国际儒学联合会代表、著名学者、清华大学国学院院长陈来与会并作“儒学与当代中国”主题报告。上海市社联党组书记、专职副主席沈国明出席大会并致辞。

上海市儒学研究会是由研究儒学文化、阐扬中华传统文化为目的的单位与个人自愿组成的学术性社会团体。研究会址设于嘉定孔庙。

在成立大会上,与会代表通过了上海市儒学研究会章程,并以无记名投票的方式选举产生第一届理事会。在第一届理事会第一次全体会议上,选举产生上海市儒学研究会领导人。会长:朱杰人,常务副会长:刘永翔,副会长:徐洪兴、李天纲、曾亦、虞万里,秘书长:李耐儒。

在成立大会上,首任会长朱杰人教授公布了上海市儒学研究会 2015—2017 年度工作计划。上海市儒学研究会是一个开放的学术团体,大会倡议“尊崇孔子及儒家经典,认同儒家核心价值,致力于儒学在当代中国复兴”的社会贤达团结起来,为中华民族的伟大复兴尽己之力。

朱杰人表示,成立儒学研究会主要目的在于整合上海各高校、研究机构与其他社会组织的儒学研究者,共同为深入研究与弘扬优秀的中华传统文化贡献力量,同时也通过努力,让普通民众能分辨传统文化传播中的良莠,使中华传统文化真正的精神与思想深入人心。

上海市儒学研究会成立以后,将定期邀请优秀的学者进行儒学讲座,开设经典读书会。下一步将会拓展在公共文化空间的传播,比如与上海市和各区县图书馆、博物馆合作,举办系列讲座。同时,每季度展开一次儒学会讲,结合当代中国的现实与社会热点问题来传递儒家思想的声音。

“上海抗日战争史丛书”出版座谈会暨上海抗日战争史研究学术研讨会召开

9月18日上午，上海人民出版社和上海市地方史志学会、上海市文史资料研究会、上海市中共党史学会主办的“上海抗日战争史丛书”出版座谈会暨上海抗日战争史研究学术研讨会在市政协举行，市委宣传部副部长、丛书编委会主任燕爽，市新闻出版局局长徐炯，市地方志办公室党组书记、主任洪民荣，市政协文史委专职副主任王建华，市社联专职副主席刘世军和市地方史志学会会长朱敏彦，副会长徐建刚、梅森，秘书长黄晓明，以及学会理事和丛书编委、作者等近百人出席。上海人民出版社社长王兴康主持会议，并介绍了“上海抗日战争史丛书”的出版情况。

“上海抗日战争史丛书”主编、上海市地方史志学会会长朱敏彦介绍了丛书的撰写过程、本套丛书的亮点和价值。作者代表唐培吉、余子道、吴景平、齐卫平、周耀虹、徐剑雄等相继发言，分别从政治、军事、文化、经济和对外关系等方面，高度肯定上海在中国抗战乃至世界发法西斯战争中的地位和作用。

徐麟在丛书总序中指出，“上海抗战是中国抗日战争的重要组成部分，在中国抗日战争与世界反法西斯战争中，作为中国共产党的诞生地，上海这座具有反帝反封建光荣革命传统的英雄城市，发挥了独特的重要作用，作出了重大的历史性贡献”。燕爽在总结讲话中高度评价了上海在中国抗日战争中的历史地位和重要作用，指出上海既是帝国主义列强侵略中国的桥头堡，又是近代中国革命的摇篮，具有反帝反封建的光荣革命传统，上海地区的抗日战争是全民族抗战不可分割和重要的组成部分，“上海抗日战争史丛书”恰逢其时，提醒人们一定要铭记历史，“前事不忘，后事之师”。

孙中山诞辰150周年纪念活动选题研讨会在科学会堂举行

2016年是中国民主革命伟大先行者孙中山先生诞辰150周年。为做好宣传纪念活动，10月23日，上海宋庆龄研究会联合上海中山学社在科学会堂思南楼举办了“孙中山诞辰150周年纪念活动选题研讨会”。会议由上海宋庆龄研究会副会长、复旦大学历史系吴景平教授主持。各相关学术机构和出版传媒团体代表以及孙中山宋庆龄研究专家共29人参加了本次会议。与会专家从学术研究拓展、时代性解读、两岸文化交流、民众思想共识等多角度阐发了对孙中山先生诞辰纪念重要意义的理解，提出了许多关于纪念主题选择、具体活动方式等问题的宝贵建议。

上海中山学社副社长，市人大常委、民革上海市委专职副主委董波首先表示，中山学社是以研究和弘扬孙中山思想为核心工作内容的学术团体，在孙中山先生诞辰150周年之际，将责无旁贷地集社员学者之力，在明年推出一批最新研究成果。此外，立足学术服务，推动两岸关系和平稳定发展，也是中山学社在传播中山思想、隆重纪念孙中山先生诞辰活动中应当发挥出的效应。经过与会者的充分交流和讨论，本次研讨会共达成以下共识：

第一，必须通过举办高水准的学术交流研讨会来隆重纪念孙中山诞辰150周年。《解放日报》原高级编辑丁凤麟提出，上海作为孙中山生平中具有重要标志意义的城市，更应当发挥突出作用，在两岸的交流纪念活动中成为主阵地。上海文史馆副馆长沈飞德、吴景平教授等学者都强调，上海应该独立认真地举办一场以上海为中心的国际学术研讨会，并出版会议论文集。

孙中山诞辰纪念活动关涉两岸关系，是一次具有重大历史及现实意义，能够促进交流、增强理解、形成共识的良好契机。上海文史馆原馆长沈祖炜认为，对孙中山先生的纪念及对中山思想的反思与借鉴，可发展成为两岸政治文化等多领域内的共识，成为两岸民众共同的历史认识。同时大陆对中山思想更加理性客观的解读也呈现方兴未艾之势。明年的学术研讨会也能够在总结发扬中山思想研究成果上起到积极作用。上海市档案馆原副巡视员冯绍霆也认为，两岸在过去几十年中对孙中山思想进行了不同角度的阐述，也许可以尝试借助共同纪念的契机提炼出具有凝聚力的共同认识。

对于明年学术研讨会主题及分议题的构思，专家建议有几方面可以深入。一是持续挖掘史实细节。孙中山生平及典型事迹的研究虽然成果煌煌，但并没有失去继续补充的价值,近年来整理出的新史料也有待出版和利用。上海师大教授邵雍结合近期参加的中山思想研讨会经验举例说明,孙中山在美国的动员大会发言稿就是最新被发现的史料,孙中山在辛亥前具体的革命工作都有待深入细致地研究。二是将历史与现实结合,客观地评价与分析孙中山思想,尤其是理解和借鉴对今天中国特色社会主义建设具有积极借鉴意义的优秀内容。

多位学者都将孙中山思想的当代价值置于近期中国发展所面临的问题和时代议题的背景下进行探讨。譬如丁凤麟提到,孙中山有关祖国统一和国家建设的构想,孙中山严于律己的高尚道德,有关行政人员的“公仆观”,都与当今反腐倡廉社会风气的构筑相关。上海师大教授周育民建议,从中共“二大纲领”与孙中山思想的关系出发,可以对丰富现今“中国梦”理论框架进行探索。华东师大教授谢俊美也认为,孙中山先生的思想以及他对现代民主国家政治结构建设的思想已形成了宝贵体系,非常值得汲取和借鉴。近期党风廉政建设、“文化社区”理念的倡导,都可以从对这位伟大革命先行者思想的回溯中发掘当代价值。南京政治学院上海分院教授华强提出,孙中山的一些具体思想,例如建党思想,孙中山的“中国梦”,孙中山的国家意识与近代化,三民主义与孙中山的革命思想体系,孙中山的对外方针与主张,孙中山与会党关系的研究,孙中山论民族革命、政治革命与社会革命等,都可以进一步加以研究。

第二,诞辰纪念活动方式力求多角度多途径,实现普及和影响的扩大化。孙中山先生150周年的诞辰纪念活动,既可以参照以往重要周年纪念的经验,也应该借助新时期涌现的新技术手段,结合当前社会关注视角和各方力量,收获更深入人心的效果。

上海宋庆龄研究会副秘书长、上海孙中山宋庆龄文物管理委员会业务处处长黄亚平在会上介绍了上海市孙中山宋庆龄文物管理委员会明年纪念孙中山诞辰150周年系列纪念活动的工作设想,除了准备同上海中山学社合作筹办一场大型国际学术会议外,还准备与市政协外交协会联办赴毛里求斯孙中山展,并拍摄一个孙中山主题的纪录片,通过广播电视等传媒渠道大力宣传孙中山。丁凤麟和沈飞德也都建议通过画册或者纪录片的形式,再次聚焦与梳理孙中山与上海的特殊历史情缘。中福会出版社社长余岚、东方传媒纪实频道编导陈菱以及上海戏剧学院教授厉震林希望纪念活动能借助传媒业对社会各阶层实现不同的影响效果。余岚社长认为孙中山诞辰纪念出版物主题的选定,需要结合中央近些年关于社会主义文化事业建设指导思路进行。厉震林教授提出,艺术作品的主题和切入点应当在契合纪念活动的基础上,思考能对中国社会的发展产生怎样的启示和影响。陈菱主编也认为选题要有前瞻性和预见性。

社会大众,尤其是青少年对孙中山伟大业绩和卓越精神的认知,也是学者们关注的焦点。沈飞德提出大力发挥上海孙中山故居纪念馆在宣传教育方面的作用。余岚呼吁学者们和出版业推出一些适合少年儿童阅读的作品,提升孙中山在孩子们心中的影响力。陈菱强调,媒体在纪念活动中应该为打通学术成果与社会受众之间的隔阂做更多的努力。丁凤麟提议,应该充分发挥诸位孙中山研究专家的力量,明年以讲师团进学校的形式,深入青年学生中去宣传孙中山的事迹。黄亚平回顾了孙宋文管委近年来在边疆省份中小学进行宣传普及教育的活动成果,肯定了有关讲师团的建议。

第三，依托社联平台，整合学术力量，实现交流合作。吴景平教授、黄亚平主任、沈祖炜研究员等都在发言中表示，希望上海市社联在明年纪念活动的筹划与组织中，能够在各学术社团间开展沟通协调，实现学术力量和优势资源的整合，各方面支持和带领纪念活动取得最好效果。黄亚平还提出具体设想，明年学术交流研讨会可以由社联进行主办，各学会承担分论坛的任务，其他有关单位如市孙宋文管委系统的活动计划也可以纳入其中。

上海市伦理学会举行 2015 年学术年会

10 月 24 日,上海市伦理学会在上海社科院举行 2015 年学术年会。本次年会的主题是冯契的伦理思想及其现实意义。市伦理学会会长陆晓禾主持本次年会。

华东师范大学教授赵修义作了题为"冯契的学术风格和他对后学的影响"的主旨发言。他认为,从方法的角度讲,冯契先生的学术是继承金岳霖先生一脉的分析风格。从理论旨趣来说,冯契先生致力于打通中国哲学、西方哲学和马克思主义哲学,形成自己的理论体系。今年是冯契先生诞辰一百周年,我们今天开这个研讨会不仅仅是一个仪式性的纪念,而是要读他的书,研究他的思想对今天的现实意义。作为后学,要继承他的思想,更要有勇气发展他的思想,把他的理论推向前进,这也是他对后学的殷切希望。只有这样,学术才能不断地繁荣发展。

华东师范大学教授朱贻庭认为,我们今天纪念冯契先生,研究他的伦理思想,尤其要注重他的"化理论为德性"的思想。冯契先生主张坚持价值观的大众方向,必须反对权力迷信、拜金主义和虚无主义。在伦理领域,权力和金钱是巨大的腐蚀力量,但是最具破坏力的还是虚无主义,尤其鲁迅先生批判过的"做戏的虚无党"。伦理教育必须尊重人的主体性,坚持自觉自愿的原则。

复旦大学教授邓安庆、上海师范大学教授陈泽环对上述主旨发言作了评论。来自市伦理学会以及本市各高校的专家学者 60 多人参加了本次研讨会。

上海市伦理学会举办第三届青年学者论坛

10 月 24 日，上海市伦理学会在上海社科院举办第三届青年学者论坛。本届青年论坛的主题是大众创新与平民化自由人格。华东师范大学教授付长珍主持本次论坛。来自本市高校的青年教师、市伦理学会会员等 60 多人参加了本次青年论坛。与会学者围绕冯契哲学体系、知行问题、自由劳动、能动的革命的反映论、“化理论为德性”、平民化自由人格等问题展开了研讨。

上海师范大学蔡志栋认为，在关于冯契哲学思想的研究存在一些误解。“化理论为德行”是否是对德性伦理的回归？“平民化的理想人格”是否高不可攀？理性的直觉何以可能？究竟什么是智慧？他从冯契哲学本身的进路出发，对这些问题作了澄清和回应。

上海应用技术学院孔文清在阐述了冯契对知行问题的解决。他认为，冯契针对西方哲学中的割裂知行的弊端，在人性论中奖人的非理想力量纳入人的本质，在认识论中将认识与评价结合起来，在伦理学中强调自愿原则，为解决知行问题作出了深入的探索。

华东师范大学大学王成峰认为，劳动尤其是自由劳动，在冯契哲学中占有重要的地位。在他的认识论中，劳动被认为是认识的最根本的来源；在他的价值论中，劳动则决定着价值体系，“趋向自由的劳动是合理的价值体系的基础”；自由劳动也是“化理论为方法”“化理论为德性”的过程或途径。

复旦大学张奇峰认为，冯契在《中国近代哲学的革命进程》一书中总结了中国近代哲学的发展。“能动的革命的反映论”要放在古今中西的思想大格局中来具体考察，其中可能存在的矛盾和疑惑需要进一步加以研究。

华东师范大学张荣荣认为，“化理论为德性”是冯契智慧学说体系中富有个性特色的思想。这个思想立足于马克思实践唯物主义辩证法，通过中西比较和古今会通考察了德性养成及理想人格如何可能的问题。华东师范大学伍龙、杨俊铨分别作了关于“听”与“圣”的关系、“众创”时代的人格诉求的主题发言。

上海师范大学教授何云峰、华东师范大学教授余玉花对上述发言作了精彩的点评。

上海市美学学会、市伦理学会、市法学会等联合举办“文艺与法律中的性”学术研讨会

10月24日，由上海市美学学会、市伦理学会、法学会举办的“文艺与法律中的性”跨学会学术研讨会在华东政法大学人文学院隆重举行。会议由华东政法大学人文学院院长范玉吉主持，市美学学会秘书长张宝贵、市伦理学学会会长陆晓禾、市法学会研究部副主任程维分别致辞。与会学者从伦理、文艺、美学、法律等角度，围绕本次议题做了精彩发言。

市伦理学会会长陆晓禾认为，性在现实生活中有法律和伦理的规范。对文艺作品中的性表现如何规范，还缺乏自觉的意识。淫秽与色情之间的区别是什么？管制色情文艺作品的发表和传播，是否损害公民的言论自由？如何保护心智尚未成熟的少年儿童的健康成长？如何平衡色情文艺作品消费者和拒斥色情文艺者的权利？这些问题都需要加以探讨。

华东政法大学朱宏伟博士通过对郁达夫的《沉沦》《茑萝行》和《春风沉醉的晚上》等几部作品的分析，阐述了关于女性的改造、婚姻和礼教的观点。他认为，旧式礼教婚姻下夫妻情感生活的苦闷，不能相爱又不得不在一起，引发了对旧式婚姻的抗拒。经过启蒙思想的洗礼，女性提出了“我是我自己，他们谁也没有干涉我的权力”的新主张。但是，只有在获得了经济独立后，女性才真正有可能获得选择的权利。

华东政法大学陈阳博士作了题为“不可言说的言说：艺术图像中的女性身体”的发言。她认为。启蒙时代的艺术注重对人本身的表现，但是古典艺术作品图像中的女性身体往往被当做“被看”的客体。随着资本主义的兴起，商业社会广告业中的女性身体形象被当做“消费”的对象。而女性主义艺术家则借助充满战斗性的女性身体形象来表达对男权社会的抗争。能说的是身体，不能说的是欲望，在不同的历史语境和时代思潮下，女性的身体形象成为了不同思想借以表达的媒介。

市美学学会周锡山、市伦理学会潘文岚、上海文广演艺集团朱光分别作了关于文艺作品与知识产权问题、文艺作品中性的边界和现代艺术中的性与审美等主题的发言。

市伦理学会副会长余玉花教授对上述发言作学术评议。她认为，社会转型期观念的转变，互联网技术的发展，使得艺术对性的表现处于失范的状态，迫切需要法律、伦理和美学对现实的介入。

上海市新四军历史研究会等举行“新四军与上海”研讨会

为纪念中国人民抗日战争暨世界反法西斯战争胜利70周年，进一步推进新四军历史研究，由中共上海市委党史研究室、上海市新四军历史研究会与上海人民出版社联合主办的“新四军与上海”第二次学术研讨会于10月25日在上海青松城举行。上海市委常委、秘书长尹弘，北京新四军历史研究会会长、对外友协原会长陈昊苏出席会议并讲话。上海市新四军历史研究会常务副会长刘苏闽少将致欢迎词，中央党史研究室原副主任李忠杰应邀作了主旨报告。市社联专职副主席刘世军也出席了本次研讨会。

尹弘在讲话中指出，上海是一座具有光荣革命传统的城市，在抗日战争中与新四军关系特别密切，上海人民在人力、物力、财力，以及舆论宣传、文化教育、医疗卫生等方面，大力支援新四军和华中抗日根据地的斗争和发展。与此同时，新四军的发展壮大，特别是新四军主力部队东进直抵上海近郊，并创建苏南东路抗日根据地，有力支持了上海地下党和人民的抗日斗争，成为上海人民革命斗争的重要依托。到了社会主义建设和改革开放时期，当年的新四军老领导、老战士，又奋战在上海各条战线上，老军长陈毅同志担任解放后上海市首任市长，可以说新四军的老领导、老同志为上海这座城市的建设发展作出了不可磨灭的贡献！

上海人民出版社总编辑王为松介绍了《新四军与上海》第二辑的主要内容，中央党史研究室李蓉，上海市委党史研究室张文清、陈彩琴，上海市新四军历史研究会刘谦桢，上海市地方志办公室朱敏彦，南京政治学院上海分院华强，华东师范大学邬正洪、曹景文，上海师范大学邵雍、李亮等专家学者围绕中国抗战历史上，新四军与上海的深邃渊源，上海地下党和人民群众在各方面对新四军的支援，上海在新四军组建与发展过程中的地位等问题进行交流研讨。最后，上海市新四军历史研究会副会长兼学术委员会主任张云教授作了学术总结。

来自北京、上海、江苏、浙江、安徽、江西、湖北等省市党史军史研究专家和新四军老战士代表共100余人出席了研讨会。

上海市哲学学会举行冯契先生百年诞辰座谈会

今年是我国著名哲学家、上海市哲学学会原会长冯契先生百年诞辰，也是他辞世20周年。为了追思与缅怀先生的治学之道与人格风范、研究与探讨先生的哲学理论与学术思想、弘扬与传承先生的治学精神与人文情怀，上海市哲学学会于10月25日在复旦大学举行主题为“哲学：智慧与德性”的纪念座谈会。市哲学学会会长吴晓明首先致辞；陈卫平、高瑞泉、陈新汉、胡振平、高惠珠、张春美等六位专家学者先后交流发言，市哲学学会秘书长李家珉主持座谈会。本市高校、社科院、党校的专家学者等30余人参加了本次座谈会。

冯契先生作为哲学大家，主要留下了两大具有创造性的思想成果：一是以“智慧说三篇”，即《认识世界和认识自己》《逻辑思维的辩证法》《人的自由和真善美》为核心的哲学理论论著；二是以《中国古代哲学的逻辑发展》《中国近代哲学的革命进程》为代表的中国哲学研究论著。这些著述集中反映了他“哲学是哲学史的总结，哲学史是哲学的展开”的学术思想及所达到的学术高峰，不仅是上海的哲学遗产，也是当代中国哲学研究的宝贵财富。陈卫平认为冯契哲学创作的源泉在于心灵自由。这种自由做到了与回答时代课题、保持人格独立、对待马克思主义的“三个统一”，实现了在以往哲学传统中的“能入能出”，这体现在三方面的结合，即主体和对象之间的“通过”与“超过”，中西哲学传统上的“接着讲”和“比着讲”，古今哲学传统之间的“节今”和“言古”，而作为哲学训练源泉的心灵自由，则是哲学创作本身的个性化使然。胡振平指出，冯契先生在哲学原理上的贡献，最根本的就是沿着实践唯物主义辩证法前进，提出了广义认识论。把智慧包括其中，突破了传统认识论体系；提出人的自由是哲学研究的出发点和最终目的，突破了马克思主义哲学体系的传统形态，形成了通向自由之路的方法和人格培养理论，即“化理论为方法，化理论为德性”。

高瑞泉深情地回忆当年做研究生时从先生身上得到的熏染。“冯先生是一位非常有创造性的哲学家，他在‘中西马’的会通中拿出了创造性成果，这也代表了未来哲学发展的方向和路径。”“中西马”的会通不能滞于口号，而要像冯先生那样探索前行。这种会通未必是一尊。中国哲学的繁荣在于多样性，是多种多样的会通。“转识成智”不能忽略经验与生活，先生始终关注着理论世界与生活世界的联系。陈新汉对此颇有同感，他最受冯先生思想启迪的是评价论，价值界既是人化的自然，也是人道的自然化，哲学不能丢掉终极关怀。高惠珠认为，冯先生的“德性说”揭示了“理想—信念—自由人格”这条理想人格培育和养成的“必由之路”，对于当今中国全面建成小康社会是有很强的现实针对性。

吴晓明会长在总结时归纳了会议的三个特点：一是梳理了冯契先生的学术贡献与理论创造；二是缅怀先生为人治学与做事的风范；三是强调先生思想观点与当今现实的结合，进一步在哲学研究中深化“中西马”的会通。

上海市伦理学会等单位联合举办“道德科学研究与学者道德责任——纪念周原冰先生百年诞辰纪念会”

12月13日，由上海市伦理学会联合华东师大哲学系、马克思主义学院举办“道德科学研究与学者道德责任——纪念周原冰先生百年诞辰纪念会”。上海市社联党组书记、专职副主席沈国明，中国伦理学会会长、清华大学人文学院院长万俊人，中国伦理学会前副会长、湖南师范大学资深教授唐凯麟，《道德与文明》主编杨义芹，中国人民大学教育部伦理学研究基地主任葛晨虹，华师大党委书记童世骏以及周原冰先生的亲属和学生，哲学系、马克思主义学院、政治学系师生代表近一百五十人参加了此次纪念活动。会议分为纪念大会和学术研讨会。

纪念大会由华师大哲学系系主任郁振华主持。郁振华代表活动的主办方，向与会的专家学者、周原冰先生的亲属表示热烈的欢迎和由衷的感谢。他表示，纪念前辈学人的其人其学，是为了激励后学在前行的路上收获自信，更好地理解和运用传统，让传统成为解决当下问题的资源。纪念大会播放了周原冰先生的生平短片。短片生动再现了这位伦理学界前辈充满荆棘的学术生涯，凸显了周先生探索真理的热忱之情和坚持真理的勇毅之志。华师大马克思主义学院院长解超在致辞中讲述了周原冰先生的学术历程，高度评价了先生的学术成就。他表示，周先生组建了华东师大伦理学教研室，为华东师大伦理学研究和发展奠定了基础，作为后辈学人，理应继承和弘扬好优良传统，为学科的发展贡献力量。唐凯麟在发言中表达了对周原冰先生崇高的敬意。他认为，周先生得到了学界的广泛认同，纪念周原冰先生对高举中国特色社会主义伟大旗帜、深入学习贯彻党的十八届五中全会精神，增强理论自信、道路自信和制度自信有着重要作用。万俊人回忆了他与周先生交往的故事以及周先生与自己的导师周辅成先生之间的一些轶事。他认为，周原冰先生提出的“学伦理学的人首先要有道德”的论断，应该成为每一个伦理学学者自我要求的标准。杨义芹回忆了周原冰先生和罗国杰、李奇等先生创建中国伦理学会和《道德与文明》杂志的前身——《伦理学与精神文明》创办历程。她指出，《道德与文明》的诞生和发展离不开先辈们高瞻远瞩的睿智和支持，伦理学后辈一定会把前辈开创的事业发扬光大。周原冰先生之子周关东对纪念会的召开表示感谢，并通过几件往事的讲述，为大家再现了一位坚持理论来自实际、服务实际、指导实际的学者；一位身处动乱年代不顾自己的戴“罪”之身，对其子进行政治启蒙、思想启蒙、理论启蒙和道德启蒙教育的慈父；一位秉持正确的政治理想、政治信仰、政治追求和政治人格的坚定的马克思主义者。

沈国明代表上海市社联向主办方表示感谢。周原冰先生是上海市社联主办的《学术月刊》的创刊人，沈国明深情回忆了与先生在师大几次难忘的会面，并对周先生的一生给予了高度评价和崇高敬意。

纪念大会结束后，上海市伦理学会会长陆晓禾主持了学术研讨会。

华师大哲学系包连宗回忆了周原冰先生在教学、生活中的一些细节和片段，表达了对恩师和老领导的深切怀念之情。华师大哲学系朱贻庭回忆了他在周原冰先生指导下与先生共事的时光。在他看来，周先生是一位学术与德性相一致的真诚的学者，不仅直面现实，而且具有探求真理的高度责任心和理论联系实际的优良学风。他表示，周原冰先生是我国马克思主义伦理学学科的开创者和奠基者之一，也是一位真诚的坚信马克思主义的马克思主义伦理学家，为我国的伦理学学科的建立和发展作出了重要贡献。作为从事伦理学研究的后辈，他希望大家能够在前辈道德文章和学术成果的基地上不断推进我国马克思主义伦理学学科的发展，学习周原冰先生可贵的学术品德、坚定的马克思主义信念和探求真理、坚持真理的责任担当和科学精神。华师大思想政治教育专业创始人邱伟光回忆了与周原冰先生共事的日子。他说，周先生不仅是共产主义道德的研究者，同时也是实践者。他是思想政治教育专业的开创者和引路人，非常关心大学生和企业家的思想道德教育，在人才培养上有独特的见解，他的《青年道德修养》影响了一代人。华师大哲学系赵修义还宣读了上海大学邓伟志的回忆文章，主要回忆了周原冰先生担任上海市委党刊《解放》杂志副主编、中共中央华东局的《未定文稿》副主编时期与他交往的点滴。邓伟志在文章中写道，周原冰先生一生写道德、讲道德，他自己更是进德修业、洁身守道的典范。葛晨虹代表教育部伦理学研究基地向周原冰先生表示致敬。她指出，周先生从事伦理学研究不仅仅是出于兴趣和学问，还与他坚定的信仰和伟大事业紧密联系。周先生的思想和理论是新中国道德哲学里程碑。华师大哲学系颜青山回顾了哲学系伦理学教研室辉煌的过去，对华东师大伦理学研究有周原冰先生这样的创始人而感到骄傲，表示一定会牢记先辈的教诲，将先辈们开创的事业和领域发扬光大。

最后，童世骏发言，指出召开这样的会议，是为了向周原冰同志学习，把道德的科学研究与学者的道德责任统一起来，为确保中国特色社会主义事业的道德高度作出我们应有的贡献。童世骏认为，党的十八届五中全会确定的"十三五"时期的五大目标，不仅其中的"国民素质和社会文明程度显著提高"与道德建设有关，而且其他几个目标也具有重要的道德内涵："经济保持中高速增长"依赖于诚实劳动和规范经营；"人民生活水平和质量普遍提高"意味着人民生活不仅更加富裕，而且更有尊严；"生态环境质量总体改善"要求经营者、劳动者和消费者们普遍具有生态伦理的意识和能力；关于"各方面制度更加成熟更加定型"，更是需要"更加成熟""更加定型"的公德和私德、公民道德和职业道德作为基础。童世骏还结合传达全国高校思想政治理论课建设工作会议的精神，强调把马克思主义伦理学科建设好，把思想政治理论课建设好，是对周原冰先生最好的纪念。

上海中西哲学与文化比较研究会召开学术年会

12 月 26 日,上海中西哲学与文化比较研究会在华东师范大学中北校区举行学术年会。此次学术年会以“哲学研究进路的省思:今天我们如何做哲学?”为主题,旨在就当代中国的哲学研究现状、所面临的问题及其未来发展的前景展开深入讨论。会长杨国荣与复旦大学张庆熊分别主持了年会的主旨发言环节与自由讨论环节。

杨国荣认为,就中国哲学研究的现状而言,往往侧重于哲学史的考察,而对哲学本身的关注比较薄弱。与之相应,则是一种还原主义的倾向:哲学研究还原为哲学史研究,哲学史研究还原为思想史研究,而思想史研究进而还原为学术史研究。经过多重还原,哲学由道趋于技、由智慧演变为知识。杨国荣主张应当回到具体的存在本身,而今天要回到存在本身,还需要走出语言中心主义。作为当代哲学显学的分析哲学,其弊端之一便是囿于语言。

复旦大学谢遐龄引用《中庸》所讲的“纯亦不已”,并做出了创造性的阐释。所谓中国哲学,是用当代汉语思考和写作的哲学研究者所依凭的最基础、最纯粹的思维框架。中国哲学应该是“活的”,而用汉语思考就在不知不觉地运用、发展中国哲学。从语言角度来说,现代汉语是严重西化的汉语,依凭的是西方术语,而且最成问题的是汉语语法,可谓是削汉语之足适西语之履。

同济大学陈家琪也主张回到形而上学,因为在他看来,经过后现代化的冲击之后,精神本身的价值取舍缺乏一种形而上学的根基性的东西。但回到形而上学不是找原因,而是找方向、找目标,或者说,“向往”。“向往”有四个特征。第一,自主性,人是自由的才会有自由的向往和理想;第二,体现为人的资格;第三,体现为人的行为,这种行为首先要求有规则的限制,其次要求有伦理的支撑;第四,需要概念框架。总的来说,需要有一系列概念、框架来提出我们所认为的对未来美好生活的向往。

上海大学王天恩提出,西方主要从原子主义出发,最后得到的却是抽象的、普遍性、整体的结果,而中国哲学从整体主义出发,但其走向更多的是对日常人伦生活世界的观照。他认为西方哲学是建立在形式逻辑的基础上,而中国哲学的感知理性非常强,它能超越形式,甚至试图超越语言,有着非常丰厚的积淀。但哲学真正的反思是对前提性的反思,这种前提性的反思表现为哲学发展史上的哥白尼式的颠倒。并且,一个反思理性丰富的哲学,应当表现为感知与反思两种理性基本对称。

在四位学者进行主旨发言之后,与会学者展开了热烈的讨论。

华东师范大学赵修义认为,经过后现代的碎片化,学科分化非常严重,回到形上学非常必要。但是,重新恢复形而上学如何可能是一个需要关注的重大问题。针对赵修义的发言,谢遐龄认为,当实证主义、语言分析把形而上学解构之后,再想将其恢复困难重重。复旦大学邓安庆认为,形而上学的可能性不再是那种认知性的、主客体关系的路径,唯一的可能是实践的形而上学,有必要回到康德实践的形而上学道路。东华大学贺善侃认为,哲学应该是面向生活的,应具有描述性与规范性两个功能,即摹写现实与规范现实;政治化倾向、实用化倾向、功利化倾向是如何认识哲学功能、如何做好哲学必须克服的三大错误倾向。华东师范大学贡华南认为,中国古典思想经历了从形到形而上、从体到本体的转变;他所发展的味觉思想试图破除视觉化所导致的人与世界的疏离。复旦大学李若晖主张,我们能够通过细读中国经典文本,基于中国自身的思想脉络建构哲学体系,而不必依凭西方哲学的框架。华东师范大学潘德荣就中国诠释学的构建提出两点看法:其一,重视海德格尔、伽达默尔之外西方诠释学传统,即注重方法论的诠释学传统;其二,重建经典诠释学。

一致而百虑,同归而殊途。本次年会的讨论使我们进一步认识到:今天我们如何做哲学,这是一个开放的问题,一个必须在做哲学的实践中用行动加以回答的问题。

政治、法律、社会、行政

上海金融法制研究会举办学习党的十八届四中全会精神专题辅导报告会

1月15日,上海金融法制研究会、上海市立法研究所在丁香路633号浦东新区人民检察院907会议室举行专题报告会,深入学习贯彻落实党的十八届四中全会精神。报告会由上海金融法制研究会名誉会长倪维尧主持。上海社科院原党委书记潘世伟作了题为"认真学习深刻领会党的十八届四中全会精神"的专题报告。上海金融法制研究会各会员单位代表,市人大、市政府、市司法机关等单位领导及部门负责人,在沪金融机构代表,研究机构及高等院校人员70余人参加了本次报告会。

潘世伟教授在报告中对党的十八届四中全会审议通过的《中共中央关于全面推进依法治国若干重大问题的决定》的形成背景、总体架构、重点内容和创新特点,进行了系统解读,对《决定》中提出的新理念、新要求进行了全面分析,尤其深入阐述了《决定》把依法治国、深化改革和小康社会建设三项任务结合起来,把党的领导、人民群众当家作主和依法治国三个原则贯通起来的重要意义。

潘世伟教授指出,学习《决定》精神要重点把握四个层次的含义:第一,坚持中国共产党领导是中国特色社会主义法治道路的核心要义;第二,中国特色社会主义法治体系的建设要着力形成完备的法律规范体系、高效的法治实施体系、严密的法治监督体系、有力的法治保障体系以及完善的党内法规体系;第三,坚持依法治国、依法执政、依法行政共同推进,坚持法治国家、法治政府、法治社会一体建设;第四,促进国家治理体系和治理能力现代化。

社会主义初级阶段和“四个全面”战略布局研讨会在沪举行

3 月 14 日，“社会主义初级阶段和‘四个全面’战略布局研讨会”在上海立信会计学院徐汇校区举行。上海科学社会主义学会会长夏军，上海法学会法学期刊研究会会长陈金鑫，上海科学社会主义学会副会长吴解生、郭定平、周智强、王子奇和立信会计学院党委副书记朱坚强、宣传部长何佩莉以及复旦大学、华东师大、市委党校、上海师大等高校 20 余名教授学者出席研讨活动，上海科学社会主义学会副会长、南京政治学院上海分院教授孙力主持。

上海市委党校王公龙教授以“‘四个全面’是引领民族复兴的战略布局”为题，从背景、内涵全面分析入手，阐明了“四个全面战略布局”的关键特征、内在逻辑关联和理论创新的意义。“四个全面战略布局”作为当前和未来引领民族复兴的总纲和顶层设计，是不断克服前进障碍、完善社会主义制度、坚持发展中国特色社会主义的思想武器。

上海科学社会主义学学会副会长吴解生围绕“‘四个全面’战略布局的历史方位和执政党使命”主题，指出新一届党中央领导集体牢牢把握社会主义初级阶段的总依据，在对当前我国国情、社会主要矛盾和国际环境的全面科学判断和清晰认识基础上，高度概括和提炼了两年多来的治国理政的思想、实践和经验，回应了人民对美好生活的期待和面临的各种严峻挑战，拓展、延伸和突显了执政党的使命和责任担当，是继往开来地实践执政为民宗旨、凝聚党心民心、巩固执政地位和国家长治久安，实现中华民族复兴、造福全人类的伟大创举。

复旦大学教授郭定平以“当前中国文化全面改革开放的任务和探索”为题，在分析了文化层面全面改革开放面临的问题基础上，指出中国社会的飞速发展、经济总量的不断攀升与文化领域的建设相对滞后矛盾凸显。中国梦实质上是中华文明的复兴，文化应该走在前面，引领中国政治、经济、社会的创新发展。在全面改革开放的背景下，文化的创新繁荣，必须正确理解中国民族传统文化和人类文明成果的关系、处理好文化“走出去”和“引进来”的关系以及文化的发展与政府的关系，必须努力转变观念和方式方法。

上海法学会陈金鑫教授以“全面依法治国战略布局与上海司法改革试点”为题，认为依法治国必须完善以宪法为核心的社会法治体系，深入推进依法行政、加强建设法治政府，保证公正执法、提高司法机关公信力，提高全民法治意识，加强法治工作队伍建设，加强和改进党全面推进依法治国的领导能力，上海的试点实践任务光荣而又艰巨。

上海立信会计学院教授朱坚强以“上海高校落实从严治党战略的科学选择和探索”为题，指出高校落实“四个全面”，必须直面高校的实际和问题，依法治校，从严治党，坚持和完善党委领导下的校长负责制，坚持党委依规决策和校长依法行使责权；构建上下贯通、相互衔接、务实管用的高校党建制度和现代管理体系；强化思想引领，牢牢抓住意识形态领导权，学习借鉴西方文明成果，甄别各种错误思潮，加强师生的社会主义核心价值观教育，提升思想引领的有效性。

《解放日报》党委副书记周智强以“上海全面从严治党的改革实践试点的科学分析”为题，指出“全面从严治党”体现在思想创新、组织、作风和制度建设改革各个方面，坚持系统性、预见性、创造性、有效性的统一。必须从严管好党的领导干部及其家属子女，软行为也要硬约束，保持对贪腐的严惩和高压政策。全面从严治党的制度创新要与构建国家治理体系和治理能力现代化的总目标有机衔接。

上海科学社会主义学会长夏军做总结发言。他指出，党的十八大以来，马克思主义、中国特色社会主义理论发展进入创新阶段。反腐败是加强从严治党、管好领导少数的关键。不断推动理论创新，增强理论的说服力，才能获得理论自信。学会的理论研究，要密切联系实际，加强实地调查，增强问题意识，服务四个全面战略布局。

会议还传达了上海市社联 2015 年学会工作精神和工作部署，提出了科社学会年度学术工作的重点。

上海市马克思主义研究 2015 年首季度论坛召开

3 月 28 日，上海市马克思主义研究 2015 年首季度论坛在中共上海市委党校召开。本次论坛由市社联、市委党校、市马克思主义研究会共同举办，主题是“马克思主义中国化与‘四个全面’战略布局”。市委党校常务副校长、市马克思主义研究会会长王国平，市社联党组书记、专职副主席沈国明出席论坛并作学术致辞，市委党校副校长、市马克思主义研究会副会长郭庆松主持论坛开幕式。

沈国明书记在致辞中指出，在市委宣传部的指导下，上海市马克思主义研究论坛已经连续举办八年，并连续三年编撰了年度报告，在上海理论界取得了良好的反响。市社联一直高度重视马克思主义研究论坛的工作，始终坚持马克思主义在意识形态领域的指导地位，坚持正确的理论研究方向。同时努力搭建学术平台，推动中国特色社会主义理论的研究和创新，增强重大理论的解释力和说服力，做到理论入耳、入脑和入心，凝聚民心、形成合力，推动“四个全面”战略布局的实施。

论坛分两个单元研讨，分别由复旦大学经济学院党委书记石磊、上海社科院国外社会主义研究中心研究员徐觉哉主持。市委党校教授胡伟、袁秉达、黄力之，上海交通大学教授陈锡喜、市马克思主义研究会副会长周锦尉、复旦大学教授陈学明、南京政治学院上海分院教授孙力、上海大学教授陶倩、上海财经大学教授鲁品越、上海师范大学教授周中之等学者分别作主题发言，市委党校教育长、市马克思主义研究会副会长梅丽红作会议小结。来自市马克思主义研究会理事会员，市高校科研机构从事马克思主义研究的专家和博士生等 120 余人与会并参与互动讨论。

上海市统一战线理论研究会召开六届理事会第二次会长会议

4 月 24 日上午，上海市统一战线理论研究会召开六届理事会第二次会长会议。中共上海市委常委、市委统战部部长、市社会主义学院党组书记、市统一战线理论研究会会长沙海林出席并主持会议。

出席会长会议的有民盟中央副主席、上海市人大常委会副主任、民盟上海市委主委郑惠强，上海市社会主义学院副院长姚俭建，上海师范大学法政学院党委书记商红日。出席会长会议的还有中共上海市委统战部副部长严军、上海市社会主义学院副院长房剑森。

姚俭建同志向与会者介绍了 2015 年上海市统一战线理论研究会工作要点，大家围绕工作要点进行了讨论，并就今后如何进一步做好研究会工作提出三点建议：一是以举办“纪念中国人民抗日战争胜利 70 周年”跨学会活动为契机，加强与民革、台盟、台联、黄埔同学会、中山学社等党派团体的联系与合作，进一步加强资源整合，扩大平台效应。二是课题调研要紧紧围绕落实中央和市委的重要决策部署，把握大局大势，聚焦“科技创新”“经济建设”“协商民主”等中心工作及重点难点问题来开展，调研内容应凸显上海特点和时代特色。三是利用新媒体力量，加强对党的理论、方针政策的宣传，在意识形态领域争取主动权，捍卫话语权，扩大正能量。

会长会议结束后，沙海林等一行出席了上海市统一战线理论研究会学术年会暨六届三次理事（扩大）会议。

上海市统一战线理论研究会召开六届三次理事（扩大）会议暨“发挥统一战线优势 建设科技创新中心”学术年会

4月24日上午，上海市统战理论研究会在市委统战部205会议中心召开六届三次理事（扩大）会议暨“发挥统一战线优势　建设科技创新中心”学术年会。中共上海市委常委、市委统战部部长、市统战理论研究会会长沙海林出席会议并讲话。民盟中央副主席、市人大常委会副主任、民盟市委主委、市统一战线理论研究会副会长郑惠强代表常务理事会向会议作了工作报告。市委统战部副部长严军、市社会主义学院副院长房剑森、上海市统战理论研究会副会长瞿国樑、商红日及理事、会员代表一百余人出席会议。会议由市社会主义学院副院长、市统一战线理论研究会副会长兼秘书长姚俭建主持。

会上，沙海林部长充分肯定了市统战理论研究会一年来的工作。一年来，市统战理论研究会聚合了更多的资源，工作上取得了丰硕成果，进一步提升了社会影响力。他同时指出，要加强上海统一战线的智库建设。第一要深刻领会打造统一战线智库的重要意义。统一战线智库可以成为科学咨政、辅佐决策的重要方式，可以为国家治理体系和治理能力现代化发挥积极作用，可以成为体现国家思想文化软实力的重要组成部分。第二要抓住人才这个统一战线智库建设的核心。第三要以统一战线智库建设定位研究会的发展方向，要进一步推动理论创新，服务决策咨询，加强统战宣传。

上海市工商联徐惠明副主席，杨浦区委统战部王立新部长，致公党上海市委凤懋伦秘书长，上海交通大学马克思主义学院教授李啸虎分别就充分发挥民营经济在上海建设具有全球影响力的科技创新中心中的作用，紧紧围绕科创中心承载区建设、充分发挥统一战线助推器作用，上海科创中心建设中有关人才的五个关系问题，让科技创新成为新动力、新常态、新文化作了交流发言。

会议审议并通过了2014年市统一战线理论研究会工作报告，推选市社会主义学院副院长房剑森同志为市统一战线理论研究会副会长候选人，为民盟市委统战理论研究小组、民建市委统战理论研究小组、致公党市委统战理论研究小组和九三学社市委统战理论研究小组颁发了2014年市统一战线理论研究会征文优秀组织奖。

上海金融法制研究会等联合召开“第九届中国支付业国际峰会”

5月21至22日，上海金融法制研究会联合士研传媒、上海市物联网行业协会、上海浦东新区金融促进会、移动支付联盟召开为期两天的“第九届中国支付业国际峰会”。作为中国贸易与航运金融周的主要组成部分，本届峰会以“创新驱动发展，协作实现共赢”为宗旨，聚集了三百多位来自政府监管部门、行业协会、学术机构、企事业单位等各方面的领导、专家、学者，重点探讨全球贸易与金融的发展、自贸区的支付产业试水、电子银行的创新运营、互联网金融的开创性模式、第三方支付与电子商务的渗透、多元化的支付应用等社会热点话题。

上海金融法制研究会学术委员会主任李克渊出席峰会开幕式并致辞。李克渊表示本届峰会必将是支付业界的一次思想盛宴，希望各位专家、学者能够围绕主题，深入研讨，切磋砥砺，分享经验，形成更多有益于支付业持续发展的箴言良策，在稳步推进中促创新，在结构调整中谋发展，在加强合作中求共赢。

21日，来自中国人民银行研究局、万事达卡国际组织、花旗银行、华夏银行电子银行部、财付通、百度百付宝、易宝支付、银盛支付、爱加密等国内外金融与科技领域的高层领导和技术专家进行了专题发言。与会专家主要针对跨境贸易与支付、移动支付的融合与创新、互联网金融的发展等核心议题，进行了深入细致的解析。在现场讨论环节中，“以用户为中心”“建立合理的商业模式”“跨界融合”等词句多次被提及，它们所体现的“开放合作，互利共赢”的理念得到了所有与会专家的推崇与认可。

22日，来自跨境通、欧洲电子商务协会、同盾科技、燕南科技、中科院研究中心、上海市物联网行业协会、中国银联、中国连锁经营协会、百度移动安全部等第三方支付机构以及电子商务企业专家和领导进行了主题发言。主要针对支付平台服务、支付行业的挑战和机遇、电子商务产业链上的支付环节整合、互联网深水区的支付创新、互联网金融的风险防范等议题进行探讨，带来了国内最热门产业的一线市场咨询与运营经验。在专题研讨环节中，开放金融环境下的支付产业运营模式、P2P信贷行业的特殊支付服务、应用场景与合作模式的多元化成为现场交流讨论的焦点话题。

本次峰会充分体现创新驱动发展，协作实现共赢的理念，凝聚智慧和力量，发挥科技创新的引领作用，为政府监管部门与企业搭建友好的对话交流平台，为不同经营模式的企业创造相互分享与借鉴的机会，展现出上海国际贸易中心建设的集聚效应以及创新型城市的活力。

纪念第四次世界妇女大会 20 周年暨妇女问题国别研究论坛召开

5 月 23 日上午，由上海市妇女学学会、上海外国语大学国际妇女儿童研究交流中心和上海外国语大学国际关系与公共事务学院主办的“纪念第四次世界妇女大会 20 周年暨妇女问题国别研究论坛”在上海外国语大学国际会议中心举办。市妇联主席、市妇女学学会会长徐枫，上外党委书记姜锋，市妇联副主席、市妇女学学会副会长黎荣，上外国际关系与公共事务学院院长郭树勇，上外国际妇女儿童研究交流中心主任于朝晖，各高校妇女研究中心负责人，专家学者以及研究生等 100 余人出席了论坛。徐枫主席、上外党委书记姜锋分别作了致辞，上外国际关系与公共事务学院院长郭树勇主持本次论坛。市妇联副主席黎荣作了论坛的总结讲话。

会上，上外国际关系与公共事务学院教授戴启秀、上海外国语大学东方语学院副教授季琨、上海外国语大学英语学院教授王恩铭、复旦大学历史系副系主任陈雁、上海交通大学博士邱吉青、上海外国语大学中东研究所副所长马丽蓉教分别做了“性别平等在德国实践的法律基础及路径”“近二十年韩国女性社会地位综述”“回顾与展望：美国女性与女性主义”“当代中国新女权主义”“诺贝尔和平奖女性得主的特征与影响”“‘一带一路’建设安全环境中的妇女问题”的主题报告。

与会者从国际视野、法规政策、社会性别等多维视角探讨当下妇女发展的状况。一是从历史唯物主义的视角诠释“女权”“当代中国新女权主义”“美国女性主义”和“男女平等基本国策”，提出了女性解放是衡量社会总体解放程度的自然标尺，而男女平等基本国策是衡量社会文明进步的重要尺度，我国首次把“男女平等基本国策”写入党的十八大报告，为妇女发展营造了良好的社会环境，更好地促进了男女两性和谐发展；二是促进性别平等是国家的一项战略，而非一项女性政策。与会者从德国、韩国的实践路径得到启示，认为实现性别平等需从法律上确定框架，采用性别预算、性别分析、检验清单等工具，推出育儿假、育儿补贴和护理假等补贴措施，帮助女性实现进步与发展；三是在参与全球治理视域中女性是一支不可或缺的力量。与会者从迄今全世界 16 位获得诺贝尔和平奖的女性，以及“一带一路”建设中的妇女安全环境进行系统地分析，建议要加强对女性参与世界和平发展的特征与影响力的研究，彰显在推进全球治理进程中的女性力量。

徐枫主席致辞中指出，上外在全市率先借鉴国际社会的实践和经验，以此纪念第四次世界妇女大会 20 周年，从专业特长、国别比较研究切入妇女话题，为上海 9 月召开的上海妇女理论研讨会打下良好的基础。她希望，上外国际妇女儿童研究交流中心要充分发挥专家学者的作用，拓展研究平台，选准研究课题，转化研究成果，注重从法律法规和公共政策上更多地惠及妇女儿童和家庭，不断提升妇女理论研究的水平。

“社会治理创新与领导力提升”研讨会综述

6月18日，上海市领导科学学会、上海市社区发展研究会、闸北区临汾路街道召开“社会治理创新与领导力提升”研讨会。市领导科学学会会长、中国浦东干部学院首任常务副院长奚洁人，闸北区政协主席陈永弟，市社区发展研究会常务副会长徐中振，临汾路街道党工委书记杨朝，市领导科学学会副会长、中国浦东干部学院教务部主任郑金洲，市领导科学学会副会长、解放日报社党委副书记周智强以及学会专家学者和临汾街道领导、居委会干部50余人参加了研讨会。市领导科学学会党政领导工作研究专业委员会主任，中交三航设计院党委书记、董事长沈明达主持了会议。

陈永弟在致辞中说，当前社会治理要着力破解五个难题，一是街道职能转变之后“三公”职能如何凸显，公共服务、公共管理、公共安全，要确立哪些方面应该由社会去做。二是如何整合各方的力量，整合的关键是要融为一体。三是在治理结构的重建中，自治共治如何实现，就在区域化党建的引领下，居民群众共同参与实现自治。四是干部的治理能力即领导力如何提升，特别是做群众工作的能力，怎么做好群众工作，这体现了公共服务能力。五是社会治理千万不能搞成自娱自乐，要注重让居民群众有实实在在的感受。

杨朝在主题发言中从五个方面介绍了临汾街道在开展社会治理创新方面的经验：一是统筹整合区域各类资源和力量，进一步提升区域化党建的统揽力；二是深化和完善“五线谱”工作制度，进一步提升群众工作的服务力；三是创新打造具有“临汾”特色的工作载体，进一步提升社会治理的引领力；四是大力推进项目化工作，进一步提升社会力量参与社区治理的动员力；五是实施推进居民区法律顾问制度，进一步提升社区治理的法治保障力。

临汾街道社区党建办主任郑宛平、临汾街道谌静珠工作室理事谌静珠、临汾街道城市网格化综合管理中心主任马玉倩、临汾社区老年协会会长楼家红，分别就“打造区域党建共同体，熔铸社区发展新合力”“我们的家园我们作主”“强化统筹领导，提升管理水平”“社会组织在社区建设和服务中作用发挥的实践与思考”作了交流发言。

郑金洲教授在点评中从五个方面强调了社区治理的要素。第一，社区治理中领导理念先进。先进的理念对领导者做好各项工作是非常重要的。这种理念就是领导要切切实实做好服务。第二，领导思路明确。领导要自始至终坚持问题导向、需求导向、项目导向。以区域化党建为引领，项目化合作为载体，网格化管理为基石，构建基层治理体系。第三，领导重心下移。社区管理的重心必须要转向基层，就是干部心往基层想，人往基层走，事在基层办。第四，领导格局科学。要具有区域化党建的统揽力、群众工作的服务力、社区工作的引领力、社区治理的动员力和法治的保障力。这五种力是领导力布局结构中非常重要的格局。第五，领导方式民主。要把项目的决策权交给居民，把基层工作的评价权交给居民，释放基层的活力、体制的活力、创新的活力和群众的活力。

研讨会上，上海市虹梅街道办事处主任万小岚，市领导科学学会党政领导工作研究专业委员会主任、浦东新区政协教文卫体专业委员会副主任李国弟，以及徐中振作了研讨发言。

万小岚认为，社区治理要抓住三个方面：第一要搭建共治平台，积极构建组织化的多元主体；第二要坚持虚实结合，不断建起社会化的服务网络；第三要激发主体活力，不断提升社区各个方面、各个领域的内生长。

李国弟认为，社区基层干部既要有领导力，也要有执行力。领导力体现在五个方面：一是谋划全局的能力；二是组织协调的能力；三是调查研究的能力；四是识人用人的能力；五是示范带动的能力。执行力也体现在五个方面：一是贯彻落实的能力；二是闻风而动的能力；三是说到做到的能力；四是快速处置的能力；五是坚韧不拔的能力。

徐中振认为，发挥社区里的各种团队作用，对搞好社会治理十分重要。要搭建一个组织化的平台，让广大群众自治和共治，不然所有事情都由干部做是无法做好的。社区中的各种组织和团队，包括文体团队，如果充分发动起来，起到的作用是很大的。新一轮社区治理的发展应当围绕两个方面，一方面是真正有熟人社会基础的共同体，另一方面是真正由骨干团队培育出来的治理主体。通过这个方式，社区党组织才能真正拥有群众基础和社会基础。

周智强认为，社区干部领导力很重要的一个方面，就是要提升服务群众工作的能力，干部要善于针对社区内的实际情况，按照不同的情况分层分类加以推进。服务群众工作说得再好，也不如将服务群众工作做得好。在社区中，针对各个方面的需求导向、问题导向、项目导向，怎样把它落到实处，非常重要。社会治理创新中，重要的就是讲科学化、人性化，要贴近群众的需求，倾听群众的呼声，尊重群众的意愿，关注群众对于美好生活的企盼，满足他们的获得感。

奚洁人在讲话中说，社区领导干部如何做好治理工作，必须具备四种能力。一要具备统揽能力。服务基层是面对群众，而要做好群众工作的服务。不能光埋头服务，更要创新，创新就要引领，所以说提升社会治理的统揽力是十分重要的。二要具备动员能力，社区的治理搞得好不好，与领导的动员能力密切相关，治理需要广泛发动，治理是公众一起参与，所以，我们要注重动员，善于动员，深入动员，组织广大群众共同积极投入，让大家跟着你一起做。领导去动员，必须要有理念，自己没有理念无法动员群众。动员群众还要了解情况，有的放矢去做工作，才能做好做实。三要具备运作能力。领导干部开着工作要有谱子，要读懂谱子，理解谱子，然后才能进入排练，这也是领导力的一种比喻。我们开展工作如同演奏音乐，讲究统筹、协调、有起有伏，有快慢节奏，要让广大群众听得懂，听明白，然后他们一起加入进来，我们的工作才能水到渠成。四要具备法治保障能力。在治理中，一定要有制度保障，要从上到下，自始至终有法可依，有章可循，确保治理工作顺利进行。

上海市妇女学学会等单位联合举办“上海工程技术大学妇女研究中心成立暨女性发展与社会治理”论坛

6月26日上午，上海市妇联、上海工程技术大学、市妇女学学会、市婚姻家庭研究会联合在上海工程技术大学松江校区图文信息中心报告厅举办“上海工程技术大学妇女研究中心成立暨女性发展与社会治理”论坛，市妇联主席、市妇女学学会会长徐枫，上海工技大党委书记李江、副书记夏斯云，市妇联副主席、市妇女学学学会副会长黎荣，市妇联研究室主任、婚姻家庭研究会秘书长李苏华，以及各妇女研究中心负责人、专家学者、研究生100余人出席会议。

上海工程技术大学党委副书记夏斯云代表学校致欢迎辞，上海工程技术大学社会科学学院教授张健明介绍妇女研究中心筹备工作的情况，市妇联主席、市妇女学学会会长徐枫，上海工程技术大学校长夏建国为上海工程技术大学妇女研究中心揭牌。

徐枫代表市妇联、市妇女学学会对上海工程技术大学妇女研究中心成立表示热烈的祝贺，对上海工程技术大学党政领导长期以来高度重视妇女工作表示衷心的感谢！她说，上海工程技术大学妇女研究中心成立将成为上海妇女理论研究阵营中的新成员、新力量。她希望各妇女/性别研究中心要审时度势，勇于创新，根据新形势、新任务的要求，在女性科技创新、女性创业创新和职业发展、女大学生就业、家庭功能开发、关注特殊妇女群体以及妇女权益保障等方面有所建树，进一步拓展组织网络，壮大研究队伍，发挥研究职能，推动成果转化，让理论研究更好地服务妇女发展，促进社会和谐。

与会者还就“女性发展与社会治理”进行专题讨论，上海工程技术大学张健明教授、孙莉莉副教授、沈世勇博士、邱梦华副教授分别作了“妇联及女性社会组织在社会治理中的作用研究”“上海基层社区女性利益诉求与回应机制研究”“上海市社会保障政策及实施过程中的性别平等研究”“女性社会组织在社区养老服务中的作用研究”报告，从理论和实践上为推进妇联组织落实2014年上海市委1号课题6+1精神提供了理论支撑和积极建议。市人民政府发展研究中心社会文化处处长陈群民、上海大学文科处处长张海东教授作了精彩点评。

上海工技大工会常务副主席、女职工委员会主任沈海庆，工技大社会科学学院副院长许敏分别主持本次论坛。

上海市统一战线理论研究会召开纪念中国人民抗日战争胜利 70 周年学术研讨会

6 月 26 日下午，纪念中国人民抗日战争胜利 70 周年学术研讨会在上海市社会主义学院召开。会议由上海市统一战线理论研究会副会长房剑森主持，民革市委副主委、市人大常委董波致辞。上海市社联学会处负责人、市黄埔军校同学会负责人、本市各高校和科研机构统战部门负责人、各区（县）统战理论研究会负责人、各民主党派市委统战理论研究负责人和市社会主义学院系统工作人员出席了本次会议。

市统一战线理论研究会理事杨爱珍以“中国抗日战争中共产党的软实力建设”为题作交流发言。她从统战的民族情怀，不断实现抗日民族统一战线的广度和深度；民主的价值追求，着力构建社会政治新生态；坚守廉洁的政党自觉，延安精神辐射全世界三个方面强调了中国共产党软实力建设的意义和价值。

市黄埔军校同学会副会长朱纯以“弘扬抗战精神　共塑民族认同　致力民族复兴”为题，回顾了抗日战争期间黄埔军校师生浴血奋战的光荣历史，展望了实现中华民族伟大复兴的宏伟中国梦的美好未来。

上海中山学社副社长廖大伟以“‘八一三’抗战的历史地位”为题作了交流发言。他从中国抗日战争胜利在历史长河中之意义、“八一三”抗战在整个抗战甚至反侵略战争中的重要位置、如何估量“八一三”抗战的历史地位三个方面阐释了“八一三”抗战的历史地位及重要意义。

民革上海市委青年工作委员会副主任沙青青以“国际视野下的抗日战争”为题作交流发言，透过对抗战爆发后至太平洋战争爆发之间若干国际局势转折点的梳理，从国际视野中重新勾画出中国抗日战争的重要意义与艰辛不易。

上海市中共党史学会副会长陈挥教授以“一个知识分子的职责与使命——邹韬奋对抗日战争的杰出贡献”为题作了发言。他从坚决主张抗日、弘扬中华正气，竭诚呼吁团结对外、促进国共合作抗日，坚持国际统一战线、深刻认识中国抗战的国际意义三个角度充分肯定了以邹韬奋为代表的知识分子群体对抗日战争的杰出贡献。

上海市社联举办上海市第四届马克思主义研究青年论坛

7月5日，由上海市社联、市委党校、市马克思主义研究会联合主办的上海市第四届马克思主义研究青年论坛在市委党校举行。论坛主题为国家治理现代化与社会主义核心价值观。来自本市高校、科研院所、党校系统等部门的专家及青年学者100余人与会。市社联党组书记、专职副主席沈国明，市委党校常务副校长、市马克思主义研究会会长王国平出席会议并致辞，市委党校教育长、市马克思主义研究会副会长兼秘书长梅丽红主持会议，市委党校马克思主义研究院执行院长胡伟作主旨演讲。

沈国明书记首先对本次论坛获奖的青年学者表示祝贺，并鼓励青年学者坚定立场，结合实际，潜心研究出更多有价值的学术成果。他表示，市社联一直重视培养青年人才，希望青年学者充分利用好社联平台，加强学术交流，促进学术成长；市社联历来高度重视党的理论建设，重视马克思主义研究论坛的工作，希望与市委党校、马克思主义研究通力合作，推出更多有分量的研究成果。关于本次论坛主题，沈国明书记强调，党的领导在国家治理体系中的作用无可替代，加强党的建设是国家治理现代化的重要内容，要在社会主义核心价值观方面做更多研究，推进党的建设，坚定党员信仰，牢固树立正确的世界观、权力观和事业观。

此次青年论坛主要面向全市45周岁以下的高校、科研机构的青年马克思主义研究学者（包括在读硕、博士生）开展征文活动，共收到征文70多篇，评选出一等奖3名，二等奖6名，三等奖12名。部分获奖作者在论坛上作发言交流。

上海市司法鉴定理论研究会召开成立大会

9 月 11 日,上海市司法鉴定理论研究会在华东政法大学长宁校区交谊楼召开成立大会。市社联党组书记、专职副主席沈国明,华东政法大学校长叶青,市社联学会管理处处长王克梅,上海市社团管理局刘正,上海市司法鉴定协会副会长赵子琴、副秘书长王云介等出席了会议。原司法部司鉴局局长霍宪丹和中央财经大学教授郭华特邀莅会。

闵银龙宣布成立大会开幕,孙大明作了关于筹备成立理论研究会的情况说明。市司法鉴定理论研究会创始会员 78 人,73 位会员参加本次成立大会。大会审议并通过了研究会《章程》和《会费标准和管理办法》,投票选举产生了 18 位理事。新产生的理事会第一次会议投票选举了学会负责人。杜志淳当选为会长,沈忆文、闵银龙、李惠、马开军、顾陆忠当选为副会长,孙大明担任秘书长。根据会长提议,朱淳良为副秘书长,获得大会一致通过。

杜志淳会长感谢市司法鉴定理论研究会会员对他的信任。他说,在司法鉴定领域,市司法鉴定理论研究会是全国首家省市级的学术理论团体,今后要进一步发展会员,完善内部结构和运行制度,建立专业委员会,出版理论书刊,进行调研工作,开展国内国际合作交流。

在杜志淳会长主持的揭牌仪式上,叶青校长和霍宪丹教授为"上海市司法鉴定理论研究会"揭牌。叶青代表华东政法大学向研究会的成立表示祝贺。他在致辞中说,华东政法大学是上海司法鉴定业务的三强之一,在司法鉴定教学和学科建设上都取得了良好的社会效果。研究会设在华东政法大学,有助于司法鉴定理论研究工作的开展,同时也希望研究会在市社联的领导和大力支持下为司法鉴定事业作出更大贡献。

沈国明书记代表市社联向大会致词,祝贺研究会的成立。他在致辞中指出,近年来,国家在司法领域的改革力度很大,在这样背景下成立这个研究会很有必要,它对化解社会矛盾将发挥重要作用。研究会有华东政法大学这样好的依托单位,又团结了一批像杜志淳会长这样的司法鉴定专家。天时、地利、人和都具备,成立研究会的条件非常成熟。市社联会大力支持研究会的工作,希望研究会要用好市社联的资源,把研究会打造成为对内有凝聚力、对外有影响力的先进社团。

上海市领导科学学会举办“一带一路”倡议与跨文化领导力国际学术会议

10月11日，上海市领导科学学会举办了“一带一路”倡议与跨文化领导力国际学术会议。学会会长奚洁人、学会副会长郭庆松以及国内外专家学者近60人参加了会议。周智强、赵世明、毛力熊分别主持了会议。

奚洁人教授在致辞中说，“一带一路”倡议的实施与推进，不仅需要资金、产业技术、人才等各方面的支持，更需要相应的领导能力，尤其是跨文化领导力。领导力是一种影响力，文化领导力就是文化影响力，是国家软实力的核心要素。“一带一路”倡议的实施，不仅要整合不同地区和国家的发展需要、利益诉求，而且涉及沿带沿路诸多国家和地区的文化理念、价值取向、管理机制、行为方式的差异。因此，需要有经济的、技术的、制度的纽带和基础，需要有跨界的外交平台和组织网络，需要有文化的理念和跨文化的思维方式。显然，“一带一路”的倡议，包含了经济、金融、技术、产的、外交、地区性组织的纽带、网络和平台。因此，我们要更加重视跨文化的跨界领导力的理念、能力与思维方式的研究，更好地推进“一带一路”倡议的实施。

澳大利亚拉筹伯大学教授考林・怀特认为，世界极端贫困人口从20世纪90年代的40%下降到了不到10%。这个结论是非常振奋人心的。虽然各国的发展还非常不均衡，有的国家发展得很快，有的国家可能经济水平还不够，但是我们可喜地看到了一种趋势，就是人们关注经济上的平衡发展。在当今世界格局的情况下，中国提出“一带一路”倡议是非常合时宜的。“一带一路”倡议提出有两个方面的作用：一方面是促进国内的区域经济协调发展，特别是加强西部地区的发展；另一方面是比较发达的、发展快速的东部和中部地区能够进一步走向世界，进一步实施多元化和开放化。

《中国日报》21世纪工商栏顾问罗伯特・科威认为，“一带一路”倡议的提出，跨越了不同的国家和不同的文化，对发展经济起到了促进作用，使大家了解如何在跨文化的环境下更好地进行商业活动，无论大小企业，都可以从其他组织的这些行为活动中学到一些东西。所以，我们需要与多方进行交流和沟通，包括投资者、商业人士、智库、政府，等等。我们要拓宽思路，拓展对文化差异的认识，要与当地人打成一片，借助各种机会和平台，取得合作共赢。

上海市世界史学会会长、联合国文明联盟大使潘光教授认为，其一，“一带一路”建设具有包容性特征，跨文化的领导力或者说跨文化的融合力可以推动“一带一路”建设。当然，“一带一路”沿线有各种文化的碰撞。历史上的丝绸之路从来不仅是经济的，在带动丝绸、茶叶等物质贸易的同时，更重要的是促进了各种文化的交流。其二，跨文化的领导力很重要的方面是跨文化教育，包含跨文化的宗教教育、跨文化的民族教育、跨文化的历史教育，等等。所以，我们在学国学、中国历史的同时，也要重视学习外国的文化和历史，促进跨文化交流。只有很好地实现跨文化交流，世界才能有安宁，才能有和平，才能有发展，“一带一路”建设也才能真正向前推进。

国家对外文化交流研究基地主任、上海国际文化学会会长、亚洲艺术节联盟主席陈圣来认为，一是在“一带一路”建设中要以人为本，丝绸之路的崛起是因为有了张骞等不畏艰险的人，他们用一生凿通了这个大道。我们要继续孜孜不倦，长年累月做这样的跨文化、跨地域的交流。二是要注重创新思维和创新成果的引领。三是要注重文化的多样性，“一带一路”是一个多民族的集聚带，每个民族都有他们独特的语言、服饰、习俗、伦理，我们要扶植每个民族的文化自由发展，焕发各民族文化的独特魅力。四是要注重创造更多合作共赢的机会，让沿线与周边国家分享中国经济发展的红利，分享中国成功的经验，达到共商、共建、共赢、共享。

上海交通大学韩国研究中心副主任李国峰、上海对外经贸大学国际战略与政策分析研究所博士王明国、中国浦东干部学院“一带一路”研究中心主任毛新雅，分别就“‘一带一路’倡议与中韩东北亚战略合作”“‘一带一路’倡议与深化中国人文外交的思考和建议”和“‘一带一路’倡议实施与领导人才教育培训”作了交流发言。

最后，郭庆松教授做会议总结。他说，现在的世界纷繁复杂，问题涉及方方面面。局限于单一个学科，往往研究不深，研究不透。社会科学研究的趋势就是强调无学科研究或者不强调学科特色的研究。本次研讨会是不同学科的交流和互动。多学科、跨学科的多领域研究，往往能促进思想的深度交流，丰富我们对现实的认识。

上海市政治学会、上海政法学院联合举办“转型国家的法治建设”研讨会

10 月 24 日，上海市政治学会和上海政法学院国际事务与公共管理学院联合举办了“转型国家的法治建设”研讨会。开幕式由上海政法学院国际事务与公共管理学院副院长何奇松主持。上海市政治学会秘书长、市委党校教授袁锋致开幕词。来自复旦大学、上海交通大学、上海大学、市委党校、《探索与争鸣》编辑部和上海政法学院的 20 多名专家学者参加了这次会议。

此次研讨会聚焦“转型国家的法治建设问题”问题，重点讨论了“一带一路”沿线国家尤其是中亚各国的在法治层面所面临的困难和挑战。研讨会第一单元着重从政治学的角度，围绕中国企业在“一带一路”沿线“转型国家”投资的政治风险、“一带一路”沿线国家的恐怖主义威胁、“一带一路”沿线国家“国家建构(state building)”的成败等问题，展开主题发言和讨论。研讨会的第二单元则聚焦“一带一路”沿线尤其是中亚国家的法治建设问题，围绕着“上海合作组织的反恐法律机制”“上海合作组织的金融法律制度”和难民问题对“一带一路”安全保障的影响等议题展开了深入的讨论。

复旦大学副教授黄河在主题发言中指出：中国企业对外直接投资的政治风险可以被看作“一带一路”倡议实施过程中面临的外部挑战的一部分，而这又与“一带一路”沿线国家法治建设的缺失密不可分。目前，处于全球化进程中的中国在西方经济危机的传导扩散中不可能独善其身。西方经济危机通过贸易、投资和金融市场等多种渠道影响中国的经济发展，中国的经济运行与经济结构受到前所未有的挑战。与此同时，在地缘政治上，目前在欧亚大陆由东向西正在逐渐形成一个“社会政治动荡风险弧”，包括中南半岛、南亚、中亚、西亚及北非，地缘上与我国“一带一路”倡议及多个海外投资重点地区重合，推升了我国海外利益整体面临的政治风险。因此，就保障我国海外投资企业的权益而言，海外政治风险已成为影响我国企业海外投资和国家经济安全不能回避的一个重要因素。他进一步指出，政治风险主要来源于国际体系、国家行为体和国家互动产生的环境不确定性：国际环境、东道国环境、母国环境和双边关系环境。环境的变化引起的政治事件和政治过程对外资产生不利影响的可能性即为政治风险。环境变化引起的不确定性是政治风险研究中的精髓，应将环境中的不确定性作为政治风险的本质来理解。因此，可将上述四类环境东道国环境、母国环境、双边关系环境和国际环境中的经济、政治、社会、两国关系等因素作为政治风险的考察来源，分析各种环境下导致的政治风险类型。黄河副教授强调指

出中国企业在对外投资的过程中首先应该认真遵守东道国的法律法规，并尊重当地的文化宗教习俗，使自己的投资或经营符合当地的用工或环境等方面的标准。另外，在面对政治风险时，中国企业也要学会利用东道国的法律来保障自身的利益。

上海交通大学魏英杰博士的主题报告则通过对“一带一路”沿线国家的比较案例研究揭示了恐怖主义组织在暴恐事件背后的策略选择及原因。他认为，恐怖主义组织具有政治目的，但它们一方面没有控制领土，另一方面它们所造成的伤亡人数没有达到内战的规模。恐怖主义组织为了“生存、壮大”，既要诱使国家在战略上误判，又要迫使社会大众提供人力物力支持。在不同情境下，恐怖分子会分别使用“消耗”“恐吓”“挑衅”“搅局”以及“竞价”等策略。因此，政府在制定反恐策略时，必须避免“无差别暴力”，更重要的是要向社会提供秩序、安全等公共物品。而中国在实施“一带一路”倡议过程中，也必须考虑恐怖主义袭击的风险，而采取有针对性的措施。

上海政法学院郑非博士在《为什么近代土耳其的国家建构会失败?》主旨发言中则指出，作为“一带一路”沿线的重要支点，土耳其曾经是一个族群构成复杂的国家。早在19世纪三四十年代，由于面临帝国瓦解的威胁，开明派官僚开始进行了“坦齐马特”改革运动，改革的方向是向西方学习，扩张政府职能，建立现代政府体系，最终的目的是建立宪政体系。其中的族群政治方略包括，以提供自由权利与平等权的方式整合非穆斯林群众，增强他们的帝国认同；推进世俗化改革，以减少因宗教引发的分歧与对立。这种“平等换认同”的方略学习自法国。但由于改革在时间上和空间上的不均衡，以及世俗民族主义恰恰从宗教势力的废墟中兴起，这种西化改革的效果并不佳。随着时间的推移，奥斯曼土耳其统治精英的民族国家观念逐渐发生崩塌萎缩，从文化多元主义或公民民族主义式“奥斯曼主义”演变为种族民族主义式的“土耳其主义”，直接导致在帝国的核心地带也发生了大规模的分离运动。奥斯曼土耳其的近代国家建构失败为“转型国家”的法治建设提出了警示。

上海政法学院王娜副教授在主旨发言中指出上海合作组织在反恐机构建设、反恐联合军演和反恐法制建设等方面都取得了较大的成就，但与此同时上合组织反恐法律机制也面临一系列的内部制约和外部挑战。前者主要是中亚各国安全形势不容乐观与中俄利益诉求存在较大差异等，后者则包括西方国家对上合组织的制约、其他地区和国际组织与上合组织在中亚的竞争等。难民问题是一个世界性的难题。随着“阿拉伯之春”和叙利亚内战的爆发，难民问题在“一带一路”区域内表现得越来越突出。有鉴于此，上海政法学院裴予峰老师重点分析了难民问题对“一带一路”安全保障的影响和挑战。上海政法学院陈振云博士的发言则从金融机构体系、金融市场体系、金融调控体系、金融监管体系以及金融法律体系这五个角度，对中国与中亚五国之间的金融系统进行了比较。最后，他指出中国与中亚五国同为转型国家，从金融系统法治建设的角度来看，都面临不少的挑战，而且中亚五国的问题还比较严峻。

会上，上海政法学院倪正茂教授、何平立教授、盛红生教授、刘伟伟博士和上海大学金桥副教授针对上述发言进行了点评。在讨论环节，与会专家学者进行了深入讨论。关于就政治风险的评估问题，有学者提出，哪些政治风险是可以量化，哪些又是难以量化的，而针对不同类型的政治风险,中国政府和企业又应该采取怎样的对策,如果政治风险的评估机制与预警机制采用多种指标来测算的话,那各自的比重如何来把握,这些问题需要进一步研究。关于恐怖主义的策略问题,盛红生教授认为魏英杰博士选取的角度比较独特,有利于我们加深对恐怖主义问题的认识,进而提出有效的治理策略。有学者提出,我们需要考虑恐怖主义策略的产生情境或背景,尤其是国家与社会关系的模式以及政府的打击手段和方式对上述策略的影响,如果仅仅只从恐怖组织自身的角度来研究的话,则可能会出现一定的偏差。关于土耳其近代国家建构问题,金桥副教授则从指出,按照安东尼·吉登斯《民族—国家与暴力》一书的分析,民族国家、工业化和资本主义这三者一同构成了所谓的"现代性",而民族国家只是其中的一个维度。我们在分析土耳其国家建构失败问题时不应忽视工业化和资本主义这两个维度,因为它们彼此之间是相互影响和促进的。

袁锋教授与何奇松教授在最后的会议总结中认为:本次研讨会选题广泛,方法多元,多学科相互渗透和交流,对于我们深入思考"转型国家的法治建设问题"和"一带一路"倡议在沿线国家尤其是"转型国家"的对接和落地生根问题,均有较大的启发意义。

上海市妇女学学会、市婚姻家庭研究会承办“上海市纪念北京世妇会 20 周年　贯彻落实男女平等基本国策大会”

10 月 28 日，由上海市妇女儿童工作委员会、市妇联主办，市妇女学学会、市婚姻家庭研究会承办的“上海市纪念北京世妇会 20 周年　贯彻落实男女平等基本国策大会”在科学会堂举行。市委副书记、常务副市长应勇，市委副秘书长陈寅，市妇女学学会会长、市妇联主席徐枫以及市妇儿工委系统领导、妇女干部、市妇女学学会和市婚姻家庭研究会的会员 200 余人出席大会。应勇作了讲话，市统计局巡视员赵江清主持大会。

会上，市妇联主席、市妇女学学会会长徐枫，市婚姻家庭研究会副会长、复旦大学教授彭希哲，长宁区副区长赵丹丹分别作了“贯彻男女平等基本国策　促进上海妇女全面发展”“加强妇女理论研究　促进社会性别主流化”“注重规划引领　共同推动妇女发展事业”的主题发言。

本次会议从妇女理论研究、妇女规划实施、妇女发展状况以及对外国际交流四个维度回眸 20 年来男女平等基本国策推动历程，总结了上海的实践经验，提出具体措施。具体而言，一是构建起保障男女平等和妇女发展的法律体系，为妇女发展提供了强有力的法制保障；二是形成了推进实施妇女发展规划的工作合力，促进上海妇女事业发展达到全国领先水平；三是营造了妇女发展的良好社会环境，充分发挥妇女“半边天”的作用；四是加强对外合作交流，向世界展示上海妇女的发展与进步。与会者认为，男女平等作为一项基本国策以来，为上海妇女全面发展、男女两性协调发展与经济社会同步发展提供了坚实保障。徐枫说，据对 300 名局、处级领导调查，有 89.1%的人认为执行男女平等基本国策有必要；在网上开展的“男女平等在行动”，有 84%的认为与过去相比较，上海女性地位有所提高。从 20 年发展看，妇女在参与改革发展中展现了靓丽风采。从 20 世纪 90 年代上海百万职工转岗下岗潮中帮助 17 万下岗妇女实现就业，到鼓励上海女性积极投身“大众创业，万众创新”的实践，始终高擎“巾帼建功”的旗帜，坚持不懈推进“巾帼文明岗”创建活动，激励广大妇女为上海经济转型、创新发展作出贡献。市妇联在承接“百万家庭网上行”“百万家庭低碳行”“创建家政示范服务站”等政府实事项目中服务妇女民生需求，同时还注重从法律法规和公共政策源头上发挥妇联代表和维护妇女合法权益的职责，平均每年对 10 项法规政策提出修改意见。还深入开展“注重家庭、注重家教、注重家风”建设中弘扬家庭文明新风，丰富妇女精神生活。全市家庭美德知晓率达到 80%，文明家庭的创建率达 70%以上。彭希哲认为，20 年来，上海的妇女理论研究工作立足社会经济发展的转型和妇女发展现实需求，开展决策咨询活动取得较大是成绩。但是当前妇女在劳动就业、土地权益、参与决策、反家庭暴力、女童安全、生二胎等妇女权益保障问题还需要深入研究。他建议，与从事妇女研究的专家一起继续开展马克思主义妇女理论研究，抓住正在制定的上海妇女发展"十三五"规划的机遇，努力促进社会性别主流化。赵丹丹表示，在党政的支持下，协调各方，整合资源，使长宁区成为"全国妇女儿童发展纲要国家级示范区"，不少妇女发展指标走在前列。区政府部门领导班子女干部配备率达 83.3%，区领军人才中女性比例达到 30%，在全国率先实施"家庭医生制度改革"并将孕产妇健康管理融入其中，积极承担学校男女公厕比改建试点工作。

市委副书记、常务副市长应勇最后作了讲话，他强调，要以习近平总书记重要讲话精神和国务院纪念北京世界妇女大会 20 周年会议精神为基本遵循，坚定不移贯彻男女平等基本国策，推动上海妇女事业实现更高水平的发展。继续把推动男女平等、促进妇女发展作为各级党委和政府、妇联组织和广大妇女工作者的应尽之责，作为衡量文明进步的重要指标。各级妇联组织以上海地方群团改革试点为契机，以保持和增强政治性、先进性、群众性为方向，进一步密切联系妇女群众，更好地维护和服务好妇女群众的合法权益，把各自联系的群众最广泛最紧密地团结在党的周围，为实现"两个一百年"奋斗目标和中华民族伟大复兴中国梦而奋斗。

第十届"为了孩子"国际论坛在上海召开

10 月 29—30 日，第十届"为了孩子"国际论坛在上海召开。本次国际论坛的主题是"家庭教育与儿童发展"。本次论坛由上海市妇女儿童工作委员会、上海市妇联、上海社科院、新民晚报社主办，联合国儿童基金会、救助儿童会支持，上海市家庭教育研究会、市儿童基金会、市欧美同学会、上海社科院社会学研究所(青少所)共同承办。

开幕式由新民晚报社副总编辑裘正义主持。上海市政府副市长、市妇女儿童工作委员会主任赵雯，联合国儿童基金会驻中国办事处代表花楠(Rana Flowers)，瑞典驻上海总领事维多利亚(Victoria Li)，上海社科院党委书记于信汇分别致辞。市妇女儿童工作委员会副主任、市妇联主席徐枫，联合国儿童权利委员会委员，匈牙利家庭、儿童与青年协会会长玛利亚・赫尔佐格(Maria Herczog)分别作主题报告。

大会交流阶段由市妇联副主席黎荣主持。十二届全国政协常委、民进中央副主席朱永新，德国驻上海总领事馆领事、博士凯茜(Silvia Kettelhut)，救助儿童会(美国)儿童早期发展顾问苏珊 D.格雷厄姆(Susan D.Graham)，俄罗斯社会科学院圣彼得堡社会学研究所伊莉娜・爱丽舍娃(Irina Eliseeva)，中国台湾教育系统大学总校长吴清基，世界幼儿教育联会世界会长、维多利亚教育机构总校长孔美琪(Maggie Koong)，分别作了题为"教育始于家庭""需要群体的力量还只是一个家庭""游戏：早期学习的重要因素""俄罗斯儿童在家庭和社会环境中的现状""实现儿童生存保护和参与权的基本途径""家庭亲职教育及早期教育的世界发展趋势"的交流发言。

本届上海"为了孩子"国际论坛，以"家庭教育和儿童发展"为主题。除了大会交流外，还设立了"家庭教育理论研究""家庭教育的实践探索"和"家庭教育的比较研究"三个分论坛，以进一步增进国家之间、地区之间和专业工作者之间的相互沟通、相互了解，积极推动区域性、国际性课题研究和合作，为所有儿童的健康成长营造更加人性、和谐的社会环境。

闭幕式由市妇联副主席黎荣主持。上海社科院社会学研究所所长杨雄做总结发言。三个分论坛的代表向大会介绍了各分论坛的研究成果。

“职业年金推行中面临的问题与对策研究”专题研讨会召开

10 月 31 日，“职业年金推行中面临的问题与对策研究”专题研讨会暨课题成果发布会在华东师范大学举行。会议由上海市劳动和社会保障学会主办，市劳动保障学会社会保障专业委员会承办。大会由上海财经大学教授郭士征主持，市劳动和社会保障学会副秘书长丁政祥致辞。来自本市各高校的领导、专家和市劳动保障学会部分分会和区（县）学（协）会的代表共 70 人参加了本次研讨会。本次研讨会共有五位学者作了专题报告。

郭士征教授阐述了发展职业年金需要弄清的几个问题。他指出，由于《社会保险法》的第三条规定，平衡“并轨”前后养老金的替代率，因需缴费工作人员实际收入可能下降，通过待遇从优、均衡投入产出显示公平合理等原因，需要建立职业年金制度。职业年金是对养老保险的一种补充，与基本养老金有差别，是多层次多支柱养老保障体系的一部分。职业年金能提高养老金替代率和养老待遇，吸引并留住人才和稳定队伍，使改革能平稳过渡，促进养老保障的多支柱和多层次体系的形成，对廉政工作起到鼓励的作用。他认为职业年金要实行强制实施，并指出了未来发展的三种可能：一是持续实行现时政策和模式；二是改变法定地位，实行自愿加入；三是实行复式结构，将强制性与自愿性结合，形成“保底＋提高”保障结构模式。

华东师范大学公共管理学院钟仁耀教授从职业年金建立的背景、功能定位以及待遇公平性和负担公平性进行了理论分析。他认为，无论从筹资上还是待遇上，不公平问题没有从根本上解决。基本养老金统一的部分目标和筹资、待遇公平的总体这两大目标实现不理想。

上海应用技术大学张留禄教授分析了职业年金的未来发展。他认为，“中人”补偿机制的建立与完善等历史遗留问题需要进一步解决。要通过立法完善职业年金制度，将编制外员工纳入职业年金制度的覆盖范围，为职业年金制度创造良好的法制环境。建立起职业年金与职业伦理挂钩的考核制度。继承人领取职业年金前应当首先提起自诉。职业年金的计发更加灵活。完善职业年金基金的监督管理体制。同时要同步推进职业年金相关的配套措施，包括允许机关事业单位的科研人员继续享受在职人员的待遇、针对困难职工调整缴费比例、通过立法提高基金运作的透明度和推出官方的职业年金计算工具等措施。

上海师范大学郝勇教授对“职业年金的相关政策和配套”进行了研究，对分类改革尚未完成，配套改革亟须加快以及基本养老保障过高，年金空间较难拓展等问题进行了分析与制度定位，然后从构建思路与制度设计两方面构建了老人、中人和新人的方案，最后提出了个人税收递延和 EET 税收优惠的对策。

上海师范大学张祖平副教授对 2015 年 3 月 27 日国务院办公厅发布的《机关事业单位职业年金办法》的若干规定进行了进一步探讨。他首先讨论了社会养老保险中的基本养老保险和职业年金这两个个人账户，然后对职业年金中单位缴费基数存在的问题、职业年金的领取期限问题、职业年金记账制及其影响等问题做了探讨，最后综合分析了职业年金与企业年金的相关政策。

与会学者围绕职业年金负担公平性问题、“保底＋提高”的保障结构模式等问题进行了深入的交流。郭士征教授作总结发言。他说，会议对我国职业年金在推行中面临的问题以及对策进行了充分的研究与讨论，将对我国职业年金的发展提供有意义的参考。

上海科学社会主义学会等单位联合举办“自贸区扩区背景下的浦东创新发展”学术研讨会

11月2日，由上海科学社会主义学会和浦东新区党校、浦东新区法学会联合举办的“自贸区扩区背景下的浦东创新发展”学术研讨会在浦东党校举行，上海科学社会主义学会会长夏军、浦东新区党校常务副校长周奇、浦东新区法学会会长陈乃保、《解放日报》社党委副书记周智强等与来自高校、党校系统和浦东新区政府部门等的80余名学者和干部参加研讨会，浦东新区党校副校长毛力熊与上海科学社会主义学会副会长吴解生主持了研讨会。

浦东新区党校常务副校长周奇认为，上海自贸试验区建设以来浦东新区的发展取得了瞩目的成效，“以创新谋发展”成为了贯穿浦东新区一切工作的灵魂。自贸试验区建设与浦东综合改革以及上海科创中心建设相结合，关键要努力贯彻党的十八届五中全会提出的“创新是核心”的理念，加快政府职能转变、制度创新突破、功能转型升级和发挥引领效应。

上海科学社会主义学会会长夏军认为，浦东改革开放是国家的标杆，不创新就不会发展，创新必须做到“三敢”：敢为人先、不怕失败，敢于直面中国经济社会发展的问题，敢于直面工作实际问题。一定要抓住问题的实质，站稳马克思主义中国化的立场。

上海生产力学会研究员路凯认为，自贸试验区建设和浦东创新发展都是国家战略，在实践过程中，要努力处理好改革开放与经济转型的关系。以开放探索改革新试验，以改革促进经济转型，相互影响相互融合，传递正能量，顺应市场经济发展规律，破解发展瓶颈。重点是推进金融更好地服务高水平实体经济发展需求，营造服务贸易的良好经营环境，激发更大的市场活力，形成新常态下的新经济增长点，为全国提供可复制、可推广的新经验。

上海海事大学汪传旭教授认为，自贸区扩区后对未来建成上海航运中心带来了巨大影响。目前上海浦东港口基础设施和吞吐量都已达世界第一，但航运现代化服务体系建设相对滞后。要加大改革创新，破除体制机制障碍，努力拓展航运产业升级空间，重点加大航运金融服务配套，继续改革税制，推进航运税制国际化。

市委党校叶敏华副教授认为，要认真研究TPP(环太平洋贸易伙伴协议)对我国投资管理制度创新的影响，面临新的规则挑战，要改变原来的路径依赖，在与国际高标准投资规则接轨的同时，提升服务业态，发挥企业作为市场主体参与制度创新的作用，加强民营企业和新兴产业的保护。

浦东新区金融服务局沈乃恩认为，面对自贸试验区扩区后企业对政府服务需求的变化和金融监管过程中存在的问题，浦东新区政府进一步加强相关部门的合作联动与资源共享，创建平台，为企业的金融需求提供有效服务。

浦东新区党校徐全勇认为，浦东新区进入了建立创新体系的新阶段，面对新问题、新情况，政府要加快创新人才队伍、技术交易中心、知识产权交易中心建设，成为开放性主体和载体建设社会资源的整合者。

浦东新区商委会钱惠钢认为，浦东新区大宗商品交易市场集聚规模已形成，政府要根据经济发展需求，与国际大宗商品市场制度建设对接，迅速建立大宗商品交易服务监管机构，掌握全球资源配置信息，控制交易风险，服务企业创新，提高服务能效。

中共浦东新区委员会组织部王铁认为，浦东以一流党建促进一流开发，形成了牢固的服务理念和配套制度，特别是贴近企业发展需求，融入企业成长，加强青年干部教育和拓展创新人才培养途径，不断创新促进企业发展的服务方式。

上海科学社会主义学会副会长吴解生认为，浦东创新发展要积极用好自贸试验区扩区提供的重大机遇、发展新平台，用好国内和国际的两个市场、两种资源，为参与构建国家全面改革开放的经济体系和全球经济治理体系建设的重大战略，发挥集聚和辐射作用，为全国人民共享改革开放和经济发展的成果以及世界共享中国发展成果作出更大贡献。

上海市形势政策教育研究会举办"劳动就业、社会保障与社会治安形势"专题研讨会

11月2日，上海形势政策教育研究会在科学会堂举办"劳动就业、社会保障与社会治安形势"专题研讨会。上海人力资源和社会保障局研究室主任杨子春、上海公安高等专科学校科研中心主任徐志林到会作主旨发言。会长谢中全、副会长金西智、唐力先等出席。副会长兼秘书长殷勤燮主持。本会会员70多人参加了本次研讨会。

杨子春主任认为，上海今年面对复杂严峻的经济形势，作出了保持经济运行处于合理区间的判断，围绕达到劳动就业预期目标、促进收入正常增长和健全社会保障体系等，做了大量工作，取得了很大成果。他主要从三个方面介绍了大家关心的热点问题。一是关于机关事业单位养老待遇改革问题。他认为，这一旨在解决双轨制的改革总体进展顺利，现在基本已经到位，但由于改革前和改革后实际待遇存在一定落差，虽然制定了年薪制度的补充，但实际上还是存在一些实际不同群体的差异和时间段如何清算等矛盾，需要实践中进一步完善。二是关于延迟退休年龄的问题。他指出，延迟退休年龄是一个重大的人力资源政策调整，关于这个问题，到目前为止还没有正式的政策出台。但是，延迟退休年龄的原则方向逐步形成共识。之所以要实行延迟退休年龄，既有养老金统筹的需要，也有就业年龄推迟、人均寿命提高及与国际接轨等因素。如何处理过渡，具体情况还相当复杂。三是关于明年年初是否会调整养老金。他认为，适度调整是肯定的，如何调整还在研究中；同时也要有大局观，要从全国一盘棋的角度认识这一问题。

徐志林研究员认为，在上海市委和市政府领导下，上海公安机关强化各项打击整治措施，各类案件均有下降，全力确保了全市社会治安秩序持续稳定。群众反映，上海社会治安在全国是领先的，是全国比较安全的。这得益于健全的治安条例，高效的民警力量。总之，他认为上海目前的社会安全形势基本稳定，基本正常。在充分肯定各方面努力取得成绩的同时，还必须充分认识形势严峻的一面。主要有以下三个问题：一是刑事案件高发，尤其是各类诈骗特别是电讯诈骗案件增速很快，几乎每天都在不断发生；二是利用网络传播色情淫秽案件高发，有的色情网站破了又死灰复燃，且影响面很广；三是对于威胁城市安全的非传统因素，要防患于未然。徐子林认为，必须保持清醒的头脑，一方面不要不负责任地传递可能引起恐慌的事情，另一方面，又要切实加强防范。从上海来看，需要进一

步加强防范的事项还十分艰巨。我们一点也不能松懈麻痹。

会议主持人对两位主旨发言作了点评。与会会员希望市形势政策教育研究会继续围绕一些社会热点问题，邀请相关部门专家介绍情况、进行解读，为社会各界拓宽视野、把握形势、做好工作提供帮助。

“都市可持续发展与全球城市”研讨会在上海市社联举行

11月13日,“都市可持续发展与全球城市”研讨会在上海市社联举行。会议由上海市社联、瑞典驻上海总领事馆主办,上海社科院党委宣传部、上海市经济学会、上海市建设协会协办。瑞典战略发展和北欧合作大臣克里斯蒂娜·佩尔松女士和上海市人民政府发展研究中心主任肖林先后在研讨会上作主旨演讲。与会学者和专家踊跃提问,互动气氛热烈。

上海市社联党组书记、专职副主席沈国明教授、瑞典驻上海总领事馆总领事维多利亚女士在开幕式上致辞。来自本市各高校、研究机构、学术团体、政府部门的代表70余人与会。

佩尔松大臣在题为“都市可持续发展和生态治理——瑞典的经验和前景”的主旨演讲中指出,在全球化背景下,环境问题紧密相连,瑞典作为在可持续发展领域方面的领先国家之一,十分愿意分享城市实施可持续发展的成功经验,并将在此之上得出的优化方案应用于其他城市的改造。中瑞的合作成果有目共睹,未来希望通过不断探索中国经济发展和瑞典生态经验合作新路径,实现可持续发展的共同目标。

肖林主任在主旨演讲中指出,上海要从系统、智慧、可持续和开放引领的视角来审视和制定上海的全球城市战略。未来上海城市功能转型,要树立系统、智慧、可持续和开放引领的观点,依托长三角区域,建设经济、文化、生态、环境共生的世界性全球城市。从可持续的视角看,上海必须始终坚持以人为本,走城市可持续发展之路。未来上海要建设的全球城市,必然是可持续发展的全球城市,成为人居之城,绿色、低碳、生态之城。2050年,上海要成为一个具有强大影响力、创新力和可持续发展能力、彰显中华文明特质的全球城市,成为一座环境优美、舒适便利的宜居城市。

沈国明在致辞中表示,主办方希望通过举办此次研讨会,加强双方的学术交流与合作,推动全社会对可持续发展的关注和研究,凝聚中瑞两国之力,形成人与自然和谐发展的新格局,建设可持续发展的全球城市。

上海市社联举办“反腐常态化与政治新生态”研讨会

11月15日，上海市社会科学界第十三届学术年会政治学专场“反腐常态化与政治新生态”研讨会暨上海市政治学会2015年年会在复旦大学举行。会议由上海市社联、上海市政治学会主办，复旦大学国际关系与公共事务学院承办。会议围绕“反腐常态化对政治学研究的新要求”“反腐败中的制度创新”“网络反腐与国家治理”等议题开展了深入交流。上海市政治学会会长、复旦大学特聘教授桑玉成作“上海市政治学会2015年工作报告及2016年工作展望”，并作会议总结。来自中共上海市委党校、复旦大学、上海交通大学、同济大学、华东师范大学、华东政法大学、南京政治学院上海分校等单位的20余位专家学者进行了主题发言，上海市政治学会会员及高校、研究机构近100位政治学研究者参会。

与会专家学者认为，党的十八大以来，反腐败逐渐进入常态化，加快反腐败的制度化、法治化已成为必须正视和解决的问题。反腐败要通过制度安排从运动式、风暴式走向常态化、规制化，使反腐败纳入国家治理体系现代化。要善于用法治思维和法治方式反腐败，加强反腐败国家立法，加强反腐倡廉法规建设。

上海市社会学学会举行 2015 年学术年会

11 月 15 日，上海市社会学学会 2015 年学术年会在华东理工大学举行。本次会议由上海市社会学学会主办，华东理工大学社会与公共管理学院和上海高校智库社会工作与社会政策研究院共同承办。华东理工大学社会与公共管理学院副院长何雪松主持开幕式。上海大学副校长、市社会学学会会长李友梅，华东理工大学副校长吴柏钧分别致辞。

华东理工大学社会与公共管理学院院长、市社会学会执行会长徐永祥作了上海社会学学会 2015 年度工作报告。徐永祥教授介绍了学会在坚持正确的政治方向和民主办会方针、加强跨学会学术交流推进学术合作、开展课题研究推进理论创新以及培养青年学者等方面所作的工作。

本次会议主题是“迈向‘社会治理’新机制：社会服务与社会政策的实践之路”。大会报告阶段由华东理工大学社会与公共管理学院教授张广利主持。五名专家学者做了精彩的大会主题发言。来自本市各高校、上海社科院等单位 100 多名学者，围绕着“社会转型期的公平与正义”“社会政策与社会发展”“城乡一体化与基层治理创新”和“社会组织、社会服务与社区治理”等议题展开了学术交流与讨论。

南开大学社会建设与管理研究院院长、中国社会学会副会长关信平做了题为“社会政策在全面建设小康社会中的地位和作用”的报告。关信平教授提到，“十三五”规划要求全面建成小康社会，但是如何才能建成小康社会，全面建设小康社会有什么具体要求？社会政策在其中发挥什么样的作用？这是目前要考虑的重要问题。

华东师范大学社会发展学院教授、市社会学会副会长文军做了题为“社区为本的灾区重建：社会工作整合服务模式及其在鲁甸地震灾区的运用”的报告。该报告基于 2014 年文军教授对云南鲁甸地震区所做的社会工作服务，试图从社会工作的整合服务角度多项目、多层次来进行灾后的社区重建。

复旦大学社会发展学院副院长、市社会学会副会长刘欣做了题为“中国公众的宏观与微观公平感”的主题报告。刘欣教授认为，“宏观公平”所描述的是人们对社会整合层次上的资源分配结果或过程是否公平的判断；“微观公平”指人们在个体层次上对分配所得或分配过程是否公平的判断。刘欣教授通过对 CGSS2010 数据的分析表明社会公平感不仅在宏观、微观层次上有所差异，而且其背后所隐含的公平原则也有所不同。

华东理工大学社会学系副教授唐有财做了题为“获得感、政治信任与农民工的权益表达方式”的主题报告。唐有财教授分析了农民工的获得感如何通过政治信任这一中介变量，影响他们在权益受损时最终所采取的权益表达方式。

上海大学社会学院贾文娟做了题为“从劳动过程理论角度看国家社会主义的内在问题与嬗变”的报告，对现实社会主义内在问题与嬗变进行了回顾与分析。

本次大会还设置了四个分论坛。四个分论坛的主题包括“社会转型期的公平与正义”“社会政策与社会发展”“社会治理：青年学者的视野与声音”和“社会组织、社会服务与社区治理”。第一分论坛各位学者从中国访民、新生代农民工、底层社会非正规经济、流动人口、基层治理等角度分析转型期的公平与正义；第二分论坛则从基层官员、农村教育政策、互联网、社会流动、住房等方面聚焦当今的社会政策与社会发展；第三分论坛体现了青年学者的视野与声音，各位青年学者从社区共治、农村家庭、社会工作理论、民众改革态度、文化自理等角度探讨了社会治理；第四分论坛研究主题则聚焦当前我国的社会组织、社会服务与社区治理的研究议题。与会学者围绕上述主题进行了热烈的讨论。

上海市信访学会召开“坚持运用法治思维和法治方式解决信访问题”专题研讨会

11月17日，上海市信访学会、市信访办联合召开专题研讨会，围绕坚持运用法治思维和法治方式解决信访问题、依法处置违法信访行为进行研讨。此次研讨会是市社联第九届“学会学术活动月”项目之一。市联席办、市信访办主任，市信访学会常务副会长王剑华主持研讨会并讲话。市联席办、市信访办副主任张政出席会议。来自高校的法学专家、部分区县和市级机关信访部门负责同志、优秀论文作者以及市信访办相关处负责同志共40余人参加了研讨。

与会同志一致认为，运用法治思维和法治方式解决信访问题、处置违法信访行为是加强法治信访建设的重要内容，是推进信访工作制度改革的重要保障。善于运用法治思维和法治方式解决信访问题、处置违法信访行为，才能有效保障群众合理合法诉求依照法律规定和程序得到合理合法的结果。与会同志普遍感到，党的十八大以来，本市紧紧围绕信访工作制度改革这一主线，不断强化法治思维，着力打造阳光信访、责任信访和法治信访，群众合理合法诉求得到及时就地解决，信访工作更加依法规范，体制机制进一步完善，信访秩序进一步好转。与会同志还就信访法治化建设必须把握的原则、信访工作实践中亟待破解的瓶颈等问题进行了深入研讨交流，提出了许多建设性的意见和建议。

王剑华在听取发言后指出，信访工作是推进国家治理体系和治理能力现代化的重要内容，是推进依法治国方略的重要组成部分。首先，坚持运用法治思维和法治方式解决信访问题、处置违法信访行为，必须把法治信访作为推进信访工作改革的目标。要保持改革定力，认清信访法治化建设必要性，依法规范信访工作，回应好群众诉求，久久为功，善做善成；要保持改革聚力，贯彻法治思维，落实法治要求，聚焦基层、基础、基本，加强督办协调和综合分析，逐一破题，以点带面，实现小杠杆撬动大变革的效果；要保持改革恒力，发扬“咬定青山不放松”的坚韧精神，敢于创新、勇于担当，推动信访法治化建设不断深入。其次，坚持运用法治思维和法治方式解决信访问题、处置违法信访行为，必须推动信访工作职能定位法治化，严格按照《信访条例》要求，明确信访部门统筹协调、督查督办和服务决策等工作职能，抓好该抓的事，管好该管的事；推动信访工作程序法治化，大力推进通过法定途径分类处理信访投诉请求，不断加强信访基础业务工作，确保信访工作流程畅通有序；推动处理问题的思维和方式法治化，依法按政策解决群众合法合理的诉求。第三，坚持运用法治思维和法治方式解决信访问题、处置违法信访行为，必须善于集中各方力量和智慧共同推进信访法治化建设。借好领导的“势”，发挥各级领导干部运用法治思维和法治方式解决信访问题的表率作用，推动各级各部门加强法治信访建设；借好基层部门的“力”，督促有权处理部门依法履职，推动社区、街道贴近群众开展工作，情况第一时间掌握，问题第一时间解决；借好社会第三方的“力”，引入人大代表、政协委员、社工以及专家学者等共同评议、听证信访事项，特别是引入律师参与信访工作，为化解疑难信访事项把好法律关，不断推动提高信访工作法治化水平。

上海金融法制研究会等单位联合召开“上海互联网金融风险防控政策研究”论坛

为了加强互联网金融风险防控，促进互联网金融业健康发展，上海金融法制研究会、华东政法大学、上海社科院法学所、上海市立法研究所于 11 月 19 日联合召开“上海互联网金融风险防控政策研究”论坛。本次论坛既是金融法治研究会年会，也是上海市社联的学术月的系列活动之一，还是金融法制研究会成立 20 周年会庆的系列活动之一。来自市人大、市政府、市高院等单位的领导和负责人，以及来自金融、法学、法律各个单位的有关同志，理论和实务的工作者共计 160 多人参加了会议。与会嘉宾的发言涉及互联网金融的方方面面，包括网上支付、网上借贷、网上股权众筹、网络理财以及虚拟货币等；同时也涉及互联网金融的风险防控政策，包括监管的界限，违法犯罪的防范和惩治，互联网金融纠纷的处理等领域的问题。各位嘉宾发言观点新颖，理论联系实际。

上海作为全国金融中心和金融市场改革的前沿，互联网金融在此得到了快速的发展，也引起了广泛的关注。市银监局副局长张光平立足网贷监管分析了一系列的数据，提出了监管的重要性以及监管的几个思路。市公安局经侦总队党委委员任志强围绕互联网金融犯罪问题进行了探讨，介绍了当前互联网犯罪的主要现象并分析了原因，提出了非常具有针对性的对策建议。上海政法学院院长周仲飞从 P2P 的性质、市场准入、出借人和借款人资格、评估及催债、信息披露以及广告特许等方面细致地分析了 P2P 监管存在的主要问题，研究非常精细。上海社科院法学所原所长顾肖荣从刑事角度认为互联网金融领域的犯罪包括过程犯罪和机构犯罪两种，就涉及的主要罪名作了深入分析，同时对刑事处罚政策提出了独到的建议。市金融办金融创新处许耀武处长提出了现在资金安全方面存在的一些问题和原因，同时提出了八个方面的对策，其中很多对策是很有创见的，如在互联网金融当中采用适当性原则、线上线下区分的原则、资金点对点拨付的原则以及技术安全的措施等。中国外汇交易中心工程部姜才康总经理从技术层面介绍了世界范围内对大数据开发利用的基本状况，并分析了大数据在互联网金融风险防控中的作用，许多建议非常有启发性。市高级人民法院金融庭杨路庭长阐述了司法部门对互联网金融风险防控方面的理念和价值取向，指出要充分发挥司法的积极作用促进制度和规则的完善，实行先期的风险处置，同时也对改革发展高速发展时期司法裁判依据及法官的作用的问题谈了自己的观点。

本次会议讨论的内容有三个特点：一是一致认为讨论互联网金融的风险防控意义重大。互联网金融发展尽管时间比较短，但是速度发展很快，已经积累起一定的风险，特别是在个别的领域已经爆发。出现问题的平台数量越来越多，一些地方出现了一些小型的群体性的纠纷案件。要充分地认识互联网金融在发展过程中风险防范的必要性，既要继续有力促进互联网金融的发展，同时又要积极的防控其中的风险，这对于建设上海四个中心以及搞好自贸试验区的建设和全球影响力的科创中心建设至关重要。在接下来的第十三个五年规划当中，互联网金融必然会进一步的发展，能不能把风险防控住，将是非常重要的一个因素。二是互联网金融是个新事物，它的风险防控也应该有新观念。作为一种新金融、新业务，互联网金融风险既有金融方面的风险，又有网络和技术方面的风险。相应地应该有新的监管理念、新的监管制度和新的规范措施。在这个过程中，需要通过各方面的努力共同促进新的监管体系形成，促进相应的法律规范早日出台。三是互联网金融风险的防范要通过创新监管来实现。底线和监管的标准就是控制风险，不发生系统性的风险，少发生影响到社会稳定安全的风险。这需要充分利用现代化的监管手段，包括云计算和大数据挖掘，同时要多采用技术标准做好监测预警。与此同时要特别关注金融消费者的保护，要充分揭示风险，充分信息披露，使互联网金融能够安全稳健地发展。

本次会议主题突出，内容丰富，信息量大，应用性强。与会人员通过探讨和交流，进一步达成了加强互联网金融风险防控方面的共识，对推动金融体制改革的深化和金融创新是有力地促进。

上海科学社会主义学会、华东政法大学政治学系与公共管理学院联合举办"制度创新与依法治国"学术年会

11月20日，上海科学社会主义学会、华东政法大学政治学系与公共管理学院联合举办了"制度创新与依法治国"学术年会。上海科学社会主义学会会长夏军和华政宣传部长欧亚主持会议，来自党校系统、高校、政府机关和媒体等单位40多位学者参加了学术研讨。

与会者认为，制度具有双重意蕴，一是制度作为一种工具，是服务于人类社会活动的行为准则和办事规程，二是指社会存在的形态，如社会主义制度和资本主义制度。本次学术年会研讨的主题聚焦于作为工具的制度创新，依法治国就是运用制度体系进行治国理政。通过工具性的制度创新，推进国家现代化治理体系建设和治理能力的提升，达到不断健全和完善中国特色社会主义制度的根本目的。

南京政治学院上海分院孙力教授认为，现代政治文明发展的重要标志是用制度制约权力，将权力关进制度的笼子。党法严于国法，将法治与打造政党先进性结合，严于治党与保护党员权利不矛盾、不冲突，是对党员不同于公民责任和素质的要求，是执政党的制度创新，不仅是强化执政党基础地位的举措，也是社会主义法治推进的必然要求。

华东政法大学何益忠教授认为，党的民主集中制的建设过程是制度建设和创新的一个典范。从党的成立起始到党的五大才确立起"民主集中制"为党领导的政治制度，同时赋予了这个制度的科学内涵；"民主与集中"包含了党员权利和义务、上下级组织关系、集体领导和个人负责的三个统一。当前，在此制度实践执行过程中，一定要努力克服弱化民主基础、强化权力集中以及动摇集中合法性的倾向。

华东师范大学刘笑言副教授认为，当前制度执行刚性化导致了行政路径的单一化，这种趋向容易引起社会价值观的困惑，制度创新要从制度管理向法治约束转变。

上海科学社会主义学会副会长张明军认为，"领导"和"执政"是两个不同的概念，领导的本质是"影响"，是组织引导成员实现目标的过程。执政是操纵国家权力依法进行治理。领导不一定与国家权力关联。执政一定包涵领导，而领导不一定包含执政。实行党的领导和执政二者的统一，必须制定政党进入国家权力机关的政治程序法，这就是制度创新推进依法治国的重要和紧迫任务。

《文汇报》史煦光、《探索与争鸣》秦维宪、同济大学吕才明等认为，要认真吸取历史教训，全面依法治国需要制度创新，关键是要彻底扭转以人治代替法治的现象，有效监督一

把手。

上海科学社会主义学会副会长吴解生作总结发言，认为制度创新是认识与实践不断深化渐进的过程，党的十八届五中全会提出制度创新的执政理念，一是凸显了制度作为保障全面建成小康社会目标实现的极端重要性，二是通过制度创新持续推进改革开放与经济社会各项工作的协调发展，三是运用制度创新有效地解决发展中的问题和短板。

年会还听取了上海科学社会主义学会秘书处有关学会年度学术工作的总结，学会荣获"上海市社科界 2012—2014 年度优秀学会"和"上海市社科界 2012—2014 学术活动特色奖"，荣获"习近平重要讲话精神研究征文优秀组织奖"，黄福寿、张明军荣获"上海市优秀学工作者"称号。夏军提出了坚持服务中国特色社会主义的正确方向、坚持科学社会主义学科大视野、坚持理论紧密联系实际、坚持发扬学术民主、鼓励青年学者成长多出成果、不断强化学会的责任担当和不辱使命的要求。

上海市社区发展研究会召开2015年学术年会

协商民主是我国社会主义民主政治的特有形式和独特优势，党的十八大报告首次明确提出要健全社会主义协商民主制度。在各类协商中，基层协商民主实践最为丰富、最为生动，也最具创新和发展空间。上海市社区发展研究会根据市社联第九届(2015)“学会学术活动月”系列活动的要求，于11月20日组织召开“基层协商民主与社区党建”研讨会暨2015年学术年会。会议由研究会会长、市人大法工委副主任施凯主持，研究会常务副会长徐中振首先向与会的各位理事和会员代表通报研究会2015年主要工作及2016年工作设想，研究会副会长、市政协文史委主任冯小敏作主旨发言，在交流发言环节，三位街道党工委书记就各自街道实践基层协商民主的主要做法作了介绍。研究会副会长马伊里、孙甘霖出席会议并作点评发言。研究会名誉会长林炳秋出席会议。

冯小敏围绕基层协商民主的主题提出四个观点。第一，协商民主是对群众路线理论和实践的深化。2015年初中共中央印发《关于加强社会主义协商民主建设的意见》(以下简称《意见》)，《意见》的出台具有重要的理论和实践意义。首先，中央强调群众路线实践教育活动要实现长效机制。习近平总书记提出，加强基层建设的核心是创新体制机制。我们对群众路线的理解不能简单化，不能是整改完成就算群众路线活动结束了。“群众路线”有着丰富的内容，重要的是如何深入理解和贯彻群众路线？习近平总书记强调，在政治领域要实践群众路线就是要推进社会主义协商民主。从这个意义上理解，群众路线就不再是一般意义上的帮群众办事。协商民主在政治意义上是要真正要体现人民群众当家作主。协商民主是中国特色社会主义制度特有的优势。西方民主比较重视选举，西方民主在选举时候很有活力。但在选举结束以后其民主政治就进入了一个休眠期，广大人民参与的民主就没有了。中国民主是与西方民主不同的民主，中国民主不单单重视选举，还重视参与，重视广大人民群众如何实现有序的政治参与。

第二，城乡社区协商民主提出了明确目标，并要与重大问题决策相联系。这次关于城乡社区协商民主，中央首先提出一个非常明确的目标，就是到2020年基本形成协商主体广泛、内容丰富、形式多样、程序科学、制度健全、成效显著的城乡社区协商新局面。这是城乡社区协商民主的一个目标。《意见》强调所有涉及经济、社会发展，涉及广大群众切身利益等重大问题必须进行民主协商，协商民主要与决策联系在一起。我们要通过协商民主形成更大的共识，更好地推进社会治理，加强基层建设。这是对协商民主理论和实践上的深化。所以，学习和落实协商民主，对于贯彻上海市委“1+6”文件来说，是非常好的抓手，特别是在推进城乡社区协商民主是非常好的工具。

第三，推进协商民主是提升自治水平的重要路径，是开展基层自治的重要抓手。推动基层自治有两个抓手，一是议题，二是项目。这两个抓手和协商民主都有密切关系。议题的提出要让群众畅通表达渠道，这就要求干部深入群众，广泛征求意见，只有渠道畅通了，协商的议题才能出来。所以中央文件里规定了党组织在推进协商民主时要发挥领导核心作用，要把党的领导贯彻到协商的程序、环节以及各种议题中，最后由基层党组织提出议题，这是搞好社区自治的基础。另一个问题，如何将协商的议题变成协商项目，项目又如何落地？议题变成项目的过程是一个汇聚民智民愿的过程，项目的落实需要自治基金的支撑。而项目如何聚焦也需要通过协商来进行，通过大家的协商，把项目定下来，用基金把项目落实下来。整个过程从形成议题，变成项目，落实项目都需要协商民主贯穿其中的。

第四，应该思考围绕协商民主形成区域化党建的共治机制。基层党的组织是有中国特色的政治组织，在基层发挥党的领导核心作用是基本政治制度给予我们的保障。通过这些年的实践，基层党组织得到社会广泛认可，这是很好的基础。但关键的问题是，如何在原有共治基础上，推进城乡共治进入新的局面，即区域化党建如何实现长效机制？目前的共识是，协商民主是一个很好的载体和抓手，中央明确规定，经济社会发展以及重大民生问题都要经过协商。所以，共治应以协商机制为工具，讨论哪些可以成为议题，议题形成后区域化党建围绕议题进行落实。

第五，协商民主是社会治理的精细化，需要形成多元主体。“十三五”规划关于未来五年社会治理的主题是很明确的，即共建共享和精细化。精细化的要求在这几年不断强化，习近平总书记去年强调要给群众提供精准有效地服务和管理。但目前看来，上海做得还不够，差距还很大。冯小敏认为社会治理的精细化光靠政府行政管理是不够的，社会治理的主体是多元的，精细化的主体也应该是多元主体的。他特别强调，社会治理精细化的实现要调动这十四个主体的积极性，而怎么调动多方积极性也是需要重新认识和实践的。

关于培育社区治理的主体力量，徐中振指出，根据这次中央文件的精神，多元利益性主体的出现进一步催生街居体制的开放性，而这个开放性是对社会组织的开放性。梅陇三村“绿主妇”的例子就是一个很好的案例。“绿主妇”是自发形成的，一个具有社会性的社会组织进入街居体制，不仅成功地动员了社区的“绿主妇”参与公共事务的治理，还获得了诸多社会资源的资助，而且其他街道也在购买凌云街道的“绿主妇”项目。这是一个很成功的案例。现在是各种基金都在给它支持，吸引了许多社会资源。这其中的道理是什么？这是需要思考的，也希望通过不断的案例考察来探讨上海社区治理的新思路。

在实践部门交流发言环节，三位街道的党工委书记就各自街道实践基层协商民主的主要做法做了发言报告。凌云街道党工委书记朱伟红发言的主题是“凝聚多元主体，释放共治效益——凌云街道梅陇三村积极探索党建领导下的基层协商民主模式”。她指出，近年来凌云街道党工委在强化基层党组织坚强领导核心的基础上，不断激发党建活力，将协商民主元素有序融入社区治理当中，逐步形成了以闵朱居民区“三会”制度为依托、以梅陇三村“绿主妇”议事会为代表的基层议事协商模式，为居民群众直接广泛参与社区公共事务治理畅通渠道，取得了初步成效。临汾街道党工委书记杨朝就区域化党建情况做了汇报。他指出，临汾街道从党建的资源入手，有组织有系统地部署社区建设各个方面。临汾街道区域化党建坚持“一委两会”“一区两化”“一中心两建设”这三大特点，凸显党建服务中心在基础服务、党群联动、资源整合方面的三大功能，实现了在联系服务的对象上从单纯的驻区单位党组织向所有区域内单位转变，在联系服务的纽带上从单一的联席会议向实体化走访服务转变，在联系服务的成效上从单位的服务凝聚向共建共享的转变。潍坊街道党工委书记樊政红以“民主协商聚焦小区顽症难点，居民自治打通百姓生命通道”为题介绍了潍坊新村街道运用协商民主的方式创建“美丽街道”的工作经验。一是党建引领，充分发挥党组织的领导核心作用；二是动员参与，充分发挥居民群众的主体作用；三是民主协商，制定楼道长效管理机制。

在主旨发言和实践交流结束后，与会的研究会各位领导进行了点评发言。马伊里认为社会治理的难点在于“社会性脆弱”。社会性脆弱是指社会本身存在脆弱的表现，即社会无法自主运行，要依靠其他力量协助完成自我发展，这就是社会性脆弱。如果在治理主体中(政府、市场、社会)，社会的角色是缺失的、脆弱的，那社会治理必然是要依靠他者的。现在的问题在于我们是不是过于相信了社会脆弱性，认为社会治理必须依靠政府才能实现。关于社会有没有能力自己解决问题，我们还是欠缺思考的。如果在社会治理中政府总是反复出场或出场不当，那政府还是用管理替代治理，政府变成了“社会问题的抗生素”，抗生素的滥用反而降低了社会自己解决社会问题的免疫能力，导致社会治理失灵，而政府过多介入也增大了政府的救市心态，这样的逻辑导致社会治理的困境。所以，社会到底是否具有解决自身问题的能力，这需要反思。她认为社会是有应对问题的能力的，但目前这种能力却被政府忽略了。所以，谈社区治理问题时，破题的关键也在于此，即社区工作能否做好，关键在于能否用社会的方法解决社会的问题。其次，民主在监督功能之外还有自治功能，即解决社会自身问题的功能。民主的功能是可以拓展的，而不仅仅局限于监督功能，民主的功能还可以解决自身问题。以居委会为例，居委会应该协助政府工作，但并不是以行政的方式，而是应该以自治的方式开展居委会的工作，明确居委会工作的着力点在以自治的方法解决问题，这样也许就找到了民主治理可能的路径。

关于协商民主，马伊里认为，第一，协商是有方法的。干部动员群众要依靠民主的方法，依靠协商解决共识的问题。好的干部不是让百姓离不开的干部，是能动员百姓自己解决问题的干部，是能激发社会动员机制的干部，这是一个好干部的标准。第二，协商的主体不是政府，是群众。政府要相信群众可以解决问题，政府的角色是帮助群众解决问题，而不是替代群众做事。这个理念类似社工的服务理念，是助人自助的理念，不是助人为乐的概念。政府的角色是帮助社会自立。第三，政府要在协商过程中，在扁平结构下形成影响力。政府的影响力不是依靠某个领导或者行政力量产生的，它应该是在扁平结构下，形成影响力。扁平结构不是说没有领导，是有领导的，但领导不是依靠科层结构来产生影响力的。所以，如何摆脱科层结构带来的影响力，怎么在扁平结构中形成影响力，都需要思考。

孙甘霖指出话题非常有价值，表现在三个方面：第一，这是一个理论与实践结合的话题，社区研究会是一个很好的平台，它的优势是可以将理论与实践很好地结合起来；第二，研究协商民主的价值在于廓清理论、指导实践，让我们在思想和方法上都跟上中央精神要求；第三，今天的研讨为理解“治理”作出了贡献。从基层实践的角度，运用民主协商的方式方法，讨论协商民主的运用，能为解决群众问题做出贡献。

实践推进协商民主应注意三个问题：一是要不怕“繁”。因为协商过程比较漫长，这就要求政府不要怕繁，应该认识到协商是一个你来我往的协商过程。二是要不怕“慢”。协商过程往往从解决小事入手，解决的过程往往是漫长的和反复的，所以不能用过去的行政思维去看待问题，总是追求效率。三是要不怕“散”。协商解决的事情繁多，问题多以碎片化形态呈现，所以政府在参与协商的过程中应认识到问题小而杂是正常的，政府去协助解决这些问题是一个必然要经历的过程。只有从小事着手，才能走入百姓心中。

以区域化党建推进协商民主，要有“三个注重”：第一，要注重引导。在民主协商的过程中，党的引领是不可或缺的，党不一定要介入具体事务，而是要通过协商引导实践的发展，这也是协商民主在中国的特色。第二，要注重过程。协商民主，是一个不断培育和引领的过程，是螺旋式上升的过程。第三，要注重效果。协商民主是一个好方法，政府通过协商民主的方法确实为老百姓解决了问题，一定能得到老百姓的认同和支持，相反，则会遭到抛弃和否定。所以，对政府来说，找到协商的好方法，就要认真负责做好协商、解决问题，给群众一个满意的答复。

施凯在主持会议时强调，协商民主是党的十八大推动民主建设提出的新要求。按照党中央新的精神，协商民主作为决策的重要程序，要推广到党政机关，企事业单位和基层社会。上海要继续积极努力，推进基层治理创新，使协商民主成为解决社区问题、推进区社区党建的重要方式。

上海市妇女学学会等单位联合召开“互联网+与女性教育”研讨会

11月24日下午，上海市妇女学学会、上海女子教育联盟、上海开放大学女子学院联合召开“互联网+与女性教育”研讨会。来自本市妇女理论专家、从事终身教育的工作者以及妇女干部60余人参加了研讨会。上海女子教育联盟成员、上海开放大学副校长顾晓鸣致辞，上海女子教育联盟副主席、市妇联副主席翁文磊主持研讨会。

会上，上海市妇女学学会会长、市妇联主席徐枫，开放大学发展研究部助理研究员顾凤佳，开放大学女工委主任、博士杜翠叶，上海师范大学女子文化学院丁倚灵，上海社会科学院信息所研究员郭洁敏，沪江网蚂蚁雄兵基金合伙人、蚂蚁计划发起人张相廷，上海来思氏信息有限公司联合创始人刘俊彦分别作了题为“互联网+时代女性终身教育的探索和思考”“浅谈‘互联网+’时代下女性的持续学习”“开放远程教育学习者的性别差异表现及对策”“职业技术领域开展在线教育的可行性”“互联网背景下女性教育的机遇及其提升空间”“互联网+形势下的女性教育与创业”“互联网时代对女性教育带来的机遇与挑战”的主题报告。

徐枫认为，互联网+女性终身教育为上海女子教育联盟发展提供了更大、更广阔的发展空间。具体而言，一是互联网提供的教育资源，让女性获取知识信息更加便捷，同时也改变了教育理念和资源分配结构；二是互联网+时代也为女性终身教育提出了更多的挑战，比如女性运用互联网获得教育资源的能力还不够，互联网教育的性别不平等现象还未消除，等等；三是找准女性教育多元需求的脉搏，探索互联网女性教育促进的女性发展的途径。刘俊彦认为，教育信息化，让女性共享优质教育资源。互联网的教育环境、学习风格更适合女性。顾凤佳指出，“互联网+”将引发学习过分依赖于电脑和网络，让人深度阅读和思考能力减弱，会产生网络“迷失症”。张相廷却认为，在移动互联网的大环境下，女性教育更为多样化、重要性和全球化，对于女性创业者来说，是学习创业的最好时代，希望女性在互联教育平台上做到专注、极致、开放、合作。

最后，与会者建议，一是在“互联网+”时代，成人教育机构要利用互联网为女性群体提供更有效的学习支持服务，作为女性要根据自己学习的需求，在互联网上获取知识、利用信息，提升网络应用能力；二是完善女性互联网教育的运作机制，制定男女平等、女性技能、家庭文明、女性艺术等教育实施方案，使在线教育趋于不断完善，让更多女性在互联网教育中获得“红利”；三是建立具有性别意思的网络监测机制，引导网络推进男女两性和谐发展，促进互联网＋女性教育的可持续发展。

上海大学教授邓伟志、上海开放大学教授张德明、上海图书馆馆长吴建中分别做了精彩的点评。

上海市妇女学学会、上海市婚姻家庭研究会、同济大学妇女研究中心联合召开“女性·创新·未来”2015上海妇女理论研讨会

11月26日，由上海市妇女学学会、上海市婚姻家庭研究会、同济大学妇女研究中心联合召开“女性·创新·未来”2015上海妇女理论研讨会，来自高校妇女研究中心的专家、区妇联干部、青年学生等40余人出席研讨会。市妇女学学会会长、市妇联主席徐枫和学会副会长、同济大学党委副书记马锦明致辞，同济大学妇工委常务副主任、妇女研究中心副主任肖辉主持研讨会。

会上，上海科学院妇工委主任黄雅玲，嘉定区妇联副主席张永娥，同济大学航空航天与力学学院副院长、教授博导李岩，华东师范大学公共管理学院教授高向东，闸北区妇联副主席张红，同济大学校团委书记助理岑余璐分别作了“科创中心建设视野下的科技女性人才成长环境分析及对策建议”“发挥妇联作用，努力构建女性创新人才的服务平台——以嘉定区女性科技人才联谊会为案例”“坚持梦想乐在其中”“上海城市未来发展中的女性智慧作用发挥研究——基于人才环境评价的视角”“创建‘高端女性人才工作室’的实践与思考”“新时期女性创新能力成长情况探究——以同济大学为例”主题报告。

与会者认为，在建设全球科创中心，打造世界未来智慧城市的进程中，上海女性人才环境得到较大的改善。高向东教授指出，上海市女性人才环境在中国一线城市中排名第二，仅次于香港。上海在女性人才环境与人才总环境超越北京，成为大陆地区女性人才环境最优越的城市。但是在就业环境、人文社会环境尤其是创业与创新环境与香港之间还存在着较大的差距，这是未来上海在打造全球科技创新中心过程中吸引人才包括女性人才中必须解决的“短板”，也是未来发展潜力较大的着力点。与会者指出，在建设全球科创中心需要组织的引领和自我开发的实践。闸北妇联以创建了8个“高端女性人才工作室”、嘉定妇联建立“女性科技人才联谊会”为载体，主动挖掘和培育体制外的科技型、创新型女性团队和女性领军人才，凝聚和引领更多的女性走创新创业之路。李岩结合求学到自己成长的历程，阐述打好专业知识、拥有理想梦想、锲而不舍地潜心研究，这是提升和培养女性创新意识的关键。针对目前女性创新人才成长环境还存问题，比如自信心不足、面临家庭和事业双重压力较大、女性享有科研资源不均衡等。与会者建议，一是女大学生在创新创业中要有导师指导、创业项目运营、教师管理团队以及创新创业作为学分评定等政策支持；二是对于科技创新人才适时制定《加强科技女性人才队伍建设的实施意见》、举荐

科技女精英、建立科技女性人才发展专项资金等；三是加强科技女性成功的案例宣传，利用微信、微博平台，联合电视、广播节目，讲述“创新创业成功女性的故事”等，进一步激发广大女性“大众创业、万众创新”的热情。

徐枫提出三点希望，一要充分理解科技创新中心的内涵，运用好创新创业的政策金库，集聚高层次创新创业女人才，发挥了女性人才磁场效应，让女科学家、女教授、女工程师和女企业家等高端女性人才在科技创新中心中起到引领示范作用；二要以“双学双比”“巾帼建功”主体活动，搭建创业创新女性人才的交流平台，扶持好、服务好创新创业女性人才，让艰苦创业、自主创新成为广大妇女的共同梦想；三要针对女性发展过程遇到工作、生活、家庭等瓶颈问题，专家学者与妇女干部联手加强调研和理论研究，从性别视角积极推动有关部门出台相关政策措施，为女性创新创业人才作用的发挥，提供有力的政策保障。

市婚姻家庭研究会秘书长、市妇联研究室主任李苏华作了点评。

上海市经济法研究会举办“企业科创与政府扶持论坛”

12月10日下午，上海市经济法研究会举办了“企业科创与政府扶持论坛”。本次论坛的召开以上海建设“具有全球影响力的科技创新中心”为背景，来自市政府部门、市社联、市政府法律顾问、市区两级政府法制部门、科创企业等的专家学者和研究会会长及理事50余人参加。

会议由市政府法制办副主任罗培新主持，市政府法制办主任刘华致辞。市工商行政管理局局长陈学军、市科委副主任陈杰，诺华集团大中国区公共事务总裁娄渝、兴中实业有限公司董事长陶晓东、市产权交易管理办主任王杰、华东理工大学法社会学研究中心教授李瑜青分别作了主题演讲。

陈学军发言题目为“深化商事制度改革，助推科创中心建设”。他详细介绍了上海市商事制度改革的种种措施，包括坚持简政放权，推进工商登记的便利化，具体如在包括自贸区在内的上海全面实行公司注册资本认缴登记制；推行企业公示抽查制度；以更为宽松的政策支持企业准入；试点市场主体快速注销制度等。这些改革举措虽施行不久，但已经取得了令人鼓舞的实际效果。

陈杰围绕“强化企业技术创新主体地位，加快建设具有全球影响力的科技创新中心”从三个方面阐述了对上海“建设科创中心”的理解以及当前的具体举措。第一，发展机遇，即科创中心建设带来广阔空间。第二，主体责任，强化企业技术创新主体地位。第三，有效施策，要形成有效的市场和有为的政府。他还提出“三个主导、一个同步”的创新方式，即创新目标由企业主导提出；创新资源由企业主导配置；创新活动由企业主导推进；技术研发能力和创新能力同步提升。

娄渝就“构建创新生态系统，促进企业创新发展”作了发言，指出“对于创新企业来说，什么最重要？应该是鼓励创新的生态系统，其重要性乃至超过政府的政策支持”。娄渝还比较了上海与其他国家的城市在创新管理的理念和具体措施方面的种种差异，并就上海在制药领域的政府监管和产学研合作，提出了进一步完善的建议。

陶晓东分享了“新常态下创新企业的一些思考”，言称自己虽然来自制造业，但仍然借助了“互联网+”的思维进行了创新，其所在的兴中实业集团与多方共同搭建的“中国智造技术服务平台——飞天众智”的上线，正体现了这一点。而在这一过程中，该平台又孕育了很多创业公司乃至上市公司。在其眼中，互联网思维的运用，实则指的是“发挥想象力并将其运用到企业运营之中”。

王杰探讨了“科技创新和企业创新”，指出“科技创新和企业创新是辩证统一的关系。企业管理的创新也是科技创新，它本身就是生产力”。并从自身的经历出发，分享了很多有趣的故事，包括其之前在跨国并购谈判中创造性地运用了一些方法。王杰最后强调，“产权交易要努力服务于科创事业的发展”。

李瑜青围绕“2015 企业满意度调研评价”作了发言，就如何保证调查结论的准确性，他提到了三个方面：第一，指标的设定要符合上海企业客观情况；第二，评估流程要公平、公正；第三，必须通过座谈来验证结论。当然，李教授也指出，任何一项调查都具有相对性。

理论经济、综合经济、产业经济

上海邮电经济研究会举行九届二次理事会暨学术年会

1月21日，上海邮电经济研究会举行九届二次理事会暨学术年会，60多位理事以及顾问出席，张林德会长主持会议。

上海邮电经济研究会秘书长杨锡高向与会者报告了2014年工作总结及2015年工作思路。2014年，研究会在上海市社联和市通信管理局的领导下，在各成员单位的大力支持下，围绕中心任务，聚焦行业特点，坚持以“关注民生”“关注大局”“关注改革”的“三关注”为切入点，开展了内容丰富、形式多样的学术研究以及科学普及活动，扩大了在行业和社会的影响力，为邮电业的全面深化改革、创新转型和依法治企提供了智力支撑和决策参考。与此同时，研究会在各方通力协作和共同努力下，顺利召开第九届会员代表大会，圆满完成了换届选举工作，产生了新一届领导班子，为研究会的健康发展奠定了基础。2015年，研究会将坚持“围绕中心，服务大局，繁荣学术，振兴邮电”的办会宗旨，抓住热点，创新工作，扎实研究，形成成果，助推邮电企业改革发展。

在学术年会主题报告环节，上海市通信管理局副局长孙万毅从2014年电信业主要发展数据、业界动态、市场前景等角度，分析了当前电信发展的趋势和2015年应该引起关注的业界热点。上海市邮政管理局法规处处长余洪伟介绍了邮政发展的特点，尤其是电商发展对邮政快递业务的影响，同时介绍了邮政业务发展过程中需要关注的法律法规以及市场监管问题，对2015年的邮政发展重点也作了简要的分析。

上海市房产经济学会召开会员代表大会

1月29日，上海市房产经济学会举行会员代表大会暨第八届理事会第五次会议，常务副会长兼秘书长李国华作题为“以党的十八届三中、四中全会精神为指导，将学术研究作为学会工作生命线”的工作报告，总结2014年度学会工作，部署2015年度工作。副会长赵才娣宣读2014年度优秀分会专委工委、优秀工作者名单。副会长郭树清主持会议。

2014年，上海市房产经济学会以学术研究为中心工作，抓住房地产发展中的重大问题组织研究。学会工作内容丰富扎实、活动多样、运作规范、成果显著。会议一致通过学会工作报告，希望学会在组织建设、学术研究等方面达到新的高度，取得更大成绩。

庞元会长代表本届理事会感谢市社联、各位理事、会员对学会工作的关心、支持和积极参与，介绍了上海住房保障、市场调控和运行等情况，并对2015年学会工作提出如下要求：

一、认真学习宣传贯彻党的十八届三中、四中全会精神，紧紧把握全面深化改革和全面推进依法治国这两条主线，谋划和推进学会的各项工作。学会必须及时把握时代发展的脉搏，始终坚持正确的政治方向，坚持科学发展观，才能有新意、上水平、出成果，才能适应社会经济发展的新常态，才能为行业发展服务。要按照习近平总书记、李克强总理对上海工作提出的新要求，牢牢把握“稳增长、促改革、调结构、惠民生、防风险”和“创新驱动发展、经济转型升级”工作大局，发扬“敢闯、敢干、敢担当，敢抓、敢管、敢负责”精神，增强“忧患意识、创新意识、宗旨意识、使命意识”，切实将学习贯彻党的十八届三中、四中全会精神转化为开展学会工作的新动力。

二、紧紧围绕市局中心工作积极开展相关学术研究（理论研究、课题研究、调查研究），为行业主管部门的政策法规制定提供决策咨询。学会要在完善住房保障和房地产市场体系、理顺住宅小区居民自治和社会共治体制机制、加大旧住房综合改造力度、推进旧区改造房屋征收和存量拆迁基地收尾、破解行业管理瓶颈难题、推进住房民生改善和房管行业科学发展等方面加大研究，作出应有的贡献。

三、继续发挥优良传统和作风，凝心聚力，开创学会工作新局面。希望全体会员和理事继续为学会的组织建设、学术研究提供人力、智力、物力、财力等方面支持。积极发挥各自优势，凝心聚力、求真务实、勇于创新、扎实工作。继续发挥学会联系专家学者的桥梁纽带作用和为政府部门服务的参谋助手作用，为房地产行业健康发展服务，为房地产主管部门的科学决策服务，为上海奋力推进创新驱动发展、经济转型升级作出更大贡献，努力开创学会工作新局面。

上海市经济学会、市世界经济学会联合举办首届“中国经济与世界经济的对话”高层论坛

7月13日，由上海市经济学会和上海市世界经济学会联合举办的首届“中国经济与世界经济对话”高层论坛在上海社科院举行。本次论坛的主题是“新常态下的中国经济与世界经济:经济增长、自贸区建设与资本市场开放”。

上海市社联党组书记、专职副主席沈国明出席会议并致辞。沈国明书记表示，这场跨学会活动的举行，话题内容的融合，观点的交锋令人充满期待。社联非常支持跨学会活动，两个学会一起来对未来上海自贸区怎么搞、上海怎样建设具有国际影响力的科技创新中心等热点问题进行深入的交流和研讨。

论坛由市经济学会副会长兼秘书长、市世界经学会秘书长、上海社科院世界经济所副所长权衡研究员主持。他认为，讨论中国经济问题或经济学问题，离不开中国经济和世界经济之间的密切关系。两个学会联合举办“中国经济与世界经济的对话”论坛，希望搭建一个有影响力的交流平台。

上海电视台、《文汇报》《解放日报》《东方早报》、新华网、东方网、澎湃社等媒体出席会议并对会议做相关报道。市经济学会和市世界经济学会部分副会长、副秘书长、相关专业委员会主任及专家学者150多人等参加论坛。

与会专家学者围绕“新常态下的中国和世界经济:经济增长、自贸试验区建设与资本市场开放”等主题，聚焦“2015年上半年世界经济走势与国际资本市场形态”“2015年上半年中国经济减速与实体经济发展新趋势”“中国资本市场的熊牛转换逻辑与未来走势”“未来股市发展新常态与宏观经济政策新选择”等热点问题开展思想碰撞，进行对话交流。

市世界经济学会会长、上海社科院世界经济所原所长张幼文教授在发言中表示，要理解新常态需要思考世界经济和中国经济关系的五个结构性变化问题。第一是消费结构，国内消费结构在变化，消费在升级，同时消费在流出。第二是投资结构，国内传统产业过剩，我们需要与国际进行产能合作，会导致资本流出。第三是贸易结构，未来很可能战略上我们要取向的是进出口基本平衡。第四个是中国对外开放的政策结构、战略结构。未来最重要的变化是从过去政策性开放走向体制性开放。第五个是中国对外经济关系结构，平行推进全球治理，中国“一带一路”、亚投行、金砖银行等，以我们资金和外汇实力为基础的全球治理模式正在形成。

市经济学会会长、市政府发展研究中心原主任周振华在讲话中表示，对新常态的解读

是处于痛苦的转折点，主要归纳为四个方面。第一是我们要建立对外开放的新体制和对外开放的新格局。中国不仅仅是经济全球化，也要起到引导经济全球化的作用。第二是创新驱动发展战略，要求进一步完成中国工业化和实现中国现代化产业技术进步和发展，特别是自主创新能力。第三是借助于自贸试验区要进一步经营服务开放、发展资本市场。第四是开放战略对中国区域经济发展格局带来很大变动。这几个方面交集在一起，形成今年经济下行压力很大这样一种状态。

市经济学会副会长、申银万国证券公司原总裁冯国荣先生主要围绕本次股市的"暴跌""救市""反思"主题开展讨论。他认为，本次股市暴跌的原因可能关注三个问题：虚高、运用了杠杆化操作、跨领域跨期限股指期货。第一个反思是中国的资本市场走向国际双向开放这是必然的趋势，但中国的股票市场还很不成熟。第二个反思是中国的股市必须支持科技进步，中国的股市必须要支持实体经济的发展，中国的股市必须要支持经济的转型来提升我们全要素生产力的提高，这是股市内在的核心。第三个反思就是我们在经济体制改革过程中，政府与市场尤其是在资本市场的关系到底怎么处理？

市世界经济学会副会长、上海交通大学金融研究所所长潘英丽在讲话中表示，中国整体金融改革要从股票市场制度变革作为突破口，需要通过股权融资来推动我们创新驱动发展战略，这个战略可以对传统产业进行优化升级，同时促进新产业的发展。政府真正要扮演的是建立一个有效的法律制度来防范商业欺诈，保护中小投资者防范商业的欺诈。家庭财富的积累要通过银行和资本市场去支持实体经济的发展，实体经济的早成长和回报，来使我们家庭财富实现保值增值。

市经济学会、市世界经济学会副会长、上海海关学院副院长干春晖在发言中表示，中国经济的高速增长很多来源动力是来自于后发的优势，但是到现在中国已经达到了中等收入水平，在未来一段时间里，达到了一个新常态中等水平，要通过科学技术的进步来推动经济发展，注入新的活力。突破口有两个，一个是互联网、计算机、通信技术有关领域；另一个是传统产业，中国也存在超越赶超的可能性。大国和区域优势能够给我们提供很大的发展空间。

市世界经济学会副会长、上海财经大学金融研究中心主任丁剑平在发言中从外部环境，希腊的危机讲到中国股灾，讲到对中国消费投资各方面的影响。他表示中国目前经济还是要重返实体经济。美国推行 TPP，我们提出"一带一路"倡议，中美同步进行。今年下半年一系列内部后遗症和国际上不利因素，我国和世界经济总体形势不容乐观。

市经济学会副会长、上海浦东发展改革研究院院长朱金海，上海社科院世界经济所原副所长、市欧洲学会会长徐明棋，复旦大学中国经济研究中心副主任、市经济学会常务理事殷醒民等专家进行精彩的点评和交流，全体会员与参会代表提问与嘉宾互动。

上海市市场监督管理学会召开会员代表大会

8月25日，上海市市场监督管理学会召开七届三次会员代表大会。学会会长、市工商行政管理局局长陈学军，学会副会长、市工商行政管理局副局长钟民，学会副会长、市工商行政管理局总经济师杜贵根，市工商行政管理局副巡视员缪钧出席会议。市社联学会管理处处长王克梅应邀参加，学会常务理事、理事，各区县学会秘书长，市工商行政管理局各处室学会小组长共100余人参加了会议。

会上，杜贵根代表七届理事会作了工作报告。缪钧宣读了市局《关于表彰2014年度上海市工商系统优秀论文(调研报告)的决定》。王克梅宣读了市社联《关于同意上海市工商行政管理学会更名的批复》。钟民宣读了市民政局准予社会团体变更登记决定书。

陈学军在会上作了讲话。他指出，学会更名是学会发展史上的一件大事，符合市场综合监管的新格局，适应了研究领域拓展的需要，也更加贴近国家关于维护市场竞争秩序的要求。2014年以来，学会高处着眼、锐意进取，在参与重大课题调研、积极服务支持改革上有新突破，在承接总局重点课题、深入研究上有新突破，在组织全系统开展调研、转化研究成果上有新突破，值得充分肯定。下阶段，要实处着手、突出重点，进一步加强调查研究和理论创新，重点抓好六个方面工作：一是紧紧围绕“十三五”规划编制开展研究；二是紧紧围绕上海科创中心建设开展研究；三是紧紧围绕深化自贸试验区制度创新开展研究；四是紧紧围绕市场监管体制改革后加强事中事后监管开展研究；五是紧紧围绕加强干部队伍建设和基层建设开展研究；六是紧紧围绕推动长三角融合发展开展研究。同时，要坚持理论联系实际，高度重视理论研究成果的转化应用，要通过各种形式、各种渠道把理论调研成果转化为工作思路、工作方案、工作措施，用理论研究成果指导实践、解决问题、推进工作，为上海市场监管的改革发展作出新贡献。会上还举行了系统优秀论文、调研报告颁奖仪式。

“上海市社会保障学科快速发展探讨”专题研讨会召开

9月26日,“上海市社会保障学科快速发展探讨”专题研讨会在华东师范大学召开。来自上海财经大学、上海工程技术大学、华东理工大学、上海政法学院、华东师范大学等高校专家学者,普陀区绿化和市容管理局、普陀区长征镇政府、上海城投控股股份有限公司等政府、企业工作人员60余人参加会议。华东师范大学公共管理学院副教授曹艳春主持会议,七位专家学者进行主题发言。

市劳动保障学会副会长、上海财经大学公共经济与管理学院郭士征教授认为,社会保障学科要快速发展,宏观社会经济环境和部门对学科发展的重视具有重要意义。社会保障必须注重基础理论,形成自身体系;同时应紧密联系实际,研究和解决现实问题;主动探求一手外文资料,丰富理论资源;社会保障专业学者要踊跃参加学术会议,增进与同仁之间的学术交流。

上海政法学院王慧博副教授,以上海某高校为例,运用SWOT方法分析了社会保障专业应用型人才的培养机制。他认为,从内部来看。社会保障专业具有专业办学定位较清晰、课程设置以市场需求为导向、教师学历层次较高及研究能力较好等优势;从外部来看,政府扶持社会保障专业,市场对社会保障专业人才的需求增加。但是,社会保障也存在专业缺乏鲜明特色、专业课程设置偏理论化、教师工作量大及考核评价体系错位等诸多问题。他提出,社会保障专业应用型人才的培养,要坚持社会保障专业的特色办学,加强社会保障专业课程体系改革,促使高校与企业签订“合作共建协议”,使社会保障专业培养的人才更适合现实的需求。

华东师范大学余飞跃副教授、李月月对全国29所开设社会保障专业的985高校进行系统研究,分析了社会保障专业研究生课程体系研究现状。研究发现社会保障专业大部分从属于管理学院或社会学系,课程设置有较大的趋同性,比如经济学类课设门数最多,达到52门;其次为研究方法类课程有48门;其余为社会政策与公共政策、社会保障概论等。他们认为,社会保障学科存在轻工伤失业、重养老医疗的特点,学术研究的功利取向明显;同时社会职业方向的课程设置杂而不专,没有课程优势。他们提出,社会保障专业应广泛设置跨学科课程,促进学生差异化发展。

上海师范大学张祖平副教授认为,社会保障学科发展相对成熟,专业在全国高校大范围设立。但存在以下问题:一是本科生毕业生就业方向有待拓宽,考研、自主创业较少,建议向非营利领域拓展；二是期望与现实的错位，导致就业前景、就业率被低估，悲观情绪蔓延；三是课程设置由教育部统一设置，灵活性差。他建议，提高整个专业的含金量，注重基本技能；扩大学生阅读量，完善精算课程，新增非营利组织关联课程，打造一流的高级专业人才；同时要对专业老师进行结构重组，培养一流的专攻教学队伍。

华东师范大学路锦非副教授对社会保障学科发展的历史渊源及相关基础理论进行了梳理回顾。他认为，社会保障专业作为新兴学科，目前无现成标准，各高校均各自发挥学科优势，但缺乏独立的理论体系、课程和培养方案设置相对随意、缺乏统一的学科发展纲要以及与其他专业区分不清等瓶颈制约了学科发展。他认为，应当重塑社会保障专业的知识结构，构建学科理论体系。

北京大学博士、华东师范大学柴化敏讲师介绍了老龄健康影响因素的跨学科研究的前沿动态。她利用CLHLS第七次调查数据对我国23个省份的65以上老年人口健康状况进行系统梳理分析，并对22个非长寿地区及8个长寿乡地区的2 448位被访者进行对比分析。通过数据分析发现，生活习惯、性格、心理素质、饮食、家庭周围环境等都是健康长寿老人的重要影响因素，经常参加锻炼与社会休闲活动对老年人的身心健康有显著改善作用。柴化敏指出，我国老龄健康跨学科研究势在必行。

上海应用技术学院戴建兵强调创新创业教育实践基地在社会保障学科发展中具有重要意义。戴建兵运用上海应用技术学院光明村创业孵化基地的实际案例，详细讲解了申请入孵化园的流程，并对奉贤区“创新、创业、创意”的三创基地及光明村科技创业基地进行介绍。他提出，社会保障学科应设置成课程群，加强师资的训练，提高学生的创新创业能力。

与会人员围绕学科建设的哲学思考、公共管理实验室建设、学术研究热点分析等主进行了深入的探讨。本次会议通过专题发言和自由讨论相结合的方式，多维度、多视角地探讨了社会保障学科建设的多个重要议题。专家学者从理论思考、计量模型、调查分析等多个角度献计献策，为社会保障学科的建设发展提供了很多富有针对性的建议。

“‘互联网＋’背景下消费升级与商业转型”高层论坛召开

如何搭乘“互联网＋”这列时代快车是时下不少传统零售企业正在热议的话题。10月16日，“‘互联网＋’背景下，消费升级与商业转型”高层论坛在中国零售业巨头百联集团会议厅召开。本次论坛由上海市市场学会主办，百联集团教培中心和《上海百货》杂志协办。上海市政协常委、上海市市场学会会长贺涛和来自商业企业的代表100余人出席。

论坛分两部分。上半部分为主题演讲，由市场学会秘书长于人主持。国际商业机器（中国）有限公司（IBM）咨询总监杨帆在题为“传统零售商的全渠道转型之路”的演讲中指出，基于定位技术的空便利性驱动的多消费目的导航、智能搜索与精准运营、基于互联网金融的虚拟信用卡和电子钱包、基于大数据的客户智能关怀与智能互动和零售行业云等都是传统零售商可以创新应用的领域。一号店副总经理张高峰作了“大数据在零售商业创新中的运用”的演讲。他以一号店为例，分析了大数据下的行销、大数据下的价格策略、个性化的CRM、大数据与业界最高效的供应链等。复旦大学管理学院教授蒋青云作了以“消费升级大时代的零售创新”为题的演讲。他认为随着教育、娱乐、文化、交通、通讯、医疗保健、住宅、旅游等方面消费比例的上升，意味着消费升级，也意味着生活方式转型。传统零售业面对挑战，出路是要么跨界，要么转型。跨界就是拥抱健康、教育、娱乐等新生活消费浪潮，转型就是推进移动互联网时代商业模式和服务转型。

下半部分为论坛对话，由上海对外贸易大学工商管理学院教授魏农建主持。魏农建教授、原上海市商业信息中心主任齐晓斋、上海财经大学教授陈信康和百联集团股份有限公司总经理钱建强等与会嘉宾就“实体店商业固化与电商发展的关系”“国外实体店如何在电商冲击下生存与发展”“从奥特莱斯成功视角谈谈百联股份在跨界、全渠道过程中能做哪些事”“上海商业利用自贸区制度创新在满足消费路径创新方面有何作用”等问题进行了广泛和深入的交流。

上海邮电经济研究会举办邮政寄递类业务改革专题研讨会

11月2日，上海邮电经济研究会举办邮政寄递类业务改革研讨会。来自上海邮政公司、上海邮政科学研究院、上海邮政工程设计研究院以及其他快递公司的40位专家和技术人员应邀出席，研究会副会长周焕德主持会议。

近年来，随着改革开放进一步深化，市场经济进一步放开，以及互联网技术的广泛运用，邮政寄递类业务形态发生了深刻变化，信函日益萎缩，而快递业务则呈爆炸式发展趋势。据悉，中国快递市场已连续40个月增长超过50%，2015年业务量前三季度已达93.9亿件，同比增长52%，年底有望超过140亿件。2015年快递业务收入完成1 409.9亿元，同比增长41.6%，年底有望突破1 900亿元。与此同时，快递市场的竞争日趋激烈，外资快递公司、民营快递公司发展迅速，风头远远盖过邮政公司。对此，上海邮电经济研究会将“邮政寄递类业务的改革”列为2015年度邮政研究课题，上海邮政科学研究院则组织专家以及相关研究人员前期进行了充分的调研，他们深入生产一线，调查了解实际情况，听取一线管理人员和生产工人的意见建议；同时组织召开不同层次座谈会，与邮政管理、科研、支撑等资深专家共同交流探讨，寻找邮政寄递类业务发展的出路。经过半年多的调研，形成了初步方案，再次征求意见建议，最终将形成比较成熟的方案，提供给中国邮政集团公司决策参考。

初步方案有三个，三选一。一是经营主体归速递物流的方案；二是经营主体归邮政公司的方案；三是两个经营主体的方案。与会者从实施中国邮政集团公司整体战略、做大做强邮政寄递业务、提高邮政速递两方面积极性、用好用足国家相关政策、持续推进市场化的改革五个方面有利与否的角度，进行反复比较、充分争论，最终形成一致的看法，推荐第一方案，再进行一些必要的修改、补充，报送中国邮政集团公司。

与会领导、专家表示：实践证明，行政化的手段根本不适应邮政行业发展要求，建议按照市场和现代企业制度的要求，把该管的重大事项管好，而把更多的经营管理权充分下放，建立责、权、利对等统一的管理体系和市场化的运行机制，充分激发邮政各级企业和干部员工的激情和活力，调动各方面的积极性，这样才能做大做强邮政寄递类业务。

“上海国际经济中心建设的历史记忆和现状研究”研讨会召开

11月6日，“上海国际经济中心建设的历史记忆和现状研究”研讨会在市政协江海厅召开。本次研讨会由上海市政协文史资料委员会和市哲学社会科学规划办公室主办，上海市文史资料研究会、市地方史志学会、市经济学会、上海社科院经济研究所、市商务发展研究中心和当代上海研究所承办。

市政协文史委主任冯小敏、专职副主任王建华，市政协学习委副主任、市经济学会会长周振华，市地方史志学会会长朱敏彦，副会长、市委党史研究室副主任徐建刚，市文史资料研究会副会长陈汝南，上海社科院经济研究所副所长、市经济学会副会长沈开艳，副会长郝德良，市商务发展研究中心主任朱桦、副主任黄宇，市社科规划办副主任吴铮，当代上海研究所副所长宋仲琤等和本市社科界、文史界、方志界专家学者120人出席。会议由朱敏彦主持。

冯小敏致辞感谢专家们长期以来给予市政协活动的支持，给予上海国际经济中心建设的热切关注，指出上海建设国际经济中心有很多问题值得深入思考和探讨，召开研讨会具有十分重要的现实意义，希望专家们共同出谋策划，为上海国际经济中心建设贡献智慧。

周振华作题目为“上海国际经济中心建设的历史记忆和现状研究”的主旨报告。他在报告中回顾了上海提出建设国际经济中心的历史，分析了上海建设国际经济中心的现状并展望了未来发展的趋势，提出未来30年上海应当是建成具有全球影响力、辐射力和竞争力的科技创新中心、资源配置中心、财富管理中心、信息交互中心。

市社会主义学院教授顾行超、市商务发展研究中心主任朱桦、上海社科院世界经济研究所教授沈玉良、青浦区文广局局长曹伟明、当代上海研究所原所长胡训珉分别作题目为“上海国际经济中心建设的历史及其思考”“上海市场体系建设回顾与展望”“全球产品分拆下的上海角色”“激活上海文化基因，服务‘一带一路’建设——兼论上海最早对外贸易港口青龙镇的文脉传承”“‘上海’地名含义试探——从先民对海洋的认识看上海发展的整体规划建设”的交流发言。

最后，沈开艳作学术总结。她认为，本次会议具有前瞻性眼光和历史性思考，从历史、现实和全球化的角度探讨了上海建设国际经济中心的上海责任。上海应该深入挖掘自开埠以来根植于内部的城市基因和文化基因，融入国际城市网络，建设新的更高层面的国际经济中心。

上海生产力学会举办“中国经济：战略与规划”学术报告会

11月13日，上海生产力学会在上海国际航运研究中心举行了“中国经济：战略与规划”学术报告会。上海社科院部门经济研究所原所长、上海生产力学会副会长杨建文研究员应邀做了主旨报告，上海生产力学会会长真虹教授主持了本次会议。

杨建文研究员回顾了新中国经济的发展历程。他指出，中国在50年代前半期开启了国家工业化进程。然而，1978年之前和之后的中国经济表现差异甚大。他通过对中国1952—1978年间以及1978年以后的增长进行了核算，把增长源分解为资本深化、劳动力深化以及生产率增长。在1952—1978年期间，中国人均GDP每年大约上升了3%，但是，所有增长都来源于政府强制性地扩大固定资产投资，以及教育水平上升带来的人力资本增加。1978年以后，中国以渐进、试验和分散的方式进行改革，形成了巨大经济增长动力。

杨建文研究员指出，1978—2012年，这35年间中国经济创造了增长奇迹。尤其是1978年以后的30年改革期间，中国的城市化率大幅度上升至45.7%，城市人口从1.7亿扩展到6亿。工业素质有了明显提高，从一个初步工业化国家变为一个在世界上具有竞争力的工业大国。杨建文认为，2012年以后中国经济进入调整期，稳增长、调结构压力在增大，产业改造任重道远。党的十八大报告明确提出到2020年国内生产总值和城乡居民人均收入两个翻一番的目标，并将创新驱动、经济结构战略性调整列为重要的任务。过去30多年中国经济高速增长是基于人口红利和原有的全球分工体系完成的话，那么未来中国经济的持续健康发展就要依靠创新以及中国在全球范围内的有效资源配置。

杨建文研究员强调，今年以来中央大力推动创新，尤其是鼓励年轻人以创新思维进行创业，并提出了“互联网+”和中国制造2025的宏伟计划，“一带一路”倡议、亚洲基础设施投资银行以及金砖国家发展银行也已经在快速推进之中。杨建文研究员强调，创新驱动，首先是技术创新，而技术要依赖于制度创新，制度创新靠什么？一个是深化社会主义市场经济体制改革，处理好政府和市场关系，一个是全面推进依法治国，真正解决民主与法治的建设问题。这样的话，这种制度创新条件下，才能够推动技术创新，才能全面驱动增长方式转变，真正缓解、克服中国经济失衡，为中国总量失衡的控制提供有效的支持，使中国经济可持续发展。

上海邮电经济研究会举办运营商面临“互联网＋”的机遇与挑战研讨会

11 月 13 日，上海邮电经济研究会举办“互联网＋”形势下运营商面临的机遇与挑战专题研讨会。研究会副会长、中国电信号百集团副总经理钮钢，研究会首席顾问高仰止出席并讲话。来自三大运营商的代表以及研究会会员单位代表 40 多人出席研讨活动。

中国电信上海研究院胡世良代表课题组作了题为“把握互联网＋机遇，加快推进互联网＋转型”的专题报告。研究报告从三个方面对“互联网＋”的认识、运营商“互联网＋”的实践以及运营商面对“互联网＋”的出路进行阐述，同时也指出了运营商在“互联网＋”实践方面存在的问题。

报告指出，“互联网＋”是在我国大力推进创新驱动战略以及大力倡导“大众创业、万众创新”的背景下提出的。在今年政府工作报告中，李克强总理多次提到“互联网＋”行动计划，把这个行动计划上升到国家战略层面。这个计划对推进我国“互联网＋”的发展具有深远的影响。最近召开的党的十八届五中全会，对正在制定的“十三五”规划提出了建议，包括“互联网＋”在内的信息化建设的相关内容都在“十三五”规划中得到了很好的体现。

报告还指出，面对“互联网＋”形势，我国三大运营商积极响应，积极实践，在政务、金融、教育、医疗、交通、环保等方面互联网得到了很好的应用，并在 4G 提速、网络转型、5G 研究方面有了新的突破。这些年，三大运营商运用互联网技术，在各个领域进行实践与融合，特别是以此推进上海智慧城市建设，充分体现了运营商的社会责任。当然，三大运营商在“互联网＋”的具体运用中，无论是观念还是实践，都还存在着一些不足，需要及时改进、完善和提升。

报告的最后部分为运营商如何适应“互联网＋”形势指出了方向，即加快互联网转型是运营商的根本出路，而转型的核心，是抓住机遇、转型升级、深化改革。

钮钢副会长、高仰止首席顾问也分别从不同的角度，对运营商如何尽快融入“互联网＋”时代，如何进一步加快创新转型，提出了自己的看法。三大运营商一方面应该向互联网公司学习，学习他们的创新思路，借鉴他们的创新路径，用“互联网＋”的观念引导转型；另一方面，可与互联网公司展开深度合作，优势互补，扬长避短，真正把互联网精神学到手。总之，“互联网＋”的影响力正日益扩大，互联网渗透到经济社会的各个领域，在人们的生活中无处不在。运营商只有抓住机会，深化改革，创新转型，才会有更好的发展空间。

2015 上海城市发展创新论坛隆重召开

上海市城市经济学会联合上海市宏观经济学会、上海市城市规划学会、上海市固定资产投资建设研究会、上海市市政公路行业协会、上海市建设工程咨询行业协会共同举办"2015 上海城市发展创新论坛(第九届)",于 11 月 14 日在上海展览中心友谊会堂举行。市社联、市社团局、市住建委、市政府发展研究中心的有关领导,论坛主办学会的领导及会员代表和专家学者,协办单位文汇出版社、《上海城市发展》杂志社负责人以及热心于上海城市发展的新闻媒体代表 200 余人出席。

本次论坛主题是"上海城市发展'十三五'规划思路"。邀请市政府发展研究中心主任肖林作了题为"以新理念新思路新战略,谋划上海'十三五'新发展"的主旨演讲。肖林从深刻把握"十三五"发展新形势,以新理念谋求新发展,"四个中心"建设重在提升全球资源配置能力,科创中心建设重在提升产业技术创新能力,以高标准、高起点深化推进全方位开放战略,以"互联网+"和"中国制造 2025"加快推进产业结构优化升级,城市空间布局是构建网格化、多中心、扁平化的城市体系,探索集约紧凑、功能复合、低碳高效的城市更新途径,全面提升城市软实力,全面建设高水平、高质量的小康社会,推进社会治理创新,推进城市安全防御体系等十二个方面全面阐述了上海在"十三五"期间的发展战略思路。

肖林指出,"十三五"时期是我国全面建成小康社会的决胜阶段,是上海基本建成"四个中心"和现代化国际大都市的冲刺期和建设具有全球影响力的科技创新中心的奠基期。上海要全面贯彻党的十八届五中全会提出的"创新、协调、绿色、开放、共享"五大发展理念。上海总的发展思路是:要减少"四个依赖",严守"四条底线",推进"两大战略",全面提高城市核心竞争力。要减少"四个依赖",即减少对重化工业的依赖,减少对资源拉动的依赖,减少对房地产发展的依赖,减少对加工型劳动密集型产业的依赖。严守"四条底线",即守住人口底线,守住建设用地底线,守住能源环境底线,守住城市安全底线。推进"两大战略",一是大力推进自贸区试验战略,二是大力推进具有全球影响力的科技创新中心战略。

论坛还从 6 家学会选送的 35 篇论文中推荐了 4 位专家学者作了交流发言。专家学者们围绕"上海城市发展'十三五'规划思路"的主题,从上海科技创新中心建设、上海经济社会发展、上海城乡一体化发展、上海城市综合管理法规体系、政府风险应对、智慧城市建设、信息产业化发展、能源环境保护、社区治理创新、城乡基础建设等方面为有关部门编制上海"十三五"发展规划,提供了坚实的应用理论支撑和有效的操作思路方案。

上海市经济学会举行“中国特色社会主义政治经济学的发展和创新”暨《中国特色社会主义政治经济学》理论研讨会

11月15日，上海市经济学会举行了“中国特色社会主义政治经济学的发展和创新”暨《中国特色社会主义政治经济学》理论研讨会。社会主义市场经济研究专委会主任陈承明主持会议。本次研讨会的特点是把理论研讨与编写《中国特色社会主义政治经济学》的专著有机结合。华东师范大学教授陈伯庚、副教授朱琴芬、副教授李晶，市经济学会副会长沈开艳，上海社会科学院研究员袁恩桢、邓立丽，复旦大学教授王克忠，上海交通大学教授孙仲彝，上海市委党校教授黄文忠、周静，上海市发改委处长赵义怀，上海市发展改革研究院副研究员傅尔基，高教出版社上海出版事业部经管文科分社社长刘自挥等十几位专家学者参与了研讨。

陈伯庚首先肯定了作者前期的努力，在老中青三代研究人员的共同努力下，书稿的质量在逐步提升；其次，陈教授强调本书内容上以社会主义市场经济为核心，在方法上要以国情、民情出发，以社会主义初级阶段为基点，利用马克思主义政治经济学的基本方法，强调了社会主义的本质论是贯穿全书的红线；最后，指出了本书的不足之处，如引用党的文献过多，理论分析不足，各章节风格不同，有待在统稿中修改和提高。

沈开艳认为本书与大学普通的教材不同，这是一本有理论探索性的研究型著作，研究的是中国经济的新问题，而不仅是已有知识的讲解；沈开艳强调本书定位在于中国特色，最终要落脚到中国实践；最后，她认为本书观点独特，是对中国特色社会主义经济理论的有效探索和深入研究。

袁恩桢对本书给予了肯定，认为现在正是研究政治经济学的重要时刻，本书应以理论为基础，市场经济为特色，突出问题导向和理论创新；同时，他提出：是否可补充中国特色社会主义政治经济学未来发展趋势？从现状分析过渡至未来趋势，更能体现体系结构的完整性。

王克忠认为本书对“社会主义”的研究很有特色，这正是以前所欠缺的，对于一些有争议的问题也不回避，用于探讨、尝试和分析，并总结出新的理论，值得赞赏。他同时也提出了进一步修改的建议，如对书稿最后一部分需加强等。

黄文忠认为中国特色社会主义市场经济最本质的特色，就在于共产党领导下的市场经济，本书将马克思和凯恩斯两位经济学大家的理论进行结合，很有创新性，希望对混合所有制问题进行补充阐述。

陈承明指出在写作中的创新点：提出按劳分配与按要素分配具有内在的统一性，可以有机结合。过去，许多人认为，按劳分配与按要素分配是完全对立的，只有资本主义经济才能实行按要素分配，只有社会主义才能实行按劳分配，因此二者是不能有机结合的。其实这是错误的。首先，按劳分配也是一种按要素分配。其次，在资本主义条件下，按劳动力价值分配已经包含了按劳分配的萌芽。最后，按劳分配与按要素分配都必须以劳动价值论为前提，都必须符合价值规律。因此，在社会主义市场经济条件下，必须按照价值规律，使按劳分配与按要素分配有机结合起来。

孙仲彝阐述了自己在写作中的四点创新：一是提出了构建新型农村集体经济组织；二是提出了确立集体经济组织成员按份共有与集体经济组织共同共有相结合的产权制度；三是提出把握“中国特色”和“新型”两个基础要求，发展中国特色新型农业现代化；四是提出中国社会主义初级阶段的城乡一体化是建设城乡发展一体化，还不是马克思、恩格斯所提的“城乡一体化”。

赵义怀谈及在写作中结合了当前的时政热点，如将新型工业化、“互联网＋”等概念引入文中，对于房地产投资的特性、资产类型等进行了分析，具有一定的创新性，接下来要继续把“十三五”规划纲要中相关内容补充进来。

傅尔基阐述了他所负责的章节中的创新性尝试，如引入“潜在生产力”的概念，将解放生产力和发展生产力进行深入剖析，在微观上加以解释，同时引入西方经济学中索罗斯剩余的概念，对科技革命对生产力发展的影响进行度量。

朱琴芬教授介绍了第十七、十八章的内容，阐述了我国经济增长周期与西方有何不同，如何将我国经济、自然、社会发展的规律纳入该章节中。

李晶阐述了自己在编写中碰到的问题，如政府和市场的关系应该按怎样的标准来界定，现在很多人按西方的标准来界定的方法是否合理，是否需要考虑合适本国国情的界定标准等，引发了热议。

周静指出了西方经济学大都是从“解决问题”的思路展开的，而马克思主义政治经济学重在“分析和揭示问题”，本书的编写将二者进行结合，利用了大量西方经济学的分析方法和思路，但落脚点是解决中国当前的经济问题，是对中国特色社会主义政治经济学研究体系的很好补充。

刘自挥从出版发行的角度，提出了编写的建议和意见。陈伯庚作会议总结，希望各位作者进一步修改书稿，以问题为导向，加强研究性和创新性。

上海邮电经济研究会举办“互联网＋”的发展机遇与民生建设专题研讨会

11 月 16 日，上海邮电经济研究会、市电信用户委员会联合举办“互联网＋”发展机遇与民生建设专题研讨会，邀请用户代表与电信、移动、联通三大运营商代表对话，共同探讨“互联网＋”如何更贴近民生、为提升人们生活质量提供便捷智慧服务。

李克强总理在 2014 年 11 月首届世界互联网大会上指出，互联网是大众创业万众创新的新工具。2015 年 3 月，李克强总理在十二届全国人大第三次会议政府工作报告中，首次提出了“互联网＋”行动计划。因此，“互联网＋”正在成为当前热点。那么，与互联网关系紧密的电信三大运营商如何踏准“互联网＋”的发展步伐，如何在“互联网＋”的应用中更加密切地贴近民生需求，这是社会各界非常关注的话题。

研讨会上，用户代表希望运营商抓住“互联网＋”的发展机遇，结合智慧城市建设，提供更适应社会、市场需要的贴近民生的新业务，同时希望运营商做好“四个优化”，即网络优化、服务优化、计费优化、信用优化。“互联网＋”计划的实施，连接着经济社会发展，连接着大众创业万众创新，聚焦民生各个方面，与有关行业、单位和部门都有千丝万缕的联系，需要共同发力、合作推进。

三大运营商代表也先后介绍了当前正在实施的通过“互联网＋”面向社会、面向市场、面向民众的业务，也提出了“互联网＋”教育、医疗、交通，以及智慧社区、智慧家庭建设等设想，助力智慧城市建设。“互联网＋”通过显著提升生产力，推进企业内部再造，进而实现对传统行业的颠覆和重构，推动了国民经济更有效益和质量的增长。而电信运营商具备云计算、大数据、移动互联网和智能终端的综合优势，特别在提供网络 QoS 和 SLA 方面具有突出优势，可以成为互联网＋的主要推动者之一。因此，运营商应该而且必须站在“互联网＋”的发展前沿，做积极的推动者。

上海邮电经济研究会会长张林德在总结发言中指出，“互联网＋”的发展，一是政府起着不可替代的推动作用，在规划、法制、市场、监管方面都需要政府进行引导；二是“互联网＋”的发展实则上是一场经济发展和民生建设的变革；三是运营商在“互联网＋”发展中要找准定位，有所作为。

上海市民营经济研究会召开上海市第四届中国特色商会论坛

11 月 17 日，上海市民营经济研究会、上海市工商联、华东师范大学、中国特色商会研究中心共同举办“上海市第四届中国特色商会论坛”。论坛的主题为“中国特色商会建设的方向、责任和活力”。相关领域的专家学者及媒体代表等共 150 余人出席。论坛由中国特色商会研究中心主任、华东师大原党委副书记罗国振主持。

中国民营经济研究会常务副会长王忠明在论坛上致辞并以“关于当前商会建设若干新问题的思考”为题作了演讲。他指出，第一，商会大联盟或结盟已经显现一种潮流和趋势，这种潮流和趋势值得关注。提出“中国特色”如何顺应时代潮流与社会组织发育成长的需求？如何实现“包容性发展”？如何进一步解放思想，践行“开放发展”理念。第二，互联网＋商会经济为商会扩展联络、甚至走出境外和海外提供了条件。这方面上海市民营经济研究会也有积极尝试。他进而提出“中国特色”如何与世界当代文明对接？如何将全球范围的新技术革命、新产业革命的成果作为成长要素或识别标志吸纳进来？也就是说，“中国特色”应当在结构上进行必要的扩容或丰富。第三，商会专门从业人员的市场化问题值得研究。要选好核心人物：会长与秘书长。秘书长如何产生？任期限定下的职业化如何倡导？这些都值得研究。提出应亟需创建商会专门人才市场，并认为没有专业化、职业化的秘书长队伍，就没有现代商会的应有质量。他进一步指出，“中国特色”如何在专门人才（秘书长、秘书等专职人员）的市场化配置方面作出深度研究，并推动实践的深化。

《人民日报》原副总编周瑞金作了题为“中国特色商会面临的新课题和新机遇”的主旨演讲。他指出，中国特色商会既有一般意义上的商会属性，更具有许多特点，如统战性、服务国家总战略等，将是我国最有发展前景的社会组织。他认为，民营经济新常态发展为商会建设奠定了新基础；社会体制改革深化为商会建设提供了新动力；国家战略布局与“一带一路”倡议为商会建设指明了新方向；社会信息化与新生代企业家成长为商会建设创造了新条件。他指出，中国特色商会建设面临四个新课题，即：商会如何服务国家总战略布局的新课题；商会治理法制化的新课题；商会建设如何走向国际化的新课题和如何保证商会建设活力的新课题。

中国特色商会研究中心副主任、华东师范大学公共管理学院党委书记高向东作了题为“统战工作向商会组织有效覆盖的探索与思考”的主题演讲。他指出，统战工作向商会组织有效覆盖十分重要。随着市场经济发展与政府职能转变，社会组织在国家治理中的地位逐渐凸显，而商会作为社会组织的重要组成部分，统战工作向商会组织有效的覆盖，是商会组织健康发展，有效发挥其在国家治理中积极作用的重要环节。他认为，统战工作向商会组织有效覆盖的主要内容体现在以下四个方面：一是思想政治工作要覆盖；二是服务要覆盖；三是组织要覆盖；四是党建要覆盖。统战工作有效覆盖，很重要的是要发挥商会党组织的政治核心和政治引领作用。加强非公有制企业和商会组织的党建工作，有利于进一步巩固党在非公有制经济领域执政基础，把广大职工群众和非公有制经济人士团结在党的周围。他指出，统战工作向商会组织有效覆盖的重点对象主要是新生代企业家。新生代企业家多数具有海外留学经历，思维活跃、思想开放，具有老一代企业家所不曾拥有的国际视野，是统战工作向商会组织有效覆盖的重点对象。新生代民营企业家也存在一些弱点与缺陷，主要表现在，部分新生代民营企业家的政治立场不够坚定；人生价值观不够端正；缺乏企业家精神。为此，一方面需要新生代民营企业家加强自我教育，自觉投身于社会主义现代化建设；另一方面，统战工作向商会组织有效覆盖需要特别关注新生代民营企业家群体，要坚持团结、服务、引导、教育的方针，确保新生代民营企业家爱国、敬业、创新、守法、诚信、贡献。而对新生代民营企业家群体进行教育引导，可从三方面入手：首先，坚定理想信念。增强对中国特色社会主义的信念、对党和政府的信任；其次，加强教育培训；第三，加强激励与制约。加强舆论引导，大力宣传报道新生代民营企业家中的“优秀建设者”，培养树立一批新生代民营企业家群体的标杆人物，发挥示范引领作用。高教授的演讲，对于统战工作向商会组织有效覆盖的实践具有启发意义。

上海市商业经济学会召开“第十五届上海商业论坛”

“第十五届上海商业论坛”于11月18日假座上海社科会堂学术报告厅举行。会议出席者为学会的理事、政府部门的相关领导、研究机构的研究人员、大专院校的专家学者等，共100多人。会议第一个阶段为发布“2015上海商业竞争力报告”，主要内容是公布“2015上海商业100强企业排行榜”及由专家根据各种数据对上海商业竞争力作出点评。第二个阶段为专家演讲，共有6位专家围绕“‘互联网＋’开启商业新时代”的主题，从多个角度，联系实际，发表了真知灼见。主要有以下几个观点：

1. 线上网商不可能取代实体商业。近年来，网上购物增长很快，加上房租和用工成本上升，确实对实体商业造成了冲击。但实体商业也有自身的问题，不能强调客观，怪罪别人。特别是有些企业不思进取，经营管理水平下降，没有充分利用自身的品牌优势，不能发挥规模效应，没能及时调整经营结构、扩大集中采购、提高服务水平。

2. 实体商业和网络商业各有自己的优势，并不互相排斥。实体商业要充分利用互联网技术，实现业务创新，加快转型，不断改革体制、机制，走出新路。

3. 现阶段是上海发展“互联网＋”服务业的最好时期。在这一时期，上海具有四大优势：一是经济存量优势、行业标准优势和公信力优势；二是高度发达的市场化资源配置能力正在吸引越来越多的互联网企业聚集起来；三是高素质的人力资源；四是上海经济在全球的影响力和参与力也有望在“互联网＋”平台得以实现。

4. 上海商业在“互联网＋”的推动下，已经逐步突破传统的地域限制，实现国内外市场的整合与产业链的优化升级；已经基于大数据技术应用逐步把握消费端发展动向，引领生产的功能不断强化；已经通过移动互联网应用逐步加快线上线下互动，实现线上推广、支付与线下体验、服务的融合发展。由于虚拟网络和实体店之间的互动不断，导致“互联网＋”商品流通的速率不断加快，推动着网络消费与实体商业的不断融合。

5. 上海发展“互联网＋”服务业，要结合上海城市的特点，顺势而为，形成独特的产业特色。其主要是：一要发展“互联网＋”生产性服务业，形成制造业互联互通的全新产业链；二要围绕金融、贸易、航运服务业的发展趋势，推动服务业细分与新兴行业的崛起；三要顺应“互联网＋”时代潮流，加速服务业的转型；四要抓住移动互联和全渠道“互联网＋”服务业不断创新；五要实现上海“互联网＋”服务业纵向整合资源、横向整合业务。

上海市集体经济研究会召开“新常态下集体经济的调整转型”学术年会

11 月 19 日，上海市集体经济研究会召开了“新常态下集体经济的调整转型”学术年会。副会长范杰主持会议，特邀专家学者、部分企业负责人及会员代表等 60 余人参加会议。

会议首先由上海东风沙发厂有限公司总经理周国祥介绍公司调整转型的经验并观看了相关视频。

上海交通大学教授孙仲彝首先分析了形成中国经济新常态的六大原因以及在实际增量、增长动力、发展前景、市场活力四个方面给中国经济带来的机遇；其次对集体合作经济适应新常态给出了建议：组织形式转型成为以集体资本（资产）控股的多种形式集体经济或混合所有制经济，经营形式转型发展生产领域以外的流通、服务、生活领域。最后，他总结了东风沙发厂有限公司转型中的成功经验：一是由生产经营向物业经营转型，取得重大经济效益；二是由集体企业管理向集体资产为主的合作企业转型，获得新生企业活力；三是由企业行政管理向物业经营管理转型，得到创新经营效率。

研究会顾问陈兆忠也点评了对公司改革发展、调整转型的三点体会：第一，“转型”。专业生产企业转型为物业园区管理，实现了第二产业向第三产业转移。第二，“适应”。为职工开展技能与服务培训，为业主主动“排忧解难”，保证了物业服务的质量。第三，“创新”。既有公司主动发展物业的观念创新，也有工会开展“三创”活动的体制创新以及建章立制、规范服务的机制创新。

范杰在总结发言中指出，党的十八届五中全会提出，坚持创新发展、坚持协调发展、坚持绿色发展、坚持开放发展、坚持共享发展，研究会将继续深入探索与研究，为现代服务业、工业制造业、不动产经营业等不同行业的集体企业提供更多指导与服务，帮助其主动适应经济新常态，创新发展。

会后，与会代表还实地参观了东风都市工业园。大家一致表示，此次年会选择现场会议形式，会议主题能引发关注引起共鸣，为企业提供了交流互动的平台，也为集体企业转型发展积累了宝贵经验。

上海市劳动和社会保障学会召开“上海服务业升级对大学生就业的影响研究”专题研讨会暨课题成果发布会

上海市社联第九届学会学术活动月活动之一——“上海服务业升级对大学生就业的影响研究”专题研讨会暨课题成果发布会于11月20日在复旦大学召开。上海市劳动和社会保障学会副会长、华东理工大学教授黄维德，学会副秘书长丁政祥出席会议并致辞。会议由华东师范大学教授刘大卫主持。

复旦大学教授姚凯首先围绕课题作了主旨发言。课题组认为：改革开放以来，随着上海市产业升级进程的不断加快，上海市服务业在国民经济中的地位得到了大幅度提升，2013年上海市服务业增加值占上海市国民生产总值的比例为62.24%，服务业就业人数占上海市全社会从业人数的比例为56.7%，已经成为了支撑上海市经济发展和吸纳就业的主要力量。同时，大学生就业形势严峻，2015年全国高校毕业生749万人，其中上海高校毕业生17.8万人，大学生面临着巨大的就业压力。因此本课题研究上海市服务业升级对大学生就业的影响，建立服务业升级对大学生就业影响的模型，进行实证分析，并提出加快上海服务业升级和促进大学生就业的相关政策和对策建议。

课题主要分为五部分，第一部分进行了相关概念的界定和文献回顾，界定了服务业的概念和服务业升级的内涵，本研究中认为服务业就是第三产业，是指为生产和消费提供各种服务的部门，包括了除第一产业、第二产业以外的所有活动。服务业升级是指服务业产业规模的扩大、产业结构的优化和产业链的提升三个层次。第二部分对上海市服务业的现状及问题以及大学生就业的现状及特点进行了分析，研究发现上海市服务业比重偏低，处于服务业价值链高端的生产性服务业发展不足，对就业的吸纳能力较弱，但是大学生主要分布在生产性服务业和公共性服务业，并且对薪酬要求相对较高，要求体面就业，因此上海市服务业的结构与大学生的就业结构具有一定的不协调性。第三部分依照服务业产业规模的扩大、产业结构的优化和产业链的提升三个层次，建立了服务业升级影响大学生就业的模型并进行了实证分析，结果表明上海市服务业对上海市就业的拉动作用十分明显，是促进大学生就业的主要产业。第四部分结合上海市服务业的就业弹性、就业结构偏离度、上海服务业发展与吸纳就业总量相关关系和协整关系模型多层次地分析了上海市服务业吸纳劳动力的能力，研究表明，相对第一产业和第二产业，服务业具有较强的就业吸纳能力，但是其内部各行业的就业吸纳能力还存在一定的差别，其中金融业，信息传输、软件和信息技术服务业，科学研究、技术服务和地质勘查业，教育业等新兴服务业是吸纳就业的主要行业，传统服务业对就业的吸纳能力相对较弱。第五部分从政府、产业、企业、大学生个人等角度提出系统的多层次的加快上海服务业升级，促进大学生就业的相关政策和对策建议。首先，上海市要大力发展服务业，推动服务业转型升级。进行服务业结构调整，促进内部结构高级化；重视人才培养，为服务业发展提供技术支撑；激发消费需求，扩大服务消费；增加服务业的投入，提高资本产出效率；加快城市化进程和工业化水平，推进产业升级与经济增长。其次，根据服务业结构变动，有效调整大学生就业结构，合理控制高校招生规模，适时增设和调整高校专业设置，转变大学生就业观念和提升大学生就业能力。第三，政府有效引导，促进产业与大学生就业的良性发展。同时，还要充分发挥社会组织的社会责任与职能，吸纳引导大学生就业。最后，大学生个人要弘扬新时代大学生的正能量，展现“三严三实”新风貌，转变自身就业观念，树立新时代的择业观，积极提升自我能力与素质，增强就业竞争力。

上海市生态经济学会举办2015年年会暨“美丽中国与生态建设”论坛

11月20日至21日，上海市生态经济学会在上海国际会议中心举办了2015年年会暨“美丽中国与生态建设”论坛，会议由原上海市政协副主席、学会会长王荣华，上海市社联党组书记、专职副主席沈国明，学会副会长洪民荣主持；年会邀请了来自联合国环境规划署、世界观察研究所、日本全球环境战略研究所、世界自然基金会、环保部环境规划院、同济大学、上海国际问题研究院等的国内外专家，就中国面临的生态环境挑战、中国能源结构瓶颈与新能源产业发展、环境法治、全球环境治理与中国碳排放峰值等议题展开热烈讨论。

与会专家从环境保护的理念、模式到实践，提出了许多创新性的观点。学会秘书长、上海社科院生态与可持续发展研究所常务副所长周冯琦总结了纽约、伦敦、巴黎、东京等世界城市的环境战略及其演变规律、演进趋势，并就上海环境战略的转型提出政策建议。同济大学赵建夫教授详细介绍了该校环境学院在嘉兴开展的“环保医院”实践，“环保医院”致力于在当地培育和扶持第三方污染治理机构，对他们加以规范和管理，提供服务和技术支持，在第三方污染治理市场中扮演了一个综合管理平台的角色。国家海洋局第一海洋研究所陈尚研究员和环保部环境规划院葛察忠研究员分别就海洋生态服务价值和煤炭环境外部成本展开评估，为政府就生态补偿、环境税费进行决策提供依据。

外国专家介绍了发达国家在环境保护、新能源发展等方面的成功经验。如来自丹麦奥尔堡大学的隆德教授介绍了在丹麦等国已有成功实践的智能能源体系。而部分国内专家强调，在中国制定环保政策要考虑中国的特殊情况。如同济大学可持续发展与管理研究所所长诸大建指出，发达国家城市建筑能耗占较大比重，而我国城市工业能耗占比较大，在中国城市开展节能减碳要以工业领域为重点。

上海市经济学会第十届上海青年经济学者论坛暨十周年庆典演讲会隆重举行

12月12日，第十届上海青年经济学者论坛暨十周年庆典演讲会在上海对外经贸大学举行。本届论坛由上海市经济学会、上海市人民政府发展研究中心主办，上海对外经贸大学国际经贸学院承办，来自全国各地的青年学子齐聚一堂，共同探讨“新常态下的中国经济——新动力、新结构和新发展”这一主题。上海市社联党组书记、专职副主席沈国明，上海市经济学会名誉会长、学术委员会主任袁恩桢，上海市经济学会会长周振华，上海对外经贸大学校长孙海鸣，上海海关学院副院长干春晖，上海社会科学院世经所副所长权衡，上海市政府发展研究中心科研处处长吴苏贵，上海对外经贸大学科研处处长陈子雷，上海对外经贸大学国际贸易学院院长黄建忠，华东师范大学经济学院院长殷德生等出席论坛。上海对外经贸大学、华东师大、上海社科院以及上海海关学院的青年科研人员、学生代表以及部分获奖代表等共同参加会议。权衡主持开幕式暨颁奖仪式，干春晖主持演讲环节，周振华作论坛总结讲话。

孙海鸣在致辞中向来自全国的青年经济学人介绍了上海对外经贸大学的历史传统、科研实力以及近年来应用研究型办学定位的转变，表达了招徕青年才俊的诚意。黄建忠向大会汇报了本届论坛的征文、优秀论文评选与组织实施等工作。本届论坛围绕“中国经济新常态、新结构、新动力”给出了17个选题，共收到投稿论文68篇，其中上海市内35篇，外省市33篇。评奖全过程严格遵守“双向匿名制”，由资深专家进行初评，由最终投票方式评选出最终获奖论文。本届论坛共评选出一等奖论文1篇、二等奖论文3篇、三等奖论文5篇、新秀奖论文14篇，由吴苏贵宣布获奖名单。

随后，上海社科院智库研究中心李凌副研究员、上海财经大学财经研究所邵帅副研究员作为历届获奖青年学者代表分别发言。李凌谈到学术研究要嫁接智库研究的视野和选题，而智库研究要引入学术研究的研究方。邵帅回顾个人学术成长经历，谈到青年学者必须秉承和建立“经济匡时、经世济国”的社会责任感。

袁恩桢发表致辞，他谈到近期习近平总书记在主持学习时强调，要立足我国国情和我国发展实践，不断开拓当代中国马克思主义政治经济学新境界，因此青年学者的学术研究要以解决中国现实问题和突出中国特色为导向。

沈国明致辞中提到现在国内理论创新局面非常窘迫，很多学科大量引用西方学说，却很难解释当下中国快速发展的社会，中国需要有自身特色社会主义理论体系，需要有自己的话语体系、话语权。

在学术演讲会上，本届论坛的优秀论文奖获奖代表汇报最新研究成果，来自山东财经大学、上海师范大学、上海对外经贸大学等高校的青年学者刘华军、王衡、胡玉梅分别作了题为“中国环境污染排放绩效的演变与关键驱动因素”“货币环境和流动性创造”“北京公交价格调整对房价影响之空间差异性研究”的论文报告。黄建忠、陈子雷对论文进行了深入评论。殷德生作了题为“胡焕勇线的突破与中国新经济地理”的专题报告。

论坛最后由周振华作总结讲话，他谈到青年学者研究经济学课题的背景视野一定要开阔，首先是全球化，中国经济研究要放到世界经济的大框架里面，其次是城市化，即经济空间的概念，最后还需关注信息化对经济产生的新的变化。

上海市经济学会会员大会暨 2015 年学术年会隆重举行

12 月 27 日，上海市经济学会 2015 年学术年会在上海社科院小礼堂隆重举行，大会由学会会长周振华主持。市委宣传部副部长、市社联党组书记燕爽讲话，指出学会要积极响应习近平总书记近期发出的关于发展当代中国马克思主义政治经济学的号召，立足我国国情和发展实践，提炼和总结我国经济发展实践的规律性成果，为党和国家献计献策；同时也指出现在是经济工作者大有可为的时代，上海市经济学会为经济工作者提供了一个为国家服务的平台和舞台；最后对学会接下来的工作提出了新的要求和新的期望。

学会轮值副会长、海关学院副院长干春晖作理事会 2015 年度工作报告。学会副会长兼秘书长、上海社科院世界经济研究所副所长权衡研究员汇报学会本年度财务情况，获得全体大会一致鼓掌通过。随后，会员大会选举通过上海对外经贸大学国际经贸学院黄建忠院长为经济学会理事。会长周振华宣布聘任上海对外经贸大学科研处处长陈子雷为学会副秘书长。干春晖教授将继续担任 2016 年度轮值常务副会长。

学会 2016 年度轮值副会长干春晖教授主持学术报告单元。上海银行原副行长王世豪做了“2016 年经济形势预测与投融资新热点”报告，在详细介绍当前我国及世界金融形势的基础上，指出 2016 年全球金融的两大特点和中国金融的两大特点，2016 年中国金融潜在风险将得到控制缓解，将实行稳中有宽的货币政策。

上海市委研究室邢邦志副主任作了题为“上海‘十三五’发展规划基本思路与重大举措”的报告，阐释了上海“十三五”发展规划的产生过程与亮点特点，详细介绍了规划的基本原则、主要任务以及总体目标与具体举措。

学会副会长、上海社会科学院经济研究所副所长沈开艳作了题为“当代中国马克思主义政治经济学研究”的学术报告，介绍了近年来西方政治经济学取得的进展与成果，总结了近年来我国政治经济学的研究对象、研究工具、研究方法上的创新及研究趋势。

学会名誉会长张薰华指出，中国经济发展要重视发展生产力，着眼于人力与科技发展，不能停留在抓生产上。最后，周振华会长进行总结讲话，指出国内当前政治经济学研究进入了非常好的阶段，我国在改革开放三十多年积累了丰富的实践经验，现在已经到了需要集成与提炼的时候，号召学会会员为中国特色社会主义理论体系的建设完善尽一份自己的力量。

金融、财税、会计审计、其他经济

上海市保险学会举办“巨灾风险管理与金融创新”论坛

5月24日，上海市保险学会与中国保险学会、复旦大学联合主办的“巨灾风险管理与金融创新”论坛在上海举行。本次论坛为上海论坛2015子论坛，上海保监局局长裴光、中国保险学会会长姚庆海、中国证券业协会副会长兼秘书长王旻等出席论坛并做主题演讲，来自金融监管机构、国内外保险机构、科研院校的专家学者近百人参加了此次论坛。

中国保险学会会长姚庆海表示，近年来，我国巨灾保险制度建设取得显著成绩，但前行之路任重道远，应选择符合中国实际的巨灾风险管理金融创新工具。一方面，加大巨灾保险试点推广力度，加快巨灾保险立法；另一方面，加快巨灾债券等非传统风险转移方式的运用。姚庆海建议，保险业应建立巨灾保险合作机制，建立中国—东盟巨灾保险基金，完善国际灾害风险管理体系、建立巨灾风险防范长效合作机制，使保险成为我国防灾减灾外交的重要政策工具。

上海保监局局长裴光表示，巨灾风险证券化将巨灾保险风险从保险和再保险扩展到资本市场，发挥资本市场分散巨灾风险的作用。从国际巨灾债券、巨灾期货的发展来看，完备成熟、种类齐全的资本市场是实现巨灾风险证券化的重要保障。上海是全球金融要素市场最齐全的城市之一。随着上海国际金融中心建设的不断深入，金融改革创新的不断深化，巨灾风险证券化的外部环境日益成熟。裴光介绍，目前，上海保监局已经和上海市金融办一起推动成立了保险交易所的筹备小组，筹备工作取得阶段性成果并进入关键期。保险交易所成立后将打通国内与国际保险市场，建立保险市场与资本市场的连接，推动形成区域性再保险交易、定价中心，成为巨灾保险发展的重要载体。

中国证券业协会副会长兼秘书长王旻表示，目前，中国证券业协会已经和中国保险学会签署协议，成立了专门团队研究巨灾保险的资产证券化问题，下一步将加强该领域研究的实验和推广。

参加本次论坛的演讲嘉宾还有中国台湾财团法人保险事业发展中心总经理梁正德，中再产险创新业务部总经理李立松，前海保险交易中心董事长梁洪杰，新西兰奥克兰大学环境系副教授JC Gaillard，德国卡尔斯鲁厄理工学院经济工程学院教授Ute Werner，韩国成均馆大学管理学院教授Junghong Joo，怀戴投资公司董事长、原百慕大财政部再保险和破产法改革委员会主席 John Milligan-Whyte，韩国首尔大学社会学系教授 Jaeyeol Yee，新加坡南洋理工大学保险风险与财务研究中心 Andreas Milidoni 等国内外学者专家，大家围绕指数保险、巨灾证券化、巨灾众筹模式、互联网巨灾保险等主题发表演讲，为我国巨灾保险制度的建设提出前瞻性、建设性意见。

《上海保险》为本次论坛专门出版了一期“巨灾风险管理专刊”，收集整理了国内外专家学者关于巨灾风险管理与金融创新的研究成果，为巨灾风险研究提供可借鉴的资料。

上海市审计学会举办第二届上海审计青年论坛暨市审计学会2013—2014年优秀审计论文表彰会

7月7日下午，上海市审计学会举办第二届上海审计青年论坛暨市审计学会2013—2014年优秀审计论文表彰会。来自市、区县审计局青年审计干部，部分内部审计机构、社会审计组织审计人员，以及部分高等院校教师共150余人出席论坛。市审计局党组成员、总审计师、市审计学会副会长林忠华主持论坛。

论坛首先表彰了第二届上海审计青年论坛获奖论文以及市审计学会2013—2014年度优秀审计论文。随后，围绕审计如何促进国家治理现代化、审计制度如何创新与完善、如何开展政策措施贯彻落实情况跟踪审计三个主题，翟照艳、徐杨、程子扬、程金华、苗丹阳、马晶晶等6位论文作者作了交流发言，袁一平、黄琪舫、何国成、冯炜、何敏、黄春媚等6位专家作了论文点评。

市审计局党组书记、局长，市审计学会会长田春华在论坛上作了"创新审计理论研究，推动审计事业科学发展"主题讲话。田春华会长强调广大青年审计干部要深刻认识新形势下开展审计理论研究的重要意义，着力找准开展审计理论研究的目标方向，即要研究审计面临的形势和应对的方略，研究审计发展的制度机制安排，研究审计中的重大现实问题，研究审计对象和审计事项。此外，还要掌握审计理论研究的科学方法。田春华会长希望广大青年审计干部保持蓬勃激情不减退、理性思考不停息、自我锤炼不松懈，以此次论坛的举办为契机，再接再厉，积极投身审计理论研究工作，为促进审计事业科学发展作出积极贡献。

林忠华副会长在论坛总结时指出，本次审计青年论坛为青年审计干部建言献策、展示风采搭建平台，取得了预期的效果。今后市审计学会将继续为国家审计机关、内部审计机构、社会审计组织、高校审计院系搭建平台，推动深化审计理论研究，共同助力上海审计事业的科学发展。

上海国际保险中心建设与发展论坛在上海举行

8 月 28 日，由中国保险学会、上海市保险学会、上海市保险同业公会和大西洋再保险公司联合主办的“上海国际保险中心建设与发展国际论坛”在上海举行。中国保险学会会长姚庆海和上海市金融办副主任解冬致辞。来自保险监管部门、国内外保险机构、中国社科院、各大高校、国际知名金融机构等各领域的资深专家等出席了论坛。

2014 年 8 月，国务院颁布了《加快现代保险服务业发展意见》，俗称保险“新国十条”。“新国十条”指出，到 2020 年，我国基本建成保障全面、功能完善、安全稳健、诚信规范，具有较强服务能力、创新能力和国际竞争力，与我国经济社会发展需求相适应的现代保险服务业，努力由保险大国向保险强国转变。

2014 年 11 月 25 日，《上海市人民政府贯彻〈国务院关于加快发展现代保险服务业的若干意见〉的实施意见》（以下简称《实施意见》）正式发布，结合上海实际，明确提出了上海地区落实“新国十条”，加快发展现代保险服务业的总体要求、重要任务及政策措施，并明确时间进度安排，确立到 2020 年，上海地区要基本建成与上海经济社会发展需求相适应的现代保险服务体系，通过建立区域性再保险中心、航运保险中心和保险资金运用中心来发展成为国际保险中心，保险深度、保险密度分别达到 6%、7 300 元/人的发展目标。

姚庆海先生在讲话中指出，近年来，党中央、国务院高度重视保险业的发展，营造了前所未有的环境，创造了千载难逢的历史机遇。上海建设国际保险中心这一目标与党中央、国务院的战略部署高度契合。无论是从行业规模还是商业环境来看，还是从保险市场的体系建设和规模增长来看，上海已经具备了建设国际保险中心的基础条件。对于建设国际保险中心，上海的蓝图规划已经越来越清晰，可以说是顺势而为。到 2020 年，上海要基本建成国际金融中心，这就要求上海势必具备齐全的银行、证券、保险金融要素和高度密集的金融服务产业，能够全面集中开展国际资本借贷、债券发行、外汇交易和保险等金融服务，影响力辐射周边乃至全球。为实现上海建设国际金融中心的目标，建设国际保险中心的任务成为必然。而纵观伦敦、纽约、新加坡等国际金融中心，也无一不是国际保险中心。

在论坛的主旨演讲部分，上海保监局副局长舒高勇结合上海地区保险业的实际情况，对如何落实《实施意见》、推进上海国际保险中心建设进行了深入思考和探讨。大西洋再保险公司介绍了在伦敦、纽约、苏黎世、新加坡建立再保险中心的实践或经历以及建立再保险中心过程中特殊风险保险的作用。中国社科院“上海国际保险中心建设”课题组阎建军博士就上海国际保险中心建设的内涵、框架、必备要素、形成路径及发展模式进行了深入思考。

论坛圆桌访谈环节由复旦大学中国保险与社会安全研究中心主任、欧洲经济研究中心研究员许闲主持，与会专家共同对上海国际保险中心建设的发展路径进行了头脑风暴式的探索与探讨。与会专家学者一致表示，各方面都需要研究借鉴全球主要国际保险中心发展经验，推动上海国际保险中心的建设与发展。

第二届“诚信上海”信用创新论坛召开

9月19日，在上海市社联和市经济和信息化委员会的指导下，上海市信用研究会主办的第二届“诚信上海”信用创新论坛在市社联召开。来自政府、高校、研究机构、信用服务机构和互联网金融企业的近130位国内外信用领域的专家学者和实务工作者参加了第二届“诚信上海”信用创新论坛。

市社联党组书记、专职副主席沈国明，国家发展和改革委员会财政金融司副司长李聚合，市经济信息化委员会副主任、市征信管理办公室常务副主任邵志清出席会议并致辞。论坛由上海市信用研究会会长、上海立信会计学院信用管理专业教授洪玫主持。

论坛召开期间举行了由上海市牵头开展的“长三角区域在旅游和环保领域试点建立信用奖惩联动机制试点工作”启动仪式，启动了长三角三省一市针对旅游领域的旅行社和导游及环保领域国控重点企业的奖惩联动机制实施试点工作。

来自国内外的5位信用领域专家学者：国务院发展研究中心市场经济所所长任兴洲研究员、上海市人民政府发展研究中心副主任严军高级统计师、新加坡国立大学孙玮研究员、新加坡DP咨询集团首席运营官Lincoln Teo先生、商务部国际贸易经济合作研究院信用与电子商务研究所所长韩家平围绕社会信用体系建设的重点问题进行了主旨演讲。

专家学者们围绕“全球科创中心信用环境与信用风险评估”“信用信息应用与奖惩联动机制建设”“征信与互联网金融信用体系建设”等热点问题发表真知灼见，纷纷为新形式下加强诚信建设的必要性和重要性、如何推进“诚信上海”建设，使社会信用体系建设成为推动行政管理体制改革、创新社会管理和加强事中事后监管的重要举措等一系列重大理论和实践问题展开深入研讨，为扎实推进上海信用体系建设献言献策。

上海市税务学会、上海市国际税收研究会联合举办“加强税收调研、推动经济发展”课题调研交流会

10月20日，上海市税务学会、上海市国际税收研究会联合举办“加强税收调研、推动经济发展”课题调研交流会。本次会议由上海市税务学会会长许建斌主持。与会各学会课题组代表介绍了关于当前经济发展形势下税收政策与制度、税收管理与稽查、纳税服务及税收信息化建设等热点难点问题的研究成果。

市税务学会自贸试验区分会对《中国(上海)自由贸易试验区总体方案》试行以来，税务部门在税收征管和服务等方面进行了认真的调研总结，并对自贸试验区税收管理服务创新的发展方向和具体措施提出了很好的建议，为自贸试验区创新可复制经验提供了有价值的参考。

金山区税务学会对优化纳税服务与纳税信用建设的关系进行了较为深入的研究，分析了优化纳税服务对提高税收遵从的效应，对推进纳税信用建设乃至全社会的信用建设提供了很好的借鉴。

市税务学会稽查四局分会对当前互联网商品销售的业态进行了调查研究，分析了在税收征管方面存在的问题并提出了很好的建议，使税务部门在加强税收征管防止税收流失的同时，又加强纳税服务支持互联网商品销售这一新兴业态的发展。

会上对2014年度的18篇获奖论文进行了表彰。上海市国际税收研究会会长周振家作了总结发言。周振家会长肯定了市、区学会在搞好学会工作开展学术研究方面取得的成绩，也对进一步搞好学会工作，提升课题调研质量提出了要求。希望学会今后更好地开展课题立项，使课题立项更具有创新性、前瞻性，更好地为税收中心工作服务，为纳税人服务、为经济建设服务的作用。各学会要抓紧完成2015年的课题调研任务，把好课题结题质量关，同时也要搞好换届选举或改选补选等学会建设工作。

上海市企业发展促进研究会举办“四个全面与企业改革创新发展”研讨会

10 月 22 日，上海市企业发展促进研究会举行“四个全面与企业改革创新发展”研讨会。会议由会长方名山主持，理事、会员及部分单位代表共 80 余人参加。上海丰华(集团)股份有限公司党委书记张明忠、上海九高节能股份有限公司董事长李曼萍表、上海轮胎橡胶(集团)有限公司党委书记陈洁强作交流发言，上海市经信委技术进步处处长张宏滔博士作“四新经济为上海产业结构调整助力”的主旨报告。与会专家围绕主题开展研讨，现将主要观点综述如下。

张明忠认为，落实党的政策是解决企业改革实际问题的关键。上海丰华集团公司是由老国企上海丰华圆珠笔厂 1992 年开始进行改革，从国有控股到外资控股到现在的民营控股，历经了各种风雨，遇到了各种困难。虽然，我国改革开放以来，党和政府制定了一系列政策和惠民措施，对推进改革开放和改善民生发挥了重大作用，但是，由于私营企业受管理体系的制约，许多党和政府的政策文件看不到，使一些应该享受有关政策的员工无法享受到，给企业改革带来一定困难。公司党委通过各种渠道了解党和政府的有关政策，主动与市、区政府有关部门反复协商，最终帮助员工解决具体问题，享受到党的优惠政策，稳定了员工的情绪，保证了企业改革顺利推进。实践证明，企业在改革过程中，作为企业党委书记不仅要认真学习党的政策，更要具有敢于担当的精神，积极为广大员工争取政策规定应该享受的待遇，这样才能使党的政策真正落地，不断增强党的凝聚力，使企业改革顺利进行。

李曼萍表示，在“四个全面”引领下，民营经济可以通过创新求得更好的发展。她说，企业之所以能在短短的几年里迅速发展，关键是结合企业实际，坚持不断创新。几年来，坚持创新的原则：一是智能化技术研发由简单到复杂原则；二是技术架构依据顶层设计原则；三是产品模块化结构性价比高原则。采取创新的模式：一是合作研发模式，即 LED 照明灯具的研发与合作单位共同进行；二是“合作＋自主研发结合”的研发模式，即 LED 灯具研发依然以合作为主，但智能系统与产品的研发由九高自主研发；三是“收购和引进＋合作＋自主研发”并举的研发模式，即通过收购具有核心技术的专业公司和引进专业研发团队形成九高自主研发的核心团队，部分产品的研发通过大学生培养基地，或通过产学研合作实施；四是“资本合作＋收购和引进＋合作＋自主研发”四种方式并举的研发模式，即在原有研发工作的基础上，对于多方拥有的各自独立技术，通过技术整合与系统集成形成新的产品和技术。实践证明，多种形式的创新是企业不断发展的动力源泉。

陈洁强指出，党的改革开放政策为国企改革提供了有力支撑。上海国资国企改革 20 条措施出台后，大胆进行改革，包括先后完成了华仑大厦建设项目、双钱（如家）宾馆改建项目、飞雕大厦车库建设项目等，获得很好的经济效益。公司通过几年的改革发展，拥有房产物业市值约 5 亿元，年房产物业经营租赁收入达 3 000 余万元，公司每年从盈利中拿出一定费用，为员工增加 10%的工资已经有五年了。有了党和政府的改革开放政策支持，企业资产搞活了，盈利大幅增加了，员工就业解决了，领导心里也踏实了。

上海市经信委技术进步处处长张宏滔博士作了题为“四新经济为上海产业结构调整助力”的主旨报告，从宏观角度对上海产业结构调整经历的“三个阶段”、调整转型阶段出现的“四个拐点”、产业转型升级要破解的“四个瓶颈”“四新经济”的内容和特点、推进“四新”发展的抓手领域、坚持正确的发展理念和导向、探索建立“六位一体”综合推进“四新”发展的模式等作了较为详细的阐述。

上海市商业会计学会等单位联合举办“财务战略与价值管理”专题研讨会

10月29日，上海市商业会计学会与市会计学会证券期货工作委员会联合举办“财务战略与价值管理”专题研讨会，邀请上海财经大学会计学院博士生导师、上海市正高级会计师评委张鸣主讲，共有会员单位的110位财务总监、中高级会计师与财务主管参加。

会上张鸣教授从财务战略的构架与要素入手，突出讲解了财务战略的灵魂是战略思维，即“运筹帷幄，决胜千里”，财务与资本密不可分，资本是创造价值的基础，提出“万般皆下品，唯价值永恒”的财务理念，指出在企业财务管理活动的整个过程中，要充分认识到价值创造的重要性，这是战略思想的真谛与根本所在，从战略思维的要求出发，无论是资本、成本、筹资、投资、分配，还是定价、信息、风控等，都要体现价值创造的原则，实现价值创造的目标，这是企业立足于长远、实现可持续发展的根本所在。

围绕着战略思维的导引，张鸣教授从财务战略的四要素：公司目标、价值理念、信息系统与有效控制方面作了深入阐述，介绍分析了指标评价、信息保障体系以及国际国内金融环境，引经据典，中外案例剖析，引导财务人员深入思考，明确形势与职责定位，担当起创造价值、管理价值的责任。

张鸣教授的主题发言引起了与会人员的强烈共鸣，大家深有感悟：战略思维是财务管理的灵魂、资本是财务活动的基础、创造价值是资本的本性，明确了要在企业战略的导引下，确立财务管理战略，以正确的战略思维，构筑财务管理架构，开展财务管理活动，提高财务人员的综合素养，适应“改革、发展、转型、提升”的新要求，顺应大数据时代信息技术的快速发展，实现企业价值提升的最终目标。

上海市审计学会举办“审计与上海科技创新中心建设”学术论坛

11月5日，上海市审计学会举办“审计与上海科技创新中心建设”学术论坛。市审计学会全体理事、部分会员近百人参加了论坛。市审计学会副会长、市审计局总审计师林忠华主持论坛。

论坛上，浦东新区审计局局长康晴华（由朱云副局长代为发言）、市教育委员会审计处处长吴小蕾、上海电气集团股份有限公司审计稽查室主任朱茜、沪港国际咨询集团董事长郭康玺、上海立信会计学院审计硕士教育中心主任王扬等五位常务理事、理事分别围绕国家审计、内部审计、社会审计、高校审计院系如何在上海科技创新中心建设中发挥作用作了发言。与会专家的发言阐述了科技创新中心建设对审计提出的新要求以及审计在科技创新中心建设中的角色定位和面临的挑战，同时提出了审计服务科技创新中心建设的新理念、新机制、新举措。

市审计学会会长、市审计局局长田春华在论坛上作了“大力推进审计创新，服务上海改革发展”主题讲话，并提出了“六个新”要求，即把握新任务、体现新要求、适应新理念、探索新方式、运用新技术、构建新机制。同时，围绕“六个新”要求，对学会理事及广大会员提出了三点希望：一是要继续加强审计理论研究，对审计工作面临的环境、重大改革措施、审计评价标准等问题开展针对性地研究；二是要加强实践探索，做到边实践、边总结、边完善；三是要加强互动交流，对研究和实践成果加强共享、相互学习、共同提高。

林忠华副会长在论坛总结时指出，本次论坛内对审计在上海科技创新中心建设中发挥作用具有很强的启发意义。今后市审计学会将继续为国家审计机关、内部审计机构、社会审计组织、高校审计院系搭建平台，开展跨界学术交流，并力争在今后的课题研究中继续深化审计与上海科技创新中心建设的相关研究。

上海市信用研究会、市伦理学会、市社会学学会联合举办“基于社会治理视角下的信用法治环境建设”学术研讨会

11 月 6 日,“基于社会治理视角下的信用法治环境建设”学术研讨会在上海市社联群言厅隆重举行,本次研讨会由上海市信用研究会、市伦理学会、市社会学学会联合举办。市社联学会管理处处长王克梅和市教委政策法规处副处长吴能武分别致辞。来自国内信用、伦理、社会学和法律领域的专家学者,基于社会治理视角下的伦理道德、信用和法治等不同视角,从理论和应用两方面探讨我国社会信用体系建设,开展了一场跨学科的学术论坛。

市信用研究会会长、上海立信会计学院教授洪玫主持了主题演讲和主旨发言。洪玫教授指出,社会信用体系建设是政府监管和社会治理以及法治化建设的主要手段。以信用监管为手段的社会治理和法治化模式的新探索,既要摆脱传统社会治理理念的束缚,更要结合国家的实际情况,形成合理有效的社会治理制度,真正做到“用信息公开倒逼政府职能转变”,使社会信用体系建设成为加强和创新政府行政监管、提升政府监管能力和加强社会治理的有效手段。洪玫教授认为,在这一轮市场改革中,市场自我监管这一“隐形之手”得到了重视,而隐形之手发挥作用的重要基础是完善的社会信用体系,因此政府行政监管的改革应与之保持一致。

浙江大学行政管理研究所所长陈丽君作了题为“多元治理下的信用监管体系和社会信用水平关系”的主题演讲。陈丽君教授通过“社会信用监管体系和社会信用水平关系的实证研究”,运用调查问卷和大量的数据模型分析表明,当前我国社会信用水平现状并不理想,我国社会信用水平现状与社会信用监管各个监管维度现状都差强人意;社会信用监管对社会信用水平具有显著的正向影响。结合当前我国社会信用监管现状,陈丽君教授指出,应当构建多元参与式社会信用监管体系,全面提升社会信用监管水平,以提升社会信用水平,加快社会信用体系建设。社会信用监管体系建设是社会信用体系建设的首要前提和必由之路。

市伦理学会副会长、华东师范大学教授余玉花在“关于信用的不当之用——兼论信用的治理”的主题发言中指出,信用有静态信用与动态信用之分。静态信用,指的是一种合理性的经济形式。动态信用实际上是信用的使用。信用使用的实质是为了谋利,动态信用存在着法治与伦理等问题。现实中存在信用不当之用。余玉花教授认为,防止信用不

当之用,一是征信体系的建立与运作,形成良好的信用环境;二是从事金融业务要设定合适的门槛,注重金融活动细节上的监管;三是加强对信用的伦理引导,把诚信价值观的渗透于信用过程中。

市信用研究会副会长、华东政法大学经济法学院院长吴弘在"国际金融中心建设与地方信用立法"的主题发言中指出,法学界的信用是主体自我经济评价或其经济能力在社会上受到的评价;指一般人对于当事人经济上的信赖感,亦称信誉。吴弘教授认为,信用是市场经济的基石,信用是市场经济的生命,市场经济是建立在稳定的信用关系基础之上的法制经济,稳定可靠的社会信用体系是市场经济有效运行的重要基础之一。同时,信用和金融紧密相连,上海在建设国际金融中心的进程中,既要防范金融风险,又要大力发展信用经济、促进金融市场发展。为此,上海更应大力加强相关法律制度建设,完善社会信用体系。市伦理学会副会长、上海财经大学教授徐大建在"以法治为主导的社会信用治理"的主题发言中指出,社会信用治理包括三个方面:道德教育和舆论制约(社会制约)、法律制度(政治制裁)、社会征信系统(经济制裁)。徐大建教授认为,社会信用治理应当以法治为抓手。产权的界定属于法治的第一步;道德制约的关键不在于诚信教育的缺失,而在于从古代的诚信观念转型为现代的诚信观念,因为这种观念的转型不在于诚信教育缺失,而在于市场经济实践的培育,其要点在于法律制裁,法律制裁属于法治的第二步;社会征信系统的建设与制约同样需要法律规范。

上海大学法社会学研究中心主任李建勇在"社会治理法治化重在培育法治文化"的主题发言中指出,所谓社会治理法治化就是依照国家的宪法和法律来进行社会治理,一切按照法治思维和方法,讲程序、守规则、讲诚实守信,实现法律面前人人平等。要实行社会治理法治化,重在培育法治文化。李建勇教授认为,只有社会各方面都树立了宪法和法律至上的法治理念和权威,人人都能时时刻刻无处不在地自觉尊法和守法,将程序意识、规则意识、诚信意识和法治理念根深到所有公民的大脑并成为自觉的行为时,才是诚信与法治之花在我国盛开之时。

市信用研究会理事、上海海事大学袁象博士在"信用监管与社会治理联动发展研究"的主题发言中指出,信用监管是社会信用体系的重要组成部分,我国当前的社会治理面临着很多挑战,信用监管与社会治理的联动势在必行,但也面临着很多困难,比如立法保障滞后、征信信息收集难和失信惩处力度低等。采用信用监管手段进行社会治理,体现了政府社会治理理念的转变。为了使该工作能够有效推进,袁象博士建议可以分为以下几个步骤推进:注重顶层设计、强化统筹协调、下沉社会治理顶层设计重心、完善联动机制。

上海师范大学冯猛博士在"信用、执行成本与社会治理路径多元化"的主题发言中指出,信用作为一种社会资本能够大幅降低治理过程中的执行成本,建立并维持信用对于实施差异化治理具有积极作用。冯猛博士认为,社会治理中的信用避免了社会主体在治理过程中采取机会主义行为,能够减少机会主义成本和执行费用,特别对长期发生的治理活动,信用的塑造非常重要。

市信用研究会理事、上海大学钱海梅博士在《探索与思考:治理工具的选择与实现——以社会诚信治理为例》论文中指出,传统社会诚信治理工具的选择往往是权威施展方式的选择,忽略了政府与政策标的群体和服务对象之间的一种博弈策略。由于缺乏弹性而无法在网络情境中充分彰显效用,沟通性、诱因性或契约性是第二代工具的特征。在网格式的社会治理结构中,传统的等级式关系的治理工具经常显示出其不适应性。对于新工具的应用可以看作对于社会秩序发展的一种回应。因此,钱海梅博士认为,结合转型社会发展特点,激活内生型社会信用秩序的治理工具,为重构社会诚信秩序提供了一种可能的路径。

市信用研究会理事、上海交通大学黄韬博士在《社会信用体系建设与行政监管联动发展的法律制度》论文中指出,要提高关键制度的层级,增强制度设计的针对性、强制性和操作性。黄韬博士认为,第一层次,作为统领的地方性法规,从信用信息的归集和公开、信用产品的形成和流转、信用机构的权责和信用市场的发展等方面设计;第二层次,在政府规章的层面上,则对这些原则性规定进行进一步的细化;第三层次,通过各类规范性文件,对具体的各类事项加以规定,以加强法规规章的可操作性;最后,通过制定各类具有指导意义的目录和标准,对整个信用法规规章框架进行完善。

市伦理学会会长　上海社科院哲学所研究员陆晓禾主持了点评、交流发言和会议总结环节。

市信用研究会副会长兼秘书长、上海交通大学教授刘海龙和市信用研究会副会长、上海大学经济学院院长沈瑶在点评时指出,市场经济社会信用供给的两种形式是内生型供给和外生型供给。基于内生秩序在建构社会和谐稳定性方面优于外发秩序的特性,通过加强道德伦理和法治教育,推动形成诚信自律、守信互信的良好社会环境,以此推动我国社会信用体系建设。

市教委政策法规处陆海佳在交流发言中指出,要加大诚信教育,提高青年学生的信用意识和诚信水平,使青年学生在创新、创业中得到诚信带来的实惠。

市社会学学会原会长、上海大学教授邓伟志在会议总结中指出,一是通过三个学会跨学科的研讨,梳理出了信用学的理论框架,对推动我国信用学的基础理论研究和发展具有重要的意义;二是要利用各种手段治理我国失信问题,包括诚信教育和法律的手段,综合治理和净化我国信用环境。

上海市卫生经济学会青年论坛顺利召开

11月12日，上海市卫生经济学会、市卫生发展研究中心共同举办上海市卫生发展研究中心第29期双月论坛暨上海市卫生经济学会青年论坛。本次论坛邀请了卫生政策研究青年专家、区县卫生计生委相关处室青年骨干、市卫生政策协作网络成员单位代表专家学者等共计50余人参会。

论坛由市医学科学技术情报研究所党副所长、市卫生发展研究中心副主任丁汉升主持，市医学科学技术情报研究所所长、市卫生发展研究中心常务副主任金春林进行会议总结。来自卫生经济学领域的四位优秀的青年学者——上海财经大学公共经济与管理学院讲师余央央博士、浦东新区卫生发展研究院院长助理荆丽梅博士、中国社会科学院公共政策研究中心助理研究员朱凤梅博士和市卫生发展研究中心助理研究员李芬博士分别就卫生经济学研究热点作了精彩翔实的主题报告，并与参会人员进行热烈互动，主要观点总结如下：

余央央博士基于家庭的视角，对我国老年照料与老年人口及家庭看护者的医疗服务利用进行了探索。她首先从理论上推导出家庭照料与医疗服务的关系为替代性或互补性，并以实证研究说明老年照料对被照料者和照料者门诊、住院服务利用产生影响。她提出，我国是垂直型的三级服务服务体系，对于老年人口的医疗服务需求而言，更适合的是居家上门照护，以及医养结合可以更多地与居家上门的照护服务相结合。

荆丽梅博士以浦东新区为例，分析了城乡居民基本医疗保险满意度及影响因素。她回顾了城乡居民基本医疗保险政策的建立与发展，并指出新医改推动三大基本医疗保险为主的基本医疗保障制度体系已经建立，三大医疗保险制度的衔接和整合，一体化的管理是必然的发展趋势。通过对分层整群随机抽样的1 200户居民进行调查，她认为参保者对自付医疗费用的可承受度越大，满意度越高；对医保报销比例满意度越高，总体满意度越高；对医保报销时间的满意度越高，总体满意度越高。

朱凤梅博士以"医疗卫生领域政府购买服务研究"为题作主题报告，从购买服务的必要性、购买服务的内容、购买机制和配套政策四个方面进行了阐述。她指出，政府购买服务优于直接提供的必要条件是发挥市场竞争的作用，可以通过改变财政补偿体制机制、健全政府购买服务监督机制、积极扶持民营医疗机构、商业医疗保险机构的发展、鼓励公共服务的非政府提供等途径进行鼓励。

李芬博士汇报了卫生费用核算研究进展及政策应用，以大量生动的图表和具体的数字展示了上海市2001—2013年卫生总费用的核算结果。她认为，个人卫生支出负担人群间不均衡，如农村人均医疗保健支出占人均消费性支出比例高于城市，部分老年人口、经济困难人群、大病患者医疗费用负担重，不同类型基本医保报销范围内的报销比例差异较大。最后，她指出，卫生经济相关决策需要更加深入、细化的卫生费用核算结果，并介绍了基于 SHA2011 的卫生费用核算方法，从服务功能角度出发界定核算范围，反映在服务提供过程中，实际消费（支出）的资金总量。

上海市金融学会和上海金融学院联合举办第六届“青年金融论坛”

11月17日，上海市金融学会和上海金融学院联合举办第六届“青年金融论坛”。为配合此次论坛的举办，学会在年初发动副会长单位和各理事单位踊跃投稿，并积极组织青年课题研究，共收到论文55篇，并编入青年金融论坛论文集。

本次论坛共交流12篇论文，分为四个专题：货币政策、国际金融、自贸试验区金融改革和金融市场。上海交通大学安泰经济与管理学院胡海鸥教授，上海对外经贸大学金融管理学院陈晓静教授，以及上海金融学院国际金融学院副院长徐学锋教授和施继元教授分别就交流的12篇论文进行了点评。

货币政策专题方面。上海社科院斯文博士围绕“外汇衍生品对我国货币政策汇率传导渠道的影响”提出，伴随着我国外汇衍生品市场的建立和发展，传统的货币政策汇率传导渠道正在经受着冲击和挑战，我国央行通过调整人民币汇率影响净出口规模的涉外经济调控政策的有效性受到了明显冲击，建议将外汇衍生品纳入货币政策视野，跟踪货币政策传导的变化，合理利用外汇衍生品的交易信息，增强货币政策传导的弹性。上海理工大学吉红云博士探讨了“我国货币政策对服务业的结构性影响”，通过实证研究发现，货币政策对服务业内部存在结构性影响，货币供应量增加对生产性服务业的促进作用大于消费性服务业，利率可以显著影响生产性服务业的产出，对消费性服务业没有显著影响，建议根据服务业对货币政策的不同反应，有针对性地、灵活地制定相关政策。

国际金融专题方面。中国金融期货交易所朱钧钧博士围绕“计价汇率、有效汇率和空间效应对中国进出口贸易的影响”通过实证发现，计价汇率对出口贸易影响显著，有效汇率、国别汇率和汇率波动也影响出口贸易，建议尽快建设人民币外汇期货市场，为企业提供更加丰富的外汇衍生品等风险对冲工具，增强企业应对汇率风险的能力。上海证监局曾芳琴等探讨了“人民币资本账户可兑换对证券期货行业发展及其监管的影响”，分析了人民币资本账户可兑换给证券期货经营机构创新发展带来的机遇与挑战、我国跨境证券监管现状和存在的问题，以及国际证券监管合作模式，提出加快相关立法进程，完善跨境业务监管法律法规；加强宏观审慎监管，防控跨境证券业务风险；统一监管要求，推进功能监管；加强国际跨境监管协作，增强跨境监管能力。上海清算所张颂博士等围绕“我国经济新常态下金融衍生品中央对手清算支持农业发展问题研究”，总结了国外期权支持农业的实践经验，同时为确保风险可控，需要设计稳妥可靠的交易、清算方式，尤其是建立中央对手清算机制,建议发展场外农产品金融衍生品市场,加强金融衍生品投资者教育,完善金融衍生品中央对手清算机制。

自贸试验区金融改革专题方面。上海浦东发展集团财务公司徐晓芸等围绕“财务公司通过自贸区金融改革拓展服务实体经济模式”,分析了当前财务公司在服务实体经济方面存在的短板(资金来源主要依赖集团成员企业存款,融资渠道单一,无法归集集团境外资金),提出财务公司借助自贸区政策服务实体经济的设想,认为FT账户体系建立后,财务公司的束缚得到部分释放,一方面融资渠道得以拓宽,境外融资得以实现,另一方面新的金融创新模式,如境外金融债发行、信贷资产证券化或转让、国际金融资产交易平台交易等成为可能。

金融市场专题方面。中国人民银行上海总部颜永嘉副处长等围绕“电子商业汇票发展与创新”,在对上海市近60家金融机构、全国近800家企业问卷调查的基础上,就电子商业汇票业务的发展和创新状况进行了系统的梳理和评估,深入研究分析了其发展较慢的原因和症结,提出加强宣传引导、健全系统功能、丰富市场主体等政策建议,并从法律和技术层面探讨了对非银行金融机构、各类资产管理计划以及境外机构开放票据市场的可行性,推动电子商业汇票业务创新发展。中国金融期货交易所韩冰洁博士在题为“高频交易的认定标准及最新监管趋势”的发言中,对比分析了海外监管机构、学术界对于高频交易的认定标准和主要市场高频交易的最新监管趋势,认为我国股指期货市场上符合海外市场定义的高频交易并不多,但要加强对接近高频交易的“类高频”交易监管。此外,目前的高频交易认定标准维度较少,要确定多维度的高频交易认定标准,且最好采用相对标准。同时在市场连接越来越紧密的发展趋势下,要加强制度建设,防范由高频交易引起的系统性风险。上海银监局吉玉萍围绕“我国信贷资产证券化的发展及问题”,梳理了我国资产证券化的业务模式、发展历程和发展现状,并与美国市场进行对比,提出进一步支持信贷资产证券化发展的建议:健全法律法规,完善实施细则;丰富基础资产的种类;培育合格的机构投资者。

此外,上海金融学院秦焕梅博士、中国银行上海总部胡光耀、工商银行上海市分行吕晓亮分别作了“上海自贸试验区与上海国际金融中心建设的联动与协同”“基于穆迪和惠誉历史评级数据的主权债务评级体系模型实证研究”“私募基金评价指标构建”的交流发言。上海市金融学会将继续利用各种资源,以多种形式对青年人才予以支持,为青年人才提供展示风采的舞台和学术成果发布的途径。

上海市保险学会召开 2015 年学术年会

11 月 19 日，在上海市社联、上海保监局的指导下，上海市保险学会 2015 年学术年会在中国金融信息中心召开，年会的主题为“保险创新与上海国际保险中心建设”，会议由学会会长、中国人寿上海市分公司总经理高志缨，学会副会长、上海财经大学保险系主任钟明主持，来自沪上近百家学会团体会员代表、个人会员代表以及市金融服务办、市医改办、《上海金融》杂志社、高校等单位的专家参加了本次年会。

上海保监局局长裴光出席会议并发表开幕演讲。裴光指出，改革创新成为 2015 年上海保险最突出的特征，大步前行成为上海国际保险中心最鲜明的写照。目前改革创新驱动上海国际保险中心建设已然成为新常态，上海国际保险中心建设正在立足上海，服务全国，辐射全球。展望 2020 年，上海国际保险中心建设和保险学术繁荣发展将相辅相成、携手共进。上海建设国际保险中心为保险学术繁荣发展提供了良好的舞台和机遇，同时又需要学术研究从思想层面、从理论维度提供有力的支持和帮助，以文化软实力支撑国际保险中心这座大厦。裴光提出，近日，中央发布支持上海自贸试验区发展的“金改 40 条”，七条涉及保险，如依托金融要素市场研究巨灾债券试点、研究推出航运保险指数、在自贸试验区创新特殊风险分散机制、支持保险资产管理机构设立私募基金、支持区内保险机构大力开展跨境人民币再保险和全球保单分入业务等，每一项工作的启动、推进和落地，都需要学术先行，深入调研，提出研究报告和方案选择。可以说，国际保险中心是原始创新、集成创新的高地，必将为保险学术理论创新提供不竭的源泉和动力。他建议，上海市保险学会要充分发挥自身职能，整合各方力量，成为上海保险学术研究和实践对接的枢纽，推动上海保险学术理论的创新、繁荣发展，为上海国际保险中心建设和保险学术研究提供更多的支持。

在学术报告与交流环节，上海市医改办副主任、上海市决策咨询委员会许速，学会中青年学术专业委员会主任、复旦大学教授许闲，学会法律专业委员会主任、华东政法大学教授李伟群分别就“上海社区改革与商业健康保险的整合路径”“上海国际保险中心建设：国际经验与思考”“我国互联网保险发展现状与法规动态”等主题进行了深入研讨。

学会秘书长赵雷向大会作了上海市保险学会 2015 年度工作报告。2015 年，学会积极推进学术理论研究，强化保险理论对实践的指导，提高刊物编撰质量，提升学会学术地位，拓展多种渠道开展行业宣传。2016 年，学会将进一步强化“产学研”结合，推进保险理论研究。在征求各会员单位课题研究方向的基础上，重点选择自贸区保险、互联网保险、政策监管、产品创新、风险控制、队伍建设、保险文化等针对上海保险市场发展与监管重点关注的问题开展课题研究。办好刊物,为广大会员提供高质量的学术交流平台。加快组织开展保险志工作,继续加强对外合作交流,搭建国际学术理论研讨平台。

最后,学会副会长单位太平洋财险上海分公司总经理张渝为 2015 年上海保险学术理论征文活动获奖论文作者颁奖,来自复旦大学、上海师范大学、安信农险、太平财险上海分公司、太平资管、平安人寿上海分公司的 6 位作者分获了一、二、三等奖。同时,为进一步提升《上海保险》杂志的办刊质量,还为“2015 年《上海保险》十佳稿件”的获奖作者代表颁发了证书。

上海市信用研究会和松江区诚信体系建设联席会议办公室联合主办松江区科技企业信用体系建设专题研讨会

11月20日，上海市信用研究会和松江区诚信体系建设联席会议办公室联合主办松江区科技企业信用体系建设专题研讨会，会议由松江区科委信息化服务中心主任胡伟主持。

上海市信用研究会会长、上海立信会计学院教授洪玫作了"高科技企业信用管理的模式和流程"的主旨发言，详细阐述了高科技企业信用管理对于防范信用风险发生、控制信用风险的程度、提升企业的综合竞争力和规范信用市场秩序，推动市场经济发展的重要性；比较了高科技企业信用管理的三种模式，提出希望推进高科技企业独立设置信用管理部门，以加强企业信用管理，切实提高企业内部信用管理水平；对高科技企业信用管理流程——前期的资信调查和评估机制、中期的债权保障与风险转移机制和后期的应收账款管理与追收机制进行了详尽的分析。

上海市信用研究会理事、上海海事大学副教授袁象作了"基于信用体系建设的园区科技型中小企业融资创新研究"的主题发言，从基于信用体系建设的信用融资模式、松江高新技术园区信用融资模式设计构想和保障措施三个方面阐述了以缓解园区重点科技型中小企业融资难为出发点和落脚点，通过园区信用体系建设和机制体制创新，打造"信用高新区"品牌和科技企业信用体系建设示范区，探索具有园区特色的信用融资运行模式，为松江区科技型中小企业逐步推行信用融资提供有益的探索和示范。

会议认为，上海正在加快建设具有全球影响力的科技创新中心，对于轻资产、高潜力的高科技中小企业应通过培育企业信用，以信用促融资，打造高科技中小企业信用平台，真正使企业通过信用的手段受惠。

上海市卫生经济学会联合市老年学学会、市人口学会、市劳动与社会保障学会、市法治研究会以及市卫生发展研究中心共同举办“上海市深化医药卫生体制改革形势的探索”跨学会学术论坛

为促进不同学科学者之间的学术交流，聆听各方关于医改的观点和想法，11 月 25 日，上海市卫生经济学会联合市老年学学会、市人口学会、市劳动与社会保障学会、市法治研究会以及市卫生发展研究中心共同举办“上海市深化医药卫生体制改革形势的探索”跨学会学术论坛，70 余人参会。

论坛由市人口学会会长孙常敏主持，市卫生经济学会副会长兼秘书长金春林作会议总结。上海市卫生和计划生育委员会医改办副主任冷熙亮作了题为“新一轮医药卫生体制改革的探索和实践”的主题报告。该报告详细讲解了上海市医改的背景、任务；实施的路径与实践；近年来取得的成果与面临的挑战，并对未来医改的成效进行了展望。四位来自不同学科背景的专家学者——市老年学学会代表、上海社会科学院研究员胡苏云，市劳动和社会保障学会代表、上海对外经贸大学教授邵德兴，市人口学会代表、上海社科院城市与人口研究所所长周海旺和上海市法治研究会副会长包志勤分别从各自角度作了精彩点评，并与参会人员进行了热烈互动。

各学会的专家学者根据自己的实际就医体验，并在充分考虑老百姓就医感受的基础上，提出了一些现实中存在的问题，反映了一些基层心声。胡苏云根据医疗费用、医改以及医患关系等方面提出了自己的想法，同时结合美国的医疗体系，对当前我国现行的住院医师、家庭医生培养制度提出了一些问题。邵德兴首先针对医生薪酬制度和当前本市医师规范化培训制度提出了一些看法，其次结合其本人 2014 年的浦东社会调查经历，就新农合展开了详细分析，从引入到政策再到体制缺陷，最后就当前社会办医存在的问题，提出了自己的观点。周海旺根据上海人口发展的形势提出了一些医疗卫生改革以及医保改革的建议，认为医疗服务的总量要按照常住人口发展的趋势有所增加，同时还应结合当前上海市老龄化形式和国家开放的二胎政策，兼顾考虑医疗成本、服务效率等问题，在医疗卫生服务方面，应统筹本市户籍和外市户籍人口。包志勤从法治的角度阐述了医改和当前日益加剧的医患矛盾问题。

国际问题、涉港澳台、其他

上海市 WTO 法研究会举行贸易法专题学术研讨会

8 月 13 日，上海市 WTO 法研究会服务贸易专题学术研讨会在社会科学会堂举行。本次研讨会由上海市 WTO 法研究会服务贸易专业组主办、九三学社宝山区委协办，研究和探讨上海在建设科创中心和“四个中心”协同发展、促进经济转型和推进自贸试验区扩容等方面的新情况、新问题。

上海市 WTO 法研究会会长张乃根教授，研究会副会长、九三学社宝山区委主委、宝山商务委副主任李小年教授，研究会服务贸易专业组负责人朱兆敏教授，研究会顾问董世忠教授以及研究会副会长陈剑平教授，上海申迪(集团)有限公司邱一川博士，上海钻石交易联合管理办公室李牧副主任等 28 人参加了本次研讨会。

会议分两个阶段进行。第一阶段，邱一川博士作了“上海迪士尼项目及相关法律问题”的专题报告。邱一川博士对上海迪士尼项目概览、上海迪士尼项目交易架构、迪士尼知识产权管理与保护三方面作了专门介绍，着重分析了迪士尼公司知识产权保护的主要特点，并提出上海迪士尼知识产权保护面临的挑战及其应对。随后，李牧副主任作了“钻石珠宝产业与上海自贸区”的专题演讲，详细介绍了钻石与钻石产业、钻石珠宝与自贸区以及 2020 年上海钻石珠宝产业的发展。

会议的第二阶段，李小年教授作了“关于上海自贸区与中国邮轮旅游发展实验区”专题演讲，介绍了目前上海邮轮旅游发展存在的问题以及上海自贸试验区与邮轮产业的互动。朱兆敏教授发表了题为“上海自由贸易试验区建设和完善服务型的科学工业园”的演讲，分析了上海科创中心的战略任务和科创中心提供的服务，并提出了完善科创中心服务机制的具体方案。

在专家讨论阶段，董世忠教授、陈剑平教授等专家分别就上海迪士尼乐园相关法律问题、钻石交易的发展和上海邮轮产业的建设提出了问题和建议。张乃根教授对本次研讨会作了简短的总结，希望各位专家学者能够更加注重研究服务贸易中的旅游业以及钻石交易等 WTO 货物贸易监管问题。

“中欧建交 40 周年纪念暨‘一带一路’与中欧关系”国际研讨会召开

9 月 19 日，“中欧建交 40 周年纪念暨‘一带一路’与中欧关系”国际研讨会在上海外国语大学召开。本次研讨会由上海欧洲学会和上海外国语大学联合主办，上海社科院欧洲研究中心、上海国际问题研究院欧洲研究中心、复旦大学欧洲问题研究中心和同济大学联邦德国研究所/欧盟问题研究所协办。欧盟驻华使团、西班牙驻华使馆和法国、德国、荷兰、意大利、葡萄牙驻沪领馆官员，本市从事欧洲问题研究的知名专家学者等近 80 人齐聚一堂，隆重纪念中欧建交 40 周年，并开展深度的学术讨论。

当日上午举行的中欧建交 40 周年纪念活动上，上海外国语大学校长、上海外国语大学欧盟研究中心主任、上海欧洲学会副会长曹德明，欧盟驻华使团副大使卡门・卡诺(Carmen Cano)，上海市人民对外友好协会常务副会长、上海欧洲学会副会长汪小澍，上海欧洲学会会长、上海社科院欧洲研究中心主任徐明棋分别致辞并作主旨发言。

曹德明校长向中欧来宾表示欢迎，对中欧关系四十年来的不凡历程进行了回顾，对中欧双方围绕“一带一路”开展深度合作的光辉前景作出了积极展望。他表示，上海外国语大学与上海欧洲学会曾于 2005 年在本校举办中欧建交 30 周年纪念会，如今十年之后再次在上海外国语大学召开纪念中欧建交 40 周年的学术盛会，身为上海外国语大学校长，同时也作为一名欧洲研究学者，感到无比荣幸。

卡门・卡诺副大使在致辞中对近年来中欧战略伙伴关系的迅速发展表示欣慰，对中欧双方在地区事务和国际组织中开展合作的巨大潜力进行了分析，对中国的“一带一路”倡议和中国主导的亚洲基础设施投资银行表示关注和支持，并阐释了当前欧盟方面对亟待解决的气候变化、中东乱局、难民潮等问题的基本立场。

汪小澍副会长分析了“欧盟梦”当前遭遇的挑战，提出了“再发现欧洲”和“中欧关系再升级”的观点，阐释了推动东亚仿效欧洲实现区域一体化的设想，并介绍了上海在中欧关系发展中的重要地位。

徐明棋会长详细分析了中欧双边合作在各个领域面临的挑战与机遇，并且从地缘经济与地区安全格局的角度分析了中欧双方围绕“一带一路”开展项目合作的巨大潜力。

下午的“‘一带一路’与中欧关系”学术研讨会包括“‘增长’与‘改革’伙伴：‘一带一路’与中欧经贸关系”和“‘和平’与‘文明’伙伴：‘一带一路’与中欧政治外交”两大议题，分别由上海欧洲学会会长徐明棋教授和华东师范大学国际关系与地区发展研究院院长、上海欧洲学会副会长冯绍雷教授主持讨论。

在第一节议题中，欧盟驻华使团贸易处处长卡聂多先生、上海对外经贸大学张永安教授和上海国际问题研究院叶江教授等分别作了主题发言。卡聂多先生展望了当前全球多边贸易体系重组的趋势，介绍了欧盟与美国的“跨大西洋贸易与投资伙伴关系”谈判的进展情况，并着重分析了当前“中欧双边投资协定”谈判的要点，阐释了欧盟在这一谈判中的有关立场和关注焦点。他认为今年年内中欧双方有望通过努力、结束谈判，正式签署“中欧双边投资协定”。张永安教授就中欧双边贸易关系和“一带一路”设想在其中扮演的角色等问题展开了深入阐述。杨逢珉教授提交的论文详细分析了中欧农产品贸易的状况。叶江教授谈到在全球治理面临新挑战的背景下，一方面应该深刻认识欧盟作为国家间组织的特性，另一方面对中欧在全球治理领域开展广泛深入合作充满信心。随后，同济大学中东欧研究所所长杨烨和上海国际问题研究院世界经济研究所所长张海冰分别对主题发言进行了点评。

在第二节议题中，上海社会科学院教授伍贻康、复旦大学国际关系与公共事务学院院长陈志敏、同济大学德国研究所所长郑春荣和上海外国语大学欧盟研究中心副教授忻华分别做了主题发言。伍贻康教授作为中欧关系40年发展历程的见证人、上海欧洲研究学科的创始人以及上海欧洲学会首任会长，深入分析了中欧关系对中国改革开放和经济增长的重要影响，阐释了中欧关系在当前中国对外关系中的突出位置。陈志敏教授以欧盟对俄、美、中的大国外交为例，分析了当前欧盟对国际安全格局变化与挑战的新认知，及其对欧盟安全战略和对外政策的深刻影响。郑春荣教授回顾了德国在21世纪以来欧洲一体化进程中的作用变化，并分析了德国新一届政府上台以来趋于主动的外交政策。忻华副教授评述了欧盟最高决策层、欧洲智库和欧洲工商界对中国“一带一路”倡议的认知过程与主要观点，并对欧盟地区发展战略与中国“一带一路”政策架构对接的可能性进行了分析。随后，上海社会科学院教授胡键和上外欧盟研究中心执行副主任戴启秀对发言进行了点评。

在会议结束时，徐明棋会长感谢与会者对中欧合作进展的新形势、推进过程中的新问题进行了认真探索，认为“一带一路”设想可成为今后中欧关系进一步发展的抓手，中欧合作与欧亚大陆的合作将在全球治理、维护世界和平上发挥重要作用。

本次活动得到了中欧各界人士的重视，参会人数众多，研讨积极热烈，还得到了国内多家媒体的关注与报道，产生了广泛与良好的社会影响，是推动中欧关系发展的一次盛会。

上海市日本学会召开纪念中日邦交正常化 43 周年暨上海市日本学会成立 30 周年学术研讨会

9 月 29 日，上海市日本学会在市社联社科会堂举行了“上海市日本学界纪念中日邦交正常化 43 周年暨上海市日本学会成立 30 周年学术研讨会”，与会的专家学者 30 多人。市社联学会管理处处长王克梅致贺辞。

研讨会由市日本学会常务副会长、秘书长陈永明主持。外交部原新闻司处长、资深日语翻译周斌是 1972 年中日邦交正常化谈判的亲历者，他用叙事的方式深情地回顾了周恩来总理当年如何高瞻远瞩，开拓中日关系新局面的感人经历。他还介绍了田中角荣首相、大平正芳外相有关历史问题和中日世代友好的表态，对眼下日本当权者的倒行逆施作了有力的批判。市日本学会名誉会长、前市政府外事办副主任俞彭年结合自己长期从事对日交流的体会，介绍了当代的日本人对中国发展状况的看法。市日本学会副会长王少普、胡令远、陈子雷，市日本学会理事蔡亮，《新民晚报》国际部记者吴宇祯分别作了题为“安保法制通过后的中日关系走向”“始终突出学术本位　广泛开展国际交流”“且看安倍晋三如何拼经济”“日本的‘中国观’：在妄想与现实之间的游移”“赴东京、大分采访中日关系当事者的点滴体会”的主题发言。

会长吴寄南在总结时强调，学会这 30 年来的进步是与中日关系的发展密切相关的，越是在两国关系复杂、困难的时候，越要本着实事求是、勇于探索的精神，勇于探索，坚持创新，要有“长江后浪推前浪”“江山代有人才出”的魄力，弘扬具有海派特色的日本研究的“精、气、神”。

上海联合国研究会举办 2015 年年会暨第二届联合国研究青年论坛

10 月 16 日，由上海联合国研究会主办、华东政法大学国际法学院和国际法研究中心承办的上海联合国研究会 2015 年年会暨第二届联合国研究青年论坛在华政长宁校区交谊楼圆桌会议室举行，会议的主题是“联合国与国际法治”。中国联合国协会副会长兼总干事刘志贤、中国人民大学国际刑法研究所所长朱文奇、上海联合国研究会会长潘光、华政副校长林燕萍，以及来自复旦大学、上海社科院、上海国际问题研究院等相关高校、研究机构的专家、学者参加了会议。

朱文奇教授发表题为“联合国安理会在维护世界和平中的核心作用”的主题演讲，从安理会核心作用的具体表现、法律依据以及中国与安理会之关系三个方面进行分析和阐述。上海社科院海洋法研究中心主任金永明研究员、上海国际问题研究院世界经济研究所助理研究员薛磊、复旦大学国际关系与公共事务学院副教授朱杰进、华东政法大学国际法学院副教授张磊分别从“海洋法的发展与挑战”“联合国和平行动”“联合国与 G20 对接问题”“联合国与北约的兼容与抉择”四个议题作专题报告。专题报告后，上海联合国研究会秘书长张贵洪教授向大会作了研究会年度工作报告。

下午举行的第二届联合国研究青年论坛是上海市社联的学会特色活动项目，由颁奖仪式和获奖论文交流两部分组成。第二届联合国研究青年论坛征文比赛的获奖者就各自的获奖论文分别进行交流和研讨。张贵洪、李伟芳两位教授对论文作了精彩点评。

本次会议的成功举办有助于上海和长三角地区有关联合国问题研究的不断深入，提高国内青年学者对该领域相关问题的研究水平，促进国内学界对“联合国与国际法治”这一议题的进一步探讨，为我国的联合国外交工作提供智力支持。

上海联合国研究会举办“第 15 届东亚联合国系统研讨会”

10 月 17—18 日，由上海联合国研究会承办的“第 15 届东亚联合国系统研讨会”（The 15th East Asian Seminar on the UN System）在复旦大学美国研究中心 104 室召开。本次会议由中国联合国研究联席会议（China Academic Net for UN Studies，CANUNS）、日本联合国学会（Japan Association for United Nations Studies，JAUNS），韩国联合国体制学会（Korea Academic Council on the United Nations System，KACUNS）共同主办，并得到联合国系统学术理事会（Academic Council on the United Nations System，ACUNS）的支持。包括韩国前驻联合国大使、联合国秘书长前东帝汶问题特使（日籍）、联合国系统学术理事会副理事长在内的 70 多位联合国问题专家和学者参加了此次会议。

本次会议的主题是“联合国七十年：东亚在全球和地区治理中的伙伴关系”。上海国际关系学会会长杨洁勉在 16 日的欢迎晚宴上做了主旨发言。与会代表围绕“全球和地区安全与治理的新趋势：东亚视角”“东亚在加强和平与安全中的合作”“东亚的发展与人权”“东亚在联合国 2015 年后发展议程中的伙伴关系”等议题展开讨论。与会学者的深入研讨，有助于在全球和地区治理中探寻出具有东亚特色的伙伴关系，从而在联合国体制框架内更好地发挥东亚在地区和全球治理中的重要作用。

“东亚联合国系统研讨会”由中日韩三国轮流举办。历年来，研讨会围绕联合国与全球治理、核不扩散、人权、气候变化、恐怖主义与网络安全等方面进行了卓有成效的研究工作。研讨会在如何加强联合国研究、东亚在联合国的作用以及中日韩三国关于维和、可持续发展和文明的对话等议题上达成了某些共识。第 16 届东亚联合国系统研讨会将于 2016 年 10 月在韩国举行。

上海市日本学会举行第四届中日教师教育比较研讨会

10 月 27 日，上海市日本学会举办“第四届中日教师教育比较研讨会”，研讨会由学会常务副会长兼秘书长陈永明主持，20 多位专家学者参加了本次研讨会。

陈永明以“中日教师教育比较”为题，讲述了中国和日本在近代化、文化、教师教育等方面之异同，通过比较总结了我国师范教育的特征以及效仿学习日本教师教育的必要性。

李薇副教授以“大学教师发展研究”为题，对大学教师现状及特征进行了中日比较，梳理了日本大学教师发展的历史脉络及典型案例，从理念、组织、内容、方法、项目等方面提出了日本大学教师发展对我国的启示。

张丽珺讲师以“日本中小学教师现状及其特征”为题，从教师人数、平均年龄、平均工龄、学历、教师资格证持有情况、每周平均上课课时、每月平均工资、教师国际交流、教师 ICT 运用指导能力等方面介绍了日本中小学教师的现状及其特征。

刘竑波副教授以“中日教师教学方法比较”为题，通过图文并茂的形式讲述了自己在日本体验到的“授业研究”的特点、日本对基础教育的重视和教育公平的具体体现，并比较得出中国在课堂研究方面与日本存在的差距，鼓励年轻一代学者和未来教师能够切实将课堂研究、教师教育落到实处。

吴寄南会长介绍了中日关系新动向，分析近年来日本多次获得诺贝尔奖与日本扎实的基础教育分不开；就影响日本经济发展的因素归纳为人口老龄化程度严重、劳动力短缺和高昂的债务负担；在政治方面虽说右倾化趋势会继续，但长期来看还是有可能会从朝好的方向有所改观。

上海工艺美术学会等举办“追溯历史传承创新海派工艺文化”学术研讨会

10月29日，由上海工艺美术学会、上海炎黄文化研究会、市工业美术设计协会、上海工艺美术职业学院等联办的跨学会学术研讨会在上海工艺美术职业学院多功能厅举行，专家学者及会员代表60多人与会。

活动分两个部分，上午与会学者参观了嘉定博物馆、嘉定竹刻博物馆。下午的研讨会由上海工艺美术学会副会长王敏主持。

中科院光机研究所高级工程师王贵生作了题为“追踪旧石器时代的文化看当今社会发展”的报告。他认为，认识的提高，工艺的改进，技术渐进地发展，使人们的生活得到提高，人类的审美能力也随之提高，使艺术得到发展，促进了社会发展，因此艺术是社会发展的动力之一。

上海市工艺美术大师、上海老凤祥股份有限公司高级设计师沈国兴认为，要让“金银细工”的技艺在继承传统的基础上发扬光大。金银细工(俗称摆件)制作技艺是我国优秀的传统金属手工技艺，老凤祥金银细工制作技艺在传承中国古代金银细工技艺的同时，在适应不同时期和不同产品的特点基础上，不断发扬和发展，并逐渐形成了具有中国文化特点、老凤祥风格的金银细工制作技艺特色。

上海工艺美术学会陆君玖报告的题目是“工艺传承与创新中的人才培养”。我国的工艺美术积淀了博大精深的文化内涵，形成了极其多样的造型样式。传统手工艺教育经历了兴起、兴旺和与现代设计相冲突、又重新认识的过程。中国的设计教育发展经历了由“工艺美术教育”到“设计艺术”教育的历史变化，又从艺术设计的突起和工艺美术的并存，在这个历史变化过程中，说明了传统与现代之间的发展，伴随着经济与产业，经济与文化以及对西方现代设计观念和我们民族自身文化的认识，加深了对“现代性”认识。这一理性的确立，是时代的要求，有助于培养新一代的现代设计师和工艺传人。传统工艺是体会中国神韵和工艺的文化之源，是我们了解和学习中国造物思想和工艺技艺的最好的实物。传统工艺所形成的样式系统和高超技艺是中国精神和人类文化的财富。对传统工艺的保护和传承是对过去的尊重和对将来的传递。今天传统手工艺教育不是为了满足简单的就业，更多的是文化自觉和可持续发展的需要，成为传递艺术与美，心手相连的创造活动，成为激发想象，满足生活艺术的一部分。这也将是创意产业发展的需要。

上海工艺美术职业学院青年讲师、工艺美术师张丹发言的题目是“传承景泰蓝工艺，感悟繁华中的优雅之美”，阐述了景泰蓝名称的由来，文化内涵及其在当今的美好象征，成为载誉世界文化宝库中优秀的艺术珍品之一。

上海市工艺美术大师、上海民间文艺家协会副主席李守白发言的题目是“海派艺术的传承与发展”。他首先展示了他创作的富有海派特色的重彩画、海派兼职和艺术展览等作品。其次介绍了他和他创意团队策划的文创项目：艺术衍生品、分销店、跨界合作、企业定制、展览展示等。同时介绍了由他创办的海派手工技艺传习所以及一些非遗合作项目。希望大家尊重艺术家的辛勤创作，维护艺术创作者的权益，共同维护纯净的艺术发展。

会议最后，学会专职副秘书长肖国梅作会议总结。他认为，海派工艺反映了上海的城市精神，依然受到广大市民的欢迎。上海工艺美术学会等单位要继续发挥学术团体功能，传承和创新海派工艺文化，把上海工艺美术发扬光大。

上海市国际关系学会、上海联合国研究会和上海社科院国际关系研究所共同举办学术研讨会

10 月 30 日，为纪念联合国成立 70 周年，上海市国际关系学会、上海联合国研究会和上海社科院国际关系研究所共同举办学术研讨会，围绕发展议程和安全治理两大领域，探讨联合国的重要作用，并展望未来发展。会议由余建华、金应忠、张贵洪共同主持，相关领域的专家学者 20 多人与会。

专家认为，在全球化和区域化不断发展的过程中，联合国始终在推动发展议程和发展合作方面发挥着举足轻重的作用。9 月召开的第 70 届联合国大会正式通过了指导 2016—2030 年全球发展合作的 2030 年可持续发展议程，其核心是可持续发展目标(SDGs)，为今后的发展合作指明了方向。在讨论这一发展议程的过程中，应当看到非政府组织和发展中国家的作用得到了加强。但也需要承认，由于实力和议程设置能力存在差距，发达国家依然在合作规范的演变过程中占据了主导权，这对发展中国家、新兴国家等更好地参与相关合作构成挑战。

不仅是发展议程的讨论，在第三次发展筹资会议通过的《亚的斯亚贝巴行动议程》的讨论过程中，以及气候谈判等问题上，也都反映了在南北合作的总框架下，仍然存在复杂博弈，需要细化对各种具体问题的研究。以上海合作组织为代表的地区组织，在维护地区和平、推动发展合作方面的作用持续增强，并同联合国进行着结构互动和功能互动等多维度的互动。尽管区域组织不是联合国的成员，但联合国开展工作的过程中，需要区域组织的协作。而联合国的各种区域机构，也在各地区的发展过程中，与区域组织相配合，共同推动地区发展。

70 年来，全球治理发生了深刻转型。治理的主体更加多元；治理方式从西方主导转变为全球共同治理；从经济治理为主转向安全和经济共同治理；治理的中心也从全球转向地区。但在这一过程中，联合国的合法地位和权威性没有改变，联合国依然在全球治理、特别是治理规范的发展中发挥着重要作用。在非洲发展方面，联合国专门成立非洲经济委员会，通过政策指导、帮助制定政策、增强能力建设，推动非洲发展和非洲的一体化。在防止核扩散方面，联合国发挥了促进核裁军谈判、推动建立国际核裁军机制和加强防止核扩散研究等重要作用。在冲突后建设方面，通过 2005 年成立的建设和平委员会及相关机构和基金，在和解与和平协议执行、国家能力建设和经济复兴等领域发挥着咨询、筹资、协调的角色。在全球反恐方面，通过秘书处下属的反恐委员会有力协调了这一领域尤其大

国的行动,不过,在反恐中也需要去政治化和消除双重标准,并充分重视联合国大会的作用。

在讨论中国在联合国中的作用问题时,专家认为,从历史上看,中国恢复联合国合法席位是中国走向世界的起点,也是中国坚持的和平共处五项原则的重大胜利。以往的发展历程已经充分说明,中国的发展离不开世界,而世界的发展也离不开中国。由此,中国应该为联合国的发展发挥真正的推动作用,包括建立规范建构共同体、协助脆弱国家和冲突后国家的能力建设、推动国际社会平衡性和均衡性发展等。中国应该贡献一个宏大理念,如强调合作共赢的共生理念,可以成为中国对世界的重要贡献。上海学界作为共生理念的主要倡导者和研究者,应加强研究和推广,使共生理念成为上海学界的名片。

上海市日本学会等单位联合举办“日本新安保体制成立后的中日关系”国际学术研讨会

11月5日，上海市日本学会、上海社科院日本研究中心和日本国日中未来之会联合举行了题为“日本新安保体制成立后的中日关系”的国际学术研讨会。

日本国日中未来之会其主要成员16人专程来沪参加本次研讨会。出席本次研讨会的中方学者来自上海社科院、上海国际问题研究院、同济大学、上海师范大学、上海海洋大学、上海市对外友协及上海日本研究交流中心等单位。中日双方与会者合计30余人。

本次研讨会是在安倍晋三内阁强行通过安保相关法制，导致日本安全保障政策发生历史性转折的背景下举行的。中日双方围绕日本新安保法制的实质、中日关系的现状及未来走向等问题进行了深入的讨论。

研讨会上，日本前驻印度大使野田英二郎和学会会长吴寄南分别作了基调报告。野田大使在题为“中日关系现状及未来展望”的报告中强调，安倍内阁在日本政坛总体趋向右倾化的背景下，基于错误的历史认识，为迎合美国的亚太再平衡战略，对日本战后沿袭数十年的“专守防卫”方针进行了颠覆性的改变。事实上否定了日本现有宪法特别是第九条的规定。这是导致中日关系难以实现真正转圜的根本原因。在审议新安保法制过程中，日本国民掀起了声势浩大的抗议运动。其中最令人瞩目的是包括高中生在内的年轻人走上街头，成为这次群众性抗议活动的主力。野田认为，许多迹象表明，安倍内阁在外交和安全领域继续推行“对美一边倒”路线的情况下，中日关系很难得到实质性的改善，但中日关系的前途终究是掌握在两国人民手里的，两国间应该加大民间交流的力度，为双边关系的转圜创造条件。吴寄南在题为“日本安保法制的成立与中日关系”的报告中指出，日本安保法制的成立使得日本的自卫队可以在行使集体自卫权的名义下，在全世界范围内与美国共同作战，这势必导致日本的和平宪法形存实亡，不能不引起国际社会的严重关注。日本新安保法制对中日关系的消极影响主要反映在两个方面：一是日本当权者以所谓的“中国威胁论”为借口解禁集体自卫权，直接违背中日间四个政治文件，严重损害两国间的战略互信；二是日本新安保法制为日本自卫队“松绑”，未来日本如秉承美国的旨意派遣舰艇或战机参加南海地区所谓维护航道自由的联合巡逻，可能导致中日两国间直接对峙，甚至擦枪走火。

经济问题也是中日双方与会者十分关心的问题。伊藤忠商事理事石田护、上海对外经贸大学日本经济研究中心主任陈子雷分别在研讨会上就“中国经济向消费主导的转型能否成功”以及“中国经济的新常态与中日经济合作”为题作了主旨发言。石田在发言中指出，中国经济的增长模式正在由投资和出口驱动转变到已内需为中心的轨道上来，需要从日本在20世纪八九十年代经济转型的失败中吸取教训。陈子雷则强调，中国经济转型是在政府主导下主动调整发展战略的结果，总体而言是有序可控的，近两三年内困难会多一些，但中长期还是比较乐观的。中日双方不仅在节能环保领域可以合作，在改革过程中可以互相借鉴，这是两国关系中最大的亮点。

基调报告和主旨发言后，与会者分别参加了“政治、外交和经济”及“民间交流”等两个分科会的讨论。分科会的讨论非常热烈，涉及的话题也十分广泛，其中包括中日关系的原点、东海局势和南海形势的联动、日本经济对华依存和日本主流媒体对华认知的“扭曲”，等等。与会者提出，新安保法制通过后要警惕日本当权者在南海问题上与美国沆瀣一气，深度介入，更要防止南海问题、东海问题和2016年台湾地区领导人选举中再度升温的台海问题交织在一起，导致中日关系整体脱轨的风险。有的日本友人指出，在日本国会审议新安保法制过程中，日本的日中友好七团体出现集体“失语”的现象。与此同时，出现了包括大学生、高中生在内的年轻人自发、广泛参与的、反对新安保法制的“新社会运动”，对于日本政治、社会生态出现的新变化，有必要深入观察，与时俱进地加强两国民众间的互动交往，将中日关系的命运牢牢掌握在两国民众手中。

上海欧洲学会举办“三大危机冲击下的欧盟”专题研讨会

11 月 15 日,上海欧洲学会举办“三大危机冲击下的欧盟”专题研讨会。来自复旦大学、同济大学、上海外国语大学、华东师范大学、华东理工大学、上海国际问题研究院和上海社科院等单位的 50 多位学者和学生参加了研讨会。学会领导徐明棋、伍贻康、陈志敏、杨逢珉、郑春荣、叶江、曹子衡、戴启秀等参加会议。徐明棋和陈志敏致辞,郑春荣和叶江主持了研讨会的发言与讨论。

当前,欧洲同时面临着债务危机、乌克兰危机和难民危机。三大危机无一不深刻地影响着欧洲一体化发展和欧盟的前景,且相当长时间内难以得到解决。三大危机爆发的背景和原因是什么?各自发展的现状和特点有哪些?可能的危机解决之道是什么?三大危机对欧洲内外政策的影响有哪些?它们对中欧关系发展将带来什么影响?研讨会上,上海欧洲学会会长、上海社科院世界经济所徐明棋就欧洲主权债务危机的现状与前景,华东师大国际关系与地区发展研究院院长刘军就乌克兰危机及其影响,同济大学德国问题研究所伍慧萍就欧洲难民潮发展进程与影响,上海社科院世界经济所伍贻康就三大危机冲击下的欧盟与欧洲一体化,从不同领域和视角围绕主题作了精彩的发言,对上述问题进行了深入的分析。参加研讨会的其他诸多专家学者也积极参与讨论,发表了不少独到的见解。

徐明棋在总结中指出,全球化背景下各国际行为体的利益相互碰撞,需要构建利益共同体。任何国际行为体如果只看到自身的利益而无法看到共享一方、合作一方的利益,那么只会损害他人的利益,并且自己或迟或早也会受到反击,已经获得的利益会遭到侵蚀。欧盟所面临的危机的冲击有些是外部的,但是和内部的问题胶合在一起就变得难以应对,有些危机是由于欧盟自己犯了历史性的错误,损害了别人的利益,从而使自己的利益也受损。欧盟当前正在努力适应新的挑战,已经建立了一些措施和机制,但更多的措施和机制还在摸索当中。欧盟处在变化过程中,我们对其未来不要太乐观,但也不能太悲观。

上海市俄罗斯东欧中亚学会等单位联合举行“丝绸之路经济带与欧亚经济联盟”学术年会

11 月 14 日，上海市俄罗斯东欧中亚学会、上海外国语大学俄罗斯研究中心联合举办“丝绸之路经济带与欧亚经济联盟”2015 年学术年会。会议由学会会长范军主持。来自本市各高校、上海社科院、上海国际问题研究院等会员机构的近三十位专家和青年学者参加了本次会议。

学会副会长兼秘书长杨烨介绍了学会 2015 年度工作的基本情况。2015 年，学会获得了上海市社联授予 2012—2014 年度的“上海市社会科学学会特色活动奖”。

与会学者从不同的研究视角，介绍了自己的最新研究成果。上海国际问题研究院俄罗斯中亚研究中心主任李新发言的题目是“丝绸之路经济带与欧亚经济联盟的对接”；上海大学上海合作组织公共外交研究院副院长张丹华发言的题目是“丝绸之路经济带与欧亚国家合作发展的优先方向”；上海外国语大学俄罗斯研究中心副教授杨波发言的题目是“关于丝绸之路经济带与欧亚经济联盟对接的思考”；上海社科院国际关系研究院副研究员张健荣发言的题目是“丝绸之路经济带与欧亚经济联盟对接：问题与对策”；华东师范大学俄罗斯研究中心博士后万青松发言的题目是“国际政治经济新形势下的丝绸之路经济带建设：内涵、认知与挑战”；华东师范大学国际关系与地区发展研究院院长刘军教授发言的题目是“从政治互信与风险预防看中俄对接”；复旦大学俄罗斯中亚研究中心讲师马斌发言的题目是“‘丝绸之路经济带’政治风险的识别与应对：以中亚为例”；上海外国语大学俄罗斯研究中心副教授毕洪业发言的题目是“上合机制在丝绸之路经济带与欧亚经济联盟对接中的作用”；复旦大学经济学院教授唐朱昌发言的题目是“丝绸之路经济带、欧亚经济联盟与上合组织的联动发展”；上海外国语大学博士后科研流动站博士后王乐发言的题目是“中亚五国参与共建丝绸之路经济带研究初探——以哈萨克斯坦为例”。华东师范大学国际关系与地区发展研究院副教授王海燕介绍了 11 月 13 日在北京参加的学术会议的最新信息。与会学者围绕上述发言进行了热烈的讨论。

范军会长作了总结性发言。他认为，学术讨论要思考大格局、大趋势，在此基础上研判外交实践。明年学会将继续以各种形式关注热点问题。不同学科学者的思维方式和概念框架不一样，希望通过交流，形成对国际问题的全面认识。

本次会议青年论坛评出了青年教师组和研究生组的优秀学术论文。共有十多位投稿者的论文获得优秀论文奖。范军会长、汪宁副会长、李新副会长、杨烨秘书长为各位获奖者颁奖，并鼓励各位青年学者再接再厉、勇攀学术高峰。

上海市美国学会和美中关系全国委员会联合举办第十届鲍大可—奥克森伯格中美关系讲座

11 月 23 日，上海市美国学会和美中关系全国委员会联合举办第十届鲍大可—奥克森伯格中美关系讲座。市美国学会会长黄仁伟主持了讲座，来自相关领域的专家学者 300 多人与会。

约翰·霍普金斯大学高级国际关系研究院中国研究系主任戴维·蓝普顿博士作了主旨发言，他肯定了当前中美关系所取得的成就，也对近期出现的一些问题进行了分析。他强调中美双方应正确理解彼此意图，通过加强全方面合作来克服障碍。他从三个角度阐述了中美关系的现状与发展趋势，一是中国崛起改变了现有的国际力量对比；二是双方都需要很好的平衡国际与国内因素；三是中美双边关系的发展经历了领导人之间的关系到政府与政府关系，发展到如今社会与社会之间关系的阶段。因此，中美之间关系的现状是我中有你，你中有我。最后，他对中美关系的未来表示了乐观，因为无论是美国还是中国都有许多人在推动中美关系往前发展。

复旦大学倪世雄教授从三个方面对蓝普顿的演讲作了评论，一是要看到中美关系的进展与进步，要看到近来积极的、重大的进步因素；二是正确认识两国关系中的问题，避免"修昔底德陷阱"的出现是双方需要共同面对的问题；三是展望两国关系的未来，强调双方目前最为迫切需要的任务是管控危机，追求和谐共处，学会彼此包容，调整战略重点，管理好双边关系。

与会专家学者还围绕中美投资谈判协定、中美日关系、TPP 的影响、中美文化交流等问题展开互动。

上海市国际关系学会召开第十四届会员大会第三次会议暨“当代大国外交理念与实践的比较”学术年会

12月1日，上海市国际关系学会召开第十四届会员大会第三次会议暨“当代大国外交理念与实践的比较”学术年会。学会副会长苏长和主持，学会领导、理事、会员、相关领域的专家学者300多人与会。

会议分两个部分，首先是会员大会部分。副会长夏立平代表理事会作2015年工作报告和年度财务说明，大会审议并通过报告。

在学术年会部分，围绕主题，七位副会长分别作了主旨发言。

夏立平教授发言的题目是“中美新型大国关系：从合作共赢到权力共享”，他认为中美关系决定了未来世界的走向，中美关系的整体是向好的，但是也存在结构性矛盾，因此，只有大国之间保持协调，才能维护世界和平稳定。要构建中美新型大国关系，可能会经历三个阶段，第一个阶段是不冲突、不对抗；第二个阶段是相互尊重、相互协调；第三个阶段是实现合作共赢，从权利转移到权力共享。对此，中国要有战略耐心，中国要成为负责任的大国，要处理好维护国家利益、维护和改革国际机制、提供全球或地区公共产品这三者关系。

冯绍雷教授发言的题目是“在合作与竞争中推进‘一带一路’”。他认为，“一带一路”倡议与主流的发展理论相切合，“一带一路”就是互联互通，现在最需要做的是深化理论方面的研究，为实践提供有力的理论支撑，对于“一带一路”与现有国际体制机制等方面如何对接问题，他认为还需要展开深入研究，甚至“对接”一词的外文表述、用词的差异都有可能导致理解的不同。在全球化受阻时，区域合作、竞争成为关键，“一带一路”以项目推进的方式，避免了直接同当地的制度、体制的直接碰撞是稳妥的做法。

俞新天研究员探讨了“软实力研究的深入与心理因素”，她认为软实力研究实质上就是要争取人心，要了解、研究别国国民心理，需要将心理学理论与国际关系理论相结合；当前的安全困局与心理相关度高，比如对威胁的认知，精英和一般民众的不同反应，实际上都是一种心理反应；因此，将心理分析引入国际关系理论中，对于决策咨询的成效会更好。

黄仁伟教授围绕“中国的战略支点国与美国的盟国体系”作了发言，他介绍了近年来战略支点国理论的研究状况，战略支点国理论提出的研究背景、构成要素、主要对象等。潘光教授发言的题目是“促进不同文明交流互鉴是‘一带一路’安全保障的基础”，认为“一带一路”主要的障碍是安全，特别是恐怖主义和地区热点问题，虽然有观点提出文明断裂带，但是更应该看到也是文明融合带。

沈丁立教授探讨了“中国大国外交论述的演进”，他从中国自身角度，阐述了各个时代领导人的大国外交观念，并对观念演变与国家实力变化的关系进行了分析。

苏长和教授发言的题目是“国际政治中共生理论的演变”，围绕共生理论的理论来源、核心概念与理论体系、共生理论的实践作了详细阐述。

会长杨洁勉作了会议总结，他肯定了学术年会特点明显、形式多样、成绩斐然；提出了明年学会工作的目标，做好学术传承工作；中国大国外交理论中应该继承优秀传统文化的“大同理想、整体思维、文韬武略、包容共存”思想，做到国家特色要与国际交汇。

上海市 WTO 法研究会 2015 年会员大会暨学术年会

12 月 5 日，上海市 WTO 法研究会 2015 年会员大会暨学术年会在上海交通大学凯原法学院举行。

研究会首先举行了第一届理事会第四次全体会议。理事会议由会长张乃根主持，会议讨论、通过了拟提交会员大会审议的理事会 2015 年度工作报告、财务报告，讨论拟定了下一年度工作计划，并为张琪和彭德雷两位表现突出的优秀会员颁发了奖励。副会长高永富主持了 2015 年度会员大会。会员大会以举手表决的方式通过了各项报告。

在学术年会主旨演讲阶段，副会长张军旗、胡加祥，理事彭德雷，会长张乃根分别作了题为“自由贸易试验区的建设与 WTO 义务的履行”“国际规则的嬗变与自贸区的使命”“外国投资者保护与国内规制的平衡”“试析‘一带一路’倡议下的国际经贸规则重构”的主旨学术报告。研究会顾问董世忠就各位学者的讨论话题一一进行了点评。

下午的学术年会分为两个阶段：第一阶段讨论的议题为“WTO 规则及其未来发展研究”，该阶段的会议由理事沈秋明主持。师华、叶波、蒋圣力和谭观福分别作了题为“WTO 争端解决机制中的报复制度与中国的对策”“WTO 争端解决中的司法造法问题分析”“‘一带一路’背景下的国际贸易争端解决机制的建立”和“WTO 争端解决中国败诉案执行法律问题”的学术报告。贺小勇、张琪对四位学者的演讲进行了精彩点评。第二阶段讨论的议题为“区域贸易规则研究”，该阶段的讨论由理事朱兆敏主持。梁咏和李本分别作了题为“加拿大外资国家安全审查对中国的借鉴”和“对中国诉美国关税法修订案的若干思考”的学术报告。胡加祥、高永富、朱兆敏对两位学者的研究情况进行了精彩点评并提出了完善建议。

在专家讨论阶段，与会者就各位专家学者的讨论议题进行了热烈的讨论，并对学术年会着重讨论的 WTO 规则和 TPP 等议题提出了重要的见解，取得了很好的学术交流效果。

上海市台湾研究会举行第七届会员代表大会暨 2015 年学术年会

12 月 21 日，上海市台湾研究会在上海图书馆举行第七届会员代表大会。国务院台湾事务办公室原副主任、现任海协会副会长孙亚夫致辞。市社联学会管理处处长王克梅到会讲话。

会员代表大会由倪永杰主持。李雷鸣代表第六届理事会作工作报告。大会审议并通过了工作报告；审议通过了新章程；选举产生了新一届理事会。第七届理事会第一次会议选举严安林为会长，林冈、金炜、胡凌炜、信强、郭为禄、盛九元为副会长，倪永杰为秘书长。

俞新天总结了研究会近年来的工作，对新一届领导班子提出了三点希望，一是要进一步促进台湾研究的理论性、学术性；二是进一步吸收各领域、各学科专家学者，特别是中青年研究人员加入到对台研究队伍中来；三是进一步组织跨学科、跨领域的学术研究。新任会长严安林在发言中肯定了研究会 20 多年所取得的成绩，他从研究会所具有的政治优势、传承优势、区位优势、人才优势、研究优势五个方面表明对未来发展前景充满期待，同时强调，研究会要坚持以问题研究为导向，深化动态研究；以学术为根本，深化对台经济、政治、文化、社会的全面研究；以理论为导向，强化理论指引。

学术年会由严安林主持。国台办研究局副局长孙升亮就“两岸关系形势”作了主题演讲，他强调要客观认识近些年两岸关系总体平稳，逐步向好的发展情况；对于两岸关系存在的挑战与机遇，他从实力、政策、人心三个维度进行了分析，强调实力反映到政策，从而影响了人心，充分肯定了当前对台政策的成就；就中央对台政策，他强调要有信心、耐心和定力，要相信中央对台政策是有效的。副会长林冈对 2016 年度选举进行了分析，从岛内政经形势、两党体系挑战、民调结果、舆情走向等多个方面对明年的选举进行研判。副会长信强围绕“两岸关系中的美国因素”作了主题发言，他从美国国内政治的特点、奥巴马施政风格、美国对台政策传统以及后奥巴马时代的美国对台政策进行了阐述。

上海工艺美术学会举办圆桌论坛

12月30日，上海工艺美术学会举办主题为“工艺・手・生活”的圆桌论坛。论坛由学会常务理事张京羊主持，来自相关领域的专家学者共计35人与会。

学会设计专委会主任秦永福发言的题目是“工艺美术也要走心”，他指出工艺美术持续发展，唯有不断地创新一条路，特别是文化层面的改变，他从多元化的工艺美术之美、工艺美术设计的理念、当代工艺美术之匠心等三个方面，阐述如何破除过去的旧常态，达到“走心”。

学会副会长王敏就手・手艺・手工艺这三者的关系，来梳理器官、作品与生活方式的互动。他认为，手是人最有特色的器官之一，具有高度的智慧，也是一种语言；同时，手艺是手与脑的关系，从文化的意义上来讲，手艺是与特定的生活方式联系在一起的；对于手工艺，他认为不仅具有用的成分，实用功能，还具有工的成分、艺的成分与审美功能。因此，他认为，手依然在造物中发挥作用，手工依然在人的成长中不可缺少，手工艺依然是人们精神生活的一部分。

上海视觉艺术学院张少俊就“当代语境下的工艺美术传承”话题展开了深入探讨，特别是挖掘了传承中的思想与美的意识。毛文则通过分享她工作中遇到的一些具体事例，来阐述“手工艺，生活奢华美学”这个主题。周兵围绕“多元文化与工艺美术”这个主题，从产业与文化视角、东西方艺术视角、民族社会性视角等角度，分析在多元的后现代思潮语境下，重新认识具有传统文脉和充满浓郁生活气息的传统工艺美术，从中发现新的生长点，工艺美术如何在当代艺术和传统工艺中找到恰当的切合点，成为当务之急。朱玉成主张，工艺美术的根本在于美化生活，而不仅仅是一门简单的技艺，好的作品必须要具备民族性、时代性和个性的特征，要做出好的作品，必须从立意、造型、工艺和材料等方面展开深入研究。

民办社科研究机构

上海金融与法律研究院、鸿儒金融教育基金会联合举办 2015 年第 14 期“鸿儒论道”

8 月 28 日，上海金融与法律研究院、鸿儒金融教育基金会联合举办 2015 年第 14 期“鸿儒论道”。本期主讲嘉宾，上海交通大学现代金融研究中心主任潘英丽围绕“人民币国际化与在岸资本市场建设”，阐述了其在人民币国际化与汇率市场化改革、人民币海外投放与在岸资本市场建设等研究领域的思考成果。

潘英丽指出，尽管人民币国际化已经被国内学术界提出并讨论十余年，但其真正被确立为国家战略，是在 2008 年全球金融危机之后。在此之前，从改革开放 30 年的货币政策实践来看，中国曾是美元本位制的最大受益者和铁杆支持者，通过先贬值后钉住美元的汇率政策，加上稳定的社会环境和廉价劳动力等有利条件，促进了外国直接投资及来料加工产业的快速发展。然而钉住美元的汇率政策，在促进出口导向型经济增长的同时，也给中国带来储备资产价值和货币主权的损失。特别是 21 世纪以来，中国外汇储备的增长与美元持续贬值的反向变动，成为令货币政策决策者喜忧参半之事。因此，如何在保持出口持续增长的同时减少美元的使用与积累，就成为人民币国际化的主观推动力。而过去 30 年全球经济的多极化趋势，则在客观上要求国际储备货币的多极化与之相适应。OECD (2012)对未来 50 年主要国家经济增长前景的预测报告指出，世界经济重心从美欧向亚洲转移的趋势在全球金融危机后仍将延续并加快。中国和印度两国的 GDP 总量未来 50 年将增长 7 倍。中国 GDP 占全球比例将从 2011 年的 17%上升到 2030 年的 28%，美国同期则从 23%下降到 18%。

尽管具备了事实上的主客观推动因素，潘英丽认为人民币国际化要避免为国际化而国际化的实践误区。“成功的货币国际化”应是一国通过货币国际化将国际金融风险控制在可承受范围内，并在此基础上促进实体经济的可持续发展，为本国带来战略利益。因此，人民币国际化的推进应依据上述原则，设立最低与最高目标。人民币国际化的最低目标是通过大宗商品及金融产品的人民币计价，避免汇率与美元的不稳定风险。而长期来看，终极目标是实现人民币的全球银行功能，通过在岸 AAA 级公债市场吸收低成本资金，为本土企业和金融机构在全球进行有效配置资源。

对应短期与长期目标，人民币国际化的推进，也分为前期(未来 5—10 年)与后期策略。前期策略主要是稳健的创造人民币的国际需求，后期则加快释放在岸人民币资产的海外供给。最终在2030年实现人民币在外汇储备中占比达到12%—20%，成为全球第三大储备货币，在国际金融体系中与美元、欧元形成三足鼎立之势。其中，重点与难点在于后期的人民币海外投放，实现路径有三阶段：通过对外贷款或投资以国内过剩产能置换海外净资产/净债权；对外国债发行与民间资本进行全球配置，实现负债与资产同步增长；步入成熟期的净债务积累，债务融资的综合收益应大于利息成本。特别是，当前中国实体经济面临转型关键期，在岸资本建设有望促进资本市场基础制度的健全，推动在岸政府债券市场、政府AAA信用、市场流动性的发展，成为金融改革的突破口。

在评议环节，上海财经大学金融学院丁剑平教授、复旦大学经济学院杨长江教授、春山浦江投资管理有限公司董事长辛威廉分别就潘英丽教授的演讲内容发表了自己的见解。丁剑平认为，尽管当前人民币兑美元短期内进入贬值通道，但长期来看，仍将回升并有望保持在一定区间内。因为人民币国际化，必须保持汇率的稳定，才能获得中心货币的地位。此外，人民币汇率稳定，也有助于流动性留在国内，助力实体经济的转型与发展。杨长江认为金融资产本质上是对未来的定价，汇率管理也必须尊重金融市场的规律。因此，只有先在内部建立起真正的金融市场化机制，才有可能推进资本账户的开放与人民币国际化的真正实现。辛威廉则从微观角度分析，随着全球资产证券化，中国居民的家庭财富随着房产升值而上涨的过程中，风险也在加大。人民币国际化可帮助国民进行有效的资产再配置与风险管理。与会嘉宾还与参会听众就人民币与美元的共生关系、汇率贬值与市场波动等话题展开了探讨。

上海金融与法律研究院举行 2015 年学术年会

10 月 29 日至 30 日，上海市社联学会学术活动月期间，上海金融与法律研究院举办年度盛会“年会：镜鉴与前瞻”。法国央行前副行长 Jean Pierre Landau、复旦大学经济学院院长张军、中信证券全球首席经济学家彭文生等 40 余位专家学者以及 20 余位金融界高管参加了本次年会。大会旨在分析国内经济长期改革与短期保增长形势的基础上探寻下一轮经济增长的动力。本次会议还有多个平行论坛同时举行，探讨国际金融体系重构与 G20 会议、2016 投资趋势前瞻、“互联网＋”与经济转型、统一市场与区域经济等当前重要议题。

根据国家统计局数据，三季度中国 GDP 同比增长 6.9%，也是 2009 年二季度以来 GDP 增速首度跌破 7%。在经济中速增长的现实下，如何利用好市场经济外在规律及全面深化改革的内在要求，在“十三五”规划期间顺利实现经济结构的转型升级、确保经济长期增长的动力，成为本次年会上经济学家、金融从业者一致关注的议题。

张军指出，从全球主要经济体数据来看，人均收入越高的国家服务业占 GDP 比越高。近两年中国服务业增长速度高于制造业，服务业对 GDP 增长的贡献，已经超过制造业。然而与人均收入接近的主要发展中国家相比，中国的服务业占 GDP 的比重却明显偏低，表明过去二十多年的高增长主要是快速工业化带来的，工业化速度远远快于城市化速度。中国经济体量巨大，因此快速工业化的持续时间要短于日、韩等国家和地区，在人均 GDP 相对较低的阶段，就需要依靠第三产业实现经济结构调整。考虑到中国去工业化和服务业比重上升的速度都更快，且服务业的总体劳动生产率要低于制造业，未来的长期经济增长率将进一步下降。因此，在未来更多依靠第三产业拉动 GDP 增长的趋势下，结合亚洲“四小龙”的增长经验，中国接下来 20 年的 GDP 增长率预期将在 4.9%左右，届时人均 GDP 有望到达美国的一半。

Jean-Pierre Landau 认为尽管中国还没有完全开放资本账户，但在全球金融市场中依然扮演着重要的角色。此前人民币与美元之间长久以来的稳定性，相当于稳定全球金融秩序的锚。在未来不断开放资本账户的过程中，中国也被寄望于以较为合理的顺序融入全球金融体系乃至成为全球储备货币，并更好地体现出大国责任。最后，他也强调了全球利率均衡对于金融稳定的重要性。

Reza Moghadam 首先肯定了中国和新兴市场国家对于全球经济增长的贡献。中国找寻新一轮增长的动力，对世界经济复苏同样具有积极作用。未来中国将由投资驱动转化为消费驱动，不但促使国内经济结构取得再平衡，也将通过各国与中国间的深度贸易依存，对全球金融市场产生深远影响。同时，尽管当前经济增速放缓，但地方政府负债增长仍然迅猛，并面临信贷收益率不佳的问题。与整个新兴市场国家和部分发达经济体相比，中国政府债务占 GDP 比例较高，这是政策制定者下一阶段不可忽视的问题。

彭文生认为，全球经济持续疲软的原因，主要是需求不足的问题。尽管全球主要经济体竞相推行货币宽松政策，却并未带来预期的强劲复苏，反而进入了“低增长＋低通胀”的困局。从金融周期的角度看，当前美国已经处于新一轮金融周期的起点，而中国当前仍然处于金融周期调整的下半场，债务占 GDP 比重和杠杆率居高不下，导致投资和消费不足，进而影响了总需求。此外，人口老龄化、贫富分化、共享经济都对消费需求和投资需求起到抑制作用。因此，针对有效需求不足，破题的关键就在于通过三个渠道消化过剩储蓄。首先，通过利率下降引导非政府部门投资；其次，通过汇率贬值或降低外汇储备，刺激国外需求；最后，通过加强基础设施投资增加财政扩张。他也强调，长期有效需求的提升，根本出路仍在于结构性的改革。

上海金融与法律研究院等举办鸿儒论道 2015 年第 18 期活动

12 月 4 日,上海金融与法律研究院等举办了鸿儒论道 2015 年第 18 期。本期主讲嘉宾,北京大学光华管理学院教授、渣打银行资深经济学家颜色以"中国经济增长潜力与社会流动性"为题,阐述了其对转型期经济增长及社会流动性改善问题的思考成果。

颜色首先概述了世界经济当前状况:发达经济体整体处于温和复苏期,而新兴市场仍在艰难的复苏过程中。对中国而言,尽管存在不确定性,外需仍在逐渐恢复,有助于中国宏观经济逐步企稳。然而经济增长引擎正面临新旧切换,继续依靠投资、外贸维持未来数年的 GDP 增速,是不现实的。消费已经成为当经济增长的主要动力,服务业对 GDP 的贡献也超过了一半。

短期来看,债务置换保证了地方政府和商业银行部门的相对稳定,大量跨地区劳动力流动维持了劳动力市场的供求平衡,中国经济与社会的风险处于可控范围内。然而,如果经济长期持续疲软,中国势必落入中等收入陷阱,无法真正步入发达国家行列。从历史经验看,绝大部分国家均能够摆脱"贫困陷阱",然而很多国家人均 GDP 长期停滞,难以逾越中等收入区间。

究其原因,颜色认为不同经济发展阶段的经济增长机制不同。在跨越"贫困陷阱"的要素驱动阶段,低成本劳动力、自然资源等生产要素投入,可贡献 60% 的经济增长。然而,一旦突破人均 GDP 3 000 美元的贫困线,简单的生产要素投入不再是经济增长的最主要驱动力,必须从生产效率着手改善经济驱动模式。此阶段也是中等收入国家和发达国家的分水岭,只有少数经济体能成功跨越并实现创新驱动的持续增长。

2015 年,中国人均 GDP 将突破 8 000 美元,已经成为典型的中等收入国家。然而,当前经济增长乏力,要素投入式增长的边际收益逐步下降,人口红利也在快速消失。由于生育率的下降,中国社会面临未富先老的不利前景。人口老化不但提升劳动力成本,还提高了社会供养比,社会保障的压力越来越大。

在经济驱动模式切换阶段,如何通过提高效率来实现经济长期增长?颜色认为,本质就是要通过各个要素市场的配置效率提升,释放改革红利。而避免中等收入陷阱的最核心因素是改善社会流动性,实现人力资本积累和持续创新。然而,要素驱动阶段的粗放增长必然带来社会分层,而公平竞争的市场规则尚未完善,因此既得利益阶层有强烈的动机和能力阻碍社会流动。

改革开放最初二十年，我国社会流动性很高，但过去十多年社会阶层逐渐固化。这个趋势与其他中等收入国家的规律一致，值得我们警惕。当前教育集中化日益严重，颜色分析了所在的北京大学光华管理学院本科生源后发现，高收入家庭学生比例在不断增加，农村家庭学生的比例更是低于10%。事实上，一定程度的收入分配、教育和健康的静态不平等并不可怕；可怕的是社会流动性低、不平等被固化到代际中，从而窒息社会活力，其结果必然是经济增长的长期停滞。

他认为，为提高社会流动性，建立公平竞争的市场规则事关重要。一方面需要从物质资本投资转向人力资本投资，消除教育和健康的不平等；另一方面需要通过户籍改革等措施，保证机会公平，消除体制歧视。从国际经验看，东亚奇迹的关键也正是上述改革措施的结果。同时，他也呼吁公立机构与企业、社会组织共同承担起提高社会流动性的责任。

在评议环节，上海财经大学经济学院教师梁捷、上海金融与法律研究院研究员高利民、上海发展研究基金会研究员肖明智分别就颜色的演讲内容发表了自己的见解。

梁捷指出，城市家庭中，父亲收入对儿子收入的影响系数达到了0.7，对女儿更高达0.8。而农村家庭中，母亲的受教育程度对后代收入的影响更重要。这反映了城乡之间的代际影响因素差异，对缩小城乡收入差距也有一定意义。肖明智认为，要素流动性的不足，延缓了产业转型的周期，导致产能过剩问题和加剧了经济增长的下行；“十三五”期间，供给侧结构性改革应该注重促进要素在各个产业中的自由流动和合理分配，让市场充分配置资源。高利民则提供了另一个思考角度。从社会现状看，大城市提供了更多阶层流动的潜在机会，人口越多的城市才越有可能发生“逆袭”故事。大城市房价之高，也可认为体现了阶层跨越的机会成本溢价。因此，城镇化不如城市化，城市化不如都市化，都市化不如超级都市化。

在互动环节，各位嘉宾还与参会听众就社会流动性的最佳水平、“互联网＋”和金融创新对于社会流动性的促进作用、代际相关性的衡量指标等话题展开了探讨。

上海东方研究院举办 2015 年中国社会保障与保险论坛

由上海东方研究院主办的“2015 年中国社会保障与保险论坛”于 12 月 23 日在上海社科院举行。上海东方研究院严家栋、卞学范，上海社科院左学金，中国交通银行总行林中杰，上海市人力资源和社会保障局戴律国，上海社科院经济所肖严华等专家学者以及有关人士出席。

本次论坛主题为“深入学习党的十八届五中全会精神，进一步探讨如何更好推进养老保障与保险事业”。会议由严家栋主持，左学金重点分析了“上海应对长期照护需求的挑战与未来选择”，戴律国探讨了“对老年综合福利制度的修改意见及养老保险一些具体操作的看法”，肖严华着重讨论了“上海养老保险的最新发展及前景”，林中杰也提供了一些老年人要坚持正确养身保健理念、养生进补知识和养生保健方法。

大家日益体会到：早在 20 多年前，汪道涵同志创办的“中国社会保障与保险论坛”确是事关全局，颇具战略眼光的预见性。目前中国社会面临人口老龄化加速，“未富先老”养老问题日益突出，更加证明研究应对养老保障与保险的重大现实意义和深远历史意义。上海作为全国较早进入老龄社会的大城市，较早探索养老问题，随着改革开放和现代化建设进程，政府相关部门和有关单位已提出应对思路和对策，也采取了不少相应措施，推进社会养老服务。但这也是项长期工程，需要不断改进。

会上也提出了一些问题和需要继续研究探索和提升：一是如何进一步改善保障老年人生活，提升社会养老服务水平，如何具体落实基本养老公共服务“应保尽保”；二是如何鼓励社会资本参与养老机构建设，然后推进医养结合，如何解决养老长期照护服务的需求；三是养老金全国统筹如何具体操作，养老金入市保值增值怎样监管；四是如何满足老年人精神文化需求，解决老年人精神心理慰藉以及失独人员的孤独感；五是如何提高全社会“尊老敬老”的理念和风尚，禁止歧视、虐待和遗弃老年人，维护老年人权益保障等问题，值得关注。

上海金融与法律研究院等单位联合主办第76期“鸿儒论道”

12月25日，上海金融与法律研究院和鸿儒金融教育基金会联合主办第76期“鸿儒论道”。本期主讲嘉宾，上海财经大学城市与区域科学学院副院长张学良以“中国城市群发展战略与定量评估”为题，在客观、科学的实证分析基础上，给出了中国城市群发展的政策建议。

尽管从信息化、全球化的角度看，世界似乎越来越“平”。就全球经济活动而言，空间集聚的趋势却在加速，越来越多人口的生产和生活聚集在城市群。这种现象不仅出现在发达国家和地区，中国亦不例外。张学良教授指出，中国以城市群为核心的空间发展格局已经基本形成，过去传统的“带状”经济、省域经济和行政区经济在逐渐向城市群经济转变。早在2012年，中国十大城市群就以14.72%的国土面积，集聚了46.86%的人口，创造了全国71.67%的地区生产总值。可以说，城市群已经成为我国推进城市化和经济增长的主体。特别是长三角城市群2012年地区生产总值接近2万亿美元，相当于俄罗斯或印度的国家经济总量，可谓“富可敌国”。

为什么城市群成为全国经济活动和增长的中心？张学良教授及其团队建立了一个“城市群经济”的理论分析框架，指出城市群是经济集中化的产物，可以使大中小城市和相关小城镇充分发挥各自在促进产业发展和推进城镇化方面上的优势，使城市群获得比单个城市更大的分工收益和规模效益。单一城市的规模不经济和负的空间外部性，也会由于要素在整个城市群体系中的优化配置而得以部分消除。城市群作为一种空间组织形式，并不只是简单的集合，其内部各个城市间相互整合、相互协调，进而产生了“1+1>2”的聚合效应。

目前国内城市群为数众多，如何判断城市群是否形成及处于哪个发展阶段？张学良从要素集聚能力、整合发展能力、基础设施水平、经济发展水平、社会文化水平和资源环境承载力六个方面出发，选取了最具代表性的判别指标，将我国城市群的发展阶段分为三个阶段:形成型、发展型、成熟型。

改革开放以来，中国区域经济取得了快速的发展。虽然在特定行政边界内，发展政策、经济政策能够保持一致性；但地方政府在追求行政边界内利润最大化的同时，却加剧了市场分割，阻碍了区域间的协调发展。打破市场分割的边界，实现跨区域合作，这也是当前城市群战略被寄予厚望的重要原因。然而城市群的划分标准和规划思路是否正确？

如果正确，如何做出定量评估？如果不正确，该如何改进？

根据张学良及其团队对 2006—2013 年全国近三百个地级以上城市数据进行的检验，大部分加入国家级城市群规划的城市，在平均劳动生产率、地区生产总值、固定资产投资、平均工资和人口总量等主要经济指标上并没有显著的提升。而长三角城市群的形成历史悠久，其城市经济协调会(市长联席会议)、主要领导定期磋商机制、政府相关职能部门专题合作等合作协调机制效果显著，通过实证检验，加入市长联席会议的城市，劳动生产率有显著的提升。上述检验结果表明政府规划主导的城市群经济有效性有待进一步检验，而基于市场规律的协调机制效果显著。

既然强扭的瓜未必甜，下一步该如何调整大部分城市群的战略规划？根据对美国、加拿大、英国、日本等国家与欧盟与 OECD 等地区的大都市统计区的观察与总结，张学良教授突破了传统的城市—区域空间理论，提出市辖区—城市—都市区—城市群—城市区域的空间分析框架。想让城市群建设发挥城市群经济作用，应当强化同城化效应(交通、人口、产业布局等)，促进单个城市规划到城市群内的“多规合一”，以及科学认知城市的增长边界、经济边界、行政边界等。

最后，张学良教授还强调，城市化问题涉及经济学、社会学、地理学、生态学、政治学等多个学科，学科之间的合作极其重要。如同城市群内部应当弱化行政边界的影响，城市研究也应强化问题意识和问题导向，弱化学科之间的边界。

在评议环节，上海市城市规划设计研究院发展研究中心主任、总体规划编制中心总工程师石崧和复旦大学经济学院中国经济研究中心助理教授吴建峰分别就张学良教授的演讲内容发表了自己的观点。石崧指出，城市群发展的核心在于产业关系的集聚，而非人为规划。未来城市群的发展理念应当摒弃自上而下的规划模式，而是自下而上、基于各自经济诉求展开市场化的合作。吴建峰认为，城市群中的核心城市对周边区域同时存在溢出效应、虹吸效应和边界效应，三者作用在一起，最终决定了不同区域的发展态势。如能弱化行政区经济的影响，通过降低交易成本形成自发性产业分工，市场资源将得到更好的配置。在互动环节，各位嘉宾还与参会听众就超大城市外围不同区域发展差异、城市群内大中小城市的匹配、三大城市群对周边地区影响差异等话题展开了探讨。

中美关系建设

ZHONG MEI GUAN XI JIAN SHE

学术研讨

上海市美国问题研究所和上海社科院西亚北非研究中心联合召开“美国反恐政策与亚非反恐态势”专题学术研讨会

2 月 11 日，美国总统奥巴马向国会提交一项新议案，寻求获得全新的正式军事授权、使用武力打击极端组织“伊斯兰国”。根据奥巴马提交的新议案，正式军事授权期限为 3 年，但议案明确禁止地面部队“持续的参战”。由此美国打击“伊斯兰国”的策略和前景引起了学界的广泛关注。

针对美国反恐战略的新态势，上海市美国问题研究所与上海社科院西亚北非研究中心于 3 月 12 日联合举办了“美国反恐政策与亚非反恐态势”学术研讨会。来自上海社科院、上海反恐中心、复旦大学美国研究中心、上海市美国问题研究所以及美国和土耳其的学者与会。

会议主要讨论了“美国在阿富汗和非洲的反恐策略”以及“伊斯兰国”(ISIS)的发展动向、中东的地缘政治形势和当前中东反恐态势。与会的国内学者以及来自美国纽约大学的学者齐默尔曼(Thomas Zimmerman)和来自土耳其智者战略研究中心的学者萨利赫(Salih Tinmaz)就上述议题进行了深入探讨。

上海市美国问题研究所邀请美国学者 Jeffrey Reeves 参加青年学术沙龙

3 月 23 日,美国夏威夷亚太安全研究中心(Asia-Pacific Center for Security Studies)的 Jeffrey M.Reeves 博士/副教授应邀来上海市美国问题研究所参加青年学术沙龙。中美青年学者就中美新型大国关系、亚洲基础设施投资银行、中蒙关系和中国外交等议题开展了深入的交流。Reeves 指出,美国主要涉华政策部门对新型大国关系的认知存在矛盾和分歧。针对美国阻挠其盟友加入中国发起的“亚投行”的问题,他认为奥巴马政府在应对这一问题上出现了战略失误;当今世界多极化趋势更加明显,美国应当鼓励中国在国际事务中发挥更多的作用。针对中国外交的议题讨论,上海市美国问题研究所学者指出,随着“一带一路”倡议的付诸实施,中国更加注重国家大战略的谋划,将周边外交置于外交工作首位,也在越来越多的国际事务中发挥更重要的作用。与会学者还就蒙古国外交以及中蒙关系进行了探讨。

法律专家安大卫来上海市美国问题研究所演讲

4月15日,法律专家安大卫(David Atnip)受邀来上海市美国问题研究所演讲。自2003年起,安大卫便在上海为多家律所、银行及公关公司提供各类商业咨询服务,包括教育培训等。

安大卫向与会人员介绍了外国律师事务所在中国的发展过程、运作模式以及发展中遇到的问题和挑战。他详细介绍了从20世纪90年代初期外国律师事务所在中国开设办事机构至今,外国律所在中国的发展历程,并对中国加入WTO后和2008年全球金融危机时期两次出现外国律所涌入中国热潮的原因和影响进行了分析,并指出外国律所在中国发展面临的问题和趋势。

上海市美国问题研究所 NGO 与美国外交政策研究中心召开“NGO 与美国参与全球治理：现状、影响与启示”讨论会

4 月 24 日，上海市美国问题研究所 NGO 与美国外交政策研究中心召开了“NGO 与美国参与全球治理：现状、影响与启示”讨论会。上海市美国问题研究所常务所长胡华致辞。会议围绕“国际非政府组织与美国参与全球治理”和“中美合作中的非政府组织因素”展开了专题讨论。来自上海国际问题研究院、中国社科院美国研究所、上海社科院国际关系研究所、美国上海商会、澳大利亚商会、世界自然基金会（WWF）、清华—卡耐基全球政策中心、创绿中心等单位的 14 位专家学者与会并发言。上海市美国问题研究所助理研究员孙海泳主持会议。

上海市美国问题研究所和上海社科院中国海洋战略研究中心联合召开“海洋沙龙2015年第3期暨南海问题”研讨会

4月29日，上海市美国问题研究所和上海社会科学院中国海洋战略研究中心在上海市社联联合召开“海洋沙龙2015年第3期暨南海问题”研讨会。

上海市美国问题研究所常务所长胡华主持研讨会。会议围绕南海问题的由来、原因、未来的走向和影响等几方面开展讨论。上海市地方志编纂委员会办公室副主任生键红、上海外国语大学中东研究所所长刘中民、上海社科院中国海洋战略研究中心主任金永明、解放军国际关系学院东南亚研究中心主任成汉平、中国南海研究协同创新中心南边国家政治经济社会平台平台长陈晓律、苏州大学老挝—湄公河次区域国家研究中心主任钮菊生、上海社科院国际关系研究所国际安全研究室副主任葛悦炜等11位专家及媒体代表出席会议并发言。

上海市美国问题研究所和上海社科院中国海洋战略研究中心联合召开“海洋沙龙 2015 年第 4 期暨美日同盟新动向”研讨会

5 月 12 日，上海市美国问题研究所和上海社科院中国海洋战略研究中心联合召开“海洋沙龙 2015 年第 4 期暨美日同盟新动向”研讨会。上海市美国问题研究所常务所长胡华主持会议。来自复旦大学、国防大学、解放军国际关系学院、上海国际问题研究院、上海社科院、上海对外经贸大学、香港中文大学的专家学者以及《解放日报》的媒体代表参加了此次会议。与会专家学者就“日本核问题”“钓鱼岛问题”及“美日同盟的变化及发展”等专题开展研讨。

“美国反恐战略调整及趋势”研讨会暨危机管理·反恐研究中心成立

6月18日，上海市美国问题研究所在上海市社联举办“美国反恐战略调整及趋势”研讨会暨上海市美国问题研究所危机管理·反恐研究中心成立会议。来自国家反恐办、上海反恐研究中心、现代国际关系学院、复旦大学、上海社科院、上海外国语大学、西北政法大学等反恐实务部门以及相关的科研院所的20多名专家学者参加了会议。西北政法大学反恐怖主义研究院发来贺电，并与上海市美国问题研究所中心签署了合作谅解备忘录。

研讨会上，现代国际关系学院军备与控制研究中心主任李伟和国家反恐办研究室主任郑启航分别就国际和国内反恐怖主义形势作了主题报告。西北政法大学反恐怖主义研究院副院长张金平、中国上海合作组织司法培训基地首席专家潘光、上海社科院宗教研究所所长晏可佳以及复旦大学徐以骅老师围绕“美国反恐战略调整及趋势”以及该中心如何做好智库研究进行了深入探讨。与会专家进行了充分交流。

美国怀俄明大学教授加里森等人来上海市美国问题研究所举办"公共外交与中美关系"学术研讨会

6月23日,上海市美国问题研究所举办了"公共外交与中美关系"学术研讨会。美国怀俄明大学的加里森教授(Jean Garrison)、赛茨博士(Thomas Seitz)和韩国庆熙大学教授贝一明主任(Emanuel Pastreich)等三位美国学者,以及来自复旦美研中心、上海交通大学国务学院和上海社科院国关所的学者共十余人参加了此次研讨。研讨会就公共外交在中美关系中的地位以及中国文化外交的功能等问题进行了深入探讨。

杨洁勉来上海市美国问题研究所主讲“如何写国际问题研究内参”

为推动上海市美国问题研究所智库建设和成果转换，6 月 24 日下午，上海国际问题研究院学术委员会主任杨洁勉应邀来到上海市美国问题研究所，为上海市美国问题研究所全体研究人员作了一场题为“如何写国际问题研究内参”的报告。

杨洁勉教授指出，内参是为中央服务的，写内参是从事国际问题研究人员崇高的职责，也是衡量一个智库能否服务中央、如何服务中央的重要标志，因此要树立“想中央之所想，急中央之所急”的自觉性。杨教授从提高实践自觉和实践能力、如何立题谋篇与提炼简约、内参分类与撰写要旨、抓对抓早和抓准抓紧四个方面进行了系统的概括与讲解，既有理论总结，也有案例分析，对内参撰写做了高屋建瓴的分析与阐释，对上海市美国问题研究所研究人员具有非常重要的指导作用。

上海市美国问题研究所联合在沪涉美研究机构共同举办“中美战略对话与中美关系研讨会”

6 月 30 日，上海市美国问题研究所、复旦大学美国研究中心、上海市美国学会、《解放日报》国际部与上海市国际关系学会联合举办了“中美战略对话与中美关系研讨会”。

与会专家从对话特点、成果清单、影响等方面对本轮中美战略经济对话做了评析。中美两国在南海、网络安全、气候变化、海洋等问题上进行了对话，本轮对话是对中美关系走向的对话。上海国际问题研究院学术委员会主任杨洁勉对十年战略对话进行了总结，并指出上海学者在美国问题研究上要发挥自身优势。

上海社会科学院教授潘光来上海市美国问题研究所作“如何写国际问题研究专报”培训专题讲座

8 月 24 日，上海社科院教授潘光来上海市美国问题研究所作“如何写国际问题研究专报”培训专题讲座。上海市美国问题研究所常务所长胡华主持会议。教授潘光结合自身经验从操作层面为上海市美国问题研究所介绍和分析了如何撰写“重大活动”“持续热点问题”和“突发事件”等专报。上海市美国问题研究所全体成员聆听了讲座，并与潘教授就相关问题进行了讨论。

《在上海的美国人》第一卷(英文版)及第二卷(双语版)新书发布会在沪举办

8 月 31 日，由上海市美国问题研究所主编的《在上海的美国人》第一卷（英文版）及第二卷（双语版）在上海发布。来自上海市政协、上海市社联、上海市公共外交协会、上海市报纸行业协会、美国驻上海总领事馆、上海美国商会等机构的代表和社会各界嘉宾出席发布会。

在发布会上，上海市美国问题研究所所长吴心伯致欢迎词，美国驻上海总领事馆副总领事关德琳致祝贺词，弗吉尼亚大学中国代表处首席代表欧君廷作为书中人物代表发言，上海市社联党组书记、专职副主席沈国明致词。

该套丛书聚焦在上海工作、生活的美籍人士，介绍他们的奋斗故事，分享他们的成功经验，品评他们眼中的上海，同时通过介绍个体故事，展现上海与美国交流交往的情况。此次推出的两本新书是上海市美国问题研究所继 2013 年推出第一卷（中文版）以后的又一次全新尝试，首度推出英文版和双语版，以期扩大读者群，更好地在全球舞台宣传上海作为国际大都市的形象和魅力。

收入书中的人物包括活跃在上海政界、商界、教育、文艺等多个领域的优秀美籍人士。他们中既有成就斐然的企业高管，也有学识渊博的专家教授，既有敢闯敢拼的创业达人，也有热心公益的行业精英。他们在上海的经历迥异，却都收获良多，也都为上海的发展作出了贡献。

上海市美国问题研究所，依托上海独特的地方优势，致力于加强美国问题及中美关系的研究，促进两国交流与相互理解。为落实习近平总书记有关“做实做深中美地方交流”的讲话，上海市美国问题研究所把“上海与美国地方交流”作为研究重点，现已出版《上海影像——见证中美关系发展百年史》和《旅美上海油画家》等书，还将陆续推出《上海与美国地方百年交往史》和《在美国的上海人》等系列丛书。

系牢上海与美国地方交流的纽带

——《沪风美雨百年潮》新书座谈会

9月24日,由上海市美国问题研究所和上海《文汇报》文艺部联手主办的"系牢上海与美国地方交流的纽带——《沪风美雨百年潮》新书座谈会"在市社联举办。

会议由上海市美国问题研究所常务所长胡华主持,出席座谈会的有上海市政协对外友好委员会主任道书明,上海报业协会会长吴芝麟,上海国际文化学会会长、国家对外文化交流研究基地主任陈圣来,上海地方史志学会会长朱敏彦,复旦大学历史学教授姜义华,《文汇报》党委委员、文艺部主任王欣之,中共上海市委宣传部副处长毕胜,上海市政协常委、国家一级编剧杨展业,上海社科院文学所研究员孙琴安,《上海思想界》主编许明,上海社科院研究员姜卫红,上海艺术研究所副研究员顾颖,上海市美国问题研究所研究员倪建平等。

参会的各位专家领导对该书予以了高度的评价。上海市政协对外友好委员会主任道书明认为这样的书籍很有意义,在外国读者中也一定会很受欢迎。他举了一个最近的实例,说前些日子美国马里兰州王子郡的郡长带领一个很大的企业家代表团来沪招商,他将上海市美国问题研究所主编的《在上海的美国人》系列丛书英文版相赠,郡长看到书后非常欣喜,代表团成员也都很想要,甚至请求拿几本回去送人。郡长回国后还专程发来邮件,说书写得非常精彩。道主任建议以后将本套丛书也翻译成英文,向外国读者介绍上海与美国交流交往的情况。

上海国际文化学会会长、国家对外文化交流研究基地主任陈圣来读罢备感亲切,其中有太多的往事都是他亲力亲为。比如1974年的费城交响乐团访沪公演便是由他亲自策划主办的,其中好些事情依旧历历在目。他还认为本书开了一个很好的先例,并期待将其他各卷顺利完成,将其作为一个带有史书性质资料留下来。而且如果以此类推,不仅是美国,还能将上海和世界其他各国的文化交往同样进行梳理。尽管这个将会是一项很大的工作。但必然是功德无量的。

复旦大学历史学姜义华教授认为,本书的推出恰逢习近平主席访美,强调中美传统友谊的时机。他认为本书已经走出了过去曾经有过的一些不怎么正常的心态,是在一种非常平和的情调中畅谈中美文化艺术的交流。他说,我们要更多的把友好交往相互推动、相互理解的东西,展现出来,这对于建立真正的新型大国关系是非常有帮助的。我们不能什么都盯着利益,进行更多的人文交流才能使得我们新型大国关系的建立具有更为坚实的基础。

参加座谈会的其他学者们也都结合本书对上海与美国的地方文化交流发表了各自的观点和看法,也提出了不少的改进建议,同时又期待该丛书后续各卷的早日出版。

除了到会的专家以外,全国政协常委、民建中央副主席、上海市政协副主席周汉民,上海市档案局副局长邢建榕,上海社科院文化产业研究中心主任、研究员花建,上海市美国问题研究所所长吴心伯也特地为座谈会写了书评。周副主席表示,做这样全方位的、历史记载的工作,其用意和作用都是很明显的,做这样的历史记录同样是艰辛而又仔细的,希望我们以此为新的起点,将未来的路走得更坚实、更愉快。

邢建榕副局长则肯定说,上海史研究尽管是一门"显学",在国际上也很有地位,但对美国文化如何影响上海,以及上海与美国文化的互动研究,都显得薄弱,因此这本书也弥补了空白。花建研究员不仅为本书作序,还在信中感叹道,一个缺乏自信、萎缩胆怯、闭关锁国、与邻为敌、鼠目寸光的国家和城市,往往把异质文明作为怪物和灾难,采取了抗拒、敌对、海禁等态度,难以想象人类可以共享一个多元共存、环球通融、和谐相处的世界。而倡导多元文化,理解各国人民的多样文化理想和发展模式,正是一个世界大国构建多种利益共同体,推动全球秩序向平等、和谐、共享方向发展的必要前提。而这种包容两大文明的强大想象力和惊人执行力,首先就由上海这样世界级的伟大城市所承担起来。

这套《沪风美雨百年潮——上海与美国地方百年交往史》共分八卷,"文化艺术卷"是其中的第一部。本套丛书将分别从文艺、体育、教育、建筑、经济、金融、法律、科技等领域详尽梳理从 1843 年至今上海与美国地方交流的历史。这次"文化艺术卷"付梓以后,上海市美国问题研究所将陆续推出建筑、体育、教育等各卷,期盼着早日和广大读者见面。

上海市美国问题研究所吴心伯所长表示了这样的祝愿,上海与美国的文化艺术交流,是上海在包容多元文化中迈向世界城市的活力篇章。文化与艺术交流是最为两国民众所喜闻乐见,还是最容易产生共鸣,凝聚友谊,增进互信的。随着信息化时代的到来,两国的文化艺术交流,正在以更为丰富的形式,更为迅捷的速度使得广袤的太平洋也无法阻隔我们携手前行。

上海这座处于中外文明交汇点上的城市已经见证了 150 年来中美两国的广泛交流。在这新的时代,两国也必将面向未来,获得更为丰硕的成果,拥有更美好的明天。

"增信释疑访美之旅——习近平主席访美成果评估讨论会"在上海市美国问题研究所举办

9 月 26 日，上海市美国问题研究所、上海市国际关系学会、上海市美国学会、《解放日报》国际部在市社联召开了"增信释疑访美之旅——习主席访美成果评估讨论会"，对习近平主席于 9 月 22—25 日对美国进行的国事访问进行了深入剖析。

来自上海十余家科研机构、高校及媒体的专家代表参与了会议。与会专家围绕此次习近平主席访美背景及特点、访美成果清单等问题进行了讨论，并就影响中美关系的网络安全问题、南海问题进行了深入探讨。

“习近平主席联合国系列峰会成果评估座谈会”在上海市美国问题研究所举办

9 月 29 日，上海市美国问题研究所、上海联合国研究会、上海市国际关系学会、《解放日报》国际部在市社联联合举办主题为“谋共同永续发展，做合作共赢伙伴——习近平主席联合国系列峰会成果评估座谈会”。上海十余家高校及研究机构专家学者、媒体代表出席此次会议。

与会专家对习近平主席参加联合国系列峰会的成果、意义、作用作了总结，并就维和问题、南南合作及妇女问题进行了深入探讨。

会议主持人上海联合国研究会会长潘光在总结中肯定了习近平主席参加此次峰会的成果，并指出中国影响力不断提升，我们应该继续努力，把中国的联合国外交做得更好。

“第八届中美青年外交官对话”在贵阳举行

10 月 16 日至 17 日，由上海市美国问题研究所承办的“第八届中美青年外交官对话”在贵阳举行。在为期两天的对话中，中美两国的年轻外交官就习近平主席访美与中美关系、中美在全球治理中的合作、中美亚太安全合作、2016 年美国总统选举与中美关系等议题开展了坦率、深入和建设性的交流。

与会的中方代表来自外交部办公厅、美大司、政研司、国际经济司和干部司，美方成员来自美国驻华大使馆以及美国驻上海、广州、成都、沈阳总领事馆。复旦大学美国研究中心主任、上海市美国问题研究所所长吴心伯和俄克拉荷马大学美中问题研究所所长葛小伟主持了此次对话。

2007 年启动的“中美青年外交官对话”每年举办一次，轮流在中美两国举行，旨在为两国年轻外交官提供交流的平台，培养对话的习惯，增进相互了解。该活动得到中国外交部和美国国务院的支持。复旦大学美国研究中心主任、上海市美国问题研究所所长吴心伯和俄克拉荷马大学美中问题研究所所长葛小伟是这一对话的共同主席。

此次会议得到了贵阳市政府外事办公室的大力支持。

上海市美国问题研究所与上海市教育科学研究院邀请美国索斯摩学院教授孔海立作美国教育专题讲座

11 月 3 日,上海市美国问题研究所和上海市教育科学研究院就"上海与美国地方教育交流"合作项目联合举办美国教育专题讲座。上海市美国问题研究所邀请美国索斯摩学院教授孔海立以"美国文理教育的理念和结构"为主题在上海市教育科学院进行了精彩演讲,上海市美国问题研究所和上海市教育科学院的相关人员与会聆听了孔教授的演讲。

孔海立教授是比较文学大师,现任美国著名私立大学索斯摩学院中国文学项目负责人。在美国任教多年,对中美教育比较有深入研究,他长期从事中国现代文学与电影研究,并著书立作,在海外学界颇具影响力。

孔教授结合二十多年在美国从教经历,详细为大家讲解了美国文理学院教育的理念和结构,并以幽默风趣的语言、加以生动的实例从美国学校类型、入学标准、学校管理等方面作了细致分析。演讲结束后,与会人员就相关内容进行了热烈地提问和讨论。

“当前世界恐怖主义形势、影响及对策”研讨会召开

11 月 7 日至 8 日，上海市美国问题研究所与复旦大学台湾研究中心联合主办“当前世界恐怖主义形势、影响及对策”研讨会，本次会议由两岸关系和平发展协调创新中心支持，在复旦大学美国研究中心举办。八名来自台湾高校以及二十余名来自大陆的反恐怖主义研究专家应邀参加了会议。

研讨会就“当前世界恐怖主义形势与两岸反恐合作”“南亚、东南亚恐怖主义形势”“欧美恐怖主义形势”“中东、北非恐怖主义形势”“中亚、俄罗斯恐怖主义形势”以及“网络及大规模杀伤性恐怖主义形势”六个分议题进行了深入探讨。会上，海峡两岸的学者都提出，要借助研讨会这个平台，加强两岸反恐怖主义及非传统安全研究方面的交流与合作，使其更加机制化和常态化。上海市美国问题研究所危机管理·反恐研究中心的两位老师也应台湾“中央警察大学”国境警察学系教授兼恐怖主义研究中心主任汪毓玮的邀请，将于 11 月底赴台北参加反恐怖主义和非传统安全研讨会。此次会议的论文集预计将于 2016 年出版。

“巴黎‘11·13’恐袭与国际反恐新形势”研讨会在上海市美国问题研究所召开

11月18日，上海市美国问题研究所危机管理·反恐研究中心、上海社科院西亚北非研究中心和上海国际问题研究院西亚北非研究中心联合举办了“巴黎‘11·13’恐袭与反恐新形势”研讨会。来自上海市反恐研究中心、复旦大学、上海社科院、上海国际问题研究院、上海外国语大学、华东理工大学以及远东出版社的专家学者出席了会议。

这次巴黎恐袭事件非常令人震惊，与会专家剖析了此次恐袭事件发生的深层原因，指出了法国反恐体系中存在的漏洞，以及此次恐怖袭击的新特点。“伊斯兰国”的恐怖活动范围快速向欧洲扩散，并开始瞄准“软目标”，手段极其暴力残忍，可以说代表了新一轮恐怖袭击的升级，国际恐怖主义可能会进入袭击的高发期，给国际反恐形势带来了严峻的新挑战。西方与恐怖主义之间的矛盾将进一步加深，欧洲可能会成为恐怖势力和反恐怖势力较量的前沿阵地。与会专家还就欧盟主要国家、美国、俄罗斯等主要西方大国可能进行的反恐战略调整及其对中国的影响做了分析和预测。

“南极海洋保护研讨会”在上海市美国问题研究所举办

11月19日，上海市美国问题研究所与创绿中心联合举办“南极海洋保护研讨会”。上海市美国问题研究所常务所长胡华，研究员孙海泳、龙菲，创绿中心研究员陈冀俍，南极海洋生物资源保护委员会（CCAMLR）秘书处科学主管 Keith Reid，上海海洋大学教授唐建业，东海水产研究所黄洪亮、刘勤，《大公报》记者李理等专家学者、媒体代表出席研讨会，就南极海洋保护问题进行了探讨。

与会专家介绍了 CCAMLR 的发展历程、工作机制，中国在南极磷虾捕捞现状，围绕南极海洋保护区、磷虾研究区、磷虾保护与市场开发的平衡、我国极地海洋资源开发和战略发展等问题进行了深入探讨。本次研讨会通过分享南极海洋保护的故事，以期推进民间和学界对于南极海洋相关议题的讨论，助力我国极地强国建设。

上海市美国问题研究所 NGO 与美国外交政策研究中心召开 2016 年度工作务虚会

12 月 8 日上午，上海市美国问题研究所 NGO 与美国外交政策研究中心召开了 2016 年度工作务虚会。

会议总结了该中心自 2015 年 4 月成立以来所做的工作以及存在的问题，并针对这些不足，对 2016 年的工作做了规划。鉴于该中心成立初期工作经验和研究基础比较薄弱的情况，与会专家提出先从基础资料积累和专家团队建设两方面着手，逐步搭建起一个研究平台。2016 年的工作可以先从梳理相关 NGO 名录、NGO 研究领域专家和学者等入手，争取出版一本《美国涉华非政府组织概况》，并利用上海市美国问题研究所《上海美国评论》一书作为学术平台，重点抓住几个课题，扩大影响。此外，该中心还计划在 2016 年进一步充实研究团队，争取出一些高质量的研究成果。

上海市美国问题研究所危机管理·反恐研究中心召开 2016 年工作务虚会

12 月 8 日下午，上海市美国问题研究所危机管理·反恐研究中心召开了 2016 年工作务虚会，来自复旦大学、上海社科院、上海外国语大学、华东理工大学以及上海反恐研究中心的 7 位反恐问题研究专家参加了会议。

会议邀请上海反恐研究中心的专家介绍了国际国内反恐形势、我国反恐工作中存在的问题、如何加强城市反恐以及如何加强海外利益保护等方面的内容。在此基础上，从国际国内反恐研究工作的大局出发，并结合上海市美国问题研究所反恐研究中心的实际情况，各位与会专家从不同侧面为该中心 2016 年以及今后中长期的工作规划与设想提出了许多富有建设性的意见。

通过充分讨论，各位专家认为 2016 年还需要抓住国际国内反恐热点的重要侧面进行研究，加强国际学术交流，争取出一些高质量的研究成果。大家共同努力，打造一个上海研究国际反恐的平台，更好地服务党和政府的需要。

上海市美国问题研究所召开 2016 年海洋沙龙工作务虚会

12 月 23 日下午，上海市美国问题研究所海洋沙龙邀请来自上海交通大学、上海国际问题研究院、上海社科院、上海外国语大学、南京解放军国际关系学院以及新华社的海洋问题研究专家对上海市美国问题研究所 2015 年沙龙的活动进行回顾和总结，并对 2016 年的工作进行展望。

会议总结了 2015 年海洋沙龙工作的成绩以及存在的问题，就涉及海洋的诸多问题进行了交流。其中有的专家介绍了近期参加国际研讨会上外国专家对于南海问题的看法以及中韩关系之间存在的隐患。有的专家解读了当前缅甸局势，并就越南政局可能发生的变化提出了预测和展望。会上还就海外设立战略支撑点、海上反恐等议题提出了意见，并分析了中国目前在海洋战略意识上存在的问题，更对于前不久美国“拉森号”军舰擅闯南海事件以及菲律宾提交的仲裁案等问题进行了讨论。

科研成果

"沪风美雨百年潮"

——上海与美国地方文化艺术交流

由上海市美国问题研究所主编的"沪风美雨百年潮——上海与美国地方百年交往史"丛书首卷:《上海与美国地方文化艺术交流》,于2015年8月由上海人民出版社出版。

本书由上海艺术研究所编写,按时间线索,分五个篇章梳理了上海自开埠以来,与美国在文化艺术领域的交流情况,内容涵盖文学、戏剧、影视、音乐、舞蹈等各个方面。本书在梳理史料的基础上,回顾和总结了两地源远流长的交往史,以期推动两大文明深化合作、加深积累、着眼民众、增进友谊。

由上海市美国问题研究所创意和策划的整套丛书计划推出八本,分别从文艺、体育、教育、建筑、经济、金融、司法、科技等领域系统地勾勒出上海与美国两地交流合作的全景图,从人文学术的高度,深化历史认识,总结历史启示,以期为上海与美国地方交往的未来发展提供积极有益的借鉴,让读者通过本书回顾历史、立足现在、放眼未来,更加珍惜和重视中美交流及国际交往。

《旅美上海油画家》

由上海市美国问题研究所和上海市海外交流协会主编的《旅美上海油画家》于 2015 年 8 月由中西书局出版。

本书图文并茂地介绍了一批赴美发展、祖籍上海或与上海颇有渊源的油画艺术家，分享他们艺术人生的坎坷经历，展现他们在推动上海与美国文化艺术交流等方面所作的贡献。本书囊括了一批成就斐然、颇具声望的海派旅美油画家，通过他们的多彩人生，反映上海籍艺术家在美国油画界的影响和作用，并从一个侧面记录沪美文艺交流的繁盛图景。

来自主流媒体的记者专访了陈逸飞、赖礼庠、周智诚、陈逸鸣、韩辛、刘耀真、陈丹青、魏景山、邹鸿民、查国钧、陈川、吴正恭、孔柏基、徐文华、赵渭凉、汪铁、何祖明、夏葆元、夏予冰、刘树春、陈华、蒋昌一、陈颖、朱者赤等人，他们有过相似的艰苦奋斗的经历，又有各自不同的辛酸和辉煌。呈现在读者面前的这本书试图通过一系列个体故事，反映这一批改革开放后赴美求学、发展的油画家的整体风貌，并从他们的角度，回顾并展望沪美两地在文化艺术及其他各个领域的互动交流情况。

《上海美国评论》(第一辑)

通过以书代刊的形式,该丛书的宗旨意在勾勒国内国际关系学界在美国问题与中美关系研究领域的大致面貌和研究重点,并通过转载稿件或刊登原创稿件,致力于为国际关系学界提供一个新的成果载体和交流平台。第一辑于2015年2月由中西书局出版,主要设立"美国国家安全""美国外交""美国社会与文化""美国经济""美国网络安全战略"等栏目,在反映中美关系研究热点的同时,也增进国人对美国社会、政治、经济等方面的了解。

《在上海的美国人》(第一、二卷)

由上海市美国问题研究所主编的“在上海的美国人”系列丛书聚焦在上海工作、生活的优秀美籍人士,介绍他们的奋斗故事,分享他们的成功经验,品评他们眼中的上海,同时通过介绍个体故事,展现上海与美国交流交往的情况。

继 2013 年推出第一卷(中文版)以后,又于 2015 年 8 月相继推出了第一卷(英文版)及第二卷(双语版),由中西书局出版。本套丛书获得了上海市第十三届“银鸽奖”出版类作品三等奖。

收入书中的人物包括:

季瑞达　前美国驻上海总领事
傅丝德　原上海美国商会会长
江似虹　上海老建筑研究专家
安若丽　中国商业问题专家
雷罗杰　坦德斯地材亚洲区总裁
施成伟　久事国际区域管理总监
魏高思　原浦发硅谷银行行长
德闻·尼克松　上海粟泰贸易有限公司首席执行官
凯瑞·杰克布森　原上海美国学校校长
顾力行　上海外国语大学跨文化研究中心主任
约翰·奎尔奇　中欧国际工商学院原副院长
杰弗里·雷蒙　上海纽约大学美方校长
万福麟　南加利福尼亚大学马歇尔商业学院副院长
白永辉　华东师范大学教授
蓝毅文　华盛顿邮报国际教育机构高级副总裁
睿智　上海和睦家医院院长
陶瑞琳　上海“根与芽”青少年活动中心理事会主席
闻宁阁　美国博钦律师事务所合伙人
南希·梅里尔　《南希财智对话》主持人
柯炜文　上海老建筑研究专家
高天瑞　门萨国际上海分会领头人
力马克　业余喜剧演员、网络红人

史蒂文　主持人、制片人、导演、演员
马克　Sherpa's送餐公司创始人
梁耀祖　甫田网创始人
雷小山　中国市场研究集团董事总经理
乐华　新元素创始人
费明浩　“消费明鉴”创始人
迈克尔·罗森塔尔　帕劳前司法部长
冯伟立　康德乐中国区董事长
顾树基　美国律师
沈珮琪　涉华商业问题资深咨询专家
阳歌　复旦大学新闻学院副教授、前路透社资深记者
珍妮弗·塔琳　上海理工大学美国文化交流中心主任
欧君廷　弗吉尼亚大学中国代表处首席代表
费嘉炯　中国历史、文艺领域的权威学者、作家
斯宾塞·多丁顿　建筑设计师、老建筑专家
陈杰　复旦大学国际关系学院博士研究生

《中美关系中的债务问题研究》

由上海市美国问题研究所助理研究员孙海泳撰写的《中美关系中的债务问题研究》一书于 2015 年 5 月由时事出版社出版发行。

本书是国内一部有关中美关系中的债务问题研究的力作。美债问题已成为中美关系中的重要议题。美元霸权是美国在全球范围内保持债务融资能力的基础。中美两国基于各自的国际与国内经济政策形成了史无前例的债务关系。在中美债务关系的相互依赖中,中国承受相对更大的脆弱性和敏感性,但美债问题对中国也有特定的战略意义。中美债务问题对中美之间的经贸和安全议题也产生了重要影响。随着中国国际经济政策的调整和发展,如实施"一带一路"倡议、建立新兴金融机构、扩大对美直接投资等,中国在国际经济与金融体系内的地位不断提高,这对于缓解中美债务问题及其负面影响具有重要意义。考虑到中美债务问题的巨大规模等因素,这一问题仍将长期存在,并继续对中美双边关系的发展产生重要影响。

大 事 记

DA SHI JI

1月5日，市社联召开党组中心组学习（扩大）会议暨2015年务虚会。市社联主席秦绍德，市社联党组书记、专职副主席沈国明，市社联党组副书记、专职副主席桑玉成及社联处以上干部出席会议。

1月8日，在“上海宣传系统第一届职工读书节”闭幕式暨上海图书馆数字阅读论坛上，市社联何宝军、陈放明获上海宣传系统第一届职工读书节组委会表彰。何宝军被评为“读书达人”，陈放明的《伊恩·莫里斯的中国故事——读〈西方为什么能暂时统治世界〉有感》被评为优秀读书笔记。市社联专职副主席刘世军应邀出席大会并为获奖代表颁奖。

1月9日，市社联召开处级领导干部年度工作述职会。各部门处室负责人围绕重点工作，结合岗位履职情况，汇报工作体会，查找分析不足。党组书记、专职副主席沈国明主持，党组副书记、专职副主席桑玉成，专职副主席刘世军及社联全体干部职工参加。会后进行民主测评。

1月9日，市社联星期五学术茶座举办“历史上两条资本主义道路的发展”专题研讨。来自上海大学、上海政法学院、上海社科院、中国浦东干部学院等单位的专家学者参加。与会学者围绕近代以来西方国家在资本主义发展中出现的两条道路、两条道路和资本主义起源的不同模式的关联、资本主义和20世纪以来全球政治发展中突出现象的关系等问题进行研讨和交流。

1月10日，市日本学会举办第六届理事会第五次会议暨新年形势研讨会，来自相关领域的专家学者会员代表90多人与会。副会长兼秘书长陈永明主持。审议并通过吴寄南会长作的2014年学会工作报告和2015年学会工作设想，审议本年度拟吸收的新会员名单。研讨会阶段，日本国日中协会理事长白西绅一郎作“访华600次感言、安倍内阁走向与中日关系展望”主旨报告，王少普、陈子雷、吴寄南、谭晶华等分别作“世界反法西斯战争胜利70周年的中日关系走向”“安倍经济学的现状与未来走势”“从第47届众议院选举看日本政治生态的新变化”“2015年中国日语教学改革的新动向”等主旨演讲。与会专家学者围绕相关议题展开交流。

1月11日，上海市演讲与口语传播研究会在华东师范大学举行2014年会，陈静主持。副会长、秘书长林伟民回顾2014年工作。市演讲与口语传播研究会坚持贴近学术、贴近社会、贴近时代的原则，不仅举办了学术论坛，而且开展了各类科普和培训活动。副会长严三九宣读研究会关于部分理事和常务理事人选调整的决定。表彰了2014年度优秀会员，并向新会员颁发了会员证。会长王群作会议总结。

1月12日，广西壮族自治区社科联考察团一行10人，在党组成员、副主席曹平带领下到访上海市社联，就外联工作、优秀专家评选和科研工作、上海自贸试验区建设的经验做法，以及刊物编辑工作等主题开展调研。上海市社联专职副主席刘世军及办公室、组织人事处、科研组织处、科普工作处、《学术月刊》编辑部、《探索与争鸣》编辑部等部门的负责人参与座谈。考察团一行还前往上海自贸试验区开展实地调研。

1 月 13 日，上海市物流学会在物贸大厦七楼会场召开“八届二次理事会”。会长周纪东主持，学会理事和企业及有关方面的代表 100 余人参加。周纪东会长在会上作“上海市物流学会 2014 年工作总结和 2015 年工作计划”。理事会审议并通过周纪东会长所作报告。上海交通大学中美物流研究院院长朱道立作“物流信息与服务创新”学术报告。

1 月 15 日，上海金融法制研究会、上海市立法研究所在丁香路 633 号浦东新区人民检察院 907 会议室举行专题报告会，深入学习贯彻落实十八届四中全会精神。上海金融法制研究会名誉会长倪维尧主持，上海社科院原党委书记潘世伟作题为“认真学习深刻领会党的十八届四中全会精神”专题报告。上海金融法制研究会各会员单位代表，市人大、市政府、市司法机关等单位领导及部门负责人，在沪金融机构代表，研究机构及高等院校人员 70 余人参加。

1 月 16 日，上海市美学学会、上海市社联、上海人民出版社在市社联本真堂联合举办《蒋孔阳全集》六卷本新书发布会及蒋孔阳美学思想研讨会。上海市社联党组副书记桑玉成、复旦大学副校长林尚立、上海人民出版社总编王为松、蒋孔阳夫人濮之珍、上海市美学学会会长朱立元及国内著名美学专家张玉能、陈伯海、邱明正、楼昔勇、陆扬等三十余人出席，并作发言。与会专家肯定《蒋孔阳全集》六卷本出版的意义，回顾蒋孔阳先生对中国美学发展作出的杰出贡献，认为其在实践美学、审美创造、审美关系、美与人生等方面所做出的重要阐述，对今天中国的美学建设仍具有巨大的启示意义。

1 月 16 日，2014 年度上海市家庭教育研究会年会暨“家庭教育与社会治理”研讨会在市社联社科会堂学术报告厅举行。市妇联主席徐枫、市家庭教育学会会长王荣华到会并讲话。市家庭教育研究会副会长、上海社科院社会学所所长杨雄主持。市家庭教育研究会副会长、市妇联副主席刘琪作 2014 年度工作报告，宣布 2015 年度工作计划。上海师范大学教育学院许苏、上海理工大学管理学院罗国芬、闵行区华漕学校杨慧玲、普陀区妇联徐丽华分别作“学龄前儿童家庭教育需求调查研究”“儿童安全问题的社会和心理因素分析报告——以闸北区为例”“铃灵社——家庭教育志愿者团队叙述研究”“引进专业社会组织开展儿童和家庭服务项目的几点思考”专题报告。

1 月 16 日，市社联星期五学术茶座举办“依法治国与领导理论创新”专题研讨。来自东华大学、上海市委党校、浦东区委党校、上海市领导科学学会等单位的近 10 位专家学者参加。与会者围绕党的领导与依法治国、依法治国与领导理论创新、依法治国与以德治国等问题进行研讨和交流。

1 月 19 日，为响应市总工会关于干部带头“爱心一日捐”的倡议，市社联领导带头、每位在职职工都积极投入社联工会组织的“一日捐”活动，共募集人民币 3 750 元，参与职工 55 名，达到工会会员总人数的 82%。所有来自“一日捐”的款项将留存在市社联职工帮困基金，主要用于困难职工定向帮扶和临时性、应急性帮扶。

1 月 20 日，上海金融法制研究会在东大名路 1080 号中国邮政储蓄银行上海分行召开 2014 年度青年课题终期评审会。广发银行上海分行党委委员、纪委书记刘平主持，史带财产保险股份有限公司董事长张兴，上海银行原副行长王世豪，华夏银行上海分行原行长夏小华，申银万国证券股份有限公司原总裁、中国证券业协会副会长冯国荣作为专家评委参加。2014 年度上海金融法制研究会发布五个青年课题，分别是“资本市场创新发展与金融犯罪圈的边界”“第三方理财的法律问题研究”“中国(上海)自由贸易试验区与人民币国际化的互动关系研究”“互联网金融监管与法制保障研究”“上海市养老金融模式与政策扶持体系研究”。

1 月 21 日，上海邮电经济研究会举行九届二次理事会暨学术年会，60 多位理事以及顾问出席，会长张林德主持。研究会秘书长杨锡高向与会者报告 2014 年工作总结及 2015 年工作思路。

1 月 21 日，上海市研究生教育学会在上海教科院大礼堂举行“研究生教育质量保障及年度质量报告”2014 年学术年会。市研究生教育学会秘书长、市学位办主任束金龙主持。复旦大学研究生院院长钟杨、《学位与研究生教育》杂志社社长周文辉、上海交通大学研究生院副院长杨银科、上海教科院高教所所长晏开利分别作“问题驱动式质量调查的理念与实践”“我国研究生满意度调查研究”“认识质量、描绘质量、提高质量——研究生质量报告的根据、表现与目的”“上海市学位与研究生教育质量年度报告研制情况报告”学术报告。

1 月 24 日，上海市宗教学会、上海市伦理学会和上海市哲学学会在上海社科院小礼堂联合举行“当今中国信仰文化和伦理道德的哲学反思”学术研讨会。围绕信仰文化与社会主义核心价值观的关系、当今中国伦理道德遭逢的困境问题、全球文明冲突的影响和不同宗教和合共生的状况、信仰文化的社会作用与发展趋势、宗教与中华民族共同价值伦理体系的重建与更新、当今社会解决信仰缺失的哲学探讨、中国梦的愿景与国民素质的提高等主题，展开交流和讨论。

1 月 28 日，东方讲坛·“以案说防范，共建平安城”消防安全专题宣讲活动启动仪式在长宁区华阳社区文化活动中心举行。市委宣传部副部长李琪，市委政法委副书记王教生，市公安局党委委员、政治部主任韩勇，市社联党组副书记、专职副主席桑玉成，市社联专职副主席刘世军，长宁区副区长、区公安分局党委书记、局长曹新平，市公安消防总队副总队长顾金龙等，以及来自全市的民警讲师代表、社区平安志愿者、市民群众和媒体记者300余人参加。

1月29日，市社联召开第一季度信息员工作会议。办公室主任吴伟余主持，各部门信息员出席。会议总结2014年市社联信息工作情况，对市社联各部门信息工作进行表扬，评出多个奖项。学会管理处获得“最多供稿奖”、科普工作处获得“最佳转发奖”、组织人事处黄谷雨同志获得“最快交稿奖”、科研组织处方宁同志编写的《上海市社科界第十二届学术年会大会隆重召开》一文获得“最高点击奖”、《学术月刊》编辑部和《探索与争鸣》编辑部获得“最学术稿件奖”。会议还就网站工作中存在的几点不足，听取信息员的意见和建议。

1月29日，上海市房产经济学会举行会员代表大会暨第八届理事会第五次会议，常务副会长兼秘书长李国华作工作报告，总结2014年度学会工作，部署2015年度工作。副会长赵才娣宣读2014年度优秀分会专委工委、优秀工作者名单。副会长郭树清主持。

1月29日起，东方讲坛举办“东方讲坛·社会治理与基层建设”专题系列讲座，特邀参与一号课题相关工作的社科专家在部分区县机关和街道，围绕未来社区治理与基层建设的形势与任务开展宣讲。

1月31日，由国家社科基金资助的“重新阐释中国与全面深化改革”青年论坛暨《探索与争鸣》首届全国青年理论创新征文颁奖大会在市社联举办。市社联党组书记、专职副主席沈国明，市社联党组副书记、专职副主席桑玉成，以及来自市委宣传部理论处、市社科规划办、《解放日报》《文汇报》《社会科学报》《学术月刊》等学术管理机构和媒体的负责人为获奖青年学者代表颁奖。市社联专职副主席刘世军主持颁奖大会。江苏、浙江和本地的青年学者60余人出席。

2月3日，浙江大学考察团一行4人，在省社会科学研究院副院长何文炯的带领下到访上海市社联，就服务管理学术社团、组织社科研究工作、开展社科普及工作的经验做法开展调研。上海市社联办公室、学会管理处、科研组织处、科普工作处等部门的负责人参与座谈，并介绍上海市社联在“十三五”时期推进哲学社会科学繁荣发展的基本思路和工作重点。

2月3日，市社联方志办召开地方志章节负责人会议，邀请上海社科院信息所所长王世伟、上海社科院宗教所所长晏可佳、上海图书馆科技情报所副研究员马春、上海体育学院副教授匡淑平四位专家，对《上海市志·科学分志·人文社会科学卷(1978—2010)》中的相关内容进行研讨。一是确定社科志图书馆、信息与文献学章，宗教学章，体育学章的负责人；二是在章节提纲设计、完成时点、资料搜集等内容上达成共识。

2月4日，市社联召开第六届委员会第九次全体会议暨2015年社科界迎春座谈会，市社联主席秦绍德讲话，市社联党组书记、专职副主席沈国明作工作报告，党组副书记、专职副主席桑玉成主持会议，专职副主席刘世军宣读市社联致全市社科工作者的新春慰问信。市委宣传部理论处处长季桂保宣读市委宣传部副部长李琪为大会发来的致辞。

2月4日，上海炎黄文化研究会在市社联社科会堂举行新春联谊会。上海市曲艺家协会、上海社会科学会堂参与协办。秘书长姚树新主持，常务副会长杨益萍作2014年研究会工作报告。上海炎黄文化研究会负责人、会员100多人参加。

2月5日，上海工艺美术学会举行第五届理事会第三次扩大会议暨学术年会。学会会员、理事、各专委会代表80多人与会，常务副秘书长肖国梅主持。审议并通过副会长兼秘书长周南作的"2014年学会工作报告"、肖国梅作的"2014年度财务报告"。肖国梅宣读学会2014年度学会的表彰名单，并由会领导为获奖人员进行颁奖。交流发言阶段，学会设计专业委员会主任秦永福、朱开荣，学会纤维专业委员会副主任钱月芳作"原创是工艺美术发展的正能量""职业教育：培育工艺美术人才基地""传承、发展上海顾绣事业"主题发言，张心一会长作总结发言，并就2015年学会工作作部署。

2月5日，"上海市民时政关注指数发布会暨东方讲坛·时政关注系列首场论坛"在市社联群言厅举行。市社联主席秦绍德、新华社上海分社总编辑姜微出席并致辞，市社联党组副书记、专职副主席桑玉成主持发布会和论坛。特邀上海大学社会学院教授顾骏、复旦大学国际关系与公共事务学院副教授蒋昌建为1月份时政关注排行榜作分析点评，来自本市机关干部、高校师生、企业精英、媒体记者和市民群众80余人参加。"上海市民时政关注指数"是上海市社会科学界联合会和新华社上海分社联合开展的调查项目。

2月6日，《探索与争鸣》编辑部与上海国际问题研究院联合召开"能源格局与中国战略选择"学术研讨会。来自复旦大学、上海交通大学、华东师范大学、上海社科院、上海对外经贸大学、上海国际问题研究院、上海能源协会的近20位专家学者与会。专家学者对近期油价波动的原因及其对中国能源安全的影响、当前世界能源格局与地缘政治的关系、各主要产油国和地区的能源战略等问题进行讨论。

2月10日，市社联方志办召开地方志章节负责人会议，邀请上海市社会主义学院教授蒋连华、上海市民族宗教委员会监察室主任李伟民、原上海市国际问题研究院信息所所长陈鸿斌、南京政治学院上海分院副教授邵青四位专家，对《上海市志·科学分志·人文社会科学卷(1978—2010)》中的相关内容进行研讨。确定民族问题研究、港澳台问题研究和军事学章的负责人，并就负责人的职责、章节提纲的设计要求、完成时点和资料长编的搜集整理等问题进行意见交流。

2月11日，上海金融与法律研究院举办学术沙龙，邀请中国房地产数据研究院执行院长陈晟、仁和智本资本合伙人陈宇、上海国富投资首席经济学家刘海影、上海国有资本运营研究院秘书长罗新宇、济邦咨询有限公司董事总经理张燎围绕“宏观经济形势、国企改革、混合所有制与PPP、互联网金融、房地产市场”等热点问题作主题演讲，对2015年中国经济发展最受关注领域进行深度研判。

2月11日，市社联2014年新进人员业务培训开班，邀请市社联主要业务部门负责人对社联历史沿革、社团管理、科研组织、社科普及、期刊发展和社联工作规范等进行讲解，使新进人员进一步了解社联全面工作，熟悉相关业务，明确岗位要求，提高能力素质。

2月12日，市社联机关党委及各支部党员代表一行由机关党委副书记何畏带队，赴奉贤区青村镇南星村走访慰问，看望部分生活困难村民，送去慰问食品和慰问金，并与南星村村委会干部进行座谈，对近几年南星村基层党组织建设、农业产业建设和城乡发展等情况进行深入了解，初步达成2015年“七一”联合举办党建联建活动的合作意向。

2月13日，市社联主席秦绍德，党组书记、专职副主席沈国明，党组副书记、专职副主席桑玉成，专职副主席刘世军一行前往华东医院看望著名外交家、社会活动家、市社联原主席李储文。向李老汇报市社联一年来的工作进展并询问李老的日常生活起居情况，衷心祝愿李老身体健康、长寿如意，继续为上海市社联的发展出谋划策、奉献智慧。

3月2日，市社联举行2015年度公务员公开招录面试。市社联党组领导及相关处室负责人任考官，市残联两位同志任外派考官。本次社联公务员公开招录的是科研组织处舆情分析岗位，进入面试的共有3位考生，根据笔试和面试的综合成绩，拟录取1人。

3月2日，市社联召开新进人员业务培训总结会，组织人事处处长张勇主持，党组副书记、专职副主席桑玉成出席并讲话，对新进人员提出三点希望：一是尽快投入工作，角色到位，主动适应新的工作环境和工作内容，尽快奠定对社科服务工作的感情基础。二是找准定位，发挥优势特长，在社联工作中找准自己的位置，注重在工作中的知识积累，发挥自己的优势特长。三是在工作中形成良好氛围，积极融入社联大家庭中，处理好各类关系。把工作当作事业来做，把同事当作朋友来处。

3月3日，市社联举行2015年度学术团体负责人暨党建工作会议。来自市社联所属学会及民办社科研究机构的200余位负责人参加。市社联党组书记、专职副主席沈国明出席并讲话。市社联党组副书记、专职副主席桑玉成主持。

3月4日，在“学雷锋”纪念日和国际劳动妇女节来临之际，为弘扬、传承、践行雷锋精神，推进社会主义核心价值体系建设，市社联机关党委、机关工会代表一行6人在机关党委副书记、工会主席吴伟余同志带领下前往联建单位瑞金二路街道淮中社区实地走访困难群众，为区内3户困难家庭送去慰问品以及社联全体干部职工的关怀和温暖。

3月4日，市社联方志办召开第三次地方志章节负责人会议，邀请上海市政治学会秘书长袁峰、上海大学社会学院社会系主任肖瑛两位教授，对《上海市志·科学分志·人文社会科学卷(1978—2010)》中的相关内容进行研讨。确定政治学章和社会学章的负责人，并就负责人的职责、章节提纲的设计要求、完成时点和资料长编的搜集整理等问题进行意见交流。

3月6日，市社联召开全体机关干部大会。专职副主席刘世军主持，党组书记、专职副主席沈国明，党组副书记、专职副主席桑玉成出席。会上表彰2014年度社联机关及刊业中心年度考核优秀个人及部门工作优秀奖项。桑玉成同志通报市社联党组民主生活会的情况。沈国明同志传达杨雄市长在上海市第十四届人民代表大会第三次会议上的政府工作报告精神，并对2015年市社联工作提出要求。

3月6日，市社联举办市情报告会，邀请市房管局巡视员庞元同志就上海住房保障政策与房地产市场情况等作专题报告。党组书记、专职副主席沈国明主持。本市多家学会代表出席。市社联机关、刊业中心全体干部列席听讲。

3月6日，市社联星期五学术茶座举办“充分发挥政府和市场两只手的作用”专题研讨。来自上海社科院、上海商学院、上海市发展改革研究院、上海市企业发展促进研究会等单位的近10位专家学者参加。与会者围绕市场经济条件下政府与市场的相互关系、如何发挥市场在资源配置中的决定性作用、如何更好地发挥政府职能和调控作用等问题研讨和交流。

3月9日，上海市社联和新华社上海分社联合发布2月份“上海市民时政关注指数”。特邀同济大学经济与管理学院教授诸大建、上海大学社会学院教授顾骏为2月份时政关注排行榜作分析点评。

3月10日，市社联方志办赴复旦大学召开地方志章节负责人会议，市社联党组副书记、专职副主席桑玉成出席并讲话。复旦大学文科科研处处长陈玉刚教授，相关学科专家顾钰民教授、章清教授、陆雄文教授、黄霖教授、黄旦教授等，就《上海市志·科学分志·人文社会科学卷(1978—2010)》中的相关内容研讨。确定马克思主义研究、历史学、管理学、文学、新闻学与传播学五章的负责人，并就负责人的职责、章节目的设计要求、完成时点、各章体量等问题进行意见交流。

3月13日，市社联星期五学术茶座举办“台湾当局的海洋战略与政策研究”专题研讨。来自上海交通大学、上海政法学院、上海社科院、上海国际问题研究院、华东政法大学、上海对外经贸大学、上海图书馆、中国航海博物馆等单位的10位专家学者参加。与会者围绕台湾当局海洋战略与政策的形成、台湾当局在相关海域问题上的战略取向与政策，以及两岸海洋事务合作的现状与前景等问题进行研讨和交流。

3月13日，市社联召开“预算员、审计员、安全员”工作会议。市社联办公室主任吴伟余主持，党组书记、专职副主席沈国明出席并对“三员”工作提出具体要求。来自市审计局行政事业审计处处长杨春露、市财政局专管员陈明君、市公安局文保分局阚龙根、市委宣传部国资办陈榕、黄浦区税务局徐挺立分别以“新形势下审计工作重点”“财务工作需要注意的问题”“当前形势下如何加强社联安全管理”“新形势下的国资管理”“2015年税收工作新变化”为题介绍了相关领域工作的新情况、新要求。市社联各部门预算员、审计员、安全员及物业管理公司相关工作人员30余人出席。

3月14日，“社会主义初级阶段和‘四个全面’战略布局研讨会”在上海立信会计学院徐汇校区举行。上海科学社会主义学会会长夏军，上海法学会法学期刊研究会会长陈金鑫，上海科学社会主义学会副会长吴解生、郭定平、周智强、王子奇，立信会计学院党委副书记朱坚强、宣传部长何佩莉以及复旦大学、华东师大、市委党校、上海师大等高校20余名教授学者出席，上海科学社会主义学会副会长、南京政治学院上海分院教授孙力主持。

3月14日，《探索与争鸣》编辑部与苏州科技学院人文学院联合召开“国际视野下的中国抗日战争”学术研讨会。来自中国社科院、南京大学、华东师范大学、上海师范大学、苏州大学、苏州科技学院等单位的专家学者，探讨中国抗日战争与世界反法西斯战争关系，抗战时期美、苏、英、德等国与中国关系等。研讨会相关成果将刊发于《探索与争鸣》第四期“圆桌会议”栏目。

3月15日，为纪念毛泽东“广阔天地大有作为”批示60周年，上海市延安精神研究会、上海东北经济文化发展促进会、上海电影集团公司、黑龙江省逊克县委、上海百老德育讲师团联合举办老知青建设新农村成果展开幕式暨知青乡亲心连心新春联欢演出。全国各地老知青、热心市民、在校大学生、大学生“村官”、中学生等近千人齐聚徐汇宛平剧院，逊克县山河村农民演出队与上海知青文艺团体、上影演员剧团为与会者奉献一场精彩的演出。

3月16日，市社联方志办召开地方志推进工作会议，邀请市地方志办公室市志处处长黄晓明、李洪珍与会。黄晓明处长对《上海市志·科学分志·人文社会科学卷(1978—2010)》已有的编纂进展表示肯定，并就下一阶段方志编纂过程中作者队伍建设、写作内容规范、启动大会的安排等事项与方志办的同志进行交流。

3月18日，纪念汪道涵同志诞辰100周年理论研讨会在市社联召开。研讨会由上海市社联主办，上海市生产力学会协办。市社联党组书记、专职副主席沈国明研究员主持。与会者围绕汪道涵与两岸关系、汪道涵与上海改革发展及浦东开发开放等主题研讨。郁青、於品浩、彭运鹗、徐瑶琪、章念驰、黄仁伟、张志蛟、潘铭山、真虹等生前好友、同事、部下分别作交流发言。来自上海市政府发展研究中心部分老干部、浦东新区有关部门领导，上海市生产力学会、上海市科学社会主义学会、上海市工商管理学会、上海市法治研究会等本市主要学会，以及高校部分专家学者70余人出席。

3月18日，上海金融法制研究会、上海市立法研究所举办“2015年金融改革发展现状与趋势”专题讲座，上海金融法制研究会秘书长许慧诚主持。上海银行原副行长、高级经济师王世豪主讲，上海金融法制研究会各会员单位代表，市人大、市政府、市司法机关等单位领导及部门负责人，在沪金融机构代表，研究机构及高等院校人员60余人参加。

3月20日，市社联星期五学术茶座举办“推进‘四个全面’与深化形势政策教育”专题研讨会。来自上海市形势政策教育研究会、华东理工大学、同济大学、市委党校、上海经济管理干部学院、中交集团三航局等单位的10位专家学者参加。与会学者围绕“四个全面”的理论内涵和战略布局，以及通过“四个全面”加强形势政策教育等内容展开研讨。

3月24日，市会计学会召开2015年年会暨常务理事会会议和理事会会议，会长夏大慰主持。会议审议通过上海市会计学会2014年工作报告、财务报告和2015年工作计划，通报2014年各区县会计学会、各工作委员会考评结果，电力工作委员会等8家单位获得一等奖，长宁区会计学会等15家单位获得二等奖。

3月25日，广东省社科联调研组一行在省社科联党组副书记、决策咨询研究中心主任周钦声带领下，在上海市社联与上海社科界有关单位召开“沪粤新型智库建设经验交流座谈会”。来自上海市社联有关处室与学术期刊、上海社科院智库科研处、上海华夏社会发展研究院鲍宗豪、上海易居房地产研究院陈小平等专家学者参与交流。上海市社联党组书记、专职副主席沈国明会见广东省社科联调研组一行。

3月26日，为弘扬民族精神，缅怀革命先烈，市社联机关党委、工会组织全体社联干部职工参观松江区的爱国主义教育基地、中科院上海天文台佘山科技园区并考察松江区生态建设环境。参观考察活动由市社联党组副书记、专职副主席桑玉成带队，松江区泗泾镇宣传部部长吴德其陪同。

3月26日，上海市市场学会召开第七届会员代表大会。审议通过第六届理事会工作报告和财务报告；审议通过修改后的上海市市场学会章程；选举产生第七届理事会成员；选举产生第七届理事会领导班子。贺涛为会长，陈信康为常务副会长，陆雄文、吴泗宗、范徵、李晓峰、吴梦秋为副会长，于人为秘书长。

3 月 26 日，市社联举行“城市大人流公共安全管理规则研究”专题研讨。市社联党组书记、专职副主席沈国明，市政协学习委员会常务副主任柴俊勇出席并参与研讨。来自复旦大学、上海开放大学、上海图书馆、市公安局、市委宣传部研究室的相关专家学者围绕大人流对城市公共安全的挑战、国内外大人流公共安全管理的经验教训、城市大人流公共安全管理规则等问题展开交流和研讨。

3 月 27 日，市社联特邀上海申康医院发展中心主任陈建平作关于上海医疗卫生改革报告。市社联党组书记、专职副主席沈国明主持。陈主任介绍上海医疗卫生领域的基本状况，以及发展中心以需求为导向开展的各项工作和在改革探索过程中碰到的各类问题。

3 月 27 日，市社联星期五学术茶座举办“晚清中西文化交流与民间社会”专题研讨会。来自复旦大学历史系、上海新闻出版局、现代上海研究中心等单位的青年学者参加。与会者围绕晚清中西知识的获取、转译以及一般民众对各类新知识的接受情况等问题交流和研讨。

3 月 28 日，由市社联、市委党校、市马克思主义研究会共同举办的上海市马克思主义研究 2015 年首季度论坛在中共上海市委党校召开，主题是“马克思主义中国化与‘四个全面’战略布局”。市委党校常务副校长、市马克思主义研究会会长王国平，市社联党组书记、专职副主席沈国明出席并作学术致辞，市委党校副校长、市马克思主义研究会副会长郭庆松主持开幕式。来自市马克思主义研究会理事会员，市高校科研机构从事马克思主义研究的专家和博士生 120 余人参与讨论。

3 月 30 日，上海邮电经济研究会举办学习全国两会精神和当前形势报告会。邀请上海社科院陆震教授主讲全国“两会”精神以及当前形势任务，来自研究会的会员和邮电系统离退休干部、职工 130 余人参加。

4 月 8 日，“上海市民时政关注指数发布会暨东方讲坛·时政关注系列论坛”第三期在市社联群言厅举行，市社联党组副书记、专职副主席桑玉成主持。特邀华东师范大学东方房地产学院常务副院长华伟、上海大学社会学院教授顾骏任点评嘉宾，并回答现场听众的提问。来自本市的机关干部、专家学者、高校师生、媒体记者和市民群众等各界人士 80 余人参加。

4 月 9 日，上海市社会科学界第十三届（2015）学术年会筹备工作会议在市社联本真堂召开。学术年会主要学科专家学者、社科媒体机构负责人 50 余人出席。党组书记、专职副主席沈国明主持。市委宣传部副部长燕爽出席并致辞。党组副书记、专职副主席桑玉成介绍本届学术年会工作设想。与会专家学者讨论本届年会工作方案和大会主题。市社联专职副主席刘世军出席,市社联主席秦绍德作总结讲话。

4月10日,市社联星期五学术茶座举办“中国特色政治经济学的发展与创新”专题研讨会。来自华东师范大学、复旦大学、市委党校、上海社科院、上海市发展改革研究院的10余位专家学者参加。与会者围绕习近平总书记提出学好用好政治经济学的战略意义、马克思主义政治经济学与西方经济学的关系、马克思主义政治经济学的中国化与时代化等问题进行交流和研讨。

4月10日,澳洲华人史志研讨会在上海社科会堂举行。《澳大利亚华人年鉴》编辑部副主任李建萍,编辑部顾问、知名爱国华侨许昭辉介绍澳洲华人的发展历史、现状及《澳大利亚华人年鉴》的出版背景。上海辞书出版社副总编童力军对该书在国内出版提出建议。中国驻悉尼总领事馆副总领事童学军、侨务领事王芸出席活动。来自本市高校、研究机构、出版社等单位的领导、学者代表出席。

4月10日,上海市世界史学会和上海社科院国际关系研究所在上海社科院举办“万隆精神与国际秩序”——纪念万隆会议60周年学术研讨会,围绕万隆会议的历史地位与影响、亚非国家的国际秩序理念发展、亚非合作与中国周边外交及中国与国际秩序新理念展开讨论。

4月10日,上海金融法制研究会在市社联本真堂举办“2014年上海金融风险预警通报”讲座。特邀上海市人民检察院金融检察处副处长吴卫军、上海市经侦总队一支队政委任志强主讲。原会长倪维尧、学术委员会主任李克渊、学术委员会副主任刘晓明及相关会员60余人参加。

4月12日,由《探索与争鸣》编辑部、上海财经大学城市与区域科学学院、中国城市与区域实验室(CCRL)共同举办的“城市边界、多规合一与城市可持续发展”研讨会在市社联本真堂举行。来自国家发改委国土开发与地区经济研究所、厦门市规划局、上海财经大学、同济大学、华东师范大学、华东政法大学、南京大学、北京市城市规划设计研究院、上海数慧系统技术有限公司等十余位学者和专家发言,五十余位学者和专家出席。市社联党组书记、专职副主席沈国明出席并发言。

4月14日,东方讲坛2015年第一季度区(县)工作例会在市社联本真堂举行,市社联专职副主席刘世军主持。各区(县)委宣传部分管副部长、理论(宣传)科长近30人出席。市社联科普工作处处长应毓超报告2015年第一季度社科普及主要工作及下一阶段工作要点。各区(县)与会代表围绕本区东方讲坛和社科普及工作开展情况作交流发言。市社联专职副主席刘世军指出:下一步讲坛工作要注意三个“力”的提升。一是引导力,在讲座内容上“抓住主心骨，服务主战场”，始终把握正确的舆论导向，重点围绕习总书记系列讲话和上海经济社会发展的主要任务，设计推出系列主题性讲座；二是影响力，通过一季即“‘历史与我们的未来’演讲季”、一会即“望道讲读会”、一周即“社会科学普及活动周”等活动的开展，进一步扩大讲坛影响力和覆盖面；三是亲和力，通过选配“有学问有情怀的”讲师、提供“亲和周到”的讲坛服务、选择“亲民务实”的讲座内容，使讲坛更加贴近百姓需求。

4月14日，市社联党组书记、专职副主席沈国明前往上海党建文化研究中心走访调研。上海党建文化研究中心主任周鹤龄、常务副主任张克文介绍情况。

4月14日至15日，为探索新时期下的高等教育发展与大学治理现代化等重大问题，《探索与争鸣》编辑部与浙江省高等人文社科教育学重点研究基地联合召开“大学领导力与大学治理现代化”高峰论坛。来自教育部、北京大学、清华大学、北京师范大学、南京师范大学、浙江师范大学、华中科技大学、中南民族大学、湖州师范学院、中国高教学会等单位的专家学者，探讨大学治理模式和基本框架、大学如何实现自治和善治、大学校长和院长应该如何办学、大学面向社会自主办学后的责任担当、大学组织科层化等问题。研讨会相关成果刊发于《探索与争鸣》第7期“圆桌会议”栏目。

4月15日，上海市地方史志学会在市社联召开四届六次理事扩大会议。会长朱敏彦报告2014年学会工作情况和2015年学会的工作要点。会议还特邀全国人大代表、上海社科院经济研究所副所长张兆安作“全国两会热点议题述评”专题报告。共有100余位会员出席。

4月16日，上海城市金融学会召开第七届会员代表大会。副会长、中国工商银行上海市分行副行长成善栋主持，审议并通过学会第六届理事会工作报告、财务报告和新的章程，选举产生新一届学会理事会。在随后召开的第七届理事会第一次会议上，选举产生新一届学会领导班子。沈立强任会长，成善栋、许少强、戴国强任副会长，徐红任秘书长。会长、中国工商银行上海市分行行长沈立强，学会管理处副处长梁玉国到会并讲话。

4月17日，上海市世界语中心暨上海师范大学外国语学院特藏室揭牌仪式举行。上海师范大学外国语学院院长李照国主持。上海师范大学院党委书记、中国跨文化交际研究会上海分会会长陆建非，上海师范大学国际交流处处长武成，上海市世界语协会会长汪敏豪，国际世界语学会主席Mark Fettes先生，上海市社联学会管理处处长王克梅分别致辞。来自上海师范大学外国学院的师生、《解放日报》等沪上媒体参加揭牌仪式。

4月17日，应上海市世界语协会邀请，国际世界语协会主席马克·费德思(Mark Fettes)先生访问市社联。市社联党组书记、专职副主席沈国明，市社联办公室主任吴伟余在市社联会见马克·费德思先生。上海市世界语协会会长汪敏豪、副会长周天豪出席见面会。

4月17日，市社联星期五学术茶座举办“科举制度废除110年再反思”专题研讨。来自华东师范大学、复旦大学、东华大学、上海师范大学、南京政治学院上海分院等单位的10余位专家学者参加会议。与会者围绕科举制废除的历史经过、科举制度在中国历史上的地位与作用、科举制度废除的历史影响及评价、科举制对人才选拔和教育改革的启示等问题进行交流和研讨。

4月18日，上海市秘书学会在市委党校举行“四个全面”战略布局视野下的秘书学和秘书工作研讨会，会长李锐主持。常务副会长李宁、秘书长赵建平分别作2014学会工作报告和财务报告。《秘书》杂志主编赵毅、市委党校教授沈士光、华东师范大学教授陆予圻、强生汽车公司张亮分别作题为“‘四个全面’战略布局与秘书事业的走向”“关于党政机关秘书职业化建设的若干思考”“新时期秘书的‘一专多能’”“信息化背景下的企业秘书工作”主题报告。

4月20日，山西省社科联考察团一行4人，在省党组副书记王纪山带领下到访上海市社联，就社团党组织建设、社联机关党建、社联办公室工作以及落实“两个责任”的情况等主题开展调研。上海市社联党组书记、专职副主席沈国明，专职副主席刘世军及办公室、学会管理处、科研组织处等部门的负责人参与座谈。

4月21日，市社联方志办与“宗教学”章负责人、上海社科院宗教研究所所长晏可佳研究员对该章的节目设计、人员分工、写作规范、经费使用方案等问题进行研讨，明确“宗教学”章提交大纲、初稿的时间节点和具体要求。

4月22日至24日，华东地区社科联社科普及工作经验交流暨理论研讨会在上海召开。来自华东六省一市和湖南省、山西省社科联的30余名社科普及工作者齐聚上海，共同围绕新时期如何开展社科普及工作交流。市社联党组书记、专职副主席沈国明出席并致辞，市社联专职副主席刘世军主持。

4月23日，市社联方志办召开“体育学”章的节、目设置专家论证会，市社联党组书记、专职副主席沈国明出席并提工作要求。该章由上海市体育学院匡淑平副教授负责编写，反映上海市1978年至2010年体育学研究的发展轨迹。上海市体育学院虞重干教授、虞定海教授、王兴教授，华师大杨剑教授，上海师大蔡皓教授等高校专家参会并开展讨论。

4月23日至25日，由《学术月刊》编辑部、英国格拉斯哥卫生和医疗保健社会史中心、上海大学马斯托禁毒政策研究中心联合主办的国际学术研讨会——“国际卫生组织：历史与未来合作网络的缔造”在上海大学召开。来自美国哈佛大学、戴维森学院、加拿大麦吉尔大学、阿卡迪亚大学、丹麦奥胡斯大学、德国亚琛大学、英国伦敦大学、约克大学、斯科莱德大学、埃克塞斯大学、法国巴黎第十大学、里昂大学、瑞士洛桑大学、中国台湾"中央研究院"、复旦大学、湖南师范大学、中国中医药大学、上海大学等单位的 50 余名学者参加。

4 月 24 日，上海市统一战线理论研究会召开六届理事会第二次会长会议。中共上海市委常委、市委统战部部长、市社会主义学院党组书记、市统一战线理论研究会会长沙海林出席并主持。

4 月 24 日，上海市统战理论研究会在市委统战部 205 会议中心召开六届三次理事(扩大)会议暨"发挥统一战线优势　建设科技创新中心"学术年会。中共上海市委常委、市委统战部部长、市统战理论研究会会长沙海林出席并讲话。民盟中央副主席、市人大常委会副主任、民盟市委主委、市统战理论研究会副会长郑惠强作工作报告。市社会主义学院副院长、市统战理论研究会副会长兼秘书长姚俭建主持。市委统战部副部长严军、市社会主义学院副院长房剑森、市统战理论研究会副会长瞿国樑、商红日及理事、会员代表 100 余人出席。

4 月 24 日，市社联星期五学术茶座举办"适度经济增长和绿色生产力论的理论与现实意义"专题研讨会。来自浦东改革与发展研究院、上海交通大学、上海社科院、东华大学、华东师范大学、市政府发展研究中心、市生产力学会等机构组织的 10 位专家学者参加。与会者围绕经济增长新常态与适度增长理论、经济发展与生态环境的辩证关系、绿色生态生产力理论的现实意义等问题进行交流和研讨。

4 月 25 日，"东方讲坛・文汇讲堂——历史与我们的未来"高端系列学术讲座首场开讲，复旦大学资深教授、全国政协常委葛剑雄主讲"13 亿中国人的来历"。华东师大人口所教授、全国政协委员丁金宏任评论嘉宾，上海广播电视台《新闻夜线》主持林牧茵主持，市社联党组书记、专职副主席沈国明致辞。来自本市党政机关领导、高校师生、市民群众，以及在华东理工大学视频分会场的学生听众共 600 余人聆听。

4 月 25 日，《探索与争鸣》编辑部与中国政法大学政治与公共管理学院联合召开"被误读的西方:思想与制度"学术研讨会。来自中国人民大学、北京大学、北京航空航天大学、南开大学、中央民族大学、天津师范大学、西北政法大学、华南师范大学等高校的 20 余位学者，对西方政治思想在中国的传播与误读进行探讨。

4 月 27 日，北京市社科联党组书记韩凯率调研组一行来我会，就两地社科界在服务党委、政府决策咨询方面的成功经验和做法，以及推动智库建设所面对的问题及对策建议，与上海市社联同志进行交流。北京市科协调宣部副部长李磊、社科院管理研究所副所长毕娟，以及北京市社科联、科研院有关同志参加调研。上海市社联党组书记、专职副主席沈国明主持。上海社科院舆情信息研究中心主任张雪魁，市社联机关、刊业有关负责人参与座谈。

4月27日，由华东师范大学社会科学创新基地（核心价值与文化观念）与《探索与争鸣》编辑部联合举办的“劳动、劳动观念与社会公正”论坛在华东师范大学举行。华东师范大学、复旦大学、华东政法大学、上海大学、上海师范大学、上海社科院、上海工程技术大学等高校科研机构十余位专家学者参加，华东师范大学哲学系教授朱贻庭主持。

4月28日，市社联方志办召开方志工作专家会议，邀请上海交通大学人文学院院长王杰等专家，对《上海市志·科学分志·人文社会科学卷（1978—2010）》中“语言学”的内容进行研讨。确定“语言学”章的负责人，并就负责人的职责、章节提纲的设计要求、完成时点等问题进行交流。

4月29日，上海市副市长赵雯到市社联调研，并就知识产权、旅游和体育事业发展等与上海社科界专家学者座谈。市社联党组书记、专职副主席沈国明主持。市社联专职副主席刘世军参加座谈。上海财经大学旅游管理系何建民教授、华东师范大学商学院冯学钢教授、同济大学城市规划学院刘滨谊教授、华东政法大学知识产权学院何敏教授、黄武双教授，上海体育学院体育产业发展研究院黄海燕教授，复旦大学法学院马忠法教授先后发言。

4月29日，市民俗文化学会举行第五届会员代表大会。陈江主持。市社联学会管理处处长王克梅到会讲话。仲富兰作第四届理事会工作报告和财务报告，唐亚林作新章程修改说明。审议并通过第四届理事会工作报告、财务报告，审议并通过新章程，选举产生新一届理事会。仲富兰任会长，陈江、田兆元、李浈、唐亚林、夏德元为副会长，陈江兼任秘书长。会上宣读市社联关于调整市民俗文化学会党工组成员的批复。

4月29日，上海金融与法律研究院举办主题为“金融自由化与金融史”的学术沙龙。中国金融博物馆理事长、中国并购公会会长王巍作主题报告。与会金融专家围绕“新常态”经济下的金融深化改革的路径进行探讨。

4月29日，在上海市庆祝“五一”国际劳动节暨劳动模范、先进工作者表彰大会上，市社联科普工作处作为2010—2014年度上海市劳动模范集体受到表彰，成为宣传系统获此殊荣的9个先进集体之一。

4月30日，市社联召开《上海市社会科学界联合会章程》修改座谈会，市社联主席秦绍德主持会议，党组副书记、专职副主席桑玉成及社联老领导、兼职副主席、有关专家尹继佐、林炳秋、王邦佐、武克全、童世骏、李友梅、胡伟，郭庆松、陈玉刚等出席会议。与会者对社联章程的总则、任务、会员、组织机构等章节分别提出了具体修改意见和建议。

4月30日，市社联举行"城市大人流公共安全管理规则"课题推进会。党组书记、专职副主席沈国明，市政协学习委员会常务副主任柴俊勇出席并参与研讨。来自复旦大学、上海开放大学、上海图书馆、市公安局、市委宣传部的相关专家学者，围绕该课题的前期成果研讨、中期成果推进、下一步工作安排及分工等展开交流。

4月30日，由市群众文化学会、市民俗文化学会参与承办的2015三林塘·第四届上海民俗文化节"乡愁——古镇文化记忆"高峰论坛在浦东三林镇举行。本届论坛以"乡愁——古镇文化记忆"为主题，交流各地古镇保护和民俗文化的实践和探索。与会专家认为，保留古镇文化记忆，促进古镇健康发展，既不能以现代化的名义，把古镇的传统当作落后的东西加以摒弃，也不能以保护传统的名义，要绝对保持古镇文化的原始风貌。不能为了满足游客的猎奇心理，不顾及当地居民的生活需求。传统文化中丧失了生命力的东西会自然消亡，传统文化中的进步因素会在新的条件下进一步发展。因此，对传统文化应该采取扬弃的态度，处理好古镇发展和传统保护的关系。

5月5日，市社联方志办召开方志工作专家会议，邀请《国际展望》杂志副主编、上海国际问题研究院副研究员张春，上海国际问题研究院助理研究员周士新，上海大学图书情报档案系主任金波，对《上海市志·科学分志·人文社会科学卷(1978—2010)》中"国际问题研究""档案学"的内容进行研讨。确定上述两部分内容的负责人，并就负责人的职责、章节提纲的设计要求、编纂字数、完成时点等问题进行交流。

5月6日，市社联方志办赴复旦大学，与复旦大学马克思主义研究院常务副院长顾钰民就《上海市志·科学分志·人文社会科学卷(1978—2010)》中的"马克思主义研究"章内容进行研讨。对该章的节目设计、写作规范等问题进行讨论，明确提交大纲二稿的时间节点和具体要求。

5月6日，市社联方志办赴复旦大学，与复旦大学文科科研处处长陈玉刚、副处长葛宏波就复旦专家承接的"学科研究篇"中的六章学科篇目进展情况进行讨论，并就章节提纲的设计细化、完成时点等问题进行交流。

5月8日，市社联星期五学术茶座举办"传统艺术在现代都市的沉浮——以评弹为中心"专题研讨会。来自上海师范大学、上海艺术研究所等单位的专家学者参加。与会者围绕上海城市发展与评弹革新的历史进程、当下上海评弹市场萎缩及其成因、传统艺术在现代都市如何焕发青春等问题进行交流和研讨。

5月9日，上海市比较文学研究会、《中国比较文学》编辑部和上海外国语大学文学院研究院在上海外国语大学联合举办“学术期刊、社团与比较文学的未来——上海市比较文学研究会成立三十周年暨庆祝《中国比较文学》创刊百期”学术研讨会。会长宋炳辉主持开幕式。中国比较文学研究会会长曹顺庆，上海外国语大学副校长杨力，市社联学会管理处处长王克梅，上海外国语大学文学研究院院长郑体武，《中国比较文学》主编、市比较文学研究会名誉会长谢天振等分别致辞。

5月9日，为传扬陈伯海先生在中国古典文学、文艺美学、哲学等领域作出的杰出学术贡献，值六卷本《陈伯海文集》出版之际，上海市社联、上海社科院文学研究所、上海师范大学联合举办“历史传统与当代语境”——《陈伯海文集》出版座谈暨学术研讨会。上海社科院文学所副所长荣跃明主持，市社联专职副主席刘世军、上海师范大学教授孙逊、上海社科院院长王战出席并共同致辞。

5月9日，由市社联与市新闻出版局、中共黄浦区委宣传部联合主办，东方青年学社、社会科学报、上海人民出版社、上师大光启国际学者中心共同承办的“望道讲读会”2015学术系列讲座第一讲在市社联群言厅举行。特邀北京大学历史系教授、教育部长江学者特聘教授阎步克作“中国古代的行政等级、官僚品位与治理文化”的演讲。上师大谢晋艺术学院播音主持专业教师姜杉担任主持人，市社联党组成员、专职副主席刘世军向阎步克先生颁发“望道讲读会”特聘讲席教授证书。百余名社会听友通过微信预约报名参加听讲。

5月10日，上海市儒学研究会召开成立大会。国际儒学联合会代表、著名学者、清华大学国学院院长陈来与会并作“儒学与当代中国”主题报告。上海市社联党组书记、专职副主席沈国明出席并致辞。

5月11日，“上海市民时政关注指数发布会暨东方讲坛·时政关注系列论坛”第四期在市社联群言厅举行，市社联党组副书记、专职副主席桑玉成主持。特邀复旦大学国际关系与公共事务学院教授唐亚林、复旦大学经济学教授石磊作点评嘉宾。来自本市的机关干部、专家学者、高校师生、媒体记者和市民群众等各界人士80余人参加。

5月13日，湖北省社科联考察团一行4人，在巡视员周庆章带领下到访上海市社联，专题调研上海社会科学优秀成果奖评选和奖励情况、社科奖网络评审实施操作情况、上海市社联组织的学术活动情况等内容。上海市社联党组书记、专职副主席沈国明及办公室、科研组织处等部门的负责人参与座谈。

5月13日，《探索与争鸣》编辑部在市社联举办创刊30周年座谈会。市社联主席秦绍德，市社联党组书记、专职副主席、《探索与争鸣》学术指导委员会主任沈国明，市社联历任老领导、《探索与争鸣》历任主编和编辑代表出席，市社联刊业中心主任张勇主持。

5 月 14 日，市社联机关工会举行专题会议，邀请上海国际旅游度假区管理委员会主任助理郭笑勇做“迪士尼项目与上海国际旅游度假区发展”的讲座。郭笑勇从区域概览、综合优势、核心项目、区域规划、产业定位、政府机构六个方面介绍迪士尼项目与上海国际旅游度假区目前的发展情况。市社联工会主席吴伟余主持，各处室工会委员及办公室相关工作人员出席。

5 月 14 日，市社联方志办召开方志工作专家会议，邀请南京政治学院上海分院韩洪泉老师对《上海市志・科学分志・人文社会科学卷(1978—2010)》中“军事学”的内容进行研讨。会议对章节提纲的设计、完成时点、写作规范、经费使用方案等问题进行交流。

5 月 15 日，市社联星期五学术茶座举办“长三角文化创意产业融合发展”专题研讨会。来自上海交通大学、东华大学、上海工程技术大学、上海工艺美术学院、上海电机学院等单位的 10 余位专家学者参加。与会者围绕文化创意产业创造力表现及其影响因素、艺术设计与文化创意的融合发展、装备制造与文化创意的关系、长三角文化创意产业融合发展等问题交流和研讨。

5 月 16 日，上海市世界经济学会召开第七届会员代表大会暨学术研讨会。审议并通过第六届理事会工作报告和财务报告；审议并通过修改后的学会章程；选举产生第七届理事会成员。在随后举行的七届一次理事会会议上，选举产生理事会领导班子，张幼文为会长，华民、潘英丽、黄泽民、丁剑平、黄建忠、朱桦、沈瑶、干春晖为副会长，权衡为秘书长。市社联党组书记、专职副主席沈国明出席并讲话。大会在完成换届工作后，进行学术研讨交流，张幼文会长作“中国经济新常态下的对外经济关系”主旨报告。

5 月 16 日，由《学术月刊》编辑部和上海财经大学高等研究院、上海发展研究基金会共同主办的 2015 年“土地制度、户籍制度与城市化”研讨会在上海财经大学举行。以“阻碍土地、劳动两大市场发育的制度障碍及其克服路径”为主题展开讨论。来自北京大学、清华大学、复旦大学、浙江大学、同济大学、华南师范大学、上海财经大学以及中国社科院、上海市委农办研究室、北京天则经济研究所、上海发展研究基金会、上海金融与法律研究院等高校、科研机构和政府部门 30 余位学者出席。

5 月 16 日，“东方讲坛・文汇讲堂——历史与我们的未来”演讲季第二场举行，上海纽约大学全球体系杰出历史学教授、美国康奈尔大学中美关系史讲座教授陈兼作“中美关系的情仇恩怨”演讲。俞立中、陈卫平、刘建军、陈恒等学者到场听讲，来自本市党政机关领导、高校师生、企业精英、市民群众等 650 余人分别在主会场和华东理工大学奉贤校区视频分播站聆听。

5月17日，由市社联与市新闻出版局、中共黄浦区委宣传部联合主办，东方青年学社、社会科学报、上海人民出版社、上师大光启国际学者中心共同承办的“望道讲读会”2015学术系列讲座第二讲在市社联群言厅举行。复旦大学文史研究院及历史系特聘资深教授葛兆光作“重思何为中国文化”的演讲。上师大谢晋艺术学院播音主持专业教师姜杉担任主持人。市社联党组书记、专职副主席沈国明，市社联党组成员、专职副主席刘世军出席，高校师生、民间学者、历史爱好者等百余人聆听。

5月20日，十一届全国人大常委会副委员长、全国妇联原主席、中国妇女研究会会长陈至立，赴上海市妇女学学会召开调研座谈会，调研妇女研究工作，希望妇女研究要“更高”“更深”“更广”“更实”“更新”。全国妇联书记处书记、妇女研究所所长、中国妇女研究会秘书长谭琳一起调研。市妇联主席、市妇女学学会会长徐枫汇报近年来上海妇女理论研究工作。市政府发展研究中心副主任周国平、市社联专职副主席刘世军、同济大学党委副书记马锦明、上海大学教授邓伟志、上海工程技术学院教授张健明、市社科院研究员赵蓓文、市委党校教授周敬青、复旦大学副教授沈奕斐等参加调研座谈会并发言。

5月20日，市社联举行“问题意识与学术情怀——《探索与争鸣》创刊三十周年报告会”。市委宣传部副部长燕爽、市新闻出版局局长徐炯出席并讲话。来自上海学术界及全国学术期刊界的代表近100人参加。市社联党组副书记、专职副主席桑玉成主持开幕式。

5月20日，市社联方志办召开“马克思主义研究”章的节、目设置专家论证会。该章由复旦大学顾钰民教授负责编写，反映上海市1978年至2010年马克思主义研究的发展轨迹。上海交通大学胡涵锦教授、上海大学王天恩教授、同济大学丁晓强教授、上海社科院方松华研究员、复旦大学陈玉刚教授等专家参会并开展讨论。

5月20日，上海市会计学会证券与期货市场工作委员会在上海社科会堂举办“亚洲投资银行设立与人民币国际化”专题讲座，特邀中国人民银行上海总部统计调查部顾铭德研究员主讲。该讲座系第14届上海市社会科学普及活动周活动之一。来自会员单位的130多位财务管理人员出席。

5月20日至21日，由市社联主办、《学术月刊》编辑部、《探索与争鸣》编辑部联合承办的“争鸣与繁荣——新常态下的学术期刊发展之道”全国综合性学术期刊主编论坛召开。来自全国各地的30余家学术期刊代表，以及上海各大高校的专家学者50余人参加。

5月21日，市社联方志办召开方志工作专家会议，邀请上海师范大学教育学院丁念金教授对《上海市志·科学分志·人文社会科学卷(1978—2010)》中“教育学”的内容进行探讨，对章节目录的设计、涵盖内容、完成时点、写作规范、经费使用方案等问题进行交流。

5 月 21 日,市总会计师工作研究会召开 2015 年年会,副会长周启民主持,会议审议通过 2014 年工作报告、财务报告和 2015 年工作计划。会长、市财政局副局长王岚围绕行政审批制度改革、国资国企改革趋势、财务会计制度改革等方面交流探讨。

5 月 21 日,市社联举行专题讲座,特邀东广新闻综合频率副主编江小青讲述俄罗斯红场阅兵采访经历。江小青回顾了 5 月 9 日,她作为前方报道组成员所经历的这场纪念卫国战争胜利 70 周年盛大庆祝活动,以及同俄罗斯民众一道共庆盛典,缅怀历史的心路历程。党组书记、专职副主席沈国明主持,专职副主席刘世军及市社联各部门干部职工近 30 人聆听。

5 月 21 日至 22 日,上海金融法制研究会联合士研传媒、上海市物联网行业协会、上海浦东新区金融促进会、移动支付联盟召开"第九届中国支付业国际峰会"。本届峰会以"创新驱动发展,协作实现共赢"为宗旨,聚集 300 多位来自政府监管部门、行业协会、学术机构、企事业单位等各方面的领导、专家、学者,重点探讨全球贸易与金融的发展、自贸试验区的支付产业试水、电子银行的创新运营、互联网金融的开创性模式、第三方支付与电子商务的渗透、多元化的支付应用等社会热点话题。

5 月 22 日,由中共山东省委政策研究室牵头,山东省社科联等单位参加的《加快提升全省公众科学素质》课题组一行 10 人,在山东省委政研室副主任王侠,山东省科协党组成员、副主席朱明,山东省社科联党组成员、副主席张宏明等带领下到访上海市社联,就提升全民科学素质的工作措施及成功经验,加快提升公民科学素质的对策和建议,"十三五"提升全民科学素质的主要思路和打算等主题进行专题调研。上海市社联党组成员、专职副主席刘世军及市社联各部门负责同志参与。

5 月 22 日,新疆维吾尔自治区社科联党组成员、副主席郗健,秘书长刘环玉,《新疆社科论坛》杂志社社长李爱民,《新疆社科论坛》杂志社维编部执行主编吾斯曼江到访上海市社联,就社科普及工作,区县有关单位联络协调,学会管理工作,杂志社工作等主题进行专题调研。上海市社联党组书记、专职副主席沈国明及市社联各部门负责同志参与。

5 月 22 日,市社联星期五学术茶座举行"经济新常态下投融资模式的创新"专题研讨会。来自上海财经大学、上海市固定资产投资建设研究会、上海市行政法制研究所等单位的 10 余位专家学者参加。与会者围绕政府和社会资本合作模式(PPP)的政策体系及障碍、PPP 模式下监管机制的构建及政府职能转化等问题进行交流和研讨。

5 月 22 日,市社联举行"城市大人流公共安全管理规则"课题研讨会。市社联党组书记、专职副主席沈国明,市政协学习委员会常务副主任柴俊勇出席并参与研讨。来自上海开放大学、上海图书馆、市公安局、市委宣传部的相关专家学者,围绕"城市大人流公共安全管理规则”课题的进展情况、课题框架及写作思路，以及近期工作安排等展开交流和研讨。

5月23日，由上海市妇女学学会、上海外国语大学国际妇女儿童研究交流中心和上海外国语大学国际关系与公共事务学院联合主办的“纪念第四次世界妇女大会20周年暨妇女问题国别研究论坛”在上海外国语大学国际会议中心举办。市妇联主席、市妇女学学会会长徐枫，上外党委书记姜锋，市妇联副主席、市妇女学学会副会长黎荣，上外国际关系与公共事务学院院长郭树勇，上外国际妇女儿童研究交流中心主任于朝晖，各高校妇女研究中心负责人，专家学者以及研究生等100余人出席。

5月23日，上海市教育学会在市西中学举行2015年会员代表大会暨换届大会。张民生主持。市社联党组书记、专职副主席沈国明，市教委主任苏明，市社团局副局长贾勇到会致辞。市社联学会管理处处长王克梅宣读市社联关于同意市教育学会换届和调整党工组成员的批复。张民生代表学会作理事会工作报告和财务报告。许象国作关于章程的修改说明。审议并通过工作报告、财务报告和新章程草案，选举产生新一届理事会。新一届理事会第一次会议选举尹后庆为会长，范国睿、胡卫、徐淀芳、仇忠海、刘京海、卞松泉为副会长，苏忱为秘书长。法人代表卞松泉。

5月23日，“东方讲坛·文汇讲堂——历史与我们的未来”演讲季第三期举行，复旦大学资深教授、中外现代化进程研究中心主任姜义华作“中华文明枢轴的昨天、今天和明天”的演讲，复旦大学历史系教授章清点评。来自本市的党政机关领导、高校师生、企业精英、市民群众等650余人分别在主会场和华东理工大学奉贤校区视频分播站聆听。

5月23日至24日，由《学术月刊》编辑部与复旦大学哲学学院联合举办的“现代性语境中的翻译与诠释——中日哲学界的对话”学术研讨会在复旦大学举行。来自日本京都大学、北海道大学、庆应义塾大学、立政大学、北海道教育大学、复旦大学、中山大学和香港中文大学等国(境)内外高校学者参加。

5月24日，上海市保险学会与中国保险学会、复旦大学联合主办的“巨灾风险管理与金融创新”论坛在上海举行。本次论坛为上海论坛2015子论坛，上海保监局局长裴光、中国保险学会会长姚庆海、中国证券业协会副会长兼秘书长王旻等出席并作主题演讲，来自金融监管机构、国内外保险机构、科研院校的专家学者近100人参加。

5月25日，上海市新四军历史研究会邀请本会会员、退休历史高级教师邓玉平在上海社会科学会堂举办“长征的眺望与启迪——十走长征路的感悟”讲座。该讲座系第14届上海市社会科学普及活动周活动之一。研究会副会长兼秘书长颜宁主持，学会会员和社会群众100余人参加。

5月25日，上海中西哲学与文化比较研究会与华东师范大学哲学系联合邀请首都师范大学教授陈嘉映在华东师范大学闵行校区外语学院报告厅举行“德性会带来好生活吗?”演讲。该讲座系第14届上海市社会科学普及活动周活动之一。上海中西哲学与文化比较研究会副会长、华东师范大学哲学系主任郁振华主持，140余位听众参与。

5月26日，上海市统计学会联合上海市统计局、国家统计局上海调查总队在市统计资料中心举办“推进‘三个提高’业务培训与指导系列讲座”主题报告会。复旦大学经济学院原院长、博士生导师袁志刚主讲“当前中国宏观经济走势及其政策解读”，会长潘建新主持。学会理事、各区县统计学会(学组)、各专业工作委员会以及上海市统计局、国家统计局上海调查总队140余人听取报告。

5月26日，“杨氏太极拳”科普讲座在上海市气功研究所310教室举行。邀请上海致柔太极拳俱乐部理事长柳世杰老师主讲“大象无形，对话太极修身养性”。该讲座系第14届上海市社会科学普及活动周活动之一。

5月26日，上海市会计学会在吴中路478号云峰大厦会议室举办“实行混合所有制经济对国企改革的影响”专题讲座，浦东新区国资委钱学明高级会计师主讲。来自本会会员单位的代表及其他各方人员近50位会员代表参加。

5月26日，上海华夏社会发展研究院联合上海市领导科学学会召开“大数据时代的社会组织与社会治理”研讨会。会议围绕大数据时代的社会治理创新、互联网加与社会组织的发展、社会组织领导的领导力、社会治理创新与社会现代化中的作用、社会组织民间智库的地位与作用、中国特色民间智库的发展等议题进行探讨。

5月26日，内蒙古自治区社科联党组成员、副主席胡益华，研究部部长朱晓俊，社科信息部部长杨亮到访上海市社联，就组织开展社会科学课题研究、组织开展学会学术活动月、组织举办“东方讲坛”、社科联网站建设等工作的经验做法进行交流。上海市社联党组书记、专职副主席沈国明及市社联相关部门负责同志参与。

5月26日，市社联方志办召开方志工作专家会议，邀请上海大学美术学院潘力教授对《上海市志·科学分志·人文社会科学卷(1978—2010)》中“艺术学”的内容进行研讨，对章节提纲的设计、完成时点、写作规范、经费使用方案等问题进行交流。

5月26日，由鸿儒金融教育基金会和上海金融与法律研究院联合主办的“鸿儒论道”2015年第8期在上海举行。香港金融管理局金融研究中心研究员王红林博士以“利率市场化与中国货币政策框架转型”为题，分享其在货币政策框架转型中的利率决定、利率市场化后的利率传导机制等问题的最新研究成果。本次“鸿儒论道”由上海金融与法律研究院执行院长傅蔚冈博士主持，上海交通大学安泰经济与管理学院副教授钱军辉和上海国富投资管理有限公司首席经济学家刘海影博士担任评议嘉宾，约100位听众与会。

5月26日，上海邮电经济研究会举办“智慧生活应用”报告会，邀请中国电信上海研究院主任工程师韩建亭作“依托光纤宽带和终端智能化，构建融合开放的智慧生活的生态环境”的报告，邀请全国五一劳动奖章获得者、上海市劳模、上海电信资深首席技师吴文巍作“拥抱‘互联网＋’”的报告。该报告会系第14届上海市社会科学普及活动周活动之一，来自电信运营商、厂商、研究机构以及社会人士等各方面代表80多人参与。

5月27日，上海市副市长时光辉到市社联，就养老与社会保障问题与上海社科界专家学者座谈调研。市社联主席秦绍德出席座谈。市社联党组书记、专职副主席沈国明汇报社联工作近况。市社联专职副主席刘世军及社联相关处室负责人参加。复旦大学社会发展与公共政策学院任远教授、交通大学安泰经济与管理学院农村经济研究所所长顾海英教授、华师大公共管理学院副院长钟仁耀教授、交通大学国际与公共事务学院副院长章晓懿教授、上海师大法政学院张祖平副教授、同济大学经济与管理学院周向红教授、上海财经大学公共经济与管理学院郑春荣副教授、市老年基金会秘书长甘维刚参加调研并发言。

5月27日，2015年度市社联所属社团换届培训工作会议在市社联群言厅举行。市社联学会管理处处长王克梅主持会议。王克梅首先简要介绍市社联和市社联所属社团的发展历程与现状，概述近年来市社联以社团党建和规范化换届等为抓手，在组织建设方面的探索，强调规范化换届的重要性；其次，从换届操作层面，结合具体事例，围绕学术社团基本功能、社团负责人的酝酿产生、任职要求与组成结构、财务审计、章程修订、学会工作制度建设等方面，阐述换届流程与具体要求；第三，对换届培训资料进行解读，围绕各个环节中可能出现的问题进行有针对性的讲解。市社联学会管理处副处长梁玉国介绍市管干部兼任社会团体负责人的报批程序。市社联所属30多家学会负责人参加培训。

5月27日，由市劳动保障学会组织的专题讲座——《工伤保险政策解读》在上海教育会堂讲演厅举办。特邀请市人力资源和社会保障局工伤福利保险处副处长何韵华担任主讲，学会秘书长陈卫国主持。该讲座系第14届上海市社会科学普及活动周学会系列活动之一，各会员单位代表280人参加会议。何韵华围绕《上海市工伤保险实施办法》的相关法规和条例，从上海市工伤保险实施办法主要内容简介、近期本市工伤保险配套政策解读两大方面作解析。

5月28日，上海邮电经济研究会举办讲座，邀请上海中山医院急救科副主任姚晨玲医生主讲家庭应急救护知识。该讲座是第14届上海市社会科学普及活动周系列活动之一，会员以及附近街道居民100余人出席。

5 月 28 日，上海市社联和上海市信用研究会联合开展 2015 年“上海高校学生信用指数调查”，并向全社会公布调查结果。上海市信用研究会副会长、上海大学经济学院院长沈瑶主持发布会。上海市信用研究会会长、项目负责人上海立信会计学院教授洪玫介绍课题调查情况及结果。

5 月 28 日，由上海市教育德育处、上海市社联科普工作处指导，上海市伦理学会、宝山区教育局主办，上海市伦理学会基础教育课程与教学伦理专业委员会、上海市师资培训中心、上海市电化教育馆和上海大学附属中学共同承办的“生命伦理与生命教育”主题论坛——暨宝山区“激扬生命活力、提升教育品质”主题展示在上海大学附属中学举行。该主题论坛是第 14 届上海市社会科学普及活动周系列活动之一。上海市教卫党委副书记、市教委副主任高德毅，上海市社联副书记桑玉成参加。

5 月 28 日，市社联方志办召开方志工作专家会议，邀请上海市人民政府发展研究中心信息处周师迅处长和姚治老师对《上海市志・科学分志・人文社会科学卷(1978—2010)》中“上海发展重大战略与政策研究”的内容进行研讨。对章节提纲的设计、完成时点、写作规范、经费使用方案等问题进行交流。

5 月 28 日，依靠上海交通大学的帮助，上海市文史资料研究会在交通大学徐汇校区老图书馆(校史博物馆)举办“上海名人故居保护和开发利用”讲座，市文史资料研究会执行会长、教授朱敏彦主讲，研究会会员、交通大学教职员工及其他人士 80 余人参加。该讲座是第 14 届上海市社会科学普及活动周系列活动之一。

5 月 28 日，著名学者、浙江大学求是特聘教授彭国翔做客思与文讲座、冯契智慧讲坛第 34 讲暨书香年华第十五讲，为华东师范大学师生作题为“牟宗三的情感世界及其‘觉情’说”的学术讲座。该讲座由中西哲学与文化比较研究会，华东师范大学哲学系、中国现代思想与文化研究所、华东师范大学图书馆等单位主办，是第 14 届上海市社会科学普及活动周系列活动之一。华东师范大学哲学系暨中国现代思想文化研究所副教授、上海中西哲学与文化比较研究会副秘书长刘梁剑主持。哲学系副教授张荣南，哲学系党委副书记武娟，上海社科院哲学研究所研究员余治平等近百名师生聆听。

5 月 28 日，上海市统一战线理论研究会、上海市社会主义学院联合举办“巩固发展最广泛的爱国统一战线为实现中国梦提供广泛力量支持”青年论坛。上海市统一战线理论研究会副会长房剑森主持，上海市统一战线理论研究会副会长兼秘书长姚俭以及 80 余位理事、会员参加论坛。全国政协常委、市政协副主席、市社会主义学院院长、市统一战线理论研究会副会长周汉民出席并以“学统战会议精神做参政议政工作”为题作主题发言。市委统战部汪明洲，市社会主义学院张星、王俊华、许家鹏，复旦大学新闻学院谢静五位青年学者分别作关于协商民主、网络意见领袖、年轻一代非公有制经济人士思想动态、留学人员以及网络异见等主题的交流发言。

5月28日，上海市固定资产投资建设研究会假座上海市工商外国语学校礼堂，举办“上海智能交通的发展与前景”的主题科普讲座，特邀上海市交通委员会科技信息处叶兴处长主讲。研究会副秘书长杜静安主持，上海市工商外国语学校500余名师生、本会部分研究人员以及一些社会人士到场听讲。该讲座是第14届上海市社会科学普及活动周系列活动之一。

5月29日，市社联星期五学术茶座举行“印泥常识及其与中国画、书法的渊源”专题研讨会。会议邀请著名书法家、印泥制作大师高式熊先生，国家级非物质文化遗产“鲁庵印泥”第三代传人李耘萍女士主讲印泥常识、鲁庵印泥的制作与识别、印泥与中国画及书法的渊源等内容。来自上海炎黄文化研究会、上海炎黄书画院的10余位书画家和专家学者参加研讨。

5月29日，上海市民营经济研究会联合上海市工商联企业家国学沙龙理事会，在闵行区政府会议中心举办“国学精粹助力民营企业发展——上海市民营企业家国学沙龙”活动。该活动是第14届上海市社会科学普及活动周系列活动之一。本会常务副会长施南昌、夏斯德，副秘书长顾惠民，市民研会党建工委主任、均瑶集团党委书记陈理、上海市工商联会员部部长吴彪、上海市工商联企业家国学沙龙理事长陆建冲等出席，来自全市100多位民营企业家参加。

6月2日，市社联学会管理处到市古典文学学会进行2014年度达标情况调研。市古典文学学会管理处处长王克梅介绍达标学会评估对学会发展的促进作用以及2014年度学会达标的基本情况。市古典文学学会副会长、上海古籍出版社社长高克勤，市古典文学学会秘书长、上海古籍出版社副总编奚彤云等参加调研。

6月2日，上海市经济学会市场中介委员会与上海市商业学校颜苏勤名师工作室在上海市商业学校8号楼501心理活动室，联合举办“上海中介组织在创建科创中心的作用和举措”的讲座。上海市经济学会市场中介委员会许学武主任主讲，鞠文炜副校长致欢迎辞，心理工作室主任颜苏勤作开场白，高职学生40余人参加并交流互动。该讲座是第14届上海市社会科学普及活动周系列活动之一。

6月3日，市社联机关党委组织历史文化寻访活动，考察上海提篮桥监狱，参观上海犹太难民纪念馆，考察百年杨树浦水厂的英式古典建筑群和现代自来水的生产制造工艺，参观百年杨树浦发电厂以及中国救捞陈列馆。本次活动由市社联机关党委书记桑玉成带队，机关党委副书记何畏、张勇、吴伟余和机关党员干部共40人参加。

6月4日，市社联召开上海市社科评奖系统建设项目专家评审会。邀请上海市经信委信息中心总工程师、教授级高级工程师张舒敏，长宁区信息中心主任、高级工程师董国伟作为评审专家，市社联办公室副主任俞融作为社联代表共同参与项目评审工作。市社联办公室主任吴伟余主持，办公室、科研组织处相关同志参加。与会专家审议了三家投标公司提交的项目方案书，从公司资质业绩、技术能力和对用户需求的理解程度、系统报价等方面进行评审，并从信息安全防护手段、进一步完善平台使用管理办法等方面提出意见和建议。

6月4日，市社联举行2016年度信息化预算专家咨询会。特邀上海市经信委信息中心总工、教授级高工张舒敏，长宁区信息中心主任、高级工程师董国伟，上海长城电子信息网络有限公司总经理邢笑松等专家详细分析了市社联信息化工作的现状及遇到的问题与挑战，并就如何更好地完成市社联2016年度信息化预算申报工作开展研讨。市社联办公室主任吴伟余主持，办公室相关岗位同志参加。

6月4日，市社联方志办召开"军事学"章的节、目设置专家论证会。该章由南京政治学院上海分院韩洪泉老师负责编写，旨在反映上海市1978年至2010年军事学学科发展轨迹。南京政治学院上海分院张云教授、南京政治学院上海分院刘芳教授、武警政治学院王新华教授、上海警备区司令部军志办主任汪森等专家参会并开展讨论

6月4日，上海炎黄文化研究会在上海戏剧学院举行"上海对抗日战争的贡献"专题讲座，纪念抗日战争胜利70周年。上海师范大学教授苏智良主讲，上海炎黄文化研究会副会长洪钮一主持。本次讲座由上海炎黄文化研究会、上海戏剧学院联合主办，是2015年"炎黄论坛:追寻上海历史文脉"系列讲座之一。

6月5日，市社联方志办召开"图书馆学、情报学与档案学"章的节、目设置专家论证会。上海社科院信息所所长王世伟、《图书馆杂志》常务副主编金晓明、上图研究室原副主任邱五芳、上海大学图书情报档案系主任金波、上海社科院信息所副研究员丁波涛等专家参会并开展讨论。负责该章编写的上海图书馆研究室副主任马春和上海大学教授潘玉民到会听取意见与建议。

6月8日，市社联党组中心组以"严以修身"为主题，召开"三严三实"专题教育第一次集中学习研讨会。市社联党组书记、专职副主席沈国明主持并讲话。市社联党组副书记、专职副主席桑玉成，市社联党组成员、专职副主席刘世军参加本次学习。市社联全体处以上干部与会。张勇、王克梅、王钰、孙励华、王心红、叶视弟等围绕"严以修身"作交流发言。

6月9日，市社联方志办召开方志工作专家会议，邀请华东师范大学哲学系刘梁剑副教授对《上海市志·科学分志·人文社会科学卷(1978—2010)》中"哲学"的内容进行研

讨。就该章节、目的设计要求、完成时限、经费支持和已有相关资料整理等问题进行协商，落实该章负责人的同时，也明确编纂具体目标。

6月10日，市社联召开专题会议，就“东方之星”翻沉事件引发的旅游安全问题进行研讨。会议由市社联办公室主任吴伟余主持，市社联党组书记、专职副主席沈国明出席并讲话，相关领域专家学者、旅游从业人员及媒体记者出席。

6月10日，上海市社联和新华社上海分社联合发布5月份的“上海市民时政关注指数”。特邀复旦大学经济学院张晖明教授、上海大学社会学院顾骏教授对5月份上海市民时政关注排行榜作分析点评，并回答现场观众的提问。

6月11日，上海市社联与中国浦东干部学院联合举办“如何落实从严治党责任”专题学术茶座，这是市社联“领导干部实践创新学术茶座”2015年第二期的活动。学术茶座分为上下两场，分别由市委组织部副部长郑建麟、中国社科院政治学研究所所长房宁、中国浦东干部学院科研部主任刘靖北、浦东新区洋泾街道党工委书记张宇祥、红星美凯龙党委书记蒋小忠、中国人寿河北保定分公司党委书记宗志，以及部分学员代表，包括来自安徽、陕西、四川等省市有关领导作主题发言。学术茶座围绕上海严格落实从严治党责任的实践、安徽建立“三个清单”全面落实基层党建工作责任的做法、党建如何引领诚信社区建设、如何抓好企业党建等主题展开研讨。来自部分省市有关领导及各相关部门工作人员50余人参与研讨交流活动。

6月11日，市社联方志办召开“教育学”章的节、目设置专家论证会。上海师范大学副教授项亚光、上海市教科院研究员唐晓杰、华东师范大学教育学系教授王伦信等专家参会并开展讨论。负责该章编写的上海师范大学教授丁念金到会听取意见与建议。

6月12日，为迎接“七一”党的生日，市社联机关党委、工会、办公室联合举办“探寻历史文化，开拓创新精神”考察活动。市社联职工30余人首先来到位于浦东新区川沙古镇的黄炎培故居参观。下午前往迪士尼考察，上海国际旅游度假区工程指挥部相关负责人就迪士尼项目未来二十年的远景作介绍，并带领大家乘车游览一期工程在建区域。

6月12日，市社联星期五学术茶座举办“从美日和美菲军事同盟条约比较中日和中菲岛屿争端”专题研讨。来自上海交通大学、华东政法大学、上海社会科学院、上海政法学院等单位的10位专家学者参加。与会者以《日美安保条约》与《美菲共同防御条约》为基础的美国东亚协防体系的演变为线索，就东海和南海争端的相关问题进行交流和研讨。

6月12日至14日，由华东师范大学中文系和《学术月刊》社联合主办的“中国新文学:语言与话语”国际学术研讨会在华东师范大学逸夫楼召开。

6 月 13 日,“东方讲坛·文汇讲堂——历史与我们的未来”演讲季第四讲邀请华东师范大学大学终身教授、冷战国际研究中心主任、著名史学家沈志华讲述“冷战与中苏同盟的兴衰”。

6 月 14 日,由市社联与市新闻出版局、中共黄浦区委宣传部联合主办,东方青年学社、社会科学报、上海人民出版社、上师大光启国际学者中心共同承办的“望道讲读会”2015 学术系列讲座第三讲在市社联群言厅举行。中国社会科学院考古研究所研究员、夏商周考古研究室主任许宏作“考古学视角下的‘中国’诞生史”的演讲。上师大谢晋艺术学院播音主持专业教师姜杉担任主持人。市社联党组成员、专职副主席刘世军出席,并为许宏颁发“望道讲读会”特聘讲席教授证书。高校师生、民间学者、历史爱好者等近 100 人聆听。

6 月 17 日,奉贤区南星村村委会一行 16 人来到市社联,与市社联机关党委开展党建联建活动。市社联机关党委书记桑玉成出席,何畏、张勇等同志陪同。桑玉成书记介绍市社联及机关党委的基本情况和近年来主要工作,并与南星村到访党员就农村基层党组织建设和党建服务农村经济社会发展等进行交流。南星村一行在机关党委陪同下参观中共一大会址和上海电影博物馆。

6 月 18 日,上海市领导科学学会、上海市社区发展研究会、闸北区临汾路街道召开“社会治理创新与领导力提升”研讨会。市领导科学学会会长、中国浦东干部学院首任常务副院长奚洁人,闸北区政协主席陈永弟,市社区发展研究会常务副会长徐中振,临汾路街道党工委书记杨朝,市领导科学学会副会长、中国浦东干部学院教务部主任郑金洲,市领导科学学会副会长、解放日报社党委副书记周智强以及学会专家学者和临汾街道领导、居委会干部 50 余人参加。

6 月 18 日至 19 日,上海市社会科学界第十三届(2015)学术年会学科专场、主题专场、青年论坛筹备工作会议先后召开。经评审遴选,本届年会共确定 2015 年度学科专场 14 项、主题专场 11 项、青年论坛 10 项。入选本届年会专场活动的项目负责人及代表出席筹备会议,与会者来自上海社会科学院、复旦大学、华东师范大学、上海财经大学、上海师范大学、上海大学、华东政法大学、华东理工大学、中共上海市委党校,以及部分本市主要学科学会。

6 月 19 日至 21 日,由《探索与争鸣》编辑部、上海交通大学人文艺术研究院、北京大学高等人文研究院、北京大学儒学研究院、上海东方青年学社联合主办的“现代化与化现代——新文化运动百年价值重估”国际学术研讨会在上海交通大学徐汇校区召开。来自中国以及美国、瑞典、澳大利亚的 180 余名专家学者出席。

6 月 25 日，市社联办公室党支部与瑞金二路街道淮中居委会党总支开展党建联建活动，特邀上海广播电视台首席记者陆兰婷上专题党课。陆兰婷以"为责任而坚持、为理想而努力"为题，通过大量生动的事例，讲述她如何通过《听众热线》和《东方传呼》等节目为老百姓解决急难愁问题，如何从一名普通记者成长为全国优秀新闻工作者、上海长江韬奋奖、中国新闻奖获得者的心路历程。市社联党组书记、专职副主席沈国明主持，市社联机关干部及淮中社区居民群众 80 余人聆听。该党课也是淮中居委党总支和社联办公室党支部"迎七一"庆祝党的生日的系列活动之一。

6 月 25 日，上海市集体经济研究会召开第六届会员代表大会。市社联党组书记、专职副主席沈国明出席并讲话。会议审议并通过第五届理事会工作报告和财务报告，审议并通过修改后的上海市集体经济研究会章程，选举产生第六届理事会成员。随后举行的六届一次理事会会议，选举产生理事会领导班子，严镇博为会长，丁明昌、马艳、贺凤杰、黄国伟、孙志伟、范杰为副会长，苏雪明为秘书长。

6 月 26 日，市妇联、上海工程技术大学、市妇女学学会、市婚姻家庭研究会联合在上海工程技术大学松江校区图文信息中心报告厅举办"上海工程技术大学妇女研究中心成立暨女性发展与社会治理"论坛，市妇联主席、市妇女学学会会长徐枫，上海工技大党委书记李江、副书记夏斯云，市妇联副主席、市妇女学学会副会长黎荣，市妇联研究室主任、婚姻家庭研究会秘书长李苏华，以及各妇女研究中心负责人、专家学者、研究生 100 余人出席。

6 月 26 日，由市社联与市新闻出版局、中共黄浦区委宣传部联合主办，东方青年学社、《社会科学报》、上海人民出版社、上师大光启国际学者中心共同承办的"望道讲读会"2015 学术系列讲座第四讲，邀请复旦大学上海儒学院院长谢遐龄，以"从文化的视角观察当代中国"为题，与近百名现场听众展开交流。上师大谢晋艺术学院播音主持专业教师姜杉担任主持人。市社联党组成员、专职副主席刘世军出席，并为谢遐龄教授颁发"望道讲读会"特聘讲席教授证书。

6 月 26 日，纪念中国人民抗日战争胜利 70 周年学术研讨会在上海市社会主义学院召开。会议由市统一战线理论研究会副会长房剑森主持，民革市委副主委、市人大常委董波致辞。市社联学会管理处负责人、市黄埔军校同学会负责人、本市各高校和科研机构统战部门负责人、各区(县)统战理论研究会负责人、各民主党派市委统战理论研究负责人和市社会主义学院系统工作人员出席。

6 月 27 日，上海市社会科学界第十三届学术年会学科专场，在上海对外经贸大学松江校区举办"21 世纪中日经贸合作"专题研讨会。上海市社联、上海对外经贸大学日本经济研究中心、上海市日本学会联合主办。会议围绕中日两国经济发展与走势、国际金融与海外投资、全球经济一体化与自贸区建设等专题进行研讨。来自上海国际问题研究院、华东师范大学、上海交通大学、上海对外经贸大学的近 20 位专家作专题发言和评论。本市相关研究领域的专家学者,以及实务部门负责人 60 余人参加。

6 月 27 日,由《学术月刊》编辑部和《华东师大学报(哲社版)》联合主办,《管理世界》《财经研究》《法学》《社会》《复旦学报》《社会科学》《探索与争鸣》共同协办的“全球化、大数据、新常态下的国家治理:全国(国家社科基金项目)青年学者研究思路论坛”在华东师范大学举行。全国知名社科刊物、理论媒体和重要学术文摘 20 多位主编和来自全国高校与科研机构的 30 余位青年学者出席。

6 月 27 日,“东方讲坛·文汇讲堂——历史与我们的未来”演讲季第五期关注“抗日战争与中华民族的复兴”,上海师范大学人文与传播学院院长苏智良教授主讲,300 多位听众聆听。

7 月 1 日,市社联举行“践行‘三严三实’,争做优秀党员”暨纪念建党 94 周年党员座谈会。市社联党组领导沈国明、桑玉成、刘世军与市社联党员干部共庆党的生日。

7 月 2 日,市社联党组副书记、专职副主席桑玉成率部分机关干部赴即将落成的上海中心大厦参观学习。上海中心大厦相关负责人详细介绍大厦的功能定位、设计方案、建设历程、建筑特点等,并就大家关心的问题作解答。

7 月 2 日,市社联学会管理处到市金融学会进行 2014 年度达标情况调研工作调研。学会管理处处长王克梅介绍达标学会评估对学会发展的促进作用以及 2014 年度学会达标的基本情况,希望学会团结上海金融理论和实务界的专家学者,与相关学会加强交流,开展跨学会学术活动,为上海国际金融中心建设提供智力支持。市金融学会秘书长李安定等学会工作人员参加。

7 月 3 日,市社联星期五学术茶座举办“新常态下国有企业如何深化改革”专题研讨。来自上海社科院、上海交通大学、华东师范大学、市生产力学会等单位的 10 位专家学者参加座谈。与会者围绕改革开放以来国有企业发展的成就和问题、新常态下国企如何建立反腐机制、新常态下国企如何进一步发挥新作用等问题进行交流和研讨。

7 月 3 日,市社联方志办召开“哲学”章的节、目设置专家论证会。华东师范大学教授赵修义、复旦大学教授张汝伦、复旦大学教授袁新、上海社科院副研究员赵司空等专家参会并开展讨论。负责该章编写的华东师范大学副教授刘梁剑到会听取意见与建议。

7 月 3 日至 4 日,《学术月刊》编辑部、复旦大学信息与传播研究中心、辽宁大学新闻与传播学院联合主办，辽宁大学新闻与传播学院承办的第三届传播视野下的中国研究论坛(2015)暨“传播变革与近代中国”学术研讨会在辽宁大学蒲河校区召开。来自复旦大学、香港城市大学、台湾世新大学、北京师范大学、浙江大学、华中科技大学、上海交通大学、暨南大学、吉林大学、安徽大学、辽宁大学等21所高校的著名学者以及《新华文摘》等知名学术期刊的编辑共50余人参加。

7月5日，由市社联、市委党校、市马克思主义研究会联合主办的上海市第四届马克思主义研究青年论坛在市委党校举行。论坛主题为国家治理现代化与社会主义核心价值观。来自本市高校、科研院所、党校系统等部门的专家及青年学者100余人参加。市社联党组书记、专职副主席沈国明，市委党校常务副校长、市马克思主义研究会会长王国平出席并致辞，市委党校教育长、市马克思主义研究会副会长兼秘书长梅丽红主持，市委党校马克思主义研究院执行院长胡伟作主旨演讲。

7月6日，市社联举办“专车发展模式及政府治理”专题学术茶座。市社联党组副书记、专职副主席桑玉成主持。来自滴滴、优步等专车公司的企业高管，以及复旦大学、上海师范大学、华东政法大学相关学科的专家学者共10余人与会。会议围绕专车服务的发展模式、专车运营的法律规范、专车发展对传统出租车行业的冲击、专车发展的政府治理和监管等问题，从理论和实践等多个角度进行交流和研讨。

7月7日，上海市社联和新华社上海分社联合发布6月份上海市民时政关注指数，市社联党组副书记、专职副主席桑玉成主持，上海社科院经济研究所副所长张兆安研究员、上海大学顾骏教授作点评。

7月7日，市审计学会举办第二届上海审计青年论坛暨市审计学会2013—2014年优秀审计论文表彰会。市审计局党组成员、总审计师、市审计学会副会长林忠华主持。市审计局党组书记、局长，市审计学会会长田春华作“创新审计理论研究，推动审计事业科学发展”主题讲话。来自市、区县审计局青年审计干部，部分内部审计机构、社会审计组织审计人员，以及部分高等院校教师共150余人出席。

7月8日，市社联方志办赴华东政法大学，与华东政法大学法学教授、博士生导师、《华东政法大学学报》主编李秀清就《上海市志・科学分志・人文社会科学卷(1978—2010)》中的“法学”章内容进行研讨。对该章的节目设计、写作规范等问题进行深入讨论，明确时间节点和具体要求。

7月8日，市社联举行“医院、养老院、福利院大人流风险管理”专题座谈会。来自黄浦区卫生计生委、市第九人民医院、长征医院、静安区福利院、上海社科院、上海开放大学的有关人员和专家学者，围绕医院、养老院、福利院等机构的大人流风险防范、预测和应急处理等问题展开交流和研讨。

7 月 9 日，市社联举办“非政府组织的管理和运作”学术茶座。来自欧盟驻丹麦办公室项目经理、上海部分社会组织负责人以及相关专家学者等近 10 人参加会议。与会者围绕欧盟驻丹麦办公室的公益资助项目、非营利社会组织建设发展、非政府组织的管理和运作等问题进行交流和研讨。

7 月 10 日，上海市世界史学会、上海联合国研究会、上海国际战略研究会、上海俄罗斯东欧中亚学会和上海社会科学院国际关系研究所、《世界知识》杂志社等单位共同举办的“世界反法西斯战争胜利七十周年与战后国际秩序”学术研讨会在上海社科院小礼堂举行。上海社科院副院长黄仁伟、上海国际战略研究会会长杨洁勉作主题发言。2015 年是世界反法西斯战争和抗日战争胜利 70 周年，也是联合国成立 70 周年。京沪地区国际关系和世界史领域的 60 余名专家学者围绕世界反法西斯战争与中国、大国协调与战后国际秩序、国际秩序转型中的中国与大国等议题展开学术研讨。

7 月 10 日，市社联星期五学术茶座举办“海事与海洋安全”专题研讨会。来自国家海洋局东海分局、上海海事局、复旦大学、华东政法大学、上海政法学院、上海市法学会等单位的 10 余位专家学者参加。与会者围绕海事机关在海洋安全领域中的作用、我国南海局势与海洋安全、海洋战略与海洋法治等问题进行交流和研讨。

7 月 13 日，上海市经济学会和上海市世界经济学会在上海社科院联合举办首届“中国经济与世界经济对话”高层论坛。主题是“新常态下的中国经济与世界经济:经济增长、自贸区建设与资本市场开放”。

7 月 14 日，市社联党组中心组以“严以律己”为主题，召开“三严三实”专题教育第二专题集中学习研讨会。社联党组书记、专职副主席沈国明主持并讲话。党组副书记、专职副主席桑玉成作主题发言。党组成员、专职副主席刘世军和社联处以上干部参加。

7 月 14 日，市社联方志办召开“政治学”章的节、目设置专家论证会。该章由市委党校科社教研部副主任、上海市政治学会秘书长袁峰负责编写，反映上海市 1978 年至 2010 年政治学理论研究的发展轨迹。市社联原党组书记、副主席王邦佐教授，复旦大学国际政治系原主任曹沛霖教授，复旦大学国际关系与公共事务学院孙关宏教授，市社联党组副书记、专职副主席桑玉成教授，华东政法大学政治学与公共管理学院院长张明军教授等专家参会讨论并提出意见。

7 月 15 日，瑞金二路街道相关社区单位与市社联办公室举办专题讲座。特邀长宁区政府办公室原主任夏铮作主题介绍。夏铮结合自己通过社交网络、电商、App 等一系列的工具给我们生活带来的便利，畅谈在互联网条件下优化、美化日常生活的新的理念、新的举措、新的风尚，并同与会者一起深入探讨“互联网＋”带给我们日常生活的机遇和挑战。

7月16日，市社联方志办召开“语言学”章的节、目设置专家论证会。该章由上海交通大学张玉梅副教授负责编写。复旦大学修辞学专家陈光磊教授、华东师范大学文字学专家刘志基教授、上海师范大学训诂学专家徐时仪教授、上海大学上海方言专家钱乃荣教授出席论证会，并就结构设置、资料搜集等方面提出许多宝贵意见。

7月16日，市社联举行2012—2014年度“优秀学会”“优秀民办社科研究机构”“学会特色活动奖”“学会品牌活动奖”互评会议。2015年上半年，市社联学会管理处组织所属学术社团开展“三优一特一品牌”评选，旨在促进学术社团总结、交流组织开展学术活动的经验，推动学术社团的培育和建设，提高学术社团的管理水平。各学术社团积极参与申报，根据评选条件进行总结、自评以及推荐工作。经过初审符合申报条件的学会、民办社科研究机构进行互评交流，由市社联所属所有的学会和民办社科研究机构对各项申报进行差额投票。互评结束后，将由市社联评选委员会进行终评、复审，决定最终获奖名单，并在下半年召开的学术团体工作会议上进行表彰。

7月18日，上海市农村经济学会召开第六届会员代表大会。市农委主任孙雷、市社联学会管理处处长王克梅到会并讲话。会议审议并通过了第五届理事会工作报告和财务报告，审议并通过了修改后的上海市农村经济学会章程，选举产生了第六届理事会成员。在随后举行的六届一次理事会会议上，选举产生了理事会领导班子，王东荣为会长，顾海英、王振、吴方卫、张汉强、张亚军、周留昌、朱德才、吴哲华为副会长，吴方卫（兼）为秘书长。

7月18日，由市社联与市新闻出版局、中共黄浦区委宣传部联合主办，东方青年学社、《社会科学报》、上海人民出版社、上师大光启国际学者中心共同承办的“望道讲读会”2015学术系列讲座第五讲在市社联群言厅举行。华东师范大学特聘教授许纪霖作“华夏与边疆：另一种视野下的中国历史”的演讲。上师大谢晋艺术学院播音主持专业教师姜杉担任主持人。市社联党组成员、专职副主席刘世军出席，并为许纪霖颁发“望道讲读会”特聘讲席教授证书。近100名通过东方讲坛微信公众号预约听众聆听讲座。

7月19日，“东方讲坛·文汇讲堂——历史与我们的未来”演讲季第六讲。特邀上海社科院研究员、上海历史学会会长熊月之主讲“全球化视野下的百年上海”，300余位听众现场聆听。

7月22日，由市社联机关党委、机关工会主办的2015年市社联夏季运动会健康走项目在复兴公园举行，50 余名干部职工踊跃参与活动。大家纷纷表示“只有身心健康，才能更好的投入到每日的工作中”。

7 月 23 日，市社联方志办召开“文学”章的节、目设置专家论证会。该章由复旦大学中国古代文学研究中心主任、中国近代文学会会长黄霖教授主编。上海师范大学文学院杨剑龙教授、华东师范大学中文系陈建华教授、复旦大学中文系陆扬教授、周兴陆教授、上海大学人文社科处处长董丽敏教授等专家参会讨论并提出意见。

7 月 24 日，上海金融与法律研究院邀请对外经济贸易大学校长助理、金融学院教授丁志杰，围绕“中国货币政策困境和全球货币博弈”进行学术探讨。

7 月 24 日，市社联举行“城市大人流风险管理导则”课题专题研讨会。市社联党组书记、专职副主席沈国明，市政协学习委员会常务副主任柴俊勇出席并参与研讨。来自上海开放大学、上海图书馆、市公安局、市委宣传部的相关专家学者和课题组成员，围绕课题研究的最新进展、管理导则初稿的审定及进一步工作的安排等问题展开交流和研讨。

7 月 25 日，由市社联与文汇报社主办、上海东方青年学社协办的“东方讲坛·文汇讲堂——历史与我们的未来”演讲季第七讲在威海路文新报业大厦举行。华东师范大学历史系终身教授、博士生导师王家范主讲“从知县形象看明清基层政治生态”，这也是历史演讲季收官之作，300 余位听众聆听。

7 月 28 日，市编辑学会在上海外语教育出版社举行第五届第二次理事会会议。市编辑学会副会长史领空主持。市社联党组书记、专职副主席沈国明，市新闻出版局副局长彭卫国出席并讲话。市编辑学会会长庄智象作学会 2015 年上半年工作通报和下半年主要工作介绍。沈国明书记作题为“全面依法治国的理论与实践”的学术报告。

7 月 28 日，市社联方志办召开“国际问题研究”章的节、目设置专家论证会。该章由上海国际问题研究院张春副研究员主编，主要记录上海国际问题研究领域从 1978 年到 2010 年理论研究变化过程。上海交通大学国际与公共事务学院副院长俞正樑教授、同济大学比较政治与现代化研究所所长周敏凯教授、上海市社联金应忠教授、上海社科院国际关系研究所副所长刘鸣研究员等专家参会讨论并提出意见。

7 月 29 日，《探索与争鸣》编辑部在市社联召开“经济转型升级下金融改革与风险控制”学术研讨会。市社联党组书记、专职副主席沈国明致辞。与会者围绕金融改革的重难点、政府监管与市场自律、资本市场可持续发展、利率市场化改革、民间投融资引导、互联网金融与实体经济发展、金融危机防范的国际借鉴等话题展开讨论，相关成果刊发于《探索与争鸣》近期“圆桌会议”栏目。

7月30日，市社联方志办召开“台港澳问题研究”章的节、目设置专家论证会。该章由上海国际问题研究院陈鸿斌主编，主要记录上海台港澳问题研究领域从1978年到2010年理论研究变化过程。上海社科院港澳研究中心主任尤安山、上海台湾研究所常务副所长倪永杰、上海东亚研究所副所长胡凌炜等专家参会讨论并提出意见。

7月31日，市社联召开第三季度信息员工作会议。市社联办公室主任吴伟余主持，市社联各部门信息员出席。会议总结2015年上半年市社联信息工作情况，表扬各部门信息工作，评出多个奖项。科普工作处何大伟获得“最多供稿奖”、科研组织处蒋晖获得“最佳信息快报奖”、学会管理处何宝军获得“最佳信息奖”、组织人事处黄谷雨获得“最佳信息转载奖”、《探索与争鸣》编辑部杜运泉编写的《“重新阐释中国与全面深化改革”青年论坛暨〈探索与争鸣〉首届全国青年理论创新征文颁奖大会举行》一文获得“最高点击奖”、《学术月刊》编辑部获得“最佳学术奖”。会议还就网站工作中存在的不足，听取信息员的意见和建议。

8月5日，市社联召开学术报告会，邀请上海社科院世界经济研究所研究员权衡作题为“‘一带一路’倡议与中国经济强国之路”的学术报告。市社联党组副书记、专职副主席桑玉成主持，市社联机关干部30余人认真聆听报告并与权衡研究员互动交流。

8月6日，市社联在群言厅举行“关于创新中心建设的思考与对话”论坛。论坛由上海人民广播电台首席主持秦畅女士主持。市社联党组书记、专职副主席沈国明到会致辞。以色列的系统性创新思维公司副总裁Tamar女士和上海市世界史学会会长、上海犹太研究中心主任潘光教授分别作“以色列的创新文化”“以色列科技创新成功之路以及对我们的启示”主题演讲。与会学者还就“中国、以色列教育传统对各自创新精神的影响”“制约上海创新中心建设的体制机制”等问题与主讲嘉宾进行交流和探讨。

8月7日，市社联星期五学术茶座举办“社科界外宣发展模式”专题研讨。来自市外宣办、复旦大学、上海社科院、观察者网站、ICS、香港《大公报》等单位的10余位专家参加。应邀莅会的复旦大学宣传部部长萧思健畅谈做好外宣工作的体会，与会同志也围绕上海社科界学术机构、相关政府部门各具特色的外宣载体、平台、受众、内容发言，讨论如何根据不同情况研究制定不同的外宣模式，明确传播内容的主题和侧重点，从而增强针对性和实效性，充分利用并发挥好学术资源优势及时传播好上海社科界的声音，增强上海国际学术影响力。市社联党组书记、专职副主席沈国明参加并同与会同志一起研讨。

8月10日，上海市社联和新华社上海分社联合发布7月份上海市民时政关注指数，市社联党组副书记、专职副主席桑玉成主持，上海社科院研究员卢汉龙、上海大学教授顾骏作分析点评，并回答现场观众的提问。

8 月 12 日，为纪念中国人民抗日战争暨世界反法西斯战争胜利 70 周年，让历史的警钟长鸣，让民众牢记那段不可忘却的历史，市社联、东方讲坛办公室、东方网和上海市新四军历史研究会联合制作《我所经历的战争》主题纪录片，以抗战经历者口述回忆为主线，史实考证为基础，还原真实的抗战历史。本主题系列纪录片共八集，每周推出一集。

8 月 12 日，市社联召开机关大会。市社联主席秦绍德，市委宣传部副部长朱芝松、燕爽，市社联党组书记、专职副主席沈国明，党组副书记、专职副主席桑玉成，党组成员、专职副主席刘世军出席。朱芝松副部长主持，宣读任免通知。因年龄原因，市委同意市委宣传部免去桑玉成同志市社联专职副主席职务的批复和市委免去桑玉成同志市社联党组副书记职务的通知。

8 月 12 日，为深入开展“三严三实”专题教育和党风廉政教育，市社联干部在党组书记、专职副主席沈国明带领下，来到宝山区检察院，与市纪委驻市检察院纪检组组长林立、宝山区检察院检察长贺卫等同志进行座谈，探讨两家单位进行交流协作、开展党建联建等工作，并参观宝山区反腐倡廉教育基地，观摩廉政警示教育片。

8 月 13 日，市社联方志办召开“艺术学”章的节、目设置专家论证会。该章由上海大学美术学院潘力教授主编，内容涵盖美术、影视、音乐表演三大版块，记录上海艺术学界 1978 年至 2010 年间科研发展过程。上海大学音乐学院副院长狄其安教授、上海艺术研究所所长周兵、胡洪庆、周锡山、沈鸿鑫等专家参会讨论并提意见。

8 月 13 日，市社联召开“‘八一三’淞沪抗战的战略意义及历史地位”专题学术茶座。来自南京政治学院上海分院、复旦大学、华东师范大学、东华大学、上海大学、上海地方志办公室等单位的 10 余位专家学者参加。与会者围绕“八一三”淞沪抗战的历史过程、战略意义、历史地位等问题交流和研讨。

8 月 13 日，上海市 WTO 法研究会服务贸易专业组主办、九三学社宝山区委协办的上海市 WTO 法研究会服务贸易专题学术研讨会在上海社会科学会堂举行，旨在研究和探讨上海在建设科创中心和四个中心协同发展、促进经济转型和推进自贸试验区扩容等方面的新情况、新问题。

8 月 14 日至 15 日，由《学术月刊》编辑部与云南大学历史系联合举办的“多维视野下的中国边疆与族群”学术研讨会在云南大学召开。与会学者紧密围绕“多维视野下的中国边疆与族群”这一主题，从自身研究的角度进行交流与探讨。北京大学马戎教授、复旦大学姚大力教授、韩昇教授、《中国边疆史地研究》主编李大龙、云南大学李晨阳教授等从民国时期的社会转型、政权建设与民族关系、内陆亚洲与中国历史、分子生物学与民族研究等各方面进行发言。

8月16日，上海市民俗文化学会、上海炎黄文化研究会、上海社科院历史研究所《上海学》编辑部联合举办第四届上海"文化资源保护与利用"研讨会。本届研讨会以"'上海务'与上海名称的历史追溯"为主题，着重探讨上海城市千年形成与发展过程中的文化内涵，以及城市人口的流动、上海城市精神对于上海市民人格观念的塑造和文化品格的现代传承。上海市民俗文化学会会长、华东师范大学教授仲富兰作主旨发言。

8月19日，2015上海书展学术系列讲座"望道讲读会"首讲在市社联举行。武汉大学国学院院长、教授郭齐勇作主讲嘉宾，市社联专职副主席刘世军出席，并为郭教授颁发"望道讲读会"特聘讲席教授证书；华东师范大学哲学系陈乔见副教授为对话嘉宾，上海儒学研究会秘书长李耐儒担任主持。高校师生、民间学者、历史爱好者等100余人聆听。

8月19日，由市社联、市新闻出版局共同主办的"望道讲读会"2015上海书展特别学术讲座第二场"金岳霖：中国现代逻辑学与知识论的开拓者——纪念金岳霖诞辰120周年"在市社联群言厅举行。北京大学人文学部委员、民进中央常委，北京市哲学学会会长胡军主讲，华东师范大学现代思想文化研究所研究员、中国哲学教研室主任贡华南担任对话嘉宾，上海市儒学研究会秘书长李耐儒主持。100余名社会各界听众现场聆听。

8月20日，复旦大学教授张汝伦应邀在上海社联群言厅作《冯契：现代中国哲学的杰出开拓者》的主旨演讲，上海师范大学副教授蔡志栋为对话嘉宾，上海广播电视台《道·理》《新闻夜线》主持人林牧茵主持。

8月20日，市社联方志办召开"中共党史党建研究"章的节、目设置专家论证会。该章由上海市中共党史学会会长张云教授负责编写，主要记录1978年至2010年上海学界对中共党史党建问题的研究情况。上海大学忻平教授、上海交通大学陈挥教授、同济大学丁晓强教授、复旦大学杜艳华教授、上海立信会计学院徐光寿教授等专家参会讨论并提出意见。

8月20日，2015上海书展特别学术讲座·望道讲读会上，"北斗错落长庚明——20世纪中国的思想天空"系列主题演讲推出压轴之作《冯友兰：一位真正具有国际影响的现代中国哲学家——纪念冯友兰诞辰120周年》。原武汉大学哲学系副主任、冯友兰研究专家田文军教授主讲，复旦大学哲学学院中国哲学教研室主任郭晓东教授任对话嘉宾，"48后"与"70后"的两代学人带领听众共同走入冯友兰的哲学世界。

8月21日至23日，上海市台湾研究会、上海台湾研究所和复旦大学台湾研究中心在上海联合举办第三届两岸海洋合作学术研讨会。国家海洋局海洋发展战略研究所党委书记贾宇、南京大学中国南海研究协同创新中心执行主任朱锋、海军指挥学院海洋安全研究中心主任冯梁、台湾"立法委员"詹满容、台湾"中央研究院"欧美所宋燕辉、政治大学国关中心研究员刘复国、台湾师范大学政治学研究所教授王冠雄、新台湾“国策”智库副执行长林廷辉等来自两岸的近50位海洋问题、两岸问题、国际法专家参加。与会专家围绕“两岸海洋合作的挑战与机遇”“‘一带一路’倡议与两岸海洋合作”两大议题深入交流。

8月24日，上海市辞书学会、中国辞书学会辞书编纂现代化专业委员会主办，上海外语教育出版社承办的“辞书数字化现状与展望”学术研讨会在上海外语教育出版社举行。市辞书学会副会长庄智象致开幕词，来自京沪两地的数字出版界的出版管理者、辞书编纂专家、编辑等40余人参加。

8月25日，上海市市场监督管理学会召开七届三次会员代表大会。学会会长、市工商行政管理局局长陈学军，学会副会长、市工商行政管理局副局长钟民，学会副会长、市工商行政管理局总经济师杜贵根，市工商行政管理局副巡视员缪钧出席。市社联学会管理处处长王克梅参加，学会常务理事、理事，各区县学会秘书长，市工商行政管理局各处室学会小组长共100余人参加。

8月27日，广州市社科联调研组一行五人，在广州市社科规划领导小组副组长、市社科规划办主任，市社科联党组书记、主席曾伟玉带领下来到上海市社联，围绕学术年会的举办与完善、学会活动的开展与管理、社科成果评奖、社科普及创新，以及新型智库建设等议题开展调研。上海市社联党组书记、专职副主席沈国明，专职副主席刘世军及办公室、学会管理处、科研组织处、科普工作处等部门的负责人参与座谈。

8月28日，上海金融与法律研究院、鸿儒金融教育基金会联合举办2015年第14期“鸿儒论道”。主讲嘉宾上海交通大学现代金融研究中心主任潘英丽教授，围绕“人民币国际化与在岸资本市场建设”，阐述其在人民币国际化与汇率市场化改革、人民币海外投放与在岸资本市场建设等研究领域的思考成果。

8月28日，中国保险学会、上海市保险学会、上海市保险同业公会和大西洋再保险公司在上海联合主办“上海国际保险中心建设与发展国际论坛”。中国保险学会会长姚庆海和上海市金融办副主任解冬致辞。来自保险监管部门、国内外保险机构、中国社科院、各大高校、国际知名金融机构等各领域的资深专家等出席。

8月28日，市社联方志办召开“上海发展重大战略与政策研究”章的节、目设置专家论证会。该章由上海市人民政府发展研究中心信息处周师迅处长、姚治负责编写，记录上海市在改革开放以来城市发展重大战略与政策研究情况。上海市社联党组书记、专职副主席沈国明，上海社科院原副院长姚锡棠、上海发展战略研究所所长周振华、上海市政协经济委员会常务副主任张广生等专家参会讨论并提出意见。

8月31日，为纪念抗日战争暨世界反法西斯战争胜利70周年，市社联党组书记、专职副主席沈国明一行走访慰问市社联系统的陈均、华培英、蒋炜等参加过抗日战争的老同志，感谢他们为民族独立和抵御外来入侵作出的贡献。沈国明书记还送上中共中央、国务院、中央军委颁发的抗战纪念奖章，并嘱咐家人要多注意老人的饮食起居，祝他们健康长寿。

8月31日，为了纪念中国抗日战争和世界反法西斯战争胜利70周年，上海金融法制研究会、复旦大学中国金融史研究中心于共同举办主题为“民族救亡与复兴视野下的上海金融业”的研讨会。会议探讨自1931年“九一八”事变到1945年抗日战争胜利，上海金融业如何以民族救亡和复兴为使命，服务于工商经济和上海城市的运作和发展，在抗战史册上留下特殊的篇章。

9月2日，市社联方志办召开“历史学”章的节、目设置专家论证会。该章由复旦大学历史系主任章清教授负责编写，反映上海市1978年至2010年历史学理论研究的发展轨迹。上海历史学会会长熊月之研究员、华东师范大学历史系沐涛教授、上海社科院历史所王健研究员、复旦大学历史系黄洋教授、上海大学历史系陶飞亚教授、上海师范大学历史系高红霞教授等专家参会讨论并提出意见。

9月5日至6日，上海社会科学界第十三届学术年会青年论坛在华东师范大学闵行校区举办“中国革命中的性别与女性解放”专题研讨会。会议由上海市社联主办，华东师范大学性别与文化研究中心、当代史研究中心承办。会议围绕性与性别的科学界定，民族危机中的性与性别，战争、革命中的性与性别等专题进行研讨。来自首都师范大学、中南大学、台湾“中央研究院”、复旦大学、上海社科院、华东师范大学等科研院所的专家学者，以及来自英、美、日等国的海外学者20余位作专题发言和评论。相关研究领域的专家学者60余人参加会议。

9月6日，由市社联与市新闻出版局、中共黄浦区委宣传部联合主办，东方青年学社、社会科学报、上海人民出版社、上师大光启国际学者中心共同承办的“望道讲读会”2015学术系列讲座第六讲在市社联群言厅举行。香港非物质文化遗产咨询委员会主席郑培凯作“中国文化之多元一体及其前景”演讲。市社联党组书记、专职副主席沈国明，市社联党组成员、专职副主席刘世军出席，上师大谢晋艺术学院播音主持专业教师姜杉担任主持人。百余名通过东方讲坛微信公众号预约的听众聆听。沈国明书记为郑培凯教授颁发“望道讲读会”特聘讲席教授证书。

9月7日，市社联召开荣休同志恳谈会，社联党组书记、副主席沈国明，专职副主席刘世军出席并讲话。沈国明对荣休同志为市社联的发展和创新作出的贡献表示由衷地感谢，并祝愿他们的荣休生活有声有色、有滋有味。荣休同志也对社联领导的关心表示深深的谢意,同时,围绕如何做好新形势下市社联工作以及进一步繁荣发展社科事业提出意见和建议。市社联办公室、科研组织处、科普工作处等部门的负责人参加座谈。

9月7日,由市社联与市新闻出版局、中共黄浦区委宣传部联合主办,东方青年学社、《社会科学报》、上海人民出版社、上师大光启国际学者中心共同承办的“望道讲读会”2015学术系列讲座第七讲在市社联群言厅举行。台湾“中央研究院”历史语言研究所特聘研究员黄进兴作“象征的扩张与陨落:以孔庙祀典的兴衰为例”的演讲。上海师范大学谢晋艺术学院播音主持专业教师姜杉担任主持人。市社联党组成员、专职副主席刘世军出席,并为黄进兴颁发“望道讲读会”特聘讲席教授证书。

9月8日,宁波市社科联调研组一行九人,在党组书记、院长、主席何伟,党组成员、副院长、副主席姜建蓉带领下来到市社联,围绕参与起草制定国民经济与社会发展“十三五”规划与哲学社会科学发展“十三五”规划的经验和做法,新型智库建设、科研管理及激励机制,社科人才队伍培养等议题开展调研。上海市社联党组书记、专职副主席沈国明及办公室、学会管理处、科研组织处、科普工作处等部门的负责人参与座谈。

9月9日,上海市民时政关注指数发布会在市社联召开。市社联专职副主席刘世军主持,特邀上海社科院法学所副所长殷啸虎和上海政法大学社会管理学院院长章友德作点评嘉宾。

9月10日,“多学科视野:新文化运动与传统文化”学术研讨会在市社联举行。市社联主办,上海炎黄文化研究会、市历史学会、市哲学学会、市伦理学会和市民俗文化学会承办。上海炎黄文化研究会常务副会长杨溢萍主持。市社联党组书记、专职副主席沈国明致辞。1915年,陈独秀创办《青年》杂志(第二年更名为《新青年》)标志着新文化运动的开始。2015年是新文化运动发生一百周年。

9月11日,上海市司法鉴定理论研究会在华东政法大学长宁校区交谊楼召开成立大会。市社联党组书记、专职副主席沈国明,华东政法大学校长叶青,市社联学会管理处处长王克梅,上海市社团管理局刘正,上海市司法鉴定协会副会长赵子琴、副秘书长王云介等出席。原司法部司鉴局局长霍宪丹和中央财经大学教授郭华特邀莅会。

9月11日,市社联方志办召开“新闻学与传播学”章的节、目设置专家论证会。该章由复旦大学新闻与传播研究中心黄旦教授负责编写,主要记叙上海市1978年至2010年新闻学与传播学理论研究的发展轨迹。复旦大学新闻学院李良荣教授、华东师范大学传播学院严三九教授、上海大学吴信训教授、上海社科院新闻所白红义副研究员等专家参会讨论并提出意见。

9 月 11 日，市社联星期五学术茶座举办“全球化时代的海权问题”专题研讨。来自中国航海博物馆、上海社科院、上海国际问题研究院、上海交通大学、华东政法大学、上海政法学院、上海图书馆等单位近 10 位专家学者参加会议。与会者围绕海权问题的历史发展、海权与全球化的关系、全球化时代的中国海权等问题进行交流和研讨。

9 月 15 日，为落实上海社科工作者之家的工程建设项目，市社联召开“上海智汇·社科会堂”立项论证座谈会。市社联办公室主任吴伟余主持，上海社科会堂负责人朱杏娟出席会议。市社联机关各处室、所属学术期刊代表在会上就立项工作畅所欲言，建言献策。

9 月 15 日，上海市固定资产投资建设研究会召开第八届会员代表大会。会议审议并通过第七届理事会工作报告；审议并通过修改后的上海市固定资产投资建设研究会章程；以投票选举方式选举产生第八届理事会成员。在随后举行的八届一次理事会会议上，选举产生理事会领导班子，王志强为理事长，杜静安、戴晓波、钱耀中、丁健、曹俊波、黄志炜、王智勇为副理事长，杜静安(兼)为秘书长。市社联学会处管理处长王克梅讲话。

9 月 15 日，在上海警备区、市委宣传部和市社联的共同指导下，由上海市国防教育办公室和东方讲坛办公室共同举办的“东方讲坛·全民国防教育主题宣传月”活动在浦东新区区政府会议厅举行开讲仪式。国防大学战略研究部教授徐焰少将作专题报告，上海警备区副政委、市国防教育联席会议秘书长孙进少将，市委宣传部副部长、市文明办主任潘敏，浦东新区区委常委、宣传部部长尤存，浦东新区区委常委、区人武部政委邓政等有关领导出席，本市机关干部、市民群众、部队战士等 700 余人出席。该活动将于 9 月 19 日至 10 月 19 日在全市开展。

9 月 16 日，全国第十七次社会科学普及工作经验交流会在山东济南召开。来自全国 30 个省、区、市社科联 160 余名代表参加会议。上海市社联党组成员、专职副主席刘世军带队出席会议，并在会上重点围绕近年来上海市社联社科普及工作作交流发言。

9 月 18 日，上海人民出版社和上海市地方史志学会、上海市文史资料研究会、上海市中共党史学会主办的“上海抗日战争史丛书”出版座谈会暨上海抗日战争史研究学术研讨会在市政协举行，市委宣传部副部长、丛书编委会主任燕爽，市新闻出版局局长徐炯，市地方志办公室党组书记、主任洪民荣，市政协文史委专职副主任王建华，市社联专职副主席刘世军和市地方史志学会会长朱敏彦，副会长徐建刚、梅森，秘书长黄晓明以及学会理事和丛书编委、作者等近百人出席。上海人民出版社社长王兴康主持，并介绍“上海抗日战争史丛书”的出版情况。

9 月 18 日，市社联召开 2015 年市社联六届十一次主席会议暨常委会会议。市社联专职副主席刘世军主持，市社联主席秦绍德出席并讲话。市社联党组书记、专职副主席沈国明报告市社联上半年主要工作和下半年工作安排,市社联副主席彭希哲、周振华、潘世伟、陈昕,市社联常委黄仁伟、马伊里、桑玉成、张云、张颖等同志出席会议。市社联机关各处室与学术期刊负责人列席会议。会议还讨论其他事项。

9 月 18 日,市社联星期五学术茶座举办“发展、创新和完善中国特色社会主义政治经济学”专题研讨会。来自华东师范大学、上海交通大学、上海社科院、市委党校、市发展改革研究院的 10 位专家学者参加。与会者围绕发展和创新政治经济学的重要意义、马克思主义政治经济学的中国化和时代化、审定和出版《中国特色社会主义政治经济学》的最新教材等问题进行交流和研讨。

9 月 19 日,由《学术月刊》编辑部与上海财经大学创业学院共同主办的全球创业创新学术研讨会在上海举行。来自中山大学、同济大学、华东师范大学、上海大学、上海财经大学等高校的创新研究专家,就创新创业理论研究、全球创业创新发展现状进行探讨。中山大学张书军围绕社会创业的动力机制与决策行为理论提出创业需要持续驱动力。同济大学马小峰介绍高科技新创企业的动态能力演变过程。上海财经大学吴一平就转型国家制度环境、政治网络对创业的影响进行分析。上海财经大学刘伟萍对公司慈善实践与公司经营战略的关系进行讲解。

9 月 19 日,“中欧建交 40 周年纪念暨‘一带一路’与中欧关系”国际研讨会在上海外国语大学召开。本次研讨会由上海欧洲学会和上海外国语大学联合主办,上海社科院欧洲研究中心、上海国际问题研究院欧洲研究中心、复旦大学欧洲问题研究中心和同济大学联邦德国研究所/欧盟问题研究所协办。欧盟驻华使团、西班牙驻华使馆和法国、德国、荷兰、意大利、葡萄牙驻沪领馆官员,本市从事欧洲问题研究的知名专家学者等近 80 人齐聚一堂,隆重纪念中欧建交 40 周年,并开展学术讨论。

9 月 19 日,上海市语文学会、《华东师范大学学报(哲社版)》编辑部、华东师范大学对外汉语学院、《当代修辞学》编辑部、华东师范大学国际汉语教师研修基地主办的“学科建设·社会发展”中国语言学期刊主编与青年学者对话论坛在华东师范大学召开。市语文学会会长、《华东师范大学学报(哲社版)》主编胡范铸主持,华东师范大学副校长汪荣明到会致辞。

9 月 19 日,在市社联和市经济和信息化委员会的指导下,上海市信用研究会主办的第二届“诚信上海”信用创新论坛在市社联召开。来自政府、高校、研究机构、信用服务机构和互联网金融企业的近 130 位国内外信用领域的专家学者和实务工作者参加。

9 月 20 日,由市社联、市台办、徐汇区政府、中国文化大学主办,徐汇区社会建设学院、徐汇区台办、中华杰出青年经贸发展促进会承办的第八届沪台民间论坛在上海西华酒店隆重举行。市社联党组书记、专职副主席沈国明主持。市台办巡视员李雷鸣、徐汇区委副书记王醇晨、台湾参访团两岸人民服务中心执行长李俊敏致辞。本届论坛主题为“社区治理与公众参与”,设一个主会场和两个分会场。主会场邀请复旦大学社会发展与公共政策学院教授顾东辉、上海市社区发展研究会常务副会长徐中振、上海市徐汇区湖南街道党工委书记陈澄泉、中国文化大学社会福利学系主任郭静晃、台湾辅仁大学社会学系主任郭登聪、台湾大学青年总会会长邱荣利作主题演讲。分会场主题为“社会组织参与社区治理”和“社区调解与社区自治”。来自沪台两地专家学者、在沪台湾大学生、台湾部分社区工作者、徐汇区部分街道领导及居委会主任、徐汇区台协会及台联会部分骨干、徐汇区人民调解委员会、徐汇区青联等单位代表100余人参会。

9月23日,市社联专职副主席刘世军一行5人到湖南省社科联学习调研。湖南省社科联党组书记周发源、湖南省社科联党组成员、副主席汤建军陪同与调研组一起座谈。双方就机关建设、人文社科场馆规划、社科普及立法、学会管理、学术年会组织等工作经验和做法开展交流与调研,并就沪湘两地社科工作的进一步合作达成共识。

9月24日至25日,全国社科联联席会议在湖北武汉召开。来自全国31个省、自治区、直辖市的社科联负责人及有关代表150余人参加会议。上海市社联专职副主席刘世军带队出席会议。本次会议的主题为“建设新型智库,服务科学发展”。市社联办公室主任吴伟余、学会管理处处长王克梅、科普工作处处长应毓超等参加会议。

9月25日,市社联星期五学术茶座举办“学习习总书记‘9.3’重要讲话与深化形势教育”专题研讨会。来自市形势政策教育研究会、浦东新区政协、市委党校第一分校、上海党建文化研究中心等单位的10位专家学者参加。与会专家围绕学习领会习近平总书记“9.3”重要讲话的重大意义、按照中央战略布局坚持推进全面深化改革、加强党的建设、提升城市软实力、进一步加强和改进形势政策教育等问题展开研讨。

9月26日,“上海市社会保障学科快速发展探讨”专题研讨会在华东师范大学召开。华东师范大学公共管理学院副教授曹艳春主持,七位专家学者主题发言。来自上海财经大学、上海工程技术大学、华东理工大学、上海政法学院、华东师范大学等高校专家学者,普陀区绿化和市容管理局、普陀区长征镇政府、上海城投控股股份有限公司等政府、企业工作人员60余人参加。

9月29日,上海市日本学会在市社联社科会堂举行“上海市日本学界纪念中日邦交正常化43周年暨上海市日本学会成立30周年学术研讨会”,与会专家学者30多人。市社联学会管理处处长王克梅致贺辞,市日本学会常务副会长、秘书长陈永明主持。

10月9日,《探索与争鸣》编辑部与上海市社会科学创新基地(党的执政能力方向)在华东师范大学闵行校区联合召开“新媒体时代的政治生态与执政方式”理论研讨会。来自北京大学、中国人民大学、山东大学、华东师范大学、东华大学、华东政法大学、上海社科院等单位的20余位专家学者和研究生，围绕新媒体时代政治生态环境、党的执政方式面临的挑战与应对等问题展开讨论。部分优秀成果刊发于第11期“圆桌会议”栏目。

10月9日，市社联、复旦大学全球旅游经济与文化研究中心在复旦大学召开以“休闲、空间与公共安全——上海的机遇与挑战”为主题的跨学科交流学术茶座。来自复旦大学、华东政法大学、美国纽约州立大学的旅游研究、城市规划、公共安全、体育产业等领域的专家教授参会讨论。

10月9日，市社联星期五学术茶座举办“新常态下中国生产力发展研究”专题研讨会。来自上海交通大学、上海大学、东华大学、上海社科院、市政府发展研究中心、市生产力学会等单位的10余位专家学者参加。与会者围绕中国经济新常态的内涵、新常态的基本内容与表现形态、新常态下生产力发展的新视野新目标新产业等问题研讨。

10月9日，市社联办公室党支部一行在支部书记吴伟余带领下，赴钱学森图书馆上党课。该馆珍藏了与钱老工作生活相关的珍贵文献、手稿和书籍76 000余份，图片1 500余张和实物700余件，设有“中国航天事业奠基人”“科学技术前沿的开拓者”“人民科学家风范”“战略科学家的成功之道”四个静态实物展厅和一个动态视频展厅。参观结束后，办公室党支部召开全体党员大会，通过投票的方式，通过陈婷同志提出的入党申请。

10月11日，上海市领导科学学会、中国浦东干部学院领导研究院联合举办“一带一路”倡议与跨文化领导力国际学术会议。会长奚洁人、副会长郭庆松以及国内外专家学者近60人参加。周智强、赵世明、毛力熊分别主持会议。

10月12日，由市社联、上海联合非常规能源研究中心、上海市经济学会能源经济研究专业委员会联合主办的ECF国际页岩气论坛(2015)第五届亚洲页岩气峰会在上海开幕，会期三天。峰会以“新常态·新市场·新机遇”为主题，对中国经济新常态下的中国页岩气行业发展、政策、进展等焦点进行讨论，同时围绕油气田化学品和水处理及环保、地质勘探和开采、油服和工程及技术设备、天然气储运及运用新机遇、金融与法律服务创新、海洋油气工程等重点议题，搭建前沿、开放的合作交流及信息采集平台，以期推动我国页岩气事业的快速发展。市社联党组书记、专职副主席沈国明出席开幕式并致辞。近300名来自各国的政府、机构、企业等专家和高管参加峰会。

10月12日，“上海市民时政关注指数发布会暨东方讲坛·时政关注系列论坛”第九期在上海社会科学会堂举行。上海政治学会会长、复旦大学教授桑玉成主持。上海国际问题研究院美洲研究中心主任吴莼思、上海政法学院社会管理学院院长章友德担任点评嘉宾,并回答现场听众的提问。

10月14日,市委宣传部与市社联召开市社联领导经济责任审计沟通会。市委宣传部副部长朱芝松、审计室主任陈海卿、沪中会计师事务所胡伟刚,以及部审计室、干部处有关同志来到社联,围绕审计报告征求意见稿,与市社联党组书记、专职副主席沈国明及市社联相关处室和事业单位负责同志进行沟通交流。朱芝松副部长要求市社联在现有成绩的基础上,高度重视审计工作,完善内控体系建设,进一步加强预算管理、财务管理,并做好对下属单位的服务和监管,推动社联各项工作更好更快发展。

10月14日,市社联召开"TPP对中国的影响及应对策略"专题学术茶座。市社联党组书记、专职副主席沈国明主持。来自上海WTO事务咨询中心、上海社科院世界经济研究所、上海发展研究基金会、华东政法大学、华东师范大学、上海国际问题研究院等机构的10余名专家学者与会。会议围绕TPP协议的缘起与基本内容、TPP对世界经贸格局的重大影响、TPP对中国政治经济的影响以及中国的应对策略等问题,从经济学、法学、国际政治、国际经济等多学科角度进行交流和研讨。

10月16日,"'互联网+'背景下,消费升级与商业转型"高层论坛在中国零售业巨头百联集团会议厅召开。本次论坛由上海市市场学会主办,百联集团教培中心和《上海百货》杂志协办。上海市政协常委、上海市市场学会会长贺涛和来自商业企业的代表100余人出席。

10月16日,市社联星期五学术茶座举办"当前社区治理热点问题"专题研讨会。来自新民晚报现代社区周刊、上海政法学院、上海房地产专修学院、民进市委人资委、静安区南京西路街道、上海盈科律师事务所等单位的10余位专家学者参加研讨活动。与会者围绕社区治理能力与水平的提升、多元社区治理主体建设、社区业主自治组织建设、社区业委会发展管理模式等问题进行交流。

10月16日,广西壮族自治区社科联调研组一行七人,在广西社科联党组成员、副主席曹平带领下来沪调研。广西社科联调研组参观虹桥临空经济园区、上海国际仲裁中心并与相关专业人员座谈。上海市社联党组书记、专职副主席沈国明会见调研组。上海市社联办公室主任吴伟余等同志陪同调研。

10月16日,由上海联合国研究会主办、华东政法大学国际法学院和国际法研究中心承办的上海联合国研究会2015年年会暨第二届联合国研究青年论坛在华政长宁校区交谊楼圆桌会议室举行,会议的主题是"联合国与国际法治"。中国联合国协会副会长兼总干事刘志贤、中国人民大学国际刑法研究所所长朱文奇、上海联合国研究会会长潘光、华政副校长林燕萍,以及来自复旦大学、上海社科院、上海国际问题研究院等相关高校、研究机构的专家、学者参加。

10 月 17 日至 18 日，由上海联合国研究会承办的“第 15 届东亚联合国系统研讨会”(The 15th East Asian Seminar on the UN System)在复旦大学美国研究中心 104 室召开。本次会议由中国联合国研究联席会议(China Academic Net for UN Studies, CANUNS)、日本联合国学会(Japan Association for United Nations Studies, JAUNS)，韩国联合国体制学会(Korea Academic Council on the United Nations System, KACUNS)共同主办，并得到联合国系统学术理事会(Academic Council on the United Nations System, ACUNS)的支持。包括韩国前驻联合国大使、联合国秘书长前东帝汶问题特使(日籍)、联合国系统学术理事会副理事长在内的 70 多位联合国问题专家和学者参加。

10 月 18 日，由市社联与市新闻出版局、中共黄浦区委宣传部联合主办，东方青年学社、《社会科学报》、上海人民出版社、上师大光启国际学者中心共同承办的“望道讲读会”2015 学术系列讲座第八讲在市社联群言厅举行。上海远东出版社社长、总编辑、编审徐忠良作“文明之殇:《圆明园四十景》及其原件再造”的演讲。上海广播电视台《道·理》《新闻夜线》主持人林牧茵主持。市社联党组成员、专职副主席刘世军出席，并为徐忠良颁发“望道讲读会”特聘讲席教授证书。近 100 名听众通过东方讲坛微信公众号预约前来聆听讲座。

10 月 18 日，上海市社会科学界第十三届学术年会高端论坛在华东师范大学逸夫楼报告厅隆重举办首场国家社科基金首席专家报告会，主题为“大数据与教育研究”。会议由上海市社联与华东师范大学联合主办。市社联党组书记、专职副主席沈国明出席并致辞。华东师范大学社会发展学院党委书记文军教授，华东师范大学中国经济研究中心主任殷德生教授，华东师范大学开放教育学院院长祝智庭教授聚焦“大数据背景下的教育研究变革”“教育政策支撑经济转型升级研究的主要措施”“解读大数据的文化属性”等问题，进行探讨并与现场听众互动交流。来自不同高校、科研机构、各教育期刊及社会媒体等 300 余人参加。

10 月 18 日，上海影视戏剧理论研究会、中国电影评论学会微电影研究会、中国长三角高校影视戏剧学会微电影专业委员会、上海电影评论学会、安徽省影视评论学会联合举办的“中国微电影发展学术研讨会”在上海交通大学举行。中国电影评论学会会长章柏青、文汇报社党委副书记谢海光、市委宣传部理论处处长季桂保、复旦大学教授周斌、上海交通大学教授李建强等国内 50 多位专家学者开展讨论。

10 月 19 日，市社联方志办召开“宗教学”章的节、目设置专家论证会。该章由上海社科院宗教所所长晏可佳研究员负责编写，主要记叙上海市 1978 年至 2010 年宗教学理论研究的发展轨迹。华东师范大学李向平教授、唐忠毛教授、上海社科院葛壮等专家参会讨论并提出意见。

10月20日，市会计学会和上海电气集团联合举办“转型发展与价值创造”学术论坛。上海财经大学学术委员会主席、中国会计学会副会长、上海市会计学会副会长孙铮作主旨报告，150余名会员参加。

10月20日，上海市税务学会、上海市国际税收研究会联合举办“加强税收调研、推动经济发展”课题调研交流会。上海市税务学会会长许建斌主持。与会各学会课题组代表介绍“关于当前经济发展形势下税收政策与制度”“税收管理与稽查”“纳税服务及税收信息化建设”等热点难点问题的研究成果。

10月21日，市社联召开上海市第九次哲学社会科学学术团体工作会议暨市社联第九届学会学术活动月开幕式。市社联所属学术团体代表近300人出席。市社联主席秦绍德致学术活动月开幕辞，市社联党组书记、专职副主席沈国明作工作报告，市社联专职副主席刘世军主持。

10月22日，市企业发展促进研究会举行“四个全面与企业改革创新发展”研讨会。会长方名山主持，理事、会员及部分单位代表共80余人参加。上海丰华(集团)股份有限公司党委书记张明忠、上海九高节能股份有限公司董事长李曼萍表、上海轮胎橡胶(集团)有限公司党委书记陈洁强作交流发言，上海市经信委技术进步处处长张宏滔博士作“四新经济为上海产业结构调整助力”的主旨报告。与会专家围绕主题开展研讨。

10月22日，四川省社科联调研组一行五人，在四川省社科联党组书记、副主席赵英，四川省社科联党组副书记、副主席罗仲平带领下来到市社联，围绕社科评奖制度、规模、程序、方式、网络化管理等议题开展调研。上海市社联党组书记、专职副主席沈国明，办公室、科研组织处等部门的负责人参与座谈。

10月23日，上海宋庆龄研究会联合上海中山学社在科学会堂思南楼举办“孙中山诞辰150周年纪念活动选题研讨会”。上海宋庆龄研究会副会长、复旦大学历史系吴景平教授主持。各相关学术机构和出版传媒团体代表以及孙中山宋庆龄研究专家共29人参加。

10月23日，市秘书学会、市委党校、《秘书》杂志联合举办“十三五”发展背景下秘书工作展研讨会。会长李锐主持并作总结，常务副会长李宁，《秘书》杂志主编、学会副秘书长赵毅分别致辞。本市有关高校专家学者和党政机关秘书实务工作者、学会常务理事、市委党校以及《秘书》杂志有关工作人员30余人参加。

10月23日，市社联星期五学术茶座举办“众创时代创新创业平台搭建”专题研讨会。

来自上海工程技术大学、东华大学、上海电机学院、上海商学院、上海工艺美术学院等单位的10余位专家学者参加座谈。与会者围绕众创时代创新创业的内涵与特征、创新创业的机遇与阻碍、创新创业氛围的培育与措施、创新创业平台的搭建等问题开展交流。

10月23日，东方讲坛·汇讲坛文化上海主题系列讲座由市社联与徐汇区委宣传部联合推出的东方讲坛·汇讲坛文化上海主题系列讲座“江河入海流——多维视野下的上海城市文明”首讲在龙美术馆(西岸馆)举行。市人大常委、教科文卫委员会副主任委员陈燮君作“苏州河、黄浦江与上海工业文明”的演讲。

10月23日，由上海市社联主办、上海国际战略问题研究会承办的上海市社会科学界第十三届(2015)学术年会学科专场:“欧洲与战后国际体系研讨会”在上海国际问题研究院举行。会议围绕“欧盟及欧洲国家对战后国际体系的认识”“中欧关系的评估与展望”等问题展开研讨。来自中国社会科学院欧洲研究所、中国国际问题研究院、复旦大学、华东师范大学、上海外国语大学、上海社科院、上海政法学院、上海国际问题研究院、上海国际战略问题研究会等高校、研究机构的10余位专家学者作专题发言和评论。

10月23日至25日，《探索与争鸣》编辑部与教育部哲学社会科学重大课题攻关项目“老龄化对中国经济发展的影响及应对策略研究”课题组在南开大学八里台校区联合举办“人口老龄化与中国经济新常态”研讨会。南开大学经济学院人口与发展研究所、老龄科学研究中心原新教授主持，全国政协副秘书长、中国人口学会副会长刘家强教授，中国人民大学社会与人口学院院长、中国人口学会会长翟振武教授等致辞。来自南开大学、中国社会科学院、清华大学、首都经济贸易大学、中央民族大学、河北大学、西南财经大学、广东外语外贸大学、山西省社会科学院、西安交通大学、西南财经大学、西安财经学院、重庆工商大学等高校科研机构的二十余位专家学者围绕人口老龄化与经济社会发展问题进行讨论。部分优秀成果刊发于第12期“圆桌会议”栏目。

10月24日，由市社联、市委党校、市马克思主义研究会共同举办的以“马克思主义与治国理政新自觉”为主题的“上海市马克思主义研究学科专场暨上海市马克思主义研究年度论坛”在市委党校举行。市委宣传部副部长燕爽、市社联党组书记、专职副主席沈国明出席并致辞。市社联专职副主席刘世军出席并主持主旨演讲。

10月24日，市伦理学会在上海社科院举行2015年学术年会，主题是冯契的伦理思想及其现实意义。市伦理学会会长陆晓禾主持，来自市伦理学会以及本市各高校的专家学者60余人参加。

10月24日，市伦理学会在上海社科院举办第三届青年学者论坛，主题是大众创新与平民化自由人格。华东师范大学教授付长珍主持，来自本市高校的青年教师、市伦理学会会员等60余人参加。与会学者围绕冯契哲学体系、知行问题、自由劳动、能动的革命的反映论、"化理论为德性"、平民化自由人格等问题展开研讨。

10月24日，由市美学学会、市伦理学会、法学会举办的"文艺与法律中的性"跨学会学术研讨会在华东政法大学人文学院隆重举行。华东政法大学人文学院院长范玉吉主持，市美学学会秘书长张宝贵、市伦理学学会会长陆晓禾、市法学会研究部副主任程维分别致辞。与会学者从伦理、文艺、美学、法律等角度发言。

10月24日，市金融学会、上海对外经贸大学金融管理学院联合举行"第二届上海国际金融中心建设年度论坛"。上海对外经贸大学金融管理学院院长贺学会主持，上海对外经贸大学副校长徐永林、市金融学会秘书处副处长储幼阳到会并致辞。上海交通大学安泰经济与管理学院教授潘英丽、上海对外经贸大学金融管理学院副教授刘凌、上海财经大学现代金融研究中心主任丁剑平、复旦大学世界经济研究所教授干杏娣分别作"国际金融体系不稳定性与中国的应对之策""全球化背景下的中国经济波动与开放红利""对外开放战略与人民币的国际地位""亚投行与中国金融业对外开放"主题报告，并和与会的80余位专家学者、金融业从业人员、金融管理学院的研究生进行交流。

10月24日，上海市政治学会和上海政法学院国际事务与公共管理学院联合举办"转型国家的法治建设"研讨会。上海政法学院国际事务与公共管理学院副院长何奇松主持。上海市政治学会秘书长、市委党校袁锋致开幕词。来自复旦大学、上海交通大学、上海大学、市委党校、《探索与争鸣》编辑部和上海政法学院的20余名专家学者参加。

10月25日，由中共上海市委党史研究室、上海市新四军历史研究会与上海人民出版社联合主办的"新四军与上海"第二次学术研讨会在上海青松城举行。上海市委常委、秘书长尹弘，北京新四军历史研究会会长、对外友协原会长陈昊苏出席并讲话。上海市新四军历史研究会常务副会长刘苏闽少将致欢迎词，中央党史研究室原副主任李忠杰作主旨报告。市社联专职副主席刘世军出席，来自北京、上海、江苏、浙江、安徽、江西、湖北等省市党史军史研究专家和新四军老战士代表共100余人出席。

10月25日，上海市哲学学会在复旦大学举行主题为"哲学：智慧与德性"的纪念冯契先生百年诞辰座谈会。市哲学学会会长吴晓明致辞；陈卫平、高瑞泉、陈新汉、胡振平、高惠珠、张春美六位专家学者先后交流发言，市哲学学会秘书长李家珉主持。本市高校、党校和上海社科院的专家学者等30余人参加。

10月27日，由上海市社联和徐汇区委宣传部联合推出的东方讲坛·文化上海主题系列讲座第二讲在徐汇区龙美术馆（西岸馆）举行。上海师范大学人文与传播学院院长苏智良作"上海水乡与上海海洋文明"的主题演讲。上海师范大学谢晋艺术学院播音主持专业教师姜杉担任主持人。上海市社联科普工作处处长应毓超出席，并为苏智良教授颁发讲席证书。

10 月 27 日，上海市日本学会举办“第四届中日教师教育比较研讨会”，学会常务副会长兼秘书长陈永明主持，20 余位专家学者参加。

10 月 28 日，上海市社会科学界第十三届学术年会在市社联组织召开“上海社联年度十大推介论文”评审会。来自上海社科院、复旦大学、华东师范大学、华东政法大学、上海师范大学、《全国高校文科学术文摘》杂志社等单位近 10 位主要学科专家参与评审。“年度推介论文”活动自 2013 年起创办，探索推介能够反映学科发展较高水平，并已经引起学术界高度关注的本市学者原创性学术成果。

10 月 28 日，由市妇女儿童工作委员会、市妇联主办，市妇女学学会、市婚姻家庭研究会承办的“上海市纪念北京世妇会 20 周年　贯彻落实男女平等基本国策大会”在上海科学会堂举行。市委副书记应勇出席并讲话、市委副秘书长陈寅，市妇女学学会会长、市妇联主席徐枫，以及市妇儿工委系统领导、妇女干部、市妇女学学会和市婚姻家庭研究会的会员 200 余人出席。市统计局巡视员赵江清主持。

10 月 28 日，上海新四军历史研究会在市社联后乐厅举行“铭记历史　展望未来——《大江南北》作者座谈会”。《大江南北》杂志社社长杨元华主持，来自科研院所、大专院校、主流媒体的 15 位党史、军史、革命史专家学者参加。

10 月 29 日，市社联举行《上海市志・科学分志・人文社会科学卷》编纂责任人签约仪式暨培训大会。市地方志办公室党组书记、主任洪民荣，市社联办公室主任、方志办主任吴伟余出席并讲话。会上，市社联与《上海市志・科学分志・人文社会科学卷》各章节的负责人签署编纂责任书并发放聘书。市社联方志办陈梁、市方志办市志处处长黄晓明分别围绕“《人文社科卷》具体编纂要求”“志书行文规范与体裁运用”等对编纂人员进行培训辅导。来自本市各高校、党校、科研院所、研究机构的科研处领导，受邀担任人文社会科学卷各章节负责人的彭希哲、陈宪等知名学者，方志编纂人员共 70 余人参会。

10 月 29 日，由上海工艺美术学会、上海炎黄文化研究会、市工业美术设计协会、上海工艺美术职业学院等联办的跨学会学术研讨会在上海工艺美术职业学院多功能厅举行。专家学者及会员代表 60 多人与会。活动分两个部分，上午与会学者参观嘉定博物馆、嘉定竹刻博物馆，下午的研讨会由上海工艺美术学会副会长王敏主持。

10 月 29 日，市会计学会举办“从‘一带一路’倡议到中国经济形势分析”学术研讨会。副会长、上汽集团总会计师谷峰主持，复旦大学特聘教授葛剑雄作“‘一带一路’丝绸之路——历史地理背景和未来思考”主题报告，谷峰作“运用‘一带一路’倡议理念制定上汽集团未来几年的财务管理创新策略”报告，并和与会的100多名会员进行交流。

10月29日，市商业会计学会与市会计学会证券期货工作委员会联合举办“财务战略与价值管理”专题研讨会，邀请上海财经大学会计学院博士生导师、上海市正高级会计师评委张鸣教授主讲，共有会员单位的110位财务总监、中高级会计师与财务主管参加。

10月29日，上海市教师学研究会青年语文教师专业委员会主办，上海市长宁区语文学科中心、上海市天山中学承办的第十一届“上海市中青年语文教师论坛”在上海市天山中学举行。本次论坛的主题是“深化课改背景下的教学设计与实施”。

10月29日至30日，第十届“为了孩子”国际论坛在上海召开。主题是“家庭教育与儿童发展”。本次论坛由上海市妇女儿童工作委员会、上海市妇联、上海社科院、新民晚报社主办，联合国儿童基金会、救助儿童会支持，上海市家庭教育研究会、市儿童基金会、市欧美同学会、上海社科院社会学研究所(青少所)共同承办。

10月29日至30日，市社联学会学术活动月期间，上海金融与法律研究院举办年度盛会“年会:镜鉴与前瞻”。法国央行前副行长 Jean Pierre Landau、复旦大学经济学院院长张军、中信证券全球首席经济学家彭文生等40余位专家学者以及20余位金融机构高管参加。大会旨在分析国内经济长期改革与短期保增长形势的基础上探寻下一轮经济增长的动力。本次会议还有多个平行论坛同时举行，探讨国际金融体系重构与G20会议、2016年投资趋势前瞻、“互联网+”与经济转型、统一市场与区域经济等当前重要议题。

10月30日，上海市社会科学界第十三届学术年会学科专场在上海市学生德育发展中心报告厅举办“高校思想政治教育创新:机遇与使命”专题研讨会。会议由市社联主办，上海市学生德育发展中心承办。市社联副主席、市教卫工作党委副书记、市教委副主任高德毅出席并致辞。会议围绕全国大学生思想政治教育新进展、高校思想政治理论课程体系创新、高校辅导员队伍建设创新等专题展开研讨。来自武汉大学、复旦大学、华东政法大学、上海大学、上海师范大学、东华大学等高校、科研院所的近100位理论工作者与会。

10月30日，“大数据在公共安全管理中的应用”专题研讨会在上海开放大学召开。上海市社联、上海市法学会和上海开放大学共同主办。国务院应急管理专家组组长、国家减灾委专家委员会副主任闪淳昌，市政协学习委员会常务副主任柴俊勇出席。市法学会专职副会长施基雄主持，上海开放大学副校长顾晓敏致辞。市社联党组书记、专职副主席沈国明作总结讲话。来自国家安监总局、市应急办、市政协、市人社局、市公安局轨交分局、市疾控中心、市反恐研究中心、上海交通大学、华东师范大学、上海政法学院、上海海洋大学以及上海开放大学总校与分校的专家学者70余人参加。

10 月 30 日，为纪念联合国成立 70 周年，上海市国际关系学会、上海联合国研究会和上海社科院国际关系研究所共同举办学术研讨会，围绕发展议程和安全治理两大领域，探讨联合国的重要作用，并展望未来发展。余建华、金应忠、张贵洪共同主持会议，相关领域的专家学者 20 多人与会。

10 月 30 日，苏州市社科联副主席刘伯高，秘书长、办公室主任乔湘流，学会处处长蒋蔚毅一行 3 人来到市社联，围绕创新地方特色新型社科理论智库协同机制和上海市智库建设的成功做法和新鲜经验等议题开展调研。上海市社联相关部门的负责人参与座谈。

10 月 30 日，市社联办公室党支部与黄浦区房屋征收第一事务所党总支举行党建联建“双结对”签约仪式。市社联机关党委副书记、办公室党支部书记吴伟余，黄浦区房屋征收第一事务所党总支书记于秀英出席并代表各自党支部在党建联建“双结对”协议上签字。在随后召开的座谈会上，双方约定将共同开展考察座谈、课题研究、慰问走访等形式多样的结对活动。

10 月 30 日，市社联星期五学术茶座举行“江南学的热点问题”专题研讨。来自上海社科院历史所、上海社科院出版社的 6 名青年学者参加。与会者围绕隋唐江南造船业的发展、江南学学术会议的筹划、江南史研究团队的建设等问题展开交流。

10 月 30 日，上海市统计学会举办“大数据与数理统计的应用”专题研讨会。副会长、市统计局副局长张严主持，会长潘建新、国家统计局上海调查总队副队长刘稚南出席，副会长、复旦大学管理学院副院长郑明主讲。上海市统计学会理事、各区县统计学会(学组)、各专业工作委员会，以及上海市统计局和国家统计局上海调查总队干部近百人参加。

10 月 30 日，上海市古典文学学会在上海财经大学武东校区举行会员代表大会暨“跨界与会通”2015 年学术年会。上海财经大学人文学院院长张雄致辞。市社联学会管理处处长王克梅到会讲话。高克勤主持。黄霖代表上一届理事会作工作报告和财务报告。大会审议并通过工作报告和财务报告；审议并通过新章程；选举产生新一届理事会。新一届理事会第一次会议选举谭帆为会长，陈引驰、詹丹、张寅彭、高克勤为副会长，奚彤云为秘书长。学术交流由上海戏剧学院教授叶长海主持。复旦大学罗书华、华东师范大学李舜华、上海大学饶龙隼，上海师范大学李定广、上海财经大学李贵等分别作题为“桃花扇的形制、本原和隐义”“关于传统戏曲学的若干思考”“地域文学群落的层级构造”“央视‘中国诗词大会’的缘起、内容和意义”“关于唐宋文学的文化地理学研究的几点思考”的主题发言。

10 月 30 日，市社联举行《城市大人流风险管理》新书发布暨学术研讨会。市社联党组书记、专职副主席沈国明主持，“城市大人流风险管理”课题组组长、市政协学习委员会常务副主任柴俊勇介绍课题研究情况，国家安监局原副局长、国务院应急管理专家组组长闪淳昌作总结发言。上海社科界部分专家学者和相关单位代表30余人参加。课题研究成果已由上海人民出版社出版。

10月31日，上海市社会科学界第十三届学术年会主题专场在上海师范大学会议中心举办“历史上的城市与帝国”专题研讨会暨第一届全球城市史学术研讨会。会议由上海市社联主办，上海师范大学人文与传播学院承办。与会者围绕全球史视野下的城市、世界城市的有机联系、世界史与中国城市等专题展开研讨。来自中国社科院、北京大学、四川大学、中国人民大学、复旦大学、华东师范大学、上海师范大学、上海大学等高校和科研院所的近80位专家学者与会。

10月31日，上海市语文学会在上海大学乐乎新楼举行2015年学术年会。薛才德教授主持开幕式和大会报告。市语文学会会长胡范铸教授作年度学会工作报告。齐沪扬教授、金基石教授、杨逢彬教授、游汝杰教授分别作题为“对外汉语教学研究的发展概况和学术进展”“汉字在韩国的文化地位”“《论语》‘审句例’的几个例子”和“语言接触与新语言的产生”的主题报告。会议还分八个小组举行了第六届上海青年语言学论坛。来自本市各高校的语言学者、市语文学会会员70多人参加。

10月31日，上海市国际关系学会、上海交通大学国际与公共事务学院主办的“‘一带一路’倡议背景下的中国周边外交”研讨会在上海交通大学徐汇校区新建楼3005会议室召开，专家学者围绕议题发言和交流。

10月31日，“职业年金推行中面临的问题与对策研究”专题研讨会暨课题成果发布会在华东师范大学举行。会议由上海市劳动和社会保障学会主办，市劳动保障学会社会保障专业委员会承办。上海财经大学郭士征教授主持，市劳动和社会保障学会丁政祥副秘书长致辞。来自本市各高校的领导、专家和市劳动保障学会部分分会和区(县)学(协)会的代表共70人参加。

11月1日，上海市美学学会、上海音乐学院联合举办“音乐美学的传承与创新”研讨会。市美学学会副会长祁志祥主持开幕式，上海音乐学院副院长杨燕迪致辞。市美学学会会长朱立元作本年度工作报告。市美学学会副会长庄志明主持学术报告。华东理工大学张璐倩博士，上海音乐学院孙月博士、李小诺研究员，市美学学会副会长朱志荣教授作题为“音乐哲学视域中的主体性问题研究”“中国音乐美学学科的传承与发展”“从原始民族的生存方式看中西音乐观念的差异”和“《乐记》的审美教育思想”的主题发言。杨燕迪教授作精彩点评。市美学学会会员60多人参加。与会学者围绕主题交流。

11月1日，上海党建文化研究中心、《解放日报》理论部、市社科院新闻研究所、市形势政策教育研究会联合举办“新时期党的意识形态问题”理论研讨会。上海党建文化研究中心主任周鹤龄同志主持。市委宣传部原副部长潘世伟出席并讲话。会议发布《新时期党的意识形态问题》研究报告，课题组成员张克文、钱治石分别作主题发言。市委宣传部、市委研究室、市社联及本市党校、高校、媒体、研究机构等20余名专家学者参加研讨。

11月1日，上海市社联与徐汇区委宣传部在上海龙美术馆联合推出“东方讲坛·汇讲坛”文化上海主题系列讲座。邀请上海市历史博物馆原馆长潘君祥作讲座。

11月2日，上海邮电经济研究会举办邮政寄递类业务改革研讨会，副会长周焕德主持。来自上海邮政公司、上海邮政科学研究院、上海邮政工程设计研究院以及其他快递公司的40位专家和技术人员出席。

11月2日，由上海科学社会主义学会和浦东新区党校、浦东新区法学会联合举办的“自贸试验区扩区背景下的浦东创新发展”学术研讨会在浦东党校举行，上海科学社会主义学会会长夏军、浦东新区党校常务副校长周奇、浦东新区法学会会长陈乃保、《解放日报》社党委副书记周智强等与来自高校、党校系统和浦东新区政府部门等的80余名学者和干部参加，浦东新区党校副校长毛力熊与上海科学社会主义学会副会长吴解生主持。

11月2日，上海形势政策教育研究会在科学会堂举办“劳动就业、社会保障与社会治安形势”专题研讨会。上海人力资源和社会保障局研究室主任杨子春、上海公安高等专科学校科研中心主任徐志林研究员作主旨发言。会长谢中全、副会长金西智、唐力先等出席。副会长兼秘书长殷勤燮主持。会员70余人参加。

11月2日至3日，由华东师范大学、上海市社联、上海社科院联合举办的“世界性百家争鸣与中国哲学自信——纪念冯契百年诞辰国际学术研讨会”在华东师范大学举行。市委宣传部副部长燕爽出席。华东师范大学校长陈群教授，市社联党组书记、专职副主席沈国明研究员，上海社科院副院长何建华教授，冯契先生次子、清华大学法学院冯象教授，清华大学哲学系主任黄裕生教授，诸暨市委宣传部副部长孙陈超分别致辞。

11月3日，加拿大不列颠哥伦比亚法学院教授、中国法学课程主彭德 Pitman B. Potter及亚太地区项目主管Rozalia Mate拜访市社联。市社联党组书记、专职副主席沈国明热情接待彭教授一行，双方就中国自贸试验区法律法规、反腐制度等问题进行探讨。

11月3日，上海市民防协会举办上海市地下空间(民防公用工程)安全管理标准化建设研讨会。副秘书长温德金主持会议，相关领域的专家学者和区县团体会员代表80多人与会。上海市质量与标准化研究院主任马娜围绕标准化建设作主题发言，对标准、标准化、标准体系等建设的规范要求作详细解读。协会近年来推动试点的三家单位代表，分别作交流发言。

11月3日，上海城市金融学会、中国工商银行上海市分行团委联合举办“创客行——科创小微企业的企事业发展与金融环境”专题论坛，青年金融从业人员、互联网相关创业者120余人参加。“创客行”青年论坛，是上海城市金融学会联合工行上海市分行团委结合上海市分行创新发展纲要，响应上海科创中心建设展开的青年大讨论活动。

11月4日，市社联举行学习报告会，市社联党组书记沈国明作党的十八届五中全会精神学习辅导报告。市社联机关及刊业全体干部，市社联所属事业单位在职党员参加。

11月5日，上海金融法制研究会召开成立20周年座谈会，市社联党组书记、专职副主席沈国明出席并致辞。研究会向部分单位代表赠送20周年纪念册《志者融金》，并向市档案馆捐赠有关资料。

11月5日，上海市日本学会、上海社科院日本研究中心和日本国日中未来之会联合举行题为“日本新安保体制成立后的中日关系”的国际学术研讨会。日本国日中未来之会其主要成员16人专程来沪参加。出席本次研讨会的中方学者来自上海社科院、上海国际问题研究院、同济大学、上海师范大学、上海海洋大学、上海市对外友协及上海日本研究交流中心等单位。中日双方与会者合计30余人。

11月5日，市审计学会举办“审计与上海科技创新中心建设”学术论坛。副会长、市审计局总审计师林忠华主持。全体理事、部分会员近百人参加。

11月5日，上海市教育学会、格致中学联合举行“数字化时代与创新人才培养”学术论坛。秘书长苏忱主持。上海师范大学教授黎加厚、上海纽约大学校长俞立中分别作题为“数字化时代与课程改革”和“信息化时代与创新人才培养”的主题学术报告。学会会长尹后庆作会议总结。来自本市各中小学校长、市教育学会会员等100余人参加。

11月6日，上海市社会科学界第十三届学术年会学科专场在上海政法学院校部楼举办“海洋资源开发与海洋权益维护”专题研讨会。会议由上海市社联主办，上海政法学院承办。围绕海洋战略中的资源开发与权益维护、海事执法与海洋安全问题、海事案件审理与涉海权益维护等问题展开研讨。来自上海社科院、上海海事大学、上海政法学院等高校和研究机构，以及国家海事局、最高人民法院、上海海事局、上海海事法院等实务工作部门的近10位专家学者作专题发言和评论，相关领域研究人员40余人参加。

11月6日，市高等教育学会在上海师范大学举行第三届长三角高教所所长沙龙。沙龙由市教科院高教所所长董秀华主持。上海师范大学副校长刘晓敏到会致辞。来自江苏、浙江、安徽和上海等三省一市各高校的高教所所长、教育专家分别介绍各高校高等教育综合改革的经验。与会学者围绕高等教育综合改革、大学理事会功能的实现、国际化与教育改革、地方高校深化改革的策略、高职院校的特色发展等主题进行交流。来自长三角的高等教育专家、市高等教育学会会员 60 余人参加。

11 月 6 日，市社联星期五学术茶座举办"'四个全面'与中国特色社会主义——学习党的十八届五中全会精神"专题研讨会。来自东华大学、上海市委党校、中国浦东干部学院、上海交通大学、上海市领导科学学会等单位的 10 位专家学者参加。与会者围绕"四个全面"与治国理政新格局、"四个全面"与五大发展理念、"四个全面"与干部党性教育、"四个全面"与中国领导科学理论创新等问题进行研讨和交流。

11 月 6 日，上海市信用研究会、市伦理学会、市社会学学会在市社联群言厅联合举办"基于社会治理视角下的信用法治环境建设"学术研讨会。市社联学会管理处处长王克梅和市教委政策法规处副处长吴能武分别致辞。来自国内信用、伦理、社会学和法律领域的专家学者，基于社会治理视角下的伦理道德、信用和法治等不同视角，从理论和应用两方面探讨我国社会信用体系建设。

11 月 6 日，"上海国际经济中心建设的历史记忆和现状研究"研讨会在市政协江海厅召开。本次研讨会由市政协文史资料委员会和市哲学社会科学规划办公室主办，上海市文史资料研究会、市地方史志学会、市经济学会、上海社科院经济研究所、市商务发展研究中心和当代上海研究所承办。

11 月 7 日，上海市社会科学界第十三届学术年会学科专场在上海财经大学行政楼举办"新常态下的城市治理创新：新动力、新趋势与新探索"专题研讨会。会议由上海市社联主办，上海市行政管理学会、上海财经大学承办。围绕全球城市治理的新视野与新动力，城市治理创新的新探索与新亮点，城市安全治理的新趋势等专题进行多个分会场研讨。来自中国人民大学、中国行政管理学会、苏州大学、复旦大学、华东师范大学、上海交通大学、华东理工大学、上海大学、上海市行政管理学会、上海财经大学等单位的近 30 位学者作专题发言和评论。相关研究领域的专家学者 120 余人参加。

11 月 7 日，由上海市渔业经济研究会、中国林牧渔业经济学会渔业经济专业委员、上海海洋大学等联合举办中国渔业经济论坛。来自农业部、科研院所、高校和企业集团的专家学者 100 多人出席。本次论坛的主题是渔业改革创新与生态文明建设。常务理事平瑛教授主持，农业部渔业局政策法规处张成处长、农业部政策研究中心区域发展研究室主任陈洁研究员、青岛通用水产有限公司总裁张和森先生及经管学院孙琛教授分别作"渔业转方式、调结构和促转型""我国渔业支持政策研究的几个问题""循环水养殖与中国渔业转型发展""我国中部地区城市居民水产品消费特征分析"等主题报告。

11 月 7 日，由上海市渔业经济研究会、上海海洋大学、韩国海洋水产开发院等共同举办的2015年中韩海洋水产经济研讨会在上海海洋大学图文信息中心举行。研讨会常务理事平瑛教授主持，来自上海海洋大学、韩国海洋水产开发院的30多位专家学者参加。韩国海洋水产开发院赵正熙、李筠淑分别作“世界贸易机构”和“水产品需求”专题报告，上海海洋大学孙琛、李欣分别作“中韩自贸区建立对两国水产品贸易的影响”和“中国鱿鱼加工品市场比较研究”专题报告。

11月7日，市儒学研究会在上海师范大学举行“孟子思想在当代展开的多重维度”专题研讨会。市儒学研究会副会长、同济大学曾亦教授主持开幕式，市儒学研究会会长、华东师范大学朱杰人教授致辞。主题发言阶段由复旦大学郭晓冬教授主持，上海社科院余治平、中央美术学院赵寻、复旦大学白彤东、华东师范大学刘梁剑、上海大学朱承、上海师范大学蔡志栋、袁晓晶等分别作主题发言。自由讨论阶段由华东师范大学贡华南主持，与会学者围绕国家主义儒学，孟子、董仲舒和王安石在儒学史上的地位，宋明理学和海外新儒家，儒学和中国崛起的关系等主题交流。

11月7日，由清华大学比较文学与文化研究中心、《探索与争鸣》编辑部以及交通大学人文艺术研究院共同主办的“杨周翰与比较文学的未来”学术研讨会在北京举行。来自中国社科院、清华大学、北京大学、交通大学、南京大学、中国人民大学、北京师范大学、北京语言大学、澳门大学等十多所高校和科研机构的专家学者40余人出席。杨周翰先生早年培养的博士研究生、清华大学比较文学与文化研究中心主任、教育部长江学者王宁主持。中国社科院副院长张江致辞。

11月8日，市逻辑学会在东华大学举行辩证逻辑研讨会暨2015年学术年会。东华大学人文学院院长王梅芳致欢迎词。会长冯棉教授作工作报告，副会长、秘书长邵强进作财务报告，副会长张晓光教授主持。副会长、东华大学贺善侃教授和华东师范大学晋荣东教授分别作“化理论纹方法：以得自现实之道还治现实”和“辩证逻辑和论辩术”主题学术报告。来自上海各高校的逻辑学专家、市逻辑学会会员40余人参加。

11月8日，上海市社会科学界联合会与徐汇区委宣传部在徐汇区龙美术馆联合推出“东方讲坛·汇讲坛”文化上海主题系列活动，上海市档案局副局长、研究员邢建榕作“苏州河、黄浦江与上海城市传奇”的讲座。

11月9日，市教师学研究会在杨浦高级中学举行“教育转型背景下学校课程、教学和教师发展管理的改革”报告会。本次报告会由市教师学研究会教育管理专业委员会承办。上海市大同中学原校长杨明华主持，浦东教育发展研究院院长顾志跃作专题报告。

11月9日，市社联方志办召开方志工作专家会议，邀请上海市社会学会副会长、华东师范大学社会发展学院党委书记文军，市社联科普工作处姚丽莎对《上海市志·科学分志·人文社会科学卷(1978—2010)》中“学术活动”篇的内容进行研讨。就该篇的章节设计要求、完成时限、经费支持和已有相关资料整理等问题进行协商,落实该章负责人的同时,也明确编纂的具体目标。

11 月 10 日,市社联召开“中国经济转型过程中的重大理论问题”专题学术研讨会。市社联党组书记、专职副主席沈国明主持。市政协委员、申银万国证券研究所首席经济学家杨成长做主旨报告,来自上海社科院经济研究所、复旦大学、上海交通大学、同济大学、华东师范大学、华东政法大学、上海财经大学、《学术月刊》编辑部、《探索与争鸣》编辑部、《上海思想界》等学术科研机构的 10 余名专家学者与会。与会者围绕经济结构调整、市场经济建设、政府与市场关系、金融发展与实体经济、国企改革、中国特色治理结构等中国经济转型中的重大理论问题,从经济学、金融学、法学、对外贸易等多学科角度进行交流和探讨。

11 月 10 日,全国社科联第十六次学会工作会议在广州市召开。会议由广东省社科联承办,主题是“加强社会组织建设,促进新型智库发展”。上海市社联党组书记、专职副主席沈国明及学会管理处有关工作人员出席。沈国明应会议要求,宣读 2015 年全国先进学会、创建新型智库先进单位和优秀学会工作者的表彰决定,并就上海群团改革试点工作作情况介绍。会议还听取广东社科院院长就当前广东经济社会发展形势作的专题报告,并根据各省区市社科联提交的会议交流材料主题内容,分组进行座谈研讨。上海市马克思主义研究会、上海市历史学会、上海市会计学会荣获 2015 年全国先进学会,上海华夏社会发展研究院、上海易居房地产研究院、上海人大工作研究会荣获 2015 年创建新型智库先进单位,上海市国际关系学会秘书长金应忠、上海科学社会主义学会副会长兼秘书长吴解生、上海市民营经济研究会会长季晓东荣获 2015 年优秀学会工作者。

11 月 10 日,上海市企业年鉴研讨会在中国商飞有限责任公司档案馆举行。上海市年鉴学会副会长、《宝钢年鉴》编辑部主任张文良,上海市地方志办公室年鉴工作处副处长裘晓燕,宝钢集团、上海石化、上海铁路局及所属各单位年鉴编辑部 20 多人围绕“互联网+时代下的年鉴编纂”开展研讨。

11 月 10 日,“上海市民时政关注指数发布会暨东方讲坛·时政关注系列论坛”第十期在宝山区图书馆举行。上海社科院原常务副院长左学金教授、上海政法学院社会管理学院院长章友德教授担任点评嘉宾,上海政治学会会长、复旦大学教授桑玉成主持。来自本市的机关干部、专家学者、高校师生、媒体记者和市民群众等各界人士 150 余人到场。

11 月 11 日,“伦理视野下的医改和医学研究”学术会议暨上海市医学伦理学会 2015 年年会在复旦大学上海医学院召开。副会长、秘书长王彤主持,副会长、复旦大学副校长桂永浩,会长、市卫生计生党委副书记邬惊雷致辞。副会长、上海交大医学院党委副书记唐国瑶宣读获奖名单并给医学伦理先进集体、医学伦理青年人才和医学伦理优秀论文获得者颁奖。中华医学会医学伦理分会主委马强、上海交通大学科学史和科学文化研究院方益昉博士分别作“医学伦理视野下的医改”和“在生命科学和伦理调适中抉择”主题报告。

11月11日，市社联方志办召开“经济学”章专家论证会。市社联办公室主任吴伟余主持。“经济学”章编纂责任人为上海交通大学安泰经济与管理学院陈宪教授，主要记录上海市1978年至2010年经济学学术研究、理论发展的轨迹历程。上海战略发展研究所所长周振华研究员、复旦大学经济学院陈诗一教授、袁志刚教授、芮明杰教授，上海交通大学安泰经济与管理学院陆铭教授、潘英丽教授、顾海英教授，上海财经大学经济学院程霖教授、陈晓和教授，华东师范大学宁越敏教授，上海社会科学院朱平芳研究员、张忠明研究员、陈建华研究员等二十余位上海经济学界知名专家学者出席并参与讨论。

11月11日，上海市日本学会上海日本研究交流在上海社科会堂举办日本问题研究心得交流青年论坛，来自上海日本问题研究的各大机构、研究院、高校的40多名学者出席。本次论坛由市日本学会常务副会长兼秘书长陈永明教授主持，五位老中青日本问题研究者作主题发言。

11月11日，上海市钱币学会召开“抗战时期的金融与货币”学术研讨会。学会副理事长周祥主持会议。40多位专家学者参加。学会理事嵇昂作题为“第二次世界大战时期东方主战场”的专题发言。学会理事徐宝明介绍日伪政权时期银行发行的金属辅币。严绍林讲述抗日战争时期中央造币厂的情况。王连根论述抗战时期新四军江淮银行发行的纸币。王金龙介绍欧洲地区第二次世界大战前后的货币。学会副理事长兼秘书长于英辉作小结。

11月11日，在市级机关系统2015年度信息员培训工作会议上，上海市社联工会被评为2015年度市级机关工会信息工作先进单位，成为100多家市级机关系统工会中获此殊荣的10家单位之一。

11月12日，市卫生经济学会、市卫生发展研究中心共同举办上海市卫生发展研究中心第29期双月论坛暨上海市卫生经济学会青年论坛。市医学科学技术情报研究所党副所长、市卫生发展研究中心副主任丁汉升研究员主持，市医学科学技术情报研究所所长、市卫生发展研究中心常务副主任金春林研究员进行总结。本次论坛邀请卫生政策研究青年专家、区县卫生计生委相关处室青年骨干、市卫生政策协作网络成员单位代表专家学者等共计50余人参会。

11月12日，上海市会计学会主办、同济大学经济与管理学院承办的“新常态下基于互联网＋的会计与管理创新”第十届长三角研究生学术论坛在同济大学经济与管理学院举行。同济大学经济与管理学院副院长阮青松致欢迎词，市会计学会副秘书长乔元芳致开幕词。来自长三角地区 17 所高校的专家、学者及获奖研究生 100 余人参加。

11 月 12 日，上海市演讲与口语传播研究会在零陵中学举行青年教师口语传播研讨会。本次研讨会由市演讲与口语传播研究会、徐汇区教育局和徐汇区语言文字工作委员会办公室联合举办，市演讲与口语传播研究会小学委员会和徐汇区教育学院承办。上海电影艺术学院王颖主持。副会长兼秘书长、华东师范大学教授林伟民作会议总结。徐汇区青年教师、市演讲与口语传播研究会会员 50 余人参加。

11 月 13 日，市社联星期五学术茶座举办“城市社区图书馆文化服务模式”专题研讨会。来自上海工程技术大学、东华大学、上海电机学院等单位的 10 位专家学者参加。与会者结合当前我国文化产业繁荣发展以及社区图书馆成为社区文化活动的重要纽带的时代背景，围绕上海城市社区图书馆服务现状、存在的问题以及服务模式等问题，探讨和交流城市社区图书馆如何更好地为城市社区各个不同需求层次的人群提供文化服务的对策建议及具体措施。

11 月 13 日，市总会计师工作研究会举办“阿米巴攻略”学术论坛，特邀请宝钢金属有限公司财务总监、正高级会计师、全国会计领军人才范松林作专题学术报告。本会会员 100 多人参加。阿米巴模式是将大组织划分成许多独立经营、独立核算的阿米巴组织。

11 月 13 日，上海生产力学会在上海国际航运研究中心举行“中国经济：战略与规划”学术报告会。上海社科院部门经济研究所原所长、上海生产力学会副会长杨建文作主旨报告，会长真虹主持会议。

11 月 13 日，上海邮电经济研究会举办“互联网＋”形势下运营商面临的机遇与挑战专题研讨会。研究会副会长、中国电信号百集团副总经理钮钢，研究会首席顾问高仰止出席并讲话。来自三大运营商的代表以及研究会会员单位代表 40 余人出席。

11 月 13 日，上海市新四军历史研究会铁军讲坛在上海群众艺术馆举办“纪念八路军新四军白驹会师七十五周年暨白驹会师重大意义”研讨会。研讨会由研究会一师分会、二师分会、三师分会、六师分会、浙东浙南分会联合主办。新四军老战士、研究会会员 100 余人出席。

11 月 13 日，由上海市社联、瑞典驻上海总领事馆主办，上海社科院党委宣传部、上海市经济学会、上海市建设协会协办的“都市可持续发展与全球城市”研讨会在上海市社联举行。瑞典战略发展和北欧合作大臣克里斯蒂娜·佩尔松女士和上海市人民政府发展研究中心主任肖林先后作主旨演讲。上海市社联党组书记、专职副主席沈国明，瑞典驻上海总领事馆总领事维多利亚致辞。来自本市各高校、研究机构、学术团体、政府部门的代表70余人与会。

11月13日至16日，由《探索与争鸣》编辑部、苏州科技学院江南文化保护与传承协同创新中心、苏州科技学院人文学院联合主办的“全球史视野下的江南文化与社会变迁国际学术研讨会”在苏州举行。来自英国、加拿大、日本、韩国和中国台湾5个国家或地区的50余位学者出席，苏州科技学院副院长张钦文致开幕辞，厦门大学历史文化学院博士生导师郑振满教授主持闭幕式。研讨会以“全球史”“江南文化”和“社会变迁”为主题，与会专家学者共论“总论”“经济与赋役”“社会与生活”“文学与文献”和“文化与艺术”五个专题，内容涵盖了江南地区的经济、赋役、家族、社会生活、文献、语言、文学、文化、戏曲、艺术等各个方面和领域。发言学者还有华东师范大学历史系终身教授、明清中国江南文化研究中心主任王家范、中山大学历史系教授暨中山大学教育重点基地历史人类学中心主任刘志伟、江南文化保护与传承协同创新中心主任暨苏州科技学院人文学院党委书记陆道平等。

11月14日，上海市俄罗斯东欧中亚学会、上海外国语大学俄罗斯研究中心联合举办“丝绸之路经济带与欧亚经济联盟”2015年学术年会。学会会长范军主持。来自本市各高校、上海社科院、上海国际问题研究院等会员机构的近30位专家和青年学者参加。

11月14日，上海市城市经济学会联合上海市宏观经济学会、上海市城市规划学会、上海市固定资产投资建设研究会、上海市市政公路行业协会、上海市建设工程咨询行业协会在上海展览中心友谊会堂共同举办“2015上海城市发展创新论坛(第九届)”。市社联、市社团局、市住建委、市政府发展研究中心的有关领导，论坛主办学会的领导及会员代表和专家学者，协办单位文汇出版社、《上海城市发展》杂志社负责人以及新闻媒体代表200余人出席。

11月14日，上海市比较文学研究会和复旦大学中文系联合举办的第十三届上海高校比较文学博士生论坛在复旦大学举行。会长宋炳辉到会致辞。大会举行“上海市比较文学研究会首届优秀研究生论文评选”颁奖典礼。本次论坛分为五个小组进行研讨。副会长、复旦大学教授杨乃乔作会议总结。来自本市各高校、苏州大学和辅仁大学的学者、研究生100余人参加。

11月14至15日，由《学术月刊》编辑部与上海大学历史系古代文明研究中心合办的“国家起源研究的理论与方法”国际学术研讨会在上海北郊衡山宾馆举办。来自美国怀俄明大学、哈佛大学、荷兰莱顿大学、俄罗斯科学院东方研究所、俄罗斯远东联邦大学和中国社科院、复旦大学、华东师大、宁波大学、上海大学、天津师范大学、吉林大学、四川大学、中山大学等高校和学术机构的40余名学者参加。与会学者从考古学历史学和人类学不同学科就中国早期国家起源及演化研究的几个理论问题进行讨论与反思。部分海外学者对其他早期文明起源问题的研究与中国文明起源做对比研究。

11月15日，上海市社会科学界第十三届学术年会政治学专场“反腐常态化与政治新生态”研讨会暨上海市政治学会2015年年会在复旦大学举行。上海市社联、上海市政治学会主办，复旦大学国际关系与公共事务学院承办。上海市政治学会会员及高校、研究机构近100位政治学研究者参会。

11月15日，上海市社会学学会2015年学术年会在华东理工大学举行。会议由上海市社会学学会主办，华东理工大学社会与公共管理学院和上海高校智库社会工作与社会政策研究院共同承办。华东理工大学社会与公共管理学院副院长何雪松教授主持开幕式。上海大学副校长、市社会学学会会长李友梅教授，华东理工大学副校长吴柏钧教授分别致辞。

11月15日，上海欧洲学会举办“三大危机冲击下的欧盟”专题研讨会。来自复旦大学、同济大学、上海外国语大学、华东师范大学、华东理工大学、上海国际问题研究院和上海社科院等单位的50多位学者和学生参加。学会领导徐明棋、伍贻康、陈志敏、杨逢珉、郑春荣、叶江、曹子衡、戴启秀等参加会议。徐明棋和陈志敏致辞，郑春荣和叶江主持。

11月15日，上海市经济学会举行“中国特色社会主义政治经济学的发展和创新”——暨《中国特色社会主义政治经济学》理论研讨会。社会主义市场经济研究专委会主任陈承明教授主持。本次研讨会的特点是把理论研讨与编写《中国特色社会主义政治经济学》的专著有机结合。华东师范大学陈伯庚教授、朱琴芬副教授、李晶副教授，市经济学会副会长沈开艳研究员，上海社科院袁恩桢研究员，邓立丽老师，复旦大学王克忠教授，上海交通大学孙仲彝教授，上海市委党校黄文忠教授、周静老师，上海市发改委赵义怀处长，上海市发展改革研究院傅尔基副研究员，高教出版社上海出版事业部经管文科分社社长刘自挥等十几位专家学者参与研讨。

11月15日，上海市外文学会、上海外国语大学外国语学院联合举办的“比较文学和多元文化”专题研讨会在上海外国语大学举行。会长叶兴国教授到会致辞。会议开幕式和主旨发言由汪小玲教授主持。上海交通大学讲席教授王宁，上海外国语大学教授乔国强、查明建分别作“比较诗学、认知诗学和世界诗学的建构”“美国结构主义文学批评”和“外语学科和比较诗学”的主旨发言。中青年学者专题发言环节由市外文学会常务副会长、上海外国语大学史志康教授主持并作会议总结。市外文学会会员、本市各高校外国文学学者、研究生80多人参加。

11月15日，上海市社会科学界联合会与徐汇区委宣传部在徐汇区龙美术馆联合推出“东方讲坛·汇讲坛”文化上海主题系列活动，同济大学建筑与城市规划学院教授钱宗灏作《漫溯浦江——一条河与一座城市的兴起》讲座。

11月15日，上海市社会科学界联合会与上海市法学会银行法律实务研究中心联合举办“科技创新与风险控制”学术研讨会。市法学会专职副会长施基雄致辞，市社联党组书记、专职副主席沈国明出席并作总结发言。来自最高人民法院、市高院、上海保监局、市法学会银行法律实务研究中心、新加坡国立大学风险管理研究所、美国达信保险经纪有限公司、苏格兰皇家银行、工商银行上海市分行、太平洋保险公司等机构的10余位专家作主题发言，全市社科界相关领域专家学者和实务工作者40余人参加。

11月16日，上海邮电经济研究会、市电信用户委员会联合举办“互联网＋”发展机遇与民生建设专题研讨会，邀请用户代表与电信、移动、联通三大运营商代表对话，共同探讨“互联网＋”如何更贴近民生、为提升人们生活质量提供便捷智慧服务。

11月16日，上海市会计学会等举办“管理会计应用案例”专题研讨会。上海申达集团股份有限公司财务副总监李桂英作题为“管理会计应用案例——以管理会计的思维创建信息化，以信息化为抓手提高财务管理水平”的主题报告，上海宝龙实业有限公司财务部副总经理唐建友、银联数据服务有限公司财务部副总经理林晓莉分别就“管理会计应用案例——房地产公司管理会计实践浅探”“管理会计应用案例——阿米巴管理会计分析”进行交流发言。浦东新区会计学会会长、浦东新区财政局副局长张安平作会议总结。浦东新区会计学会成员及部分张江高科技园区企业代表和相关学者等有关人士60余人出席。

11月17日，上海市金融学会和上海金融学院联合举办第六届“青年金融论坛”。本次论坛共交流12篇论文，分为四个专题：货币政策、国际金融、自贸试验区金融改革和金融市场。上海交通大学安泰经济与管理学院胡海鸥教授，上海对外经贸大学金融管理学院陈晓静教授，以及上海金融学院国际金融学院副院长徐学锋教授和施继元教授分别就交流的12篇论文进行点评。

11月17日，上海市民营经济研究会、上海市工商联、华东师范大学、中国特色商会研究中心共同举办“上海市第四届中国特色商会论坛”。中国特色商会研究中心主任、华东师大原党委副书记罗国振主持，主题为“中国特色商会建设的方向、责任和活力”。相关领域的专家学者及媒体代表等150余人出席。

11月17日，上海市信访学会、市信访办联合召开专题研讨会，围绕坚持运用法治思维和法治方式解决信访问题、依法处置违法信访行为进行研讨。市联席办、市信访办主任，市信访学会常务副会长王剑华主持研讨会并讲话。市联席办、市信访办副主任张政出席。来自高校的法学专家、部分区县和市级机关信访部门负责同志、优秀论文作者以及市信访办相关处负责同志 40 余人参加。

11 月 17 日，山东省社科联调研组一行 4 人，在省社科联党组副书记、副主席周忠高带领下来到市社联，围绕上海群团改革方案，交流成果评奖、组织研讨、智库建设等工作并开展研讨。上海市社联党组书记、专职副主席沈国明及办公室、学会管理处、科研组织处、科普工作处等部门的负责人参与座谈。

11 月 17 日，市社联方志办召开"社会学"章的节、目设置专家论证会。"社会学"章由上海社会学学会张钟汝教授负责编写，反映上海市 1978 年至 2010 年社会学学术研究、理论发展的轨迹历程。上海社会学学会张钟汝教授，著名社会学家邓伟志教授、吴铎教授，上海社科院社会学研究所卢汉龙研究员、程福财研究员，复旦大学王菊芬教授参与会议，就该章的节、目设置，改革开放以来社会学的学科建设进行探讨。

11 月 18 日，上海市商业经济学会在上海社科会堂学术报告厅举行"第十五届上海商业论坛"。会议出席者为学会的理事、政府部门的相关领导、研究机构的研究人员、大专院校的专家学者等 100 余人。会议第一个阶段发布"2015 上海商业竞争力报告"，第二个阶段专家演讲，共有 6 位专家围绕"'互联网＋'开启商业新时代"的主题，从多个角度，联系实际，发表真知灼见。

11 月 18 日，市社联各部门信息员、预算管理员、国资管理员和工会委员在工会主席、办公室主任吴伟余带领下赴上海市气象局学习调研。正在上海交流访问的山东省社科联党组副书记、副主席周忠高等同志也应邀一同前往。上海气象局机关党委书记顾秀龙，工会主席缪玉芬接待社联一行。

11 月 18 日，上海社会科学普及研究会在市社联群言厅举行第七届会员代表大会。市社联党组成员、专职副主席刘世军到会并讲话。会议上半场由钟贤宾会长主持。钟贤宾会长作第六届理事会工作报告。潘枝青副会长作财务报告和章程修改说明。会议审议并通过工作报告、财务报告和新章程，选举产生新一届理事会。新一届理事会第一次会议选举周智强任会长，胡键、文军、吴新文、潘枝青、赵扬、袁峰、毛力熊、周玉红、吴涛和应毓超任副会长，应毓超兼任秘书长。研讨会由副会长兼秘书长应毓超主持。副会长胡键、文军和吴新文分别作关于"一带一路"倡议、当代中国社会结构和当代中国社会思潮等主题的学术报告。

11 月 19 日，上海市社会科学界第十三届学术年会大会在上海展览中心隆重举行。市委常委、宣传部部长董云虎出席开幕式并讲话。市社联主席秦绍德致开幕词。市委宣传部副部长燕爽宣读获奖成果。市社联党组书记、专职副主席沈国明主持开幕式。市社联专职副主席刘世军主持主题报告会。部分社联副主席、学术年会主要学科专家、获奖代表，部分高校和科研院所、党校、部队院校、党政研究部门代表，主要学会代表，新闻媒体、学术期刊相关负责人和哲学社会科学工作者代表近 400 人出席大会。

11 月 19 日，在上海市社联、上海保监局的指导下，上海市保险学会 2015 年学术年会在中国金融信息中心召开，年会的主题为“保险创新与上海国际保险中心建设”，学会会长、中国人寿上海市分公司总经理高志缨，副会长、上海财经大学保险系主任钟明主持，上海保监局局长裴光出席并发表开幕演讲。来自沪上近 100 家学会团体会员代表、个人会员代表以及市金融服务办、市医改办、《上海金融》杂志社、高校等单位的专家参加。

11 月 19 日，上海市集体经济研究会召开“新常态下集体经济的调整转型”学术年会。研究会副会长范杰主持会议，特邀专家学者、部分企业负责人及会员代表等 60 余人参加。

11 月 19 日，上海股份制与证券研究会与上海对外经贸大学联合召开“股市波动的经济学分析及投资策略与技巧”研讨会。研究会副会长兼秘书长韩华林主持。上海外经贸大学魏农建教授、申万宏源证券研究所市场研究部总监钱启敏作主题发言。

11 月 19 日，上海金融法制研究会、华东政法大学、上海社科院法学所、上海市立法研究所联合召开“上海互联网金融风险防控政策研究”论坛。本次论坛既是金融法治研究会年会，也是上海社联学术月的系列活动之一，还是金融法制研究会成立 20 周年会庆的系列活动之一。来自市人大、市政府、市高院等单位的领导和负责人，以及来自金融、法学、法律各个单位的有关同志，理论和实务的工作者 160 余人参加。

11 月 20 日，上海市会计学会与仪电控股集团联合举办“国资并购企业会计管理与融合”专题交流会。课题组长杜雅丽作课题总结报告，四位购并和被购并企业的代表从不同的角度交流他们在会计管理与融合等方面的成功经验和做法。仪电集团会计学会主任委员会主任朱晓东作会议总结。仪电集团会计学会主任委员会委员、学组组长、各产业集团、重点单位的财务总监和财务经理等 40 余人出席。

11 月 20 日，市社联星期五学术茶座举办“台湾岛内选举对东亚格局变化的影响”专题研讨会。来自台湾政治大学、上海环太研究中心、上海国际关系学会、华东师范大学、上海交通大学等学术机构的近 10 位专家学者参加。与会者围绕台湾岛内选举局势的发展、台海局势与东海南海问题、两岸关系与国际关系等问题进行研讨和交流。

11 月 20 日，上海市信用研究会和松江区诚信体系建设联席会议办公室联合主办松江区科技企业信用体系建设专题研讨会，松江区科委信息化服务中心主任胡伟主持。

11 月 20 日，上海市社联第九届学会学术活动月活动之一——“上海服务业升级对大学生就业的影响研究”专题研讨会暨课题成果发布会在复旦大学召开。上海市劳动和社会保障学会副会长、华东理工大学教授黄维德，学会副秘书长丁政祥出席会议并致辞。华东师范大学教授刘大卫主持。复旦大学教授姚凯围绕课题作主旨发言。

11 月 20 日，上海科学社会主义学会与华东政法大学政治学系与公共管理学院联合举办“制度创新与依法治国”学术年会。学会会长夏军和华政宣传部长欧亚主持会议，来自党校系统、高校、政府机关和媒体等单位 40 余位学者参加。

11 月 20 日，上海市社区发展研究会组织召开“基层协商民主与社区党建”研讨会暨 2015 年学术年会。研究会会长、市人大法工委副主任施凯主持，常务副会长徐中振通报研究会 2015 年主要工作及 2016 年工作设想，副会长、市政协文史委主任冯小敏作主旨发言，副会长马伊里、孙甘霖出席会议并作点评发言。研究会名誉会长林炳秋出席会议。

11 月 20 日，市社联方志办召开“学术传媒”篇负责人会议，负责该篇的上海理工大学互联网与文化创意产业协同创新中心主任夏德元教授及上海理工大学出版印刷与艺术设计学院李鑫老师参加，就《上海市志 · 科学分志 · 人文社会科学卷(1978—2010)》中“学术传媒”篇的内容进行讨论，对该篇的章节设计要求、完成时限、经费支持和已有相关资料整理等问题进行协商，明确编纂的具体目标。

11 月 20 日至 21 日，上海市生态经济学会在上海国际会议中心举办 2015 年年会暨“美丽中国与生态建设”论坛，上海市政协原副主席、学会会长王荣华，上海市社联党组书记、专职副主席沈国明，学会副会长洪民荣主持；邀请来自联合国环境规划署、世界观察研究所、日本全球环境战略研究所、世界自然基金会、环保部环境规划院、同济大学、上海国际问题研究院等的国内外专家，就中国面临的生态环境挑战、中国能源结构瓶颈与新能源产业发展、环境法治、全球环境治理与中国碳排放峰值等议题展开讨论。

11 月 21 日至 22 日，上海市社会科学界第十三届学术年会青年论坛，在上海师范大学举办“区域、国家与国际：多重视野下的美国史研究”专题研讨会。会议由市社联主办，上海师范大学人文与传播学院承办。与会者围绕美国文化与外交、美国政治与社会、美国城市史、美国与冷战等专题展开研讨。来自北京大学、南京大学、厦门大学、浙江师范大学、复旦大学、华东师范大学、上海社科院、上海交通大学、上海师范大学等高校及科研院所近 80 位专家学者与会。

11 月 22 日，上海市社会科学界联合会与徐汇区委宣传部在徐汇区龙美术馆联合推出“东方讲坛 · 汇讲坛”文化上海主题系列讲座，上海市历史学会会长熊月之作“谁是真正的上海人”讲座。

11月23日，由市社联、市科协、中国细胞生物学学会联合主办的“呦呦鹿鸣，以启学林——民族复兴视野下的科技与人文”对话活动在上海举行。上海市科协主席、中国科学院院士陈凯先，复旦大学教授葛剑雄，中国科学院上海药物研究所研究员俞强，浙江大学生命科学研究院教授王立铭等学者，就屠呦呦获奖背景、中国为什么少有诺贝尔奖等议题展开对话。

11月23日，上海市美国学会和美中关系全国委员会联合举办第十届鲍大可—奥克森伯格中美关系讲座。会长黄仁伟主持，来自相关领域的专家学者300多人与会。

11月24日，上海市妇女学学会、上海女子教育联盟、上海开放大学女子学院联合召开“互联网＋与女性教育”研讨会。上海女子教育联盟成员、上海开放大学副校长顾晓鸣致辞，上海女子教育联盟副主席、市妇联副主席翁文磊主持。来自本市妇女理论专家、从事终身教育的工作者以及妇女干部60余人参加。

11月25日，上海市卫生经济学会联合市老年学学会、市人口学会、市劳动与社会保障学会、市法治研究会以及市卫生发展研究中心共同举办“上海市深化医药卫生体制改革形势的探索”跨学会学术论坛。市人口学会会长孙常敏主持，市卫生经济学会副会长兼秘书长金春林作会议总结，上海市卫生和计划生育委员会医改办副主任冷熙亮作主题报告，70余人参会。

11月26日，市社联在锦江小礼堂召开上海社科界学习党的十八届五中全会精神学术研讨会。市社联主席秦绍德出席并致辞，市社联党组书记、专职副主席沈国明作会议总结，市社联专职副主席刘世军主持。市社联所属学会代表、市社联机关干部150余人参加。

11月26日，由上海市妇女学学会、上海市婚姻家庭研究会、同济大学妇女研究中心联合召开“女性·创新·未来”2015上海妇女理论研讨会，市妇女学学会会长、市妇联主席徐枫和学会副会长、同济大学党委副书记马锦明致辞，同济大学妇工委常务副主任、妇女研究中心副主任肖辉主持。来自高校妇女研究中心的专家、区妇联干部、青年学生40余人出席。

11月27日，由《探索与争鸣》编辑部、上海社科院文学所、上海师范大学光启国际学者中心联合主办的“上海迪士尼与中西文化的融合”学术研讨会在上海举行。来自同济大学、上海社科院、南京大学、上海大学、上海师范大学、首都师范大学、上海戏剧学院等10余所高校和科研机构20余位专家学者出席。中国科学院院士、同济大学郑时龄教授，南京大学城市科学研究院院长张鸿雁教授，上海市作协副主席、华东师范大学杨扬教授，上海大学文学与创意写作中心主任葛红兵教授，上海社科院文学研究所副所长荣跃明，上海社科院文学所包亚明研究员等做专题发言。与会专家学者从文化建设、城市规划、历史传承等多角度出发，围绕“乐园经济与大城市经济发展转型”“上海迪士尼与中国文化产业发展”“娱乐现代性视野下的迪士尼”“迪士尼在中国的接受史”“上海迪士尼与大城市郊区空间重构”“迪士尼影视剧中的中国形象”“迪士尼的文化理念与中国本土文化融合”等议题展开研讨。

11 月 27 日，市社联方志办召开方志工作专家会议，邀请上海对外经贸大学科研处陈加林老师对《上海市志・科学分志・人文社会科学卷(1978—2010)》中“学术成果”篇编纂事宜进行讨论，落实陈加林老师为该章负责人，并就该篇的章节设计要求、完成时限、经费支持和已有相关资料整理等问题进行协商，同时确定下一步编纂工作计划。

11 月 27 日，市社联举办星期五学术茶座，主题为“透过 BBC 中式教育专题片谈中外教育比较”。复旦中学校长郭兆年、上海协和双语高级中学执行校长侯晓波作主旨发言。来自长宁、普陀、闵行等区学校代表与会。

11 月 28 日，由市社联与复旦大学联合主办的上海市社会科学界第十三届学术年会高端论坛在复旦大学逸夫科技楼二楼报告厅举办“‘四个全面’与中国‘十三五’发展”人文社会科学重大项目首席专家报告会。复旦大学副校长林尚立教授出席并致辞。复旦大学经济学院副院长孙立坚教授、国际关系与公共事务学院苏长和教授、法学院院长孙笑侠教授、国际公共关系研究中心主任孟建教授分别作“人民币国际化与金融开放战略再思考”“共生国际秩序与中国外交”“法治的需求与动力”“国家形象建构与跨国文化传播战略”等主题报告。市委宣传部理论处、规划办负责人，本市主要高校文科科研处负责人、相关学科领域专家学者及社会媒体等 100 余人参加。

11 月 28 日，上海市社会科学界联合会与徐汇区委宣传部在徐汇区龙美术馆联合推出“东方讲坛・汇讲坛”文化上海主题系列讲座，复旦大学历史学系教授、博士生导师戴鞍钢作“泽被四乡——母亲河与上海农村”讲座。

11 月 29 日至 12 月 2 日，为深入推进援疆工作，不断实践探索拓宽交流合作的领域，上海相关专家学者和工作人员一行 7 人在市社联办公室主任吴伟余带领下前往新疆喀什，开展互联网信息管理和“一带一路”倡议大背景下喀什商业企业如何抓住机遇、拓展商机的培训，并就上海与喀什两地社科联在合作交流、课题研究、平台建设等工作方面进行座谈交流。

11 月 30 日，市社联机关党委举办“新视野・新论・新书”读书会。市社联机关、刊业中心及美国问题研究所逾 30 位干部参加。经机关各党支部推荐的读书代表张洪彬、梁玉国、屈涛、蒋晖、胡赟就《人类简史：从动物到上帝》《现代政治秩序的起源》《政治秩序与政治衰败》《经济与社会》《政教存续与文教转型》《生命的留言》等书籍交流读书心得，分享读书成果，并对一些经典命题和理论热点进行评述。

12月1日，上海市国际关系学会召开第十四届会员大会第三次会议暨“当代大国外交理念与实践的比较”学术年会。学会副会长苏长和主持，学会领导、理事、会员、相关领域的专家学者300多人与会。

12月2日，市社联举行“弘扬宪法精神，建设法治中国”主题宣讲活动，特邀上海交通大学凯原法学院教授郑成良、上海财经大学法学院院长李学尧、复旦大学法学院院长孙笑侠、华东政法大学社会治理研究院常务副院长邹荣围绕“弘扬宪法精神，推动创新、协调、绿色、开放、共享发展”主题分别论述各自观点。

12月3日，在2015年国家宪法日即将到来之际，以“弘扬宪法精神，建设法治中国”为主题的“东方讲坛·国家宪法日主题宣讲活动”在市社联举行。郑成良、李学尧、邹荣、孙笑侠四位法学教授，围绕宪法精神、如何维护宪法权威、如何加强宪法普及教育等发表讲演。

12月4日，市社联星期五学术茶座举办“用市场化手段应对老龄化社会问题”专题研讨会。来自华东师范大学、上海市经济学会等研究机构的10位专家学者参加会议。与会者针对我国加速进入老龄化社会的现实，围绕老龄化社会的主要特点和问题，以及如何在应对老龄化过程中实现行政化与市场化手段的有机结合等问题进行交流研讨。

12月4日，上海金融与法律研究院等举办鸿儒论道2015年第18期活动。主讲嘉宾北京大学光华管理学院教授、渣打银行资深经济学家颜色以“中国经济增长潜力与社会流动性”为题，阐述其对转型期经济增长及社会流动性改善问题的思考成果。评议环节，上海财经大学经济学院教师梁捷博士、上海金融与法律研究院研究员高利民、上海发展研究基金会研究员肖明智博士分别就颜色的演讲内容发表见解。

12月5日，上海市WTO法研究会2015年会员大会暨学术年会在上海交通大学凯原法学院隆重举行。

12月5日，上海市WTO法研究会和上海交通大学WTO与全球化研究中心联合举办“全球化背景下的中国股市”研讨会，50余人参加。研究会副会长陈剑平教授主持，并作“人民币国际化与中国资本项目开放”主旨发言，上海交大WTO与全球化研究中心主任荣明教授就中国股市动荡的原因发表看法。浙江大学丁宁副教授、瑞银证券顾承宗、中国外汇交易中心刘翔对当前国际金融新形势与全球资产配置、人民币纳入SDR若干问题等作介绍。

12 月 7 日,“学习习近平总书记系列重要讲话精神与推进‘四个全面’战略布局”理论研讨会在锦江小礼堂召开。市委宣传部副部长燕爽出席并讲话。市社联党组书记、专职副主席沈国明主持,市教卫工作党委副书记、市教委副主任高德毅,市委党史研究室主任徐建刚,上海社科院党委书记于信汇,市委党校副校长郭庆松,市社联专职副主席刘世军出席,中国浦东干部学院奚洁人、刘靖北教授,上海社科院张幼文教授、东华大学贺善侃教授、南京政治学院上海分院郭秀清博士作主题发言。市委宣传部、市委党史研究室、市委党校、市教卫工作党委、市社联、上海社科院、市中国特色社会主义理论体系研究中心(研究会)等单位相关负责人及部分征文作者 180 余人参会。

12 月 7 日,“上海市民时政关注指数发布会暨东方讲坛・时政关注系列论坛”第十一期在市社联群言厅举行。上海社科院社会科学杂志社社长胡键、上海政法学院社会管理学院院长章友德担任点评嘉宾,上海政治学会会长、复旦大学教授桑玉成主持。来自本市形势与政策教育研究会的成员、高校师生、媒体记者和市民群众等各界 100 余人参加。

12 月 9 日,第 56 期“社联论坛”邀请中国经济体制改革研究会副会长、福卡智库首席经济学家王德培做演讲,主题为“形势分析关键词:敏感、复杂、深远”。市社联党组书记、专职副主席沈国明主持会议。来自市社联机关、市美国问题研究所、市形势政策教育研究会、华东理工大学等学界代表 60 余人与会。

12 月 9 日,市社联方志办召开方志工作专家会议,邀请许明老师对《上海市志・科学分志・人文社会科学卷(1978—2010)》中“专题研究”章编纂事宜进行讨论。落实许明为该章负责人,并就该章的节目设计要求、完成时限、经费支持和已有相关资料整理等问题进行协商,确定下一步编纂工作计划。

12 月 10 日,上海市经济法研究会举办“企业科创与政府扶持论坛”。本次论坛的召开以上海建设“具有全球影响力的科技创新中心”为背景,来自市政府部门、市社联、市政府法律顾问、市区两级政府法制部门、科创企业等的专家学者和研究会会长及理事 50 余人参加。

12 月 12 日,由市社联、南京政治学院上海分院、市中国特色社会主义理论体系研究中心、市马克思主义研究会联合举办的“‘四个全面’与中国特色社会主义”马克思主义研究季度论坛在南京政治学院上海分院举行。南京政治学院副院长崔连杰,市委宣传部副部长燕爽,市社联党组书记、专职副主席沈国明,市委党校教育长、市马克思主义研究会副会长梅丽红分别致辞。南京政治学院上海分校主任王忠作会议总结,副主任朱东来主持。市委党校马克思主义研究院执行院长胡伟教授、同济大学马克思主义学院院长丁晓强教授、市社联《上海思想界》主编许明研究员、南京政治学院杜人淮教授、华东政法大学马克思主义研究院院长何益忠教授、上海商学院韩狄明教授、南京政治学院上海分院孙力教授及翟桂萍副教授作交流发言。市委党校、南京政治学院上海分院、华东师范大学、同济大学、华东政法大学、华东理工大学等高校科研机构的专家，以及《解放日报》《文汇报》《社会科学报》《中国社会科学报》等媒体60余人参会。

12月12日，第十届上海青年经济学者论坛暨十周年庆典演讲会在上海对外经贸大学举行。上海市经济学会、上海市人民政府发展研究中心主办，上海对外经贸大学国际经贸学院承办，来自全国各地的青年学子共同探讨“新常态下的中国经济——新动力、新结构和新发展”这一主题。

12月12日，由《学术月刊》编辑部、《光明日报》理论部和中国人民大学书报资料中心联合主办的2015年度“中国十大学术热点”评选专家研讨会在上海召开，来自中国人民大学、南京大学、吉林大学、南京师范大学、南京农业大学、四川师范大学、复旦大学、中国浦东干部学院、华东政法大学、上海师范大学等学术机构的40余名专家学者参加。专家代表对主办方提交的涉及马克思主义理论、哲学、政治、法律、经济、社会、历史等人文社会科学12个学科20个年度学术热点备选条目进行研讨与点评。专家代表还就年度“中国十大学术热点”评选活动本身的完善与功能拓展提出意见。

12月13日，上海市伦理学会联合华东师大哲学系、马克思主义学院举办“道德科学研究与学者道德责任——纪念周原冰先生百年诞辰纪念会”。上海市社联党组书记、专职副主席沈国明，中国伦理学会会长、清华大学人文学院院长万俊人，中国伦理学会前副会长、湖南师范大学资深教授唐凯麟，《道德与文明》主编杨义芹，中国人民大学教育部伦理学研究基地主任葛晨虹，华师大党委书记童世骏以及周原冰先生的亲属和学生，哲学系、马克思主义学院、政治学系师生代表150余人参加。

12月14日，市社联召开2015年度领导班子和领导干部述职测评会。市社联党组成员、机关处级干部、机关党委、党支部代表及工会代表共28人参加。市委组织部和宣传部有关同志莅临会议。会议由党组书记沈国明主持。沈国明代表领导班子进行述职述廉，沈国明和刘世军分别就个人年度工作进行述职。市社联与会人员填写领导班子和领导干部民主测评表。

12月14日，市社联召开干部大会，市委组织部、市委宣传部领导和机关全体干部出席会议。市委宣传部副部长胡佩艳同志主持会议，市委组织部副部长陈皓同志宣读市委关于市社联主要领导的任免决定，燕爽同志兼任上海市社联党组书记职务，沈国明同志因年龄原因免去市社联党组书记职务。沈国明同志、燕爽同志和市社联主席秦绍德同志分别发言。市委常委、市委宣传部部长董云虎发表讲话。

12月15日，上海城市管理行政执法研究会召开成立大会，大会通过上海城市管理行政执法研究会章程，以无记名投票方式选举产生第一届理事会理事。在一届一次理事会上，选举产生学会领导班子，恽奇伟任会长，丁成杰(常务)、刘建平、沈福俊、薛进展任副会长，张乐群任秘书长。市社联学会管理处处长王克梅参加会议并讲话。

12月15日，《探索与争鸣》编辑部召开“《探索与争鸣》2016年选题咨询会”。上海市社联专职副主席刘世军主持，上海市社联专职副主席、《探索与争鸣》学术指导委员会主任沈国明研究员致辞，上海市社联老领导林炳秋、王邦佐、施岳群、武克全和桑玉成出席。

12月16日，市社联机关工会组织全体会员拔河比赛。市社联专职副主席沈国明、刘世军担任裁判，市社联老领导桑玉成参加比赛，参与者逾60人，覆盖80%以上的工会会员。同时，特邀上海社科院工会干部进行赛事指导。

12月16日，市社联方志办召开“学术成果”篇专家论证会。市社联办公室主任吴伟余主持会议。“学术成果”篇由上海对外经贸大学科研处常务副处长陈加林主编，全面记录上海市社科界1978年至2010年间突出的学术研究成果以及重要的学术获奖情况。市哲学社会科学规划办公室副主任吴诤，市教育科学规划办公室原常务副主任苏忱，市人民政府发展研究中心科研处处长吴苏贵，上海交通大学文科建设处处长叶必丰，中国浦东干部学院科研处处长王友明，上海大学人文社会科学处处长董丽敏，上海社科院科研处副处长邵健，市教育委员会科技处副处长仓平，市科学技术委员会发展研究处副处长孙中锋，复旦大学文科科研处副处长葛宏波，华东师范大学社科处副处长霍九仓，上海财经大学科研处副处长陈正良，上海师范大学社会科学管理处副处长公磊，市委党校科研处副处长郭小霞，上海对外经贸大学高等研究院院长温耀庆等专家就入选标准、时间维度、范畴划定等问题进行讨论。

12月17日，市社联方志办召开“专题研究”章的节、目设置专家论证会。该章由《上海思想界》主编许明负责编写，反映1978年至2010年间，具有上海特色的人文社会科学学术研究及其发展轨迹。《上海思想界》主编许明研究员、上海社科院原副院长夏禹龙研究员、华东师范大学赵修义教授、复旦大学余源培教授、上海社科院沈开艳所长、上海社科院图书馆王海良馆长出席。各位专家就该章的节目设置、改革开放以来上海社科界的特色学术成果进行讨论。

12月17日，市卫生经济学会召开会员大会，副会长田文华主持，150余名会员参加会议。副会长兼秘书长金春林作2015年度学会工作总结和2016年工作计划报告。上海市卫生和计划生育委员会副主任、学会会长肖泽萍到会并讲话，对学会今后工作提出期望。市卫生和计划生育委员会医改办冷熙亮副主任作“上海市深化医药卫生体制改革形势的探索”专题汇报。

12月19至20日，为丰富市级机关干部职工文化生活，市级机关工会工作委员会利用双休日举办上海市市级机关第四届智力运动会。本次运动会由国际象棋、中国象棋、围棋、桥牌、80分、“大怪路子”三棋三牌6个比赛项目组成。市社联代表队一行由工会主席吴伟余领队，参加桥牌、国际象棋、80分三个项目的角逐。张栩光在国际象棋项目中荣获亚军，王心红、许峥嵘在80分比赛中获得季军。

12月21日，上海市台湾研究会在上海图书馆举行第七届会员代表大会。国务院台湾事务办公室原副主任、海协会副会长孙亚夫致辞，市社联学会管理处处长王克梅到会讲话。

12月22日，《探索与争鸣》编辑部召开“2016年选题中青年专家咨询会”，就编辑部2016年选题策划方向、学术发展新动向进行探讨。来自复旦大学、上海交通大学、华东师范大学、华东政法大学、上海大学、上海社科院、上海师范大学、上海政法学院、解放军南京政治学院上海分院、福建省委党校等十余家院校近50位专家学者，对《探索与争鸣》2015年办刊情况进行评议，对2016年办刊方向提出指导建议；并就2016年学术热点、前瞻问题、选题策划等方面展开探讨，展望未来5年中国重大现实和学术问题，以及人文社会科学发展趋势。

12月22日，上海国际战略问题研究会召开第六届会员大会，进行换届选举，武心波主持。市社联学会管理处王克梅处长到会讲话。大会审议并通过杨洁勉所作的第五届理事会工作报告和财务报告，审议并通过研究会新的章程，选举产生新一届理事会成员。在第六届理事会第一次会议上，选举产生常务理事和新一届领导集体，杨洁勉任会长，沈丁立、王琦、王蔚、吴莼思、夏立平、宣建裕、张侠、郑志、武心波、金永明任副会长，吴莼思兼任秘书长。

12月23日，由上海东方研究院主办的“2015年中国社会保障与保险论坛”在上海社科院举行。上海东方研究院严家栋、卞学范，上海社科院左学金，中国交通银行总行林中杰，上海市人力资源和社会保障局戴律国，上海社科院经济所肖严华等专家学者以及有关人士出席。

12月25日，上海金融与法律研究院和鸿儒金融教育基金会联合主办第76期“鸿儒论道”。上海财经大学城市与区域科学学院副院长张学良作“中国城市群发展战略与定量评估”主题演讲，上海市城市规划设计研究院发展研究中心主任、总体规划编制中心总工程师石崧和复旦大学经济学院中国经济研究中心助理教授吴建峰分别就张学良教授的演讲内容发表观点。

12月26日，上海市社联和上海人民出版社共同召开“走向大众的学术”暨《哲学与我们的时代》《文学与我们的生活》《历史与我们的未来》图书出版座谈会。市社联专职副主席沈国明，市新闻出版局副局长彭卫国出席并讲话。

12 月 26 日，上海中西哲学与文化比较研究会在华东师范大学中北校区举行学术年会。年会以"哲学研究进路的省思：今天我们如何做哲学"为主题，就当代中国的哲学研究现状、所面临的问题及其未来发展的前景展开讨论。研究会会长杨国荣与复旦大学张庆熊分别主持年会的主旨发言环节与自由讨论环节。

12 月 27 日，由华东师范大学中国语言文学系、《探索与争鸣》编辑部共同主办的"东亚殖民主义与文学"国际学术研讨会在华东师范大学逸夫楼举行。来自韩国圆光大学、日本立命馆大学、日本首都大学、美国萨克福大学、美国杜克大学、美国桥水州立大学、台湾清华大学、香港科技大学、北京市社科院等国内外知名高校和科研机构的专家学者围绕"东亚殖民主义与文学"展开讨论。

12 月 27 日，上海市经济学会在上海社科院小礼堂举行 2015 年学术年会，会长周振华主持。市委宣传部副部长、市社联党组书记燕爽发表讲话。

12 月 30 日，上海工艺美术学会举办主题为"工艺 · 手 · 生活"的圆桌论坛。常务理事张京羊主持，来自相关领域的专家学者共 35 人与会。

12 月 30 日，社联方志办召开学习贯彻李克强总理对全国地方志系统先进模范座谈会重要批示暨方志办 2015 年度工作总结会议。市社联办公室主任、方志办主任吴伟余主持，市社联方志办同志以及各处室负责方志编纂工作同志参加。

附　　录

FU LU

《学术月刊》2015年总目录

第 1 期

·特别推荐·

·土地资源配置中的政府与市场·

第 3 期

·当代中国学术话语体系建设（笔谈）·

·比较文学学科理论的尊严及跨界研究的合法性（专题讨论）·

·访　　谈·

第 4 期

·现代中国国家认同的多元塑造（专题讨论）·

·综　　述·

·访　谈·

第 5 期

·前见与立场及其相关概念探析（笔谈）·

·新常态与国家发展战略转型·

·综　述·

·访　谈·

第 6 期

·社会偏好与人类的亲社会行为·

·重绘世界政治的知识图景·

·访　谈·

第 7 期

·实用主义哲学的当代研究·

·跨学科研究·

·综　　述·

·访　　谈·

第 8 期

·重绘世界政治的知识图景·

·访　　谈·

第 9 期

·新常态与国家发展战略转型·

·综　　述·

·访　　谈·

第 10 期

·书 评·

·综 述·

·访 谈·

第 11 期

第 12 期

·传播革命与世界秩序·

·访 谈·

《探索与争鸣》2015年总目录

第 1 期

第 2 期

第 3 期

第　4　期

第 5 期

第 6 期

第 7 期

第 8 期

第 9 期

第　10　期

第 11 期

第　12　期

《上海思想界》2015 年总目录

（续表）

月份		文 章	作 者	页码
4月	青年论坛专题	上海市生育率直接决定因素影响分析——基于 Bongaarts 模型实证研究	张 燊 闫亚琛 干一慧	71
5月	思想沙龙	全球化:新态势、新特点与中国发展	任晓等	1
	专 稿	全球化的矛盾与民族文化的发展可能性	高宣扬	22
		当前全球化发展的新态势新特点和中国需要把握好的问题	张建新	34
	商榷	再论剥削率	刘福垣	43
		对马克思主义不能采取“两个凡是”的态度——与张凌云先生商榷	陈启懋	56
	海外舆情研究专题	“客观,但非客观真实”——美联社新浪微博中的涉华报道分析	戴丽娜	66
		在平衡与不平衡之间:从框架理论视角看 BBC 中文网的“香港占中”报道	王 蔚	71
		对境外主流媒体关于十八届四中全会报道的相关研究及思考	同 心	77
		新媒体 新世界	李良荣	83
		网络空间趋势与研究创新	方兴东	86
6月	思想沙龙	兼容并蓄,综合创新——当前思想理论的状况与前景	李德顺等	1
	专 稿	中国“文革”研究的现状和前景——兼谈中国“文革”研究进入历史学学术轨道的思路	金大陆	24
		我国知青文献的计量分析	朱盛镭	47
		启蒙:一个永无休止的叙事——从启蒙到后启蒙	毛崇杰	55
	信 息	近期海外重要智库研究动向		64
7月	特 稿	中国道路对马克思主义的意义	陈学明	1
	思想沙龙	“锵锵三人谈”:“香港政改闯关”	田飞龙等	43
	专 稿	关于“一国两制”理论和实践的发展的认识	李晓兵	65
		对“港独党”危害性的政治分析以及应对策略	王首伟	70
	书 荐	杰里米·里夫金提出了哪些震撼性的思想观点——《第三次工业革命》《零边际成本社会》两书简介	陈启懋	77
8—9月	思想沙龙	还历史的本来面目——中苏关系座谈会纪实	沈志华 章百家等	1
	专 题	关于《俄罗斯解密档案选编:中苏关系》的说明(出版前言)		25
		中苏关系史研究与俄国档案利用	沈志华	32
		中苏高层交往实录档案选编		53

（续表）

月份		文　　章	作　者	页码
8—9月	读者来信	沈志华的学术志业与中苏关系档案	郭世佑	139
		批判马寅初怎么成了“神话”？	赵修义 朱贻庭	142
10月	思想沙龙	中国“文革”史研究的历史、现状和未来	陈明明 韩刚等	1
	他山之石	维系规则：对抗亚洲海域的胁迫	帕特里克·克罗宁 亚历山大·苏利文	54
	专家视点	要全面冷静地分析和看待“斯大林热”——警惕对斯大林的“全盘否定”转向“全盘肯定”	肖　枫	62
		全球化时代资本主义深层问题的揭示——西方左翼经典著作回眸	陈祥勤	77
11月	思想沙龙	印度的现代化研究座谈会	赵干城 沈开艳等	1
	专　题	印度的对外经济政策	拉胡尔·慕克吉	34
		印度的政治文化传统	尚会鹏	48
		基于资本主义不平衡发展规律的中国印度洋政策新构想	张文木	64
		西方模式的困境——我看印度	张维为	76
	专　稿	中国扩大对非关系——对美国国家安全的影响	兰德公司	84
12月	思想沙龙	TPP对中国的影响及中国的应对策略	冯　军 贺小勇等	1
	特　稿	中国特色社会主义理论体系研究提纲	夏禹龙	22
	专家视点	“改革”与“反改革”：当代俄罗斯的一场新争论	张盛发	45
		民族性发展：从主义回归问题——百年“新民新人”的简要回顾与前瞻	孙抱弘 张　建	55
		《共产党宣言》及其当代价值	王公龙	65
	商　榷	再论落后国家革命胜利后应当向怎样的社会主义跨越——与陈启懋先生再商榷	张凌云	74

上海市社联所属学会一览表

序号	学会名称	成立日期	会长	秘书长	地址
1	哲学学会	1950.3	吴晓明	李家珉	淮海中路622弄7号(乙)
2	经济学会	1950.8	周振华	郝德良	淮海中路622弄7号(乙)
3	历史学会	1952.1	熊月之	章　清	淮海中路622弄7号(乙)
4	法学会	1952	陈　旭	毛坚平	昭化路490号
5	语文学会	1956.9	游汝杰	胡范铸	复旦大学中文系
6	外文学会	1957.2	叶光国	汪敏豪	淮海中路622弄7号(乙)
7	教育学会	1957	张民生	许象国	淮海中路622弄7号(乙)
8	国际关系学会	1957.3	杨洁勉	金应忠	淮海中路622弄7号(乙)
9	会计学会	1979.7	夏大慰	顾宏祥	中山西路2230号1312室
10	科学社会主义学会	1979.7	夏　军	吴解生	淮海中路622弄7号(乙)
11	财政学会	1979.8	宋依佳	孙建龙	肇嘉浜路800号2107室
12	马克思主义研究会	1979.9	王国平	王建国	虹漕南路200号
13	社会学学会	1979.9	李友梅	张钟汝	上大路99号
14	逻辑学会	1979.11	冯　棉	邵强进	复旦大学哲学学院
15	世界经济学会	1979.11	张幼文	徐明棋	淮海中路622弄7号(乙)
16	高等教育学会	1979.11	张伟江	谢仁业	陕西北路500号3号楼
17	伦理学会	1980.1	陆晓禾	周中之	上海师范大学法商学院
18	金融学会	1980.6	张　新	李安定	陆家嘴东路181号
19	统计学会	1980.7	潘建新	金慧莲	四川中路220号806室
20	物流学会	1980.9	周纪东	陈　震	北京东路255号502室
21	农村经济学会	1980.9	王东荣	顾吾浩	仙霞西路779号1号楼附2F
22	人口学会	1980.12	孙常敏	胡　琪	陕西南路122号7楼
23	美学学会	1981.1	朱立元	张宝贵	复旦大学中文系
24	城市经济学会	1981.3	江绵康	袁　钢	宣化路300号北塔1503室
25	房产经济学会	1981.5	庞　元	李国华	江西中路170号(福州大楼)3楼

（续表）

序号	学会名称	成立日期	会　长	秘书长	地　　址
26	家庭教育研究会	1981.6	王荣华	陈建军	天平路245号311室
27	政治学会	1981.10	桑玉成	曾　峻	市委党校教务处
28	新四军历史研究会	1981.10	王春瑞	颜　宁	中山南二路777弄1号1503室
29	档案学会	1981.11	朱纪华	王春楣	仙霞路326号
30	中共党史学会	1981.12	张　云	唐莲英	淮海中路622弄7号(乙)
31	农村金融学会	1981.12	刘桂平	庄　湧	徐家汇路599号1702室
32	邮电经济研究会	1981.12	张林德	杨锡高	南崇明路甲1号807室
33	宗教学会	1982.3	晏可佳	葛　壮	淮海中路622弄7号宗教所
34	婚姻家庭研究会	1982.5	翁文磊	李苏华	天平路245号
35	辞书学会	1982.7	彭卫国	徐祖友	陕西北路457号
36	管理教育学会	2007.9	朱建国	苏宗伟	斜土路2601号嘉汇广场T1-20C
37	商业经济学会	1982.9	方名山	周麟昌	新闸路945号311室
38	世界语协会	1982.11	汪敏豪	周天豪	淮海中路622弄7号(乙)
39	成本研究会	1982.11	沈立群	傅永尧	中山南路315号406室
40	犯罪学学会	1983.2	何勤华	肖庆平	万航渡路1575号
41	人类学学会	1983.5	金　力	卢大儒	邯郸路220号复旦大学遗传部
42	卫生经济学会	1983.6	夏　毅	金春林	北京西路1400弄21号
43	人才研究会	1983.7	毛大立	张子良	高安路25号
44	钱币学会	1983.10	张　新	于英辉	陆家浜路285号1407室
45	统一战线理论研究会	1983.12	沙海林	张　颖	天等路469号
46	华侨历史学会	1983.12	张　癸	华洁蓉	延安西路129号华侨大厦1011室
47	写作学会	1984.7	陈思和	郑斯雄	中山北路3663号华东师范大学理科大楼A座219室
48	渔业经济学会	1984.7	黄硕琳	陈文银	军工路318号综合楼201室
49	建设交通系统思想政治工作研究会	1984.8	许德明	杭财宝	斜土路1175号1005室
50	劳动和社会保障学会	1984.9	张剑萍	陈卫国	安远路45号1号楼4楼
51	农垦经济学会	1984.9	王　伟	童锐志	华山路263弄7号
52	保险学会	1984.9	高志缨	赵　雷	中山南路1228号8楼
53	社会心理学学会	1984.5	金国华	陈　校	外青松公路7989号
54	思想政治工作研究会	1984.12	徐　麟	尼　冰	高安路17号401室
55	粮食经济研究会	1984.12	安　培	张志萍	张扬路88号滨江大厦1203室

（续表）

序号	学会名称	成立日期	会　长	秘书长	地　　址
56	监狱学会	1984.12	桂晓民	于旭光	长阳路111号4802室
57	经济法研究会	1985.1	乔宪志	赵卫忠	人民大道200号704室
58	比较文学研究会	1985.3	谢天振	宋炳辉	大连西路550号上外文学研究院
59	科技系统思想政治工作和人才管理研究会	1985.4	陈克宏	吴德葵	大沽路100号2112室
60	价格学会	1985.5	沈念东	程大选	四平路710号广益大厦8楼
61	审计学会	1985.5	田春华	潘菊良	陆家浜路1388号9楼
62	编辑学会	1985.6	贺圣遂	郝明鉴	打浦路433号荣科大厦17楼
63	秘书学会	1985.7	李　锐	赵建平	虹漕南路200号市委党校
64	行为科学学会	1985.8	徐　飞	田新民	法华镇路535号1号楼112室
65	群众文化学会	1985.8	王小明	潇烨璎	古宜路125号
66	经济体制改革研究会	1985.10	浦再明	胡雄飞	肇家浜路301号1912室
67	日本学会	1985.10	吴寄南	陈永明	上海师范大学教育学院
68	集体经济研究会	1985.11	严镇博	姚康镛	周家嘴路786弄67号
69	国际贸易学会	1985.12	孙海鸣	沈大勇	古北路620号
70	固定资产投资建设研究会	1985.12	孙熙宁	柴荣华	人民路875号1605室
71	老年学学会	1985.12	左学金	孙鹏镖	巨鹿路892号2楼
72	服务经济研究会	1985.12	方名山	段福根	福州路107号320室
73	教师学研究会	1986.4	李骏修	朱耀庭	陕西北路500号4号楼109室
74	研究生教育学会	1986.4	印　杰	束金龙	茶陵北路21号1号楼226室
75	基建优化研究会	1986.5	陈康民	黄汉江	军工路516号476信箱
76	投资学会	1986.6	赵　欢	余　峰	陆家嘴环路900号
77	行政管理学会	1986.6	姜　平	薛晓峰	高安路19号
78	语言文字工作者协会	1986.7	薛喜民	张日培	陕西北路500号
79	妇女学学会	1986.8	张丽丽	余伟星	天平路245号
80	生态经济学会	1986.10	王荣华	周冯琦	淮海中路622弄7号526室
81	数量经济学会	1986.10	左学金	朱平芳	淮海中路622弄7号
82	工商行政管理学会	1986.11	陈学军	徐　上	肇嘉浜路301号2601室
83	青年运动史研究会	1986.12	褚　敏	黄洪基	西江湾路574号
84	交通会计学会	1986.12	苏　敏	董仲棣	黄浦路110号609室
85	古典文学学会	1987.2	黄　霖	奚彤云	瑞金二路272号

（续表）

序号	学会名称	成立日期	会　长	秘书长	地　　址
86	俄罗斯东欧中亚学会	1987.3	范　军	杨　烨	同济大学政治与国际关系学院
87	医学伦理学会	1987.3	黄　红	王　彤	世博村路300号4号楼901室
88	世界史学会	1987.3	潘　光	余建华	淮海中路622弄7号欧亚所
89	远距离高等教育学会	1987.3	应卫勇	钱自强	梅陇路130号八教205室
90	工人运动研究会	1987.5	周志军	崔校军	中山东一路14号
91	宏观经济学会	1987.7	蒋应时	周兴昌	威海路128号702室
92	蔬菜经济研究会	1987.5	衣开端	俞菊生	华池路58弄5号1203室
93	总会计师工作研究会	1987.9	王　岚	应忠芳	陆家浜路1054号14楼
94	中山学社	1987.10	高小玫	项斯文	陕西北路128号
95	外经贸会计学会	1987.11	王晓华	徐立峰	汉中路158号11楼1124室
96	工艺美术学会	1988.6	张心一	周　南	汾阳路79号
97	国际战略问题研究会	1988.9	杨洁勉	杨　剑	田林路195弄15号上海国际问题研究院
98	土地学会	1988.9	史家明	吕华青	海伦路306弄8号
99	毛泽东思想研究会	1988.12	李　进	单冠初	桂林路100号
100	民俗文化学会	1988.12	仲富兰	陈　江	华东师大传播学院
101	股份制与证券研究会	1988.12	左学金	韩华林	南京东路61号新黄浦金融大厦1101室
102	社会科学普及研究会	1989.1	武克全	宋　杰	淮海中路622弄7号(乙)
103	海峡两岸学术文化交流促进会	1989.2		王世伟	淮海中路1555号上海图书馆内
104	企业发展促进研究会	1989.4	方名山	唐宗洲	淮海中路622弄7号(乙)
105	新学科学会	1989.12	陈燮君	胡　江	人民大道201号上海博物馆
106	形势政策教育研究会	1989.12	谢中全	殷勤燮	淮海中路622弄7号(乙)
107	民防协会	1990.3	刘南山	陈　亮	复兴中路593号民防大厦2101室
108	宋庆龄研究会	1991.5	许德馨	匡成鸣	姚虹路680号三楼
109	预算与会计研究会	1991.6	钟景秋	孙倚文	东湖路56弄52号
110	城市金融学会	1991.6	沈立强	成善栋	浦东大道9号
111	台湾研究会	1991.12	俞新天	倪永杰	永福路251号
112	市场学会	1991.12	贺　涛	应介一	福州路355号707室
113	刑事侦察学学会	1992.2	郭建新	袁友根	中山北一路803号
114	供销合作经济研究会	1992.4	王建翔	王伟星	大木桥路247弄2号2楼

（续表）

序号	学会名称	成立日期	会　长	秘书长	地　　址
115	欧洲学会	1992.5	徐明棋	曹子衡	威海路 233 号 803 室
116	商业会计学会	1992.8	吕　勇	朱健敏	新闸路 945 号 309B 室
117	地方史志学会	1992	朱敏彦	黄晓明	斜土路 2567 号 A2 楼 5 楼
118	监察学会	1992.11	顾国林	邱耀明	虹漕南路 158 弄杨家桥 100 号 5 号楼
119	财务学会	1992.12	朱平芳	韩　清	中山北一路 369 号
120	终身教育研究会	1992.12	张德明	杨　平	大连路 1541 号 1301 室
121	庭院经济与文化研究会	1993.1	张　燕	黄长江	大木桥路 600 弄江南一村 26 号 102 室
122	国际商务法律研究会	1993.8	顾肖荣	成　涛	陆家浜路 1141 号 707 室
123	地名学研究会	1993.9	满志敏	周春玉	南丹东路 25 号 311 室
124	中西哲学与文化比较研究会	1993.11	杨国荣	顾红亮	华东师大哲学系
125	太平洋区域经济发展研究会	1993.12	郑成良	庄建中	上海交通大学国际与公共事务学院
126	文物博物馆学会	1993.12	陈燮君	陈克伦	武胜路 188 号 240 室
127	现代企业经营管理研究会	1994.2	徐志毅	金国志	江宁路 838 号富容大厦 6 楼 C 座
128	炎黄文化研究会	1994.4	周慕尧	姚树新	漕溪北路 28 号 17 楼 C 座
129	退休职工管理研究会	1994.5	万石清	周惠明	北京西路 1068 号 9 楼
130	中国特色社会主义理论体系研究会	1994.6	徐　麟	季桂保	高安路 17 号
131	演讲与口语传播研究会	1994.12	王　群	林伟民	华师大传播学院
132	当代人物研究会	1995.1		郑胜国	海潮路 3 号 612 室
133	民营经济研究会	1995.2	季晓东	王志华	延安东路 55 号 1808 室
134	金融法制研究会	1995.3	沈国明	许慧诚	罗阳路 388 号
135	海外华人经济研究会	1995.9	林同华	罗元德	莘庄康城 67 号 202 室
136	食文化研究会	1996.2	杨卫武	张文虎	福州路 107 号 320 室
137	社区发展研究会	1996.11	施　凯	叶月萍	淮海中路 622 弄 7 号(乙)
138	生产力学会	1997.3	周瑞金	真　虹	浦东华开路 50 号 213 室
139	未来亚洲研究会	1998.1	陈东晓	刘　斌	胶州路 699 号 25 层
140	劳动教养学会	1998.12	刘建华	蒋丰荣	吴淞路 333 号
141	美国学会	2000.1	黄仁伟	潘　锐	大连西路 550 号上外 538 信箱

（续表）

序号	学会名称	成立日期	会　长	秘书长	地　　址
142	年鉴学会	2002.6	莫建备	王继杰	斜土路2567号A2楼5楼
143	法治研究会	2002.8	金国华	包志勤	吴兴路225号
144	国资企业思想政治工作研究会	2004.3	吕永杰	王耕地	凯旋北路1305号5007室
145	领导科学学会	2004.3	奚洁人	罗　欣	虹漕南路200号
146	信息学会	2004.4	黄　晖	李　农	浦建路145号强生大厦1003室
147	信访学会	2006.5	张示明	周国邦	人民大道200号综合楼
148	延安精神研究会	2007.1	叶　骏	黄晞建	军工路334号
149	人民政协理论研究会	2007.11	贝晓曦	齐全胜	北京西路860号
150	城市规划学会	2008.11	毛佳梁	曾林龙	铜仁路331号704室
151	东方青年学社	2008.12	李　琪	刘世军	康平路66号108室
152	廉政研究会	2009.10	董君舒	刘纪舟	宛平路7号
153	知识青年历史文化研究会	2011.3	阮显忠	张　刚	宜昌路575号2207室
154	经济和信息化企业文化研究会	2011.4	周国雄	傅　敏	北京东路356号801室
155	文史资料研究会	2011.11	朱敏彦	陈汝南	北京西路860号
156	人大工作研究会	2012.4	姚明宝	林荫茂	人民大道200号
157	公共事务管理研究会	2012.6	竺乾威	顾丽梅	邯郸路220号美国研究中心
158	思维科学研究会	2012.9	冯嘉礼	王晓峰	临港新城上海海事大学信息工程大楼219室
159	上海市税务学会	2012.9	许建斌	龚炳生	中山南路1088号
160	上海市国际税收研究会	2012.10	周振家	龚炳生	中山南路1088号
161	上海联合国研究会	2013.9	潘　光	张贵洪	吴兴路45号
162	上海市WTO法研究会	2013.11	张乃根	梁　咏	华山路1954号浩然高科技大厦1601-1603室
163	上海市信用研究会	2014.3	洪　玫	刘海龙	沪松公路1399弄68号20层07室
164	上海市儒学研究会	2015.5	朱杰人	李　东	嘉定区南大街183号上海秋霞圃传统文化研究院
165	上海国际文化学会	2015.7	陈圣来	任一鸣	上海市百色路451弄10号
166	上海市司法鉴定理论研究会	2015.9	杜志淳	孙大明	万航渡路1575号格致楼103
167	上海周易研究会	2015.10	周　山	黄凯锋	中山西路1610号2号楼901室
168	上海市城市管理行政执法研究会	2015.12	恽奇伟	徐剑平	铜仁路331号1705室

上海市社联主管的民办社科机构一览表

序号	机构名称	批准登记日期	法人代表	负责人	联系人	地址
1	上海环太国际战略研究中心	2000.7.15	郭隆隆	郭隆隆	金应忠	武定路1135弄1号楼2103室
2	上海华夏社会发展研究院	2002.3.15	鲍宗豪	鲍宗豪	葛玉兰	浦建路1288弄10号102室
3	上海东方研究院	2002.7.1	刘　吉	严家栋	卞学范	衡山路696弄2号301室
4	上海金融与法律研究院	2002.10.29	柳志伟	傅蔚刚	聂日明	民生路1199弄证大五道口广场1号楼1902室
5	上海世界观察研究院	2003.4.1	刘　波	刘　波	邹梅玲	柳营路305号15楼
6	上海社会经济文化发展研究中心	2004.7.2	尹继佐	尹继佐	张腾腾	淮海中路622弄7号308室
7	上海管理科学研究院	2004.7.9	章建文	章建文	张孝平	中山西路1610号725室
8	上海易居房地产研究院	2005.9.1	张永岳	张永岳	郭亦木	广延路140号
9	上海知识产权研究所	2006.4.3	游闽健	袁真富	高欣莹	陆家嘴路958号华能大厦31楼
10	上海东亚研究所	1995.7.1	章念驰	张继波	沈铭远	汉中路158号701室
11	上海国防战略研究所	2000.11.6	胡杰生	方　敏	王文正	江苏路488号
12	上海实业综合研究院	2006.5.26	钱启东	钱启东	吴婷婷	淮海中路98号金钟广场21楼
13	上海国际金融研究中心	2005.2.1	李　俭	李　俭	裴旸	新华路543号1号楼
14	上海党建文化研究中心	2007.9.1	张克文	张克文	张泽民	梅陇路161号1号楼1010室
15	上海东方法治文化研究中心	2009.5.20	周叶军	金国华	秦丹凤	华开路50号208室
16	上海世纪后世博成果与发展研究中心	2010.12.18	漆启泰	漆启泰	漆启泰	华山路690号
17	上海春秋发展战略研究院	2014.9	金仲伟	张　卫	梁顺龙	番禺路300弄3号

上海市社联 2014 年度达标学会名单

教育、文化类学会：

上海市教育学会
上海市高等教育学会
上海市研究生教育学会
上海市终身教育研究会
上海市家庭教育研究会
上海市远距离高等教育学会
上海市教师学研究会
上海社会科学普及研究会
上海文物博物馆学会
上海市演讲与口语传播研究会
上海市秘书学会
上海市语文学会
上海市语言文字工作者协会
上海市外文学会
上海市世界语协会
上海市民俗文化学会
上海炎黄文化研究会
上海食文化研究会
上海市比较文学研究会
上海市古典文学学会

哲学、史学类学会：

上海市哲学学会
上海市美学学会
上海市伦理学会
上海市逻辑学会
上海市宗教学会
上海中西哲学与文化比较研究会

上海市医学伦理学会
上海市历史学会
上海市世界史学会
上海市中共党史学会
上海市青年运动史研究会
上海市新四军暨华中抗日根据地历史研究会
上海中山学社
上海宋庆龄研究会
上海市地方史志学会
上海市地名学研究会
上海市档案学会
上海市年鉴学会
上海东方青年学社
上海市知识青年历史文化研究会
上海市文史资料研究会

政治、法律、社会、行政类学会：
上海市马克思主义研究会
上海市中国特色社会主义理论体系研究会
上海科学社会主义学会
上海市政治学会
上海市统一战线理论研究会
上海市思想政治工作研究会
上海国资企业思想政治工作研究会
上海市建设交通系统思想政治工作研究会
上海市形势政策教育研究会
上海市领导科学学会
上海市延安精神研究会
上海市信访学会
上海市人民政协理论研究会
上海人大工作研究会
上海市公共事务管理研究会
上海市法学会
上海市法治研究会
上海金融法制研究会
上海市犯罪学学会
上海市监狱学会

上海市戒毒学会
上海市社会学学会
上海市社区发展研究会
上海人类学学会
上海市妇女学学会
上海市婚姻家庭研究会
上海市老年学学会
上海市工人运动研究会
上海市退休职工管理研究会
上海市社会心理学学会
上海市监察学会
上海市行政管理学会
上海廉政研究会

理论经济、综合经济、产业经济类学会：
上海市经济学会
上海市世界经济学会
上海生产力学会
上海市数量经济学会
上海市统计学会
上海市宏观经济学会
上海市价格学会
上海市工商行政管理学会
上海市劳动和社会保障学会
上海市市场学会
上海市集体经济研究会
上海市民营经济研究会
上海市国际贸易学会
上海市商业经济学会
上海市物流学会
上海市供销合作经济研究会
上海市粮食经济研究会
上海市土地学会
上海市城市经济学会
上海市房产经济学会
上海邮电经济研究会
上海市固定资产投资建设研究会

上海市生态经济学会
上海市农村经济学会
上海蔬菜经济研究会
上海市渔业经济研究会
上海市城市规划学会

金融、财税、会计审计、其他经济类学会：
上海市金融学会
上海城市金融学会
上海市农村金融学会
上海市钱币学会
上海市保险学会
上海股份制与证券研究会
上海市财政学会
上海市会计学会
上海交通会计学会
上海市对外经济贸易会计学会
上海市预算与会计研究会
上海市总会计师工作研究会
上海市成本研究会
上海财务学会
上海市审计学会
上海市卫生经济学会
上海市行为科学学会
上海管理教育学会
上海市企业发展促进研究会
上海现代企业经营管理研究会
上海市经济和信息化企业文化研究会
上海市税务学会
上海市国际税收研究会
上海市信用研究会

国际问题、涉港澳台、其他类学会：
上海市国际关系学会
上海国际战略问题研究会
上海欧洲学会
上海市俄罗斯东欧中亚学会

上海未来亚洲研究会
上海市太平洋区域经济发展研究会
上海市日本学会
上海市美国学会
上海市台湾研究会
上海市新学科学会
上海市民防协会
上海工艺美术学会
上海联合国研究会
上海市 WTO 法研究会

上海市社会科学界第十三届(2015 年)学术年会专场活动

主办:上海市社会科学界联合会

学科专场

举办日期	会议主题	承办单位
6 月 27 日	21 世纪中日经贸合作研讨会	上海对外经贸大学日本经济研究中心
6 月 30 日	“东方管理的现代探索”协同创新国际研讨会	复旦大学东方管理研究院
8 月 25 日	海上丝路与海洋战略的国际法问题研究研讨会	上海社会科学院中国海洋战略研究中心
9 月 24 日	依法独立公正行使审判权检察权保障机制:宪法根据与制度设计	上海社会科学院法学研究所　华东政法大学
10 月 11 日	“一带一路”倡议下金融法制问题研讨会	上海对外经贸大学法学院　上海市法学会金融法研究会
10 月 16 日	新常态背景下特大城市社会综合治理研究与创新	华东理工大学社会与公共管理学院　上海市未来研究会
10 月 16 日	新常态下人民币“走出去”新模式国际研讨会	上海国际金融研究中心　上海财经大学现代金融研究中心
10 月 23 日	欧洲与战后国际体系	上海国际战略问题研究会
10 月 24 日	马克思主义与治国理政新自觉	中共上海市委党校
10 月 30 日	法律实务专场	上海市法学会
10 月 30 日	高校思想政治教育创新:机遇与使命	上海市学生德育教育发展中心
10 月 31 日	法治与国家治理现代化	华东政法大学政治学研究院
11 月 7 日	新常态下的城市治理创新:新动力、新趋势与新探索	上海市行政管理学会　上海财经大学
11 月 15 日	反腐败的新常态与政治新生态:2015 年上海政治学年会	复旦大学国际关系与公共事务学院　上海市政治学会

主题专场

主办:上海市社会科学界联合会　上海大学

序　号	会议主题	承办单位
9月19日	信息文明与经济社会转型发展	上海社会科学院哲学研究所　上海市思维科学研究会
9月19日	儒学何以为治:儒学与中国古代国家治理	复旦大学哲学学院
9月19日	回到现场:历史音像里的中国近现代音乐	上海音乐学院
9月19日	《新青年》与中国现代文化历史转型	上海大学上海电影学院
9月19日	“一带一路”建设与中国对非洲战略	上海师范大学非洲研究中心
9月19日	政府与市场:经济史学的视角暨纪念顾准诞辰100周年	上海社会科学院经济研究所
9月19日	欧美左翼文论与中国道路	上海大学文学院
9月19日	守望尊严、和合共生:有关民族关系的创新理念	复旦大学民族研究中心
9月19日	德治与法治:治理的逻辑与路径	上海市伦理学会、《毛泽东邓小平理论研究》编辑部、《道德与文明》杂志社、复旦大学马克思主义学院
9月19日	新常态下全球科技创新中心建设关键要素与协同机制	上海应用技术学院经济与管理学院
9月19日	中国经济新常态与全面建成小康社会战略布局	上海科学社会主义学会　中共上海市委党校
10月31日	历史上的城市与帝国	上海师范大学人文与传播学院

青年论坛

主办:上海市社会科学界联合会

举办日期	会议主题	承办单位
9月5日—6日	中国革命中的性别与女性解放	华东师范大学性别与文化研究中心华东师范大学当代史研究中心
9月18日	美国智库的中国战略研究及海外的中国宗教研究	上海高校智库复旦大学宗教与中国国家安全研究中心
9月25日	面向“互联网+”的航运业转型升级之路	上海国际航运研究中心　上海生产力学会
9月26日	民族复兴与强国战略:和平发展道路视阈下的中国军事力量	南京政治学院上海分院
9月26日	互联网与养老服务需求和服务的对接	华东师范大学公共管理学院
9月26日	中国思想与社会治理	上海大学社会科学学院

（续表）

举办日期	会议主题	承办单位
10月11日	马克思主义论人的存在方式：技术·资本·正义	中共中央编译局·东华大学国外马克思主义与中国问题研究中心
11月10日	海洋经济与法治	上海政法学院
11月21—22日	多重视野下的美国史研究	上海师范大学

高端论坛

主办：上海市社会科学界联合会

举办日期	会议主题	承办单位
10月18日	大数据与教育研究	华东师范大学
11月28日	“四个全面”与中国“十三五”发展	复旦大学

“星期五”学术茶座目录

上海市社联·星期五学术茶座（2015年度招募申报类）

场次	日　期	话题/内容
1	1月9日	历史上两条资本主义道路的发展
2	1月16日	依法治国与领导理论创新
3	3月6日	充分发挥政府和市场两只手作用
4	3月13日	台湾当局的东海南海政策
5	3月20日	推进“四个全面”与深化形势教育
6	3月27日	晚清中西文化交流与民间社会
7	4月10日	中国特色政治经济学的发展和创新
8	4月17日	科举制度废除110年再反思
9	4月24日	适度“经济增长理论”和“绿色生产力论”的理论与现实意义
10	5月8日	传统艺术在都市的沉浮——以评弹为中心
11	5月15日	长三角文化创意产业融合发展对策研讨
12	5月22日	经济新常态下投融资模式的创新
13	5月29日	印泥制作与中国画和书法之间的渊源
14	6月5日	志愿服务立法问题探讨
15	6月12日	从美日和美菲军事同盟条约比较中日和中菲岛屿争端
16	6月19日	全面深化改革与企业改革创新发展
17	7月3日	新常态下国有企业如何深化改革
18	7月9日	非政府组织的管理和运作
19	7月10日	南海局势与海洋法治
20	8月7日	社科界外宣发展模式研究
21	8月13日	八一三淞沪抗战的战略意义及历史地位
22	9月11日	19世纪英国海权发展与全球化
23	9月18日	发展、创新和完善中国特色社会主义政治经济学
24	9月25日	学习习总书记“9.3”重要讲话与深化形势教育

（续表）

场次	日　期	话题/内容
25	10月9日	中国经济新常态与生产力发展的关系
26	10月16日	社区治理热点问题与探讨
27	10月23日	“众创”时代创新创业平台搭建研究
28	10月30日	当前江南学研究的几个问题
29	11月6日	“四个全面”与中国特色社会主义
30	11月13日	城市社区图书馆文化服务模式研讨
31	11月20日	台湾岛内选举对东亚格局变化的影响
32	11月27日	中外教育新比较
33	12月4日	用市场化手段应对老龄化的必要性和可行性研究
34	12月11日	中古社会研究前沿

东方讲坛 2015 年题库

专题理论

中国梦宣讲专题

民族团结与中国梦　彭高成

中国梦与中国共产党人的历史使命　华强

延安精神是实现中国梦的强大精神力量　黄中元

法治中国建设与中国梦的实现　章友德

“中国梦”的提出与实现路径　崔满明

习近平系列讲话精神学习专题

学习总书记关于加强党的建设重要讲话　肖昌进

习近平外交思想与实践　杨元华

新一届中央领导集体治国理政的总体思路　陈方刘

习近平治国方略与执政风格　袁秉达

“党在新形势下治国理政的行动纲领——学习习近平总书记系列讲话精神”　陈超

“依存与博弈；中美关系纵横——学习习近平关于中美关系论述的体会”　窦晖

学习习近平总书记系列讲话精神　忻平

习近平治国理念和执政方略的政治智慧　杨苏

治国理政的新思路与新方法——学习习近平总书记系列重要讲话精神　钱胜

坚持稳中求进　推动创新发展——习近平谈经济　乔兆红

新一届中央领导集体治国理政的新思路——习近平总书记系列重要讲话精神解读　郝云玲

深刻把握习近平“四个全面”重要论断的科学内涵及重大意义　胡涵锦

信念　情怀　智慧　担当——学习习近平总书记关于中国梦系列重要讲话　袁志平

打铁还需自身硬——学习习近平总书记关于党的建设系列重要讲话　袁志平

要续写更加精彩的篇章——学习习近平总书记关于中国特色社会主义的系列重要讲话　袁志平

使我们党始终成为坚强领导核心——学习习近平总书记关于反腐倡廉建设系列重要讲话　袁志平

社会主义核心价值观教育专题

儒家“礼”精神实质及其对构建社会主义核心价值观的启示　刘惠恕

社会主义核心价值体系　张汉为
培育和践行社会主义核心价值观　陈方刘
党员干部如何培育和践行社会主义核心价值观　袁秉达
党国意志和民族追求——也谈践行社会主义核心价值观　鲍银生
培育和践行社会主义核心价值观　陈超
社会主义核心价值观与中华精神文脉的传承　高惠珠
党员干部如何践行社会主义核心价值观　刘泾
践行社会主义核心价值观，以辛勤劳动实现自身价值　刘砚国
社会主义核心价值观的践行与思考　陆俊青
弘扬科学精神，践行社会主义核心价值观　王顺义
加强社会主义核心价值观建设，引领大学生人才培养　忻平
学习、实践社会主义核心价值观　张涟
社会主义核心价值观与中国传统文化价值观　张允熠
社会主义核心价值观漫谈　周中之
感恩与社会和谐　颜苏勤
为人子女，百孝善为先　黄燕清
漫谈中华传统美德　周中之
培育和践行社会主义核心价值观　杜言敏
社会主义核心价值观解析　李占才
社会主义核心价值观引领人生路　贺善侃
在现实、历史与未来间前行——培育与践行社会主义核心价值观的系统性解读　孙抱弘
坚定信仰　培养和践行社会主义核心价值观　袁志平
革命精神与核心价值观：英雄红军万里长征告诉我们什么？　唐莲英
井冈山与中国革命精神　唐莲英
雷锋精神与时代同行　唐莲英
社会主义核心价值与法治精神的弘扬　章友德
以法治守护社会公平正义的核心价值　章友德
多元社会离不开核心价值观践行　周锦尉
自觉践行社会主义核心价值观　黄力之
意识形态与社会主义核心价值观　贺卫
践行社会主义核心价值观　孙谦
如何在社会主义核心价值观的践行上下功夫　李家珉
社会主义核心价值观与社会生活　方旭光
社会主义核心价值观的价值认同　方旭光

形势任务

面对 2016 年的台湾局势与两岸关系　严安林

当前与未来的香港形势　严安林
中国周边安全形势与台湾问题　严安林
新形势下台海特点与两岸关系　周天柱
西化、分化与国家安全　彭高成
当前国际形势与我国周边安全热点问题分析　邵青
全面推进依法治国的行动纲领——党的十八届四中全会精神解读　陈超
当前朝鲜半岛局势及中国的对策　崔志鹰
当前国际形势中的热点问题及对我国的影响　郭隆隆
当前我国的周边安全形势及对策思考　郭隆隆
当前台湾岛内的政局变化及对两岸关系的影响　郭隆隆
十八大以来的国际形势与中国新外交　刘军
增强党章意识　提高支部工作科学化水平　王蔚莲
加强党性修养　践行“三严三实”　王蔚莲
学习贯彻党章　坚定理想信念　王蔚莲
国际经济形势与中国经济的发展　沈大勇
中国经济社会发展的新挑战、新对策与新希望　王志平
21 世纪海上丝绸之路的战略构想与前景　夏立平
加强党风廉政建设　保持党的纯洁性　忻平
全面推进依法治国若干重大问题　陈保中
全民守法和法治社会建设　陈保中
依法治国与法治中国的建设　刘骞
上海“十二五”收官与战略性发展　蒋为群
深化改革关键年面临的任务和突破　蒋为群
改革开放是决定当代中国命运的关键一招　钱胜
上海发展转型与四个中心建设　乔兆红
“一带一路”与中国经济发展战略　乔兆红
国民党易帅与两岸关系未来走向　刘骞
香港“占中”与西方的“反华民主运动”　刘骞
中国反腐:如何破除“三朵乌云”?　刘骞
当前经济形势与政策分析　陈勇鸣
全面推进依法治国和加强执政党建设　杜言敏
反腐败和中国社会主义政治文明建设　蒋德海
人民民主和新时期我国人大制度的完善　蒋德海
台湾政局变化与两岸关系发展趋势　王海良
中国周边国际形势中国及港台形势　王海良
法比天大——学习党的十八届四中全会决议关于法治精神的思考　李占才
世情、国情与党情,机遇、挑战和使命　李占才

自信也是生产力——坚持和发展中国特色社会主义若干问题的思考　李占才
打铁还需自身硬——关于加强党的建设的思考　李占才
坦坦荡荡做人　干干净净做事——关于反腐倡廉的一些思考　李占才
依法治国,建设社会主义法治国家的里程碑　翟桂萍
全面推进依法治国——党的十八届四中全会精神解读　郝云玲
2015 年全国"两会"精神解读　郝云玲
党的十八届四中全会精神辅导　胡稼东
党的群众路线和群众观点　胡稼东
社会主义民主政治建设与依法治国　胡稼东
驾驭时势得天下　顺应民意开太平——中国共产党奋斗历程与基本经验　李占才
弘扬抗战精神　实现民族复兴　袁志平
中国共产党的核心价值取向与思想智慧　袁志平
中国共产党应对危机的历史经验与现实启示　袁志平
依法治国的文化条件:基于民众视角的分析　郝宇青
新媒体时代中共执政面临的挑战与对策　郝宇青
"善治"视野下的法治中国建设　贺善侃
极端组织"伊斯兰国"与当前国际反恐形势　刘中民
"一带一路"纵横谈　刘中民
海权与大国兴衰　刘中民
"新常态"下中国经济与金融形势分析　阮青松
国家安全局势与安全战略选择　袁志平
实现民族复兴中国梦的法治保障——十八届四中全会精神解读　袁志平
党的十八大以来反腐倡廉建设的新特点、新举措与新使命　袁志平
2015 全国两会精神解读　袁志平
当前党建热点难点问题　袁志平
如何推进服务型党组织建设　袁志平
学习党章　践行党章　做合格的共产党员　袁志平
时代发展对党性修养的新要求　袁志平
新形势下群众工作的方法和途径　袁志平
新常态下中国经济的挑战与发展方向　张恒龙
"一路一带"与全方位开放新格局　张恒龙
当前中国经济形势及面临的问题　赵子文
中国经济发展与"一带一路"建设　赵子文
未来科技发展趋势　葛伟民
以良法善治推进两个百年目标的实现　章友德
坚持走中国特色的社会主义法治道路　章友德
努力实现全面从严治党与依法治国的有机统一　章友德

司法改革与法治中国建设　章友德
如何理解四个全面之间的逻辑联系　章友德
法制中国与依法治国战略——解读十八届四中全会　周锦尉
经济形势和任务的报告　周锦尉
关于社会治理、基层建设、居民自治的若干思考　胡涵锦
当前思想理论动态分析　黄力之
怎样与群众打成一片　陈彩玉
朝鲜现状与未来展望　朴昌根
“一带一路”与中国未来发展　张耀
中国周边海洋局势　张耀
中国“和平崛起”的机遇和挑战　冯玮
中国特色社会主义基本问题　孙谦
坚定中国特色社会主义道路自信　孙谦
弘扬优秀传统文化　提升文化软实力　李家珉
把权力关进制度的笼子里:路径及困境　潘秦保
当前国际局势与中国的战略选择　郭学堂
当前国际热点分析　郭学堂
未来十年中国经济发展的重要动力和规划　包立峰
为什么能“道路自信、理论自信和制度自信”　方旭光
新时期国家海上安全形势与对策　刘苏闽
当前中东形势与中国　余建华
国际油价、世界能源格局与中国方略　余建华
国际反恐态势与中国　余建华
台湾岛内政局与两岸关系　凤懋伦
推进全面从严治党,构建良好政治生态　孙爱霞
“四个全面”:新时期治国理政的战略布局　孙爱霞
党风廉政建设的新常态　孙爱霞

经济金融

长三角经济与上海经济发展　顾建光
上海国际旅游度假区(迪士尼乐园)及其国际比较　王大悟
聊聊老百姓的旅游经　王大悟
大数据对全球经济的影响　冯叔君
走进自贸区——自贸区实务操作与问题思考　冯叔君
当前宏观经济政策热点问题透视与投资策略分析　高汉
自贸区与上海国际大都市建设　沈大勇
如何认识中国经济“新常态”　王志平

商标使用和品牌营销策略　张殿元
上海自贸区的制度创新与实践　周慧敏
上海自贸区能带来哪些民生红利　周慧敏
中国经济发展进入新常态的特点与趋势　钱胜
经济新常态下的产业转移升级　陈勇鸣
国资国企改革的热点难点问题分析　陈勇鸣
沪港通与中国股市投资　刘春彦
互联网金融的风险及防范　刘春彦
如何实施创新驱动发展战略　李正图
积极发展混合所有制经济　李正图
打造中国经济升级版　李正图
如何解读中国经济发展“新常态”　赵子文
转基因技术与生物经济时代　葛伟民
第三次工业革命　葛伟民
上海科技创新中心建设及大众创业万众创新商机　陈甬沪
人口老龄化与扩大老年居民消费　刘社建
解读汉江奇迹　朴昌根
新常态与上海经济发展展望　崔满明
2015 年中国证券市场的投资思考　崔满明

法律知识

全面推进依法治国与全面实现小康社会　王立民
依法治国与百姓生活　余向栋
防范企业法律风险　企业经营如何防范法律风险？　余向栋
依法治国与反腐败斗争的法治化进程　汤啸天
父母为子女购买房应注意哪些问题　李东方
诚信社会建设的法律思考　李继力
新《行政诉讼法》与法治政府建设　杨寅
《行政强制法》实施与依法行政　杨寅
维护宪法尊严　弘扬宪法精神　李鸿渊
干部法治思维与依法行政能力提升　李鸿渊
依宪执政和依法治国　陈保中
全面推进依法治国十大问题　蒋德海
法律与生活　鲁叔媛
法律与社区　鲁叔媛
法律与工作　鲁叔媛
实施不动产登记对于房产权属的影响　刘春彦

腐败犯罪的惩治与预防 何萍
洗钱犯罪的惩治与预防 何萍
如何认识和理解法律是治国之重器 章友德
法治:全面深化改革的最重要保障 章友德
如何理解依法治国的关键是依宪执政、依法执政 章友德
全民守法与法治社会建设 章友德
社会治理体系的现代化与法治中国建设 章友德
依法治国进程中的法治社会建设 章友德
不断推进转型中国的法治社会建设 章友德
加强社会治理,推进法治建设 章友德
金融、保险、网购消费维权难点及攻克方法 陈甬沪
企业信息公示方法及信用维权之道 陈甬沪
法治中国建设的难点与挑战 李建勇
法治社会与城市精神或如何养成法律意识 李建勇
以案说法:实例解读《劳动合同法》 李建勇

人生发展

中国传统文化中的人生智慧 陈方刘
教养——你的名片 王圣民
亲近艺术,享受艺术之美 王圣民
得体的形象与涉外礼仪的通则 窦晖
从心开始:快乐人生自己做主 樊秀娣
改善个性,乐享人生 樊秀娣
幸福,这个可以有——谈谈心态与幸福 华建宝
用公关理念与技巧提升青年朋友人际交流与沟通的认识与技艺 公共关系与人际沟通的技巧 黄燕清
守护我们的婚姻与家庭,守护女性的美丽与快乐 黄燕清
提升情商,融入团队 刘砚国
学会沟通协调,学点语言艺术 刘砚国
今天我们应该追求怎样的幸福生活? 邵龙宝
培育精神家园,提升人格修养 邵龙宝
青年就业形势分析及对策 翁海明
快乐工作全攻略 翁海明
女性职场综合素养提升 翁海明
当代青年人如何坚守自己的梦想 忻平
有效沟通与协调技巧 张培德
职业倦怠预防与应对 常焕

职业生涯的目标设定和目标管理　孙海芳
幸福的学问　胡永中
执行力:从认识到提升　蒋为群
塑造健康人格　铸就幸福人生　王红丽
沟通能力与语言艺术　王红丽
色彩心理与服饰搭配　王红丽
干部的心理调适　张培德
职业生涯规划与职场发展　张培德
社区干部的语言交流与沟通艺术　张生泉
公务员成长中的角色文化　改:找好角色定位,做好人民公仆　张生泉
公共关系与自我营销　杨赛
在生活中成长(今天,你宽容了吗?)　翟桂萍
创造更加幸福美好的生活　翟桂萍
智慧女人的幸福人生　林东华
提升幸福力　林东华
有话好好说——日常人际沟通技巧　林东华
“跨界领导力”引领领导力发展新趋势　党政干部
从人到好人　孙抱弘
读心术——破解心灵的密码　孙丽娟
在与人相处中寻找快乐　汤啸天
社区干部的德与才　王洁
坚定信仰　奋力追梦——当好“廉内助”的若干思考　袁志平
爱的双人舞:家庭幸福的奥秘　朱眉华
一餐一饭话饮食之德　吴承起
新上海人与上海的新发展　袁志平
上海的性格与上海的精神　袁志平
“五礼与无礼”——公共场所里如何做到彬彬有礼　高福进
人际沟通中的语言技巧　郭永康
人生与学问　苏令银
在审美中净化心灵　黄力之
心理健康与幸福人生　陈彩玉
有效沟通及技巧　张苑琛
读史的智慧　冯玮
孔子的“仁”与和谐人生　黄意明
如何提升当代青年人的能力　李家珉
自觉遵守道德法律规范　提高公民道德法律素质　裴雨林
青年干部的必备素质　裴雨林

哲学智慧　包立峰
在竞争环境中培养合作意识　张兵
礼在东方——今天我们为什么讲礼仪　朱震国

教育、社会、管理

今天,怎样当家长?　乐善耀
如何理解转型期中国社会保障政策　翟志俊
核、化学、生物突发公共事件的威胁与防范　朱明学
给年轻妈妈的三十条建议　王圣民
低碳社区与城市环境保护——创建文明城区和国家卫生区　竺际舜
生态家园,从我做起　竺际舜
大数据驱动下的管理与决策　魏农建
传统文化与家庭教育　王立科
完善立体化的治安防控体系　汤啸天
城市少数民族流动人口属地化管理的对策与建议　安俭
人为因素与安全管理　常焕
漫谈孩子的智商、情商与乐商　陈宁
领导力与人格魅力提升　陈宁
社会风尚与道德治理　高惠珠
邪教犯罪的社会防范　胡训珉
从管理到治理——社会治理创新的实践与思考　陆俊青
留学生与强国梦　忻平
家庭教育与孩子心理韧性的培养　颜苏勤
新媒体时代的公共危机管理　张殿元
现代人才管理方略与管理创新　张培德
家长与孩子心理沟通的艺术　张佩珍
突发事件预防与应急　刘艺林
加强应急管理　减轻灾害损失　刘艺林
校园灾害预防与应急行动　刘艺林
传媒与社会发展　谢金文
新闻媒介与国际社会　谢金文
高绩效团队的建设　朱国定
管理者的创新思维　朱国定
学习型组织在基层的应用　朱国定
现代理才方略与人力资源管理　张培德
“医患关系”践行的新视野、新路径　张生泉
亲子关系冲突的识别与改善　赵小青

有效沟通,做智慧家长　赵小青

社区治理中的创新思维运用　周慧敏

中国社会为何如此关注公务员涨工资　刘骞

中国反腐机制的建立:中国具备“高薪养廉”的土壤吗?　刘骞

“民工讨薪命丧派出所”:为什么农民权益屡屡得不到保障?　刘骞

中国反腐:“赵本山”现象——文艺圈与官场的“孽缘”　刘骞

“中国游客”现象与国人素质的培育　刘骞

国家治理的现代化不是西方化　刘骞

养老金并轨与我们的生活　刘骞

延时退休——有人拍手叫好,有人叫苦连天　刘骞

如何看待“网络民粹”?　刘骞

政府简政放权:从“做减法”到“列清单”　刘骞

创新社会治理、深化社区自治　杜言敏

中国古典诗词中的人才智慧　马建光

学习开国将领,培育“四有”军人　马建光

弘扬主旋律,传播正能量　翟桂萍

当前社会错误思潮批判　翟桂萍

上海社会工作发展现状及其趋势　文军

社会治理创新与社区管理能力的提升　文军

社区建设的重点、难点及思路　文军

2014 年教育网络舆情典型案例及特征分析　陈华栋

网络反腐:新媒体时代党风廉政的重要阵地与有效抓手　陈华栋

地震预警与应急防护　姚保华

突发事件及其应对方法　姚保华

家庭教育:孩子成长的起跑线　顾晓鸣

领导干部首先要学会教育好自己的子女　顾晓鸣

顶层设计:现代家校合作的新突破　顾晓鸣

食育教育(对倡导“资源节约型”社会的深远意义)　吴承起

城市社区文化建设应该注重公共性活动的丰富和拓展　范宝舟

虚拟经济时代我们需要怎样的财富观?　范宝舟

当前社会心理及其社会现实基础分析　范宝舟

国民创新素质培育:从生存竞争型到伦理合作型——人类社会创新的历史进路与现代指向　孙抱弘

影像发声法:社区需求研究的重要方法　朱眉华

社会工作与贫困家庭帮扶　朱眉华

演讲沟通技巧谈　郭永康

低碳社区与城市环境保护　尤庆敏

特大城市公共安全与社会治理　章友德
上海基层社会治理的难点与突破　章友德
如何提升基层社区工作者的能力　章友德
城市网格化管理的难点与突破　章友德
以法治保障社区自治与共治　章友德
特大城市街镇体制改革的重点与难点　章友德
社会组织在上海城市治理中的角色扮演　章友德
上海创新社会治理的理念与实践　章友德
市场经济建设中道德何为？　苏令银
情商与领导力　苏令银
校园消防安全　赵锦祯
街道、乡镇、居(村)委、楼组消防安全“网格化”管理　赵锦祯
单位消防隐患排查与初期火灾扑救　赵锦祯
今天我们怎么做家长　陈彩玉
家庭教育——青少年习惯养成　张苑琛
新媒体与危机应对　张苑琛
基层政府信息公开社会评议工作　肖卫兵
上海政府信息公开十年:成就、挑战、前瞻　肖卫兵
依申请公开案例分析　肖卫兵
上海公共文化服务发展之路　蔡丰明
汉字快写的原理及其练习技巧　方有林
智慧言语成就好家长　蒋伟伟
今天我们怎么出国去旅游　苏颂兴
中国人的家教有问题　苏颂兴
做港台青年的知心朋友(两岸青年交流)　苏颂兴
开展文明创建　树立文明新风　裴雨林
博弈思维与互动决策　张兵
社会主义协商民主与加强社会治理　凤懋伦

历史文化

今天我们为什么还要过传统节日　翁敏华
守护我们的精神家园——中国年节文化　翁敏华
纪晓岚与乾隆王朝　吴兆路
新四军是怎样发展成为华中敌后抗战的中流砥柱　新四军与中国抗战　童志强
上海方言与海派文化　钱乃荣
回味老唱片,看上海老歌的辉煌时代　钱乃荣
走近伊斯兰文化　孔令涛

长征精神的当代启示　邓玉平

中国传统文化与中国人的信仰　邵龙宝

中华文化与中国人精神家园　盛邦和

中国对世界反法西斯战争的贡献和中国国际地位的提升　中国抗战与世界反法西斯战争　石源华

听庄子讲“道”的故事　奚爱民

延安整风与党的建设　忻平

二三十年代的上海社会与海派文化　忻平

抗战中的中国空军和海军　忻平

公正　包容　责任　诚信——上海城市价值取向的文化内涵　李鸿渊

中国特色社会主义实践在上海（当代上海史）　王健

犹太文化与上海城市精神　王健

《弟子规》教给我们什么？　潘颂德

走近俄罗斯　杨伟民

中国文化的特色——中西方文化比较　胡永中

围棋与中国文化　胡永中

《三国演义》与人生智慧　柳岳梅

中国大师为何根绝？只因社会缺善待大师氛围　刘骞

中国共产党领导中国是历史的选择　黄中元

中国共产党的中流砥柱作用中国人民抗日战争胜利的关键　黄中元

从《钱氏家训》看家规教育　马建光

中国古代玉文化　张尉

纵横天下话子贡　杨赛

孔子士家　杨赛

从《论语》到《三字经》　杨赛

刘邦与叔孙通（学术讲座）　杨赛

大秦帝国的音乐事业（学术讲座）　杨赛

国学启蒙　杨赛

青花瓷与中外文化交流　谈谭

整体中国和个体中国人国际形象的历史演变　郑寅达

老庄风骨与道家文化　杨赛

静与雅：中国传统插花的文化情趣　陈佳瀛

虹口的红色记忆　王洁

鲁迅与抗日战争　王锡荣

1930 年代上海文学地图　王锡荣

鲁迅精神与廉政文化　王锡荣

近代中国为什么老是挨打　袁志平

解读辛亥革命　袁志平
翻天覆地的大事变是这样发生的　袁志平
弘扬抗战精神　实现民族复兴　袁志平
中国共产党为什么能赢得胜利　袁志平
中国国民党在大陆失去执政地位的教训　袁志平
从党史国史中汲取智慧和力量　袁志平
改革开放新时代是这样炼成的　袁志平
全面改革:续写更加精彩的大文章　袁志平
中国共产党的核心价值取向与思想智慧　袁志平
中国共产党应对危机的历史经验与现实启示　袁志平
弘扬抗战精神　实现民族复兴　袁志平
抗日战争与上海　袁志平
《断臂的维纳斯女神》——古希腊神话及其文化评析　高福进
犹太人的智慧:希伯来文明及犹太教　高福进
中医及文化　葛林宝
汉族节日民俗的文化内涵　朱恒夫
刀与水——江南文化的特色　朱恒夫
抗日战争胜利70周年的中日关系　吴寄南
守住“味道”的精神家园　周彤
本帮菜　老上海味道的秘密　周彤
中华美食的文化内核　周彤
传统节日的文化内涵与当代价值　蔡丰明
非物质文化遗产的保护、传承与利用　蔡丰明
本帮商人穆藕初传奇　方有林
一战期间的上海工商业　方有林
如何认识日本对侵略历史的“反省”?　冯玮
传统节日功能的现代转化(历年讲座题目)　黄意明
中西方文化的结构性比较　包立峰
抗日战争胜利的基本经验——纪念抗战胜利70周年　刘苏闽
中国共产党的中流砥柱作用是抗日战争胜利的关键　刘苏闽
辉煌的古希腊文化　张兵

外交国防

当前国际形势与中国外交　杨元华
东亚形势与周边热点问题　杨元华
中日关系热点透视　李秀石
日本防卫战略演变与中日关系　李秀石

日本海洋战略对中日关系的影响　李秀石
当前军事科技发展概况　邵青
国家安全与边疆稳定　安俭
后乌克兰时代的大国关系　刘军
我国周边海域安全的新趋势和中国的外交应对　石源华
朝鲜半岛局势的新特点和中国的外交政策　石源华
相互尊重、合作共赢:构建中美新型大国关系　夏立平
习近平对外战略思想与我国外交新布局　杨苏
当今中东局势及中国的中东政策　王健
主场外交与中国大国形象的提升　刘骞
习李特色外交与中国走向世界　刘骞
中国跟朝鲜到底怎么了?　刘骞
乌克兰危机与中美俄关系格局　刘骞
崛起中的中国与周边安全:领土和海洋争端的处理　刘骞
中国特色大国外交及台港澳问题　王海良
欧盟的中亚安全战略　谈谭
美国智库的中国问题研究　仇华飞
当代中美关系　仇华飞
当代中国对外战略与周边安全　仇华飞
当前中东安全局势与中国的中东外交　李伟建
2015 年中日关系展望　吴寄南
中日关系能否走出阴霾　吴寄南
新中国人民海军的发展壮大之路与我海洋权益的未来发展　张耀
美印关系对中国的影响　胡志勇
中国印度洋战略及其影响　胡志勇
中国周边外交新走向　胡志勇
“一带一路”与中国外交新思路　郭学堂
中国海军的亚丁湾护航　刘苏闽

文学艺术

中国古典文学与廉政文化　吴兆路
《孙子兵法》精粹　邵青
我们为什么需要艺术　奚爱民
中国文学修养与人文素养提升　杨剑龙
朗诵,竟然可以这么美　张威子
鲁迅对中华民族的伟大贡献　潘颂德
怎样欣赏诗歌　潘颂德

21世纪诺贝尔文学奖获奖作品赏析　杨伟民
俄罗斯电影艺术的文化品格　杨伟民
《红楼梦》与中国传统文化　柳岳梅
语言表达与演讲技巧　张培德
我们一起唱宋词　改:吟唱唐诗宋词之美　杨赛
我们一起唱唐诗　杨赛
插花花艺让生活更美好　陈佳瀛
西方艺术的魅力和传承　孙乃树
现代艺术的反叛和变革　孙乃树
中国绘画的意趣和品位　孙乃树
中国文学名著对廉政文化建设的启示　袁志平
视听感知与审美体验——电影艺术鉴赏概说　李果
光影中的精灵——电影音乐赏析　李果
红军长征题材影片的历史与文化演进　李果
戏曲美在何处　朱恒夫
中国古诗词中的人生哲理　黄意明
委婉动听的声音如何练就　蒋伟伟
成也表达,败也表达——口语的魔力　林毅
声音的奥秘——朗读的基本素养和技能　朱震国

健康秘方

膳食营养与健康　常雅宁
舌尖上的危害——食品安全漫谈　常雅宁
中医养生与行为习惯　李其忠
冬令进补漫谈　李其忠
古人百岁养生经　张冰隅
科学饮食,走出饮食的认知误区　竺际舜
高血压与中医调养　周端
女性心理健康与人际关系维护　常焕
关注身心健康,及时调适有妙招　樊秀娣
女性健康知要与养生　何新慧
膏方漫谈　何新慧
珍爱生命,防艾拒毒　胡训珉
中国传统文化与养生　孟宪纾
延年益寿,未病先防　余安胜
家庭的艾灸保健方法　余安胜
道教养生与中国传统文化　朱子彦

饮食营养与食疗　郭永洁
饮食营养与疾病食疗　郭永洁
常见疾病的中药保健　郭永洁
《黄帝内经》的养生智慧　王庆其
老年养生忌宜谈　顾瑛
社区居民健身与运动安全防护　卫志强
心理健康的视角与方法　赵小青
健康有“个性”——中医辨体质，养生个体化　张晓天
中医“治未病”，远离亚健康　张晓天
摆脱亚健康，中医有“膏”招　张晓天
怎样让运动更快乐　赵文杰
体育锻炼与心理调节　赵文杰
体育锻炼的注意事项　赵文杰
烘焙与健康　林东华
保健食品与养生　刘少伟
趣谈食物颜色与心理性格特征　刘少伟
食品安全——是谣言吗？　刘少伟
女性保健　徐平
黄帝内经养生的智慧　徐平
经络养生　徐平
养生之道——药食同源话健康　吴承起
室内绿植与健康生活　陈佳瀛
吃动两平衡，运动防慢病　陆大江
中老年人社区、家庭健身法　陆大江
楼宇、职场运动与保健　陆大江
走向阳光心态——问题青少年的心理疏导　孙丽娟
过激行为的心理干预　孙丽娟
健康的自我管理　王拥军
怎样摆脱“亚健康”？　王拥军
白领一族养生保健　王拥军
穴位按摩预防办公室常见病　张海蒙
青年女性的日常经络保健　张海蒙
老年人的经络养生　张海蒙
中医与养生　葛林宝
针灸与养生　葛林宝
颈性眩晕的快速诊断和快速治疗　卫洪昌
对胸椎小关节紊乱致胸闷胸痛的认识和治疗　卫洪昌

女性养生的“三要” 卫洪昌
痤疮的中西医结合防治 李斌
中医皮肤美容 李斌
正确认识皮肤病中的“癣” 李斌
中医药防治恶性肿瘤 周荣耀
健康养生 姜培珍
食品安全与防范 贺化帛
调整饮食结构,吃出健康来 贺化帛
合理烹饪与营养 贺化帛

东方讲坛 2015 年度数据统计总表

东方讲坛 2015 年(1—6 月)数据统计总表

举办单位分类及场次	市级“讲坛”	47
	区、县“讲坛”	1 281
	高校“讲坛”	57
	其他“讲坛”	59
	合计	1 444
	对社会听众开放的场次	1 435
系列讲座	东方讲坛·经典艺术	3
	“文化与人生”系列讲座	139
	“形势与热点”系列讲座	115
	东方讲坛·社会治理与基层建设专题系列讲座	8
	东方讲坛·学习贯彻党的十八届四中全会精神主题宣传教育活动	44
	东方讲坛·中医养生系列讲座	14
	东方讲坛·“以案说防范,共建平安城”系列讲座	912
	东方讲坛·“三八”妇女节特别讲座	11
	东方讲坛·2015 职业生涯系列讲座	9
	东方讲坛·2015 创业生涯系列讲座	4
	东方讲坛科普周特别版	185
讲师人次	高级职称	334
	社会职务	1 110
选题分类	专题理论	57
	形势热点	44
	人生发展	17
	家庭教育	21
	法律知识	37
	经济金融	19

（续表）

选题分类	国防知识	31
	历史文化	21
	艺术鉴赏	46
	健康养生	50
	其他	1 101
	合计	1 444
2014 年度总计	本年度已举办场次	1 444
	本年度听众人次人数(约)	233 316
	本年度二次传播受众人次	1 080 000
东方讲坛总计	已设立举办点	373
	讲师(不重复统计)总人数	647
	总举办场次	23 879
	听众总人次	5 832 203
	二次传播受众总人次	280 493 470

东方讲坛系列讲座

“形势与热点”系列讲座

“形势与热点”系列讲座之 168					
序号	举办单位	题　目	主讲人	时间	会场地址
1	宝山区顾村镇	弘扬社会主义核心价值观,共筑中国梦	刘砚国(上海市演讲与口语传播研究会副会长)	1月8日 9:00	顾村镇新泰路31号
2	徐汇区华泾镇	加快建设社会主义法治国家——学习习近平总书记关于依法治国的重要论述	刘泾(中共上海市委党校副教授)	1月9日 14:00	龙吴路 2443 号
3	上海大学党委宣传部	抗日战争与中华民族的复兴	荣维木(中国社会科学院近代史研究所研究员)	1月9日 15:00	宝山区上大路 99 号南区 308 室
4	宝山区月浦镇	民生热点的法律解析	陈怡(执业律师)	1月13日 9:00	德都路 101 号社区事务受理服务中心四楼
5	上海氯碱化工股份有限公司	中央经济工作会议精神	唐珏岚(中共上海市委党校教授)	1月14日 9:00	龙吴路 4747 号综合会议室
6	闸北区彭浦新村街道	大国关系与东北亚安全	石源华(复旦大学教授)	1月14日 9:00	安泽路 78 号
7	闵行区七宝镇	怎么看与怎么办——当前我国经济社会发展问题与对策	张恒龙(上海大学社会发展研究院院长、副教授)	1月14日 13:30	沪松公路 450 号
8	崇明县图书馆	股票投资的技巧与策略	韩华林(上海股份制与证券研究会副会长)	1月18日 13:30	崇明县崇明大道 7897 号崇明县图书馆三楼报告厅
9	长宁区周家桥街道	创新驱动　转型发展:上海发展的历史轨迹与时代使命	乔兆红(上海社会科学院研究员)	1月22日 9:00	长宁路 1618 号
10	徐汇区湖南路街道	中俄关系的发展与前景	刘军(华东师范大学教授)	1月23日 9:00	乌鲁木齐中路 164 号

（续表）

“形势与热点”系列讲座之168					
序号	举办单位	题　目	主讲人	时间	会场地址
11	浦东新区社会工作协会	以案说防范：居家安全常识	徐志林（上海公安高等专科学校科研中心主任）	1月23日 14:00	合欢路2号地下一层
12	浦东新区金杨新村街道	强国梦与强军梦	邵青（南京政治学院上海分院副教授）	1月27日 8:30	云山路1080弄2号204室
“形势与热点”系列讲座之169					
序号	举办单位	题　目	主讲人	时间	会场地址
1	闸北区临汾路街道	牢固树立法治观念全面推进依法治国	鲁月棉（中共宝山区委党校副教授）	1月26日 14:00	保德路181号
2	宝山区罗店镇	旅游中应当注意的法律问题	贺学良（上海旅游高等专科学校教授）	1月27日 13:30	美诺路131号
3	上海市形势政策教育研究会	我国经济发展新常态——学习贯彻中央经济工作会议精神	李锐（上海市政协研究室原主任、研究员）	1月29日 9:00	淮海中路622弄7号上海社会科学院小礼堂
4	嘉定区图书馆	平安手牵手	房杰（上海市公安局警察公共关系办公室主任、法治天地频道《热点》节目主持人）	2月1日 14:00	裕民南路1288号一楼多功能厅
5	长宁区周家桥街道	干部作风建设与反腐倡廉	吴海红（中共上海市委党校副教授）	2月4日 9:00	长宁路1618号
6	浦东新区金杨新村街道	世界新军事变革与中国国防	邵青（南京政治学院上海分院副教授）	2月5日 14:00	云山路1080弄2号204室
7	宝山区顾村镇	老龄化社会如何保护老年人的合法权益	汤啸天（上海市法学会副秘书长）	2月5日 9:00	顾村镇新泰路31号
8	长宁文化艺术中心	拉丁美洲和当前中国同拉美国家关系简况	张明德（上海国际问题研究院美洲研究中心研究员）	2月8日 9:00	仙霞路650号301多功能厅
“形势与热点”系列讲座之170					
序号	举办单位	题　目	主讲人	时间	会场地址
1	浦东新区社会工作协会	以案说防范：消防安全知识	赵锦祯（上海市公安局消防总队培训基地工程师）	2月12日 14:00	合欢路2号地下一层
2	上海市形势政策教育研究会	推进党风廉政建设与反腐败进程	周建明（上海社会科学院社会学研究所原所长、研究员）	2月26日 9:00	淮海中路622弄7号上海社会科学院小礼堂

（续表）

“形势与热点”系列讲座之 170					
序号	举办单位	题　目	主讲人	时间	会场地址
3	崇明县竖新镇	社会治理创新：力量在民、智慧在民	熊万胜（华东理工大学人文科学研究院副院长）	2月27日 9:00	竖新镇团城公路1918号
4	崇明县图书馆	构建法治中国，维护宪法权威	李建勇（上海大学教授）	3月3日 13:30	崇明大道7897号图书馆三楼报告厅
5	徐汇区湖南路街道	银行理财产品面面观	吴芹（上海商学院副教授）	3月6日 9:00	乌鲁木齐中路164号
6	上海市新四军历史研究会	第一个中国梦——中国抗战的伟大胜利	唐培吉（同济大学教授）	3月6日 13:30	凯旋路112号上海市委党校第四分校
7	松江区车墩镇	经济新常态下的转型发展	唐珏岚（中共上海市委党校教授）	3月6日 13:30	北松公路4688号
8	杨浦区延吉新村街道	有趣的行为经济学	李刚（上海师范大学副教授）	3月11日 9:00	延吉中路77号410室
9	长宁文化艺术中心	全球气候变暖潜伏生存危机	李永平（中国气象局上海台风研究所海洋气象研究室主任、研究员）	3月15日 9:00	仙霞路650号301多功能厅
10	宝山区顾村镇	环境，让生活更美好	竺际舜（上海师范大学教授）	3月18日 9:00	新泰路31号
11	浦东新区金杨新村街道	“一带一路”：中国外交的新思路	郭学堂（上海对外经贸大学国防战略与政策分析研究所所长、教授）	3月18日 13:30	云山路1080弄2号204室
“形势与热点”系列讲座之 171					
序号	举办单位	题　目	主讲人	时间	会场地址
1	宝山区罗店镇	以案说法：实例解读《消费者权益保护法》	陈甬沪（上海市工商行政管理局研究室主任）	3月18日 13:00	美诺路131号
2	杨浦区江浦路街道	今天，我们为什么还要学雷锋？	王荣发（华东理工大学教授）	3月18日 13:30	许昌路1150号3楼
3	黄浦区瑞金二路街道	法治让国家治理迈向新境界	杜言敏（中共黄浦区委党校副教授）	3月18日 14:00	思南路33号1楼会场
4	宝山区友谊路街道	美国亚太战略再平衡下的台海局势	周天柱（上海社会科学院研究员）	3月19日 9:00	永清路899号

（续表）

"形势与热点"系列讲座之 171					
序号	举办单位	题　目	主讲人	时间	会场地址
5	宝山区张庙街道	新丝绸之路：中国外交新走廊	孔令涛（上海外国语大学东方语学院党总支书记、副教授）	3月19日 9:00	泗塘二村 108 号二楼大会议室
6	浦东新区花木街道	如何提升中国发展的软实力	胡键（上海社会科学院社会科学杂志社社长、研究员）	3月26日 9:30	严中路 185 号由由分社区报告厅
7	宝山区月浦镇	立足本职，发挥共产党员先锋模范作用	鲁月棉（中共宝山区委党校副教授）	3月20日 13:30	月浦四村 6 号
8	闵行区梅陇镇	如何跨越"中等收入陷阱"	乔兆红（上海社会科学院研究员）	3月20日 13:30	梅陇镇高兴路 108 号
9	闸北区大宁路街道	街道体制改革与社区治理	文军（华东师范大学社会发展学院党委书记、教授）	3月20日 14:00	彭江路 188 号五楼一会议室
10	闸北区临汾路街道	普及侨法知识，建设幸福社区	王玲（上海市人民政府侨务办公室国内处副处长）	3月20日 14:00	保德路 181 社区文化活动中心四楼会议室
11	浦东新区陆家嘴街道	上海政府信息公开十年：历程、经验、前瞻	肖卫兵（上海政法学院经济法教研室主任、副教授）	3月23日 9:30	福山路 49 弄 10 号
12	杨浦区五角场镇	社会治理创新：力量在民、智慧在民	何海兵（中共上海市委党校社会学教研部副主任、教授）	3月24日 14:00	政立路 55 号
13	上海电气（集团）总公司党校	"一带一路"与中国经济发展新战略	凌国平（上海大学经济管理中心副主任、教授）	3月25日 13:30	浦东大道 2748 号 A325 多功能厅
14	闸北区教育局	全面推进依法治国与全面实现小康社会	王立民（华东政法大学教授）	3月25日 13:30	和田路 195 号
15	松江区新桥镇	法治中国建设的难点与挑战	关保英（上海政法学院副院长、教授）	3月25日 13:30	新站路 360 号东三楼会议室
16	松江区九亭镇	新型城镇化：问题与挑战	庄荣盛（中共上海市委党校教授）	3月25日 13:30	九亭镇康亭路 1 号
17	杨浦区五角场街道	当前国内经济发展形势	钱胜（中共黄浦区委党校教授）	3月25日 14:00	国权路 230 弄 11 号 1 楼
18	宝山区杨行镇	加快建设社会主义法治国家——学习习近平总书记关于依法治国的重要论述	阮传胜（中共上海市委党校教授）	3月26日 9:00	杨鑫路 268 号

（续表）

“形势与热点”系列讲座之 171					
序号	举办单位	题　目	主讲人	时间	会场地址
19	青浦区盈浦街道	创新社会治理，加强基层建设	顾东辉（复旦大学社会学院党委书记、教授）	3月26日 13:30	环城东路128号
20	杨浦区平凉路街道	经济新常态下的转型发展	李正图（上海社会科学院研究员）	3月26日 13:45	怀德路399号
21	浦东新区唐镇	当前国际形势与中国周边安全	顾伟（南京政治学院上海分院教授）	3月27日 9:00	浦东新区唐兴路495号
22	普陀区石泉路街道	以案说法：实例解读《老年人权益保障法》	张何心（上海李东方律师事务所副主任、执业律师）	3月27日 9:00	管弄路268号
23	杨浦区长白街道	消费者怎样依法保护自身权益	赵皎黎（上海市消费者权益保护委员会副主任）	3月27日 9:00	延吉东路105号
24	华东理工大学	雾霾与中国人的道德责任	薛念文（同济大学教授）	3月27日 13:30	海思路999号图文信息中心裙楼报告厅
25	杨浦区延吉新村街道	两岸关系与岛内政局变化	盛九元（上海台湾研究所研究员）	4月8日 9:00	延吉中路77号410室
26	上海市新四军历史研究会	中国抗战胜利在世界反法西斯战争中的重要地位	张云（南京政治学院上海分院教授）	4月10日 13:30	中山南二路857号街道办事处二楼第一会议室
“形势与热点”系列讲座之 172					
序号	举办单位	题　目	主讲人	时间	会场地址
1	崇明县中兴镇	关键在党　关键在人——学习习近平总书记关于党的建设的重要论述	赵大朋（中共上海市委党校党史党建教研部副教授）	4月10日 13:30	中兴镇兴工路57号
2	松江区石湖荡镇	立足本职，发挥共产党员先锋模范作用	张涟（中共上海市委党校四分校调研员）	4月10日 14:00	松江区塔汇路611号
3	松江区永丰街道	经济新常态与转型发展	唐珏岚（上海市委党校经济学教研部副主任、教授）	4月10日 14:00	松汇西路1188号
4	宝山区庙行镇	当前中国腐败治理的几个热点问题	袁峰（中共上海市委党校科社部副主任、教授）	4月11日 13:30	长江西路2697号三楼

（续表）

"形势与热点"系列讲座之172					
序号	举办单位	题　目	主讲人	时间	会场地址
5	闸北区临汾路街道	运用比较优势，认清社区形势，构建美好家园	包善祺（临汾社区党建研究会分会长）	4月13日 9:00	保德路181号社区文化活动中心
6	青浦区夏阳街道	创新社会治理　加强基层建设	何海兵（中共上海市委党校社会学教研部副主任、教授）	4月13日 13:30	青浦区青昆路100号
7	上海市旅游局	对"一带一路"倡议的思考	尹卓（海军网络安全和信息化专家咨询委员会主任、少将）	4月15日 9:00	海防路429弄100号四楼报告厅
8	浦东新区川沙新镇	实例解读《婚姻法》，提高女性维权能力	李东方（上海李东方律师事务所主任）	4月15日 13:00	川沙新镇华夏二路1255弄川迪三居委
9	浦东新区金杨新村街道	西藏问题始末及对中国国家安全的意义	刘骞（同济大学副教授）	4月15日 13:30	云山路1080弄2号204室
10	闵行区七宝镇	中国周边安全形势与台港澳问题	王海良（上海社会科学院副研究员）	4月15日 14:00	沪松公路450号
11	浦东新区书院镇	以案说法：实例解读《婚姻法》	杨宏芹（上海对外经贸大学副教授）	4月15日 14:00	新府东路81号
12	杨浦区江浦路街道	时代精神与民族精神：社会主义核心价值观的精髓	李家珉（上海电力学院教授）	4月16日 9:00	许昌路1150号3楼
13	闸北区芷江西路街道	"互联网＋"与基层社会治理	谢海光（文汇报社党委副书记、上海交通大学教授）	4月16日 9:00	芷江西路155号
14	闵行区华漕镇	舌尖上的安全：解读《食品安全法》	张霄岚（上海市食品药品监督管理局虹口分局食品法宣科科长）	4月16日 13:30	华漕村北街17号镇社区学校
15	徐汇区长桥街道	当前经济观察和投资策略	韩华林（上海股份制与证券研究会副会长）	4月16日 14:00	老沪闵路918号
16	闵行区梅陇镇	房屋租赁中的权利与义务	余向栋（上海市君成律师事务所高级律师）	4月17日 13:30	高兴路108号
17	长宁文化艺术中心	中美印三边互动与南亚地区安全	赵干城（上海国际问题研究院南亚中心主任）	4月19日 9:00	仙霞路650号301多功能厅
18	宝山区顾村镇	当前国际形势与中国周边安全	郭隆隆（上海市国际关系学会副会长、教授）	4月20日 9:00	顾村镇新泰路31号

（续表）

“形势与热点”系列讲座之 172					
序号	举办单位	题　　目	主讲人	时间	会场地址
19	浦东新区花木街道	上海城市发展面临的那些挑战	冯叔君（上海现代城市与区域发展规划研究院常务副院长）	4月20日 9:30	芳草路231号三楼会议室
20	浦东新区三林镇	“一带一路”与当前国内外形势	金越明（中共黄浦区委党校教授）	4月20日 13:30	杨新路213号1—2室
21	杨浦区五角场镇	扎实贯彻“四个全面”战略布局——2015年全国两会精神解读	袁志平（中共上海市委党史研究室征编处处长）	4月21日 14:00	政立路55号
22	杨浦区大桥街道	“四个全面”与全面建成小康社会	袁秉达（中共上海市委党校教授）	4月22日 14:00	平凉路1730号3楼多功能厅
23	上海电气（集团）总公司党校	沪港通的启示与商机	傅浩（上海证券交易所国际发展部总监）	4月23日 13:30	浦东大道2748号A325多功能厅
24	华东理工大学	全面推进依法治国与全面实现小康社会	孙力（南京政治学院上海分院教授）	4月24日 13:30	梅陇路130号逸夫楼报告厅
25	上海市新四军历史研究会	全民族抗战、人民战争是中国人民抗日战争胜利的重要法宝	刘苏闽（92910部队原政委）	4月24日 13:30	中山南二路857号枫林街道办事处二楼第一会议室
26	虹口区图书馆	交通事故的解析与启示	官宝（上海市道路交通安全协会副会长）	4月25日 14:00	水电路1412号
27	崇明县陈家镇	践行社会主义核心价值观，做优秀市民	宋黔辉（中共杨浦区委党校副教授）	4月29日 13:30	北陈公路1435号
28	上海市形势政策教育研究会	上海房地产形势分析	庞元（上海房产经济学会会长、高级工程师）	4月30日 9:00	淮海中路622弄7号上海社会科学院小礼堂
29	闵行区华漕镇	法律与我们的生活	王瑞山（华东政法大学刑事司法学院治安学教研室副主任）	4月30日 13:30	华漕村北街17号镇社区学校
30	松江区洞泾镇	开展文明创建，树立文明新风	施斌（上海师范大学基础教育发展中心副教授）	5月7日 13:30	洞泾镇长兴路466号
“形势与热点”系列讲座之 173					
序号	举办单位	题　　目	主讲人	时间	会场地址
1	杨浦区五角场街道	2015年全国“两会”精神解读	袁志平（中共上海市委党史研究室征编处处长、教授）	4月25日 8:45	国定路400号复旦新闻学院蔡冠深演讲厅

（续表）

“形势与热点”系列讲座之173					
序号	举办单位	题　目	主讲人	时间	会场地址
2	普陀区石泉路街道	从管理到治理——社会治理创新的实践与思考	章友德（上海政法学院社会管理学院院长、教授）	4月28日 9:00	管弄路268号
3	浦东新区高行镇	关键在党　关键在人——学习习近平总书记关于党的建设的重要论述	丁晓强（同济大学马克思主义学院院长、教授）	4月28日 9:00	东靖路1801号
4	宝山区罗泾镇	理解与互信——建立健康和谐的医患关系	徐迪（上海医药高等专科学校副教授）	4月28日 13:30	罗泾镇陈东路121号
5	浦东新区高行镇	十八大后反腐倡廉的新思路、新举措、新特点	汤啸天（上海市法学会副秘书长、教授）	5月7日 13:30	双桥路1216号华高市民活动中心三楼
6	宝山区罗店镇	以案说法：实例解读《劳动合同法》	李建勇（上海大学教授）	5月12日 13:30	美诺路131号
7	上海海事大学	共生系统理论与21世纪海上丝绸之路建设	夏立平（同济大学国际与公共事务研究院院长、教授）	5月13日 13:30	海港大道1550号学生服务中心一楼帮建报告厅
8	闸北区芷江西路街道	家庭继承中的法律问题	杨宏芹（上海对外经贸大学副教授）	5月13日 14:00	芷江西路155号
9	同济大学	中国新型城镇化的关键问题及政策选择	诸大建（同济大学教授）	5月14日 9:00	四平路1239号同济大学逸夫楼一楼报告厅
10	同济大学	中国公共管理学科话语体系的构建	蓝志勇（中国人民大学公共治理与和谐城市研究中心主任、教授）	5月14日 14:00	四平路1239号同济大学逸夫楼一楼报告厅
11	同济大学	媒体融合与传媒改革	张涛甫（复旦大学新闻学院副院长、教授）	5月15日 9:00	四平路1239号同济大学逸夫楼一楼报告厅
12	上海市新四军历史研究会	我所经历的抗日战争	阮武昌（上海警备区原副政委）	5月15日 13:45	中山南二路857号枫林街道办事处二楼第一会议室
13	同济大学	社会发展阶段与两岸城市合作	汪明生（台湾中山大学公共事务管理研究所教授）	5月15日 14:00	四平路1239号同济大学逸夫楼一楼报告厅
14	宝山图书馆	新经济形势下的投资理财	张毅（上海师范大学投资与保险系主任）	5月16日 14:00	海江路600号

（续表）

“形势与热点”系列讲座之174					
序号	举办单位	题　目	主讲人	时间	会场地址
1	华东理工大学	新丝绸之路与周边国际关系新形势	夏立平（同济大学国际与公共事务研究院院长、教授）	5月8日 13:30	海思路999号图文信息中心裙楼敬贤堂
2	浦东新区陆家嘴街道	国际恐怖主义与国家安全	余建华（上海社会科学院研究员）	5月12日 9:30	福山路49弄10号
3	普陀区石泉路街道	海上形势与中国海洋强国战略	廉德瑰（上海国际问题研究院研究员）	5月15日 9:00	管弄路268号
4	闵行区梅陇镇	新丝绸之路：中国外交新走廊	金越明（中共黄浦区委党校教授）	5月15日 13:30	高兴路108号
5	同济大学	中国特色社会主义政党制度	沙海林（上海市委常委、统战部部长）	5月16日 9:00	四平路1239号同济大学逸夫楼一楼报告厅
6	同济大学	城市更新与危机管理	孙建平（上海市委委员、静安区委书记）	5月16日 14:00	四平路1239号同济大学逸夫楼一楼报告厅
7	长宁文化艺术中心	关注地磁场倒转与寻找宜居行星	李力刚（中国科学院上海天文台天文地球动力学研究中心研究员）	5月17日 9:00	仙霞路650号301多功能厅
8	上海师范大学	两种模式的协商式民主	高建（天津师范大学政治文化研究院院长、中国政治学会副会长）	5月19日 14:00	桂林路100号上海师范大学东部文苑楼1002室
9	闵行区马桥镇	如何提升基层社区工作者的能力	周慧敏（中共浦东新区党校教授）	5月20日 13:00	北松公路1871号社区学校
10	松江区车墩镇	“一带一路”与中国外交战略纵横谈	郭学堂（上海对外经贸大学教授）	5月20日 13:30	北松公路4688号
11	闵行区七宝镇	领导力与领导艺术	苏令银（上海师范大学副教授）	5月20日 14:00	沪松公路450号
12	闵行区华漕镇	残疾人保障法与残疾人权益维护	王睿（炜衡律师事务所助理律师）	5月21日 13:30	华漕村北街17号社区学校
13	闸北区宝山路街道	强国梦与强军梦	奚纪荣（南京政治学院上海分院教授）	5月22日 13:00	宝山路584号市北职高礼堂
14	松江区九亭镇	十八大后反腐倡廉的新思路、新举措、新特点	吴海红（中共上海市委党校副教授）	5月22日 13:30	康亭路1号
15	浦东新区社会工作协会	以案说法：实例解读《劳动合同法》	杨宏芹（上海对外经贸大学副教授）	5月22日 14:00	合欢路2号地下一层

“文化与人生”系列讲座

“文化与人生”系列讲座之129					
序号	举办单位	题　　目	主讲人	时间	会场地址
1	闸北区天目西路街道	社区干部的沟通技巧和语言艺术	隆玲(上海师范大学副教授)	1月9日 14:00	天目中路749弄53号一楼会议室
2	松江区佘山镇	聊聊侬格沪剧“特产”	周平(松江区文联秘书长)	1月12日 13:00	松江区佘山镇佘新路358号
3	徐汇区图书馆	如何缓解职场压力	王群(上海市委党校第四分校校长)	1月12日 14:00	南丹东路80号北四楼
4	徐汇区图书馆	职场公务礼仪	生键红(上海市地方志办公室副主任)	1月13日 14:00	南丹东路80号北四楼
5	宝山区友谊路街道	喝水的学问	钱海(上海中医药大学副教授)	1月14日 9:00	永清路899号
6	宝山区大场镇	感恩:让心灵的天空更灿烂	颜苏勤(上海市中职心理健康教育研究会秘书长)	1月15日 13:30	真华路1112号
7	静安区图书馆	从《梁祝》“弹”起	陈钢(中国音乐家协会理事、上海音乐学院教授)	1月16日 14:00	新闻路1708号(海关楼二楼)
8	崇明县中兴镇	最好的医生是自己:健康自我管理方法	赵文杰(上海交通大学教授)	1月17日 9:00	中兴镇兴工路57号
9	长宁文化艺术中心	我眼中的海派画家程十发	王悦阳(上海市作家协会会员、《新民周刊》记者)	1月18日 9:00	仙霞路650号301多功能厅
10	松江区泗泾镇	有话好好说:沟通智慧	张生泉(上海戏剧学院教授)	1月21日 13:30	泗泾镇人民路1号
11	徐汇区虹梅路街道	白领一族养生保健	张海蒙(上海中医药大学副教授)	1月21日 18:30	虹梅路1686号虹梅文化活动中心
12	杨浦区图书馆	解密经络王国	徐平(上海中医药大学教授)	1月22日 14:00	平凉路1490弄1号
13	徐汇区长桥街道	绿色装点居家生活——室内植物的观赏应用	修美玲(上海植物园园艺工程师)	1月22日 14:00	上海市徐汇区老沪闵路918号
14	上海大学党委宣传部	专业源于专注,责任成就梦想	周珏琨(上海市女企业家协会副秘书长)	1月22日 18:00	宝山区上大路99号J102
15	虹口区图书馆	中国茶道与传统文化	刘秋萍(上海茶叶学会副秘书长)	1月24日 14:00	水电路1412号
16	长宁文化艺术中心	汉字的起源与演变	顾莉丹(上海古籍出版社六编室编辑)	1月25日 9:00	仙霞路650号301多功能厅

（续表）

“文化与人生”系列讲座之130					
序号	举办单位	题　　目	主讲人	时间	会场地址
1	闸北区北站街道	说话的艺术	刘晏华（国家二级心理咨询师）	1月23日 14:00	康乐路101号
2	徐汇区图书馆	中国古典诗词中的人才智慧	马建光（南京政治学院上海分院教授）	1月24日 14:00	南丹东路80号北四楼
3	上海市档案馆	从金融藏品看社会生活变迁	黄沂海（上海市银行博物馆馆长、《银行博物》主编）	1月28日 13:30	中山东二路9号10楼报告厅
4	静安区图书馆	听音聆乐话古典	韩斌（上海音乐学院副研究员、馆长助理）	1月30日 19:00	新闸路1708号海关楼二楼
5	徐汇区图书馆	第87届奥斯卡奖最佳外语片展望	严敏（上海交通大学美国电影研究中心特约研究员、高级翻译）	1月31日 14:00	南丹东路80号北四楼
6	长宁文化艺术中心	上海的大学和大学建筑	李建中（联合国教科文组织亚太地区世界遗产培训与研究中心副教授）	2月1日 9:00	仙霞路650号301多功能厅
7	闵行区七宝镇	小智慧、大幸福	朱国定（上海师范大学教授）	2月4日 14:00	沪松公路450号
8	闸北区图书馆分馆	药食同源话健康	吴承起（上海食文化研究会副秘书长）	2月4日 14:00	闻喜路800号311室
9	奉贤区图书馆	传统节日的文化情怀	蔡丰明（上海社会科学院研究员）	2月7日 13:30	解放东路889号图书馆三楼大会议室
10	崇明县图书馆	写作的要诀	诸灵康（松江区教师进修学院特级教师）	2月10日 13:30	崇明大道7897号图书馆三楼报告厅
11	宝山区月浦镇	怎样做好健康自我管理	朱鑫璞（上海市第一人民医院分院主治医师）	2月10日 13:30	月浦四村6号
“文化与人生”系列讲座之131					
序号	举办单位	题　　目	主讲人	时间	会场地址
1	松江区石湖荡镇	应时应季：漫谈中医四季养生	葛林宝（上海中医药大学附属岳阳医院教授）	2月12日 13:30	石湖荡镇张庄村203号
2	闸北区北站街道	传承礼仪文明，构建社区和谐	陈梅芳（大东海集团股份有限公司原党委书记、高级政工师）	2月12日 13:30	康乐路101号

（续表）

"文化与人生"系列讲座之131					
序号	举办单位	题　目	主讲人	时间	会场地址
3	嘉定区图书馆	木偶是怎么动起来的	何筱琼（上海木偶剧团副团长）	2月15日 14:00	裕民南路1288号一楼多功能厅
4	松江区泗泾镇	长者风范：老年人的自我修养	黄燕清（上海大学副教授）	2月26日 13:30	泗泾镇人民路1号
5	杨浦区图书馆	皮肤：身体第一道防线	李斌（上海中医药大学附属岳阳中西医结合医院主任医师、教授）	2月26日 14:00	平凉路1490弄1号
6	静安区图书馆	传承变革的艺术观念——西方美术叙事	孙乃树（上海视觉艺术学院美术学院副院长、教授）	2月27日 14:00	新闸路1702号后四楼报告厅
7	杨浦区控江路街道	养生常识忌宜谈	顾璜（上海中医药大学教授）	3月11日 9:00	凤城二村19号
8	徐汇区图书馆	广播剧的艺术特色	雷国芬（上海人民广播电台一级导演、一级编剧）	3月14日 14:00	南丹东路80号北四楼
9	嘉定区图书馆	孔子的仁爱精神	郭晓东（复旦大学哲学系副教授）	3月15日 14:00	裕民南路1288号一楼多功能厅
10	上海炎黄文化研究会	中国书法、绘画、篆刻艺术欣赏	瞿志豪（中国书法家协会会员、上海第二工业大学副校长）	3月15日 14:00	清河路34弄40号嘉定图书馆老馆多功能厅
11	奉贤区图书馆	什么是孩子一生最重要的礼物	陈默（上海心理学基础教育专业委员会心理咨询师）	3月17日 13:30	解放东路889号图书馆辅楼报告厅
"文化与人生"系列讲座之132					
序号	举办单位	题　目	主讲人	时间	会场地址
1	闵行区颛桥镇	善处婆媳关系，构建和谐家庭	黄燕清（上海大学副教授）	3月18日 13:30	都市路2699号二楼
2	闵行区七宝镇	快乐工作全攻略	翁海明（上海职业介绍中心徐汇分中心主任）	3月18日 14:00	沪松公路450号
3	闸北区彭浦新村街道	学会"挤出时间"来健身	姚武（上海交通大学副教授）	3月19日 9:00	安泽路78号
4	闸北区临汾路街道	汉文化、礼仪传承与发展	黄芹芹（山东艺术学院客座教授）	3月19日 14:00	保德路181号社区文化活动中心四楼会议室

（续表）

“文化与人生”系列讲座之 132					
序号	举办单位	题　目	主讲人	时间	会场地址
5	浦东新区花木街道	走近俄罗斯文化	杨伟民（上海社会科学院研究员）	3月20日 9:30	杨高中路 2979 号 3 号楼 2 楼多功能厅
6	徐汇区图书馆	漫谈中西方文化差异	生键红（上海市地方志编纂委员会办公室副主任）	3月20日 14:00	南丹东路 80 号北四楼
7	徐汇区图书馆	系列广播剧《刑警803》的历史沿革	雷国芬（上海人民广播电台一级导演、一级编剧）	3月21日 14:00	南丹东路 80 号北四楼
8	虹口区图书馆	中国科学与文明的传播者李约瑟	王国忠（上海理工大学李约瑟文献研究中心主任、研究员）	3月21日 14:00	水电路 1412 号
9	长宁文化艺术中心	种花与养生	林大为（农业部与上海联合花卉检测中心原副主任、研究员）	3月22日 9:00	仙霞路 650 号 301 多功能厅
10	奉贤区图书馆	传统文化中的人生智慧	陈方刘（中共上海市委党校副教授）	3月26日 9:30	解放东路 889 号图书馆辅楼报告厅（小剧场）
11	宝山区大场镇	书法的艺术内涵与审美欣赏	潘善助（上海市书法家协会秘书长）	3月26日 9:30	真华路 1112 号
12	徐汇区长桥街道	父母是孩子最好的老师	吴辉（闵行区现代家庭教育协会副会长）	3月26日 14:00	老沪闵路 918 号
13	松江区佘山镇	善待自己，把握自身：女性心理的自我调适	张佩珍（上海交通大学医学院副教授）	3月27日 13:30	千新公路 1200 弄翠鑫苑社区生活服务中心
14	静安区图书馆	海上繁花	金宇澄（上海市作家协会会员）	3月27日 14:00	新闸路 1702 号后四楼报告厅
15	虹口区曲阳路街道	音乐剧鉴赏	杨丝琪（荷兰皇家音乐学院声乐教师、华东师范大学艺术系客座教授）	3月27日 15:00	玉田路 180 号
16	静安区图书馆	管弦乐队的色彩	韩斌（上海音乐学院副研究员）	3月27日 19:00	新闸路 1708 号海关楼二楼
17	松江区美术馆	图腾与中国龙文化	朱子彦（上海大学教授）	3月28日 13:30	三新北路 900 弄 601 号

（续表）

“文化与人生”系列讲座之 132					
序号	举办单位	题　目	主讲人	时间	会场地址
18	杨浦区图书馆	轻松解读甲状腺问题	张雅萍（第二军医大学附属长海医院内分泌科副主任医师）	3 月 28 日 14:00	平凉路 1490 弄 1 号
19	徐汇区图书馆	沪剧唱腔韵味	顾春荣（上海市长宁沪剧团一级演员）	3 月 28 日 14:00	南丹东路 80 号北四楼
20	虹口区图书馆	人人能拍微电影	高晓红（东华大学副教授、国家摄影技师）	3 月 28 日 14:00	水电路 1412 号
21	长宁文化艺术中心	阅读改变人生	赵丽宏（上海市作家协会副主席）	3 月 29 日 9:00	仙霞路 650 号 301 多功能厅
22	嘉定区图书馆	中青年三高症的饮食与治疗	沈建琴（华东医院营养科主任医师）	3 月 29 日 14:00	裕民南路 1288 号一楼多功能厅
23	上海市档案馆	近代银行家的社会责任与角色扮演	刘平（广发银行上海分行纪委书记）	3 月 31 日 13:30	中山东二路 9 号 10 楼报告厅
24	长宁区周家桥街道	有趣的行为经济学	李刚（上海师范大学副教授）	4 月 1 日 9:00	长宁路 1488 弄 6 号 7 楼会议室
25	闸北区北站街道	老娘舅是怎样炼成的	柏万青（上海市静安寺街道老年协会秘书长）	4 月 8 日 9:30	康乐路 101 号
“文化与人生”系列讲座之 133					
序号	举办单位	题　目	主讲人	时间	会场地址
1	浦东新区陆家嘴街道	做一个受欢迎的人：人际交往提升幸福感	王红丽（上海海事大学党委宣传部副部长、副教授）	4 月 10 日 9:00	福山路 49 弄 10 号
2	华东理工大学	带你走进上海的非物质文化遗产	仲富兰（华东师范大学教授、上海市民俗文化学会会长）	4 月 10 日 13:30	海思路 999 号图文信息中心裙楼报告厅
3	长宁文化艺术中心	老年常见疾病的防治	邵蝶然（静安寺街道社区卫生中心主任医师）	4 月 12 日 9:00	仙霞路 650 号 301 多功能厅
4	徐汇区图书馆	身心健康防衰老	汪浩（同济大学特需医疗科主任）	4 月 12 日 14:00	南丹东路 80 号北四楼
5	杨浦区控江路街道	上海老歌：心中永恒的怀旧金曲	单林（上海大学副教授）	4 月 14 日 9:00	凤城二村 19 号
6	宝山区罗店镇	如何挑选余额理财产品	吴芹（上海商学院副教授）	4 月 14 日 13:30	美诺路 131 号

（续表）

"文化与人生"系列讲座之133					
序号	举办单位	题　目	主讲人	时间	会场地址
7	徐汇区漕河泾街道	"非诚勿扰"——谈诚信	周中之（上海师范大学教授）	4月14日 13:30	康健路65号
8	杨浦区五角场镇	如何认识戏曲的美	朱恒夫（上海大学教授）	4月14日 14:00	翔殷路505弄3号多功能厅
9	上海立信会计学院	国学中的人文精神	曹旭（上海师范大学教授）	4月15日 13:00	文翔路2800号学验楼报告厅
10	宝山区吴淞街道	最好的医生是自己：健康自我管理方法	赵文杰（上海交通大学教授）	4月15日 13:30	淞浦路470号
11	上海海事大学	地缘文化：《郑和航海图》与海上丝绸之路	赖进义（台湾中华郑和学会理事长）	4月15日 13:30	海港大道1550号学生服务中心一楼帮建报告厅
12	上海市档案馆	中国近代金融风险及其应对	李一翔（东华大学教授）	4月16日 13:30	中山东二路9号10楼报告厅
13	杨浦区长白街道	雾霾与中国人的道德责任	薛念文（同济大学教授）	4月17日 9:00	延吉东路105号
14	浦东新区三林镇	人际沟通的艺术	朱国定（上海师范大学教授）	4月17日 9:00	凌兆路585号
15	闵行区颛桥镇	自我认知与人生发展规划	张可创（上海政法学院社会管理学院副院长、教授）	4月17日 13:30	闵行区都市路2699号二楼
16	松江区美术馆	家居美学与美的家居	王正明（上海工艺美术职业学院教授）	4月18日 13:30	三新北路900弄601号
17	徐汇区图书馆	海派京剧的粉墨春秋	沈鸿鑫（上海艺术研究所研究员）	4月18日 14:00	南丹东路80号北四楼
18	虹口区图书馆	从工人到《工人》	管新生（上海市杨浦区作家协会副主席）	4月18日 14:00	水电路1412号
19	浦东新区花木街道	"银发族"的养生之道	顾瑛（上海中医药大学教授）	4月23日 9:30	梅花路289号五楼510室
20	长宁区图书馆	走向阳光心态	孙丽娟（上海市司法警官学校副研究员）	4月23日 10:00	北翟路1551号北新泾监狱
21	崇明县图书馆	创业和创新——生态岛背景下的创业探索	顾祎一（上海潜激企业管理咨询有限公司培训总监、英国剑桥大学国际培训师认证）	4月23日 13:30	崇明大道7897号图书馆三楼报告厅
22	杨浦区图书馆	鲁迅在上海	王锡荣（中国鲁迅研究会副会长）	4月23日 14:00	平凉路1490弄1号

（续表）

"文化与人生"系列讲座之134					
序号	举办单位	题　目	主讲人	时间	会场地址
1	松江区新浜镇	做情绪的主人	陈宁(上海青年管理干部学院副教授)	4月24日13:30	新浜镇中心街1号
2	华东理工大学	网络时代的中国文化安全	潘霁(上海财经大学副教授)	4月24日13:30	海思路999号图文信息中心裙楼报告厅
3	松江区泖港镇	女性气质塑造	高京生(上海市总工会讲师团高级政工师)	4月24日13:30	泖港镇新宾路358号
4	浦东新区北蔡镇	骨质疏松和痛风的防治	魏丽(浦东新区公利医院主任医师)	4月24日13:30	陈春路101号301会场
5	静安区图书馆	让人神往的远古文明——原始与古埃及美术	孙乃树(上海视觉艺术学院美术学院、基础学院副院长)	4月24日14:00	新闸路1702号后四楼报告厅
6	奉贤区图书馆	茅盾与上海	杨扬(华东师范大学教授)	4月25日13:30	解放东路889号图书馆东三楼报告厅
7	徐汇区图书馆	《雅韵竹成》——笛子的发展及经典曲目赏析	钱军(上海民族乐团笛子独奏演员、国家一级演奏员)	4月25日13:30	南丹东路80号北四楼
8	宝山区大场镇	影像装点美丽生活——摄影鉴赏和拍摄技巧	姜锡祥(同济大学新闻中心副主任)	4月28日9:00	华灵路1391号
9	上海第二工业大学	肠道菌群,一个被遗忘的功能器官	谢静莉(华东理工大学生物工程学院研究员)	4月29日13:00	金海路2360号18号楼18307报告厅
10	浦东新区东明路街道	人口老龄化与老年居民消费	刘社建(上海社会科学院研究员)	4月30日9:00	凌兆路555弄20号
11	长宁区图书馆	追寻海上文坛掌故	周立民(巴金文学纪念馆常务馆长)	5月2日14:00	天山路356号8楼
12	浦东新区北蔡镇	吃动两平衡,运动防慢病	陆大江(上海体育学院教授)	5月5日9:00	陈春路101号301会场
13	奉贤区图书馆	论巴金小说《家》的连环画改编	杨剑龙(上海师范大学教授)	5月9日13:30	解放东路889号图书馆东三楼报告厅
14	长宁区图书馆	从甲骨文看"中"的精神	韩志强(上海市书法家协会会员)	5月9日14:00	天山路356号3楼展厅

（续表）

"文化与人生"系列讲座之134					
序号	举办单位	题　目	主讲人	时间	会场地址
15	上海海事大学	航海论：一种文明的观察	时平（上海海事大学海洋文化研究所所长、教授）	5月15日 13:30	北中路493号上海市北蔡中学报告厅
16	徐汇区图书馆	淮剧与上海的情缘	邢娜（上海淮剧团国家二级演员）	5月16日 14:00	南丹东路80号北四楼
"文化与人生"系列讲座之135					
序号	举办单位	题　目	主讲人	时间	会场地址
1	华东理工大学	学会"挤出时间"来健身	姚武（上海交通大学副教授）	5月8日 13:30	梅陇路130号逸夫楼报告厅
2	上海师范大学	官制象天：中国古代官制的礼制化	阎步克（北京大学历史系教授）	5月8日 15:00	桂林路100号上海师范大学东部文苑楼708室
3	徐汇区图书馆	雅歌仙声满江南，春韵芳音见"轻"新——越剧经典剧目赏析	傅幸文（上海市戏剧家协会会员）	5月9日 14:00	南丹东路80号北四楼
4	长宁文化艺术中心	儒家修身之道——王阳明的成圣之路	刘海滨（上海古籍出版社哲学编辑室主任、副编审）	5月10日 9:00	仙霞路650号301多功能厅
5	徐汇区图书馆	吃素更健康	夏建锋（同济大学教授、主任医师）	5月10日 14:00	南丹东路80号北四楼
6	上海市档案馆	学习梦、创业梦，一群蚂蚁改变教育的梦想	于杰（沪江网党委书记）	5月11日 13:30	中山东二路9号10楼报告厅
7	上海大学	澳大利亚新闻人在中国：从莫理循、端纳到田伯烈	张威（汕头大学教授）	5月11日 14:00	城中路20号文德楼二楼报告厅
8	上海大学	日军"慰安妇"制度的真相——以档案史料为中心	苏智良（上海师范大学教授）	5月12日 9:00	上大路99号J楼101室
9	杨浦区江浦路街道	上海人与上海文化	段炼（上海社会科学院副研究员）	5月14日 9:00	许昌路1150号3楼
10	普陀区长寿路街道	从《钱氏家训》看家风与家规	马建光（南京政治学院上海分院教授）	5月14日 14:00	胶州路1095号六楼
11	静安区图书馆	上海百乐门传奇	孙琴安（上海社会科学院文学研究所研究员）	5月14日 14:00	新闸路1702号后四楼报告厅

（续表）

“文化与人生”系列讲座之135					
序号	举办单位	题　目	主讲人	时间	会场地址
12	上海大学	论哲学修养	郁振华（华东师范大学教授）	5月15日 13:00	上大路99号B401
13	宝山区月浦镇	情绪管理与心理调适	卢静雯（上海市心理咨询行业协会秘书长、国家二级心理咨询师）	5月15日 13:30	月浦四村6号
14	松江区美术馆	青花瓷与中外文化交流	陆明华（上海博物馆陶瓷研究部主任）	5月16日 13:30	三新北路900弄601号
15	奉贤区图书馆	今天怎么读鲁迅	郜元宝（复旦大学教授）	5月16日 13:30	解放东路889号图书馆东三楼报告厅
16	长宁区图书馆	美丽的日子·在上海写作	滕肖澜（上海市作家协会理事）	5月16日 14:00	天山路356号8楼
17	宝山区顾村镇	中华美德与家庭教育	王立科（上海青年管理干部学院教授）	5月19日 9:00	新泰路31号
18	黄浦区淮海中路街道	PM2.5会带来什么健康隐患	张炜（上海中医药大学附属曙光医院主任医师）	5月19日 9:00	马当路349号
19	浦东新区川沙新镇	温暖港湾，用心守护——家庭婚姻关系相处	尹陈芳（国家二级心理咨询师）	5月19日 13:00	华夏二路1255弄35号一楼
20	上海市档案馆	创新的力量	滕俊杰（上海市文化广播影视管理局党委委员、艺术总监）	5月19日 13:30	中山东二路9号10楼报告厅
21	宝山区庙行镇	专家教你动手做药膳	吴承起（上海食文化研究会理事）	5月19日 14:00	长江西路2697号三楼
22	宝山区罗泾镇	友善：做一个受欢迎的人	王红丽（上海海事大学党委宣传部副部长、副教授）	5月20日 8:30	罗泾镇陈东路121号
23	宝山区张庙街道	带你走进上海的非物质文化遗产	葛建平（上海市非物质遗产保护中心虹口分中心原主任）	5月20日 13:30	泗塘二村108号二楼大会议室
24	上海外国语大学	文学翻译与翻译的境界	曹元勇（上海文艺出版社副总编辑）	5月20日 18:00	文翔路1550号图文信息中心T220

（续表）

“文化与人生”系列讲座之135					
序号	举办单位	题　目	主讲人	时间	会场地址
25	徐汇区长桥街道	健康有“个性”：体质差异与日常保健	张晓天（上海中医药大学附属曙光医院治未病中心主任、主任医师）	5月21日 14:00	老沪闵路918号
26	崇明县图书馆	中国诗词歌曲与中国传统文化	杨赛（上海音乐学院副教授）	5月22日 13:30	崇明大道7897号崇明县图书馆三楼报告厅
27	虹口区图书馆	犹太难民在虹口	潘光（上海国际问题研究中心副主席）	5月22日 14:00	水电路1412号

党的十八届四中全会宣讲

东方讲坛·党的十八届四中全会精神宣讲活动计划表（四）			
序号	举办单位	时　间	会场地址
浦东新区			
1	惠南镇	1月8日13:30	川南奉公路6193号镇文化服务中心报告厅
2	川沙新镇	1月8日13:30	普园路3号六团社区文化活动中心二楼
3	航头镇	1月12日14:00	航头路1528弄18号镇政府第一会议室
4	塘桥街道	1月14日14:00	峨山路487号街道办事处四楼大会议室
黄浦区			
1	老西门街道	1月9日9:30	大吉路65号6楼多媒体厅专场
2	外滩街道	1月14日9:00	河南中路568号406室社区文化中心
3	半淞园路街道	1月14日9:00	西藏南路1360号半淞园路街道601会议室
4	打浦桥街道	1月15日上午	蒙自路223号407室
5	小东门街道	1月18日下午	白渡路252号2楼礼堂
长宁区			
1	虹桥街道	1月14日14:00	虹桥路1115弄19号社区文化中心2楼市民演艺厅
2	北新泾街道	1月16日9:00	蒲淞北路51号东五楼
3	仙霞新村街道	1月26日14:00	虹古路206号205室
虹口区			
1	广中路街道	1月23日14:00	广中路123号社区文化中心
2	嘉兴路街道	1月28日14:00	虹关路88号A楼201会议室

（续表）

东方讲坛·党的十八届四中全会精神宣讲活动计划表(四)			
序号	举办单位	时　间	会场地址
杨浦区			
1	延吉新村街道	1月28日9:00	延吉中路77号410多功能厅
闵行区			
1	马桥镇	1月20日13:30	北松路2188号镇政府后二楼大会议室
2	浦江镇	1月29日13:00	陈行公路4036号塘口村老龄会
金山区			
1	区委宣传部	1月12日下午	金山大道2000号会议中心二楼大会场
2	吕巷镇	1月15日上午	朱吕公路6888号镇政府多功能厅
3	朱泾镇	1月22日13:30	人民路310号镇政府1号楼2楼会议室
4	区农委	1月23日下午	南圩路255号金山区农业学校阶梯教室
5	区政府机管局	1月27日下午	金山大道2000号会议中心5106
青浦区			
1	金泽镇	1月22日上午	金中路5号220报告厅
崇明县			
1	长兴镇	1月15日9:00	长兴镇凤凰公路149号文化中心
2	港沿镇	1月15日13:30	港东公路1177号镇政府多功能报告厅

东方讲坛·2015职业生涯系列讲座活动

东方讲坛·2015职业生涯系列讲座活动					
第一场	举办单位 上海市人力资源和社会保障局 承办单位 上海市就业促进中心 上海东方宣传教育服务中心 上海市社区文化服务中心 上海图书馆讲座中心	“全职妈妈”职场疑惑与对策	徐翠凤(上海市浦东新区就业促进中心首席职业指导师)	3月21日9:30	上海图书馆正门四楼多功能厅(淮海中路1555号)
第二场		发现您的性格密码——九型人格与职业生涯	顾颖丹(国家二级心理咨询师、上海九型人格导师)	3月29日14:00	上海图书馆正门四楼多功能厅(淮海中路1555号)
第三场		透析职场“裸辞”风	孙海芳(上海市杨浦区首席职业指导师)	4月12日14:00	上海图书馆正门四楼多功能厅(淮海中路1555号)
第四场		学会与压力共舞——职场负面情绪管理秘笈	卜静怡(CIPT注册国际职业培训师)	4月18日14:00	上海图书馆正门四楼多功能厅(淮海中路1555号)

（续表）

东方讲坛·2015 职业生涯系列讲座活动					
第一场	举办单位 上海市人力资源和社会保障局 承办单位 上海市就业促进中心 上海东方宣传教育服务中心 上海市社区文化服务中心 上海图书馆讲座中心	大学生求职五要诀	孙炯（上海市普陀区就业促进中心职业指导专家）	5 月 13 日 14:00	南亭公路 2080 号上海市工会管理职业学院职业讲堂
第二场		职场人际法宝——让他人更快乐	马芸（CIPT 注册国际职业培训师）	5 月 14 日 14:00	淮海中路 1555 号上海图书馆正门四楼多功能厅
第三场		企业会为怎样的职场新人投资	张婴文（英国国际管理公会 IPMA 讲师、国家心理咨询师课程讲师）	5 月 20 日 14:00	淮海中路 1555 号上海图书馆正门四楼多功能厅
第四场		博弈论在职场中的运用	陆海平（上海市黄浦区就业促进中心首席职业指导师）	5 月 22 日 18:30	浦东新区商城路 1177 弄 12 号陆家嘴社区阳光驿站兴业堂
第五场		图形视角中的职业适应——大学生到职业人的角色转换	孙一蕾（上海市闸北区就业促进中心职业指导专家）	5 月 27 日 14:45	海泉路 100 号上海应用技术学院图书馆 B101 室

东方讲坛·经典艺术系列

东方讲坛·经典艺术系列之 392					
392	上海东方宣传教育服务中心、东方文化之友联谊会	从上海方言到上海说唱	徐世利（国家一级演员、中国曲艺家协会会员）	1 月 21 日 19:15	上海贺绿汀音乐厅（汾阳路 20 号）
东方讲坛·经典艺术系列之 393					
393	上海东方宣传教育服务中心、东方文化之友联谊会	张火丁和程派艺术	翁思再（华东师范大学东方文化研究中心研究员、新民晚报高级记者）	1 月 31 日 10:00	上海贺绿汀音乐厅（汾阳路 20 号）
东方讲坛·经典艺术系列之 399					
399	上海东方宣传教育服务中心、东方文化之友联谊会	至英雄的礼赞——世界合唱诗篇	王瑾（中国合唱协会常务理事、上海师范大学副教授）Jordi B. Paradis（西班牙籍音乐家、上海国际联盟合唱团主席）	5 月 9 日 10:00	汾阳路 20 号上海贺绿汀音乐厅

东方讲坛·“社会治理与基层建设”专题系列讲座

东方讲坛·“社会治理与基层建设”专题系列讲座					
序号	举办单位	题　目	主讲人	时间	会场地址
1	虹口区江湾镇街道	加强社区工作者队伍建设	顾东辉（复旦大学社会学院党委书记、教授）	1月29日 14:00	丰镇路300号大礼堂
2	长宁区华阳街道	深化拓展网格化管理　提升城市综合管理效能	章友德（上海政法学院社会管理学院院长、教授）	2月4日 9:00	安化路500号华阳社区文化中心6楼会议室
3	浦东新区花木街道	区域化党建引领社区共治	郑长忠（复旦大学政党建设与国家发展研究中心常务副主任）	2月4日 14:00	玉兰路218号阶梯教室
4	松江区石湖荡镇	完善村级治理体系　推进村民自治	熊万胜（华东理工大学人文科学研究院副院长）	2月5日 13:30	学府路132号石湖荡镇政府
5	杨浦区四平路街道	完善居民区治理体系　推进居民自治	徐中振（上海社区发展研究会常务副会长）	2月6日 9:30	锦西路69号四平街道B307会议室
6	徐汇区湖南路街道	创新社会治理　加强基层建设	何海兵（中共上海市委党校社会学教研部副主任、教授）	2月6日 14:00	乌鲁木齐中路164号湖南社区文化中心5楼
7	闸北区芷江西路街道	街道体制改革与社区治理	文军（华东师范大学社会发展学院党委书记、教授）	2月10日 14:00	芷江西路155号
8	奉贤区委宣传部	组织引导社会力量参与社区治理	徐永祥（华东理工大学社会与公共管理学院院长、教授）	2月13日 13:30	解放东路928号区会议中心第一会议厅

东方讲坛·“以案说防范，共建平安城”系列

东方讲坛·“以案说防范，共建平安城”系列之一					
消防安全专题宣讲					
（中共上海市委宣传部、上海市公安局）					
示范宣讲					
序号	举办单位	宣讲课题	主讲人	时间	地点
1	上海市公安局	烟花爆竹易导致的消防隐患及火灾逃生自救方法	赵锦祯（上海市公安局消防总队培训基地工程师）	1月28日 14:00	长宁区安化路500号华阳社区文化活动中心

（续表）

浦东新区			
序号	举办单位	时　间	地　点
1	王港派出所	1月29日9:00	昌兴路103暮二村委会
2	凌桥派出所	1月29日9:00	江东路1075弄3号凌桥第二居委会
3	老港派出所	1月29日13:30	老港镇建中路11号老港居委会
4	金杨新村派出所	1月29日14:00	灵山路2000弄17号灵山三居委市民教室
5	永泰路派出所	1月29日14:00	东书房路629弄8号2楼三林世博家园市民中心
6	祝桥派出所	1月30日9:00	祝桥镇千汇路532号千汇二村居委会
7	三林派出所	1月30日14:00	陈行公路158号天花庵村委会
8	科教园区治安派出所	1月30日14:00	宣黄公路139号上海海泰汽配有限公司
9	黄路派出所	1月30日15:00	惠南镇六灶湾村301号六灶湾居委会
10	水上治安派出所	2月2日12:00	新川路11弄1号内河航运公司
11	川沙派出所	2月3日9:00	川沙路5278号城南社区二楼礼堂
12	六灶派出所	2月3日9:30	崇溪路76号鹿新居委会
13	合庆派出所	2月3日13:30	东川公路5649号庆丰村委会
14	蔡路派出所	2月3日14:00	合庆镇跃东路508号勤益村委会
15	洋泾派出所	2月3日14:00	博山路51弄40号阳光驿站
16	孙桥派出所	2月3日14:00	孙桥路1067号洒北村居委会
17	陆家嘴治安派出所	2月3日14:00	陆家嘴西路168号正大广场
18	顾路派出所	2月3日14:00	曹路镇水洞港路699号联合村村委会
19	康桥派出所	2月3日14:00	沪南路3150弄双秀园区居委会
20	万祥派出所	2月4日9:00	振万路266号万宏村居委会
21	高行派出所	2月4日9:00	浦东新区东靖路43号东沟市民学校
22	杨思派出所	2月4日9:00	洪山路1889弄24号翰城居委会
23	张江派出所	2月4日9:30	益江路299弄95号江衡居委会
24	金桥派出所	2月4日9:30	杨高北路5291弄金桥新城居委会
25	周东派出所	2月4日13:00	瑞浦路478号桃园社区中心
26	六团派出所	2月4日13:30	普园路3号普新居委文化中心阶梯教室
27	世纪广场治安派出所	2月4日14:00	丁香路425号东怡大酒店
28	六里派出所	2月4日14:00	锦尊路220号春夏居委
29	东海派出所	2月4日14:00	先进村320号祝桥镇先进村村委会
30	惠南派出所	2月5日9:00	惠南镇拱乐路888号2楼红光居委会

（续表）

浦东新区			
序号	举办单位	时　间	地　点
31	花木派出所	2月5日9:00	东建路887号东城社区中心
32	罗山新村派出所	2月5日9:30	博山东路805号2楼东方知音居委会
33	高东派出所	2月5日10:00	高东二路47弄62号千秋嘉苑居委市民学校
34	泥城派出所	2月5日14:00	新城西路2号三楼泥城镇集镇居委会
35	高桥派出所	2月6日9:00	张杨北路5911弄58号潼港八村居委会
36	潍坊新村派出所	2月6日9:30	浦电路331弄18号1楼潍坊八村居委会
37	宣桥派出所	2月6日10:00	宣黄公路428号欣松(兰)苑居委会
38	书院派出所	2月6日14:00	新府路83号2号楼2楼书院镇镇政府
39	浦兴路派出所	2月6日14:00	凌河路142号浦兴社区综治工作中心
40	杨园派出所	2月6日14:00	园洲路189弄杨园新村第三居委会
41	东明路派出所	2月9日8:45	凌兆路730号金光一村居委会
42	江镇派出所	2月9日9:00	施湾二路863弄4号2楼施湾二居居委会
43	北蔡派出所	2月10日9:00	绿林路320弄8号甲北蔡镇绿川四居
44	新场派出所	2月10日9:00	坦直路55号新场镇坦直居委会
45	彭镇派出所	2月10日9:30	彩云路702号云翔居委会
46	周浦派出所	2月10日14:00	周东路266号周浦镇文化活动中心
47	芦潮港派出所	2月10日14:00	渔港路656号港口居委会
48	横沔派出所	2月10日14:30	秀沿路2999弄亲和源老年公寓
49	临港新城派出所	2月11日13:00	古棕路555弄120号临港家园社区居委会
50	塘桥派出所	2月11日14:00	浦建路99号塘桥派出所三楼
51	梅园新村派出所	2月11日14:00	浦东南路882号1005室浦东海光大厦
52	沪东新村派出所	2月12日9:00	长岛路85弄1号1楼沪南居委会会议室
53	大团派出所	2月12日13:30	南团公路3360号大团文化中心
54	唐镇派出所	2月12日14:00	唐镇路127弄57号唐人苑居委市民学校
55	南码头路派出所	2月13日9:00	浦三路277弄25号南码头街道综治办会议室
56	航头派出所	2月13日9:00	丰桥村青龙265号丰桥村委会
57	龚路派出所	2月16日9:30	新华村强顾家宅1号新华村委会
58	上钢新村派出所	2月16日14:00	历城路335号3楼上钢街道社区服务中心
59	黄楼派出所	2月27日9:30	华夏二路1255弄东绣苑内川迪三居
60	周家渡派出所	2月27日14:00	南码头路1621弄59号昌七居委会会议室

（续表）

黄浦区			
序号	举办单位	时 间	地 点
1	淮海中路派出所	1月28日14:30	马当路357弄1号104室建六居委
2	半淞园派出所	2月3日9:00	丽园路333弄8号老年活动室
3	南京东路派出所	2月4日14:30	云南中路158弄7号
4	外滩派出所	2月4日14:30	河南中路382弄6号汉口居委会
5	豫园派出所	2月4日14:30	侯家路121弄3号侯家居委会
6	打浦桥派出所	2月4日14:30	徐家汇路454弄46号乙-101室
7	五里桥派出所	2月4日14:30	鲁班路388弄1号202室海悦居委会
8	小东门派出所	2月5日14:00	乔家路85号乔家居委
9	瑞金二路派出所	2月10日9:00	复兴中路553弄97号活动中心
10	老西门派出所	2月11日14:30	迎勋路100弄9号会议室陆兴居委会
徐汇区			
序号	举办单位	时 间	地 点
1	徐家汇派出所	1月29日8:45	斜土路2431号徐家汇街道办事处306室
2	斜土路派出所	1月30日9:00	零陵北路1号斜土街道社区学校4楼
3	龙华派出所	1月30日9:00	龙华西路31弄59号龙华派出所二楼会议室
4	康健新村派出所	1月30日14:00	浦北路268号康健街道会议室
5	田林新村派出所	2月2日14:00	田林东路588号田林社区党员活动中心
6	凌云路派出所	2月3日9:00	上中西路120弄23号一楼长陇苑居委会会议室
7	天平路派出所	2月3日14:00	建国西路691号建工锦江大酒店5楼会议室
8	华泾派出所	2月3日15:00	华发路99弄66号居委会
9	长桥新村派出所	2月4日9:30	园南一村1号103居委活动室
10	漕河泾派出所	2月5日14:00	三江路68号锦江之星一楼
11	虹梅派出所	2月5日14:00	苍梧路468弄28号虹星居委二楼会议室
12	湖南路派出所	2月11日14:00	永福路49弄湖南街道弄管会会议室
长宁区			
序号	举办单位	时 间	地 点
1	华阳路派出所	1月28日14:00	安化路500号6楼会议室街道社区文化中心
2	北新泾派出所	1月30日9:00	金钟路68弄7号
3	天山路派出所	1月30日9:00	天山四村122号天山街道社区文化中心
4	周家桥派出所	1月30日13:30	长宁路1618号周家桥街道6楼会议室

（续表）

长宁区			
序号	举办单位	时　间	地　点
5	新泾派出所	2月2日9:00	泉口路72号新泾镇政府四号会议室
6	程家桥派出所	2月4日13:30	虹桥路2282号街道事务受理中心二楼
7	新华路派出所	2月4日14:00	法华镇路453号社区文化中心三楼
8	仙霞路派出所	2月6日13:30	天山五村28号一楼居民活动室
9	虹桥路派出所	2月11日14:00	富贵东道99号古北市民中心
10	江苏路派出所	2月13日13:30	宣化路3号江苏街道文化中心多功能厅
静安区			
序号	举办单位	时　间	地　点
1	静安寺派出所	1月30日9:00	万航渡路92号
2	曹家渡派出所	2月2日9:00	武定西路1344号社区学校
3	南京西路派出所	2月10日14:00	富民路197弄69号
4	石门二路派出所	2月11日下午	北京西路605弄8号老年活动室
普陀区			
序号	举办单位	时　间	地　点
1	东新路派出所	1月29日上午	光复西路683弄12号合德里居委会
2	真光路派出所	2月3日9:30	桃浦路1023弄老年活动室
3	长风新村派出所	2月3日下午	怒江路131弄100号派出所会议室
4	桃浦派出所	2月3日14:30	柳园路89弄18号新杨村村委会会议室
5	甘泉路派出所	2月4日上午	泾惠路24弄6号
6	曹杨新村派出所	2月5日9:00	曹杨五村24号甲一楼活动室
7	万里派出所	2月5日9:30	真金路459号3楼万二居委会会议室
8	石泉路派出所	2月5日上午	石岚三村32号小区活动室
9	白丽路派出所	2月6日上午	白丽路99弄98号永汇新苑社区活动室
10	真如派出所	2月6日上午	兰溪路968号真如镇社区学校
11	宜川新村派出所	2月6日14:30	宜川六村110号宜川新村派出所
12	长寿路派出所	2月10日上午	西康路1518弄9号半岛花园
13	中山北路派出所	2月12日上午	中潭路100弄70号
14	白玉路派出所	2月19日上午	凯旋北路1555弄清水湾居委会
15	长征派出所	2月5日9:30	梅川路278弄15号底楼居委会

（续表）

闸北区			
序号	举办单位	时　间	地　点
1	彭浦镇派出所	1月30日10:00	大宁路1000号风华中学
2	临汾路派出所	1月30日14:00	保德路181号临汾街道社区文化中心
3	彭浦新村派出所	2月3日14:00	闻喜路800号闸北图书馆会议室
4	芷江西路派出所	2月5日9:00	共和新路802弄35号
5	三泉路派出所	2月5日14:00	长临路248号共康中学
6	宝山路派出所	2月10日14:00	宝昌路531号社区文化中心8楼会议室
7	北站派出所	2月12日9:00	康乐路199号社区文化中心
8	共和新路派出所	2月12日10:00	延长中路755号共和新街道社区文化活动中心
9	天目西路派出所	2月12日14:00	中华新路893弄24号104室普善居委会
10	大宁路派出所	2月13日14:00	彭江路188号五楼第一会议室
虹口区			
序号	举办单位	时　间	地　点
1	江湾派出所	1月29日14:00	奎照路280号
2	凉城新村派出所	1月29日15:30	凉城路465弄41号社区活动中心3楼
3	曲阳路派出所	2月3日14:00	巴林路41弄14号
4	欧阳路派出所	2月4日14:00	欧阳路289弄12号105室
5	四川北路派出所	2月4日15:30	海伦路505号
6	广中路派出所	2月9日14:30	水电路120号308室
7	提篮桥派出所	2月10日15:00	昆明路388弄1号101室
8	嘉兴路派出所	2月11日14:00	高阳路701号
杨浦区			
序号	举办单位	时　间	地　点
1	长白新村派出所	1月29日下午	延吉东路107号街道文化中心会议室
2	大桥派出所	1月30日14:00	长阳路1318弄长阳新苑小区居委会活动室
3	江浦路派出所	1月30日14:00	许昌路1150号街道文化活动中心
4	殷行/中原派出所	1月30日14:00	包头路789号殷行街道四楼报告厅
5	五角场镇派出所	1月30日下午	政立路55号五角场镇政府阶梯教室
6	新江湾城派出所	2月4日下午	政悦路588弄建德国际公寓居委会
7	四平路派出所	2月5日14:00	锦西路69号四平街道会议室
8	五角场派出所	2月5日下午	政化路257号社区文化中心3楼电教室

（续表）

杨浦区			
序号	举办单位	时　间	地　点
9	控江路派出所	2月10日9:30	凤城二村19号306室文化中心
10	平凉路派出所	2月10日下午	怀德路389号街道文化中心
11	延吉新村派出所	2月11日14:00	延吉中路77号409会议室
12	定海路派出所	2月17日下午	长阳路3066号社区事务受理中心三楼
闵行区			
序号	举办单位	时　间	地　点
1	梅陇派出所	1月29日9:00	古美万源路400弄望族新苑居委会
2	莘庄派出所	1月29日9:30	虹莘路1551弄虹莘居委会活动室内
3	龙柏派出所	1月29日9:30	绿苑路22弄龙柏一村22号一居委
4	曹行派出所	1月29日13:30	绿莲路99弄银河新都居委会
5	华漕派出所	1月29日14:00	纪翟路228号华漕镇政府会议室
6	航华派出所	1月29日14:00	航中路99弄43号七韵美地苑居委会
7	华坪派出所	1月30日9:00	兰坪路301弄12支弄25号社区服务中心
8	虹桥派出所	1月30日9:30	吴中路511弄66号古北新城社区活动室
9	古美派出所	1月30日9:30	顾戴路1266弄东苑半岛小区活动室
10	金都派出所	1月30日13:30	鑫都路2688弄天恒名城老年活动室
11	碧江派出所	2月2日14:00	金平路328弄76号1楼会议室
12	新虹派出所	2月3日9:30	申滨路1051弄170号爱博二村会所
13	吴泾派出所	2月4日9:30	剑川路150弄吴泾镇公民警校
14	枢纽派出所	2月4日10:00	上海建工集团机械施工安装管理有限公司
15	田园派出所	2月4日14:00	银都路3118弄银一居委
16	马桥派出所	2月5日9:30	临沧路85号友好村村委会
17	杜行派出所	2月5日13:00	江文路330弄浦江宝邸居委会
18	纪王派出所	2月6日9:30	纪翟路1555号
19	陈行派出所	2月10日9:00	南江燕路229弄世博四居委
20	塘湾派出所	2月10日9:00	东川路555号1号楼1楼会议中心紫竹数码港
21	颛桥派出所	2月10日14:00	中沟路99号颛桥派出所三楼会议室
22	莘松派出所	2月12日9:00	莘松路958弄维园道9号二楼康城一居委
23	莘光派出所	2月12日9:30	雅致路228弄7号水清一村老年活动室
24	新镇派出所	2月13日13:30	漕宝路1467弄2区活动室
25	鲁汇派出所	2月13日14:00	汇臻路939弄新汇绿苑居委会
26	七宝派出所	2月14日10:00	七莘路3155号乐购超市广场

（续表）

宝山区			
序号	举办单位	时　间	地　点
1	友谊路派出所	1月29日9:00	永清路899号友谊市民中心二楼报告厅
2	泗塘新村派出所	1月29日9:00	泗塘二村108号社区事务受理中心多功能厅
3	高境派出所	1月29日9:00	吉浦路551号高境镇社区活动中心
4	刘行派出所	1月29日9:00	馨佳园九街坊老年活动中心二楼会议室
5	吴淞派出所	1月30日9:00	同济路208弄西朱新村64号居委活动室
6	盛桥派出所	1月30日9:30	塔源路58弄
7	罗店派出所	1月30日14:00	罗店镇塘西街181号
8	庙行镇政府	2月3日9:30	长江西路2697号庙行镇文化中心3楼
9	海滨新村派出所	2月4日13:30	淞浦路470号
10	大场派出所	2月4日14:00	南陈路239号二楼
11	祁连派出所	2月4日14:00	宝山区丰宝路388号葑村村委会
12	双城派出所	2月5日9:00	永清路899号友谊市民中心二楼报告厅
13	宝杨派出所	2月5日9:00	铁峰路2000弄100号友谊家园一居活动室
14	顾村派出所	2月5日14:00	顾北路689弄东方帕提欧居委会
15	大华新村派出所	2月6日9:00	大华路1469号大场镇政府2202室
16	月浦镇政府	2月6日9:30	月浦镇德都路111号4楼多功能厅
17	罗泾派出所	2月6日13:30	陈东路121号罗泾镇党校
18	罗南派出所	2月6日14:00	美诺路131号
19	淞南派出所	2月6日14:00	长江南路583号淞南镇文化中心
20	月新派出所	2月9日14:00	申浦路288弄15号中冶尚园活动室
21	双城派出所	2月10日9:00	永清路899号友谊市民中心二楼报告厅
22	通河新村派出所	2月10日9:30	通河三村15号乙居委活动室
23	杨行派出所	2月10日13:30	杨鑫路268号杨行社区办三楼报告厅
嘉定区			
序号	举办单位	时　间	地　点
1	方泰派出所	1月29日上午	方泰宝安公路4758号方泰村村委会
2	真新新村派出所	1月29日9:00	清峪路879号真新街道办事处四楼会议室
3	黄渡派出所	1月29日14:00	春浓路75号3楼黄渡联群村村委会
4	江桥派出所	1月30日上午	金园一路1395弄65号金园居委会议室
5	马陆派出所	1月30日14:00	马陆镇双单路718号永盛公寓

（续表）

嘉定区			
序号	举办单位	时　间	地　点
6	安亭派出所	1月30日下午	安亭镇墨玉北路211号安亭派出所
7	娄塘派出所	2月4日下午	娄塘镇白墙村100号老村委会议室
8	外冈派出所	2月5日下午	外冈镇西冈身路215号管家村村委会
9	新成路派出所	2月6日14:00	迎园东一坊85号仓场居委会
10	南翔派出所	2月6日14:00	南翔镇芳林路668号丰翔居委会议室
11	叶城派出所	2月9日9:00	嘉定镇南苑一村58号2楼203室庆阳居委会
12	华亭派出所	2月10日上午	华亭镇霜竹公路188号联一村委会议室
13	戬浜派出所	2月10日下午	浏翔公路2333号上海巧哲家具有限公司
14	嘉城派出所	2月10日13:30	嘉定镇清河路109弄11号花园弄居委会
15	菊园派出所	2月13日14:00	胜竹路1780弄2号301室嘉保警务室
16	徐行派出所	2月13日下午	徐行镇澄浏公路715号钱桥村委会
17	唐行派出所	2月16日下午	唐行镇永新北路唐行村村委会
18	封浜派出所	2月27日13:40	封浜镇金耀路255号封浜高级中学
松江区			
序号	举办单位	时　间	地　点
1	永丰派出所	1月29日13:30	松汇西路1548号永丰社区学校
2	佘山派出所	1月30日13:30	千新公路1200弄翠鑫苑社区生活服务中心
3	小昆山派出所	2月3日9:00	清河街159弄1号楼平原居委会阶梯大教室
4	九亭派出所	2月3日9:30	沪松公路1186号南奥园居委会二楼活动室
5	洞泾派出所	2月3日13:30	洞泾镇文化活动中心8号会议室
6	车墩派出所	2月4日13:30	北松公路4688号镇政府7楼
7	新桥派出所	2月4日13:30	新桥镇新站路460号文化活动中心报告厅
8	叶榭派出所	2月5日9:00	叶榭镇浉东路84号社区文化活动中心
9	岳阳派出所	2月5日13:30	岳阳街道西楼5楼
10	新浜派出所	2月6日9:00	新浜镇方家哈居委会活动室
11	中山派出所	2月6日13:00	松江迎宾路2号二楼中山街道志愿中心
12	泗泾派出所	2月6日13:30	鼓浪路129号张泾居委老年活动室三楼
13	石湖荡派出所	2月10日9:00	五角公路泖桥村会议室
14	方松派出所	2月11日13:30	南期昌路459弄68号3楼江虹居民区居委会
15	泖港派出所	2月12日13:00	泖港镇新乐路66号

（续表）

金山区			
序号	举办单位	时　间	地　点
1	廊下派出所	1月29日上午	廊下镇中华村5090号
2	水上治安派出所	1月29日下午	松金公路6001号南方水泥有限公司
3	兴塔派出所	1月30日上午	枫泾镇兴寒路2021号枫泾镇新黎村村委会
4	朱行派出所	1月30日12:00	月工路1111号华峰日轻铝业股份有限公司
5	石化治安派出所	1月30日中午	金一路301号上海南翼包装有限公司
6	新农派出所	2月2日下午	朱泾镇鸿安路800号凯科管业有限公司
7	金山卫派出所	2月3日上午	金山卫镇南阳湾路1288弄102号金康居委会
8	漕泾派出所	2月3日下午	漕泾镇富漕路461弄26号绿地居委会
9	松隐派出所	2月4日上午	亭林镇驳岸村7100号
10	山阳派出所	2月4日上午	红旗路28号山阳镇政府
11	象州路派出所	2月4日下午	石化隆安路小商品市场二楼临蒙居委会
12	吕巷派出所	2月4日下午	吕朱公路6988号吕巷派出所
13	蒙山路派出所	2月4日晚上	龙胜路400弄18号石化街道辰凯居委会
14	张堰派出所	2月6日上午	金张公路110号张堰镇富民居委会
15	枫泾派出所	2月6日13:00	枫丽路147号枫泾镇文广中心大礼堂
16	干巷派出所	2月13日上午	吕巷镇干溪路258号
17	朱泾派出所	2月13日上午	朱泾镇大茫增产14组6011号大茫村村委会
18	亭林派出所	2月16日下午	亭林镇亭朱公路1955号东新村村委会
青浦区			
序号	举办单位	时　间	地　点
1	沈巷派出所	1月29日9:00	朱家角镇沈巷路246号沈巷敬老院
2	蒸淀派出所	1月30日14:00	练塘镇欧风路29号双菱村村委会
3	盈浦派出所	1月31日9:30	盈港路1755弄盈浦街道民佳居委会
4	重固派出所	2月2日8:30	重固镇郏店村358号重固郏店村
5	朱家角派出所	2月2日9:30	朱家角镇漕平路35号朱家角派出所
6	华新派出所	2月2日13:30	华新镇新凤中路588号新谊村村委会
7	凤溪派出所	2月4日9:00	华新镇凤星路1598号凤溪派出所
8	白鹤派出所	2月4日9:30	白鹤镇朱浦村鹤吉路128号朱浦村村委会
9	徐泾派出所	2月4日10:00	徐泾镇崧泽大道近明珠路口陆家角新苑物业
10	商榻派出所	2月5日13:30	金泽镇商榻锦商公路4001号淀西村委会

（续表）

序号	举办单位	时　间	地　点
青浦区			
序号	举办单位	时　间	地　点
11	赵屯派出所	2月9日9:00	白鹤镇镇赵江路265弄赵屯居委会
12	金泽派出所	2月10日8:30	金泽镇练西公路4219号西岑居委会
13	练塘派出所	2月10日10:00	文化路85号镇社区活动中心
14	赵巷派出所	2月10日13:00	赵巷镇嘉松中路2888号奥特莱斯行政楼二楼
15	香花桥派出所	2月13日14:00	新胜路580号街道文体中心
16	夏阳派出所	2月27日15:00	外青松公路7989号上海政法学院
奉贤区			
序号	举办单位	时　间	地　点
1	南桥派出所	1月29日9:00	南桥镇贝港北区130号西侧贝港三居居委会
2	江海派出所	1月29日13:00	南桥镇光乐路96号光明村村委会
3	洪庙派出所	1月29日13:30	奉城镇协新路153号普乐家具有限公司
4	青村派出所	2月5日13:00	青村镇上塑路169号李窑村村委会
5	柘林派出所	2月5日13:00	柘林镇新柘中路28号柘林镇居委会
6	海港派出所	2月5日13:00	新四平公路467弄海港新苑居委会
7	庄行派出所	2月6日13:00	庄行镇滕庄路312号新华村委会
8	邬桥派出所	2月7日9:00	庄行镇邬桥社区马路村868号马路村居委会
9	五四派出所	2月9日9:00	五四社区五四公路3599弄21号五四派出所
10	海湾派出所	2月9日13:00	奉炮公路257弄15号海湾旅游区居委会
11	头桥派出所	2月9日13:30	奉城镇头桥新奉公路4313宏昌汽配有限公司
12	金海派出所	2月9日13:30	金海农业园区金齐路188弄金水苑小区
13	胡桥派出所	2月10日9:00	柘林镇浦卫公路6788号胡桥派出所
14	四团派出所	2月10日13:00	四团镇团青公路556号四团派出所
15	钱桥派出所	2月10日13:00	青村镇钱桥社区奉柘公路3185号钱桥居委会
16	平安派出所	2月10日13:00	四团镇平安社区堂前街平安派出所
17	奉城派出所	2月10日14:00	奉城镇灯明路256号灯民村村委会
18	光明派出所	2月10日14:00	光明社区南奉公路5118号湾张村委会
19	新寺派出所	2月10日14:00	柘林镇新寺社区宅新路126号新寺村委会
20	星火派出所	2月10日14:00	海湾旅游区海滨新二村75号海滨新村居委会
21	塘外派出所	2月11日9:00	塘外镇奉柘公路941号塘外派出所

（续表）

奉贤区			
序号	举办单位	时　　间	地　　点
22	西渡派出所	2月11日13:00	南桥镇西闸公路1600号水岸小区居委会
23	齐贤派出所	2月11日13:00	齐贤社区万顺路2388弄旺苑居委会
24	奉浦派出所	2月12日13:30	奉浦开发区环城东路885弄232号第九居委会
25	临海派出所	2月15日14:00	柘林镇目华北路518号临海派出所
26	金汇派出所	2月16日13:00	金汇镇金闸公路1158号东星村村委会
27	泰日派出所	2月20日13:30	金汇镇大叶公路6669号泰日派出所会议室
崇明县			
序号	举办单位	时　　间	地　　点
1	横沙派出所	1月29日9:00	横沙乡惠民路158号惠丰村村委会
2	绿华派出所	1月29日13:00	绿华路518号绿华镇政府5号楼会议室
3	新海派出所	1月29日13:30	凤滨路77号长兴镇政府第一会议室
4	长兴派出所	1月30日9:00	兴阔路165号新海镇新海居委会
5	建设派出所	2月2日9:00	蟠龙公路18号建设镇建设村村委会
6	堡镇派出所	2月3日9:30	大通路139弄61号堡镇博园新村居委会
7	港沿派出所	2月3日9:30	港沿公路1177号镇政府多功能报告厅
8	汲浜派出所	2月3日13:30	兴工路57号中兴镇文化活动中心
9	陈家镇派出所	2月5日13:30	裕国路388号陈家镇文化活动中心
10	新村派出所	2月5日14:00	星村公路1601号新村乡新乐村村委会
11	三星派出所	2月6日9:00	三星镇育新村1088号育新村村委会
12	长征派出所	2月6日9:00	长征农场长乐一村6—8号老年活动室
13	庙镇派出所	2月6日9:30	合作公路101号庙镇庙中村村委会
14	新河派出所	2月6日9:30	新开河路623号新河镇文化活动中心
15	向化派出所	2月6日13:00	向化大街149号向化镇向宏居委会
16	东旺派出所	2月6日13:30	前哨公路40弄2号前哨居委会
17	竖新派出所	2月10日9:00	竖新镇民强村667号民强村村委会
18	港西派出所	2月10日9:00	鼓浪屿路1000弄港西镇静南村村委会
19	城桥派出所	2月12日9:00	一江山路18号城桥镇江山新村居委会
20	长江派出所	2月27日9:00	北沿公路1648弄812号长江新村居委会

（续表）

东方讲坛·“以案说防范，共建平安城”系列之二			
防范电信诈骗专题宣讲活动一			
（中共上海市委宣传部　上海市公安局）			
浦东新区			
序号	举办单位	时　间	地　点
1	潍坊新村派出所	3月16日9:00	浦电路南泉路口潍坊四村居民活动室
2	六里派出所	3月16日9:00	新浦路629弄14号艾南居委会
3	大团派出所	3月16日10:00	镇南村大杨888号镇南村村委会
4	临港新城派出所	3月16日13:00	竹柏路366弄宜浩佳园二居委
5	蔡路派出所	3月16日13:30	东川公路7851号蔡路中学
6	凌桥派出所	3月16日14:00	高桥镇江东路850号凌桥村居委会
7	梅园新村派出所	3月16日14:00	福山路33号建工一公司4楼会议室
8	张江治安派出所	3月16日14:00	高科中路2947号行政楼四楼日月光生活区
9	孙桥派出所	3月16日14:00	孙浦路375号环东中心村居委会
10	张江派出所	3月17日9:00	张东路2281弄80号江苑居委会
11	彭镇派出所	3月17日9:00	云汉路1128号云欣居委会
12	惠南派出所	3月17日13:00	拱极路3800号北区201上海出版印刷高等专科学校
13	金桥派出所	3月17日14:00	金桥路2624号三桥村委会
14	东海派出所	3月17日14:00	东港公路2961号新东村村委会
15	塘桥派出所	3月17日14:00	华安路24弄7号宁阳居委会
16	老港派出所	3月18日9:00	老港镇滨海路10号滨海居委会
17	周东派出所	3月18日9:00	建设路28号4楼会议室瓦屑社区服务中心
18	北蔡派出所	3月18日9:00	北中路480弄18号北蔡镇莲溪九居委会
19	周家渡派出所	3月18日9:30	成山路601弄28号云台二居委
20	王港派出所	3月18日13:00	唐镇云雅路398号同馨居委会
21	芦潮港派出所	3月18日13:00	潮乐路16号2楼会议室新芦苑居委会
22	横沔派出所	3月18日14:00	康弘路508弄海尚康庭居委会
23	三林派出所	3月18日14:00	林鸣路11号金光村村委会
24	陆家嘴治安派出所	3月18日14:00	陆家嘴环路1288号凯宾斯基大酒店3楼
25	杨园派出所	3月18日14:00	园二路300号杨园新村三居委
26	科教园区治安派出所	3月19日9:00	惠南镇迎薰路428号汇南村村委会

（续表）

浦东新区			
序号	举办单位	时　间	地　点
27	祝桥派出所	3月19日14:00	川南奉公路5058号6号楼
28	黄路派出所	3月19日14:00	南团公路35弄20号海燕居委会
29	六团派出所	3月19日14:00	普新路900号储店村委会
30	花木派出所	3月19日14:00	锦绣路300弄36号2楼联洋六居委
31	高桥派出所	3月19日14:00	清溪路299弄33号潼港二村居委会
32	书院派出所	3月19日14:00	新府路81号书院镇政府1号楼二楼会议室
33	六灶派出所	3月20日8:30	川沙新镇六灶鹿溪路69号六灶果园村委会
34	高行派出所	3月20日9:00	双桥路1216号南行居委会
35	南码头路派出所	3月20日9:00	南码头路32号-2西三居委会
36	罗山新村派出所	3月20日9:30	枣庄路988弄1号浦东新区青少年活动中心
37	龚路派出所	3月20日10:00	龚华路479弄1号龚路新城居委会
38	水上治安派出所	3月20日14:00	妙境北路116弄135号高胡粮油码头
39	顾路派出所	3月20日14:00	民春路民雷路中心广场丰舍苑居委会
40	航头派出所	3月20日14:00	航头镇长达村241号长达村委会
41	杨思派出所	3月21日9:30	洪山路762号杨思一居委
42	张江高校派出所	3月23日19:00	上川路995号上海金融学院
43	合庆派出所	3月24日9:30	庆利路425弄庆东居委会
44	唐镇派出所	3月24日14:00	高科东路968号唐四村委会
45	上钢新村派出所	3月24日14:00	上钢八村40号104室上钢九村居委会
46	新场派出所	3月25日8:30	新场镇海泉街85号北大居委会
47	泥城派出所	3月25日9:30	南芦公路1757号泥城大润发超市三楼
48	沪东新村派出所	3月25日9:45	浦东大道2970弄39号107会议室朱家门居委会
49	宣桥派出所	3月25日10:00	宣桥镇光辉村休闲街1号光辉村居委会
50	临港高校派出所	3月25日13:00	下盐路2888号上海交通职业技术学校
51	川沙派出所	3月25日13:30	华夏东路2170弄15号城西居委会
52	万祥派出所	3月25日14:00	万祥万隆村万三201号万隆村委会
53	高东派出所	3月25日14:00	北新园路350弄1号2楼楼夏景园居委会
54	江镇派出所	3月26日9:30	施宏路443弄8号施镇居委会三楼会议室
55	金杨新村派出所	3月26日14:00	枣庄路810弄9号金口二居委
56	永泰路派出所	3月26日14:00	永泰路2079弄63号永泰社区中心二楼会议室

（续表）

浦东新区			
序号	举办单位	时　间	地　点
57	浦兴路派出所	3月26日14:00	长岛路1560号25号二楼东四居委
58	周浦派出所	3月27日9:00	周邓公路6600弄海达居委会
59	黄楼派出所	3月27日9:00	川周公路6215号黄楼社区新建会议室
60	康桥派出所	3月27日14:00	秀沿路46号二楼会议室营房居委会
61	世纪广场治安派出所	3月27日14:00	合欢路166号浦东新区信访办
62	洋泾派出所	3月30日9:30	浦东大道1851弄16号甲凌四居委
63	东明路派出所	3月31日14:00	环林东路879弄32号新月二居委
黄浦区			
序号	举办单位	时　间	地　点
1	南京东路派出所	3月18日14:30	新昌路86弄6号
2	外滩派出所	3月18日14:30	河南中路382弄6号汉口居委会
3	瑞金二路派出所	3月18日14:30	复兴中路553弄97号活动中心
4	豫园派出所	3月18日14:30	侯家路121弄3号侯家居委会
5	打浦桥派出所	3月18日14:30	打浦路90弄1号104室锦海居委会
6	老西门派出所	3月18日14:30	艾家弄75号艾家弄居委会
7	小东门派出所	3月18日14:30	引线弄28号天灯居委会
8	半淞园派出所	3月18日14:30	丽园路333弄8号老年活动室
9	淮海中路派出所	3月25日14:30	马当路357弄1号104室建六居委
10	五里桥派出所	3月25日14:30	鲁班路388弄1号202室海悦居委会
徐汇区			
序号	举办单位	时　间	地　点
1	天平路派出所	3月16日9:30	天平路139号甲德昌居委会议室
2	长桥新村派出所	3月16日9:30	百色路园南二村20号101室园南二村居委会
3	斜土路派出所	3月17日14:00	斜土路1275弄9号101室恒益居委会
4	华泾派出所	3月17日14:30	老沪闵路1296弄66号华建居委会
5	田林新村派出所	3月18日9:00	田林东路588号田林社区党员活动中心
6	虹梅派出所	3月18日14:00	古美路1107弄58号102室古四居委会活动室
7	凌云路派出所	3月19日14:00	罗秀路930弄和平小区居委会活动室
8	漕河泾派出所	3月24日9:00	石龙路33弄57号居委会二楼会议室
9	湖南路派出所	3月24日14:00	永福路49弄19号甲

（续表）

徐汇区			
序号	举办单位	时 间	地 点
10	康健新村派出所	3月24日14:00	长顺海居委会桂林西街9弄
11	枫林路派出所	3月25日12:00	双峰路450号枫林街道社区卫生服务中心健康苑
12	龙华派出所	3月25日14:00	天钥桥南路399号龙华街道201会议室
13	徐家汇派出所	3月26日14:00	南丹东路300弄8号201室名园居委会
长宁区			
序号	举办单位	时 间	地 点
1	北新泾派出所	3月16日9:00	剑河路254号
2	虹桥路派出所	3月18日14:00	虹桥路1053弄邮航小区社区活动中心
3	程家桥派出所	3月18日14:00	虹桥路2282号二楼影视厅程家桥街道事务受理中心
4	江苏路派出所	3月20日9:00	昭化东路102号曹家堰居委会活动室
5	仙霞路派出所	3月20日9:30	天山五村28号一楼居民活动室
6	新泾派出所	3月23日9:00	泉口路66号新泾镇人民政府四号会议室
7	天山路派出所	3月25日9:30	安顺路220弄38号东纺大居委会活动室
8	华阳路派出所	3月26日14:00	汇川路300弄588号二楼会议室
9	新华路派出所	3月26日14:30	法华镇路660弄21号102室杨宅居民活动室
10	周家桥派出所	3月27日14:00	长宁路1628号六楼会议室
静安区			
序号	举办单位	时 间	地 点
1	静安寺派出所	3月17日9:00	万航渡路92号静安寺街道司法调解中心
2	南京西路派出所	3月19日14:30	江宁路83弄4号陕西北路居委会
3	石门二路派出所	3月21日下午	新闸路888弄116号新福康里居委会
4	江宁路派出所	3月25日14:00	淮安路771号江宁路街道社区文化活动中心
5	曹家渡派出所	3月26日9:00	武定西路1344弄12号曹家渡社区学校
普陀区			
序号	举办单位	时 间	地 点
1	白玉路派出所	3月17日下午	凯旋北路1555弄清水湾居委会
2	白丽路派出所	3月17日14:30	雪松路392弄112号103室
3	宜川新村派出所	3月18日9:00	华阴路200号宜川社区学校
4	曹杨新村派出所	3月18日9:30	曹杨二村276号居委会活动室

（续表）

普陀区			
序号	举办单位	时　间	地　点
5	真光路派出所	3月19日9:00	桃浦路1023弄老年活动室
6	桃浦派出所	3月19日9:30	祁连山南路2727弄15号阳光四居会议室
7	石泉路派出所	3月19日10:00	石泉一村20号小区活动室
8	中山北路派出所	3月19日14:30	中潭路100弄70号
9	长征派出所	3月20日上午	梅川路278弄15号底楼居委会
10	甘泉路派出所	3月20日下午	泾惠路24弄6号
11	真如派出所	3月21日上午	兰溪路968号真如社区活动中心
12	万里派出所	3月24日9:30	香泉路85弄40号2楼会议室
13	长风新村派出所	3月24日15:00	怒江路131弄100号3楼
14	长寿路派出所	3月25日下午	新会路234弄71号长鸿居委会会议室
15	东新路派出所	3月26日9:30	普雄路26弄5号普雄路居委会
闸北区			
序号	举办单位	时　间	地　点
1	三泉路派出所	3月17日9:00	三泉路415弄15号102—103室活动室
2	天目西路派出所	3月19日14:00	普善路铁路新村附27号铁路新村居委会
3	临汾路派出所	3月19日14:00	汾西路261弄31号103室居委会
4	芷江西路派出所	3月19日15:00	大统路157号
5	彭浦镇派出所	3月20日14:00	原平路128号新和中学
6	北站派出所	3月26日9:00	北站街道社区文化中心康乐路199号
7	共和新路派出所	3月26日10:00	延长路755号共和新路街道文化中心
8	彭浦新村派出所	3月26日14:00	彭浦新村62号一楼会议室
9	大宁路派出所	3月27日14:00	江场三路238号1楼培训中心市北新区
10	宝山路派出所	3月31日14:00	会文路302弄48号居委会会议室
虹口区			
序号	举办单位	时　间	地　点
1	曲阳路派出所	3月16日14:40	玉田新村10弄7号104室
2	凉城新村派出所	3月18日14:00	凉城路465弄41号3楼
3	提篮桥派出所	3月18日14:30	丹徒路340弄3号104室
4	欧阳路派出所	3月18日15:00	四达路58弄15号2楼
5	四川北路派出所	3月19日15:30	海伦路505号

（续表）

虹口区			
序号	举办单位	时　间	地　点
6	广中路派出所	3月23日14:00	水电路120号308室
7	嘉兴路派出所	3月25日14:00	岳州路399弄紫虹嘉苑活动室
8	江湾派出所	3月27日9:00	奎照路280号2楼
杨浦区			
序号	举办单位	时　间	地　点
1	新江湾城派出所	3月19日下午	政云路220号政立二居委会
2	延吉新村派出所	3月19日14:00	延吉中路77号409会议室
3	四平路派出所	3月20日14:00	锦西路69号四平街道会议室
4	殷行、中原派出所	3月24日9:00	包头路789号殷行街道四楼报告厅
5	定海路派出所	3月25日下午	长阳路3066号街道社区事务受理中心三楼会议室
6	平凉路派出所	3月26日下午	平凉路街道文化中心怀德路389号
7	长白新村派出所	3月26日下午	靖宇东路27号四楼长白街道会议室
8	江浦路派出所	3月26日14:00	飞虹路737号江浦派出所会议室
9	五角场镇派出所	3月26日14:00	政立路55号五角场镇镇政府阶梯教室
10	控江路派出所	3月27日上午	沧州路138号二楼会议室
11	大桥派出所	3月27日上午	杭州路66弄35号广杭居委会
12	五角场派出所	3月31日下午	政化路257号五角场社区文化中心3楼电教室
闵行区			
序号	举办单位	时　间	地　点
1	莘庄派出所	3月16日9:00	黎安路551号黎安一村老年活动室
2	航华派出所	3月16日9:30	航东路529号航华一村三居活动中心
3	华坪派出所	3月16日9:30	鹤庆路358弄65号鹤北三居委
4	杜行派出所	3月16日13:30	江文路190号浦江宝邸一居委
5	七宝派出所	3月16日13:30	华林路229弄34号2楼华林二居委
6	新镇派出所	3月16日14:00	新镇路1036弄48号1楼茂盛居委会
7	马桥派出所	3月17日8:30	马桥镇东街99号马桥居委会
8	纪王派出所	3月18日9:00	纪翟路1625弄银杏居委会
9	古美派出所	3月18日10:00	万源路580弄小区居委会
10	莘松派出所	3月18日10:00	莘西南路400弄沁春园一村居委会
11	塘湾派出所	3月18日10:00	东川路555号紫竹数码港1号楼1楼会议中心

（续表）

闵行区			
序号	举办单位	时　　间	地　　点
12	梅陇派出所	3月18日13:30	上中西路1285弄望族苑居委教室
13	曹行派出所	3月19日9:00	虹梅南路2589号虹景苑居委会
14	金都派出所	3月20日9:00	瓶北路479号鑫泽阳光公寓
15	碧江路派出所	3月20日9:00	宾川路380弄54号汽轮三村居委会
16	龙柏派出所	3月20日9:30	金汇四街坊39号2楼龙柏金汇居委会活动中心
17	田园派出所	3月20日9:30	沪光路39弄54号底楼
18	新虹派出所	3月20日10:00	天山西路4178弄100号3楼爱博五村会所
19	虹桥派出所	3月20日10:00	金汇路460弄34号金斯居委会
20	华漕派出所	3月25日13:30	诸新路8号诸翟村村委会
21	陈行派出所	3月25日13:30	浦江镇浦申路120号世博家园五居委
22	颛桥派出所	3月25日14:00	都市路399弄复地北桥城居委会二楼会议室
23	吴泾派出所	3月25日14:00	景东路855号景东小学
24	鲁汇派出所	3月30日9:00	闵驰二路266号欣佳宝坻居委会
宝山区			
序号	举办单位	时　　间	地　　点
1	盛桥派出所	3月16日9:30	塔源路58弄新月明星苑
2	罗店派出所	3月17日9:00	集贤路800弄26号
3	友谊路派出所	3月17日14:00	永清路899号友谊路街道市民服务中心二楼报告厅
4	杨行派出所	3月18日9:00	蕰川路1498弄106号天馨一居二楼多功能厅
5	庙行镇政府	3月18日9:00	三泉路1495弄19号
6	顾村派出所	3月18日9:00	新泰路31号原顾村中心幼儿园
7	刘行派出所	3月18日9:00	上海市宝山区韶山路348弄馨家园九街坊活动室
8	宝杨派出所	3月18日9:00	杨鑫路98弄34号杨鑫居委
9	月浦镇政府	3月18日9:00	德都路111号社区服务中心
10	月新派出所	3月18日9:00	月新北路381号段泾村活动室
11	祁连派出所	3月18日13:00	祁连山路2396号丰收村委会
12	罗泾派出所	3月18日13:30	陈东路121号罗泾党校
13	通河新村派出所	3月20日9:00	通河三村15号乙一楼活动室
14	罗南派出所	3月20日9:00	美诺路131号

（续表）

宝山区			
序号	举办单位	时　间	地　点
15	大场派出所	3月20日9:30	沪太支路1090弄125号
16	海滨新村派出所	3月23日13:30	永清二村116号居民活动室
17	淞南派出所	3月24日下午	长江南路583号淞南镇文化中心
18	双城派出所	3月24日14:00	永清路899号友谊路街道市民服务中心二楼报告厅
19	高境派出所	3月25日9:00	吉浦路551号高境镇镇政府文化活动中心
20	泗塘新村派出所	3月25日9:00	泗塘六村52号老年活动室
21	吴淞派出所	3月25日13:30	宝山区淞滨路70弄和丰居委会会议室
22	大华新村派出所	3月27日9:00	沪太路1500弄28号大华一村一居委二楼
嘉定区			
序号	举办单位	时　间	地　点
1	唐行派出所	3月16日下午	嘉行公路2681号塔桥村委会会议室
2	华亭派出所	3月17日上午	华亭镇沪华中路111弄33号联三村委会会议室
3	黄渡派出所	3月17日9:00	绿苑居委82弄内绿苑居委会
4	新成路派出所	3月17日14:00	新成路街道和政路885弄29号南塘河居委
5	真新新村派出所	3月18日9:00	铜川路2395弄145号3楼铜川居委会
6	安亭派出所	3月18日13:30	昌吉路888弄1号迎春居委会会议室
7	徐行派出所	3月19日上午	徐行镇开源路29号曹王居委会
8	嘉城派出所	3月20日8:30	嘉定镇塔城路440弄19号小囡桥居委会
9	叶城派出所	3月20日14:00	嘉定工业区裕民路1000弄叶城四街坊居委会
10	封浜派出所	3月20日13:30	江桥镇曹丰路600号新江村村委会
11	外冈派出所	3月20日上午	宝钱公路5528号泉泾村村委会
12	菊园派出所	3月23日14:00	胜竹路1780弄2号301室嘉保警务室
13	方泰派出所	3月24日上午	方泰先锋路388号先锋村委会
14	戬浜派出所	3月25日8:45	嘉新公路688弄仓新居委会大会议室
15	娄塘派出所	3月27日上午	嘉唐公路1715号娄塘村委会
16	江桥派出所	3月27日下午	江桥镇爱特路68弄45号金达居委活动室
17	马陆派出所	3月30日14:00	马陆镇东宝路88弄1号樊家村委会
18	南翔派出所	3月31日14:00	南翔镇芳林路668号丰翔居委会会议室

（续表）

松江区			
序号	举办单位	时　间	地　点
1	石湖荡派出所	3月17日9:00	五角公路洙桥村村委会会议室
2	中山派出所	3月18日9:00	迎宾路2号中山街道社区志愿服务中心
3	佘山派出所	3月18日13:30	千新公路1200弄翠鑫苑社区生活服务中心多功能厅
4	永丰派出所	3月19日13:30	玉树社区工作站一楼活动室
5	新浜派出所	3月20日9:00	新浜镇桃园居委会活动室
6	昆山派出所	3月20日9:30	港中路218号港丰村村委会
7	洞泾派出所	3月20日13:30	新欣居委会会议室
8	岳阳派出所	3月20日13:30	荣乐中路841号2楼松乐苑居委会
9	车墩派出所	3月22日13:30	车墩镇祥东居委会多功能会议室
10	九亭派出所	3月24日13:30	九城湖滨居委会三楼多功能厅
11	新桥派出所	3月25日13:00	新桥镇莘松路1458号莘松居委会
12	叶榭派出所	3月26日9:30	叶榭镇世强居委会
13	方松派出所	3月26日13:30	江虹居委会活动室
14	泖港派出所	3月27日13:00	泖港镇新乐路66号
15	泗泾派出所	3月31日13:30	泗泾镇鼓浪路129号3楼
金山区			
序号	举办单位	时　间	地　点
1	张堰派出所	3月16日上午	张堰镇东贤路558号张堰小学
2	干巷派出所	3月16日上午	吕巷镇和平村3000号
3	朱行派出所	3月16日下午	朱漕公路208弄99号亭林镇运河村委会
4	石化治安派出所	3月17日上午	龙胜路1070号中核五公司食堂
5	象州路派出所	3月17日下午	石化十村19号十村居委会
6	山阳派出所	3月18日上午	龙翔路785号龙泽苑居委会
7	金山卫派出所	3月18日中午	金山卫镇卫城村4048-1号卫城村老年活动室
8	漕泾派出所	3月18日下午	漕泾镇中心街252弄2号花园居委会
9	吕巷派出所	3月19日下午	吕巷镇田欢路255弄荡田新村小区居民活动室
10	新农派出所	3月20日上午	朱泾镇贸易路55号浦银居委会会议室
11	松隐派出所	3月20日下午	亭枫公路1915号上海新东方烹饪学校
12	朱泾派出所	3月22日下午	朱泾镇众安街389弄2号金龙居委会

（续表）

金山区			
序号	举办单位	时　间	地　点
13	蒙山路派出所	3月24日上午	龙胜路400号辰凯居委会议室
14	亭林派出所	3月25日上午	亭林镇南亭公路5346弄9号龙泉村村部
15	廊下派出所	3月25日下午	廊下镇新村路28号社区学校
16	枫泾派出所	3月25日下午	枫泾镇圣堂弄18号枫泾镇友好居委会
17	兴塔派出所	3月27日下午	枫泾镇建定路68号上海西文服饰有限公司
青浦区			
序号	举办单位	时　间	地　点
1	重固派出所	3月16日9:00	重固镇回龙村179号回龙村村委会
2	沈巷派出所	3月17日8:15	朱家角镇泖溪路150号沈巷小学
3	赵屯派出所	3月17日9:00	白鹤镇响新村188号响新村村委会
4	盈浦派出所	3月18日9:00	盈港路1755弄88号民佳居委会
5	金泽派出所	3月18日9:00	金泽镇育田村王田135号育田村村委会
6	练塘派出所	3月18日13:00	练塘镇芦周路101号芦潼村村委会
7	徐泾派出所	3月18日14:00	徐泾镇双浜路218号顺丰快递
8	香花桥派出所	3月18日14:00	香花桥街道新胜路580号香花桥街道文体中心
9	赵巷派出所	3月18日14:30	赵巷镇赵华路58号崧泽学校
10	华新派出所	3月19日9:00	华新镇纪鹤公路1858号凌家村村委会
11	白鹤派出所	3月19日9:30	白鹤镇金项村陆项468号金项村村委会
12	商榻派出所	3月24日8:30	金泽镇陈东村陈新路408号陈东村村委会
13	朱家角派出所	3月24日10:00	朱家角镇漕平路35号朱家角派出所
14	蒸淀派出所	3月27日14:00	练塘镇欧风路29号双菱村村委会
15	凤溪派出所	3月30日14:00	华新镇凤星路1598号凤溪派出所
16	夏阳派出所	3月31日10:00	青浦区青昆路79号城南村村委会
奉贤区			
序号	举办单位	时　间	地　点
1	南桥派出所	3月16日13:00	南桥镇南中路480号
2	钱桥派出所	3月16日13:00	青村镇钱桥社区金王村558号金王村村委会
3	金汇派出所	3月16日13:00	金汇镇金闸公路1158号东星村村委会
4	四团派出所	3月17日12:00	四团镇文鹏路169号
5	江海派出所	3月17日13:00	南桥镇光明社区光乐路96号光明村村委会

（续表）

奉贤区			
序号	举办单位	时 间	地 点
6	海港派出所	3月18日13:00	海港开发区红庄村居委会
7	海湾派出所	3月19日13:00	海湾旅游区奉炮公路257弄15号海湾旅游区居委会
8	庄行派出所	3月19日13:00	庄行镇油车弄32号
9	头桥派出所	3月19日13:30	奉城镇头桥新奉公路4313号奉贤区宏昌汽配有限公司
10	塘外派出所	3月19日13:30	塘外镇奉柘公路737号
11	奉城派出所	3月19日14:00	奉城镇灯明路256号灯民村村委会
12	临海派出所	3月19日14:00	柘林镇目华北路518号临海派出所
13	洪庙派出所	3月20日9:00	奉城镇洪庙社区瓦洪公路3098号
14	光明派出所	3月20日13:00	浦星公路8108号解放村
15	新寺派出所	3月22日14:00	柘林镇新寺社区宅新路126号新寺村委会
16	星火派出所	3月22日14:00	海湾旅游区海滨新二村75号海滨新村居委会
17	邬桥派出所	3月23日9:00	庄行镇渔沥村246号
18	胡桥派出所	3月23日12:00	柘林镇农交路33弄7号
19	齐贤派出所	3月23日13:00	万顺路2388弄旺苑居委会议室
20	平安派出所	3月23日13:00	四团镇平安社区三团港村768号
21	青村派出所	3月24日14:00	青村镇南明路103号
22	五四派出所	3月25日9:00	五四公路1029弄7-1号
23	金海派出所	3月25日9:30	金齐路188弄金水苑小区
24	柘林派出所	3月25日13:00	柘林镇新柘中路28号柘林镇居委会
25	西渡派出所	3月25日14:00	西闸公路1373弄
26	奉浦派出所	3月27日13:30	运河北路1098弄新民旺苑会所
27	泰日派出所	3月27日13:30	泰青公路119弄118号泰日金阳幼儿园
崇明县			
序号	举办单位	时 间	地 点
1	城桥派出所	3月16日9:00	城桥镇长兴村兴家8队长兴村村委会
2	横沙派出所	3月17日9:00	横沙乡富民沙路2201号江海村村委会
3	堡镇派出所	3月17日9:00	堡镇五滧村178号五滧村村委会
4	港西派出所	3月17日9:00	港东公路887弄2号团结村村委会
5	长江派出所	3月17日9:00	林风公路251号风伟居委会

（续表）

崇明县			
序号	举办单位	时　间	地　点
6	长兴派出所	3 月 17 日 13:00	长兴镇江南大道 3888 号江南船厂一号线
7	竖新派出所	3 月 18 日 9:00	竖新镇堡西村 5 队堡西村村委会
8	新海派出所	3 月 19 日 8:30	新海镇兴阔路 165 号新海居委会
9	绿华派出所	3 月 20 日 9:00	绿华镇华荣村建城 117 号华荣村村委会
10	三星派出所	3 月 20 日 9:00	三星镇育德村 941 号育德村村委会
11	向化派出所	3 月 20 日 9:00	向化镇向化大街 149 号向宏居委会
12	汲浜派出所	3 月 24 日 13:30	兴工路 100 号中兴镇文化活动中心
13	建设派出所	3 月 25 日 9:00	建设镇浜东村浜南 1350 号浜东村村委会
14	新村派出所	3 月 25 日 9:00	新村乡星村公路 3259 号上海冠华厂生活区
15	陈家镇派出所	3 月 25 日 10:00	陈家镇裕丰村 8 队裕丰村村委会
16	东旺派出所	3 月 26 日 13:30	前哨公路 40 弄 2 号前哨居委会
17	长征派出所	3 月 30 日 9:00	星村公路 25 号红星居委会
18	新河派出所	3 月 30 日 9:00	新开河路 623 号新河镇文化活动中心
19	港沿派出所	3 月 30 日 13:30	港沿公路 1198 号港沿镇政府多功能报告厅
20	庙镇派出所	3 月 31 日 9:00	庙镇宏海公路 293 号江镇村村委会
东方讲坛·“以案说防范，共建平安城”系列之二			
防范电信诈骗专题宣讲活动二			
第 317 期(总 23640 场)2015 年 4 月 17 日—5 月 9 日			
(中共上海市委宣传部　上海市公安局)			
浦东新区			
序号	举办单位	时　间	地　点
1	黄路派出所	4 月 20 日 8:30	四墩村 328 号惠南镇四墩居委会
2	横沔派出所	4 月 20 日 9:00	川周公路 3126 号火箭村村委会
3	杨思派出所	4 月 20 日 9:00	上南路 3500 弄金苹果居委
4	金杨新村派出所	4 月 20 日 9:00	金杨路 737 弄 7 号金杨一居委
5	康桥派出所	4 月 20 日 9:00	上南路 6333 弄 7 号南华城居委会
6	潍坊新村派出所	4 月 20 日 9:30	浦电路 331 弄 16 号 1 楼潍坊八村居委会
7	蔡路派出所	4 月 20 日 14:00	塘东街 178 弄 58 号蔡路居委会
8	惠南派出所	4 月 20 日 14:00	通济路听潮二村物业会议室听南居委会
9	孙桥派出所	4 月 20 日 14:00	张东路 3001 号东昌中学

（续表）

浦东新区			
序号	举办单位	时　间	地　点
10	万祥派出所	4月21日8:30	新振村新一102号新振村委会
11	唐镇派出所	4月21日9:30	南曹路901弄50号2楼金利居委
12	东海派出所	4月21日14:00	红三村650号红三村村委会
13	新场派出所	4月22日9:00	新场镇新南村大治696号新南村委会
14	合庆派出所	4月22日9:00	东川公路5238号奚家村村委
15	老港派出所	4月22日9:30	老港镇拱极东路东港公路西侧牛肚居委
16	龚路派出所	4月22日10:00	海松路52弄26号星颂家园居委会
17	临港高校派出所	4月22日13:30	海港大道1550号教学楼3B204室
18	周东派出所	4月22日14:00	瑞和路555弄45号周欣社区中心
19	临港新城派出所	4月22日14:00	古棕路555弄120号临港家园社区居委会
20	张江治安派出所	4月22日14:00	牛顿路111号张江治安派出所
21	周家渡派出所	4月22日14:00	云莲路405弄都市庭院居委会活动室
22	高行派出所	4月22日14:00	新行路330号高行派出所
23	顾路派出所	4月22日14:00	民耀路268弄3号阳光苑二居委
24	南码头路派出所	4月23日9:00	临沂路381弄31号临沂五村服务中心
25	高东派出所	4月23日9:00	沙港村东沙港5号101室沙港村村民学校
26	江镇派出所	4月23日9:00	晨阳西路148号江家宅居委会会议室
27	彭镇派出所	4月23日9:00	云汉路666号云绣苑居委会
28	沪东新村派出所	4月23日9:00	东波路585弄109号伟锦苑
29	川沙派出所	4月23日9:30	置业路111号1号楼
30	航头派出所	4月23日13:00	航鹤路388号航头文化中心
31	大团派出所	4月23日13:30	周埠村洪波288号周埠村村委会
32	周浦派出所	4月23日13:30	周南村681号周南村委会
33	陆家嘴治安派出所	4月23日14:00	张杨路769号银河大厦
34	上钢新村派出所	4月23日14:00	历城路50号501室上钢新村派出所
35	金桥治安派出所	4月23日14:00	新金桥路27号
36	张江派出所	4月24日9:00	广兰路248弄1号丹桂居委会
37	金桥派出所	4月24日9:00	金桥镇永宁路33弄城市家园居委会
38	芦潮港派出所	4月24日9:00	潮华路17号农场社区居委会
39	六里派出所	4月24日9:30	下南路971弄22号下西浜居委会

（续表）

浦东新区			
序号	举办单位	时　间	地　点
40	永泰路派出所	4月24日14:00	东书房路629弄8号509会议室
41	世纪广场治安派出所	4月24日14:00	合欢路166号浦东新区信访办
42	六灶派出所	4月28日9:00	汤店村618号汤店村委会
43	科教园区治安派出所	4月28日9:30	南芦公路赵陆路东100米陆桥村委会
44	梅园新村派出所	4月28日14:00	东方路18号保利广场
45	书院派出所	4月28日14:00	新府路81号书院镇政府1号楼二楼
46	洋泾派出所	4月28日14:00	博山路51弄40号阳光驿站
47	凌桥派出所	4月29日9:00	江东路1380弄110号凌桥一居委
48	三林派出所	4月29日14:00	上南路4938号三林镇南阜村村委
49	高桥派出所	4月29日14:00	海春路150弄10号学前一村居委会
50	王港派出所	4月30日14:00	紫雅路58号新虹村民学校
51	杨园派出所	4月30日14:00	新园路246号欣连苑居委会
52	泥城派出所	5月5日9:00	彭平公路119号云锦苑居委会
53	北蔡派出所	5月5日10:00	高科西路3060弄3号101室龙港居委会
54	浦兴路派出所	5月5日10:00	长岛路1515号浦兴中学
55	六团派出所	5月6日8:30	牌楼路8号牌楼村委会村民活动中心
56	罗山新村派出所	5月6日14:00	博山东路699号金杨新村街道
57	黄楼派出所	5月6日14:00	界龙一路287号界龙村活动中心
58	祝桥派出所	5月7日9:30	千汇路280弄44幢130号千汇一村居委
59	东明路派出所	5月8日9:00	尚博路557号湾流域居委会
60	花木派出所	5月8日10:00	芳草路231号培花社管中心
61	宣桥派出所	5月8日10:00	宣黄公路428号欣松兰苑居委会
62	塘桥派出所	5月8日14:00	峨山路280弄19号101室塘东居委会
黄浦区			
序号	举办单位	时　间	地　点
1	瑞金二路派出所	4月22日9:00	陕西南路287弄24号陕建居委会
2	小东门派出所	4月22日13:30	外咸瓜街223号龙潭居委会
3	南京东路派出所	4月22日14:30	浙江中路462号3楼龙泉居委会
4	淮海中路派出所	4月22日14:30	顺昌路424弄63号建四居委
5	五里桥派出所	4月22日14:30	鲁班路388弄1号202室海悦居委会

（续表）

黄浦区			
序号	举办单位	时　间	地　点
6	半淞园派出所	4月22日14:30	西藏南路1341弄8号瞿二居委
7	外滩派出所	4月29日14:30	河南中路382弄6号汉口居委会
8	豫园派出所	4月29日14:30	金家坊47弄14号泰瑞居委会
9	打浦桥派出所	4月29日14:30	丽园路710弄10号2楼丽二居委
10	老西门派出所	4月29日14:30	艾家弄75号艾家弄居委会
徐汇区			
序号	举办单位	时　间	地　点
1	康健新村派出所	4月18日14:00	桂林西街14弄1号长顺海居委会
2	华泾派出所	4月20日9:00	华泾路1000弄36号居委会
3	凌云路派出所	4月20日14:30	老沪闵路1039弄49号闵秀居委大会议室
4	天平路派出所	4月22日14:00	建国西路691号建工锦江宾馆
5	斜土路派出所	4月22日14:00	斜土路1275弄10号101室恒益居委
6	田林新村派出所	4月22日14:00	田林东路588号田林党员活动中心
7	长桥新村派出所	4月23日9:00	龙临路13号长桥八村居委活动室
8	虹梅派出所	4月23日14:00	东兰路151弄17号西侧1楼老年活动室
9	湖南路派出所	4月29日14:00	永福路49弄19号甲
10	龙华派出所	5月7日14:00	天钥桥南路399号龙华街道201室
11	漕河泾派出所	5月8日13:30	康健路135弄社区文化中心一楼会议室
12	徐家汇派出所	5月10日9:30	乐山路12弄31号居委会三楼
长宁区			
序号	举办单位	时　间	地　点
1	仙霞路派出所	4月20日14:00	仙霞路780弄16号101室
2	江苏路派出所	4月22日9:00	愚园路1032弄60号岐山居民活动室
3	程家桥派出所	4月22日9:00	虹桥路2286号虹桥机场新村居委活动室
4	天山路派出所	4月23日14:00	天山路938弄3号天山居民区活动室
5	周家桥派出所	4月24日14:00	长宁路1628号六楼会议室
6	虹桥路派出所	4月24日14:00	虹桥路1115弄19号
7	新华路派出所	4月28日9:30	法华镇路453号文化中心三楼
8	新泾派出所	4月29日9:00	北虹路1000弄17号3楼
9	华阳路派出所	4月29日9:30	定西路1235弄7号
10	北新泾派出所	5月5日9:00	天山路88弄13号活动室

（续表）

静安区			
序号	举办单位	时　间	地　点
1	静安寺派出所	4 月 17 日 14:00	延安中路 1440 号三楼会议室
2	南京西路派出所	4 月 22 日 14:00	江宁路 83 弄 4 号陕西北路居委会
3	石门二路派出所	4 月 27 日下午	新闸路 888 弄 116 号新福康里居委会
4	江宁路派出所	4 月 30 日 14:00	淮安路 771 号社区文化活动中心
5	曹家渡派出所	5 月 8 日 9:00	武定西路 1344 弄 12 号曹家渡社区学校
普陀区			
序号	举办单位	时　间	地　点
1	长寿路派出所	4 月 18 日 9:00	长寿路 800 弄 19 号苏堤春晓居委会
2	东新路派出所	4 月 18 日 9:30	普雄路 26 弄 5 号普雄路居委会
3	长征派出所	4 月 18 日上午	梅川路 278 弄 15 号底楼居委会
4	真光路派出所	4 月 19 日 9:00	桃浦路 1023 弄老年活动室
5	曹杨新村派出所	4 月 19 日 9:30	曹杨二村 276 号居委会活动室
6	万里派出所	4 月 20 日 9:30	香泉路 85 弄 40 号 2 楼会议室
7	石泉路派出所	4 月 20 日 10:00	石泉一村 20 号小区活动室
8	中山北路派出所	4 月 20 日 13:30	中潭路 100 弄 32 号二楼中远一居委
9	甘泉路派出所	4 月 22 日 9:30	宜川路 451 弄 28 号居委会内
10	宜川新村派出所	4 月 23 日 9:00	华阴路 200 号宜川社区学校
11	白丽路派出所	4 月 23 日 14:00	白丽路 401 弄 113 号居委会会议室
12	真如派出所	4 月 28 日 10:00	车站新村 95 号 101 室
13	桃浦派出所	4 月 28 日 14:30	真北路 3725 弄 61 号莲花公寓小区
14	长风新村派出所	4 月 28 日 15:00	怒江路 131 弄 100 号 3 楼
15	白玉路派出所	4 月 30 日上午	中山北路 3644 弄 16 号 1 楼居委会
闸北区			
序号	举办单位	时　间	地　点
1	大宁路派出所	4 月 20 日 14:00	彭江路 188 号大宁街道 5 楼第一会议室
2	芷江西路派出所	4 月 23 日 14:00	永兴路 621 号永兴路二小
3	彭浦新村派出所	4 月 23 日 14:00	临汾路 670 弄 25 号 101 室
4	三泉路派出所	4 月 23 日 14:00	曲沃路 173 号老年活动室
5	临汾路派出所	4 月 23 日 14:00	阳曲路 470 弄 42 号 103 室
6	彭浦镇派出所	4 月 24 日 10:00	场中路 2992 号田家炳小学

（续表）

闸北区			
序号	举办单位	时 间	地 点
7	共和新路派出所	4月24日14:00	延长中路755号社区活动中心六楼
8	北站派出所	4月28日9:00	北站街道社区文化中心康乐路199号
9	宝山路派出所	4月29日10:00	宝昌路531号8楼会议室社区文化中心
10	天目西路派出所	5月7日14:00	汉中路8号华康居委会
虹口区			
序号	举办单位	时 间	地 点
1	凉城新村派出所	4月20日14:00	凉城路465弄41号3楼
2	曲阳路派出所	4月22日14:00	巴林路60弄50号
3	提篮桥派出所	4月22日14:00	唐山路577弄4号
4	四川北路派出所	4月23日15:00	海伦路505号5楼会议室
5	广中路派出所	4月27日14:00	水电路120号308室
6	江湾派出所	4月28日14:00	奎照路280号2楼
7	嘉兴路派出所	4月29日14:00	天宝路133号201室
8	欧阳路派出所	5月5日14:00	四达路25弄2号102室
杨浦区			
序号	举办单位	时 间	地 点
1	四平路派出所	4月18日上午	鞍山四村115号党员活动室
2	控江路派出所	4月20日下午	沧州路138号二楼会议室
3	新江湾城派出所	4月20日下午	国权北路1450弄尚景园居委会
4	延吉新村派出所	4月20日下午	舒兰路61弄10号101室
5	殷行路派出所	4月21日下午	包头路300弄8号居委活动室
6	中原路派出所	4月21日下午	中原路1111号2楼会议室
7	大桥派出所	4月24日上午	周家嘴路3118弄30号富阳居委会
8	定海路派出所	4月24日下午	长阳路3066号三楼会议室
9	江浦路派出所	4月28日12:30	大连路950号十号楼底层大厅
10	五角场镇派出所	4月28日上午	安波路265弄7号教师居委会活动室
11	平凉路派出所	4月28日下午	怀德路389号平凉路街道文化中心
12	五角场派出所	5月5日下午	政化路257号五角场社区文化中心三楼
13	长白新村派出所	5月6日下午	靖宇东路27号四楼长白街道会议室

（续表）

闵行区			
序号	举办单位	时 间	地 点
1	华漕派出所	4月20日14:00	申长北路185弄爱博六村
2	新镇派出所	4月21日14:00	富强街路3弄东风小区居委会
3	鲁汇派出所	4月21日14:00	永高路255弄2号永康城居委会
4	新虹派出所	4月21日14:00	航东路775弄1号2楼会议室
5	金都派出所	4月21日15:00	申北路168弄54号2楼正峰苑小区居委
6	华坪派出所	4月22日9:00	沧源路755弄内沧三居委
7	杜行派出所	4月22日9:30	江玮路100弄闵浦一居委
8	古美派出所	4月22日10:00	平吉路509号闵行区协和双语学校
9	航华派出所	4月22日14:00	航北路180弄航华四村二居委活动室
10	莘庄派出所	4月23日9:30	疏影路1188弄居委活动室
11	碧江派出所	4月23日14:00	宾川路380弄57号汽轮三村小区居委会
12	七宝派出所	4月23日14:00	七宝老街钟楼广场
13	龙柏派出所	4月24日9:00	青杉路453弄龙柏七村老年活动室
14	莘松派出所	4月24日9:00	莘沥路363弄46号莘松三村小区居委会
15	莘光派出所	4月24日9:00	普洱路88弄8号102室东苑利华苑居委
16	塘湾派出所	4月24日10:30	东川路555号4号楼2楼
17	吴泾派出所	4月24日13:30	龙吴路路5455号虹梅新苑二居委
18	马桥派出所	4月27日9:00	马桥镇吴会村20号吴会村村委会
19	梅陇派出所	4月27日9:00	万源路400弄望族新苑小区
20	纪王派出所	4月28日9:00	翟路1555号纪王派出所纪
21	田园派出所	4月29日9:00	沪光路555弄招商雍华府小区居委会
22	虹桥派出所	5月5日9:30	虹泉路1101号2楼
23	陈行派出所	5月6日14:00	浦秀路1535号保利茉莉名邸居委会
24	颛桥派出所	5月7日9:30	灯辉路501弄银春居委会
宝山区			
序号	举办单位	时 间	地 点
1	月浦派出所	4月20日9:00	月浦八村84号居委会会议室
2	吴淞派出所	4月20日9:30	淞滨路165弄淞新居委会活动室
3	泗塘新村派出所	4月21日9:00	泗塘四村一居委会议室
4	罗泾派出所	4月21日13:30	陈东路121号罗泾镇党校

（续表）

宝山区			
序号	举办单位	时　间	地　点
5	祁连派出所	4月21日13:30	上大路1588号丰明村委
6	宝杨派出所	4月22日9:00	友谊路1999弄34号活动室
7	罗店派出所	4月22日15:30	市一路88号震旦学院
8	杨行派出所	4月23日9:00	莲花山路517弄128号4楼
9	顾村派出所	4月23日9:00	新泰路31号原顾村中心幼儿园
10	刘行派出所	4月23日9:00	菊太路1198弄保利叶都第一居委会
11	罗南派出所	4月23日14:00	宝山区杨南路十年路路口拾年村村委会
12	盛桥派出所	4月27日9:00	盛桥一村38号2楼盛桥一村居委会
13	大场派出所	4月27日13:30	南大路395号
14	通河新村派出所	4月28日9:00	呼玛三村367号一居委图书馆
15	庙行镇政府	4月28日9:00	共康五村235号二楼会议室
16	月新派出所	4月28日9:00	月罗公路868号博世汽修学校
17	淞南派出所	4月28日14:00	长江南路583号淞南镇文化中心
18	双城派出所	4月29日14:00	永清路899号二楼报告厅
19	大华新村派出所	4月30日8:45	华灵路1918号东方红村委会
20	海滨新村派出所	5月6日9:00	永清新村118号
21	高境派出所	5月6日9:00	共康东路129号高境镇社区活动中心
22	友谊路派出所	5月6日14:00	永清路899号二楼报告厅
嘉定区			
序号	举办单位	时　间	地　点
1	徐行派出所	4月19日上午	启悦路358弄418号启悦居委会
2	新成路派出所	4月20日上午	迎园八坊4号迎园居委会会议室
3	华亭派出所	4月20日上午	华亭镇霜竹公路188号联一村委会会议室
4	唐行派出所	4月20日下午	嘉定区华亭镇连俊村6队老年活动室
5	黄渡派出所	4月21日9:00	嘉松北路7222弄春盛苑居委会
6	封浜派出所	4月21日14:00	吴杨东路333弄嘉怡社区活动中心
7	嘉城派出所	4月23日9:00	嘉定镇东大街288号秋霞居委
8	马陆派出所	4月23日14:00	双单路718弄1号永盛公寓
9	菊园派出所	4月23日15:30	嘉行公路851号工艺美校会议中心
10	娄塘派出所	4月23日下午	娄塘镇白墙村100号老村委会议室

（续表）

嘉定区			
序号	举办单位	时　间	地　点
11	南翔派出所	4 月 24 日 9:00	南翔镇嘉年路花园居委会会议室
12	江桥派出所	4 月 24 日上午	华江支路 677 弄 97 号嘉星居委会
13	外冈派出所	4 月 24 日下午	外钱公路 1441 号中泾村村委会
14	真新新村派出所	4 月 27 日 9:00	双河路 437 弄 11 号 102 室双河居委会
15	叶城派出所	4 月 27 日 9:30	福海路 281 弄 55 号凤池居委会
16	安亭派出所	4 月 29 日 14:00	园际路 838 号前进村村委会
17	戬浜派出所	5 月 4 日 13:00	马陆镇嘉新公路 758 号
18	方泰派出所	5 月 4 日下午	方泰泰顺路 451 号泰顺居委会
松江区			
序号	举办单位	时　间	地　点
1	昆山派出所	4 月 18 日 9:30	昆港公路 372 弄 9 号陆家埭村会议室
2	泗泾派出所	4 月 21 日 9:00	泗泾镇江达北路 83 号中西居委会议室
3	叶榭派出所	4 月 22 日 9:00	叶榭镇竹亭路 858 号徐姚村会议室
4	佘山派出所	4 月 22 日 13:30	佘山镇千新公路 585 弄 218 号三楼
5	中山派出所	4 月 24 日 9:00	松东路 193 弄 159 号 2 楼蓝天二村活动室
6	洞泾派出所	4 月 24 日 13:30	洞泾镇洞宁路 655 弄光星居委会会议室
7	泖港派出所	4 月 25 日 13:00	泖港镇曹家浜路 788 号曹家浜村村委会
8	永丰派出所	4 月 28 日 13:30	荣乐西路 600 弄华亭荣园居委会会议室
9	车墩派出所	5 月 5 日 9:30	车亭公路 792 弄 101 号得胜村底楼会议室
10	九亭派出所	5 月 6 日 13:30	九亭镇九杜路 1000 弄 1 号会所二楼
11	方松派出所	5 月 7 日 13:30	南其昌路 458 弄 95 号 3 楼会议室
12	新浜派出所	5 月 9 日 9:00	新浜镇新颖路 1031 号文体活动中心
金山区			
序号	举办单位	时　间	地　点
1	石化治安派出所	4 月 18 日上午	金一东路 233 号
2	山阳派出所	4 月 20 日下午	卫零北路 800 弄
3	松隐派出所	4 月 20 日下午	亭林镇松隐大街 100 号
4	亭林派出所	4 月 21 日上午	亭林镇新巷村 14 组 2089 号
5	新农派出所	4 月 21 日上午	朱泾镇金廊公路 5185 号五龙村村委会
6	张堰派出所	4 月 22 日下午	漕廊公路 3888 号

（续表）

金山区			
序号	举办单位	时　间	地　点
7	朱行派出所	4 月 23 日上午	亭林镇立新村 3062 号
8	朱泾派出所	4 月 23 日下午	朱泾镇万联村 238 号
9	漕泾派出所	4 月 23 日下午	漕廊公路 985 弄 601 号海涯村委会
10	干巷派出所	4 月 24 日上午	吕巷镇汇丰东大街 158 号
11	廊下派出所	4 月 28 日上午	廊下镇南陆村庄家 2002 号
12	蒙山路派出所	4 月 28 日下午	蒙山路 1517 弄 76 号紫卫居委会
13	吕巷派出所	4 月 28 日下午	吕巷镇马新村 5080 号
14	枫泾派出所	4 月 28 日下午	枫泾镇枫丽路 147 号
15	兴塔派出所	4 月 30 日上午	枫泾镇新黎村新光 5 组 2110 号
16	金山卫派出所	4 月 30 日上午	金石南路 2139 号
17	象州路派出所	5 月 5 日下午	富川路 10 号石化十村居委会
18	水上治安派出所	5 月 8 日上午	环江路 38 号
青浦区			
序号	举办单位	时　间	地　点
1	金泽派出所	4 月 18 日 9:00	金泽镇沪青平公路 7850 号三塘村村委会
2	商榻派出所	4 月 20 日 13:30	金泽镇商周公路 28 弄商榻小学
3	重固派出所	4 月 21 日 9:00	重固镇通坡塘西街 28 号重固电影院
4	赵屯派出所	4 月 21 日 9:00	白鹤镇赵江路 265 弄内赵屯居委会
5	沈巷派出所	4 月 21 日 9:30	朱家角镇沈巷路 5 号青苹果幼儿园
6	蒸淀派出所	4 月 22 日 9:00	练塘镇蒸发路 88 弄文化活动中心
7	徐泾派出所	4 月 22 日 10:00	徐泾镇谢卫路 568 号民主小学
8	盈浦派出所	4 月 23 日 9:00	盈浦街道盈港路 1750 弄民乐一区居委会
9	赵巷派出所	4 月 23 日 9:30	赵巷镇沪青平公路 3841 弄 12 号
10	朱家角派出所	4 月 23 日 12:00	朱家角镇沪青平公路 6888-3 号
11	香花桥派出所	4 月 23 日 14:00	香花桥街道大盈路 255 号新桥村村委
12	练塘派出所	4 月 29 日 9:00	练塘镇张联村 301 号张联村村委会
13	华新派出所	4 月 30 日 9:00	华新镇新益路 445 号华新居委会
14	夏阳派出所	5 月 8 日 9:00	夏阳街道塘郁村 179 号塘郁村委会
15	凤溪派出所	5 月 8 日 14:00	华新镇凤星路 1598 号凤溪派出所
16	白鹤派出所	5 月 9 日 13:00	白鹤镇鹤吉路 99 号

（续表）

奉贤区			
序号	举办单位	时　间	地　点
1	胡桥派出所	4月18日8:30	柘林镇三桥村双桥821号
2	邬桥派出所	4月18日10:00	庄行镇张牛路1158号张塘村委会
3	新寺派出所	4月18日13:00	环城东路6280号南胜村村委会
4	金汇派出所	4月18日15:00	金汇镇工业路188号
5	泰日派出所	4月20日13:30	泰日辖区资福村628号资福村委会
6	江海派出所	4月20日13:30	南桥镇育秀东路378号
7	青村派出所	4月20日14:00	青村镇南明路103号
8	四团派出所	4月21日12:00	四团镇文鹏路169号
9	奉浦派出所	4月21日13:30	吴塘路459号弯弯居委
10	平安派出所	4月22日9:00	四团镇平安社区新四平公路135号
11	海湾派出所	4月22日9:30	海湾旅游区奉炮公路316号
12	五四派出所	4月22日9:30	五四公路2449号五四福星小学
13	钱桥派出所	4月22日13:00	青村镇申隆二村村委会
14	海港派出所	4月22日14:00	港阳路501号海港开发区平南村村委会
15	柘林派出所	4月24日9:00	柘林镇海思路958弄
16	洪庙派出所	4月24日13:00	奉城镇洪庙社区瓦洪公路3098号
17	齐贤派出所	4月24日13:30	万顺路2388弄旺苑居委会会议室
18	星火派出所	4月24日13:30	星中路109号星火一居
19	庄行派出所	4月27日13:00	庄行镇庄良路218弄317号
20	头桥派出所	4月28日13:00	奉城镇头桥社区同进路1号
21	塘外派出所	4月28日13:30	奉城镇塘外奉柘公路729号
22	临海派出所	4月28日14:00	苍工路100号海畔居委
23	西渡派出所	4月29日10:00	西闸公路环城西路路口灯塔村村委会
24	光明派出所	4月30日14:00	青村镇工农村130号
25	南桥派出所	5月4日9:00	南桥镇民旺苑1351弄民旺苑会所
26	金海派出所	5月6日13:30	楚园路236号恒盛居委会
27	奉城派出所	5月7日13:00	奉城镇奉旺路699号
崇明县			
序号	举办单位	时　间	地　点
1	堡镇派出所	4月14日8:30	堡镇南路269号光明社区居委会
2	绿华派出所	4月20日9:00	绿华镇华西村建桥1088号
3	长江派出所	4月20日9:30	北沿公路1328弄38号
4	建设派出所	4月20日10:00	建设镇蟠龙公路1399号大同村村委会

（续表）

崇明县			
序号	举办单位	时　间	地　点
5	东旺派出所	4月20日10:00	前哨公路40弄2号前哨居委会
6	陈家镇派出所	4月20日12:00	陈家镇东滩大道999号上外贤达学院
7	长征派出所	4月21日9:00	长征公路3359弄96号
8	港西派出所	4月21日14:30	港西镇协西村协南180号港西中学
9	三星派出所	4月22日14:00	三星镇东安村清平925号东安村村委会
10	长兴派出所	4月24日9:00	长兴镇江南大道3888号江南船厂2号线
11	新河派出所	4月25日9:00	新河镇永丰村大队部
12	新海派出所	4月28日8:30	新海镇兴阔路165号新海居委会
13	港沿派出所	4月28日9:00	港沿镇鲁东村友南645号
14	向化派出所	4月28日9:00	向化镇南江村283号
15	汲浜派出所	4月28日9:00	中兴镇七滧村9队村委会
16	庙镇派出所	4月30日8:30	庙镇合中村342号合中村村委会
17	城桥派出所	4月30日9:00	城桥镇学宫新村19号学宫居委会
18	横沙派出所	4月30日9:00	横沙乡丰乐路888号公平村村委会
19	竖新派出所	5月7日9:00	竖新北路64号新乐居委会
20	新村派出所	5月7日13:30	星村公路2381号(临)新中村村委会

东方讲坛·中医四季养生系列

东方讲坛·中医四季养生系列					
第一场	举办单位：上海中医药大学	防霾护鼻	郭裕(上海中医药大学附属上海市中医医院教授)	4月10日13:30	芷江中路274号上海市中医医院门诊大厅
第二场		肺癌患者的中医膳食养生	方志红(上海中医药大学附属上海市中医医院副教授)	4月21日13:30	芷江中路274号上海市中医医院门诊六楼第一教室
第三场		怎样保护你的胃	李毅平(上海中医药大学附属上海市中医医院教授)	4月28日13:30	石门一路67弄1号1号楼3楼会议室
第四场		肿瘤患者的心理调治	殷晓聆(上海中医药大学附属上海市中医医院副教授)	5月6日13:30	石门一路67弄1号1号楼3楼会议室
第五场		前列腺炎患者如何摆脱“难言之隐”	陈伟杰(上海中医药大学附属上海市中医医院教授)	5月14日13:30	芷江中路274号上海市中医医院门诊六楼第一教室

东方讲坛·“三八”妇女节特别讲座

<table>
<tr><th colspan="6">东方讲坛·“三八”妇女节特别讲座</th></tr>
<tr><th>序号</th><th>举办单位</th><th>题　目</th><th>主讲人</th><th>时间</th><th>会场地址</th></tr>
<tr><td>1</td><td>上海市妇联</td><td>夫妻相处的艺术</td><td>周美珍(国家二级心理咨询师资格考证培训师、副教授)</td><td>3月2日
13:30</td><td>天平路245号巾帼园三楼多功能厅</td></tr>
<tr><td>2</td><td>闸北区共和新路街道</td><td>女性健康与养生</td><td>何新慧(上海中医药大学教授)</td><td>3月2日
14:00</td><td>平型关路489号八楼</td></tr>
<tr><td>3</td><td>上海市妇联</td><td>女性礼仪风范</td><td>范智(中国礼仪联盟主席、培训师)</td><td>3月3日
13:30</td><td>天平路245号巾帼园三楼多功能厅</td></tr>
<tr><td>4</td><td>闸北区天目西路街道</td><td>小智慧,大幸福</td><td>陈彩玉(上海市科学育儿基地副主任)</td><td>3月3日
14:00</td><td>天目中路749弄53号一楼会议室</td></tr>
<tr><td>5</td><td>上海市妇联</td><td>上海女人与上海风情</td><td>马尚龙(中国作家协会会员、《现代家庭》杂志主编)</td><td>3月4日
13:30</td><td>天平路245号巾帼园三楼多功能厅</td></tr>
<tr><td>6</td><td>上海市妇联</td><td>千纱万巾巧妆扮</td><td>胥佩娜(上海秦怡影视公司服饰形象设计室主任)</td><td>3月5日
9:30</td><td>天平路245号巾帼园三楼多功能厅</td></tr>
<tr><td>7</td><td>上海市妇联</td><td>家庭用药与合理用药</td><td>王忠壮(长海医院主任医师、教授)</td><td>3月5日
13:30</td><td>天平路245号巾帼园三楼多功能厅</td></tr>
<tr><td>8</td><td>上海市妇联</td><td>太极智慧与太极养生</td><td>陈佳(陈氏太极拳第二十世传人)</td><td>3月6日
9:30</td><td>天平路245号巾帼园三楼多功能厅</td></tr>
<tr><td>9</td><td>上海市妇联</td><td>是什么滋养了我们的灵魂</td><td>林华(上海作家协会会员)</td><td>3月6日
13:30</td><td>天平路245号巾帼园三楼多功能厅</td></tr>
<tr><td>10</td><td>闸北区芷江西路</td><td>运动让生活更精彩:日常健身保健法</td><td>陆大江(上海体育学院教授)</td><td>3月11日
14:00</td><td>芷江西路155号</td></tr>
<tr><td>11</td><td>松江区洞泾镇</td><td>彰显语言魅力,塑造职业形象</td><td>田奇蕊(上海视觉艺术学院教授、上海市演讲与口语传播研究会副会长)</td><td>3月13日
13:30</td><td>洞泾镇长兴路466号</td></tr>
</table>

东方讲坛·2015创业生涯系列讲座活动

<table>
<tr><th colspan="6">东方讲坛·2015创业生涯系列讲座活动</th></tr>
<tr><td>第一场</td><td rowspan="4">举办单位
上海市人力资源和社会保障局
承办单位
上海市就业促进中心
上海东方宣传教育服务中心
上海市社区文化服务中心
上海图书馆讲座中心
协办单位
中国青年天使会</td><td>给创业插上资本的翅膀</td><td>吴智勇(丰厚资本创始合伙人)</td><td>4月25日
14:00</td><td rowspan="4">淮海中路1555号上海图书馆正门四楼多功能厅</td></tr>
<tr><td>第二场</td><td>生命、梦想、信念、使命和创业</td><td>王利杰(Mobile 2.0创始人、中国青年天使会副会长)</td><td>5月9日
14:00</td></tr>
<tr><td>第三场</td><td>社会创业将大行其道</td><td>吕朝(上海市政协人口资源环境建设委员会副主任)</td><td>5月16日
14:00</td></tr>
<tr><td>第四场</td><td>移动互联网时代创新创业法则</td><td>王雨豪(人人猎头创始人、福布斯专栏作家)</td><td>5月23日
14:00</td></tr>
</table>

图书在版编目(CIP)数据

上海社联年鉴.2016/上海市社会科学界联合会编
.—上海:上海人民出版社,2020
ISBN 978-7-208-16319-5

Ⅰ.①上… Ⅱ.①上… Ⅲ.①社会科学-联合会-上海-2016-年鉴 Ⅳ.①C262.51-54

中国版本图书馆 CIP 数据核字(2020)第 023768 号

责任编辑 曹怡波 陈博成
封面设计 夏 芳

上海社联年鉴 2016
上海市社会科学界联合会 编

出 版	上海人民出版社 (200001 上海福建中路 193 号)
发 行	上海人民出版社发行中心
印 刷	浙江新华数码印务有限公司
开 本	787×1092 1/16
印 张	44
插 页	10
字 数	971,000
版 次	2020 年 6 月第 1 版
印 次	2020 年 6 月第 1 次印刷

ISBN 978-7-208-16319-5/Z·222
定 价 218.00 元